数字时代 新闻传播实务 系列教材

U0737137

全媒体

主　编◇吕　萌
副主编◇岳　山　张　阳

采编与应用

岳　山　杨　明／主编

合肥工业大学出版社

图书在版编目(CIP)数据

全媒体采编与应用/岳山,杨明主编 . —合肥:合肥工业大学出版社,2012.8
(2016.4 重印)

ISBN 978 - 7 - 5650 - 0878 - 8

Ⅰ . ①全… Ⅱ . ①岳…②杨… Ⅲ . ①新闻工作—研究—中国 Ⅳ . ①G219.2

中国版本图书馆 CIP 数据核字(2012)第 193074 号

全媒体采编与应用

岳 山 杨 明 主编　　　　　　　责任编辑　朱移山　张 燕

出　版	合肥工业大学出版社	版　次	2012 年 8 月第 1 版
地　址	合肥市屯溪路 193 号	印　次	2016 年 4 月第 3 次印刷
邮　编	230009	开　本	787 毫米×1092 毫米　1/16
电　话	总编室:0551—62903038	印　张	32.75
	市场营销部:0551—62903163	字　数	698 千字
网　址	www. hfutpress. com. cn	印　刷	合肥现代印务有限公司
E-mail	hfutpress@ 163. com	发　行	全国新华书店

ISBN 978 - 7 - 5650 - 0878 - 8　　　　　　　　定价:48.00 元

总　　序

随着以网络为代表的新兴媒体走向主流媒体,新媒体的多样、方便、精准的信息传播,纷纷抢占更多传统媒体的市场资源。传播技术的发展和传播市场的变化正推动着传统媒体及新媒体发生着深刻的变化。媒介融合从传播载体形态上,呈现为报纸、杂志、广播、电视、音像、电影、出版、网络、电信等多样态;从接收通道上,涵盖了视、听、形象、触觉等人们接受信息的全部感官;从信息传输渠道上,包括了传统的纸质、频率频道、局域网、国际互联网和移动互联网、WiFi 等等。

以传统意义上的记者为例,由于网络的大范围应用,许多报纸都有了自己的网站,传统记者必须掌握一定的网络知识。目前全媒体记者已在以互联网为代表的新媒体行业中崭露头角。初期的互联网图文时代往往不需要制作非线、节目的录播录制等等,但进入视频时代后,网站大都配有演播室,工作人员配有摄像机去外景采播节目。因而数字时代的记者因传播媒介的拓宽,必须是具备突破传统媒介界限的思维与能力,并适应融合媒体岗位的流通与互动的新闻传媒人才。

大规模的媒体融合直接促使了传媒集团新的作业模式的产生,尤其是造就了信息内容生产领域的流程再造。传媒集团正在利用新的传播技术,把报纸、电视台、电台、互联网和移动网等媒体的采编作业有效结合起来,通过资源共享,集中处理,衍生出不同形式的信息产品,然后通过不同的平台传播给受众。在媒体融合时代,非常需要集采、写、摄、录、编、网络技能运用及现代设备操作等多种能力于一身的人才。

有业界人士表示,对于传媒来说,传媒集团赶上数字时代,要应对秒报秒台的多元互动传播秩序,掌控 3G 产业链中信息生产和流通环节,推动全媒体的采编方式,充分利用"我媒体"和"自媒体",推动媒体的信息生产和传播。因此新的传播生态下新闻传播实务所"需",对新闻从业人员提出前所未有的要求,仅仅掌握一门新闻专业技术已经不足以应对跨媒体的工作和合作。面对媒介融合的变化,新闻教育也需要与时俱进,跟上媒体对人才培养的需求。新闻教育要注重技术发展带来的变化,研究媒体的发展和需要。新媒介环境下新闻传播人才培养不仅要从课程内容上及时补充媒介变化带来的学科知识结构的变化,而且要从更高层面上规划新闻教育的学科设置和对学生实践创新能力的培养策略。

在世界范围内,媒介融合对新闻院校培养全媒体人才的要求已经受到广泛的重视。随着新闻生产流程的进一步改变,将诸多类型的新闻作品在同一数字生产平台上进行制作、策划、组合,已经成为一种较为主流的趋势。要求记者编辑能够对报纸、广播、电视、新媒体等多种类型的新闻都能知晓,理解它们在呈现理念上的差异,并学会这些新闻的最基本制作技巧,这与我国长期以来以传统媒体人才需要为基础的新闻学专业设置的整体框架不尽相同。传统的新闻学专业主要为报刊、通讯社培养记者编辑,而广播电视新闻专业主要为广播电视机构培养人才,这样的设置并不能满足新媒体的发展以及传统媒体的数字化转型,也不能适应媒介融合趋势下新闻活动的变化。这几年新媒体的发展和新闻传播实践对新闻传播类人才需求的变化,促使我们重新思考:如何应对新型传播手段带来的新闻工作的变化和挑战? 如何理解和把握信息化时代新闻传播的特点和规律并教会学生有用的知识?

如果我们的学生不掌握最新的传播技术,不具备媒介融合的理念和操作方法,何谈将深度调查、新闻解析、舆论引导等等任务落实到具体的新闻作品中? 对新闻院校学生进行基本技能的培训和在数字化采编平台上展现他们对新闻内容的深刻理解和重新整合,是我们在对新闻传播类学生教育时首先要做到的。当然,新闻实践教学并不只是技能的培训,新闻的专业理念和职业规范本身就是技能教育训练时所要围绕的核心和重点。我们编写这套丛书的旨意就在于,应对数字时代媒介对新闻传播人才的新需求,用技能教育带动新闻专业学习的深入,开发学生自主实践和创新能力。用全媒体的传播理念,统领新闻传播教育的改革,从技能入手,通过实践,将新闻传播理念灌输其中,学生看得见,摸得着。

在这套丛书中,我们将对传统媒体的思考和新媒体发展实务的需要融合在一起,强调对学生新媒体使用技术的全面培养,加大对学生的综合实践能力的培养,探索以实践和创新能力培养为重点的教学方式。如何培养出理论与实践相结合的全方位人才,是高校十分重视并在不断探索和研究的问题,但创新能力与实践能力并不是单纯地依靠老师的单向传授获取的,培养学生自主参与的意识才能更好地发掘学生的各项潜能。在本套丛书编写中,我们加强了对学生参与和独立思考能力的训练,将新闻传播业务教学与技能教学结合,培养学生的动手能力、创新能力和思考问题的水平。新闻传播实务教学的重要性在于体现了理论教学所无法展现的直观性和综合性,培养学生独立思考、分析和解决问题能力,能够应对科学技术快速发展和市场经济对高素质创新人才的需要。

媒介技术的不断升级催生着媒体内涵的迅速变革。从陌生到司空见惯,我们接触媒体的渠道和方式越来越多,数字时代的传播视野下,新闻传播领域发生了怎样的变革?新闻传播实践面临怎样的机遇和挑战?新闻传播的应用型人才培养需要掌握什么知识?这套丛书提供了我们的思考与探索。

吕　萌

2012 年 7 月

前　言

你是否已经在潜移默化下成为一个身经百战的微博控,是否在不知不觉中逐步走进了媒体的世界,置换了身份,以传媒人的思路思考问题,以传媒人的角度看待现实,不再是那个对媒介言听计从的、被动接收的受传者。你身份的改变缘于媒介环境变革的影响,而它变革的标志和导火索正是全媒体技术的发展、应用与普及。面对全媒体时代的滔滔洪流,势单力薄的你是缴械投降,是随波逐流,还是为己所用?

一、全媒体的概念明晰

据调查,2008 年以来"全媒体"一词在中国的各类报纸、杂志、广电和网络等大众传播媒介中频频出现,而全媒体的发展并不能说是一蹴而就的,你无法明确地追溯到它诞生的标志,是手机发布平台的扩展,是互联网的出现,还是广播电视的诞生? 无论是哪一种媒介的发展,都为"全媒体"时代的来临铺平了道路,在这个二进制的时代,他们都是功不可没的"开国元勋"。

有关全媒体的定义,目前学术界并没有具备很强概括力和统一性的核心定义。虽然各种大众媒介的发展为全媒体时代的到来起到了催化剂的作用,但必须明确的是,在众多大众媒介技术之中,近些年来的信息技术和通讯技术的发展、壮大与普及对于全媒体的作用首屈一指。它是在以往的"新媒体"、"媒介融合"、"跨媒介"、"多媒介"等概念和实践应用的基础上逐步衍生出来的新形态。全媒体的概念主要可以归纳为以下四类代表性观点:[①]

第一,媒介运营说。中国人民大学彭兰认为,全媒体是指一种新闻业务运作的整体模式与策略,即运用所有媒介手段和平台来构建大的报道体系。

第二,媒介形态说。全媒体是指综合运用各种表现形式,如文、图、声、光、电,从而全方位、立体地展示传播内容,同时通过文字、图片、声音、影像、网络、通信等传播手段

---

① 姚君喜,刘春娟."全媒体"概念辨析【J】. 当代传播–新闻与传播研究,2010(6)

来传输的一种新的传播形态。媒介形态说的代表人物有烟台日报传媒集团社长郑强、南京政治学院的周洋以及武汉大学的罗鑫。

第三,媒介整合说。该观点主张全媒体应当从字面意义上来理解,将其视为全部媒体的综合,即传统的传播手段和传播形态的综合性使用,这是一个集合性的概念。

第四,媒介营销说。从媒介营销管理的观念来看,所谓全媒体是媒介融合的营销策略的具体应用。它是建立在媒介融合基础上的媒介营销策略,包括整合性的媒介内容生产平台的创建,以及相同媒介内容的不同呈现方式的组合型使用。[1]

综合以上观点,结合这几年全媒体的发展形势和特征来看,全媒体是各种媒介深度融合的结果,是满足各类受众细分需求的产物。鉴于此,所谓全媒体,就是在媒介技术快速发展的背景下,不同媒介形态(报纸、杂志、广播、电视、互联网、手机)之间进行融合,使其具有文字、图片、声音、视频等多种表现手段,并能满足受众的多层细分需求和媒体体验的一种全新的传播形态。[2] 比如,奥运期间,中国广播网就尝试了广播频率、门户网站、有线数字广播电视、平面媒体五大终端的融合,满足了不同年龄层次受众的观看、收听需求,在奥运转播期间取得了很好的效果。所以,探讨何为全媒体,关键在这一个"全"字,其既包括媒介形态的全面融合,又包括受众的全面需求。

二、国内外的发展状况

中国互联网络信息中心(CNNIC)发布的《第 29 次中国互联网络发展状况统计报告》显示,截至 2011 年 12 月底,我国网民规模达 5.13 亿人,互联网普及率持续上升增至 38.3%;手机网民成为拉动中国总体网民规模攀升的主要动力,已达到 3.56 亿人。目前国内外的全媒体的使用设备除了报纸、杂志、期刊、广播、电视、影像、出版、网络之外,随着数字技术,尤其是 4G 时代的到来,信息定制、手机报、手机上网、手机电视等无线业务方兴未艾,无线接收终端逐步拓展到 MP4、掌上电脑、笔记本电脑、车载和户外无线屏幕等领域,互联网和移动通信改变了人民的生活,也改变了传媒生态。

我国的全媒体报业从 2001 年的《沈阳日报》开始尝试,2008 年 7 月,烟台日报传媒集团开始了全面的推进,标志着国内首家全媒体采编系统正式上线运营。2009 年 1 月,国内首支视频全媒体记者队伍在宁波日报报业集团全媒体新闻部正式成立。国内多家报业集团相继开始拓展全媒体领域,使我国的数字报业发展迈入新的历史阶段。在我国传统媒介机构中,报业集团涉足视频业务的时间较早,但在视频新闻传播上取

---

① 姚君喜,刘春娟."全媒体"概念辨析【J】. 当代传播–新闻与传播研究,2010(6)

② 罗鑫. 什么是全媒体【J】. 中国记者,2010(3)

得成功的是新华通讯社。① 报业集团对视频业务的尝试开始于《东方早报》创刊时所提出的将新闻视觉化作为其新闻运作的理念,随后,《新京报》和《京华时报》等积极推进视频报道的专业化进程,杭州日报报业集团组建了 10 人的全媒体记者队伍,标志着视频报道的专业化建设拉开序幕。宁波日报报业集团也组建了全国首个全媒体新闻部。

与国内一样,西方报业为了适应数字报业转型的需要,纷纷成立自己的多媒体中心,开始了全媒体报业的实验性探索。20 世纪 80 年代,《今日美国》报宣称创办一张"电视时代的报纸",2004 年 11 月底,《华尔街日报》网站率先推出视频平台,2006 年 10 月,《华盛顿邮报》网站开始播放视频新闻。目前,美国 100% 的报业网站都设有不同模式的视频新闻发布平台。报业推出视频平台可作为多媒体的开端,《那不勒斯每日新闻报》成立多媒体中心,要求记者同时采集视频新闻、广播新闻和摄影新闻。《华盛顿邮报》对记者进行技术轮训,内容是培养记者的电视新闻采集与制作技术,每周指定 5 名记者专门采集视频新闻,目标是培养 100 名专职视频新闻记者。《坦帕论坛报》对 60 名文字记者和摄影记者进行了摄像技术培训,其目标是所有记者都成为视频新闻的高手。《迈阿密先驱报》的摄影记者中有 4 名专职从事视频采访,每周的任务是制作 18 ~ 25 件视频新闻。学者王荣认为,《今日美国》报的做法值得借鉴:其头版最长的文字消息不超过三五百字,有的只有标题和副标题,然后把记者采写、拍摄的更多文字、图像、声音等内容"链接"到网络上。报纸稿件末尾都有指向网络版的链接路径,真正做到报网互相补充、互相联动。②

三、全媒体的传播特征

在全媒体的定义明晰之后,便不难发现全媒体时代的传播特征:

首先,表达方式丰富多样。全媒体传播充分调动了一切可以利用的表达方式和媒介种类,在表达方式上,既利用纸质媒介文字的深度和图片的震撼,又利用了电子媒介动态表现的真实感和易读性,同时还兼具了网络媒介存储力度大、时间久、信息海量和便于检索等特性;就媒介种类而言,全媒体集报纸、杂志(期刊)、广播、电视、影像、网络、电信、卫星于一身。全媒体对于各媒介种类和表达方式的利用并非简单地机械相加,而是合理利用各个手段之所长,是各种媒体的整合。全媒体不是新型的媒介,而是各媒介的合理整合,使整体的功能大于各个部分之和。

其次,确定了新型的传受关系。在互联网发展的过程中,带来了受传者身份的变

① 2008 年 12 月,新华社试运行我国第一条视频新闻专线。翌年 3 月,新华视频新闻专线(XINHUA VIDEO)正式开通。2009 年 12 月,中国新华新闻电视网(CNC)举行开播仪式。2010 年 9 月,中央人民广播电台获准建立"央广广播电视网络台"(CNBN),这是我国第一家国家级网络广播电视台。2009 年 12 月,依托中央电视台筹建的中国网络电视台(CNTV)正式开播,这是我国新兴媒体发展的新里程碑。

② 郜书锴. 纸媒向全媒体转型 记者需掌握多媒体报道技术. 作者系河南理工大学副教授、浙江大学传播学博士,http://news. sina. com. cn/m/2011-04-14/112322291943. shtml.

化,其不再是被动接收信息的一方,有时会演变成为主动传播信息的一方。手机信息发布终端的普及,进一步使这一传受关系的转型显性化。另外,全媒体传播达到了对受众市场的细分极致,细分到每一位受众个体以及个体的不同信息需求,实现从大众传播到分众传播到小众传播甚至再到个体传播的过程,明确和深化了传播效果。

最后,全媒体能够最大限度地满足受众的需要。在内容上,全媒体传播按照受众对信息的需求生产和传播信息内容,其技术的突飞猛进使得信息的发布更加便捷,突破了时空的限制,受众足不出户便能够实时感受外界环境的变化;在使用上,受众可以通过文字、图片、音频、动画和视频等多种媒介形态全方位地了解信息。

四、全媒体的编辑环境

在不同媒介形态逐渐融合、受众需求愈加细化的全媒体时代中,全媒体化运作已成为今后媒体运营的主要方向,编辑的环境也发生着变化,这就需要编辑不仅具备对信息的采集、分类、编辑等整合能力,还要具备采访、摄影、摄像、写作、音频视频的编辑制作、网络和手机媒体的数字传输等技能要求,更需要对市场的敏锐判断。具体来说,全媒体时代下,编辑的环境发生了以下变化。

(一)技术融合的趋势日益明显

随着现代传播技术的不断发展,各种媒介形态之间不断渗透,技术融合能力也在不断增强。报纸不再局限于纸媒,而是借助于网络平台,实现报网互动,发布音视频信息,来吸引更多的受众;书刊也发生了变化,阅读载体突破了纸张的限制,各种电子阅读器相继出现,进一步加强了读者与网络的联系;传统媒体纷纷开设手机版阅读功能,发布迎合快节奏生活的内容读物。

可以看到,报刊、电视、互联网、手机等媒体正在打破各自的载体限制,进行技术融合,以互联网、手机等新媒体为平台,用图文、音频、视频等形式,对内容资源进行全方位、立体式、深层次编辑和开发,以实现多媒体发布。

这就要求编辑不仅仅要掌握传统的采写、编辑等平面化文字处理技能,还要掌握视频音频编辑软件、图像处理软件等立体化技术技能,对信息进行资源整合,编辑出适应市场需求、满足读者需要的内容。

(二)产品与市场密不可分

在市场化的今天,受众呈现分化的趋势,传媒产品也必然不可能再走低层次的同质化竞争之路,而必须进行差异化定位,找准用户需求,打造属于自己独特的竞争优势,实现产品的持续赢利。"从新闻传播的发展趋势看,未来新闻报道与媒体运营是一个事物的两面,报道好还需要传播好"①。好的传播力需要优秀的编辑以市场为导

---

① 詹新惠. 全媒体人才培养重在思维转换【J】. 军事记者,2011(4)

向，编辑出适合市场需要的信息产品。

这就要求编辑从被动接受变为主动出击，了解受众需求，提高自己的信息整合能力。以网站的编辑为例，一条简简单单的信息往往并不能满足受众对该事件的需求，要想让某个新闻事件获得受众的持续关注和尽可能多的注意力，就需要编辑来控制其生命力，把信息当做产品，根据受众需求对该信息进行策划、编辑、组稿，并设计独特的页面表现形式，以吸引受众眼球，产生更好的效果。

（三）"公民记者"增多，大众媒介素养有待提升

所谓"公民记者"，是指在新闻事件的报道和传播中发挥记者作用，却非专业新闻传播者的普通民众。"公民记者"背后所体现的是"参与式新闻"的理念，即"民众在收集、报道、分析和传播新闻和信息的过程中发挥主动作用"①。

随着传播技术的迅猛发展，摄影摄像技术门槛一再降低，拍摄技巧不断简化，一位普通的民众，都可以通过微博、手机终端，在任何时间、任何地点发布新闻，上传视频，大批"公民记者"也就应运而生。并且，一些新媒体如微博等，其不需要审核程序，往往能够及时上传，这使得"公民记者"们发布的新闻具有很强的时效性，也使得传统编辑的核心作用大大降低。

但是，不可否认，擅长及时传播的公民记者"软肋"在于：知识结构、媒介素养、对新闻价值认知等方面，普遍不及专业记者②和编辑，这也就对全媒体环境下的编辑提出了更高的要求。

全媒体编辑应该加强对内容的整合能力，挖掘深度，制作出更经典的视图效果，编排出令人震撼的视频节目。同时增强编辑的责任把关意识和人文修养，传播正确、向上的新闻信息，创造一个有深度、有发展前途和潜力的媒体。

（四）"一专多能"、"专业加技能型人才"受到追捧

近些年来，随着市场上受众的不断细分，报社、出版社、网站等新老媒体在招聘时都比较青睐具有一定专业知识和专业背景的编辑人才，比如时尚类杂志就要求编辑具备一定的美学功底和图片技术；汽车类网站要求编辑具备一定的外语功能和汽车专业背景。在具有专业知识的同时，又要求编辑能够掌握采、写、编等基本技能。

这种"一专多能"型的编辑人才是未来编辑人员需要努力的方向，"专"是对内容的独到精致的把控，"多能"是组织内容、呈现内容、营销内容的手段等。③

五、全媒体的人才要求

有业界人士表示，对于传媒来说，传媒集团赶上数字时代，要应对"秒报秒台"的

---

① http://baike.baidu.com/view/1901275.htm
② 冉明仙. 全媒体人才热的冷思考【J】. 新闻传播学研究,2011(7)
③ 穆广菊. 试论复合型网络编辑人才的培养【J】. 中国编辑,2010(4)

多元互动传播秩序,掌控 3G 产业链中信息生产和流通环节,推动全媒体的采编方式,充分利用"我媒体"和"自媒体",推动媒体的信息生产和传播,全媒体记者成为新传播生态下的大势所"需"。

全媒体时代编辑环境的变化对报业人才建设和人力资源管理提出了一系列的新要求和新挑战。在身份上,记者不再局限于向具体的某一家媒体供稿,而是服务于多个全媒体终端——纸质报、手机报、多媒体数字报、电子移动报、户外视屏等;在技能上,具备普通的采、写、编、评技能的传统记者已经无法满足全媒体要求,当今世界需要的是全媒体化的全能记者。所谓的全媒体记者是指具备突破传统媒体"专一"媒介界限的思维与能力,并适应融合媒体岗位的流通与互动的新闻传媒人才。

第一,在传播理念上,全媒体时代改变了传播者独握信息选择权和传播权的信息流通方式,受众在媒介接触中的主动性和参与性不断提高,甚至发展成为新型的传播主体——公民记者,传受关系发生转变。伴随市场竞争的加大,各媒体人的媒介活动规律越来越向着受众的需要聚拢。

第二,在工作方式上,报业的人才建设是为发展战略服务的,应当立足于向"全媒体"转型的报业未来发展定位,全媒体时代实时、同步的信息传播方式,使得全媒体记者由原来的按日发稿向现场发稿、滚动发稿转变;由原来"一次利用"向"多次生成"转变;由单一功能向多栖作战转变,以实现信息内容的全方位、立体式、深层次的开发与利用,能够在最大限度上满足受众的需要。

第三,在业务能力上,原有新闻专业人才相对充足,但仍需要在能力结构上进行调整,不断更新知识结构,提高策划能力、创新能力。全媒体时代的记者打破了传统线性的、单一的新闻传播模式,集文字、摄影、摄像、录音等各种工作于一身,具备利用超文本、多媒体结构多层面、多形式地进行报道的能力。这对新闻工作者的综合素质、新闻视野、专业技能和创新能力提出了更高标准。

第四,在考核管理上,在"全媒体"发展战略的总体构架下,根据其发展目标科学预测未来人力资源的奖惩措施,认真研究现有人才队伍的现状,找准制约和影响人才成长及发挥作用的症结,要根据不同部门、不同岗位的实际情况,分别编制科学的、严格的考核指标,制定多层次、多媒介、多终端性的考核标准,保证业界发展对人力资源数量和质量上的需求。要分区块、分层次的考核采编人员在不同媒介上的表现,稿件数量、质量与浏览量、点击量均需设置不同的配比,在保证社会效益的前提下,兼顾经济效益。以考核为基础,坚持重实绩、重贡献的原则,在考核中强化编辑记者的新闻策划和信息加工整合能力,对有个性、敢创新的编辑给予积极鼓励。

第五,在组织结构上,以"全媒体"数字化平台建设为基础的"全流程再造",使记者、编辑不分家,记者既要采写新闻、报道新闻,又要编辑整合新闻、发布新闻。原先编辑对新闻价值的专业判断、新闻信息整合加工,以及对平台上的多媒体资源进行策划、整合,实现传播效果叠加最大化的任务也将落在记者编辑身上,或由记者部分性的分担。这就要逐步打破媒体、部门设置,推进组织的扁平化设置:要求改变原先层级化、条块式的组织结构,逐步建立起与全媒体信息生产方式相适应的水平式、功能式、网状的组织结构,便于进行统一指挥和协调。①

第六,在队伍建设上,全媒体时代能够迅速掌握全媒体新闻采集技术的专业化记者成为报业结构转型的主导力量。要一手抓新媒体队伍的组建,一手抓老员工队伍的全员转型,使之尽快转换角色、转换思维方式,建立新的知识结构,培养新的操作技能。不仅采编部分,整个集团都要围绕"全媒体"发展的需要,相对新闻专业人才而言,报业经营管理高端人才较为薄弱,是人才专业结构调整的重点,应特别加强资本运营、财税金融、成本管理、品牌运作等方面专业人才的力量。

六、市场现状及本书特色

目前关于网络传播技术应用的书籍不少,但既具备专业性、针对性,又适用于学校、传媒机构、培训机构的书籍较少,而紧随传媒环境变化,集专门性的全媒体采编与应用、专业性教学和一般性学习于一身的同类教材就更是少之又少。本书立足于高校教育,在理论研究的基础上,大量采用实验性讲解教学模式——既做理论上的提高,又强化实质性的操作,以培养全媒体人才。

本书由全媒体新闻采集、全媒体新闻素材编辑、全媒体新闻平台发布三大部分构成,这三部分以"全媒体"为核心概念,详细讲解了全媒体环境下的传媒活动。书中的传媒活动选取新闻活动为典型,因为新闻活动的发生频率最高,信息数量最大,覆盖面积最广,且新闻活动也最能体现传媒记者的社会守望、新闻伦理的人文关怀和新闻法规的严明规范。

具体说来,本书的三个部分严格按照新闻生产的过程分为前期采集、中期编辑以及最后的发布。全媒体新闻的采集将传统新闻采集规律与全媒体环境相融合,取其交集,既能够清晰明确地掌握全媒体新闻采集的相关定义、特征、手段及方式方法,又能够彰显出全媒体时代新闻采集的新的规律和新的注意事项。第一部分第二章的三节内容分别分析研究了全媒体时代的新闻价值观念、新闻伦理和新闻法规,将这一内容放在如此靠前的位置是希望读者(无论是专业记者、新闻类学生,还是一般性的"公民记者",甚至是普罗大众)在制作编发新闻时都能以维护社会公平正义和谐为前提,以不伤害他人为底线。本书的第二大部分也是本书的重点部分,在此,作者以实践性操作和案例来介绍新闻的文本、图片、音频、视频、Flash 动画的制作和移动平台的全媒体编辑。结合全媒体的时代特征,介绍了相关的多媒体制作软件,将多媒体新闻的制作

---

① 夏凤祥,贾岳. 以人才建设"领跑"全媒体报业转型发展【J】. 中国记者,2011(7)

过程层层分解,即使你对各种应用软件一窍不通也能在本书的帮助下成为多媒体软件"达人",随心所欲的采集编辑自己所喜欢的图片、音频和视频等,当然,别忘了早在第一部分告诉你的新闻价值、伦理和法规。第三部分的全媒体新闻发布重点介绍了当下最流行、最时尚的网络(网站)、微媒体和手机发布平台的使用。经过第一、二部分的学习,做出的产品可以通过第三部分介绍的平台以多媒体的形式发布出去。

作为一本以全媒体采编发为主要内容的书籍,出发点和宗旨是学以致用,以最新的全媒体编辑技能为基础,全面教授全媒体编辑的基本技能和知识,一切以学生面对业界的工作为出发点。本书着眼于全媒体技术的应用与操作,系统地介绍了图片、音视频等软件的操作、手机媒体的概况和微博的应用。理论与操作的结合,深入浅出的写作模式与条分缕析的讲解方式的结合,使得本书不仅适用于新闻学、编辑学专业的学生作为教材使用,也可以作为网络新闻、电子商务、传媒工作人员的参考书。本书的撰写得益于作者在实践教学和理论教学一线多年的工作实践,是近几年来业界环境变化对传媒人才需求的思考和教学上的探索。

未来,随着不同平台采编系统的融合,4G 的普及,全媒体采编与应用会更上一个平台。

温馨提示:本书按照采集、编辑、发布的体例编排,学习者在参考过程中可结合自身学习需求进行模块组合学习,比如 1.9,3.2,8.1,8.2,8.3,12.1,12.2 是对手机媒体的介绍,又如 3.3,11.1,11.2 是对微博的介绍。

目 录

第一部分　多媒体新闻采集

第二部分 全媒体素材编辑

第三部分　全媒体发布平台

第一部分

全媒体新闻采集

第1章 全媒体新闻采集的概述

【本章学习目的】 全媒体新闻采集是全媒体新闻操作的第一步,通过对本章的学习,需要了解全媒体新闻采集的定义及新特点,并对其流程进行大致的理解,对于不同媒体的不同采集方法熟练地掌握,从而提高自身的全媒体新闻采集实践能力。

【本章学习重点】 本章涉及的媒体较广,技术性与实践性也较强,需要在学习中重点把握全媒体新闻采集的各种手段与方式,并对采集的流程做重点理解,而对全媒体时代几大新闻媒体采集的应用,要重点掌握。

1.1 全媒体新闻采集的定义及特点

"全媒体新闻采集"是近几年互联网新闻勃兴后才真正流行起来的一个概念,对于其内涵的深入理解,首先就要回归新闻业务的本源,对于新闻采访的含义进行一番梳理。

1.1.1 新闻采访的定义和特点

众所周知,新闻采访是报道活动的第一步,是信息得以呈现给受众的前提之一。纵观人类漫长的新闻传播活动,从口头新闻到手抄新闻、印刷新闻,再到今天的以音频、视频为传播模式的电子新闻,以及以即时、海量、多媒体为传播特点的网络新闻,新闻传播道路的起点无一不在采访上。

1. 什么是采访

"采访"一词外延很广,并非特指新闻学上的意义。从字面上看,"采"的本意为"采摘"或"搜集"。《诗经·芣苢》中所述:"采采芣苢,薄言采之"。八个字中用了三个"采"字,皆有"采摘、搜集"的含义。而"访"也是一种行为,即用语言四方打听。采访,就是用语言广泛打听,以搜集所需的信息、材料。

据史料记载,"采访"一词最早见于东晋史学家干宝所著《搜神记·序》,《晋书·干宝传》中有言:"宝撰搜神记,因作序曰:若使采访近世之事,苟有虚错,欲与先贤前儒分其讥谤。"当然这里的"采访"与如今的含义,可谓相差甚远了。

从历史上看,采访作为人类传播活动的中介,早已有之。《申报》早期主编秦理斋在他 1922 年所写《中国报纸进化小史》中就指出:商周之际,"政府已设置专官,春秋二季,出巡列邦,采风问俗,归而上诸太史。"[1]我国第一部诗歌集《诗经》,多是运用采访的方法,由古代的采诗官在各地采集民谣编集而成。明代地理学家徐霞客通过对中国各名山大川的采访,考察当地地理环境,著成《徐霞客游记》。不难看出,历史上史官等也常有此类性质的采访活动,如汉代司马迁所著《史记》,其中很大的一部分材料,是根据亲自采访得到的。朝廷为了了解下情,也常常派些官员下去采访,如唐开元年间,曾设"采访使",代表朝廷"考课诸道官人";宋朝也有"遣司勋员外郎和岘往江南路采访"的记载(见《宋史·太宗记》)。

通过上面的梳理可以看出,这种用语言广泛打听以搜集素材的活动自古就有,并且相当普遍,因此采访一词在很多场合被广泛使用。如作家体验生活、公务员搜集调研素材,公安部门搜集办案证据,甚至连历史学家记录历史的调查研究活动,也可以被称之为采访。

然而,我们需要意识到,这里所说的"采访"仅仅是最外延的理解。随着我国近代新闻事业的崛起和发展,出现了专门从事采集新闻的从业者,"采访"才真正意义上拥有了专属于新闻的内涵。

2. 什么是新闻采访

按照上面所述,"新闻采访"这一定义形成于近代新闻业崛起之时,通过这么多年来新闻学研究的发展,对于"新闻采访"的理解愈加丰富和深入。美国学者约翰·布雷迪说:"采访,就是跑腿,会见各种人物,满足好奇心。采访,就是一位知名而深不可测的妇女坐下来说:'好吧,请问吧。问什么都可以。'"[2]日本报人牧内节男概括采访就是"从对方获得写作报道的材料"。[3]

目前对新闻采访的定义较多,代表性的有:

新闻采访是一种特殊的调查性研究工作;

新闻采访是新闻工作者为搜集新闻素材所进行的活动;

新闻采访是记者、通讯员寻找和采集新闻素材的活动;

采访是采访人员用行动和意志,搜集和研究有价值的真人真事作为写作素材的一种艺术活动;

采访是新闻记者(包括业余报道者)为进行新闻报道所做的了解客观情况的活动;

采访是新闻记者为大众传播而进行的认知生活、搜集寻访新闻素材的职业

① 梁家禄等. 中国新闻业史【M】. 广西:广西人民出版社,1984
② 【美】约翰·布雷迪. 采访技巧【M】. 北京:华夏出版社,2003
③ 【日】牧内节男. 新闻记者入门【M】. 重庆:重庆出版社,1987

行为。[1]

从上可以看出,具有代表性的定义有三种:

一、新闻采访是记者认识客观实际的活动,即主观认识客观的行为活动。这一定义问题在于没有揭示新闻采访的特色之处,与其他主观认识客观的活动没有区别开来,按照这样的定义,上面所说的公安部门审核案情、公务员考察都具备这样的共性,都能算作"新闻采访",因而这样的定义是欠准确的。

二、新闻采访是调查研究活动在新闻工作中的运用。这一定义问题出在"新闻工作"的含义太广,采访、写作、编辑、印刷甚至发行都是"新闻工作",宽泛的定义背景无法对新闻采访进行准确的评价。

三、采访是新闻工作者搜集新闻素材的活动。这一定义较好地将采访与一般调查性研究区别开来,并将其放在了新闻活动的背景下,与新闻采访的内涵更为接近。

综合业界、学界的主流观点,本书这样表述:新闻采访是指新闻工作者,为了完成新闻传播活动,通过调查、访问的方式进行的新闻素材搜集职业性活动。值得一提的是,这里将新闻采访定义为一种"职业性"的活动,是由于新闻业发展日趋成熟,专业化职业化倾向越来越明显,新闻采访也越来越成为一个专属度较高的工作。

既然区别了新闻采访与一般采访,那么对于其特点,我们需要有一个明确的认识。

3. 新闻采访的特点

纵观我国各高校近几年关于"新闻采访学"的教材,对于新闻采访的特点,都有很细致的总结和表述。

复旦大学教授刘海贵将新闻采访的特点总结为:(1)目的的差异性;(2)时间的限制性;(3)项目的突发性;(4)需要的广泛性;(5)知识的全面性;(6)活动的艰辛性。[2]

华中科技大学新闻学院教授何志武则认为新闻采访的特点在于:(1)新闻采访的目的——公开报道;(2)新闻采访的过程——广泛性、伸缩性与独立性;(3)新闻采访的内容选择——新鲜性、新闻性、典型性、真实性。[3]

综上本书对于新闻采访特点的总结是:

(1)采访性质的新闻性

新闻采访是为新闻活动服务的,那么采访的主要目的就是为了满足新闻传播活动的需要,新闻性应该是其基本性质之一。新闻采访应该围绕新闻事实展开,即围绕新近变化、发展的,有其新闻价值的事实展开。

(2)采访对象的广泛性

与一般采访固定的对象不同,新闻采访的对象往往具有广泛性。各行各业、各省各地新近发生的有新闻价值的事实都可以成为新闻采访的对象。与此同时,随着传播媒介的不断发展,在时空背景下的广泛性采访也渐渐变得可能,各大报纸、电视、网站都要求记者能够采写到丰富多彩的新闻报道,这就要求记者更广泛地选择采访对

---

① 何志武. 新闻采访【M】. 武汉:武汉大学出版社,2006
② 刘海贵. 当代新闻采访【M】. 上海:复旦大学出版社,2003
③ 何志武. 新闻采访【M】. 武汉:武汉大学出版社,2006

象了。

（3）采访进行的时效性

新闻采访既是新闻活动的一个重要组成部分，同时也具备新闻活动的一个重要特征——时效性。新闻本来就是稍纵即逝的，那就更要求记者能够在短时间中，抓住机会，进行采访，获取新闻素材。特别是在网络等新媒体日新月异的今天，及时新闻已经向即时新闻发展，就对采访的时效性提出了更高的要求。

（4）采访方式的多样性

新闻采访至今已有百余年的历史，在专业日趋完善的漫长岁月里，采访手段也日趋多样化。个别访问、开座谈会、现场观察、蹲点、查阅资料、改写、问卷调查、电话采访等，都是有效获取新闻素材的方式。

1.1.2 全媒体新闻采集的含义及特点

随着网络及手机媒介的兴起，新闻传播的全媒体特征日趋明显，基于新技术、新观念下的新闻采访呈现出新特点与新内涵。近年来，一直走在全媒体征程上的烟台日报传媒集团正在探索自己的应对之策：在全媒体框架下，通过媒体深度融合，激活全媒体集群，按照信息传播规律，实现不同媒体梯次互补传播，完成对受众时间碎片的无缝覆盖。下面先介绍几个关于《烟台日报》全媒体运营的案例：①

新闻事件融合案例：网络+博客+手机报+纸媒——救火英雄曹泽露系列报道

2009 年 8 月 16 日凌晨 3 时，烟台市芝罘区瀛洲街居民楼发生大火，27 岁的法警曹泽露救火被烧成重伤。记者接线后迅速采访，水母网随即滚动发稿，形成专题，早晨的手机报快速传播，记者本人的博客稍后上传大量文图、视频。翌日，纸媒深入报道，水母网开通的网友评论还被纸媒摘录刊发。网络、手机与纸媒，媒体与读者、媒体与网友之间形成良好互动。8 月 30 日凌晨，曹泽露不幸去世，水母网快讯滚动发布，网上悼念专题配合纸媒报道，再一次形成市民关注热潮，在烟台形成媒体引导舆论的制高点。

新闻策划融合案例：报纸发起，网媒跟进；网媒展示，报纸跟进——烟台城市形象标志和宣传语征集

2009 年 4 月 27 日，《烟台晚报》发起"面向全球征集城市形象标志和宣传广告语"活动。水母网、烟台手机报迅速跟进，当天开通活动官方网站，融合由报纸的"点"延伸到网络和手机的"面"；接着，水母网对应征作品上网公开展示，随后《烟台晚报》跟进，共发稿近 30 篇。这个融合性策划，使得征集作品两个月达到 3 万多件，网络点击量高达 80 余万次，纸媒也大大提升了品牌影响力。

传播渠道融合案例：文字+图片+音视频+社区+互动——YMG 开通"烟台民意通"

2009 年 3 月 5 日，烟台日报传媒集团全新民生板块——"烟台民意通"正式开通。

---

① http://media.people.com.cn/GB/137684/11458414.html

运作方式以水母网"烟台民意通"频道为纽带,平面媒体(《烟台日报》《烟台晚报》、《今晨6点》)、网络媒体(水母网)、呼叫中心等三个业务单元互动、融合发展。在输入渠道上,网友可在水母网"烟台民意通"频道按需发布各类诉求,政府部门网上答复,市民也可直接拨打呼叫电话;在发布渠道上,网上的"烟台民意通"内容可以搬到报纸上,报纸上的线索可以进入网上的"烟台民意通"。社会各界的呼声和意见引起政府各部门高度重视,网上问题答复率超过91%。

透过上述案例不难看出,全媒体模式在媒体融合发展中至少有着三种独特的优势:一是流程优势。传统报业生产模式是"一次生产一次利用",发布渠道是单一纸媒,发布方式是"按日发稿",显然无法适应媒体融合的要求。全媒体模式变革了传统报业流程,实现了生产模式的层级开发、多次利用,发布渠道的多媒介展示以及发布方式的滚动即时播报。二是平台优势。自主研发的"全媒体采编发布系统",一个平台解决了全媒体融合发展所面临的大部分技术瓶颈。如果还是利用原有的报业采编系统,只能传送文字和图片,显然无法实现网络和手机时代的媒体融合。三是人才优势。媒体融合首先需要融合型人才。我们集团在发展全媒体战略上,第一件事就是把集团所有记者合并起来,成立统一的全媒体新闻中心,构筑一个统一的全媒体方阵。这个崭新的媒体构架形式,既利于培育全媒体人才,又利于做好全媒体报道。有了这支队伍,在媒体融合发展上就会更加从容。现在看,记者如果还是分散在各媒体,各自为政,互不通气,再好的媒体融合前景,也无法实现。

1. 全媒体新闻采集的含义

全媒体时代,"新闻采访"这一说法已经不能涵盖"新时代下新闻工作者搜集新闻素材活动"的全部内容,本书特以新闻"采集"替换了以往"采访"的说法。这里需要谈一谈采访与采集的不同之处:

从字面上看,采集在"采"的同时,更注重了"集"。以往的采访独立性较高,但搜集到的素材往往单一,为一家媒体或者一类媒体所用,比如新闻报道只能为报纸所用、音频只能为广播电台所用、视频只能为电视台所用。而如今,多媒体新闻素材的集合也成了一个重要的任务。网络作为新兴媒体,具备了信息的海量性、检索的简易性以及呈现平台的多媒体性等特征,这就给新闻素材的集合带来了天时地利。搜集来的素材无论是视觉上抑或听觉上的,或者是文字、图片抑或是视频,都可以集纳在网络平台上。如今随便打开一个门户网站,其新闻专题的制作就极其合适地反映了如今全媒体新闻采集的兴盛。

而与此同时,随着受众生活节奏的日趋加速,长篇大段的文字已不能满足信息爆炸时代受众的需求,报纸迎来"读图时代",网络也迎来了全媒体信息的集合时代,不同的信息呈现方式满足了不同受众的口味。在全媒体传播中,新闻内容生产和呈现已经成为越来越重要的环节,所以更可以说,在全媒体新闻的时代,采访依旧重要,而对信息的"整合聚集"则会提升到一个新的高度。

鉴于以上,本书认为:全媒体新闻采集是指全媒体新闻从业人员,为了给受众提供全媒体的新闻信息服务,运用各种采集手段,进行的调查访问和新闻素材集合的职业性活动。

2. 全媒体新闻采集的特点

全媒体新闻采集产生于新闻实践活动，又区别于传统的新闻采访，是建立在跨媒体、新技术的基础上产生的新型新闻采集活动。其除了具备一般新闻采访的基本特点以外，还具有一系列的新特点。

（1）采集资源的丰富性

众所周知，事实是新闻的本源，事实第一性，而新闻第二性，有了事实才有新闻。如果说新闻报道是一件已经完工的大厦，那么事实就是这个大厦的每一条钢筋，每一块混凝土板。新闻采集的目的就是在于获取事实。在以往的新闻采访中，资源往往较为贫乏，报纸记者获取到的往往只是文字的信息，电视台记者搜集到的也经常只是视频的碎片，与此同时，传统的新闻采访都是对单个个体的采访以及记者的现场观察，很难对更广更深的新闻素材做进一步挖掘。

然而，在全媒体时代，由于网络信息的丰富性及多媒体性，新闻素材也以几何倍数膨胀。由于网络的可检索性，原本单一的新闻源有了延伸的可能，通过对单一事件的检索，我们可以很轻易地找到类似事件以及事件的前因后果，这样搜集的新闻素材更为饱满全面。与此同时，与传统媒体不同，网络媒体具备更多的互动性，这使新闻采集成为了一个你来我往的双向活动，受众更方便地向新闻工作者提供新闻源头和素材，新闻工作者采集素材也更为方便。

（2）采集手段的多样性

这里所说的手段区别于上述关于传统新闻采访的方式多样性的特点。所谓手段，有综合方法和形式的意思，加入了技术的元素。与传统新闻采访比较，除了有其基本的方式以外，互联网采集、手机采集成为新的热门。

2012 年 4 月 27 日，《扬子晚报》首批 66 名全媒体记者正式上岗，每一位都配备了 32G 的 iPhone4S 手机，同时还为相应的工作团队配备了发稿和编辑视频的专用笔记本等工作设备。在中国电信 3G 网络支持下，全媒体记者将可进行全天候全媒体发稿。[①]

（3）职业要求的全能性

随着全媒体新闻的普及和社会的广泛认可，越来越多的媒体向全媒体集合发展。我们看到，以往的记者往往只是一个方面的行家，报社记者能够写出有深度的调查性报道，却无法对视频进行处理；电视台记者拍摄的画面生动精美，却无法写出客观深刻的专业报道。在全媒体时代，新的形势对记者提出了更高的要求——各项全能才足够胜任新时代的传播任务。

民国初年的著名记者黄远生曾经提出新闻记者需要具备的四能："脑筋能想，腿脚能奔走，耳能听，手能写"，基于传统新闻活动下的这四个要求，是合情合理的。然而，在全媒体时代，本书认为"四能"需要具备新的内涵：

① http://news.jxgdw.com/cm/1752736.html

脑筋能想。即要有新闻素材整合的概念，全媒体新闻记者发现新闻素材时，第一考虑的便是如何动用各种媒体对其进行挖掘和采集，并要有把挖掘过来的素材进行多媒体处理的思维和能力。

腿脚能奔走。全媒体新闻带来的是新闻广度的增加，越来越多的新闻是跨时间、跨地域的联动，这就更需要记者有行动意识，不要仅仅待在办公室里闭门造车，要更多地走进基层，走访各地，才能采集到更有价值的新闻素材。

耳能听。即全媒体记者要比普通记者更具新闻敏感。面对浩瀚的网络信息海洋，如何从中寻找到新闻点，全媒体记者需要打开自己所有的感官，充分利用网络、手机等新媒体平台，挖掘新闻资源。

手能写。从古至今，好记者的两大标准往往都是"写得快和写得好"。新时代下，记者的动手能力则更加重要，不仅仅在于写作方面，记者的手还要能拍摄、善互动、熟练操作电脑和手机制作与发布新闻。一个合格的全媒体记者势必是各种媒体设备熟练使用的"多面手"。

（4）采集活动的全民性

虽然说采集活动的主体依旧是职业记者，但全媒体下的新闻采集活动愈加呈现出全民参与的特点。随着手机等新兴媒体功能愈加强大，价格也愈加亲民，以往高端且上手难度较大的新闻采集设备，如今往往一个小小的手机就能代替，这给民众参与新闻采集带来了极大的可能。而微博的产生，更是让民众方便地参与到新闻素材的提供上来。2011年7月23日，温州甬温线特别重大铁路交通事故发生后，马上有事发动车上的乘客通过微博发出信息，事故处理中，微博成为最快捷的传播工具，也成为媒体的重要线索。

图 1-1-1　东南网"全民记者"页面

东南网于近年成立了"全民记者"的网上栏目，旨在为网友提供一个更为便捷的爆料平台，充分发挥热心网友参与新闻工作的热情。广大网友在保证新闻来源准确、内容真实可靠、具有较强时效性的前提下，可以对身边发生的新闻事件进行报道，网站将对来稿择优选登。

与传统媒体单一的民众参与手段相比，全媒体新闻的采集则更为全民性，更加丰富。

1.2 全媒体新闻采集的地位与作用

"采访决定写作"，这是新闻业界颠扑不破的真理。纵观新闻采访、写作、编辑、发行等过程，采访的基础性和决定作用实在不容低估。民国著名报人邵飘萍在其著作《实际应用新闻学》中就多次强调：在报纸的所有业务中，"以采访为最重要"，"因为一张报纸的最重要原料厥为新闻，而新闻之取得乃在采访"。西方观点普遍认为：一流的采访者必定是一流的撰稿人。不难看出，无论中国还是西方国家，都很重视新闻采访活动。

2012年4月20日，中央电视台新媒体平台中国网络电视台（CNTV）举办了伦敦奥运会的产品发布会，其将对伦敦奥运会全部5600小时的奥运赛事进行直播，其中包括在国内电视上无法看到的4000多小时的赛事直播，这也将是中国奥运报道历史上最大规模的赛事直播。在现场报道方面，中国网络电视台将和中央电视台一起，向前方派出多达500名记者和30个采访组的最庞大报道团，将在伦敦奥运会上为观众带来"在现场"般的伦敦奥运报道。① 全媒体时代，越来越多的资金、人员投入到了新闻采集这项活动中来，其重要性可见一斑。

1.2.1 全媒体新闻采集的地位

1. 全媒体新闻活动程序上，采集是起点

一般来说，一个全媒体新闻产品的产生和传播，大致要经过如下的环节：

(1)通过多媒体渠道寻找并获取新闻线索；

(2)根据新闻价值标准对线索进行判断，对符合新闻报道标准的线索采集相关的事实材料；

(3)对事实材料进行分析，提炼出恰当的新闻主题；

(4)构思出新闻报道的体裁、结构；

(5)继续深入采访弥补新闻细节，制作新闻成品；

(6)把关人进行审核；

(7)通过不同的媒体平台对外发布传播。

从环节上可以很明显看出，新闻采集在整个活动中处于起点的位置，前三个环节

① http://www.taishang365.com/news/16267896.html

都属于新闻采集的范畴,甚至构思文章的体裁和结构也是在采集中完成的。所谓新闻,就是用事实说话,那么要说话,就必须先有事实,要想有事实,新闻采集则必不可少。

2. 采集是核心环节,是新闻制作的基础

上面说过,事实第一性,新闻第二性,先有事实,后有新闻报道,这两者之间的媒介是采访,这是新闻的客观规律。采集就是一个发现事实,发现客观的过程,所以可以说,采集是整个新闻活动的核心环节,是新闻制作的基础。具体表现在:

（1）采集的事实内容决定新闻成品的内容

新闻不是写小说,也不是关在办公室的闭门造车。只有进行新闻采集,才能真正获得对客观事实的认识,才能够将认识带入到新闻作品中呈现出来,新闻作品才能真正反映事实。

（2）采集的深度广度决定了写作的深度广度

在网络新闻时代,"厚题薄文"现象在报纸中愈来愈明显,题目越来越吸引人,而文章却愈来愈短小,这是由于受众生活节奏快,社会上的信息又太过富裕,导致受众没有足够的精力去读长篇大段的文章。然而,类似于《南方周末》的深度报道类报纸却能够另辟蹊径,大行其道,其中一个很重要的原因,就在于其报道有深度有质量。而这一切,都要来源于高质量的新闻采集。

众所周知,《西行漫记》和《中国的西北角》是反映我国抗战时期的著名新闻作品,作者埃德加·斯诺和范长江正是在深入"红区"和我国西北地区实地采访后,才有了一系列震撼人心的报道。全媒体时代,对于信息的搜集则更要显示出时间上的纵深,地域上的广泛,这样制作出来的新闻成品,受众才愿意消费。

（3）采集的形式决定制作的形式

上面说过,全媒体采集的一大特点就在于采集手段的多样化,即可通过各种设备、各种方式获得各种形式的新闻素材。内容决定形式,形式服从内容,有什么样的内容,就会以什么样的形式出现。可以说,有什么样的素材就会有什么样的新闻产品出现。

不同媒体采集出来的新闻素材,其特点和所运用的范围也是不同的。文字素材通常可以用来制作文字报道或者视频新闻的同期声,音频素材通常可以制作电台报道,也可以发布在手机媒体上,而视频素材则可以广泛运用于电视新闻还有网络多媒体新闻上。

再以《烟台日报》为例,烟台日报传媒集团的全媒体采编中心,通过多媒体的新闻采集,实现了新闻信息"一次采写,多次传播,不断增值"的需求,并通过网站、手机报、传统报纸、数字报刊以及多媒体视屏（视频）进行多级发布。可以看出,采集的素材形式决定了制作的形式。

新闻业界有这样的一句老话:"新闻七分采,三分写"。诚然,采访到位了,相关的、一般人很难意识到、挖掘到的素材得到了,新闻的主题和形式自然明了,剩下的制作工序就自然流畅了。当然,这并不是说新闻制作并不重要。在采访的素材成为新闻成品这样的过程中,制作是必经阶段和必不可少的手段,采集的素材也要经受制作的检验和制约,新闻制作对于新闻采集是有反作用的。对于新闻制作,在后面会有详细

论述,这里不再展开。

1.2.2　全媒体采集的作用

既然采集在新闻活动中占据了举足轻重的地位,那么其作用究竟表现在哪几个方面呢?

1. 找寻素材源头

所谓的素材源头,可以称之为"新闻点",也就是通常所说的"发现线索",这是一个记者进行新闻采集的出发点。每天我们都面对着浩如瀚海的信息社会,大量的线索充斥着新闻的世界,如何从中找到符合新闻价值、适宜传播的新闻素材,这是新闻采集最先要回答的。

传统媒体当道的时代,新闻线索的获得往往通过人际传播,即口口相传的模式,记者通过各种渠道获得了某个线索,并对此进行深入采访,抑或公布报社电话,对提供线索者提供奖励,这样的方式一方面造成线索来源单一,新闻素材质量不高,另一方面也很容易带来新闻失实的困境。而在全媒体时代,素材的找寻方式变得更为多元和高效。

随着网络技术的日渐完善,媒体与受众的互动也愈加频繁,记者往往能够通过QQ、MSN等即时聊天工具与受众进行交流,获取新闻素材,与此同时,各大媒体也都拥有网络版,开通了相关的线索提供通道。另一方面,论坛、博客以及微博等基于Web2.0技术的新型网络产品的出现,也给新闻线索的收集带来了极大的方便。2011年,伊朗大选事件中,CNN正是因为忽视了Twitter在报道突发的世界性大事中发挥的作用,由此遭遇了前所未有的尴尬,在全世界的媒体和网站对伊朗选举导致街头抗议进行报道的时候,CNN却对伊朗的情况毫不知情。而就在事发当天,Twitter上的报道如火如荼,吸引了网民的追捧。

2. 获取感性材料,增加感性认识

不难理解,新闻采集的最主要的作用就在于获得感性材料,增加记者对新闻素材的感性认识。而所谓感性材料,即记者直接通过采集耳闻目睹的事实,具有第一手的生动性、客观性。可以说,感性材料的丰富与否直接关系到新闻产品的制作。

"如果你的照片拍得不够好,是因为你离得不够近。"美国摄影记者罗波特·卡帕的这句名言同样适用于新闻采集方面。传统媒体时代,记者进行新闻采访,获取感性材料的最主要手段便是深入现场。大家都熟悉的记者间丘露薇,正是多次深入战争现场,才为其赢得"战地玫瑰"的美誉:2001年美国攻打阿富汗塔利班,她是全球首位进入阿富汗腹地喀布尔采访的华人女记者,在2002年2月和2002年底,又两度前往阿富汗采访,成为唯一一位三进阿富汗的华人女记者。2003年伊拉克战争爆发,美军轰炸巴格达时,她是在巴格达市区进行现场报道的唯一的华人女记者。可以说,记者正是要直面现场的一个职业。

而全媒体时代,获取感性材料,增加感性认识则显得更为重要。由于新媒体的广泛应用,媒体技术的突飞猛进,受众已经习惯了坐在电脑或者手机前获取信息,虽然媒

体一再给受众创造第一现场感,如网络直播、场内外互动等,但都无法弥补受众的感性信息的缺失。全媒体记者却是能够直面第一现场,获取第一手材料的最核心人选。此外,多媒体的采集方式也使获取的感性资料更为多元,更为生动,而后的新闻制作也更为客观和可信。

全媒体新闻时代,并非表明记者可以待在办公室里,只在网上搜资料写文章。而是更要注重第一手资料的获取,更需要要求记者通过多媒体的采集手段,对现场素材进行挖掘和还原,可以说,这方面的作用在新的时代会愈加重要。

3. 锻炼记者素质,培养新闻敏感

新时代下,全媒体新闻采集对新闻工作者提出了更高层次的要求。以往,一个笔记本一支笔就能跑新闻的情况一去不复返。"肩上扛着摄像机、胸前挂着照相机、口袋里装着手机、背包里是无线上网本、手上拿着录音笔……他们既是记者、编辑,也可以是播音员、主持人;既可以为报纸工作,也可以是电视台、网站、电台的记者……多么神奇的一个职业,他们什么都会,无所不通、无所不能,简直就是万能记者,记者中的战斗机。"这是网络上对于全媒体记者的一段评价,而这描述的就是全媒体记者新闻采集时的真实情况。

《杭州日报》的"全媒体记者"张蔚蔚在一篇文章中这样描述她的工作状态。[1]

"一个周六下午3点,我接到一个线人电话,杭州发生重大自来水事故:千吨沙山压爆城北主进水管,城北大面积停水。时值周末,出事地点在城郊结合部,这时叫摄影记者赶来,时间来不及,现场新闻肯定没了。我像往常一样,操起摄录机坐了1个多小时车赶往出事地点。我抢到了第一手的照片和视频。拍了半小时后,现场就是另一种场景了。接着,我开始文字内容的采访。当晚回来,我先写供报纸刊发的文字稿,然后剪辑视频,当天就把视频和照片上传到杭州日报网,这时已是晚上10点。"

这样的例子在今天的全媒体环境下,显得极其常见。采集手段越来越先进,然而记者却越来越繁忙,越来越全能。通过一系列的全媒体新闻采集,记者能够积累大量的新闻素材和经验,与此同时对于各类新闻的敏感度也能够得到很大的提升。毕业生进入媒体实习的第一件事就是跑新闻,原因就在于此。

1.3 全媒体新闻采集的基本流程与要求

介绍全媒体新闻采集的基本流程和要求之前,我们依旧以烟台日报传媒集团的全媒体中心作为案例:[2]

2009年4月18日早9:00,烟台旅游大世界试营业。本刊记者随同烟台日报传媒

---

① http://news.xinhuanet.com/newmedia/2010-07/25/c_12370843.htm
② http://media.people.com.cn/GB/40628/9303104.html

集团三名记者杨诗星、邵壮、权立通,体验全媒体采访。

旅游大世界试营业是一个可预知的事件性报道。此类采访一般由两到三人组成一个小型团队进行。而对不可预知的突发事件,常见情况则是一名记者拿上摄像机直奔现场。

事件性新闻不需要太多策划。然而,全媒体新闻中心成立之后,策划却成为新闻生产一个重要环节。新闻中心和各报编辑部都是重要策划者。

编辑部策划的内容直接与全媒体新闻中心对接。各报编辑部会给新闻中心下"订单",沟通所策划稿件的风格、形式以及具体写作要求。相比采编合一之时,当前提交给新闻中心的策划案更丰富、细致、详尽。独立策划正是使一报区别于他报的重要方面。

同时,新闻中心也直接策划各项报道。在新闻中心办公室里,总监滕岳向我们展示了厚厚一叠的策划案。一些重大采访活动,往往也需要新闻中心直接根据各报特点策划不同的报道方案。日常工作中,记者自身也可以参与策划。

三名记者抵达现场的第一件事便是在初步了解情况的基础上,向集团网站水母网和手机报上传递现场快讯和照片。当天上午8:58,邵壮向水母网发出首条快讯和若干图片,报道旅游大世界正式开放的消息。然而,并非所有新闻都会第一时间在网上发布,可以保证独家的新闻,则直接在第二天的报纸上与读者见面。

在采访现场,三名记者有明确分工——权立通出镜采访,邵壮摄像兼摄影,杨诗星做文字记录同时摄影。前期采访看来与普通电视台记者采访没有区别。在一个多小时的时间里,三名记者共同采访旅游大世界董事长、前来购物的普通百姓。整个采访由权立通提问,邵壮摄像,杨诗星做文字记录。随后,三名记者来到旅游大世界门前,权立通进行简单的现场播报。邵壮则同时补拍现场镜头。

上午10:22,邵壮向水母网发出第二条快讯:既介绍了记者观察到的现场情况(如哪些展区受到市民青睐),又如实报道了市场负责人对客流量的估计,同时交代了市委市政府开办这一市场的目的和意义等新闻背景。

至此,视频采访基本完成。然而,三位记者并未打道回府。相反,三人开始分头采访。(接到任务后,三人已经进行了简单分工,他们将分别为《烟台日报》《烟台晚报》和《今晨6点》写稿)。分头采访完成后,各人将独立完成自己的稿件。

采访既"合"且"分"在一定程度上降低了同质化的可能。同时采访的记者并不能看到他人稿件,但会对基本的数字和名称进行核实。

事实上,新闻中心运作之初同质化严重,烟台日报传媒集团因此加大调度,一是强化特定供稿;二是各媒体选稿必须与各媒体定位相符合。

在新的流程设置上,新闻中心稿件流通到各媒体是通过"两条线",一是待编稿库,主要是各报通用稿件;另一个是特定供稿,设定保护期,只有特定媒体才能选用。特定供稿的内容分为以下几类:一是新闻中心认为适合某一特定媒体的稿件;二是由各媒体策划,交由新闻中心执行的稿件;三是各媒体特有的栏目稿件;四是言论。

就在全媒体新闻中心的"挑错栏"上,本刊记者看到评报员对一篇稿件同质化倾向的提醒。在烟台日报传媒集团,处处可见对同质化的警惕。

回到报社,记者将视频素材交给全媒体新闻中心的信息部处理。信息部将这些素材转换成数字格式后拷贝给三位记者。记者通过这些视频素材,整理采访内容,并写成文字稿件。同时,信息部将对此进行编辑,提交水母网发布。

杨诗星说,经过一段时间适应,按照新模式采访并没有感觉增加太大负担。但在总监滕岳看来,新闻中心"很累",它要求大量的"跨界合作"和沟通。沟通的责任落在从前方到后方的各个方面:后方编辑需要面对全集团70余名记者,了解其各自特点和擅长的报道领域;同时,由于分属不同部门,编辑部门负责人不可能就稿件问题直接把记者叫来当面修改,原有"编辑部主任—记者"的沟通链条演变成:"编辑部主任—新闻中心采访部门主任—记者"。环节越多,沟通无效的几率自然越大,对沟通双方素质的要求也越高。能否持续成功地实现有效沟通,也是全媒体运作模式面临的重大挑战。

(《一个新闻事件的全媒体采访体验——全媒体运作过程分析》,张垒,《中国记者》,2009年05期)

1.3.1 全媒体新闻采集的基本流程

全媒体新闻采集虽然是整个新闻制作活动的一个环节,却有着系统而又复杂的环节。从大方向上看,全媒体新闻采集与普通新闻采集的流程基本类似,但由于所借用的媒体和技术较多,所需的新闻素材也更为广泛,全媒体新闻采集的流程较之其他要更加丰富。

1. 寻找新闻线索

20世纪80年代,西方信息理论传入,恰逢邓小平"开发信息资源,服务四化建设"题词的公布,我国掀起一股"信息热"的浪潮。时隔三十多年,我国信息化的发展呈现出突飞猛进的态势,"地球村"的概念也逐渐深入人心。我们知道,记者是新闻信息采集的职业人,在信息化的今天,记者更需要有着强大的寻找新闻线索的能力。

所谓线索,即事物发展的脉络或者探求问题的途径,如果说众多的新闻素材是一篇广阔的海域,那么新闻线索就是辽阔海域中的灯塔,是新闻工作者在大千世界中发现新闻的信号和方向。可以说,发现新闻线索是正式进入采集的前奏,是采集成功与否的前提和保证。传统观点认为,新闻报道线索的来源主要有两个:一是编辑部下达的采访任务,即从上面获取的线索,比如一些大型且重要的会议,都会邀请相关媒体参加,一些突发的事件也会要求记者进行采访。二是记者通过各种渠道获得的报道信息,而这也是一个全媒体记者最主要的线索搜集的方式。网络时代下,信息能够广泛而又快速的传播,记者的面前并不缺乏新闻线索,然而真正有用的线索往往表现为事实发生的简短信息或信号,通常新闻要素不全,稍有不慎,一个好的新闻线索就会从我们的眼前消失,所以,寻找和鉴别新闻线索是一项考验记者职业水平的基础性工作。

如何发现新闻线索?这往往是一个记者最为头疼的问题。有人将发现新闻线索的途径归为以下几类:

（1）在日常工作中发现新闻线索。即记者要深入各行各业的最前沿，了解实际情况，倾听群众呼声，搞好调查研究，与此同时，认真学习党和政府的各项政策方针，从中寻找新闻线索。

（2）在日常生活中发现新闻线索。即在生活中细心观察，留心生活中的新变动，做"24小时"记者。

（3）在会议中发现新闻线索。即深入会议，从会议中发现与众不同的新闻点，同时跳出会议，在大背景下寻找新闻线索。

（4）从朋友中发现新闻线索。即从通讯员朋友中获取各行各业的第一线信息，从专家朋友中获取某一领域专业的信息，从广大群众朋友中获取现实社会的信息。

（5）从新闻媒体的报道中发现新闻线索。即从现有报道的素材中发现是否有更重要的新闻价值被埋没的情况；某些已经以简短方式报道的新闻事件或新闻人物，是否有值得深挖的地方；对现有报道的背景性信息、相关性信息进行横向和纵向的延展，是否发掘出新的新闻。

（6）在博客中发现新闻线索。即将博客纳入监控视野，一旦发现新闻线索就立即跟进。

（7）从受众的反馈中发现新闻线索。即从群众的来稿、来电、来信、来访以及电子邮件中发现新闻线索。

（8）从新闻热线中发现新闻线索。即通过在媒体上公布新闻热线来获取更多的新闻线索。[1]

当然除了以上的线索发现方式外，全媒体新闻采集还具备其他几种线索搜集方式：

（9）从论坛中发现新闻线索。所谓论坛，又名网络论坛BBS，全称为Bulletin Board System（电子公告板）或者Bulletin Board Service（公告板服务），是Internet上的一种电子信息服务系统。它提供一块公共电子白板，每个用户都可以在上面书写，可发布信息或提出看法。它是一种交互性强，内容丰富而及时的Internet电子信息服务系统。用户在BBS站点上可以获得各种信息服务，发布信息，进行讨论、聊天等等。

论坛就其专业性可分为以下两类：一是专业类论坛，以讨论专业领域问题为主的论坛，一是综合性论坛，综合类的论坛包含的信息比较丰富和广泛，能够吸引几乎全部的网民来到论坛。从我国来说，天涯、猫扑等都是此类论坛。这类论坛人气最旺，最受全国网民关注，同时也是新闻素材，特别是社会新闻素材最为丰富而又独家的地方。纵观这几年新闻热点，很多都是源自论坛上面的发帖。

2009年9月　"钓鱼执法"
2009年10月　史上"最牛团长夫人"事件
2009年9月　百万网友朗诵诗歌"我爱我的祖国"
2009年8月　三元养老：引爆农村养老潜规则

---

①　许向东，刘学义．新闻发现、采集与表达【M】．北京：中国人民大学出版社．2007

2009 年 8 月　500 万悬赏征清官

2009 年 8 月　重庆打黑风暴

2009 年 8 月　进入"被时代"

2009 年 6 月　周森锋市长硕士论文涉嫌抄袭事件

2009 年 4 月　王帅跨省追捕事件

2009 年 10 月　罗彩霞冒名顶替案①

　　猫扑网(英语:MOP)的雏形是猫扑大杂烩,是一个具有一定影响力的简体中文网上论坛,于 1997 年 10 月建立,2004 年被千橡互动集团并购。猫扑网成立至今,经过短短十余年的发展,目前,它已发展成为集猫扑大杂烩、猫扑贴贴论坛、资讯中心、猫扑Hi、猫扑游戏等产品为一体的综合性富媒体娱乐互动平台。该网站中发明了许多网络词汇,是中国大陆地区网络词汇的发源地之一,为大陆地区影响力较大的论坛之一。②

　　通过上面,我们不难看出,许多被各大媒体争相报道的新闻,其来源都是这些论坛。一个全媒体记者,要学会逛论坛,从这些聚集了社会各阶层的网络社区中寻找所需要的新闻元素。

　　(10)从微博中发现新闻线索。微博是近两年才流行起来的一种新型网络形态,顾名思义即微型博客(MicroBlogging),是基于有线和无线互联网终端发布精短信息供网友共享的即时信息网络,由于用户每次用于更新的信息通常限定于 140 个字以内,故此得名。③

　　最早也是最著名的微博是美国的 Twitter,相关公开数据表明,截至 2010 年 1 月份,该产品在全球已经拥有 7500 万注册用户。2009 年 8 月份中国最大的门户网站新浪网推出"新浪微博"内测版,成为门户网站中第一家提供微博服务的网站,微博正式进入中文上网主流人群视野。

　　从 2007 年中国第一家带有微博色彩的网站饭否网开张,到 2009 年,微博这个全新的名词,以势如破竹的姿态扫荡世界,打败奥巴马、甲流等等名词,成为全世界最流行的词汇。伴随而来的,是一场微博世界人气的争夺战,大批名人被各大网站招揽,各路名人也以微博为平台,在网络世界里聚集人气,同样,新的传播工具也造就了无数的草根英雄,从默默无闻到新的话语传播者,往往只在一夜之间、寥寥数语。2009 年 7月中旬开始,国内大批老牌微博产品(饭否、腾讯滔滔等)停止运营,一些新产品开始进入人们的视野,像 7 月开放的叽歪,6 月份开放的 Follow5,7 月份开放的 9911,8 月份开放的新浪微博,其中 Follow5 在 2009 年 7 月 19 日孙楠大连演唱会上的亮相,是国内第一次将微博引入大型演艺活动,与 Twitter 当年的发展颇有几分神似。

　　2010 年国内微博迎来"春天",微博像雨后春笋般崛起。四大门户网站均开设微

①　http://baike. baidu. com/view/5437. htm

②　http://baike. baidu. com/view/3661. htm

③　喻国明,欧亚,张佰明,王斌等. 微博——一种新传播形态的考察【M】. 北京:中国人民大学出版社,2011

博。根据相关公开数据,截至2010年1月份,该产品在全球已经拥有7500万注册用户。

中国互联网络信息中心(CNNIC)发布的《第28次中国互联网络发展状况统计报告》显示,2011年上半年,中国微博用户从6331万增至1.95亿,增长约2倍。该《报告》指出,中国互联网的普及率增至36.2%,较2010年增加1.9%。

2011年上半年,我国微博用户数量从6331万增至1.95亿,半年增幅高达208.9%。微博在网民中的普及率从13.8%增至40.2%。从2010年底至今,手机微博在网民中的使用率比例从15.5%上升到34%。

至今,新浪微博用户数超过1亿,得益于抢占了先机,而且在整体的战略执行上也比较彻底到位,所以获得了现在的地位。仅仅两年时间,新浪微博就为新浪生下了一个价值几十亿美金的"金蛋"。

而另一个微博巨头——腾讯微博,也呈现出发展迅猛的姿态,腾讯拥有近5亿的QQ注册用户,2亿左右的活跃用户。这部分人群很容易受潮流趋势的影响,开通腾讯微博。用户通过腾讯微博能够与QQ好友和腾讯微博上的其他用户进行信息的分享。

另外它还是重要的推广渠道。企业用户通过注册腾讯官方微博,得到认证后,能够迅速的扩大企业的知名度。个人用户通过腾讯微博,也能在微博平台进行个人推广。目前,很多的社会事件揭露都来自于微博平台。

高校教育平台也随之建立,如腾讯微博校园上的高校新闻微博体系的发展,加快了中国教育事业信息化发展的步伐。

2012年1月,中国互联网络信息中心(CNNIC)报告显示,截至2011年12月底,我国微博用户数达到2.5亿,较上一年底增长了296.0%,网民使用率为48.7%。微博用一年时间发展成为近一半中国网民使用的重要互联网应用。

有人说,2010年是中国的微博元年,那么2011年就是中国的微博壮年。[①]

微博客"草根性"较强,且广泛分布在电脑桌面、浏览器、移动终端等多个平台上,有多种商业模式并存,或形成多个垂直细分领域的可能,但无论哪种商业模式,都离不开用户体验的特性和基本功能。

(1)信息获取具有很强的自主性、选择性,用户根据自己的兴趣偏好、信息发布内容的类别与质量,来选择是否"关注"某用户,并可以对所有"关注"的用户群进行分类;

(2)微博宣传的影响力具有很大弹性,与内容质量高度相关。其影响力基于用户现有的被"关注"的数量。用户发布信息的吸引力、新闻性越强,对该用户感兴趣、关注该用户的人数也越多,影响力越大。此外,微博平台本身的认证及推荐亦有助于增加被"关注"的数量;

(3)内容短小精悍。微博的内容限定为140字左右,内容简短,不需长篇大论,门

① http://www.xatvs.com/readnews.php?id=49859

槛较低;

（4）信息共享便捷迅速。可以通过各种连接网络的平台,在任何时间、任何地点即时发布信息,其信息发布速度超过传统纸媒及网络媒体。

上述一系列的特点都为通过微博发现新闻线索获得了可能性。从近几年的热点新闻事件来看,有不少都是从微博上被发现的。如2011年下半年轰动全国的"八毛门"事件,就是典型的由网友在微博上爆料,相关媒体才进行跟进的公共医疗事件。

新闻链接:

4月18日消息,新浪微博今日联合70余家媒体共同推出微博爆料平台,用户可以在爆料页面通过发布微博的方式向媒体直接爆料。

TechWeb发现,微博爆料平台目前属新浪新闻中心一个下级页面,进入页面可见一幅中国地图,按照省、直辖市地域划分媒体分布,媒体数量共计70余家,仅港澳台、青海、西藏几地没有设置媒体分布。

微博用户可以点击任意城市查找当地媒体,通过填写事发时间、地点、主题、内容元素生成爆料微博,微博提交后可在用户首页显示爆料内容。此外,该功能还支持匿名投递,实名投递时新浪微博承诺"会保护用户隐私"。（来源:和讯网）

当然,我们也需要明确的是:由于微博的匿名性和140字的简易性,由网民发布的新闻线索可能存在夸张或者失实的情况,记者要进行核对与证实,切勿信谣、传谣。

2. 进行采集策划

寻找到新闻线索后,最关键的便是对整个采集活动进行一个周密的计划。全媒体采集的核心是借助多媒体对新闻素材进行深度且全面的挖掘,策划必不可少。

（1）明确采集目的、对象

所谓目的与对象,是基于对新闻线索有了一定了解后,深入思考的结果,只有对上述两个方面有了清醒的认识,才能真正确立新闻的内容,所以全媒体记者在进行采访前一定要问自己两个问题:"采访谁"以及"为什么采访?"

（2）明确采集内容和媒体

确定采集的内容还有为哪些媒体采集,这是全媒体新闻时代采集的关键。内容的确立,首先取决于设备上是否具备了进行新闻传播的条件,依据这些条件才能确定传播内容,比如适合于在报纸刊发的就要用报刊,适合于广播的用广播,而适用于电视的素材则用于电视。其次要考虑到受众的心理接受能力,要合乎常理。

与此同时,全媒体时代一个重要特点就是要针对不同媒体,进行不同的采集模式。这个要在采集策划中有重点的体现。为报纸采集要注重文字素材的搜集,需要有详细的背景资料,现场的文字还原。而为电视、广播采集时,就需要现场的实时音画资料。而为网络采集时,上述这些都要全面地呈现。

（3）明确采集的具体流程和人员安排

全媒体新闻采集不是一个记者的单打独斗,也不是浏览一个小时网页就可以完成的简易型工作。一个完整而又有深度的全媒体采集一定是有着详细而又具体的流程的,这是全媒体新闻记者的思路所在,按照流程一步步走,才会不慌不乱地把每个新闻素材都完整采集好。

而全媒体采集有时候是一个需要合作的团队行动,对于一些突发性的新闻,新闻素材爆炸式的产生,往往更需要多人进行同步采集,如何安排好每一个人的任务,成为人员安排的关键。

3. 进行采集前准备

俗话说,不打无准备之仗,全媒体采集成功与否取决于准备是否充分。对于新闻采集的准备,主要分为如下两个部分:

（1）主观上的准备

所谓主观上的准备,即记者的心理准备和知识背景准备。记者工作辛苦这是众所周知的,全媒体记者更是要做工作上的多面手,其中的艰辛可想而知,一个合格的全媒体工作者往往有着良好的心理素质,在对待采访任务时,能够调节好心态,做好充分的思想准备,对于面临的困难和危险,有着"不抛弃,不放弃"的乐观精神。

而知识背景的准备则是记者了解新闻素材的重要手段。曾经采访过邓小平的著名记者法拉奇有一个近乎苛刻的习惯,在每次采访重要人物前,她都会把自己关在书房里长达半个多月,翻阅一切关于采访对象的资料、书籍,正因如此,她在采访时的每一个问题都是一语中的,充满了睿智和经典。全媒体时代,新闻素材更为丰富,而关于新闻的背景也更容易进行搜集,这为全媒体记者的知识背景准备带来了极大的方便。

（2）客观上的准备

所谓客观的准备,便是指相关设备、物资的准备。全媒体的采集要调动大量的媒体采集设备,如录音笔、摄像机、数码相机,甚至为了直播,还要调动直播车等重型设备,这一切都需要在采集前做好策划,准备好,才能保证采集的顺利进行。

4. 正确实施

一切准备就绪后,就进入采集的真正实施阶段,具体方式或者方法在后面会有详细叙述,这里需要提醒大家注意两个方面的问题:

（1）把握采集时机

采访并非越早越好,而是要寻找合适的时机,才能获得最好的效果。比如我们经常看到,某个国际性田径比赛结束后,当运动员们冲线过后气喘吁吁之时,不少记者拿着话筒、笔记本就直接迎了上去,采访对象往往顾不得回答问题便匆匆离去,这样很多很好的采访机会就白白丧失了。

新闻事件的本身就是一个过程,有些能够预见,而有些却是突发的情况,那就更需要找好时机,果断下手,既不太早,也不过迟,这样采集的新闻线索才能够新鲜且全面。

（2）冷静应对突发情况

的确,新闻采访是一个有策划的活动,前期必要的准备必不可少,这能够使采集任务更为清晰与顺利,然而新闻事件却并非是经过策划的,有很多不可预知的情况正等着全媒体的记者们去应对。

这里所谓的突发情况大致包括两个方面:其一,新闻事件本身的突发情况,随着交通通信的发达,全媒体新闻更多地走向了新闻现场,即时的新闻采集需要记者对于突

发的新闻点有敏感的认识,不能一味按照原本的策划进行,而要根据新的情况进行进一步的安排。其二,全媒体采集方面的突发情况,由于全媒体采集涉及人员较多,设备也较为丰富,这就容易出现硬件问题,如何解决这类问题,成为处理突发的关键,特别在需要把握采集时机的时候,更要果断处理,通过其他媒体采集手段,来规避硬件问题所带来的损失。

1.3.2 新闻采集的基本要求

1. 培养全媒体多样化采集的意识

这里所谓的全媒体多样化指的是全媒体时代新闻素材的采集方式多样化,尽可能运用到现有的各种媒体,采集多种类型的素材,当然,这是全媒体时代一个明显特征和必然趋势。

这种趋势包含两个方面,其一是新闻文体的采集多样,从传统型消息到通讯,再从网络中的博客以及微博,都是采集的来源,而新型的采集方式如短信采集、邮件采集、微博采集、交友工具采集等也是趋势之一。而另一方面则集中表现在视频、音频的多种采集方式上,为了应用于不同的视听媒体,记者采集视频音频素材则要借助不同的采集工具。

所以全媒体时代的新闻记者需要具备这样的意识:即当面对一个新闻点时,不能从老视角出发,仅仅想到服务于报纸,而忽略了新闻的"三维"感官,不能用老手段采集,仅仅靠一本笔记本一支笔,只采集文字素材。而是要更多地考虑,这一新闻点的全媒体价值在何处,应该怎样调动多个媒体进行采访。

2. 掌握新闻采集的数字化、网络化技能

如今,新闻采集所需要的技能已经不是以往简单的"耳能听,手能记,腿脚能奔走"的初级阶段了,一个合格的全媒体记者要求的是"用得了笔,拍得了照,扛得了摄像机,用得了录音器",要对如今所有的媒体采集设备和技能有着深入的了解和熟练的操作。

所谓数字化是相对于传统的采集手段而言的,这是全媒体时代采集手段的主要特征。在全媒体时代,记者需要对采集文字、音频、视频的相关设备全面学习,这样才能真正面对新闻现场,真正做到无缝采集。

而网络化技能主要是全媒体记者的新闻源,搜集方面要学会利用网络,寻找新闻的源头。以往的新闻来源单一,新闻采集效率不高,而在全媒体时代,网络成为新闻曝光的一个重要平台。全媒体记者要学会运用论坛、微博、博客等 Web2.0 的新兴功能寻找新闻线索,同时也要利用其他网站的整合能力,进行素材的采集和加工。

3. 注意鉴别新闻线索的质量和真伪

这是对新闻工作者亘古不变的要求,而在全媒体时代,它被提到了一个前所未有的高度。众所周知,全媒体时代是顺应网络的发展而到来的,网络在提供了一个迅捷丰富的资讯世界的同时,其匿名性也造成了很多信息的虚假和夸张。全媒体记者接触的是一个各种媒体混杂的"三维世界",丰富而又直观的信息刺激着全媒体记者的职业神经,然而这个世界仍旧区别于真实的世界,也存在着与真实世界有出入的地方,这就需要全媒体记者睁大眼睛,利用自己的知识和经验对于丰富的新闻素材进行认真的鉴别,将虚假的信息排除在传播的通道以外。与此同时,伴随着网络的兴盛,眼球经济也日渐高涨,以耸人听闻的标题博人眼球的网络新闻比比皆是,这就更需要全媒体记者保持新闻工作者的客观性,还原事件的真实面貌,以多角度进行客观的呈现。

1.4　文字新闻素材的采集

前面我们对全媒体采集概念以及流程进行了一个大致的梳理,下面的几节内容将对各类型素材进行细分介绍。众所周知,新闻工作从其产生到如今的兴盛,虽然经历了漫长的岁月,但有一点一直贯穿于核心,即文字的力量,可以这样说,有了文字才有新闻,无论新闻的表现形式多么丰富,变化多么频繁,文字都需要贯穿于其中。

所以,对于文字新闻素材的采集,一直是新闻采集工作的重中之重。首先,通过一个案例来看一看文字素材的巨大能动力:

平潭大开发　共筑两岸人民美好家园

本报讯(记者 兰锋 王凤山)　平潭距离台湾新竹68海里。昨日,在这个祖国大陆离台湾本岛最近的地方,有两个交通基础设施项目开工。通过这两个点,大陆与台湾岛的时空距离将大大缩短,两岸人民共筑美好家园的愿景又近了一步。

一个是福州至平潭铁路。这是规划中的北京至台北铁路在大陆的最末端,未来将从这里通过两岸海底隧道直达台湾。

另一个是海峡高速客滚码头。码头投入营运后,将争取开辟对台高速客滚航线。届时从平潭到基隆3.5个小时,到新竹仅1.5个小时。

作为海西战略的重要突破口,平潭开放开发牵动着方方面面。福建省把推进平潭开放开发作为加快建设海峡西岸经济区的重要抓手,提出要积极探索"共同规划、共同开发、共同管理、共同经营、共同受益"的两岸合作新模式,努力打造两岸人民共同家园。

美好家园需要两岸携手共筑。一年多来,平潭基础设施建设全面推进,开放开发环境不断优化。今年5月,福建经贸代表团赴台发布了推动平潭开放开发十项政策,岛内外各界积极响应。台湾一批重要工商企业、行业团体、高等院校纷纷组团前来考察。台湾远雄集团和世贸集团的"海峡如意城"、台湾协力集团的微电子产业园等项目先后落地开建。平潭还与台湾新竹市政府、新竹观光旅游协会、物流协会等达成了合作意向。台湾四大工程顾问公司共同组成平潭开发投资筹备小组,将在打造平潭智慧岛、信息岛、低碳经济岛等方面进行合作。此外,新加坡金鹰集团等海内外企业也纷至沓来。

昨日,由台湾协力集团等投资57亿元的协力科技产业园同时开工;台湾世新大学、台湾东森集团与福建师范大学等合作的福建海峡学院正式签约。

在开工现场，来自台湾投资方的福建海峡高速客滚航运公司总经理叶华陶表示："未来平潭—台湾航线的开通，对福建乃至两岸航运来说是一次革命，它将推动两岸交流合作向更高层次迈进。"

"平潭是一片创业热土，等基础设施完善后，这里将成为两岸交流的重要纽带。"协力科技产业园光导体项目总经理陈孟邦说，近来不少台湾朋友打电话向他了解平潭发展情况，并表示了考察投资的浓厚意愿。

就在22日落幕的第六次"陈江会"上，又一批两岸合作协议签署，跨越台湾海峡的交流合作更加热络。平潭这块大陆距离台湾最近的热土，将更加引人注目。人们期待，平潭真正成为两岸人民共同构筑的美好家园。

（本消息荣获第二十一届中国新闻奖报纸消息类作品一等奖）

附件2

中国新闻奖参评作品推荐表

作品标题	平潭大开发 共筑两岸人民美好家园		参评 项目	报纸消息
作　者	兰锋　王凤山	责任编辑		王国萍
刊播单位	福建日报	首发日期		2010年12月26日
刊播版面 （频道、栏目）	2版	作品字数 （时长）		960字
作品评介	平潭开放开发是党中央、国务院的决策，是海峡西岸经济区建设的重要抓手之一。文章站在促进祖国统一的高度，选取平潭拉近两岸距离这一角度，从其具有代表意义的铁路、港口两个基础设施项目切入，既阐述了平潭开发的重大意义，又描绘了当前建设的火热场景；既体现了大陆同胞全力以赴促进两岸交流，又反映了台湾民众对平潭建设的热烈呼应，说明祖国统一乃人心所向、大势所趋。			
采编过程	去年12月25日，渔平高速、平潭海峡大桥开通之际，平潭再次安排11个重大项目动工建设。得知情况后，记者第一时间前往11个部门、单位、工地，进行深入采访，掌握翔实资料。如果按常规写法，每个项目一一报道过去，那么这篇文章就没有亮点。在与报社编辑的反复沟通下，决定选取对台交流这一主题，突出平潭"五个共同"。文章在采写过程中，几易其稿，在编辑的精编下，文章逻辑更加严密、表达更扎实而富有张力。			
社会效果	文章见报后，有多重要门户网站给予转载，在海峡两岸引起较大反响，机关于称称，该报道角度好，以实实在在的项目体现打造"两岸同胞共同家园"这一开发主题，为平潭营造了良好的舆论氛围。在闽台商告诉记者，共筑两岸人民美好家园的内容，让我们看了倍感温暖。同时文中体现的平潭开发情况，也让台湾各界看到了大陆推动两岸交流的决心，让想来平潭投资兴业的台湾人更有信心。			
推荐单位意见 领导签字： （盖单位公章） 2011年5月11日			报送单位意见 领导签字： （盖单位公章） 2011年5月11日	
联系人	兰锋	手机	电话	059187095982
地址	福州市华林路84号福建日报		邮编	350003

图1-4-1　中国新闻奖参评作品推荐表

从消息正文以及作品推荐表中的"采编过程"中我们能够看到，一个好的新闻作品，对于文字素材的采集必不可少，这篇不到千字的报道是两位记者采访了11个部门、单位、工地进行深入采访的结果，足见文字素材的力量。

1.4.1 文字素材采集设备

传统媒体时代,文字素材采集的设备往往仅限于记者的手和笔,通过誊抄、记录的手段将文字素材搬运到新闻制作流水线上,这一过程往往费时费力,也无法做到信息的完整还原,但不得不说,这也是相当长的一段时间内,记者搜集文字素材的唯一手段,在数字化时代,快速采集文字素材有了新的可能。

1. 速录笔

所谓速录笔,其实是扫描仪的一种,又称笔式扫描仪,是 2000 年左右出现的新产品,只需轻轻一划,即可将纸质资料上的文字、数字、符号等输入到电脑光标位置,直接编辑,从而省去了录入的烦恼,对于全媒体记者来说,可以很轻松地对文字素材进行完整和快速的采集。

如今市面上该类产品的生产商不是很多,国内主要集中在汉王、紫光等国产数码品牌上。这其中,汉王 V600 就是一款具备上述功能的便携式笔式扫描仪。

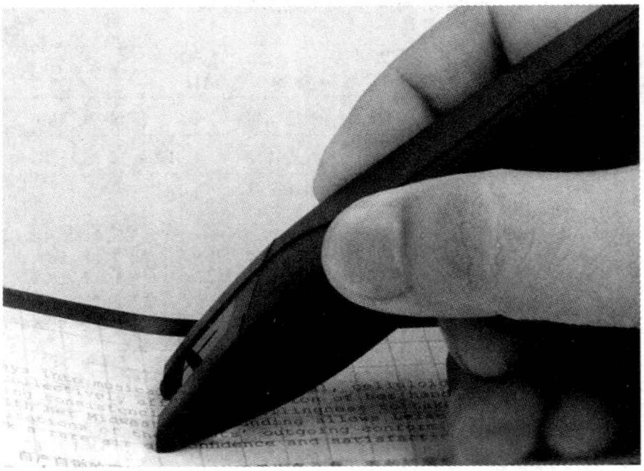

图 1-4-2　汉王 V600 速录笔

汉王 V600 速录笔联机后,其可识别文字范围非常广,包括国标 GB2312-80 中的全部一、二级汉字,6721 个汉字及常见符号;可混识 5400 多个繁体字;同时可识别全部纯英文字符集。无需左右手设置,采用全自动智能处理技术,自动判断中文稿件文字横、竖排版方向,只需轻轻划过,即可快速将识别结果发送到电脑中;自动判断语言种类。而且一分钟可输入 1200 字,远非一般的打字速度可以媲美。提笔即可得到识别结果,达到同步扫描,同步阅读。

相比较传统的"纸笔"组合,速录笔的优点在于无纸化办公,环保;操作方便,直接生成电子版,省去了录入的程序。然而,因为技术的限制,速录笔还存在着如下的一些问题:

(1)价格昂贵

由于其所使用的技术还不算普及,导致其价格也不算亲民。市场上的速录笔价格普遍在千余元,一些功能强大的型号甚至可以卖到4000元人民币以上。

（2）无记忆功能

速录笔的主要功能还是在于文字素材的录入,而对于其他采集设备所具有的记忆功能,速录笔则较为缺乏。由于没有内置的记忆设备,导致录后不能储存,对于记者采集来说,也只有在连接电脑的前提下才能使用,带来很大的不便。

2. 语音输入

语音输入即嘴巴打字、麦克风输入法。这是根据操作者的讲话,电脑识别成汉字的输入方法,又称声控输入。只需要有一个话筒连接上电脑,就可以通过语音和相关软件在电脑上输入文字。它被认为是目前世界上最简便、最易用的输入法,对于媒体工作者来说,语音输入可以更好地解放双手,更为迅速地对相关文字素材进行采集,特别对于一些受访者提供的素材,可以直接转化为文字素材,录入电脑中,更好地适应全媒体的传播特征。

如今,语音输入并非难得一见,相反,随着技术的进步,一大批汉语识别度高的语音输入软件使其得到广泛的普及。科大讯飞在这一领域的相关产品具有一定的代表性。

讯飞语音输入法是由科大讯飞推出的全球首款基于"云计算"方式实现的智能语音输入法。软件集智能语音输入、键盘区连续手写、笔画输入及传统键盘输入于一体,不仅具有强大的语音识别效果,而且可以在不切换界面的情况下实现多种输入方式平滑切换,符合用户使用习惯,大大提升了输入速度,使用更加方便快捷。

图 1-4-3　讯飞语音输入 LOGO

随着技术的成熟,此类软件的语音识别度也更高,反应也更为迅速。而"云技术"的应用,也使识别更为精确和迅速,特别是对于不断更新的网络流行语,都有准确的识别。

3. 其他文字素材采集设备

目前业界对于文字素材采集设备的划分与定义较为模糊,本书拟把所有文字录入、采集工具均算在内。按照这样的划分,其所包含的设备将十分广泛。除上文所介绍的两种典型的工具,很多日常的录入设备也属于广义的采集设备。如我们日常所用的键盘、手写笔等,都具备强大的文字录入能力。

全媒体时代,文字素材采集设备呈现出多元化和迷你化的趋势。从语音输入到手写,反映出采集设备调动的感官越来越丰富、多元,与此同时,随着平板电脑在世界范围内的流行,设备终端也越来越小,有时候甚至一部手机就可以处理所有的采集任务,当然这在后面会着重提到。

1.4.2　文字新闻素材的采集方式

文字新闻素材的采集方式来源于传统的新闻工作,哪怕在全媒体时代,这也是新闻记者的主要采集方式。对于文字新闻素材的采集主要有如下几种方式:

1. 口头采集

所谓口头采集,又称"口头访问"、"口头采访",就是新闻工作者代表一家媒体同一个人或者几个人进行交谈,通过一问一答的方式获取新闻素材的一种手段,这也是新闻工作者采用的最普遍、最常用的方式。

口头采集不是一般的谈话,并非以吸引对方、让对方对自己感兴趣为目的,而是为了搜集新闻素材,弄清事实。因此,谈话要紧紧围绕问题展开,要学会利用各种心理学手段把问题的答案从采访者的嘴里采集出来。

口头采集的种类主要有:

(1)个别访谈

个别访谈即记者与采访对象面对面单独交谈。这是记者采访中最常用的方式。

(2)座谈会

座谈会又称调查会采访,是指记者通过座谈的方式,在同一时间、同一地点、就同一个话题向多个对象进行采访的一种新闻采访方式。通常,对于事件情况复杂、矛盾众多的问题可以采用这类方法。

(3)记者招待会

所谓记者招待,即新闻发布单位主动通过记者发布信息的一种采访方式,也是很多硬新闻的来源之一。这一类通常由政府部门或社会团体、企事业单位组织举行,个别情况也有个人出面举行,邀请新闻机构的记者参加,公开发布权威声音。

记者招待会的流程一般分为两部分:首先听取新闻发言人发布新闻或介绍情况,而后记者再提出问题,由发言人进行解答。

2. 视觉采集

顾名思义,视觉采访就是记者通过观察获取新闻素材的一种方式。有句俗话说得好:百闻不如一见,很多情况下,人类都习惯于通过眼睛获取信息。与口头采访不同,视觉采访并没有明确的采访对象,这给予记者更大的自由空间,使其不仅能够捕捉到最新鲜、最有意义的主题和最生动、最有说服力的素材,而且能抓取到许多生动的场面、不为人知的细节,这样也拓展了新闻报道的思路。

全媒体新闻时代,由于网络的普及,赋予视觉采访更广的视域和更丰富的形式。以往记者必须亲临现场才能进行视觉采访,而如今,通过网上视频及图片,乃至于网络通讯工具的采访即可轻松完成。

在视觉采访时,我们需要注意这样几个问题:首先,视觉采访之前也要做好功课,充分估计现场可能发生的情况,并且注重观察与提问相结合。其次,视觉采访也要有主次轻重,做到点面结合,既能够宏观把握总体情况,也要能从细节处观察鲜为人知的东西。再次,视觉采访并非单纯地拿眼睛看就可以了,观察的时候依旧要注重思考,去

伪存真、去粗取精是视觉采访所需要的。

3. 体验式采集

体验式采集无论是全媒体还是传统记者,都不会陌生。前不久,在全国新闻战线组织开展"走基层、转作风、改文风"的活动就强调了体验式采集的重要作用。

从广义上来说,体验式采集就是日常采访,即记者每天通过了解和体验现实生活来获取素材。而狭义的体验式采集,是指记者以采集者和当事人的双重身份,直接从事某种行业活动,或亲自参加某一事件的全部过程,在体验中采集新闻素材。

"一头汗两腿泥"才能写出好新闻,长期的新闻实践证明,真正有价值的新闻是记者用脚在基层走出来的。《人民日报》记者刘晓鹏直言,不到基层去,总隔着玻璃窗,眼睛就看不清楚;不到基层去,从材料到材料,思考就不够深入;不到基层去,通篇干巴话,表达就不够到位;不到基层去,冷暖不相知,感情就不够投入。① 从上面来看,足见体验式采集的重要地位。

在全媒体新闻时代的今天,体验式采集依旧具有极其必要的存在意义:首先,体验式采集要求新闻工作者深入到事件的发展、受访者的实际生活中去,通过亲身感受获取素材,而这种方式能够极大地减少由于中间环节过多而导致的信息损耗,从而大大提高被传递信息的可信度。特别是在网络普及的今天,太多信源不明、信息内容模糊的素材充斥于网络,这也给全媒体新闻的制作带来极大的风险与困难。其次,体验式采集能够延续记者这一行业光荣而崇高的传统——"铁肩担道义,辣手著文章",改变如今一些新闻媒体浮在表面的作风,通过深入实际的亲身体验,密切联系群众,从而采集到真实感人的新闻素材。

4. 隐性采集

隐性采访,也称秘密采访或者暗访,是指记者由于某种原因而不公开身份的采访。这种采访方式在新闻界的实践已经有了比较长的历史,普利策新闻奖每年都会有一些奖项颁发给那些通过暗访采集到独特素材的新闻作品。

隐性采访对于新闻采集活动有着相当重要的意义:首先,它是公开采访的重要补充,很多情况下记者的正常采访是无法开展的,或者即便开展了,也无法获取事实真相,而隐性采访却能够回避上面这些缺点,有效获取真相。其次,由于隐性采访是在被访者不知情的情况下进行的,这就保证了素材的客观性与真实性,也可以一针见血地抓住问题的实质。

当然,我们也要注意到隐性采访是一把双刃剑,用得好可以帮助记者搜集新闻素材,用不好则可能会引发很多的问题,如"侵权问题"、"隐私问题"、"名誉权官司"等。首先,要注意回避违法性问题,表现在:一是记者在采集过程中无视法律禁区,侵犯了他人隐私权、名誉权,在社会中造成不良影响;二是记者过分参与到新闻事件中,哪怕是揭露违法犯罪活动,也以身试法,从而违反法律。其次,隐性采访也存在虚假性问题,由于其直接出于采访者的主观意图,不可避免地带有"新闻策划"的色彩和自导自

① http://baike.baidu.com/view/6366310.htm

演的痕迹,因此我们也会看到类似于"纸馅包子"的假新闻通过暗访的方式炮制出来。最后,我们也需要注意,虽然隐性采访能够从容应对非正常采访情况,然而其并不能作为一种普遍的采访方式,特别是对于一般性事件和普通人,隐性采访往往会适得其反。

这里需要强调应妥善地使用隐性采访,首先,隐性采访只能是"不得已而为之",不能过于普遍。其次,隐性采访不可涉及国家机密和公民名誉和隐私;再次,隐性采访更要保证客观真实,要把事实核对清楚,避免出现低级错误。最后,隐性采访往往涉及的都是揭黑式的报道,面对的往往都是黑恶势力,记者要学会保护自己。

1.4.3　文字新闻素材采集后的检验与整理

文字新闻素材的采集过程不仅仅包括采集中的那些方式与方法,还包括采集后对于素材的初步检验与整理。世界是不断变动的世界,特别是在全媒体新闻时代,一切更是瞬息万变。由于新闻从业人受业务技能、心理情绪、采集环境等各种因素的干扰,所采集的文字新闻素材本身的准确度必定会受到影响,这就需要我们对文字新闻素材进行检验和整理。

1. 对文字新闻素材的检验

所谓检验,就是检查出所搜集的文字新闻素材中不真实、不准确、不精密、不统一以及不科学的地方,文字新闻素材与其他素材不同,不能直观地判断其真伪,这就需要用一系列的方法来对其进行鉴定:

(1)逻辑推理法,这种方法主要依靠全媒体记者自己的知识、经验、逻辑推理能力及判断力,通过对采集到的信息所包含的事实和细节过程的逻辑分析,找出前后矛盾、说法不一的地方,进而发现问题。

(2)核对法,即通过权威资料及权威人士抑或第三方证据来对文字新闻素材进行检验,比如一些突发性的新闻,就要立刻询问相关权威部门,核对新闻信息。

(3)求证法,这里求证的对象依旧是当事人、有关人员。通过对新闻事件的再次深入求证来对新闻素材进行检验,记者可以再次亲临现场也可以再次与受访者进行联系,对新闻素材进行确认。

以上三种方式有着各自的适用范围,不可相互替代,但却可以互为补充,利用好三种检验方法,文字新闻素材的可信性及客观性也会有极大的提高。

2. 对文字新闻素材的整理

初入记者这一行的,往往都会有这样的烦恼:明明记了满满一本子的采访记录,可当真正要写成稿件的时候,却发现一些重要的新闻细节漏记了甚至记错了,或者由于字迹不清,记者难以辨认了,这样下来直接影响到对新闻素材的检验,甚至影响到新闻成品的质量。这就需要记者对文字新闻素材进行及时的整理,步骤可以按照以下几个方面:

(1)依照采访记录回忆采访过程:这一步主要是对采访记录中明显的错误和不完整的地方进行改正和补充,并且配合着回忆,对采访记录进行适当的添加,特别是对于一些细节方面(如当事人的表情、动作等)的补充。

（2）筛选出可能会用到的素材：这就需要记者对于未来的写作有一个基本的认识和把握，并根据既有的思路，对于素材进行初步的筛选，与主题无关的、缺乏事实依据的素材直接抛弃，选择那些能够表现核心主题，反映实质问题的素材进行着重标记。

（3）根据提纲对素材进行分类：这里就是要求记者根据主题的要求，对于每一部分需要哪些素材有一个明确的认识，并如拼图一般，把素材安插到正确的位置。

文字新闻素材有时候正如煤的形成，耗费成片的树林，才能换来一小块的煤，往往采访时能够记下满满当当好几本，而真正能用上的也只不过三四句话，这就更需要我们对素材进行认真的检验和细心的整理，才能增加新闻报道的高度和深度。

1.5 音频新闻素材的采集

传统新闻制作过程中，音频素材主要供给于电台、电视台，抑或仅作为记者的采访依据，设备也多以磁带式录音机等传统机器为主。而在全媒体时代，音频素材成为全媒体新闻一个重要的组成部分，随着新闻的信息含量越来越丰富，呈现越来越多元，越来越需要对音频有着到位的无缝的采集，从而进一步满足受众对信息的需求。

下面依旧通过一个案例来看看音频新闻素材的强大能动性：

2010年10月26日上午9时许，三峡工程首次达到175米的正常蓄水位，这对三峡工程来说具有里程碑意义，标志着工程各项运行条件达到设计要求，防洪、发电、航运等几大功能全面实现，标志着三峡工程完成"成人礼"，标志着毛泽东"高峡出平湖"的梦想真正实现。中央电台、湖北电台、重庆电台联合在三峡大坝坝顶举行了"三峡工程蓄水175米大型现场直播《高峡平湖 今朝梦圆》"，播出后，如一曲峡江壮歌，在中华大地广大听众中引起强烈反响，充分展现了广播媒体在重大事件报道中的独特作用。三峡集团公司特地将直播节目信号在大坝坝顶仪式现场同步播放，好评如潮。

有专家认为此次直播是"立体化、全景式、多角度、多层面的三峡工程报道成功之作，让人身临其境，浮想联翩，再一次让人想起三峡工程那壮丽的建设场面，也让人感觉到广播有如此的魅力！"

这场直播在内容上，以蓄水至175米最后冲刺阶段的进展及相关仪式的现场信号转播为主线，主持人对现场嘉宾的访谈贯穿整个直播，从防洪、发电、航运、生态、移民等多角度依次展开，上自重庆江津、下至湖北荆州的多路记者进行现场连线播报，展示了蓄水175米的重大意义，气贯长虹、波澜壮阔、高潮迭起。除主题重大、策划到位、现场感强之外，直播节目以下鲜明特点：

1. 创新立意，以深远的时空展现宏大的主题。直播不拘泥于蓄水175米本身，而是最大化地拓展报道时间跨度和空间布局。从时间上，通过精美的资料短片及嘉宾的现场访谈，回顾了三峡工程从决定兴建，到开工、大江截流、导流明渠通航等重大历史事件，以历史的纵深感展现出内容的厚重感。在空间上，记者分布在长江上游三峡库区的尾水末端江津、重庆朝天门码头、万州港、神女峰、"坝上库首第一县"秭归、三峡大坝坝顶、船闸、三峡电厂、梯调中心、下游的荆江等近10个点进行现场播报,显示了空间的宏大感和立体感。

2. 创新手法,以民生视角深化工程报道。三峡蓄水后对防洪、发电、航运、生态、移民等的影响,都是百姓关注的民生问题。又如直播邀请的嘉宾中,首次出现了一位几乎与三峡大坝一同成长、见证过三峡工程历次重大事件的普通群众,作为百姓嘉宾全程参与直播,谈自己的亲身经历和感受,把三峡巨变与百姓的生活联系在一起。这是三峡工程报道的一次突破。

3. 创新形式,以优美壮丽的声音元素调动听众情绪。为展现毛泽东"高峡出平湖"梦想的实现,直播一开篇就直接推出大气磅礴的配乐朗诵《水调歌头·游泳》,令人震撼之余,充满期待。直播中更是穿插多种音响元素,如三峡纤夫号等,深化主题,调动听众情绪。

4. 真切感人,例如蓄水成功后库首秭归、库尾重庆两地百姓的空中对话,等等。

(第二十一届中国新闻奖广播直播一等奖,三峡工程蓄水175米大型现场直播《高峡平湖　今朝梦圆》参评简介)

1.5.1　音频新闻素材的采集设备

1. 数码录音笔

　　数码录音笔,也称为数码录音棒或数码录音机,是数字录音器的一种,为了便于操作和提升录音质量造型并非以单纯的笔型为主,携带方便,同时拥有多种功能,如激光笔功能、FM调频、MP3播放等。与传统录音机相比,数码录音笔是通过数字存储的方式来记录音频的。数码录音笔通过对模拟信号的采样、编码将模拟信号通过数模转换器转换为数字信号,

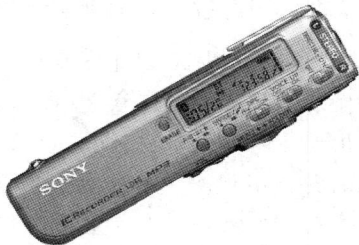

图1-5-1　索尼牌录音笔

并进行一定的压缩后进行存储。而数字信号即使经过多次复制,声音信息也不会受到损失,保持原样不变。

　　对于数码录音笔的选择,我们需要注意以下的几个问题:

　　(1)录音时间

　　因为是录音设备,录音时间的长短自然是数码录音笔最重要的技术指标。根据不同产品之间闪存容量、压缩算法的不同,录音时间的长短也有很大的差异。目前内存为1G的数码录音笔的录音存储时间都在20～272小时,电池连续工作时间一般在2～26小时左右,可以满足大多数人的需要。不过需注意的是,如果很长的录音时间是由于其通过使用了高压缩率获得的话,往往会影响录音的质量。

　　(2)电池时间

　　一般来说,大部分数码录音笔都用内置锂电池,有的老款录音笔采用AAA 7号电

池,有些低端的产品则采用了纽扣电池。目前市场上还是锂电池的录音笔受欢迎,体积小,外观时尚,使用成本低;采用普通电池的好处是可以更换,但是体积相对来说要大些;纽扣电池的录音笔一般是用于做促销礼品等,一次性或短时间录音。消费者可以根据自己的需要来选择哪种供电方式的录音笔。

（3）录音效果

录音效果是衡量数码录音笔好坏的重要标准,也是对音频素材采集的一个重要指标,全媒体新闻制作过程中,往往需要高质量的音频素材作为填充,从而制作更为多元的新闻产品。

（4）录音模式

通常数码录音笔的音质效果比传统的录音机要好一些。录音笔通常标明有 SP,LP 等录音模式,SP 表示 ShortPlay 即短时间模式,这种方式压缩率不高,音质比较好,但录音时间短。而 LP 表示 LongPlay,即长时间模式,压缩率高,音质会有一定的降低。不同产品之间肯定有一定的差异,所以您在购买数码录音笔时最好现场录一段音,然后仔细听一下音质是否有噪音。总的说来名牌产品如进口的 SONY、三洋,国产的爱国者、亨思特、京华的音质会好些。

（5）录音文件的存储模式

录音时间的长短与录音笔支持的声音文件存储规格有关,目前常见的有 LP（长时间录音）、SP（标准录音）、HQ（高质量录音）三种基本模式。除了这三种模式外,还有一种 SHQ（超高保真录音）模式,不过有这种模式的数码录音笔很少。而标准录音时间是指在 SP 模式下录音笔内存支持的最长录音时间。LP（LongPlay）即长时间录音,压缩率高,通过牺牲了一定的音质的情况下来延长录音的长度,一般可以将录音的时间长度延长 80% 左右,也即以降低音频质量为代价,因此音质会有一定的降低。SP（StandardPlay）即标准录音时间,这种方式压缩率不高,音质比较好,录音时间适中。HQ（High Quilty）即高质量录音。这种录音方式压缩率十分低,音质非常好,但容量比较大,一般适合要求较高的场合使用,例如为重要讲话做存档式的记录等。

（6）存储方式

随机即内置内存,数码录音笔都是采用模拟录音,用内置的闪存来存储录音信息。闪存的特点是断电后,保存在上面的信息不会丢失,理论上可以经受上百万次的反复擦写（普通用户谁也不可能去数过）,因此反复使用的成本是零。闪存可以说是数码录音笔中最贵的部件,当然容量越大,价格就越贵,但是录音时间也就越长。从现在的情况来看,内置的 512M 闪存可以存储大约 136 小时录音信息,内置的 1GB 闪存可以存储大约 272 小时录音信息。

现在的产品除了内置内存外,有些数码录音笔则提供外置存储卡如 CF、SM 等等;这种外置的缺点是一旦卡品质不好,或者时间长了金手指接触不良,容易产生数据错误;但是同时也方便交换共享录音内容及资料传送,还可以利用读卡器将录音数据快速存入计算机。数码录音笔之所以能够做到又轻又小,也是因为它采用了闪存作为随机内存。在数码录音笔刚刚诞生的时候,闪存还属于比较稀罕的玩意,价格也比较贵。

如今闪存已经被广泛、大量地应用,大家对它的熟悉程度已经大大提高了,价格也较之以往大大下降了。因此数码录音笔的价格也下降了不少。

与此同时,如今的数码录音笔还添加了一系列附加功能,如能够定时、自动录音,并对电话进行录音,还可以对音频进行即时编辑,一些专业的录音笔还具备数码降噪功能。我们的全媒体记者在选择录音笔时还要注意以下问题:1. 编码方案。一些专业的录音笔,如海畅高新科技、爱国者、索尼采用的是专业的降噪录音芯片的编码方案;2. 信噪比。专业录音笔会标示其录音信噪比,如海畅高新科技、爱国者是≥80分贝,而某些品牌的MP3也会标注信噪比,但是MP3标注的是播放音频解码信噪比,也就是说,专业的录音笔是在录音时降噪,非专业的仅是在录音文件播放的时候对文件进行的降噪处理,两者是截然不同的。[1]

如今市面上生产录音笔的厂商很多,从国际品牌到国内品牌,功能也多种多样,这里介绍一款适合专业记者使用的录音笔——索尼ICD-SX750录音笔:

外观方面,SONY ICD-SX750录音笔机身纤细,正面板设计简洁,从按键等细节我们可以看到,这款ICD-SX750录音笔的做工非常出色,提供了音频输入输出接口,内置了高性能高灵敏度三向立体声麦克风,其分离式的设计使左右两侧的立体声麦克风和主机之间间隔了一定的距离,可缓解录音时由于机器震动所带来的噪音,结合中央的麦克风,灵敏度高,表现力强,不需要额外安装其他附属麦克风便可轻松捕捉较细微声源。

图 1 - 5 - 2　SONY ICD-SX750 录音笔

性能方面,SONY ICD-SX750录音笔支持MP3格式的音频文件的录制,支持LP、SP、STSP、ST、STLP、STHQ、MP3以及线性PCM录音模式,由于线性PCM录音技术的加入,ICD-SX750可进行如同CD音质般的44kHz 16bit声音录制。通过开关DIRECTNL设置方向进行录音,同时通过数字技术增强人声一般覆盖的频率(约500Hz~3400Hz之间),使录音中的人声部分得以清晰呈现。另外,ICD-SX750具有音乐、高、较高、低、手动模式共五种录音级别设定。

其他方面,SONY ICD-SX750录音笔具有定向录音功能,开启时,是特定方向为中心的录音模式,适用于课堂、采访或空旷环境,有助于针对特定方向的声音来源进行录音,缓解周围其他方向的声音干扰。关闭时,可进行全方位录音,适合会议讨论及乐器演奏录音等注重临场感效果的录音。2G容量最长录音时间可达750小时,完全能够满足用户需求。[2]

---

① http://baike.baidu.com/view/410108.htm
② http://mp3.zol.com.cn/157/1577077.html

2. 机采录音

所谓机采录音,顾名思义即通过计算机的输入设备及自带软件完成录音的一种手段。如今计算机的音频输入设备主要以麦克风为主:麦克风,学名为传声器,是将声音信号转换为电信号的能量转换器件,由 Microphone 翻译而来,也称话筒、微音器。二十世纪,麦克风由最初通过电阻转换声电发展为电感、电容式转换,大量新的麦克风技术逐渐发展起来,这其中包括铝带、动圈等麦克风,以及当前广泛使用的电容麦克风和驻极体麦克风。[①] 而从表现形态上来看,可包括内置麦克风和独立麦克风,内置麦克风广泛存在于 MP3、录音笔以及头戴式耳麦中,而独立麦克风则是这一音频采集设备的传统形式。

如今市场上较为主流的麦克风品牌有:森海塞尔(Sennheiser)、拜亚动力(Beyerdynamic)、铁三角(Audio - technica)、索尼(Sony)以及国内品牌硕美科、得胜等,下面介绍一款专业录音麦克风:索尼 ECM-CS10。

此款麦克风一个最大的特点就在于轻便,小型轻量的领夹式设计,携带方便,与此同时直径 5.5mm ECM 录音头的使用可实现高音质录音。

图 1-5-3　索尼 ECM-CS10:麦克风

配合着麦克风的使用,如今计算机的操作系统一般都自带了相关的录音软件,如 Windows 系统一贯内置了"录音机"这一程序,给音频录入带来了方便。

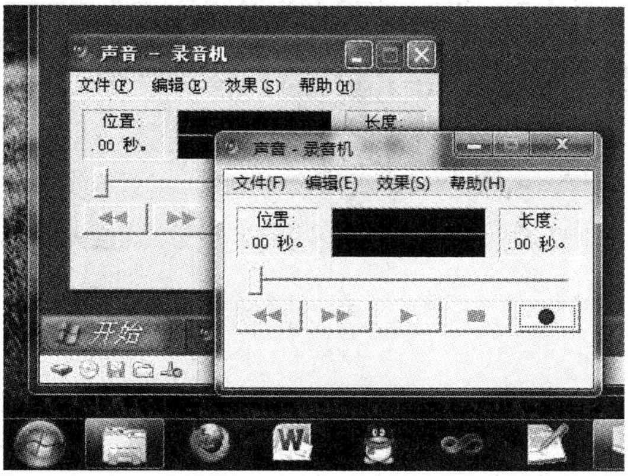

图 1-5-4　Windows 系统内置"录音机"软件

在 Windows 视窗界面选择"开始—所有程序—附件—录音机"即可弹出该软件,单击红色圆形标志即可开始录音,最终形成 wav 格式的音频文件,如果操作得当,其音频素材足够适用大部分的全媒体新闻。

---

① http://baike.baidu.com/view/69989.htm

3. 录音棚采集

从全媒体新闻采集角度上说,机采录音主要适用于以记者或主持人为"第一人称"的音频素材或者一些较为正式的节目处理,虽然机器不方便携带,但所采集的音频质量更高,噪音更少,适用于一些多媒体新闻节目的画外音、对白等。除了计算机的录音功能,录音棚也是机采录音的一个专业化设施。

录音棚又叫录音室,它是人们为了创造特定的录音环境声学条件而建造的专用录音场所,是录制电影、歌曲、音乐等的录音场所,录音室的声学特性对于录音制作及其制品的质量起着十分重要的作用。其主要需要:电脑、专业声卡、调音台、麦克风、话筒放大器、人声效果器、监听音箱、耳机和耳机分配器等,较为复杂和繁琐。① 我们经常看到歌手在录音棚里录最新的歌曲,而大多电台节目、电视节目都是在录音棚里完成对音频的采集。

图 1-5-5　标准录音棚

4. 其他采集方式

随着技术的进步,音频的采集变得更为方便和简单,我们身边很多数码产品都有了音频采集的功能,如手机、MP3、平板电脑等,都内置了麦克风和录音系统,与此同时,录音软件也更为专业和多元化。作为新时代的多媒体记者,我们要改变传统的采集习惯,学会根据不同的采集条件选择设备,这样才能真正采集到有用且好听的音频素材。

① http://baike. baidu. com/view/283420. htm

1.5.2 音频新闻素材采集的基本要求

音频作为新闻素材的采集有着严格的要求,并非所有的声音都需要被采集,太多的声音只会造成对主体的干扰。

1. 音频素材的真实性

区别于其他广播类专题节目,广播新闻节目所需要的音频素材必须具备真实性,所谓广播新闻即用广播媒介所特有的符号手段来传播新闻事实的一种特殊形式,这就要求必须使用新闻事实的原生音响作为素材。另外,务必要谨慎使用音效和音乐,避免对新闻真实性的影响。

2. 音频素材的新闻性

正如新闻价值是判断新闻报道好坏的一个标准,其也是判断音频新闻素材的一个重要指标。对于某个采访对象,可供采集的声音往往是纷繁复杂的,不可能也没有必要"有闻必录",哪些要录,哪些不录,哪些着重录体现了记者对新闻价值的判断和理解。这就要求记者要培养自身新闻敏感,及时发现和选择复杂声音世界中具有新闻价值的那部分。

3. 音频素材的新颖性

音频素材同其他新闻素材一样,也要注重新颖,这样听众才愿意听,喜欢听。平常生活里,我们能发现太多重复的音频素材充斥着我们的电台节目,描述违法犯罪就一定是警笛呼啸,热闹场面一定是锣鼓喧嚣,这样的广播节目又如何获得收听率呢?

所以一定要在确保素材真实性、新闻性的同时,注重其素材的新颖,这样才能立于不败之地。

4. 主体音响突出,效果清晰

这是其在技术上的要求。很容易理解,作为适用于大众媒体上的素材,如果效果不清晰,会直接影响其收听质量,进而影响节目质量,而作为一种声音的叙述方式,就更需要体现主次,试想一个毫无主次的音响环境中,受众除了不知所云以外也不会有任何的好感。

1.5.3 音频新闻素材采集的手段

作为全媒体新闻记者,要求将音频素材运用到各种媒体上,这就需要其掌握多种采集方式,如录音采集、演播室采集、电话采集等。

1. 录音采集

所谓录音采访,又被称为话筒前采访,是我们时常见到的一种采集形式。即记者手持话筒或微型录音机等设备,在新闻现场采集人物讲话、现场音响及做现场口述报道的活动。

作为一个合格的全媒体记者,在这方面我们应该做到:熟悉各种话筒、录音笔的性能,并选择合适的设备。随着技术的进步,虽说录音设备的操作愈加简便,然而作为专业人员,我们还是要对录音设备其原理构造有所了解,这样才能更好地发挥设备的作用,采集到高质量的音频素材。与此同时,不同场合使用不同的设备,这点也需要记者牢记,比如对音频质量要求比较高的情况下或者环境音响太过嘈杂时,就适合用话筒这样抗干扰能力较强的设备,而在处理突发新闻,要求设备随身携带时,小小的录音笔或许是记者最好的选择。

不得不说,录音采集能够很好地还原新闻采访的现场,一方面适用于提高广播新闻节目的现场感,另一方面也可以帮助记者事后撰写报道时进行回忆,还能大大节省记者笔记的时间。当然我们也要看到其局限性:首先,手持设备采访会给某些采访对象带来不适的感觉,容易造成其紧张和注意力分散;其次,当录音时间过长时,对于素材的整理将是个耗费时间的过程。

2. 电话采集

电话采集并非音频素材采集的专利,无论是文字还是视频素材采集都会运用到这样的手段,然而这里所说的电话采集,更多的是将电话中的声音作为主体呈现在新闻作品中。

电话采访必须遵循以下的原则:首先采访之前要亮明身份,表明采访意图;其次电话录音要征求采访对象的同意;再次,采访结束后要核对采访内容的要点;最后,电话采访要尽量简洁、注意礼貌。

当然,随着广播事业的发展,电话采访渐渐衍生成一种新的报道方式。即记者通过电话与演播室进行连线,进行现场口述式报道,通过这样的手段,一方面记者的报道可在第一时间传播给受众,另一方面背景声音也增加了新闻的真实性和现场感,提高了音频新闻素材的质量。

3. 演播室采集

大多广播电台都会具有这样的演播室节目,即把采访对象请到演播室,进行面对面的讨论和采访,如人物访谈、主持人与嘉宾的座谈、热线电话等。通过演播室采集的音频素材往往声音质量较高,内容较为丰富。但在操作过程中,我们仍需注意下面的问题:

(1)注意事前指导。演播室采集是一种较为正式的采集手段,相比电话和录音采访,会给采访对象更大的心理压力,特别是那些从未接受过广播采集的采访对象,想要其表现自然,就必须对其进行事前的指导,告诉其节目的流程、问题的范围等,从而获得更好地合作。

(2)控制时间长短。演播室采集中,记者更多以主持人的身份出现,这就需要其具备良好的控场能力,特别是对时间的控制,如何既完成采访任务,又将时间控制在许可范围内,需要新闻工作者的反复尝试和努力练习。

(3)主题和问题的预先设置。演播室采集要有明确的采集目标,围绕这个目标设计问题,这样才能保证在有限的时间获得更加有用的音频素材。

1.6　图片新闻素材的采集

　　图片，一直是新闻的重要元素之一，没有图片的新闻往往显得不真实，同时不能让读者有身临其境之感，也不能激发受众的阅读兴趣。从传统新闻时代开始，新闻图片就是通过视觉手段来传达信息的报道体裁，受到了各种媒体的重视。新媒体时代对于传统报纸来说，又被称为"读图时代"，纸质媒体为了应对多媒体特别是网络的冲击，越来越多增加报纸中图像的分量，从而吸引受众阅读，与此同时，电视、网站也需要大量的图片对新闻内容进行支撑，甚至连新兴的手机媒体，新闻图片也占用了大量的流量。

　　传统的新闻记者获取图片的方法很简单：背上相机，前往现场，拍摄。战地摄影大师罗伯特·卡帕曾经说过："如果你拍得不够好，是因为你离得不够近。"这也反映出传统新闻背景下记者获取图片素材渠道的单一。而全媒体时代，因为摄影器材的多样化以及图片获取渠道的多元化，记者可以很轻易地获得自己想要的数字化图片，从而丰富自己的版面和报道。

　　下面我们先来欣赏一张 2011 年普利策新闻奖特写摄影奖获奖作品：

　　图 1 - 6 - 1　十六年，远远不够长，甚至不能让 Melody Ross 获得她的驾照。不是因为开车危险，也不是因为对校方的承诺。她在与朋友参加了足球比赛之后在她心爱的威尔逊高校门口，被枪杀。当时，一个持枪团伙向人群开枪，瞬息之间，Melody 迷人的微笑永远停留在了年仅十六岁零一个月的她的脸上。照片中，她的家人、朋友及同学一起来到威尔逊高中的操场，点着蜡烛，为她哀悼。

通过上面这张获奖的照片,我们不难看出新闻图片给我们带来的震撼和共鸣,那么究竟如何获取和采集到合适的图片新闻素材呢?

1.6.1　图片新闻素材的采集设备

1. 网络获取:搜索和截图

网络的兴起让记者不必对每一个新闻都"事必躬亲",所谓"离得越近、图片越好"也不再绝对,一个网站记者或许只待在家里,就可以获取全球正在发生的新闻事件高质量的图片,利用的便是网络强大的检索能力。

如今的 google、百度等搜索引擎都具备了图片搜索功能,从所使用的技术上来分类,可分为:①基于上下文本(context)的图片搜索。②基于图片内容的搜索。而这两种方式各有所用,当记者对某个新闻事件有图片需求时,可采用第一种搜索方式,即可得到自己想要的新闻图片,而当记者关注到一个新闻图片,但无法明确其来源时,便可通过第二种方式进行溯源,从而扩展和深化新闻,当然这种技术如今还依旧处于发展阶段。

搜索到图片后,便是一个采集的过程,对网上图片的采集大多通过直接保存的方式,但依然有一个需要通过截图的方式进行。截图是由计算机截取的显示在屏幕或其他软件上的可视图像。通常截图可以由操作系统或专用截图软件截取:

(1)Windows 自带截图

Windows 本身有全屏幕截图功能,就是 PrintScreen 键,按一下之后,打开 Word、写字板等软件(记事本不可用)使用粘贴就可以了,如果你要截取当前活动窗口的图,可以使用 AIT+PrintScreen 组合键就可以抓取活动窗口截图。然后在画图等软件中粘贴就可以了。

(2)浏览器截图

这种方式适用于对所浏览网页的截图,如今各种浏览器大多带有这种功能,如360 浏览器、遨游浏览器等,操作方便,保存轻易,但也存在清晰度不高、图幅受限等缺点。

(3)播放软件截图

此方式主要用于截取视频的帧图片,如 PowerDVD、超级解霸、金山影霸等都有抓图功能。操作一般为单击控件,截图就会被保存至软件默认的文件夹。

(4)聊天工具截图

这种方式截图应用较为广泛,操作也极其简便。如 QQ 截图可以在聊天过程中选择聊天窗口下面的一个工具栏中小剪刀图标,然后拖动鼠标出现小框选择要截取的屏幕部分。之后双击鼠标就可以把要截取的部分粘贴到聊天窗口里。还有一种方法是QQ 软件保持开启,不管有没有聊天窗口可以按 CTRL+ALT+A 键,同样可以截取,截取之后的内容在任何可以粘贴的软件中使用粘贴功能即可,或者用快捷键 CTRL+V 也可以实现粘贴。两种方法在想取消截屏时按鼠标右键都可以取消。其他聊天软件也具备类似功能,但其共同的缺点就是截图无法保证清晰度。

（5）专业软件截图

HyperSnap-DX、SnagIt是两大专业性的截图软件,具备上述几种工具的各种功能,同时也能够对图片进行专业化的无损处理,适合截高清的图片。①

2. 扫描仪

扫描仪是一种计算机外部仪器设备,通过捕获图像并将之转换成计算机可以显示、编辑、存储和输出的数字化输入设备。这类工具适合将实体的相片、新闻证据进行数字化的处理,是一种对实体化图片素材进行采集的手段。

如今,适用于办公和图片采集的扫描仪主要是平面扫描仪。此类扫描仪虽然扫描精度不算最高,但体积小巧,适合摆放在办公桌上,适宜最广泛人群使用。市场上生产平面扫描仪的厂家主要有:惠普、佳能、爱普生、柯达等国际品牌,也不乏方正、紫光、联想等国内品牌,品种繁多,功能也越来越多样。下面介绍一款各方面较出色的扫描仪:爱普生V300。

图1-6-2　爱普生V330扫描仪

爱普生V330扫描仪外观时尚大方,采用4800×9600dpi光学分辨率及"预备扫描"LED显示屏,且拥有老旧照片修复、数字除尘、色彩还原等技术以及一个可以180°扫描超大物体的盖子。同时,该扫描仪还增加了内置的透明组件,可扫描幻灯片、反转片及胶片。而且V330以4800×9600dpi的光学分辨率和3.2D光密度,可提供优质的扫描质量,成像效果远远超过百万像素的数码相机。②

3. 数码相机

相机是图片的最主要来源,历来是记者采访的一大基础配件。我们时常在电影里看到,过去的记者往往都是戴着鸭舌帽,穿着小马甲,脖子上挂着一个很大很笨拙的照相机,每次拍照镁光灯都要溅出一两个火星,这就是经典的民国记者形象。而随着科技的进步,照相机也变得更加小巧,功能也更为强大,传统相机大多是胶片式,需要安装胶卷,这就限制了图片的生产量,并且需要洗印过后才能看到效果,很多突发性新闻事件中,这样的相机不能发挥很好的作用。而到了数码时代,胶卷换成了存储卡,底片变成了电子数据,一方面扩展了图片的存储容量,另一方面"所见即所得"的模式也让记者可以更好地监控照片的质量。如今,数码相机的市场相当繁盛。各种价位、不同种类、各色功能的数码相机层出不穷,本书选择几大适宜全媒体记者使用的数码相机类型进行介绍。

（1）卡片式数码相机

卡片相机在业界没有明确的概念,小巧的外形、相对较轻的机身以及超薄时尚的

---

① http://baike.baidu.com/view/35931.htm

② http://price.zol.com.cn/225/2256864.html

设计是衡量此类数码相机的主要标准。这也是如今最为流行的数码相机,虽然它们功能并不强大,但是最基本的曝光补偿功能、超薄数码相机的标准配置,再加上区域或者点测光模式,能够满足大多数人的拍摄需求。对于全媒体记者来说,卡片机的优点在于:轻便的机身极易携带,操作易于上手,这给一些突发新闻的抢拍以及远距离的采访带来了极大的方便。而缺点也不言自明:如手动功能相对薄弱、超大的液晶显示屏耗电量较大、镜头性能较差,一般不能更换镜头。对焦、拍摄的速度相对较慢等,对于一些需要高质量图片素材的地方,卡片机可能就不适合应用了。

如今基本上各大相机品牌都有各自的卡片机型号,较为耳熟能详的便是:佳能、尼康、富士、索尼、宾得等。以佳能 IXUS 115HS 为例,这是佳能 2011 年推出的新款入门级卡片相机,该机拥有 4 倍光学变焦能力,有效像素约 1210 万,全金属机身轻薄靓丽,做工堪称一流。与上代机型 IXUS 105 相比,该机在高感画质方面有明显的进步,并且还支持 1080p 全高清视频拍摄,综合实力不俗。[①] 对于一般性的采访,此类相机的功能可谓绰绰有余了。

图 1 - 6 - 3　佳能 IXUS 115HS 数码相机

(2)单反相机

我们时常看到在一些重大会议或者仪式中,记者拿着炮筒似的数码相机围在最前面,那些相机就是单反相机。所谓单反相机,全称是"单镜头反光照相机",是用一只镜头并通过此镜头反光取景的相机。所谓"单镜头"是指摄影曝光光路和取景光路共用一个镜头,不像旁轴相机或者双反相机那样取景光路有独立镜头。"反光"是指相机内一块平面反光镜将两个光路分开:取景时反光镜落下,将镜头的光线反射到五棱镜,再到取景窗;拍摄时反光镜快速抬起,光线可以照射到感光元件 CMOS 上。

对于一个职业记者来说,单反相机已经成为必备设备之一。相比于上面介绍的卡片相机,单反相机有更专业更丰富的功能设置、更高质量的成像条件以及更逼真的色彩还原,适合新闻摄影、艺术摄影等各个方面,当然其最主要的优点还在于可以随意换用与其配套的各种广角、中焦距、远摄或变焦距镜头,这让单反相机成为了一个万能的图片采集器,无论是微距还是远景,都能够有出色的发挥。特别是当对图片素材有质

① http://dcdv.zol.com.cn/220/2200743.html

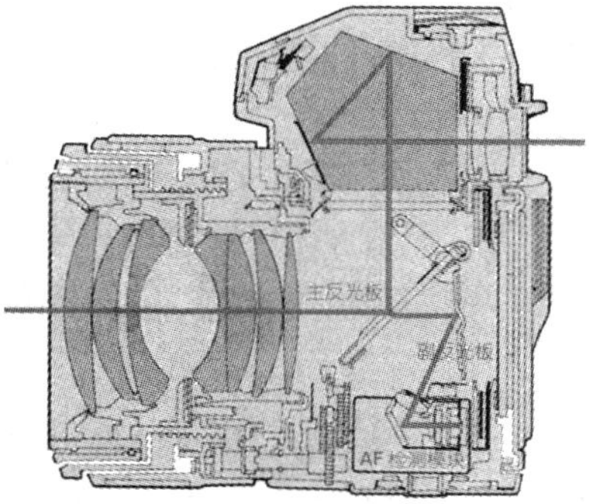

图1-6-4　单镜头反光相机构造

量要求时,全媒体记者应该优先选择单反相机图片作为采集素材。

由于品牌、功能、做工的区别,如今的单反相机价格相差较大,入门级的单反价位在四千余元左右,而一般专业级的单反都要达到万元以上,再加上一系列镜头的配置,相比卡片机,单反机的投入是一笔不小的开支。这里以最近市场上较为流行的准专业单反佳能 EOS 5D MARK II 为例:

图1-6-5　佳能 EOS 5D Mark II 单反相机

该机具有非常好的人体工程学设计,握持手感非常舒服。镁合金材质让机身更加耐用,快门寿命也达到了 15 万次,防尘防水滴设计等让 EOS 5D Mark II 具有了应付恶劣环境的能力,不仅适合影楼、商业摄影师,还适用于在户外工作的纪实、风景摄影师。EOS 5D Mark II 有着非常迅速的反应速度,其启动时间仅为 0.1 秒。准确的测光系统和精准的对焦系统为用户提供了绝佳的画面。该机色彩艳丽饱和。周边光量校正、高光色调优先、亮度自动优化、自动对焦微调为用户呈现漂亮的画质。从硬件上说,该机2110 万像素虽然不是最高的,但是 DIGIC 4 的优秀性能让该机具有不错的连拍速度和高感控噪能力,还具有了可以自动对焦的视频拍摄,显示细腻、色彩艳丽的显示屏,对焦模式众多的实时取景功能等,①的确可以满足全媒体记者图片采集的相关要求。

(3)其他类型相机

除了上述介绍的卡片机、单反相机,数码相机还有其他丰富的种类,如最近提出的"微单"的概念,即微型单镜无反电子取景相机,结合了卡片机与单反二者的优点,这类相机微型、小巧、便携,还可以更换镜头,并提供和单反相机同样的画质,成为消费者的新宠。

除此之外,一些相机还做得更加小巧,甚至植入到手表、衣帽等日常物件中,成为全媒体记者偷拍暗访的主要工具。如今市场上大部分手机也具备了图片采集的功能,其像素大多在 500 万以上,能够满足图片采集的部分要求。

1.6.2　图片新闻素材采集的核心手段——新闻摄影

无论是上面提到的截图还是通过搜索引擎查找并下载图片,都只是简单的图片搬运与复制而已,"集"的性质大于"采"。而全媒体时代,我们对于图片新闻素材采集的核心手段依旧是新闻摄影,这就将"采"的特色发挥到了极致。

1. 新闻摄影与普通采访的区别

新闻摄影很明显也是一种采访,需要具备真实性、客观性、时效性与准确性,同时也要注重新闻价值,从这个角度上说,新闻摄影和普通采访没有什么太大的区别。而从操作流程上看,新闻摄影还是有自身的一些特点的。

(1)必须亲临现场

新闻摄影就是要最大限度地还原第一现场,这就要求记者必须在新闻事件发生的第一时间抢拍现场画面,直面新闻价值最高的新闻人物和新闻细节。这与其他采访不同,文字素材采集或许可以通过第三方的转述进行,音频、视频素材采集也可通过事后采访当事人,而照片是没有声音的静态图像,想让它"说话",表达新闻主题,就需要记者老老实实前往现场进行采集。

(2)纪实性的采访语言

这点使其区别于其他的摄影作品,艺术摄影往往追求的是艺术上的美,对事实会进行一定程度上的夸张,而新闻摄影则是一种对事实的还原,通过记者的观察和分析,运用镜头记录新闻事件,这就是一种纪实性的语言,而非其他采访手段的那些脱离新闻发生现场的转述或记录。可以说,新闻摄影虽然是无声的操作,却无不包含着真实的采访语言,其传递给受众的是一幅幅生动、真实的现场信息画面,具有强大的感官冲击力。

(3)采集的素材具有高度浓缩性

同文字、音频以及视频不一样,新闻摄影的素材容量永远是有限的,这取决于其图幅面积、分辨率乃至于图片数量,往往一张图片只能表达一个新闻主题,一个新闻细

---

① http://dcdv.zol.com.cn/292/2920754.html

节。因此,新闻摄影的关键是如何把更多的信息浓缩到展示瞬间状态的画面里。我们看到许多国际新闻摄影大赛中的获奖作品,往往并没有拍摄过多战争场面,而有时候仅仅通过一个废墟上的布娃娃,就能让人体会到战争的惨烈以及给人类带来的创伤,这就是浓缩在图片中的信息释放给受众带来的效果。

(4)采集的技术性要求较高

新闻摄影记者并非"一本笔记本一支笔"就可以胜任的,往往对于一个摄影记者技术上的要求十分苛刻。首先,照相机特别是新闻摄影相机大多操作复杂、结构精密,没有一定的技术基础,肯定无法发挥机器原本的作用,这就直接影响素材的质量。如有的记者镜头使用不当、对焦不准甚至机身颤动,这都会让好的新闻图片与我们失之交臂。另外,技术性还体现在记者的镜头思维上,专业的摄影记者都会选择合适的角度,精确的时机进行拍摄,没有一定的摄影知识和构图功底是无法完成好作品的创作的。

2. 新闻图片的要求

(1)求真实,新闻中图片必须是这一事件中真实的照片,不可以将其他图片用于这个新闻上,除非特别需要。

(2)求新鲜,图片包含的景象必须新鲜,色彩鲜明、清晰。

(3)求活力,图片可以将新闻事件的现场气氛表现出活力,富有感染力。

(4)求情感,能够抓住图片主体的表情特征,借以抒发主体的心理感情。

(5)求意思,根据整体新闻的要求,新闻图片必须对新闻内容的侧重点有所表现。

(6)文字说明要规范,描述画面的事实,包括日期、人物、事件等要素必须精确严谨,然后说明新闻事件的背景,最大限度地保证新闻的真实性和客观性。

3. 新闻摄影的技巧

(1)善于捕捉信息含量大的瞬间,图片含有的信息要能表达这则新闻的主题,交代新闻的背景及时间等。例如一场信鸽比赛中,将集鸽现场鸽友忙碌的场景和比赛横幅集于一张照片上,这就既交代了这场比赛的名称,也可以将现场的热闹尽收眼底。

(2)善于捕捉象征性瞬间,它是一种以形象的概括性和寄寓性见长的瞬间,其画面形象常常表露出某种若明若暗的寓意,喻示着某种画外的内涵,更多地渗透着摄影记者的主观认识和思想情感。

(3)善于捕捉幽默瞬间,新闻图片中如果加有幽默的镜头,既能从另一角度、侧面反映事件意义、本质,又能启人心智、令人轻松愉快。例如在比赛时,将一些鸽友欢笑、谈论的表情摄入镜头,可以表现出鸽友对比赛胜利的坚定信心。

(4)善于采摄新颖瞬间,即在新闻事件发生的现场,在不同的拍摄位置和角度,所采摄到的让人耳目一新、与众不同的瞬间形象。这种瞬间以画面的新颖、独特见长。

(5)仔细观察人物动作,对于人物动作的拍摄,能够表现人物的精神、气质和性格特征等。例如在集鸽现场拍摄工作人员认真地给赛鸽盖章、贴密码条等动作,可以使这个协会或公棚给鸽友们留下一个好的印象。①

4. 全媒体时代新闻摄影的新变化

全媒体时代在新闻摄影方面的最突出表现就是数码技术的广泛应用,照片不再是由暗访曝光、显影的实物,而更多的是以一种电子信号的方式存在于我们的电脑、相机中了。于是,新闻摄影也就有了新的变化:

(1)技术门槛有所降低

同以往的新闻摄影的高技术要求不同,数码相机的使用首先避免了大量胶卷的使用与更换,节省了大量的时间和资源,往往带上一张小小的存储卡,就可以存储上百上千张照片了。其次,功能强大带来了技术上的简化,以往的摄影要根据不同的环境来更换不同的胶卷和镜头,而数码摄影往往能够自动对环境进行测定并调整至适合拍摄的状态。

(2)素材的传递更为方便与快捷

胶片相机时代,摄影素材的采集麻烦,传递起来则更为麻烦,记者要首先去暗房将照片洗印出来后才能送到报社等媒体进行处理。而网络与数码的运用让传递变得更加迅速与简便。记者拍摄完成后,通过联网的笔记本电脑即可将图片回传至媒体,甚至通过手机也可以进行图片的收发了。

(3)图片真实性受到挑战

全媒体时代一方面是摄影设备的提升和更新,另一方面配合着设备的换代,一大批图片处理软件也应运而生,利用数码技术,可以很容易地对照片进行后期的加工甚至可以任意改变画面的内容,这就使图片的真实性遭受了前所未有的挑战。前几年社会热议的"周老虎"事件就是一个利用图片处理软件造假的新闻事件,每年的新闻摄影大赛总会有个别选手采用假照片,从而受到处罚。

对此,媒体都有相关的严格规定,如新华社广东图片总汇对新闻图片进行后期处理就有如下规定:

签约摄影师应尽可能向编辑部提供成品稿,自己完成必要的后期技术处理(仅限于压缩数据量和剪裁等)。对新闻图片进行技术处理应以再现拍摄现场的真实情景为原则,任何可能对读者信息接受造成误导的做法都是不允许的。

为了维护新闻真实性原则,对新闻图片的后期技术处理应遵循以下原则:

1. 利用 Photoshop 等图片编辑软件只能重定图片大小以及平衡色彩和色调。对照片进行任何本质修改将以制作假新闻照片论处。

2. 不允许在画面上进行添加、合成、拼接和掩盖等造成原有视觉信息和空间关系改变的加工。

3. 可以适度调整照片的明暗和反差,但要确保最大限度地还原现场的真实气氛。

4. 可以校正偏色,但不允许大幅度改变色调,要把色彩的改变控制在"不失真"的

---

① http://blog.163.com/xgy18@126/blog/static/2157763120103239275980/

范围之内。

5. 可以修掉画面上因非拍摄原因造成的污点。

6. 使用拼版、多次曝光、加滤镜等特殊手段拍摄、制作的照片均需在文字说明中加以注明。

7. 对于没有 EXIF 原始数据或有任何许可范围外改动痕迹的图片,图片总汇将不予处理。

8. 因后期技术处理不当导致新闻照片失实,给新华社造成不良影响的,当事人除承担有关责任外,广东图片总汇将立即终止其发稿资格,并在网上予以公示。①

1.7　视频新闻素材的采集

视频(Video)泛指将一系列静态影像以电信号方式加以捕捉、记录、处理、储存、传送与重现的各种技术。连续的图像变化每秒超过 24 帧(frame)画面以上时,根据视觉暂留原理,人眼无法辨别单幅的静态画面;看上去是平滑连续的视觉效果,这样连续的画面叫做视频②,简单点说,静态画面的连续运动播放就是视频。在以前的胶片时代,并没有视频这个说法,因为不涉及电信号,而数码时代,视频不仅仅成为人们日常生活的必备,也成为全媒体记者一贯需求的新闻素材之一。如今,视频已经不单单是电视台的专利,网络上的各种新闻专题都需要视频来进行支撑,形成真正的全媒体综合新闻。

按照惯例,首先来看一则案例:

2010 年 3 月 28 日,山西华晋焦煤集团王家岭矿发生透水事故,153 名矿工被困井下。在随后的救援进程中,中央电视台新闻频道率先启动报道,并自始至终在国内外各大主流媒体中牢牢占据报道主动权,全程直播了 115 名被困工人救援升井实况,实现了电视报道在突发事件中的重大突破,得到了自上而下的高度好评,赢得了国内外媒体同行的尊重。

这起事故发生的当晚,地方记者部迅速调集了太原应急点、西安应急点、北京本部"飞行队"和山西电视台的应急队伍,带着三辆卫星车、分四路应急小组分别赶往事发地,于第二天迅速形成了前方有总协调人,地方部、社会部轮流直播,辅以新闻特写的协同作战团队,同时科学布阵,将卫星车设置在第一现场井口、关键医院现场、救援指挥部、二号井口和发布会现场,灵活机动地进行直播接力,搭建起了一个可以 24 小时多点直播并随时传片的技术系统。后期地方部也紧急增加了直播力量,与栏目组密切沟通,动画及时跟进,确保了最新消息第一时间连续不断、高质量地播发。

---

① http://bbs. wzrb. com. cn/thread-26900-1-1. html

② http://baike. baidu. com/view/16215. htm

焦急等待 120 小时后,井下传来管道敲击声,证明有生命迹象到坚守 8 天 8 夜后的 4 月 5 日凌晨,第一批被困矿工终于被找到,再到随后的 24 个小时 115 名矿工陆续升井,新闻频道随时打开窗口,全程、全方位进行直播,让电视观众亲眼见证了生命的奇迹。从井下出现矿灯晃动,到发现 9 位幸存者;从第一位生还者从井口被抬出,到宣读张德江副总理电报,我们的报道都领先于所有媒体第一发布;从披露发现和营救过程,到生还者开口说话,都是本台独家报道。在整个王家岭矿透水事故救援报道中,新闻频道直播 138 场,直播时长超过 13 小时,我们的报道被国内外各大媒体广泛转载,在现场的半岛电视台等几家境外媒体也都转载了我们的直播内容。

王家岭矿透水事故救援报道也被网友称为是获取消息的"唯一通道"。在我们打开直播窗口前,就有网友在论坛里发布:"大规模救援已经开始了,看新闻频道,马上会有消息"、"今晚不睡,等最新消息。"

在报道现场,前方记者日夜坚守,表现出很高的职业水准,许多直播中的细节令人难忘,比如:赵旭采访的一位救援队长说:"一个被困工人对他说,你能把我带上去吗?他说,我们只要能进来你们就能出去";再比如杨松涛在直播中发现了"笑脸橙子"和被困人员向医生要手机给家人打电话的细节……

刘云山部长评价说我们的报道本身就是抢险救灾精神的重要组成部分;国家安监局局长骆琳对我们的记者说:"你们的报道好,事实准确";山西省委、省政府给中央台的感谢信中说:贵台紧紧围绕科学部署、科学施救、科学医治,及时准确、真实客观地对抢险救援工作全过程进行了全方位、多角度的报道,让国内外观众看到了党中央、国务院和山西省委、省政府付出的努力和对生命的尊重,凝聚了人心,引领了国内国际舆论……山西省省长王军在前方记者杨松涛的笔记本上留言:中央电视台参与事故抢救有功。在现场参与报道的外媒记者多次向前方记者竖起大拇指。

(第二十一届中国新闻奖电视直播类节目一等奖《王家岭矿透水事故救援报道》参评简介)

1.7.1 视频新闻素材采集的设备

过去的新闻世界中,视频似乎一直缺席,直到电视新闻的产生,才有了一定意义上的视频素材,然而当时的采集手段是单一且昂贵的。而随着科技的进步,视频素材采集的手段越来越多元,设备也越来越先进,这里就介绍几种较为流行的采集设备与方法:

1. 视频网站下载

网络时代核心概念,其一便是"下载",即将网络上的数据复制到自己的个人终端上来。传统的视频采集必须到达现场才能进行采集。而有了网络,特别是一大批视频网站的建立,让视频采集多了一个"在家就可以完成"的手段。

所谓视频网站,指在完善的技术平台支持下,让互联网用户在线流畅发布、浏览和分享视频作品的网络平台。如今的视频网站分为两类:一种是基于门户网站下的子产品,如新浪视频、搜狐视频等;另一种是独立视频网站,如优酷、土豆等。视频网站主要提供两种网络服务:其一是电影、电视剧等节目的播出;其二便是网友自拍的新闻素材,这也是全媒体新闻视频素材的重要来源。今年 3 月 11 日,优酷和土豆签订最终协议,以 100% 换股的方式合并,掀起一阵舆论狂潮,各大视频分享网站的竞争愈演愈烈。

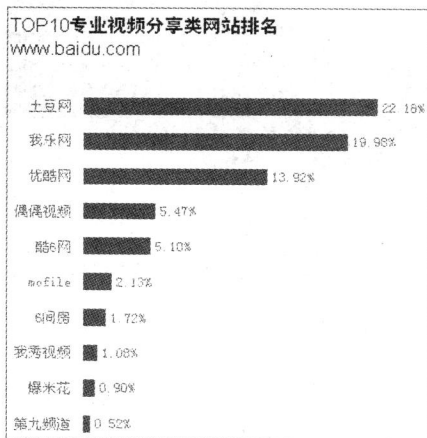

图 1-7-1　专业视频分享类网站排名①

对于全媒体新闻工作者来说,这些视频网站是很好的素材集散地,很多突发的、有趣的抑或民生的素材都能检索到,而后通过各个网站所推出的下载软件,对其素材进行下载,便完成了简易的视频素材采集工作。然而,我们也需要认识到,从技术角度上说,视频网站上下载的视频大多清晰度不高,并不能适用于所有媒体,比如有些素材就无法用在电视节目中;与此同时,也需要注意视频的版权问题,注重维护拍摄者的利益。

2. 专业磁带摄像机

磁带摄像机是一种有着漫长历史的摄像机种类,然而如今依然在为电视台等专业媒体服务,原因就在于:磁带记录不需要压缩,保证了其清晰度,与此同时,磁带记录的可靠性比储存卡好。磁带记录的视频即使发生碰撞损坏等情况,只要磁带还存在,就能把磁带上的全部或部分视频采集下来,所以对于一些重要的视频素材,专业磁带摄像机是最佳的选择。

由于专业磁带摄像机内置相当精密的结构与部件,这也决定了其价格不菲,一些大型电视台所用的摄像机大多在几十万元人民币左右,而一般的专业级也要达到万元以上,这里介绍索尼的一款专业磁带摄像机——HD1000C。

索尼 HD1000C 采用 SD HQ 录制格式,在动态模式下支持电子防抖,并支持 Dolby Digital(双声道)录音功能,续航能力能够达到连续拍摄 10 小时,基本能够满足用户需

---

① 流量份额占视频网站总体流量的百分比 http://www.itren.cn/bbs/html/bbs36812.html

图 1-7-2　索尼 HD1000C 摄像机

求。与此同时,采用卡尔蔡司 Vario-Sonner T * TM10 倍光学变焦镜头,可以适应多种拍摄环境。[①]

3. 普通数码摄像机

当然,鉴于专业磁带摄像机体积较大,不易携带,同时也大多价格昂贵等原因,在对视频素材质量要求不高的情况下,我们也会选择普通数码摄像机来完成素材的采集。

如今,普通数码摄像机已经普及到千家万户,这类摄像机体积小重量轻,便于携带,操作简单,价格便宜,千余元即可购买到一台性能不错的小 DV,对于一些小型的全媒体采集小组,这类数码摄像机或许是个不错的选择。

图 1-7-3　索尼牌数码手持 DV

4. 其他拍摄设备

除了上面所介绍的几种视频采集工具以外,还有适用于不同情况、不同特征的其他设备,如适合于进行暗访偷拍的偷拍机,讯宜国际公司推出的 Orbbit 牌 DV 250 PLUS 偷拍机正是一款这样的设备,它是半个多世纪以来,深受间谍青睐的德国 Minox (米诺克斯)小型微型照相机的时尚改进版。它拥有一个可以旋转的 270°最大 600 万像素的镜头,而且它不仅是一部数码摄像机也是一部数码相机同时还是一部长时间的录音装置,使用 1000 毫安的锂电池,可以进行连续拍摄,这款产品的大小只有一个烟

---

① http://dv.pconline.com.cn/hangqing/xa/1206/2836779.html

盒大小,而且给人看起来的第一印象是 PDA 商务通一类的产品,所以大大加强了拍摄的隐蔽性。

图 1-7-4　Orbbit 牌 DV 250 PLUS 偷拍机

与此同时,还有钢笔式摄像机、手表式摄像机乃至于更先进的纽扣式摄像机,都具备极佳的隐蔽效果与拍摄能力。当然,这些都仅仅适用于万不得已的隐性采访场合,并不能作为日常采访来进行使用。

除此之外,我们也会发现,如今基本上所有的手机、MP4 都具备视频拍摄能力,这也给视频素材的采集带来了方便。

1.7.2　视频新闻素材采集的特征

自从电视新闻产生以来,视频新闻素材就有用武之地,而网络的兴起又让这些素材有了新的表现渠道。由于表现形式的不同,这也就决定了视频新闻素材的采集必须区别于其他采集方式,有着自己独特的地方。

1. 采集手段独特——声画一体

视频新闻素材主要是借助数码摄像机、电子编辑机等声画一体的现代电子采集手段进行采集的。这就同其他素材的采集不同,文字素材采集往往是轻装上阵,而音频、图片素材采集,也大多只是录音机或者相机即可,视频素材要求的是声音与画面同时存在,这就需要在确保摄录图像的同时,兼顾声音的采集,于是我们能够经常看到电视台记者采访时往往成群结队、大包小包,为保证图像质量采用专业的摄像机,为保证声音质量使用随身麦克风甚至钓竿话筒等。

2. 采集思维独特——蒙太奇

蒙太奇(Montage)在法语是"剪接"的意思,我们时常能够在电影创作中见到。简要地说,蒙太奇就是根据影片所要表达的内容和观众的心理顺序,将一部影片分别拍摄成许多镜头,然后再按照原定的构思组接起来。一言以蔽之,蒙太奇就是把分切的镜头组接起来的手段。随着蒙太奇理论的发展,其也从单纯的镜头组接技巧变为一种创作方法,并沿用至今,涉及电视新闻领域,这就要求记者要有独特的蒙太奇思维。视频新闻素材采集时,记者不仅仅要像采集其他素材时那样,了解新闻背景、明确主题中心,还需要对画面进行构思,如什么样的画面做开头,什么样的细节做过渡,再以什么样的画面作为结尾。而在采集过程中,这一思路将更加明确,每个画面如何联系在一起,代表了什么,拍摄时间多长等都需要考虑。简而言之,记者在采集视频新闻素材时,头脑中应该如"放电影"一般,把新闻成品在头脑中打个大致的草稿,这就是蒙太奇的思维。

3. 采集形式独特——直接记录

电视节目大家肯定并不陌生,一个最大的特点就是画面与声音的直观,即现场什么样,呈现在受众眼前的就是什么样,这就决定了视频新闻素材采集形式的独特,即对现场声画的直接采集。我们知道,文字新闻采集往往是要把记者所听、所看、所感受到的东西转化为文字,才传递给受众,受众接收后要对文字背后的信息进行解读,这样容易造成信息的失真;而音频、图片素材的采集也存在着感官的单一,一个缺少画面的参与,一个缺少声音的加入,这都会影响到受众的直观感受。而只有视频素材的采集,以一种原始的方式——直接记录,所见即所得,将新闻现场呈现给受众。

1.7.3 视频新闻素材的画面构成

从拍摄的角度看,视频新闻素材可分为两大类:录像素材、现场素材。

1. 录像素材即无记者出镜,仅采用画面与画外音结合的方式。此种方式往往全部以画面为主,而画面又是由一组不同内容、不同角度、不同景别和不同长度的镜头构成的。镜头又可分为两部分,一部分是介绍性镜头,一部分是中心镜头。

介绍性镜头是引导观众进入新闻主题的镜头,主要是交代新闻发生的时间、地点、人物、规模等新闻要素。

中心镜头是反映新闻主要内容的镜头。拍摄时要注意:

(1)抓重点。即要抓住关键的新闻场面和主要的新闻人物。

(2)抓全面。拍摄时不要遗漏相关的镜头,避免后期补拍。

(3)抓细节。镜头要特别反映新闻主体的表情与感情变化的细节。

2. 现场素材是指记者出镜,在新闻现场采访和播报新闻。

现场采集和录像采集的不同之处在于加进了记者的形象。现场采集的开头是记者的独白,介绍新闻的主要内容,相当于新闻报道中的导语。

在现场采集中,一般都有记者的镜头前采访,在拍摄镜头前采访时,首先需要一个交代性镜头,这个镜头要包括记者和采访对象。

如果是新闻专访,交代性镜头多半是从记者和采访对象两人的侧面拍摄,采用全景或远景。

在现场采集中,因为记者已在开头的独白中露过面,他和采访对象之间的交代性镜头一般拍成越肩镜头。拍摄越肩镜头时,要使摄像机处于记者的背后,拍下采访对象正面镜头和记者头部与肩部的一部分。

在采访对象回答问题较长时,就要用采访对象单独的中近景或特写镜头。

为了后期编辑的需要,还要拍摄一些记者的镜头,一种是"倾听镜头",这种镜头在编辑时用在采访对象回答问题时,表明记者的态度。在拍摄时,把摄像机放在采访对象后面让记者面对摄像机镜头。另一种镜头叫"反向提问镜头",是记者提问的镜

头,也是采用从采访对象后面拍摄的方法。而间隔镜头是用来在后期编辑中作为过渡镜头使用的。一般是记者和采访对象的远景,以看不清口型为原则。

1.7.4 视频新闻素材的种类

1. 突发类新闻

所谓突发新闻,就是采访计划之外,突然发生的新闻线索,如车祸、火灾、自然灾害等,记者没有预先得到消息的新闻。

对于此类新闻的采集,一定要讲究速度,追求快速的反应力。拍摄时到达现场要快,有时候不用到现场就可以开始拍摄,抑或在前往现场的路上,就已经将拍摄准备做足,如调整白平衡、安装磁带和电池等,以便一到达就可以迅速投入采集。

新闻信息的处理工作有的时候讲究按照时间的一线性排列,而有的时候需要按照记者的意图进行重新排列,这时新闻信息的采集工作到不到位,新闻信息的完整性就非常重要。有些新闻事件或故事的信息链由于种种原因有断环,可以通过逻辑思维和合理推断进行重新连接,但是其中有些信息点是无法省略的,这些无法省略的新闻信息点叫做新闻要素。时间、地点、人物、发生原因、处理结果这些新闻要素都不能缺少。[1]

2. 策划类新闻

策划类新闻要区别于突发新闻,是记者事先知道新闻线索,经过详细策划后进行的新闻采集。

策划类新闻顾名思义,是经过记者详细计划的。记者要对这类新闻的方方面面有个清晰的认识,并对新闻背景做到深入的了解,对于需要拍摄的画面,记者要牢记在心,争取将此类新闻做得创新而又出彩。

3. 会议类新闻

会议类新闻是电视上常见的新闻种类之一,无论是中央电视台还是各省市的电视新闻节目,会议类新闻往往占有很大比重,然而程式化的会议类新闻采集使这类新闻大多千篇一律,即会场远景、领导特写、会场中景等,画外解说往往也都是讲话和报告的重复与总结。难怪有的观众一看到会议新闻便转换频道。如此报道自然产生不了应有的社会效果。因此,成功的会议报道应该从电视新闻的特点出发,以独特的角度切入,抓住会议的实质,展示其新闻价值。只有这样,会议报道才有新意,才能真正起到宣传的效应。[2]

那么,如何选好角度与切入点呢?

(1)从新信息入手——截取某一侧面

会议作为一个整体,报道时可以采取局部切入法,先抓住一个点或具体的一个侧面进行报道。一般来说,会议要传达、讨论、研究或解决的事情涉及方方面面:有的以

---

① http://hi.baidu.com/yymaohuo/blog/item/f050d903166451ec09fa9309.html

② http://hi.baidu.com/yymaohuo/blog/item/f050d903166451ec09fa9309.html

前曾宣传或报道过,如再报道也仅仅是"强调一下"而已;有的内容只与个别部门单位有联系……真正与受众相关的不多。报道时,必须进行筛选,截取与广大受众关系较为密切的新信息,诸如会议作出的重大决策、重要决议等。抓住会议的最新信息进行报道是非常必要的,能使受众明确当前的工作目标和工作任务。就事情的发展来说,截取其中的某一要点或某一侧面的具体内容、具体场面,比泛泛而过的概括、全面而不漏的扫描,更可把握事情的基本特征,令人留下更为深刻的印象。

（2）从社会焦点入手——寻找"关系场"

按照新闻的定义和规律,只有鲜活的,为人所关注的、所感兴趣的事实,才能够成为新闻。电视会议新闻如果报道时镜头在会场一摇,解说时再加上某月某日举行某会议、某领导出席并作重要讲话等等,很难调起观众的"胃口"。众所周知,事情与事情之间有着千丝万缕的联系,其中某一对或几对之间的关系,还甚为紧密,若把它们放在同一"关系场"中,则能产生独特的效果。例如,每一时期、每一阶段,人们都有这样或那样的话题,如果把这些社会焦点转移到分析社会现实的会议报道上,就会使会议落脚点的含金量体现出来。这样处理既能突出会议的主体,又能及时表达政府的观点,如涉及千家万户的计划生育、殡葬改革、社会治安等问题。报道时,一是要结合当前当地干部群众对此的反应,然后进行综合分析;二是要把会议报道放在深化干部群众思想认识的基础上进行,以达到行动统一的目的,使会议报道更加充实、更加全面、更加深刻。

（3）以会议为依据——拓展广阔空间

这是一个颇为巧妙的角度。它不是正面地、直接地去报道那些能够显示中心、支配整个会议的核心内容,而是运用与核心内容有关的其他事情的背景、缘由的材料来突出报道的主题。这样的报道摆脱了镜头摇来摇去均是台上或台下的状况,调来与报道内容相关的镜头,以丰富场景,挖掘会议背后的真实。程式化的电视会议报道,场面往往庄严、肃穆而缺乏生机活力,而观众最感兴趣的还是鲜活的画面、现实的说法。因此,应把镜头的触角伸向更为广阔的空间。例如,当会议提到发展"三高"农业时,调来一组组有关的镜头,再加上相关的介绍性文字,既可丰富电视报道的内容,又可加深观众对会议内容的理解。

选好会议报道的角度与切入点,对提高宣传水平和收视率有着重要的作用。作为一名电视新闻记者,在会议的采访报道时,怎样才能有效地选好角度、选好切入点呢?首先需要认真钻研党和国家的方针政策,切实提高自己的政治敏锐性;其次是经常深入生活、了解基层干部群众最关心的问题,树立群众观念;再者是要不断"充电",善于运用各种写作方法和拍摄技巧,真正提高会议报道的新闻质量。[1]

4. 同期声类新闻

电视新闻同期声是同期录音的意思,它是摄像记者在电视采访中进行现场判断、

---

[1] http://wenku.baidu.com/view/1a7f0d294b73f242336c5f06.html

选择和记录的重要内容,来源于现实生活中真实的声音,并伴随着电视媒体中的画面形象展现出来,从而增强节目的真实感和表现力。①

在新闻报道中采用同期声,既有助于烘托报道现场的真实氛围,又有利于增强新闻的权威性。但是,采用同期声时我们需要注意:人物同期声的内容要通俗、简单易懂,适合不同的节目风格,而其他同期声要力图清晰,使受众能够完整接收信息。

1.7.5　视频新闻素材的采集要求

1. 多使用固定镜头

电视新闻的拍摄应尽量少用推拉摇移,多用固定镜头。原因在于电视新闻往往每条的时间都有严格的限制,而固定镜头表达的内容要多于单一镜头的推拉摇移,这就使镜头的使用效率大大提高,从而使新闻节奏明快。当然,慎用推拉摇移,并不是不用,而是要用的恰到好处,根据其不同的情境,不同的目的,配合着使用,从而使电视新闻生动而精彩。

2. 突出主体,角度常新

视频新闻的核心在于突出主体,如在会议新闻中,突出与会领导、核心议题,在突发新闻中,突出事件始末等。要始终将新闻的主体作为镜头的主体,与此同时,要注重角度的创新,所谓角度,是摄像机与被拍摄对象之间的夹角。拍摄角度的变化影响到主体与陪体、前景与背景及各方面因素的变化。不同的拍摄角度具有不同的侧重点和表现力,能表达不同的情绪及人、人物与环境之间的不同关系。所以在突出主体的同时,要注重对角度的创新,从而获得更有力的视觉表现感。

3. 善于挑、等、抢②

挑、等、抢是电视摄像记者的基本功。前期采访拍摄中,必须根据新闻主题及人物、事物的特点,把那些最能表达人物内心世界及事物特色的关键画面在磁带上"定格",为此必须练就一身挑、等、抢的过硬功夫。

(1)挑。就是有所选择,把那些最具视觉感染力的场面抓下来,舍弃可有可无的冗余场面。

(2)等。要有等待的耐心,坐不住的记者,无法捕捉到那些在平静中爆发的精彩瞬间

(3)抢。当等待已久或突然出现的巨大变动在面前出现的时候,要不失时机地捕捉下来,变瞬间为永恒,不然就是电视摄像记者的失职。

4. 捕捉第一细节

所谓第一细节,即事件最初表现的状态特征,如人物的第一反应、灾难的爆发、事故的发生等,这样的镜头最具真实感和现场感,也最为震撼人心,应该是摄像记者全力捕捉的重点。

---

① http://www. chinadaily. com. cn/hqgj/jryw/2012-03-20/content_5467623. html

② http://blog. sina. com. cn/s/blog_4c0216fc0100lfmp. html

5. 要参加采访的全过程

摄像采访是一种创造性劳动,必须有真情实感的投入。为此,摄像记者事先必须对新闻事件、采访目的、拍摄重点、景物、角度及拍摄方式做到心中有数。采访结束后,应参与后期编辑,对自己的拍摄材料做出正确估价,以便下次工作中加以改进。

内蒙古电视台记者拍摄要领[1]

一、常委会议一般情况的拍摄模式

1. 会议全景

2. 根据会议内容需要提名的领导用特写,并注意主体前景与背景的整洁规范

3. 领导拍摄以两到三人为主体从左到右或从右到左摇成组镜头和固定镜头

4. 参加会议的盟市厅局领导可用两到三人一组的固定或左右摇的画面,拍摄编辑必须从第一排开始

5. 侧面(正面)的大全景

6. 主持人用特写画面,抬头讲话的画面

7. 主要领导的讲话时拍摄不同角度的特写(正面、两侧),领导讲话不拍念稿子的镜头。领导画面要成组、连贯,该摇都摇,该固定都固定,且必须连续拍摄,中间不能隔断

8. 要注意背景声

9. 注意轴线,尽量减少不必要的台上台前走动

二、有党、政、军领导参加的大型会议的拍摄模式

1. 领导拍摄参见常委会的2、3条规律拍摄

2. 拍摄领导、听众时要有景别变化及角度的变化

3. 拍摄听众时应有移动镜头,从而能表现会议规模(移动镜头要平缓),前景与后景的整洁

4. 要有不同角度的全景

5. 台下领导在多用固定景别的画面时,还要讲究左右对称,动静结合(静动之比为 7∶3)

三、外事活动的拍摄模式

1. 要有领导会见外宾时握手的画面

2. 会见厅全景的画面

3. 陪同人员(双方)的画面可采用固定或摇的画面

4. 会见时宾主双方说、听的正面、侧面画面(注意轴线)

5. 会议、会见领导讲话均使用三脚架拍摄,要确保画面的色调一致

四、人物拍摄

1. 在人物拍摄中,要了解每个人物的特点。应在有限的空间内展现人物的特点、

---

[1]　http://wenku.baidu.com/view/193876f804a1b0717fd5ddde.html

社会背景、文化背景,从而反映现实生活环境中任务的独特之处

2. 运用细节表现人物的个性也是人物拍摄中出彩之处,所以要善于发现捕捉人物的细节,如人物对事物的专注程度、工作的艰辛及情绪的变化

3. 人物的同期也是拍摄的关键,采访时要注意采访对象所说的内容,画面能够及时地转换。环境的选择应与人物的身份、采访的内容相适应

五、专访的拍摄

1. 注意采访对象的背景

2. 要有双人镜头及反打

3. 必须用三脚架

六、关于领导视察活动的拍摄

1. 突出主要领导看、听、说,景别不宜大,注意领导人的衣着、表情,不从后面、侧面拍摄领导,要多用固定镜头

2. 领导人行走的画面,大全景的画面慎重把握,不搞前呼后拥,注意陪同人员的举止行为

3. 要懂得用脑子拍摄,及时捕捉感人的细节和同期声

4. 过渡画面要有意义、有针对性,如车窗外的雨雪、泥泞的道路

七、突发性事件现场的拍摄

1. 注意主要事件过程的画面的完整性

2. 进入事件现场随时待机抓拍

3. 多与编辑商量

1.8 新媒体下的网络新闻采集

新媒体是新的技术支撑体系下出现的媒体形态,如数字杂志、数字报纸、数字广播、手机短信、移动电视、网络、桌面视窗、数字电视、数字电影、触摸媒体等。相对于报刊、户外、广播、电视四大传统意义上的媒体,新媒体被形象地称为"第五媒体"。[①] 从本节开始,将给大家介绍一下新媒体环境下,一些新形式的新闻素材采集类型。

本节要首先介绍的就是互联网与网络新闻的采集。

1.8.1 网络新闻采集的定义

网络媒体是全新的媒体形态,突出特征之一就是对多媒体形态的兼收并蓄,我们能在互联网上寻找到任何一种媒体形态的素材:文字、视频、音频、图片等,与此同时,还延伸出动画、程序等新兴素材形态,可以说网络新闻素材采集是最能代表全媒体时

---

① http://baike.baidu.com/view/339017.htm

代新闻采集特色的一种类型,也是最能表现新媒体强大能力的一种类型。

对于其定义,从如今的研究来看,广义上说网络新闻采集指的是为互联网媒体新闻发布而进行的新闻采集活动。狭义上看,指的是通过互联网进行新闻采集,即将网络作为一种采集手段。二者区别就在于,前者是为网络而采访,后者是利用网络进行采访。由于我国关于网络采访的相关法律法规还不明确,本书将其定义为狭义的概念:即网络新闻采集就是以互联网作为新闻素材采集的目标地点,通过搜索、线上聊天、邮件等互联网应用方式搜集多媒体新闻素材的一种新型手段。

1.8.2　网络新闻采集的特点

1. 采集工具的数字化

伴随着互联网的兴盛,数字化也在全球遍地开花。网络新闻采集的一个重要特点就是采集工具的数字化,体现在互联网的数字化与数字化的采集工具,这些工具包括硬件与软件两种,常用的硬件在上述的几节中都有提到,如数码相机、数码录音笔、数码摄像机等,而软件则有语音输入、即时通讯、视频播放器等。

2. 采集范围的广阔性与采集速度的快捷性

这点与互联网的特点是重合的。由于互联网具备全球性与即时性的特点,这使网络新闻采集具备了前所未有的广度和时间上的迅速,利用互联网与相关应用,我们可以与远在天边的采访对象进行沟通,获取新闻素材,与此同时,无需花时间亲历现场,就可以获取现场翔实的新闻素材。

3. 采集内容的多媒体性

从前面我们可以看到,每一种采集方式只能采集一种媒体内容,而网络新闻素材采集融合了以上的各种媒体,既可以是静态的文字与图片,也可以是动态的音频和视频采集。互联网的多媒体性决定了采集内容的多媒体性,因为采集的目标就是网络,另外,网络媒体需要进行多媒体新闻发布,我们在很多的门户网站看到不同的新闻专题页面,其中都是多媒体呈现新闻事件的典型案例。这方面是传统媒体无法比拟的。

4. 采集资源的丰富性与采集的简易型

互联网上的信息资源犹如一个未被完全开发的大金矿,每天乃至每时每刻都有大量的新闻新增至网络,全媒体记者面对的正是这样一个信息爆炸的世界。而随着搜索引擎的广泛使用,也使记者的素材采集变得简易,只需要通过互联网的搜索,就能获得自己想要的文字、图片以及音视频。

5. 采集工作的高要求性

新的采集类型给予新闻从业人员更高的要求,一方面是传统的采集业务能力,随着网络的发展,需要对其进行更新,而另一方面,由于网络是一个技术密集型的传播媒介,随着新闻制作流程,从策划到采集再到编辑乃至于传输全过程的电脑网络化,给记者提出了更高的要求——熟悉互联网的相关操作,如对基本编辑软件的运用、学会进行关键词搜索等。

1.8.3 网络新闻的采集方式

1. 在线信息浏览式搜集

顾名思义,即记者利用互联网搜索工具进行信息采集的一种方式。如今,互联网信息搜索的相关应用已经非常普及,其中最为常见的便是搜索引擎,根据一定的策略运用特定的计算机程序从互联网上搜集信息,在对信息进行组织和处理后,为用户提供检索服务,将用户检索到的相关信息展示到用户的系统。搜索引擎包括全文索引、目录索引、元搜索引擎、垂直搜索引擎、集合式搜索引擎、门户搜索引擎与免费链接列表等。百度和谷歌等是搜索引擎的代表。[①]

图 1-8-1 各大网络搜索引擎

对于新闻事件纵向或者横向上的其他素材,如新闻事件的历史、同类型的新闻素材,搜索引擎都对用户有很大的帮助。同时,搜索引擎自身也对信息进行了分类,如分成了新闻、网页、图片、视频等,这也给信息的搜集带来的极大的方便。

2. 电子邮件采集

1969 年 10 月,世界上第一封电子邮件从美国发出,如今基本上每个上网的用户都会有一个电子邮件的地址。随着网络新闻采集的兴盛,电子邮件也成了大家热衷的采集工具之一。这种采集方法适用于对新闻人物的采访,特别适合远距离或者不方便见面的采访对象,记者将问题通过邮件的方式发送给受访者,受访者通过文字进行回答后,再回复给记者,即完成了一次采集。

3. 即时聊天工具采集

对于每个网友来说,即时聊天工具一定很不陌生,微软的 MSN、腾讯的 QQ 皆属于这一类型,即可以在两名或多名用户之间传递即时消息的网络软件。区别于电子邮件采访,即时聊天工具显示联络人名单,并能显示联络人是否在线。这样的采访方式更接近面对面的采访,你一问我一答都可清晰地显示在屏幕上。这样的方式适合时效性

---

① http://baike.baidu.com/view/1154.htm

要求较高、采访对象距离较远或者不愿意接受当面采访等情况,当然也需要注意此类采访的对象处于网络环境中,要对其提供的信息进行二次检验。

4. 网络论坛、聊天室采集

网络论坛是一个和网络技术有关的网上交流场所。一般就是大家口中常提的BBS。BBS 的英文全称是 Bulletin Board System,翻译为中文就是"电子公告板"。网络聊天室通常直称聊天室,是一种人们可以在线交谈的网络论坛,在同一聊天室的人们通过广播消息进行实时交谈。记者利用论坛采集信息通常有两种方式:一种是浏览全国性论坛,获取新闻线索,一种是有了新闻线索,但要对普通大众进行采访,通过论坛的方式形成一个类似于"座谈会"的采访空间,征询网民意见。

5. 博客、微博采集

基于 Web2.0 的网络应用更加注重信息的交互性。博客,又译为网络日志、部落格或部落阁等,是一种通常由个人管理、不定期张贴新的文章的网站。微博,即微博客(MicroBlog)的简称,是一个基于用户关系的信息分享、传播以及获取平台,用户可以通过 Web、WAP 以及各种客户端组建个人社区,以 140 字左右的文字更新信息,并实现即时分享。

对博客的关注,特别是对名人类博客的关注,可以让记者着重采集到新闻人物的相关素材。而微博则更为强大,体现在:首先其具备信息检索能力,通过搜索,能够发现时下网络热点话题,也能够发现网络舆论对于某些新闻事件的评价;其次,微博还具备如 QQ 一般的即时聊天工具,通过发私信等方式能够与采访对象进行问答,快速而高效。

6. 网上在线直播采集

这种方式类似于电视演播室直播,即网络媒体架设演播室,通过一些多媒体手段,使记者的采访、主持人的串场在网上同步直播的一种方法。这种方法也大多适用于采访新闻人物,特别是一些名人、权威人士以及专家等。

1.8.4　网络新闻采集应注意的因素

1. 影响新闻采集的政策、法律因素

(1)有关网络新闻发布的相关政策:

2000 年 9 月 20 日,国务院颁布了《互联网信息服务管理办法》,第十五条明确规定:互联网信息服务提供者不得制作、复制、发布、传播含有下列内容的信息:

(一)反对宪法所确定的基本原则的;

(二)危害国家安全,泄露国家秘密,颠覆国家政权,破坏国家统一的;

(三)损害国家荣誉和利益的;

(四)煽动民族仇恨、民族歧视,破坏民族团结的;

(五)破坏国家宗教政策,宣扬邪教和封建迷信的;

(六)散布谣言,扰乱社会秩序,破坏社会稳定的;

(七)散布淫秽、色情、赌博、暴力、凶杀、恐怖或者教唆犯罪的;

（八）侮辱或者诽谤他人，侵害他人合法权益的；

（九）含有法律、行政法规禁止的其他内容的。

2005 年 9 月 25 日，国务院新闻办公室、信息产业部联合发布《互联网新闻信息服务管理规定》，第十九条明确规定：互联网新闻信息服务单位登载、发送的新闻信息或者提供的时政类电子公告服务，不得含有下列内容：

（一）违反宪法确定的基本原则的；

（二）危害国家安全，泄露国家秘密，颠覆国家政权，破坏国家统一的；

（三）损害国家荣誉和利益的；

（四）煽动民族仇恨、民族歧视，破坏民族团结的；

（五）破坏国家宗教政策，宣扬邪教和封建迷信的；

（六）散布谣言，扰乱社会秩序，破坏社会稳定的；

（七）散布淫秽、色情、赌博、暴力、恐怖或者教唆犯罪的；

（八）侮辱或者诽谤他人，侵害他人合法权益的；

（九）煽动非法集会、结社、游行、示威、聚众扰乱社会秩序的；

（十）以非法民间组织名义活动的；

（十一）含有法律、行政法规禁止的其他内容的。

（2）著作权法

目前网站的新闻稿件仍然不能实现完全原创，尤其在时政新闻内容方面，转载成为网络新闻运作中的一个主要方式，因此要特别关注版权问题。

2006 年 5 月 10 日，《信息网络传播权保护条例》正式颁布，同年 7 月 1 日正式实施。根据《信息网络传播权保护条例》，只有新闻性作品，包括政治、经济等时事性文章可以不征得作者同意就转载，网络如果想转载报纸杂志的其他普通作品，必须经过作者同意。

侵犯著作权在网络中的主要表现为：一方面，一些网站未经著作权人许可就在互联网上公开发表其作品，在新闻传播方面，未经许可转载其他媒体的新闻或评论都易造成侵权；另一方面，一些报纸杂志等传统媒体从网上下载网络原创作品并发表。

2. 影响新闻内容采集的受众因素

所有新闻媒体都需要对受众的需求进行一定的满足，没有受众就没有发行量、收视率以及点击量。了解网络核心受众的构成及需求特点，是网站进行稿件选择的基础，只有抓住了受众，新闻内容才会真正有人看，信息才能得到最大限度的传播。

3. 影响新闻内容采集的技术因素

采集新闻人员技术同时是影响新闻采集的因素之一，例如对采集软件的灵活运用，采集人员的技术一定要跟上现在的技术要求，这样才可以避免在技术上落后于其他网站的采集者，保证新闻采集的硬件需求。

4. 影响新闻采集的网站定位因素

定位对于每个网站来说，都是极其关键的，如一些投资类网站，如 51 资金项目网、

28 资金网,其采集的新闻往往涉及经济、投资方面,而又如,2007 年末,网易正式推出其全新的搜索业务"有道",欲发力中文搜索市场,网易对自己的描述就改为"中国领先的互联网技术,在线游戏服务提供商"。这样的定位使网易整个采集编辑的人员在采集工作上有了巨大的改变。

1.9 全媒体素材采集的新宠——智能手机的运用

上面我们花了不少篇幅展示了各种素材类型的采集设备和方式,下面将给大家介绍最近几年广泛流行于全媒体采集部门的一种新型设备——手机。或许很多人会问,如今手机早就人手一部了,何来新型之说。其实这里所谓的新型,主要是从全媒体采集手段上来说的,按照以往的观点,手机无非就是用来远距离沟通,可随身携带的通讯工具而已,而随着相关技术的进步,一部小小的手机所能做到的,不仅仅是打个电话而已。

与此同时,手机还是一种全新的媒体,即以手机为视听终端、手机上网为平台的个性化信息传播载体。它是以分众为传播目标,以定向为传播效果,以互动为传播应用的大众传播媒介。下面通过一个案例来了解一下如今移动通信与新闻传播的蓬勃发展之势:

6 月 20 日至 22 日,备受业界瞩目的亚洲移动通信博览会在上海新国际博览中心举行,这场由世界移动通信大会组织方 GSMA 筹办的高端展会吸引了来自世界各地逾 200 家移动通信技术公司参展。SMG 旗下新闻视频网站看看新闻网(www. kankanews. com)也以全媒体之姿亮相展会。

移动通信技术的诞生和迅速发展,重新定义了人类沟通、交流、学习及娱乐的方式。三网融合的背景下,如何抢先占领多个终端渠道,为用户提供差异化的内容和服务,成为各企业在全媒体融合变革中亟待解决的问题,对传统广电系下的新媒体来说,这更是一个需要突破的重点。

作为 SMG 旗下的新媒体先锋,看看新闻网以 24 小时新闻直播为特色,凭借专业新闻制作能力、版权优势及强大的资源整合能力,高效地将 SMG 旗下庞大优质的内容资源以各种格式、产品快速发布到电视、互联网、无线三大终端,为渠道和终端厂商提供按需定制新闻资讯、内容服务,根据不同终端的不同传播特性进行整合定制,实现多屏合一的融合传播,率先抢占新的媒体渠道,迈向全媒体。

针对此次亚洲移动通信博览会,看看新闻网搭建 GSMA 专题,时时跟进展会最新资讯,同时特别将全媒体智能演播室和专业的直播团队带入现场,在 3 天展会期间邀请到包括百视通副总裁张越、华谊兄弟副总裁胡明、掌握传媒总经理简昉等在内的十多位相关领域的专家、高层领导参与现场访谈,通过网站先进的 3G 回传技术,将现场实况零时差展现给网友。同时,直播内容还同步覆盖手机和电视终端,用户可以通过看看新闻网的 Android 客户端、iPad 客户端及 WAP 站点收看精彩访谈,家庭用户也同样可以通过高清数字电视获得最新最快的现场资讯。

"新移动时代"的来临,加速推进三网融合与三屏融合的进程,这将带动包括内容提供商、服务提供商、运营商以及相关设备制造商在内的整条产业链的发展,而传统媒体与新媒体在内容、渠道和功能层面的也将实现更加紧密的互动,在这纷繁激烈的多屏竞争、资源竞争和渠道竞争中,提升内容质量和用户服务或将成为突出重围的关键所在。

(《看看新闻网直击 GSMA 全媒体直播成亮点》)

下面从作为采集工具的手机与作为媒体的手机两个方面介绍这样一个新型的全媒体衍生品。

1.9.1 作为采集工具的手机

智能手机在一定程度上改变了记者的采访行为。前面说到中国新闻界前辈、民国初年的著名记者黄远生曾将好记者的素质归结为"四能":"脑筋能想,腿脚能奔走,耳能听,手能写"。网络上有这样一则评价:如果黄远生能够活到今天,那么他一定会惊喜地发现:iPhone 等手机可以大大拓展记者的"四能"。脑筋能想——iPhone 能够储存大量资料并能方便地从网上获取资料;腿脚能奔走——通过 iPhone 进行地图查询、路线查询和地理、气象资料查询将能帮助记者更有效率地奔走;耳能听——移动电话的本职,而这里的"听"还包括了录音;手能写——iPhone 不仅可以辅助写作,更可以实现远程发稿。[1]

的确,以 iPhone 为代表的智能手机不仅仅改变了普通人生活的世界,在一定程度上更改变了新闻媒体的世界。

图 1 - 9 - 1   苹果公司智能手机——iPhone

---

① http://www.fangkc.cn/2009/12/iphone-journalist/

2007 年,美国苹果公司正式推出 iPhone 智能手机,随着这几年的更新换代,其各方面功能也愈加强大。从记者所必备几大素材收集能力上来说,iPhone 的表现让人刮目相看,最大 64G 的内存给予其强大的存储空间,对于音频素材的收集和处理相当简易,从第五代开始,iPhone4S 采用了 800 万像素摄像头并且采用 F2.4 大光圈,这让其视觉素材的采集能力有了进一步的提高,作为一台具备文字处理能力的手机,其在文字素材的采集上也有极大的能动性。

　　当然,iPhone 更为出色的地方则在于其强大的应用平台支持。App Store 是一个由苹果公司为 iPhone 和 iPod Touch 以及 iPad 创建的服务,允许用户从 iTunes Store 浏览和下载一些为了 iPhone SDK 开发的应用程序。用户可以购买或免费试用,将该应用程序直接下载到 iPhone 或 iPod touch。其中包含:游戏、日历、翻译程式、图库以及许多实用的软件。在这里,可以寻找到很多适合全媒体记者采集新闻素材时所需要的软件,如自带编辑功能的录音软件、有图像处理能力的摄像软件和摇一摇就可以截图的软件等。

　　其次,还需要注意到,配合一些其他外设的使用,iPhone 的功能将得到进一步的发挥。贝尔金(Belkin)的 LiveAction 就是一套方便 iPhone 摄影录音的外设。LiveAction 包括三个套件,一个是增强手机拍照时握持感的 iPhone 外套 LiveAction Camera Grip;一个是用于遥控手机拍照的遥控器 LiveAction Camera Remote;一个是增强录音效果的 LiveAction Mic。有了这些方便的小插件,iPhone 的采集效果绝不输上面的各种设备。

　　当然,iPhone 绝不是唯一一个具备全媒体新闻素材采集能力的手机。随着 Windows7 和 Android 等手机系统的流行,一大批智能手机必将引领这种全新的全媒体素材采集方式。

1.9.2　作为媒体的手机

　　随着通信技术的迅猛发展,手机与互联网融合进一步加剧,给原来简单的通讯工具赋予更大的责任,很多传统媒体、网络媒体将更多眼光放置在了这样小小的移动设备上,通过手机进行新闻传播活动。

　　2004 年 2 月 24 日,人民网推出国内首家以手机为终端的“两会”无线新闻网,首次实现借助手机报道国家重大政治活动新闻的历史性突破。从 2004 年起,中国联通和中国移动先后推出了基于蜂窝移动网络的手机电视业务试验。2004 年 5 月,中国联通也发布了一项名为“视讯新干线”的手机视频服务。2004 年 7 月 18 日,中国妇女报推出全国第一家手机报——中国妇女报彩信版,掀开了手机与报纸联姻的序幕。2004 年 11 月,台湾作家黄玄的“中国第一部真正意义上的手机小说”——《距离》正式上线,引发手机文学的讨论热潮。

　　2005 年 3 月,北京首部用胶片制作的专门在手机上播放的电视连续剧《约定》在北京开机。2005 年 9 月,中央人民广播电台与联通和闪易合作,开通“手机广播”。2006 年 11 月 7 日,国家通讯社新华社开通“新华手机报”。拇指轻轻一按,新闻尽在“掌”握,为全国手机用户带来全新读报体验,用户可以免费收看。“新华手机报”第一

新闻传播时代
系列数字教材实务

062

时间播报新华网发布的重要即时新闻,并根据手机的特点进行了摘选和浓缩。每天 5 分钟,即可概览天下风云。①

1. 手机新闻传播的方式

手机媒体的基本特征是数字化,最大的优势是携带和使用方便。手机媒体作为网络媒体的延伸,具有网络媒体互动性强、信息获取快、传播快、更新快、跨地域传播等特性。

手机媒体还具有高度的移动性与便携性,信息传播的即时性、互动性,受众资源极其丰富,多媒体传播,私密性、整合性、同步和异步传播有机统一,传播者和受众高度融合等优势。

手机媒体的特性决定了手机新闻传播的方式:

现阶段手机新闻传播的主要形式是手机报和 APP 应用,如今由于流量和速率的限制,手机报主要以文字、图片信息为主,而随着 3G 网络的普遍使用,手机电视、手机音视频新闻传播也必将大行其道,实现手机的全媒体传播。

(1)手机报

手机报(Mobile Newspaper)是依托手机媒介,由报纸、移动通信商和网络运营商联手搭建的信息传播平台,用户可通过手机浏览到当天发生的新闻。由于使用技术的不同,手机报也分为短信版、WAP 版及最新的 3G 版等。

a. 短信版

短信版即通过手机短信、彩信的方式为用户传输文字或图片等新闻信息。许多大型的门户网站、移动通信商都为定制用户提供了第一手的新闻或生活资讯。国内最早的短信定制业务出现在 2000 年 9 月,中国移动与新浪、搜狐等大型门户网站联合为全球通手机用户提供"全球通奥运快讯"互联网信息点播服务。

中国移动的手机报业务就是典型的彩信版手机报,其与国内主流媒体单位合作以彩信通信方式为主,向客户提供时事、财经、体育、文娱、生活、文学、游戏、教育、法治、军事、科技和品牌专刊 12 大类别的及时资讯服务。每天早晨与傍晚两次发送,覆盖了全天的信息空间。

此类手机报最大的特点在于接收简便,无论手机智能与否,只要能收发短信即可接收手机报,其次内容简单,主要是小段报道与小格式图片为主。但这也存在着一些不足,首先就是用户无法自我控制接收时间与接收内容,其次无法进行反馈。

b. WAP 版

WAP 即无线应用协议(Wireless Application Protocol),是一种向移动终端提供互联网内容和先进增值服务的全球统一的开放式协议标准,是简化了的无线 Internet 协议。WAP 将 Internet 和移动电话技术结合起来,使随时随地访问丰富的互联网络资源成为现实。

---

① http://baike.baidu.com/view/1725434.htm

图 1-9-2　移动手机报 LOGO

2005 年 12 月 6 日,搜狐网隆重推出其全新版手机搜狐网,扛起 WAP 新闻网站的大旗。而在 2005 年"两会"期间,人民网也开通了 WAP 无线新闻网站,实时发布两会相关消息与花絮。

可以说,WAP 版就是手机上的网页浏览,这种方式好处在于用户可以对信息的接收进行选择,获取的信息更为广泛,信息量也更大。但与此同时,这种手机报往往耗费流量,且收发速度较慢。

(2)APP 应用

APP 是英文 Application 的简称,由于 iPhone 等智能手机的流行,现在的 APP 多指第三方智能手机的应用程序。相较于 WAP 站点的不温不火,手机 APP 拥有强劲的发展势头:以 APPLE 的 AppStore 为例,苹果公司于 2008 年推出 AppStore,最初其中只有不到 500 个 APP 应用,但在随后的三年时间里,这个数字已经增长到 500000,累计下载次数更是高达 150 亿次,而且这个数字还在以几何形式增长。

APP 应用区别于手机报的形式,而是直接将客户端安装在手机上,用户可根据自己的选择,通过手机软件进行新闻的阅读和信息的获取。如当下较为流行的鲜果联播客户端,其是鲜果网推出的移动端免费阅读应用,是一款方便的信息阅读工具,可以随时随地看微博、博文、关注热门资讯、浏览报刊、名人博客、新闻网站,分类细致,操作简便,类似的还有 ZAKER、百度新闻等。最近刚刚上线的 Flipboard 除了能够推送文字、图片信息,还能够直接播放视频,扩展了手机新闻的媒体量。此外,各大传统媒体、网站媒体也都适时推出了自己的手机客户端,方便了信息在手机上的传播。

这种手机新闻传播方式刚刚流行不久,具备强大的潜能,首先其操作更加简便,功能也更加强大,有的 APP 具备一键收藏的功能,对于自己喜欢的新闻可以将其保存起来;有的 APP 可将阅读的信息自动同步到个人微博、人人网等社交网络,供大家分享。其次,进一步增加了受众的选择性,如今很多 APP 应用都具备了选择标签的功能,用户可根据自身喜好选择想要阅读的新闻种类。

当然,由于一种新型的技术,也会存在一些美中不足的地方,最大的一点就是 APP 使用对于手机的要求较高,必须在特有的手机平台上才能够安装使用,目前主流的 APP 版本有:安卓系统版本(Android)、苹果系统版(IOS)、塞班系统版(Symbian)和微软系统版(Windowsphone)。而目前中国 3.6 亿移动互联网网民中大部分人用的是相对比较低端的手机,包括非常低端的一些用户群体,其手机不具备安装 APP 的功能,所以他们还是更习惯于直接访问 WAP 网站。其次就是要依靠还未成熟的 3G 网络，2008 年开始，中国移动才正式启动国内 3G 业务，2009 年，3G 网络牌照才正式颁发，如今 3G 网络虽有发展，但还不普遍，APP 的很多应用往往都暂不能实现，如手机视频、手机直播等。

2. 手机新闻采集的发展与要求

虽然手机已经作为一种媒体形态产生并发展在我国，然而我们依旧缺乏独立的采编队伍，手机新闻的内容大多来源于传统媒体和网络媒体，随着 3G 网络的使用，为手机媒体采集新闻、用手机采集新闻已经成为一种势不可当的趋势。

（1）手机新闻采集的发展——手机记者的产生

2006 年 5 月 8 日，北京大兴电视台开设了国内第一个以拍摄手机素材为主要内容的新闻版块《手机新闻眼》，并率先提出了手机记者的概念，通过这几年的发展，我们看到很多媒体网站也都推出了手机记者的版块，如绍兴网、哈尔滨 399 社区等。此类记者并非专业新闻人士，这个概念也绝非学术上的严格概念，只是指那些利用手机录音、拍照、摄像等功能采集素材并将素材提供给媒体使用的非专业人士。然而这却是手机新闻采集的一个重要发展方向。

（2）手机新闻采集的要求

手机新闻的采集要求肯定与其他媒体不同，手机的优点在于传播方便、快捷、有效，而缺点在于显示区域小，单位内信息量少，从优势劣势考虑，就自然形成了手机新闻采集的新要求。

a. 时效性要求更甚

如今，手机已经成为人们随身携带的必备物品之一，这就保证了手机媒体的全天候在线状态，这也给手机新闻的时效性提出了更高的要求——真正做到实时传播。特别对于一些重大突发事件的素材采集，更要注重时效性与连续性，这样才能真正满足手机用户对信息的需求。

b. 采集对象要准

时效性的要求决定了手机记者没有太多的时间对于核心新闻事件以外的东西进行过多的了解，与此同时，由于手机屏幕的限制，单位空间内的信息量本来就有限，这就需要在采集的过程中，明确并简化采集对象，通过对新闻主题的理解，很快定位核心对象，明确核心思路，只采访最重要最具新闻价值的素材。

综上所述，作为全媒体新闻采集的一个全新的方面，无论是作为媒体的手机，还是仅仅将手机作为全媒体新闻采集的一种工具，无不彰显出手机科技的强大生命力。新闻素材采集是整个新闻工作的前提与起点，只有不断拓展新闻采集的方式，完善新闻采集的过程，发明更有效的新闻采集工具，新闻事业才能真正发展，呈现给受众的新闻世界才能愈加丰富，愈加真实。

本章小结

    通过本章的学习,我们对全媒体时代的新闻采集有了全面的认识,特别对于新时代新闻采集的定义及新特点、全媒体采集与普通采访的区别有了深入的认识。与此同时,我们也进一步明确了新闻采集在全媒体时代的核心作用。对于新闻采集的流程,本章进行了梳理,并且将各种媒体分开来讨论,总结出其所需的采集设备、要求以及方法等,对于一些新媒体的采集应用,本章也有重点涉猎。

【思考与练习】

    一、名词解释

        1. 全媒体新闻采集。

        2. 挑、等、抢。

        3. 网络新闻采集。

    二、简答题

        1. 简述全媒体新闻采集的特点。

        2. 全媒体时代,如何发现新闻线索?

        3. 文字新闻素材的采集方式有哪些?

        4. 简述新闻摄影与普通采访的区别。

        5. 简述手机新闻传播的方式。

第 2 章　全媒体时代新闻采集现状

【本章学习目的】　合理解决"传统传播者的任务变得艰巨,如何打败传统受众传播意识崛起形成的传播大军? 传播门槛面对新型的传播者降得一低再低,他们如何肩负起传者的责任?"的问题,使全媒体传播者在技术先进的同时也能净化新闻传播(尤其是网络新闻传播)的环境。

【本章学习重点】　重整新闻价值取向;肃清失范的新闻伦理观念;明晰新闻法律法规。

在数字时代,即便你不是新闻记者,你也可以进行诸如新闻信息发布、新闻事件评论等与新闻报道有关联的新闻活动。这一切得益于全媒体技术所带来的平民化编辑与发布的保障。与此同时,全媒体编辑不仅成就了技术上的突破与创新,更改变了新闻从业者信息垄断的地位,使传与受的关系变得妙不可言。在新闻与传播学科研究的历史长河中,没有哪一个时期比具备全媒体编辑特征的数字时代,对于研究者而言,更具魅惑与挑战。"把关人"对于媒介内容发布的控制力逐渐消解;"舆论领袖"对于信息传播的影响力不断淡化,受众不那么"听话了",反倒是你得听受众的话;你甚至不再能分得清楚,"议程设置"理论是指媒介在告知它的受众该怎样想时取得效果,还是指它在告诉它的受众该想些什么时,才获得了惊人的成功。因为媒介的强大攻势不仅控制了受众想些什么,也告知他们该怎样想,而媒介在受众的反馈面前又变得"趋炎附势";传受关系由先前的从传到受转变为时下的传受双向传递,传者既是受者,受者也是传者。

在数字时代媒介的控制力、信息的海量化、发布的平民化、受众的依赖性以及传授关系转变的复杂度的合谋下,以往的各种传播纠葛难以望其项背。传统传播者的任务变得艰巨,如何打败伴随传统受众传播意识崛起而形成的传播大军? 传播门槛面对新兴的传播者降得一低再低,他们如何肩负起传者的责任? 这些都是在网络媒体出现大量的"假、大、空、腥、星、性"的新闻报道现象的过程中所不得不去深思的难题。问题得不到有效的解决,最终折伤的不仅仅是个别新闻记者,抑或全体新闻工作者,而是以戕害新闻事实为表象的、其深层次可以追溯到全媒体的本尊。"皮之不存,毛将焉附",一旦失去信任,信息、新闻、传者和媒介将何去何从?

提高媒介素养,完善新闻专业主义建设,建立健全与新闻事业关系密切的法律法规和政策保障,不再单一地局限于新闻事业本身的孤军奋战,更是对全民全社会在新闻使用和构建和谐社会中的必然要求。无论你此刻是传者,还是受者。

2.1 重整新闻价值观念

"全媒体记者"的概念是从国外引进的。西方报业为适应报业转型的需要而成立了多媒体中心。美国《那不勒斯每日新闻报》成立的多媒体中心,要求记者同时采集视频新闻、广播新闻和摄影新闻。2001年,我国第一家全媒体报业由《沈阳日报》开始尝试,但全面推进是从2008年7月烟台日报传媒集团开始的。2009年1月,宁波日报报业集团全媒体新闻部正式成立,这是全国首支视频全媒体记者队伍。他们以全媒体数字平台为依托,以视频多媒体为主要报道方式,标志着国内数字报业发展迈入新的历史阶段。在我国的全媒体技术的改革与应用的实践中,完成的较好的是2007年6月《广州日报》成立的滚动新闻部,其主要职责是与报纸采编部门进行日常沟通,负责报纸、手机和网站三个部门的联动发稿。

记者的身份转型悄然进行,记者不再局限于向哪家媒体供稿,而是向多个全媒体终端发布——纸质报、手机报、多媒体数字报、电子移动报、户外视屏等。与此同时,全媒体记者要比传统新闻记者具备更高的技术优势,必须熟练掌握一条新闻的发布有可能用到的所有媒介工具和手段,文字采访、摄影、摄像、视频制作、写稿、发稿、传图片、传视频;还要了解所有媒介的发稿要求,清楚地区分网站、手机报、纸质媒体、广播电台、电视台等不同机构的不同需要及技术规范要求。例如,网络新闻报道要求快速、及时、海量、生动;手机报新闻报道要简洁明了、个性鲜活;文字新闻报道逐渐走深度路线,要求材料翔实,内容严谨,富有逻辑性;图片新闻报道要求抓拍瞬间,展示事件的强烈的冲突性和现场感;视频新闻报道则要求叙事直接、生动、故事化、口语化。全媒体记者较之新兴的非正规的传播大军,除了技术上的优势之外,还胜在以新闻学专业理论为武装,重视新闻价值的开发、利用与整合。部分新兴传播大军是基于技术上的优势而异军突起,然而新闻专业素养的相对薄弱成为其新闻采编的最大束缚。重新整合新闻价值观念,理应成为解决"传统传播者的任务变得艰巨,如何打败传统受众传播意识崛起形成的传播大军? 传播门槛面对新型的传播者降得一低再低,他们如何肩负起传者的责任?"这个问题的第一步。

之所以把新闻价值要素的发现、凝聚、选择、提升与整合放在首位,是因为它的存亡表面上是判断某一篇新闻报道是否能够引起受众对于报道事件或人物予以足够的关注度,以实现新闻报道的目的的标准;在深层次上,是整个媒介对于社会的议程设置和舆论导向,媒介对于不同新闻价值要素的构成与选择折射出了媒介之于社会的责任。

美国《芝加哥论坛报》的柏斯顿曾经列出的新闻价值尺度的公式：

一个平凡的人+一个平凡的生活　≠　新闻

一个平凡的人+一次特殊冒险　＝　新闻

一个普通的人+一个普通的妻子　≠　新闻

一个普通的人+三个普通的妻子　＝　新闻

由此可见，在美国的大众报纸盛行之下，新闻价值的异常性、猎奇性和趣味性成为新闻报道的首选，以其骇人听闻的元素刺激受众的神经元，寻求短期内的经济收效。一般的，有关新闻价值学说最为中西新闻界所推崇的是美国学者希伯特的"五性说"，他在《现代大众传播媒介》一书中将新闻价值归纳为时间性、接近性、显著性、重要性和人情味五个要素。我国的张宗厚和陈祖声先生在《简明新闻学》一书中列举了新闻的十多种属性，其中新鲜性、重要性、接近性、趣味性构成了价值的四要素。一条新闻可能涵盖多重价值要素，也可能某一要素特别突出。在不同的媒介，不同的新闻价值要素组合形态各异；同一新闻报道，其价值要素的突出点也不尽相同；即使是在同一媒介，新闻价值要素的组合也会有所差异。对新闻价值要素的把握，成为新闻报道呈现给受众的前提条件。

在 1997 年 11 月时，刘伯韧发表在《新闻出版报》上的《消息的时间要素》一文指出："新闻价值的首要要素为时新性……三五天七八天十数日数十日前的陈旧时间，新闻成旧闻，其新闻价值因此而锐减乃至全失。所谓时新性，就是新闻事实发生的时间与见报传播的时间越接近越好，这二者的时间差距小，新闻价值就越大。反之，新闻价值就会变小，乃至全失。"

时至数字时代，新闻价值的时效性向两极化发展：一方面，时效性大大增强。全媒体技术为"事件发生——新闻发布——信息接收"之间的零时差提供了物质基础，由"及时"变成"实时"，极大满足了受众不断提高的对新闻时效性的要求。另一方面，"延时"价值得到提高，全媒体技术的物质载体的存储性使得已发布过的新闻报道能够长时间地存储于虚拟空间中，受众可随意调阅"过时"的新闻。随着技术的普及，媒体之间新闻发布的时间战慢慢偃旗息鼓，媒体除了抢首发之外，更注重的是挖独家、爆猛料，或独辟蹊径，或挖地三尺。新闻价值时新性的重要程度有所淡化，取而代之的是新闻价值其他诸要素被演绎得如火如荼。例如，新闻价值的重要性更加全面，重要新闻的整体数量增多，单条重要新闻的报道更全面透彻，利用超文本书写无限延展了新闻报道的广度和深度。通过相关链接，受众能够查清事件的来龙去脉、背景资料、最新动向、观点意见等等。基于新闻价值重要性的发展，使新闻信息面面俱到，衍生了实用性的新闻价值取向。人们对新闻信息的追求经历了"知晓——理解——实用"的过程。为了适应受众的这种需要，"房产"、"留学"、"汽车"、"美容"等对现代人极具实用性和指导性的资讯类新闻不断被报道出来。

伴随民生新闻的方兴未艾，任何鸡毛蒜皮、斤斤计较、形状雷同的家长里短都能够在电视新闻节目上大放异彩。受众喜爱、接受民生新闻的大行其道，主要是缘于其新闻价值的接近性要素在发挥作用,民生新闻在地域、心理和文化上更接近普通百姓的平常生活。无论是新闻学界还是业界都非常重视的一个问题是,当下新闻报道中的价值要素有步美国大众化报纸时期的后尘,新闻追求震撼力,"腥、星、性"新闻势头强劲,不管报道将给社会,尤其是未成年人带来怎样的危害,而只图骇人听闻。

具体说来,新闻价值取向衍变的误区表现为:

1. 冲突性无限放大

与以往媒体客观、平衡的报道法则不同,现今的新闻报道似乎偏离了客观、中立的报道模式,呈现出非理性的倾向。有意强调新闻事件中反常、奇异和耸人听闻的现象,新闻选题多为家丑、暴力、伦常与死亡等题材,表述逻辑偏爱采用设计悬念的方式,那些单纯追求感官刺激、充满低级趣味的文字和图片越演越烈,甚至煽动新闻当事人的情感来为事件添加冲突性元素。人们所感知的外部世界,绝大部分来自于媒介通过议程设置所呈现的"拟态环境",冲突性被无限放大,导致人们看到一个充满负面、血腥、低级趣味、道德沦丧的世界。依据格伯纳"培养论"(电视暴力节目是引发暴力行为的多种相互作用的社会因素之一,一个人经常在电视上看到暴力行为,会使他误认为现实世界充满暴力,并对周围的暴力行为持更加容忍的态度)显示,这些非常态的风险暴露出来并通过媒介传播所引发的恐慌,导致受众群体心理机制的"失控",很大程度上给受众心理带来阴影,令人恐惧不安。

2. "标题党"大行其道

现在的新闻报道还流行"标题党",新闻标题中充斥着"死亡"、"奸杀"、"尸变"、"虐恋"、"迷情"等极其震撼和煽情字眼,吸引受众的注意力,每一天各大网站此类新闻标题比比皆是。最近在网上看到转发的一则关于"标题党"的经典案例,看似笑话,却很好地阐释了"标题党",《杨玉环》——《公爹变丈夫,一缕香魂散——妖媚贵妇命断情孽纠缠》,《花木兰》——《震撼天地——孝顺女为父从军甘当魔鬼女大兵》,《美女与野兽》——《爱慕虚荣的悔恨,心上人娶了我妹妹》,《机器猫》——《只愿此生不再让你哭泣,让我穿越时空来拯救你》等等。"标题党"是新闻媚俗化的表现,媚俗化是指媒体运用醒目、夸张、刺激之词报道一些非主流的事物,利用大众猎奇心理,片面夸大新闻事实,意在追求感官刺激,造成轰动效应。然而,面对清一色的震撼标题,受众对于新闻事件的内容容易产生阅读疲劳、记忆模糊,有些新闻报道的标题和文章脱节,严重的文不对题,甚至歪曲新闻事实、断章取义。新闻标题应起到导航与内容提示的作用,而"标题党"为受众选择信息时设置了障碍,甚至可以说,在相当大的程度上污染了媒介环境。

3. 娱乐性过度增长

受众对硬性新闻的关注度下降已成趋势,偏重娱乐性的软新闻则备受青睐,而软新闻玩起"重口味"。有些人为了出名,甘愿自我暴露、自毁形象,甚至上了年纪的长者也为老不尊,犹如跳梁小丑,哗众取宠。还有些网络新闻更是将"新奇"放大作为卖点,来满足人类的猎奇和窥探心理。网站新闻常常对明星是否生孩子、是否婚变、是否当了小三穷追猛打,偷拍或毫无素质的转换角度,跪着拍、趴着拍女明星走光,质疑男明星性取向等,许多网络新闻不管是在报道内容还是在报道方式上,都忘我地以娱乐化的方式呈现,而对尼尔·波兹曼在《娱乐至死》中的"我们周遭的一切,包括宗教、政治和教育都在电视的包装下越来越娱乐化"的警世忠告不闻不问。

4. 准确性缺乏核对

全媒体时代的舆论监督报道的时效性显而易见,先进的技术支持在为及时性提供便利的同时也保障了新闻资源的丰富性。但是,为了吸引受众、制造轰动效应,盲目强调争分夺秒的新闻报道,忽视了速度往往是准确的天敌,在缺乏求证和思考的情况下,把一些刚刚发生、未经核实的新闻发布出去,有意无意地为假新闻提供了滋生的温床。新闻信息不经核实,不仅歪曲了新闻的真实性,严重损害了媒体在大众心中的公信力,媒体的声誉和形象遭到质疑和贬损,还会使关联事件的行业蒙受损失,更主要的是虚假新闻一旦泛滥就会污染媒介生态,造成媒介生态的失衡和传播活动价值标准的混乱。

导致这些新闻价值要素重点有失偏颇的主要原因包括:

1. 受众因素

虽然每一档节目、每一个频道、每一份报刊、每一个网站都有自己的核心受众群,但是细化到受众群体内部,他们虽然有共性,除了对某类信息的共通要求之外,他们也个性鲜明,额外要求和兴趣大不一样。每一种媒介机构和单位都希望在稳定自身核心受众的基础上,能尽可能地争取边缘受众的青睐,这就导致了受众的成分更加复杂。而人们普遍存在猎奇心理,为了满足受众需要,大搞煽情新闻。这种煽情新闻名为"满足受众需要",实则是迎合受众的低级趣味,大肆标榜受众关注度是新闻的本质,一篇新闻的价值量取决于受众的关注程度,一切以收视率、收听率、点击率为王。其扩大受众范围的本质不是为了监督社会、监测环境、舆论引导、信息传递,而是不负责任地只为一己私利,争取更多的广告,没有将社会效益和公共效益放在首位。

2. 传者因素

正规军面对受众向传播者身份的转变,倍感压力。为了在传播大军中突出重围,也为了推翻压在身上的收视率、收听率、点击率的大山,有些正规军恰是明白迎合受众的低级趣味能够吸引读者眼球的偏方,又以部分受众的低级趣味倾向代替全体受众的心理追求,缺少对受众的引导,从而走上歧路,导致旧病未愈,新病又发。数字时代传播的非中心性使编辑的传统权威遭到消解,再也不能居高临下地依传者的意图来把关。每个人都是传播者,这是有史以来传受关系前所未有的突破,瓦解了信息垄断在统治者或少数人手里的局面,却也同时意味着,传播门槛准入度的降低。有些由受众转变而来的传播者,缺乏新闻专业理论的指导或为了在传播大军中杀出重围而标新立异,有意或无意的利用新闻价值要素和受众的好奇心理大做文章,导致了传者环境的混乱。

3. 超文本阅读的弊病

传统媒体苦于版面或时段的限制,所表达出的深度报道其实是一种有限深度,而网络的延展性能够轻而易举地解决信息容量问题。不过,超文本标记语言(HTML)带来便捷的同时也导致网民阅读时往往会随着链接而追逐新闻的细枝末节,其结果是南辕北辙。假设原新闻事件重点突出的是重要性的价值要素,而读者在超文本阅读时,很容易被疑问、好奇心所驱使,点击新的超链接文章,而造成该受众对于原新闻价值要素感知的戛然而止。互联网的超文本阅读的跨网站、跨媒体的链接更是将读者带入新的新闻报道环境,使得新闻价值要素更容易中断。传统新闻的新闻原始文档是保留原貌的,而超文本写作的最初文档则在叠加、链接和跟帖的二次加工和解读的辗转相传之下极有可能遭到歪曲,使新闻报道的准确性和真实性以及原新闻报道的重点价值要素打折。

4. 社会环境因素

社会形势的影响,致使转型期新闻价值理念的离散。"在进入社会转型时期之前,我国的传统社会的价值理念已处于衰微和瓦解的状态,而政治道德也更多具有强制统治和象征意义,已成为一种形式上的价值理念。"[1]一个社会的转型就意味着其社会固有秩序、社会利益结构、社会价值理念都将发生转变,既游离于旧有的秩序,又在摸索着新的规范,过渡性质的价值理念既不属于前者也不能归纳给后者,人们的主导价值理念出现混乱和迷离,缺乏社会公共和个人的责任伦理,正陷入一种脱序的状态。

5. 社会心理发生改变

在数字时代,信息海量、泛滥,爆炸似的增长,与之共同加快的还有人们的生活步伐和社会节奏,快餐式的文化盛行,受众只需要浏览信息,缓解压力,因而娱乐性、趣味性、知识性的价值要素才不断凸显。随着生活节奏的加快,人们似乎连孝顺父母都挤不出时间,哪里还有时间和精力去关心新闻的真与假、是与非、好与坏。谁来关心新闻价值?

新闻价值是事实本身所具有的一种素质,是指一个事实所包含的足以构成新闻的特殊素质或各种素质的总和,不因人们理解的不同而改变,客观存在于事实的内部。新闻价值的溯本求源应该是其对于社会的意义,受众的关注度只是一个表面的现象。新闻报道的一般价值是满足受众的需要,即一般性的信息传递、提供娱乐、引导舆论等,表现为价值要素的重要性、时新性、显著性、接近性、趣味性、反常性等诸多方面。新闻报道对社会而言能促进发展、发挥作用、产生意义、深化影响,才能实现其最高价值。产生价值,需要的主体不是一般受众的主观意识,而是客观的社会存在。客观的社会存在通过公众的主观意识来表达需要,但是,此时用于表达社会存在客观需要的公众意识不等于前面提及的一般受众的主观意识,因为它是自发的,以个人利益和需求为出发点而成形的。新闻的价值取向,或者称为新闻价值观则是一种理念或观念,指的是人们确认新闻事实、判断该事实新闻价值的标准和所含有的新闻信息量的尺度。

解决新闻报道中的不良之风,首要任务是重整新闻价值观念,而新闻价值的发现、提升与整合对全媒体记者提出的要求是,首先,发现新闻价值需要聚焦社会普遍关心的问题,方能有的放矢地进行报道。对发现的问题进行思考,提出解决的思路和方法,预测事件发展的结果,即"以今日之事态,核对昨日之背景,从而说出明日之意义",并

---

① 周俊. 离散与失范:我国转型时期新闻的价值理念变迁与职业道德【J】.《国际新闻界》,2010(4)

且要站在公众的立场,与受众的价值标准和价值取向保持一致,产生同频共振,切记摒弃部分受众的低级趣味的价值追求。其次,提升新闻价值就要联系与所报道的事实发生相关的历史、地理、社会、文化等条件和背景材料,说明真相、普及知识、深度发掘。最后,整合新闻价值要素,彰显记者的社会责任感,将价值要素收归正规,突出新闻价值的重要性、显著性、时新性等,抛弃"腥、星、性",杜绝煽情新闻。

新闻价值的发现、提升与整合,从不同的角度有不同的解读。

1. 新闻价值的判断,以财经新闻为例

财经报道不仅包括金融、证券、股市、期货交易等具体的信息变动的专业性财经新闻,它还应该是广义的、综合性的财经新闻,除了对于资本市场、金融市场的关注,其题材理应涵盖社经新闻、产经新闻和政经新闻,覆盖全部社会经济生活和与经济有关的领域,报道内容关系到国计民生,从生产到消费、从城市到农村、从微观配置到宏观调控、从经济工作到政治和社会生活中的相关领域。虽然财经新闻概念宽泛、关注对象特殊、行业专业性强,但是财经新闻的新闻价值判断可以五大新闻价值要素为出发点来做具体推断。

财经新闻一般以投资者为核心受众、以投入产出为主线,通常重点关注资本市场、金融市场以及与投资相关的要素,信息变更快速、频繁。因此,率先报道更显价值,对于财经新闻价值判断标准首推时新性,即以新闻事件发生的早晚为标准。财经新闻关系到国计民生,重要性突出,而对于新闻的报道则要重中选重、优中择优,以事件的社会影响力、矛盾冲击力的大小、与百姓利益关联度高低为选择标准。财经信息更新快,新闻报道不能事无巨细,在海量信息面前,要挑选发生概率小、频率低、知名度高、显著性强的事件,对不确定信息进行详细分析。在此基础上,越是接近受众心理距离和需要,能够传播实用性信息、指导受众的经济行为的新闻价值越高。此外,财经新闻通常比较刻板、严肃,如果能利用生动的全媒体表达方式、以身边的故事解析经济市场变化、以丰富的情感描述财经人物的经历,能增强趣味性、可读性、可看性。

2. 新闻价值的开发,以校园新闻为例

校园新闻一般是比较零散细碎的消息,不牵涉国家发展规划和国际关系走向等重大要闻。要实现校园新闻价值的最大化,就要聚焦校园热点、凸显校园看点、展示精彩创意、引导和提示师生阅读、节约阅读时间和精力,重在贴近和实用,将校园新闻报道在做足、做全、做深的基础上,进行版面的重新整合策划,给人以意想不到的效果,获得更佳的宣传功效。

(1)重视选题、聚焦热点

校园新闻比较平淡,编辑策划的内容不能平衡用力,要有所侧重。新闻内容求新求快、关注校园热点、贴近师生的工作、学习、思想和生活实际,选择那些在特定时间和背景下被广大师生所关注的热点和事件,为师生提供欲知、应知而未知的信息及其背后的原因和未来的趋势。

(2)抓好角度、凸现深度

大学生的生活虽未惊天动地,但也多姿多彩。文章的角度要切在当今大学生普遍关注的层面上,才能促发预期的传播效果。可以小见大地联系校内外有重大新闻价值的事件,从大处着眼小处着手,选择一个新颖的角度,最好是能够充分体现该报道中新闻价值点的要素,对这个要素的开掘一定要尽可能的全面深入,切忌贪大求全、人云亦云。

(3)建立专题、凝聚力量

专题能够固定抓牢核心受众群,它是以不定期地围绕某一个主题组织展开的,集中于一个主题,多侧面地聚集,使其既有面上的广度又有点上的深度,使报道显得大容量、广视角、多形式、深层次、全方位、立体式,将一个中心内容诸多侧面穿成串,系统完整地对学校中心工作、大学生思想政治教育工作等起到舆论导向的引导作用。

(4)主题鲜明、创意先行

校园新闻不同于政治新闻,大部分属于软新闻。针对校园新闻特殊的受众群,其新闻价值的开发,要体现创意,主题鲜明,才会事半功倍。有了好的创意,利用归纳、总结和提炼的方法确定主题,根据创意组织新闻稿件。例如,大学生对于节日比较敏感,针对不同的节日确立不同的主题,有了明确集中的主题,在这个特殊时刻,推出的报道才特别引人注意,它准确地体现了传播者的思想和目的,实现新闻主题的价值。

(5)深入现场、勤于采访

只有通过深入基层的采访,才能获得更为丰富的材料,抓住新闻事件的每一个要素,遗漏一个要素就可能遗漏一个或多个价值含量高的关注点。依据材料中关注度和价值量的大小进行选择,将关注度大、价值量高的信息集合在一起,形成多元价值信息,从而满足受众的多元信息需求,这样的价值含量才能更高。

3. 新闻价值的取向,以民生新闻为例

自2002年1月1日江苏广电总台城市频道开播《南京零距离》以来,开启了以民生新闻为代表的新闻栏目新形式,由此,民生新闻迅速受到追捧并广泛发展开来。所谓民生新闻,是"在党的新闻政策指导下,更多、更贴切地关注民生民情的当代新闻,是以民众的日常生活为主要内容,以民众的人生诉求为基本出发点,以民众的生存状况为关注焦点,以民众的视角表现人文关怀的理念,从民生的生存空间开罗新闻资源的新概念新闻。"①民生新闻的价值取向理应涵盖民本取向和人文关怀,即不仅仅是要站在民众的立场,贴近民众,反映民众疾苦,更包括了贯穿民生新闻报道始末的人文关怀。

然而,各类民生新闻节目已经使"民生"陷入了价值误区,记者带着新闻当事人一起闹事,唯恐天下不乱。记者不仅站在民众的立场,还身临其境,忘记了客观记录者的身份;新闻报道的方式单一、内容同质,媒体过于追求报道内容的新、奇、闹,导致民生新闻无价值,甚至出现民生新闻低俗化、娱乐化的倾向。其症结归因为,民生新闻的"伪民生"和"泛民生"现象,即新闻媒体偏离了民生新闻"以民为本"和"人文关怀"的价值取向,将"民生"概念过于泛化,以平民视角表达日常生活中喜怒哀乐的内容,流

①　朱寿桐．民生新闻概论【M】．北京:中国社会科学出版社,2006

于表面的喧闹,忽视民生新闻报道的深度性。

(1)"以民为本",区分大小民生

"以民为本"是要以平民化的话语表达,站在民众的立场,以民众为报道对象,来反映普通百姓的生活。"民"分为"市民"和"农民","民生"也分为"大民生"和"小民生"。目前的民生新闻关注"市民"较多,"农民"较少,对房屋质量、管道漏水、噪音扰民和市场占道类的"小民生"给予较多关注,对于医疗改革、社会保障、劳动就业、城乡统筹的"大民生"难以着手。在新闻报道中一加一不等于二是常有之事,"小民生"的机械堆积,形成不了"大民生"的价值影响。更别提媒体过度报道婚外情、"河东狮"、车祸事故、打架斗殴等事件,并利用搞笑、煽情的手段大肆渲染,使民生新闻陷入低俗化、娱乐化的泥潭。民生新闻作为我国当下社会转型时期的一种新闻传播方式,与我国社会主义新闻事业的发展密切相关,它自身的新闻特性记录和反映了我国不同时期的社会变迁与改革。"以民为本"是要折射出民众在转型期的社会生活所遇到的困难和问题,关注社会底层群众和弱势群体,切实为老百姓服务,帮助他们解决问题。

(2)"人文关怀",强化新闻价值与社会价值的双向契合

2011年的两会,温家宝总理提出了"让人民生活得更幸福、更有尊严"的目标,正是人文关怀的体现。所谓人文关怀,是一种坚守人道主义立场、理解人情、尊重人性的贯穿于民生新闻报道始终的积极的态度。它与"以民为本"相生相辅相依,站在群众的立场上,真实反映民众生活,处处贴近民众、服务民众,为群众解决生活中实际困难,提高人民群众的生活质量和思想觉悟。新闻报道作为直接真实反映社会现实生活的手段,应最大限度地发挥新闻的优势力量,利用议程设置的手段,突出"民生"出镜率,加强"民生"的社会价值,逐步加强民生新闻价值与社会价值的契合。

4. 新闻价值的增值,以图片新闻为例

图片是一般新闻报道的新闻价值增值的手段,其本身又蕴含丰富的新闻价值。数字时代也是读图时代,图片的地位甚至突破了"图文结合是一种平等的结合"的局面,新闻照片的使用体现对新闻价值的把握,尤其使纸质媒介鲜活了起来。新闻照片展现新闻焦点、再现事件现场、捕捉冲突瞬间,具有极大的视觉冲击力,例如节日的欢腾、拥挤的人海、自然景观的唯美、灾难之后的创伤等。

新闻摄影在主体的选择、主题的挖掘、构图的取舍上,促使新闻照片不仅仅具备记录现场的价值,更表达了媒介的情绪、立场和态度。例如,对于人物的特写,节日人们的笑脸传递喜悦,受灾民众的泪水表达愁苦与哀痛,媒介理应关注他们的情绪和生存状况,即使图片富有深度和厚度、生命力和感染力,又彰显社会守望者的人文关怀。照片的拍摄与选择担当起传递新闻焦点的前期准备。确定了新闻价值、寻找到新闻焦点,也定下了要用的照片,如何进行版式的设计和图片的编辑,怎样更好地突出图片和图片上的主体形象,直接影响到新闻信息的传播效果和新闻价值的发挥空间。

配图新闻版式力求简洁、清晰、准确,旨在快速抓住读者的注意力,否则,适得其

反,费力不讨好。图片的二次制作不免沾染上传播者的主观情绪,有刻意加工新闻价值之嫌。图片的再处理以不影响、不更改图片信息为基础,以版式、版面需要为前提,以保护新闻当事人为原则,决不能扭曲事实真相或为追求表现力和冲击力而配发暴力血腥图片。这样才能使一次性消费的新闻报道成为有丰富人文内涵的文化产品。

新闻漫画是另一种形态的图片新闻,它是新闻和漫画的结合,是新闻性与艺术性的结合,通过漫画语言去报道、评论新近发生的事实。漫画的新闻价值不但具有新闻的共性,还具有监督性、易受性和润滑剂的特征。新闻漫画通过讽喻手段鞭挞腐朽、抨击落后、针砭时弊,宣传主题思想,宣传价值大于审美价值,并在调和其严肃性、指导性的同时,不失趣味性。充分合理地利用漫画形式自然能为新闻价值增值。

如果从报道内容上来说,新闻价值的三种实现途径是信息、道德和审美。传递信息是满足受众认识世界的需要,报道集中在反映社会生活中的信息变化、重要发现和重要思想观念等,例如,科学发明、通货膨胀、自然灾害、医疗保健政策的改革、重要人物的升降沉浮、国际关系的紧张缓和等,旨在传递真实;道德途径是教人向善,新闻是道德的教具,法律是最基础的道德。新闻报道是在维护法律法规的前提之上,报道、分析与受众公共利益密切相关的焦点问题,为解决问题创造良好的舆论环境;通过对某一个或某一类新闻事实的分析、评论、肯定或否定,来进行道德和正义的批判;披露、揭示非法活动,树立、褒奖先进典型,惩恶扬善,维护社会公德、正常秩序和公共利益。审美途径使受众感知美好,包括新闻事实内容的爱与美以及在语法和表达方式上的逻辑合理性的具象美,还包括幽默美、动态美、深度美等等。通过新闻事实、良好的新闻编辑策划,利用文字、画面和声音多重手段综合表述,使之体现出一种和谐的关系,既可以提升新闻事实本身的价值取向,延伸新闻产品的附加价值,又能够吸引受众的兴趣和阅读欲。受众是新闻产品的消费者,受众的关注度是新闻价值得以体现的检验标准之一。

全媒体时代,对时效性、重要性、显著性、接近性、趣味性等新闻价值要素获得新的延展提供了技术上的保障,同时延伸出诸如表达个性化、信息实用化、形式多样化的新要素。新闻价值要素的嬗变,打破了传统的新闻传播秩序的规律,却也逐渐失去了对新闻价值的理智权衡。全媒体时代的新闻价值主要从实践中挖掘,利用音频、视频、文字、图表、讨论和大容量的资料库的技术优势,达到全方位的感受;利用数据库链接形成的新闻与受众之间的有效联系,提升新闻价值取向,使它从接近走向亲近甚至零距离。扎根基层、深入一线、取信于民,倾听群众的呼声和诉求,把握群众的思想脉搏,增进同人民群众的感情,以富有责任感的心去捕捉新闻热点,掌握和运用鲜活生动的群众语言,培育清新朴实的文风,提高新闻生命力,在"走基层、转作风、改文风"中实现新闻价值。坚持以民为本,倡导人文关怀,重新整合新闻价值取向。

2.2　网络新闻的伦理博弈

如果说重新整合新闻价值观念是在解决全媒体时代技术进步的同时,所出现的"传统传播者的任务变得艰巨,如何打败传统受众传播意识崛起形成的传播大军? 传播门槛面对新型的传播者降得一低再低,他们如何肩负起传者的责任?"这个问题的第一步,那么,调整新闻传播过程中的伦理博弈就是解决这一问题的第二步。

所谓的新闻伦理属于社会意识形态的范畴,是关于新闻职业道德的规范体系,是新闻传播职业道德基于一般社会道德的准绳之上的原则。它在新闻事业的发展过程中,担当着新闻从业者的价值观念的形成、规范和调整的功能,具有公共性、规范性、自律性和选择性的特点。在现实层面,新闻伦理的本质反映是社会舆论,即在特定的时间空间里,公众对于特定的社会公共事务公开表达的基本一致意见或态度。

我国的新闻伦理发展先天不足,缘于我国的新闻传媒是在西方资本主义列强和本国封建残余势力的双重打压的夹缝中发展起来的,新闻实践活动鱼龙混杂、泥沙俱下。鉴于此,早期的有识之士结合本国的经验和借鉴西方的传播理念,提出了一些迄今仍具备现实意义的思想和观念。例如,邵飘萍认为,"(报人的)品性为第一要素,所谓品性者,乃包含人格、操守、侠义、勇敢、诚实、勤勉、忍耐及种种新闻记者应守之道德。"

时至今日,承接全媒体新闻报道的网络平台凭借其新闻实时化、信息无限化、传播多元化、选择自由化、传受互动化、受众全球化以及传播模式的小众化、手段的多媒体化、过刊查询和资料检索的方便快捷性的传播优势,使得网络新闻的发展异军突起、势头强劲。这一方面继承和发扬了传统新闻传播规律的优势,另一方面催生了与真实的现实生活异质的虚拟的网络生活,使它具有某种颠覆性,颠覆现实生活中的秩序和规范,这种颠覆首先表现在对新闻职业道德原则和行为规范的威胁。

新闻事业是与谎言、歧视、偏见、不公、无序进行斗争的事业,新闻伦理属于应用伦理范畴,具体而言是一种职业伦理,其本身蕴含了已被人们普遍接受或认同的价值尺度和价值标准。伦理道德规范的价值在于形成一种行为道德,具有规范约束作用。在长期的新闻传播实践中形成的新闻伦理应对新闻信息传播全过程具有很强的约束力和控制力。因此,一旦新闻伦理缺席,新闻事业本身不但成为不了打假斗士,反而会陷入为虎作伥的尴尬境地。网络新闻的伦理失范包含一般性的道德缺位而引发的不道德的行为,也包含极端不道德的行为,例如侵犯新闻当事人的权利、过度人肉搜索给新闻当事人造成生活上的灾难等等。在网络环境下,新闻信息发布的门槛不断降低,新闻信息传播过程乃至新闻信息本身都不同程度地出现了异化,虚假新闻泛滥成灾,有偿新闻屡禁不止,舆论导向的偏差有所增加,新闻侵权日趋严重,非人道的新闻采访方式层出不穷。在此累加的过程中,传受关系逐渐模糊,新闻传播的职业化特征日益消解,新闻信息的交互性时常导致连锁反应频繁发生。至此,传统的新闻伦理日益面临着严峻挑战。

1. 虚假

虚假新闻是违背了新闻的客观真实性，未能真实反映客观事物的本来面貌，捏造或含有虚假成分的新闻报道。从新闻报道诞生的那一天起，虚假新闻和失实报道就如影随形地伴生而来。最近几年，由于市场化运作下，竞争压力大、部分记者自律性弱、媒介内部管理不完善、外部监管机制不健全等原因，导致虚假新闻和失实报道屡见不鲜，甚至愈演愈烈，形式多种多样，手法不断翻新。其主要包括，为达到某种经济或政治目的，为获得经济效益或屈从政治压力而不顾社会效果，投机倒把、趋炎附势；一切以自身利益为出发点，遇到与其利益相违背的情况，便遮掩躲闪、避重就轻；为实现政治宣传或典型人物宣传，混淆宣传与新闻的界限，将典型报道任意拔高、编造新闻；有些记者道听途说、捕风捉影、不懂装懂、合理想象，对小道消息和零碎信息缺乏必要的核实，大肆进行夸大加工，忽略新闻事件要素的真实性，不愿认真深入地分析思考，更不愿亲力亲为耐心细致地调查采访，没有"打破沙锅问到底"的精神，敷衍凑合、自我臆想、闭门造车，完全按照自己的感知去构造事件情节，对新闻事件着意粉饰，甚至偷梁换柱。

虽然虚假新闻的表现形式各不相同，但都是对新闻真实性原则的根本背弃，客观真实是新闻报道的第一要素，事实新闻的本源是决定新闻存在的基础，一切新闻报道都必须如实的报道新闻真相。可以说，坚持新闻的真实性，是对新闻工作者和新闻媒体最基本也是最重要的要求。一旦新闻报道不再客观的反映新闻的本来面目，那么新闻报道便失去其存在的依托，发生本质上的改变，不能再称其为新闻报道。这些新闻流向社会公众面前，公众正确辨别了虚假新闻，就会对媒体的公信力和权威性以及整个舆论环境造成极大的负面影响；而一旦公众不能做出正确的判断，将造成公众的信息需求和舆论导向模糊和偏差。

【案例】

2011年7月27日，广州媒体的一则报道在燕窝行业内引起了轩然大波：周女士在燕之屋购买了血燕并将之送检，结果显示亚硝酸盐含量高达3.6g/kg，而亚硝酸盐则是一种致癌物质。一时间，网络、电视、报纸等媒体纷纷报道质疑东南亚燕窝（尤其是血燕）的品质。为此，马来西亚濒危物种进口管理局局长拿督珉阿膜、马来西亚出口卫生部（出口检验局）总监拿督凯孺哈兴等人举行新闻发布会，向公众澄清了市面所售马来西亚血燕都是假冒的谣言。马来西亚拿督珉阿膜称，只要是马来西亚正规出口的血燕一定是真的，而燕窝中都含有亚硝酸盐，尤其是血燕中的含量较高，但可以通过清洗蒸煮后去除，不会影响食品安全。后经新华社驻吉隆坡记者核实发现，马来西亚并没有濒危物种进出口管理局，也没有进出口卫生部，更没有出口兽医部，可以说，新闻发布会来头最大的两个官员，在马来西亚其实"查无此官"。而根据凯孺哈兴和珉阿膜两人的护照名字，在马来西亚政府网站可以查到的同名同姓的人当中，马来西亚野生动物和国家公园保护局下属的生物多样性研究所有一名叫凯孺哈兴的研究人员，马来西亚卫生部有一名叫做珉阿膜的个人事务官。浙江省工商局局长郑宇民在接受新华社"中国网事"记者采访时也表示,根据工商部门的调查,这两人是冒充的。

2. 有偿

有偿新闻是指新闻机构及新闻从业人员出于解决经费不足、私人赚钱以及其他的目的,按照占用版面的大小、播出时间长短和录制费用等依据,向要求刊播新闻者收取一定费用的新闻。尤其是在市场经济时代,企业为扩大宣传、提高影响力,向记者行贿,利用媒体为其做宣传的现象屡禁不止。除了企业单位,还有个人为自我宣传、自我造势而使用有偿新闻。例如某些地方和单位领导夸大政绩业绩,某些明星大腕利用有偿新闻暴露隐私和绯闻进行自我炒作等。除了被动收受钱财,某些新闻机构主动向"客户"兜售版面和时间以索要报酬。面对金钱诱惑,有些新闻从业者做起虚假夸大宣传,颠倒黑白,帮助企业欺骗群众,丧失社会监督的职责。即便有偿新闻不与虚假和失实勾连,记者和新闻机构利用社会监督的公器中饱私囊,也是违背新闻职业道德的不良行为。

我国1991年1月19日公布的《中国新闻工作者职业道德准则》第六条第二款将有偿新闻视为行业不正之风,要求"克服行业不正之风。不刊发各种形式的有偿新闻。不得以新闻或版面做交易,接受和索取钱物,牟取暴利"。有偿新闻是导致虚假新闻的原因之一,虚假新闻的不良后果,有偿新闻难以逃离,必须一一承担。此外,有偿新闻还将腐蚀新闻从业人员队伍,导致某些人引咎辞职,甚至身败名裂。

【案例】

英国广播公司(BBC)负责国际新闻运营的主管彼德·霍洛克斯6月25日被英国同行披露,他在群发给BBC全球记者员工的邮件中,要求大家"想办法为英国广播公司创收,挖掘新闻背后的商业价值"。英媒评论说,虽然英国广播公司的内部邮件反映出该机构受到国内经济压力的冲击而财政吃紧,但让英国新闻从业者变成和商家讨价还价的交易员,无疑是对行业精神的侮辱。

英国《卫报》25日说,在霍洛克斯群发给他所管辖的英国广播公司国际新闻部、世界新闻电视频道以及BBC.com网站共2400名员工的邮件中,他毫不讳言地要求大家"考虑一下收入问题,尽力通过自己的新闻报道,将背后的商业价值挖掘到最大限度"。他在邮件中还说,"希望每一个人都能够为增加我们的商业收益出谋划策,而至于发挥的空间可以从新闻报道到新闻评论,不需要有任何顾忌,特别是在中国和印度市场。"

这封邮件内容被曝光后,英国广播公司马上安排了一位发言人出面"澄清",说英国广播公司从来没有要求前方记者为钱去采访报道。英国《每日电讯报》26日引述这位发言人的话说,没有一名员工在上岗的时候被赋予任何创收指标,并强调英国广播公司的新闻报道立场绝对是独立公正的。

霍洛克斯发出的这封邮件,在英国新闻界引起不小的争论。作为霍洛克斯在英国广播公司的前任,英国媒体资深从业人士约翰·图萨在接受英国《独立报》访问时说,"我很难想象一个英国广播公司负责国际新闻运营的高管,可以用这样的字眼来给属下的记者们下这样的命令",他说,如果霍洛克斯的邮件属实,那么他就是在断送英国广播公司海外事业发展的前途,让80年来的努力前功尽弃。英国新闻记者工会的总干事米歇尔·斯坦尼斯丽特表示,在听到邮件事件的报道后,"自己都惊呆了"。她说,很难相信英国最大的公共传播媒体居然会说出这样的想法,并称"这次事件的杀伤力,已经直接伤及英国公共服务体系的心脏部位"。

英国《每日邮报》26日评论称,霍洛克斯提出的"群策群力创收"并不奇怪。伴随英国经济从2008年开始不断滑坡,一直在很大程度上依靠英国外交部拨款运作的英国广播公司国际新闻部,从2011年开始获得的政府财力支持便大打折扣。为此,英国广播公司每年要削减25%的开支,金额大约在4600万英镑。霍洛克斯在今年年初就已经宣布裁员650人,借此来节约运营成本,这直接导致旗下五个外语频道服务被关闭。不过英国广播公司早前已经宣布,从2014年开始,公司会全面负责国际新闻报道的运营开销,希望能够扭转目前的财政困境。

但英国新闻记者工会的总干事对BBC未来的新闻公允性还是感到担心。她对《每日电讯报》说,BBC的国际新闻业务因为是在海外,所以节目可以加播商业广告,如果今后英国广播公司没有一个明确的行业管理政策让外界知道的话,缺乏公正、有倾向性的新闻报道将很难避免。①

3. 偏差

偏差是指新闻报道的议程偏离有序运行的在稳定社会中占支配地位的意识形态和价值观念。在浩如烟海的网络新闻中,新闻炒作不仅在生产上有违常理,在内容上也产生极大的舆论偏差,而在新闻炒作中,表现最为明显的是网络红人现象的迅速崛起。网络红人的制作过程是:网络上有一个帖子被记者或者网络推手有意无意地关注,在网民聚集的各大论坛上发帖,使得网络红人的关注度不断"升级",由个别到普遍,伴随传统媒体的盲目跟风,共同作用了这一狂欢式的盛宴。

查看网络红人的成名经历,除去艳照、外貌、恶搞、出格言行等关键词,再也很难界定他们的个人成就。当下新闻媒体尤其是互联网对网络红人的不惜版面和人力的追捧,极大地弱化了新闻重构事件真相的本质,偏离了新闻提供信息、监测环境、传递文化的社会功能,只是为了迎合受众的享乐、消遣、窥私、起哄的心理需求。在我国,"用正确的舆论引导人"是党对新闻宣传工作的根本要求。网络红人的议程不但偏离了为人民服务,坚持正确的舆论导向,坚持以正面宣传为主的方针,以社会效益为最高准则,最大限度地满足人民群众的正当需求的社会主义新闻工作的根本宗旨,也偏离了稳定社会的主流意识形态和价值观念。最严重的问题是,网络红人现象的出现只是新闻炒作和舆论导向偏差的冰山一角。

【案例】

2011年10月23日晚上,广东深圳宝安区西乡街道办径背社区联防队员杨喜利

_____

① http://world. huanqiu. com/exclusive/2012-06/2856469. html

手持钢管、警棍闯进王娟(化名)的家中,一通乱砸后,对她进行长达一个小时的毒打和强奸,她的丈夫杨武(化名)则躲在几米外不敢做声,眼睁睁看着妻子遭此横祸,一个小时后才悄悄报警。许多媒体对这个事件的报道角度发生了偏差,尤其是一些媒体的新闻评论,没有以社会守望的角度对事件发生的环境、背景加以审视,而一味指责事件当事人中的丈夫,称其"懦弱"、"无能"、"看客"等,这样的评论必然会导致舆论上的误导,丈夫被千夫所指。谁能保证,当事人能够承担得了这多余的伤害。例如,中华网:《声讨:妻子遭强暴,为何丈夫只能作壁上观?!》(http://club.china.com/data/thread/1638757/2733/65/46/1_1.html),数字蚌埠:《妻子被强奸只因丈夫太懦弱?》(http://bbs.233000.com/read-htm-tid-451222-page-1.html),佛山论坛:《史上最窝囊丈夫,老婆被强奸自己躲起来流泪》(http://www.ttx.cn/read.php?fid=16&tid=4437467)人民网:《妻子被强奸,丈夫为何冷漠成看客?》(http://xj.people.com.cn/GB/188531/16184880.html),等等。

4. 低俗

网络新闻媚俗、低俗、庸俗在社会新闻、娱乐新闻等"软新闻"中尤其突出。其具体表现为,新闻媒体对追求低级趣味、感官刺激的低俗新闻的散播;对以肤浅、平庸议题过度热衷的庸俗新闻的依赖;对过分迁就迎合受众,以作态取悦大众的媚俗新闻的追捧。新闻报道的"三俗"体现在其所传播的信息内容和道德观念双重形式上。在传播思想上,"三俗"的新闻报道传播出重男轻女、夫权至上等腐朽落后的观念;在信息内容上,表现尤其突出的是,读题时代"标题党"的横空出世。

所谓"标题党"就是互联网上利用各种颇具创意的标题吸引受众关注,以达到轰动效应的新闻标题制作者的总称。他们利用情色、煽情等文字制作的新闻标题往往严重夸张,与内容脱节。"标题党"为受众选择信息时设置了很大的障碍并且在相当程度上污染了媒介环境甚至是现实环境。网友将标题党的罪行归结为以下八条:

虚张声势、题文不符;标题暧昧、误导受众;
渲染煽情、庸俗下作;添油加醋、肆意恶搞;
耸人听闻、胡乱联系;愿打愿挨、不负责任;
流毒网络、妨害传播;污染环境、害人害己。

"三俗"新闻报道以"软新闻"的姿态渗透到了公众的日常生活中,表面看起来弱不禁风的报道实际上强化了"占主导地位的政治共识",成功地隐藏了其腐朽的思想和潜在的危害性。受众对"软新闻"的接触频繁、阅读率高、关注度高,受众不一定会立刻笃信那些"三俗"的新闻报道,但是它们潜移默化地影响着公众实际生活中的日常话题的设置,并将进一步干预公众的道德精神生活。如果对新闻报道"三俗"化不闻不问、视若无睹,会恶化媒体的传播环境,进而影响到现实的社会生活。长此以往,便像赫胥黎在《美丽新世界》中预言的那样,人们可能在汪洋如海的信息中变得被动和自私,真相将被淹没在无聊烦琐的世事中,我们的文化将成为感官刺激、欲望和无规则游戏的庸俗文化。

【案例】

"标题党"

童话篇：

《小红帽》——《聪慧儿童严守家门，凶残犯人伪装其母声欲进屋惨被识破》

《豌豆公主》——《花季少女体无完肤伤痕累累，谁才是伤害她的真正凶手》

《红舞鞋》——《诱惑之舞，让纯洁女孩走向难以自制的深渊》

《蓝胡子》——《新婚一个月，我发现丈夫是个杀人犯！》《无知妻子推开邪恶之门，13位花样少妇天国复仇》

动画篇：

《美女与野兽》——《爱慕虚荣的悔恨，心上人娶了我妹妹》

《蜡笔小新》——《幼儿园也非净土，幼儿早熟谁之错》

《机器猫》——《只愿此生不再让你哭泣，让我穿越时空来拯救你》

《黑猫警长》——《海水与火焰的煎熬，我与他纠缠了半辈子的黑白孽缘》

《乱马1/2》——《反复变性为哪般？花季少男的心酸情史》

文学篇：

《礼记》——《避免职场性骚扰，你的防线不如这些礼节》

《杨玉环》——《公爹变丈夫，一缕香魂散——妖媚贵妇命断情孽纠缠》

《三国演义》——《从贫贱到自强，三兄弟的旷世畸恋》

《封神演义》——《为前妻登上神仙宝座，八旬教授不畏牛鬼蛇神》

《神雕侠侣》——《师徒绝恋，失贞老师守护纯洁之爱把绝情谷底坐穿》

《聊斋志异》——《鲜为人知的人兽恋，感天动地多少年》

《唐伯虎点秋香》——《我那爱人打工妹哟，博士后为你隐姓埋名化身农民工》

5. 侵权

网络新闻的侵权主要包括侵犯著作权、隐私权、肖像权、姓名权和名誉权，有关侵权的相关事宜将在下一节详细表述，本节重点讨论的是由于新闻伦理的失范所导致的在新闻传播过程中的不恰当行为对于新闻当事人的权利侵害。例如，人肉搜索。它是指一种通过人工的、不间断的参与并互动的途径，搜索、公开和扩大特定对象有关信息的信息采集方式。2001年的"陈自瑶事件"，"人肉搜索"开始进入公众的视野，2006年的"虐猫事件"，让"人肉搜索"在网络上迅速升级、扩大。在之后的出国考察门、天价烟事件、华南虎照事件、猥亵门事件、躲猫猫事件、局长日记等一系列新闻事件中，"人肉搜索"的社会监督功能逐渐强大，"人肉搜索"得到了广泛的关注，因其平民特性、公民表达和社会监督的表现，成为消弭冲突的有力途径，并作为一种新的新闻传播现象，开始关涉新闻伦理领域，成为有关公民社会伦理的利器。

与此同时，"人肉搜索"也备受争议，公众对它的诟病，主要集中于其对公民个人隐私权、名誉权的侵犯，或因此而衍变为"网络暴力"。近年来，"人肉搜索"出现过公众的社会监督、道德诉求的不恰当的"放大"、搜索结果出现较大偏差的情况，以至于给当事人的生活、工作造成了严重干扰。13岁在校女生张殊凡的一句"很黄很暴力"

而遭受"人肉搜索"恶搞,一些无辜的人亦被"人肉搜索"错认,甚至以讹传讹等等。至今为止,"人肉搜索"仍然行走于道德与法律的缝隙之中,一旦出现偏差,即有违公众使用它惩恶扬善、助人为乐和揭示真相的初衷,也必然侵害公众的正当权益。

【案例】

最高法院首次提审的新闻侵权案,原告:兴运(成都)实业有限公司,香港独资。被告:北京周林频谱仪总公司、黑龙江法制报社、中国卫生信息报社和各自的记者。既然是"新闻官司",为什么要告周林公司呢?因为周林公司提供了新闻材料,是为新闻源。本案另一个引人瞩目的焦点是法院判决的赔偿金额曾一度开了"新闻官司"的"天价"——580万元。

1994年11月间,黑龙江法制报社、中国卫生信息报社先后发布消息,报道周林公司对一种名叫多源频谱治疗仪的专利提出无效请求,因为它是已被查处的WP治疗仪的翻版,而WP仪剽窃了周林的科研成果。这个多源频谱治疗仪正是兴运公司的主要产品,已在国内外打开了市场,消息一出,一些客商纷纷提出取消合同、减少销量,兴运损失惨重。其实,兴运的这个产品所依据的发明专利与被查处的WP仪专利号码不同,根本不是一回事。兴运把两报及其记者连同周林公司都送上了被告席。一审法院裁定,兴运公司的多源频谱仪是合法产品,报道失实,侵害了兴运的名誉权。周林公司提供虚假情况和没有充分根据的观点,报社不作核实,即予报道,都要承担民事责任。具体到损失的赔偿,周林公司赔偿578万元,两报社各赔1万元。二审维持原判,被告又向最高法院提出申诉。经过审理,最高法院维持新闻侵权的认定,但是兴运公司的损失并没有那么多,媒介和新闻源的责任分担也需调整,于1999年4月作出判决,被告除赔礼道歉外,两家报社各赔偿33万元,周林公司赔偿24万元,总额90万元。这也成为最高法院判决"新闻官司"的首例。[①]

6. 非人道

有着160多年历史的《世界新闻报》,为抢夺独家新闻,采取非法手段获取信息,深陷窃听丑闻,冲破了社会公认的道德底线,导致该报的消亡。由于网络平台和手机终端的新闻信息发布平台的出现,人人都是新闻把关人,使得媒体的竞争压力与日俱增。为了吸引受众、赢得关注,一味满足受众的"集体偷窥"欲,媒体不择手段挖猛料,不顾一切抢新闻的现象经常发生,在新闻采访的过程中,新闻伦理往往被遗弃在靠后的位置。

从内容上来说,"标题党"新闻、"尖叫新闻",甚至"黄色新闻",赢得了更多的传播频率;从采访上来说,有些媒体为了获得更多的信息,不顾事件当事人的感受,不择手段地采用非人道的方式进行新闻采访。它的主要表现有:肆无忌惮地强迫式"围访",强迫式采访的镜头,将新闻当事人(受害者)痛哭流涕的表情不做任何遮掩地呈现在画面上,还强调受害人的精神状况;未得到新闻当事人(受害者)的允许直接标注

---

① http://china. findlaw. cn/falvchangshi/guanggaoxinwen/zhuanzaixwqq/anli/27354. html

当事人姓名;没有对未成年人作任何遮掩即作呈现;为得到新闻当事人(受害者)的采访,生硬揭开伤疤,"循循善诱"刺激受害人痛苦回忆,令受害人受到二次伤害。例如,在"杨武事件"中,当时受害人王娟"不愿说话",但现场至少十家媒体的记者一直在催促王娟说话,要她"说说当时的情形"、"你有什么感受"等。

【案例】

2005 年 12 月 2 日,北京《华夏时报》在报纸头版和第 16-17 版中,用很大的篇幅刊登了多幅一名化名小莉的艾滋孤儿的脸部特写照片以及她与父亲及弟弟的合影照片,并标明了她的真实姓名及其父母因患艾滋病而死亡等情况。报道中更披露了这名艾滋病孤儿的个人隐私:如其家境如何贫困,社会捐助又被亲属占用;"小莉被寄养到姨母家,姨母的 34 岁的儿子,相貌较差,好吃懒做,不务正业,找不到媳妇,竟然别有用心打起了小莉的主意";"小莉到×家后改名为×××";"小莉有严重的自闭症,情绪不稳定,成绩下滑得厉害,而且非常不自信,觉得自己没有用"等。[①]

这样的新闻现场所呈现出来的不是新闻报道的专业性和人道关怀,而是无德、无良、无知和利益至上。单纯的指责和重申伦理规范并不能反映这些残忍的采访的本质,它所折射出来的中国媒体道德、社会环境和情绪、媒体及媒体人的行为逻辑以及媒介生态更值得人们深思。

新闻伦理的失范、失语,使得网络化的言说方式迅速占领大众传媒领域、新闻假事件特有的议程设置成为新闻报道的常态。新闻伦理不仅是具体的新闻人应具备的内涵,而且将成为其行为。面对比比皆是的新闻伦理失范现象,我们应及时追根溯源,理性分析其存在的原因。

1. 转型时期的旧有伦理与新生伦理相矛盾

当代中国社会正处在转型期,"在失范状态下,社会不能调整人们正确认识自己的需要并用恰当方式满足自己需要的状态,社会中缺乏是非、对错的规则标准,个人需要急剧增长并失去控制,缺乏合适的方向和适度的界限。"[②]转型时期正是旧有伦理逐渐瓦解,新兴伦理有待催生的青黄不接的时期,这样的社会环境为信仰危机、拜金主义、个人主义、享乐主义和审丑文化等心理的滋生提供了温床,虚假新闻、有偿新闻、"三俗"新闻、猎奇新闻以及不择手段挖猛料又为其提供了消遣与娱乐的对象,在很大程度上满足了转型期复杂的大众文化心理。低俗化与轰动性信息最易吸引受众眼球,自然也就成为媒体争相报道的重点。

2. 新闻报道的及时性与真实性、选择性与全面性相矛盾

在激烈的市场竞争中,部分媒体及从业者对新闻的及时性进行了错误解读,认为抢新闻高于一切,不可避免的造成了一些比较浮躁的新闻从业人员为了抢占"头条"或"独家"而一味求快,因此便不考虑社会伦理及新闻伦理的约束。并且,抢发新闻导

---

① http://blog.163.com/wutong_2564/blog/static/23200902008929804944/

② 埃米尔·迪尔凯姆.自杀论【M】.冯韵文译.北京:商务印书馆,1996

致了新闻的真实性在未经详细核实的情况下刊播出来,导致虚假新闻、失实报道及片面新闻的现象也在拷打着羸弱的新闻伦理。新闻报道是有选择的进行报道,之所以有选择,除了要剔除新闻价值量微小的要素或信息以外,还要注意新闻报道的社会影响和对于新闻当事人的影响,不能不顾当事人的利益和隐私,全面刊播。同时新闻报道有要求尽可能的全面,事件双方正反意见的平衡,新闻信息和背景资料的翔实。

3. 新闻从业者的自由性与自律性相矛盾

新闻自由指的是依法给予公民传播新闻活动的自由,是对于新闻从业者"求真"的保障。新闻自由是相对的,而非绝对的极度的自由。新闻极度自由导致的道德沦丧最典型的例子要算戴安娜王妃之死的事件,戴安娜的兄弟曾说:"我一直觉得新闻界将最终置她于死地,但我没想到他们起的作用是如此直接。"新闻从业者同时也负有为社会大众谋求福利与安全的社会责任,新闻的自由性往往无法受到自律性的制约,忽视自律性就会漠视生命、道德扭曲,甚至连起码的同情心和人道主义都沦丧了。新闻媒体及从业者应在新闻采写活动中注重自律,维护新闻伦理,使新闻自由得以保障,赢得受众的尊重与信任。

4. 新闻媒体的揭示性与平衡性相矛盾

新闻报道是对于涉及公众利益的社会异常现象进行揭露与警示,是监督社会环境、缓解社会矛盾、弘扬社会正气的重要力量,揭示得越深刻越有力。但是,新闻媒体也要对问题深究的具体程度予以平衡。新闻媒体具备议程设置功能,尤其是在信息爆炸的时代,不仅控制了人们想什么,也控制了人们该怎么想,是有力的舆论引导工具,新闻传播信息直接影响着社会的安定程度,因此,新闻媒体对社会现象的揭示和评论应该找到适当的"平衡点"。既不能因为政治与舆论的压力而"集体失语",也不能罔顾社会的稳定和发展。须知社会中的欺诈是非常态的,风险是潜在的、不确定的,过度宣扬消极、风险性质的信息和情绪,制造紧张气氛,将导致受众的悲观思维,错误判断社会环境,威胁社会稳定。

5. 新闻行业的经济价值与社会功能相矛盾

我国新闻媒体具备"事业单位、企业化管理"的双重属性,优胜劣汰的竞争压力、经费的有限性、机构硬件设施和新闻从业者的福利待遇需求,导致媒体生产媒介产品时不可避免地受到市场经济效益有限原则的影响——将追求经济利润和商业价值作为维系自身生存和发展的必要条件。新闻媒体的第一法则是生存,而非伦理道德,甚至社会效益成为获得经济利益的"绊脚石"。在受到外来文化的冲击下,市场导向新闻学在不少新闻工作者中颇有影响,新闻报刊的发行量、支持率、广告商和利润诱使了某些新闻单位或个人为追求经济回报而收受贿赂、捏造新闻;有些商业性媒体网站受"注意力经济"的驱使,为尽可能多的吸引受众,在对新闻的取舍和编排上往往片面追逐"眼球经济"、轰动效应,热衷于揭露性、猎奇性、三俗化报道。在社会发展的方向和主流面前茫然无措,无视社会功能,过度放大经济价值,正是市场经济效益驱动下的扭曲产物。

新闻传播者在传播过程中为遵守新闻伦理的底线,发扬职业道德精神,应当准确、全面、平衡、公正、客观、独立、勇于担当、寻找真相、报道真相。

国际新闻记者联合会在1954年通过的记者行为原则宣言是：

此项国际宣言，经正式宣布为从事新闻采访、传递、发行与评论者以及从事事件描述者的执业行为标准。

一、尊重真理及尊重公众获得真实的权利，是新闻记者首要责任。

二、为履行这一责任，新闻记者要维护两项原则：忠实收集和发表新闻的自由、公正评论及批评的权利。

三、新闻记者仅报道知道来源的事实。不删除重要新闻，不造假资料。

四、只用公平的方法获得新闻、照片和资料。

五、任何已发表的信息，发现有严重的错误时，将尽最大努力予以更正。

六、对秘密获得的新闻来源，将保守职业秘密。

七、视下列行为为严重的职业罪恶：

——抄袭、剽窃；

——中伤、污蔑、诽谤和缺乏根据的指控；

——因接受贿赂而发表消息或删除事实。

这是新闻从业者应当遵守的"清规"。1966年，约翰·马克斯韦尔·汉密尔顿（John Maxwell Hamilton）和乔治·克瑞姆斯基（George A. Krimsky）出版的《紧握传媒：报纸的内幕》（Hold the Press：The Inside Story on Newspapers）一书中提出了最具声望的传媒组织内部从业者的十大"戒律"，并建议所有的记者都应当遵守。

你不可：

一、在报纸或广播电视中撒谎（包括不能使用新技术篡改照片）。

二、欺骗或恐吓消息来源。

三、报道谣言或未经证实的消息。

四、压制、删改不同意见。

五、在报道中显露出个人好恶。

六、假冒他人或使用欺骗手段获取消息（除非有非常强有力的理由）。

七、剽窃别人的文字或观点（记者可以使用获得授权的文字）。

八、在未经允许的情况下，窃听别人的电话或给谈话录音。

九、利用职务之便牟取私利（如接受消息来源的馈赠）。

十、从事一切可能导致利益冲突的活动（如为某一竞选活动的候选人撰写政策声明）。

这些"清规"、"戒律"距今已经半个世纪，但其本身是对于新闻伦理的本质刻画，精髓犹存，依然值得当下的每一位信息传播者遵循。时代和科技的发展，带来的是技术上、形式上的变革，而其内核精神并没有也不会发生变化，这是一个极简单易懂的现象，就像我们不断地长大，孝顺父母的情怀不曾动摇。在"清规"、"戒律"至今的几十年间，仿佛也只是时光的机械流逝。简而言之，新闻报道遵循新闻伦理，就要实现最大的公益、最小的危害、最后的悲悯。报道虽然艰辛,却要无愧于心。

2.3 数字媒体的法律法规

  法律是道德的底线,是基于一个稳定的基本的社会道德之上,采用强制的方式保护社会道德,维护公民的权益。重视并规范新闻事业尤其是数字新闻事业的法律法规建设,成为继重新整合新闻价值观念和调整新闻传播过程中的伦理博弈之后的,解决伴随全媒体时代技术进步而相生的"传统传播者的任务变得艰巨,如何打败传统受众传播意识崛起形成的传播大军? 传播门槛面对新型的传播者降得一低再低,他们如何肩负起传者的责任?"这一问题的最后的底线,亦是最为基础的保障。

  新闻法规是指新闻传播活动中由统治者制定并强制实行,体现统治者利益,调整与规范新闻工作中不同关系、权利和义务的各种规章、政策、法律的总称。我国目前还没有一部系统而完整的、高层次的新闻法规,具体表现为:在形式上,没有由全国人大及其常委会制定或由国务院所制定和公布以文字形式表现的法律法规;在内容上,既缺乏国家新闻机关管理的基本原则、方针和政策,又没有新闻机关及其负责人的地位、相互关系、职权和职责等在新闻传播过程中应有的法律法规内容。这不仅是法律建设上的一大空白,也是社会生活的一大缺憾,更松懈了对新闻报道中的不良之风的惩戒力度,导致虚假、有偿、偏差、低俗、侵权、非人道的新闻报道和方式时有出现。

  在清末第一部新闻法规出现以前,政府对言论、出版的限制主要援用 1646 年制定的《大清律例》刑律中"盗贼类"中有关"造妖书妖言"的规定来处理有关报纸的案件。我国的第一部有关报刊出版的专门法律是在 1906 年 7 月由商部、巡警部和学部共同拟定的《大清印刷物专律》,其主要内容为,一切印刷及新闻记载均在印刷总局注册,印刷发卖为业者,须向巡警部缴费注册;关于"毁谤",分为普通毁谤、讪谤、诬谤三种。纵观我国早期的全部有关法规中出现频率最高的是:"焚"、"禁"、"严禁"、"禁止"、"不得"、"不许"等控制、禁止类的词汇,来达到禁止言论自由的目的。早期有关新闻传播活动方面的立法实践不仅为后来的新闻立法实践积累了经验,还在一定意义上规定了新闻立法的发展方向。如今,已是百年,新闻事业发展的轰轰烈烈,相应的法律法规却未能与之相得益彰的出现。国务院 1997 年 8 月 11 日发布的《广播电视管理条例》,标志着我国广播电视业进入了一个法制化的轨道,但是,该条例较多的是约束性的条款,对被管理的广播电视机构的职权和职责及其工作人员的权利与义务没有明确的规定。这样就可能会因机构的职权不明,工作人员职责和权利义务不清而不利于进行新闻工作以及事后新闻侵权的责处。

  改革开放以来,我国的新闻法制建设在有效地保护新闻自由、有效的限制新闻自由滥用以及规范新闻工作者的职业道德等方面取得了显著的成就,但和西方发达国家的法制建设相比,差距尚在,许多法规条例还极不完善,处罚力度也不够。法是由国家制定和认可的,并由国家强制力保证实施的行为规范,新闻法规的缺失有以下原因:在历史文化上,我国古代新闻事业本身的发展状况限制了新闻法规的发展。更主要的是,我国的古代历史是在封建专制统治下权力高度集中的人治的历史,人民在受到迫害时才揭竿而起翻身抵抗,未能形成通过法律来制约国家权力防患于未然的观念。在政治体制上,权力过分集中难以建立任何制约政府权力的机制。在经济体制上,随着市场经济的发展,出现了许多新情况、新问题,出现了新的经济关系和经济模式,出现了多元化的主体和多元化利益的冲突矛盾,而立法未能及时跟随经济变革的脚步。

新闻违法违规的侵害行为在数字时代表现得更加突出,新闻侵权、泄露国家秘密、煽动民族歧视与仇恨以及传播色情、淫秽、邪教、恐怖、暴力、迷信等信息的行为层出不穷,其中表现最为明显的当属新闻侵权。

1. 新闻侵权

新闻侵权是在司法实践中最常见的诉讼。所谓的新闻侵权在民法学视野下的准确定义是指新闻传播媒体和新闻作者、言论表达者等义务主体在新闻传播过程中由于主观上存在过错而不当行使新闻自由权,从而侵害了他人的人格权,造成了损害后果,依法应当承担民事损害赔偿责任的行为。新闻侵权所产生的损害后果的严重程度较之一般侵害人格权的后果来说更为严重,因为一旦新闻传播行为构成对他人人格权的侵害,就意味着该侵害事实通过大众媒介的传播,被更多人知晓,有鉴于新闻侵权主要是对于受害者的名誉、隐私、肖像和姓名权的侵害,传播得越广,侵害越严重。新闻传媒具有庞大的专业机构、广泛的社会影响力、快捷的传播速度,其所产生的损害后果之严重、范围之广泛、速度之迅捷是一般侵害人格权行为所无法比拟的。

由于新闻传播的特殊性,并根据目前的法律条文和司法实践来看,新闻侵权主要客体是公民和法人的人格权,常见的人格权的侵害包括对于公民和法人的名誉权、隐私权、肖像权和姓名权的侵害。由于网络传播活动难以规范,使网络传播对个人的隐私权构成了很大的威胁,出现了将私人档案、银行账户信息、私人不良嗜好在网络中曝光,干扰私人电子信箱等侵犯个人的信息、活动和空间的行为。有些新闻侵权是间接性的,即在新闻报道出现之后,经过网民的"人肉搜索",将事件当事人或家人的信息置于网络,公开发布,对当事人及其家人造成名誉、隐私和财产的侵犯。关于人格权的侵害的司法依据主要是《民法通则》第一百二十条规定:"公民的姓名权、肖像权、名誉权受到侵害时,有权要求停止侵害,恢复名誉,消除影响,赔礼道歉,并可以要求赔偿损失。法人的名称权、名誉权、荣誉权受到侵害的,适用前款规定。"这是民法对于人格权的保护,新闻侵权只是侵权主体较为特殊。

新闻侵权行为的表现一般包括虚假信息、暴露隐私、诽谤侮辱、盗用姓名、擅用照片、不当评论、人身攻击、恶意传播等。它的违法性构成主要是:首先,侵权性的新闻作品已经公开传播。只有在侵权性新闻作品已经通过新闻媒介公开传播(刊登、播放、出版等)的情况下,才能确定新闻侵权行为产生的损害事实的客观存在,影响恶劣。如果没有公开传播给他人造成人格利益损害的,不属于新闻侵权行为而是普通的民事侵权行为。其次,侵权性新闻作品的内容必须具有特定的指向性,传播受众能够轻易地通过新闻媒体传播的信息来认定新闻作品的内容所叙述的某一或某些特定的当事人,否则就不构成新闻侵权。再次,已传播的新闻作品违反了保护人格权益的法律规范。保护人格权益的法律规范包括宪法、法律和有关司法解释的规定,行政法规、规章中有关人格权保护的规定以及地方性法规中的相关内容。这三个要素构成了一个完整的新闻侵权行为,欠缺任何一个要素都将不称其为新闻侵权行为。

新闻侵权的构成要件是损害事实客观存在、行为人实施违法行为、违法行为和损害结果之间有因果关系、行为人主观过错(包括主观故意和主观过失)。在新闻诉讼中,一旦构成侵权媒体和作者就要承当相应的侵权责任。依据《民法通则》第一百二十条的规定,新闻侵权民事承担方式有停止侵害、更正声明、赔礼道歉、恢复名誉、消除影响以及赔偿相应的经济损失。

新闻侵权主要可以从以下四个方面体现出来,在我国,专门的新闻法律体系虽未完全建立起来,但是相应的责任追究的条例和法规,给判断新闻侵权案例及其惩处方法带来了法律上的依据。

(1)新闻信息源

根据《最高人民法院关于审理名誉权案件若干问题的解释》(以下简称《解释》)的规定:①如果信息源是由提供方主动提供,致使他人名誉受到损害的,应当认定为侵害他人名誉权。②如果是被动提供的,那么又可以区分两种情况:第一种是被动提供者未同意公开,对提供者一般不应当认定为侵权;第二种系被动提供信息源,但发表时得到提供者同意或者默许,致使他人名誉受到损害的,应当认定为侵害名誉权。

(2)新闻工作者的采编、撰文

根据《解释》的规定,首先对事实部分进行真伪性评价,如果基本内容失实的则构成侵权,即使不是故意虚构捏造,由于对于事件的真实性未作合理限度内的审核而因过失导致失实的仍然构成侵权;否则,再考察价值层面,如果存在侮辱性内容的,应当判定为侵权,反之不构成。事实与价值,二者得其一即构成侵权。

(3)传统媒体的转载、转播

国家新闻出版署于2000年《关于进一步加强报刊摘转稿件管理的通知》中规定:报刊摘转新闻报道或纪实作品等稿件应坚持真实性原则,对其摘转内容的真实性负有审核责任。摘转正式出版物的稿件也应核实真伪。稿件失实一经发现,应及时公开更正,并采取有效措施消除影响。任何报刊不得任意摘转国际互联网上未经核实的新闻和信息。

《解释》第八条中也对转载作了侵权认定:新闻媒介和出版机构转载作品,当事人以转载者侵害其名誉权向人民法院提起诉讼的,人民法院应当受理。

(4)网络转载

网络平台在当下成为新闻侵权的重灾区,为了更好的规范网络信息传播行为,《侵权责任法》第三十六条明确规定:网络用户利用网络服务实施侵权行为的,被侵权人有权通知网络服务提供者采取删除、屏蔽、断开链接等必要措施。网络服务提供者接到通知后未及时采取必要措施的,对损害的扩大部分与该网络用户承担连带责任。网络服务提供者知道网络用户利用其网络服务侵害他人民事权益,未采取必要措施的,与该网络用户承担连带责任。国务院2000年发布的《互联网信息服务管理办法》第十六条也做了相关规定。

《互联网站从事登载新闻业务管理暂行规定》规定:我国能从事新闻登载业务的网站只有两类:①中央新闻单位、中央国家机关各部门新闻单位以及省、自治区、直辖市和省、自治区人民政府所在地的市直属新闻单位依法建立的互联网站,经批准可以从事登载新闻业务。②非新闻单位依法建立的综合性互联网站满足一定条件的,经批准可以从事登载新闻业务。其中,第一类网站对新闻是有采编权的,而第二类网站只有转载权而不能刊载自行采写的内容,同时,转载的内容也是被限定在第一类新闻单位刊载的新闻。①

新闻侵权的又一重要表现是对于著作权的侵犯,而除了新闻侵权违法违规以外,传统的新闻活动的非法行为还包括:

2. 泄露国家秘密、煽动民族歧视与仇恨

维护国家的安全和社会的秩序,积极防范、及时制止危害国家安全和社会秩序的行为,在任何一个国家都是对全体公民提出的一项基本的道德要求和法律义务。根据《宪法》确立的基本原则,我国已建立起一整套有关维护国家安全和社会秩序的法律与制度。《宪法》第五十四条规定:"中华人民共和国公民有维护祖国的安全、荣誉和利益的义务,不得有危害祖国的安全、荣誉和利益的行为。"《中华人民共和国保守国家秘密法》第二十条专门规定:"报刊、书籍、图文资料、声像制品的出版和发行以及广播节目、电视节目、电影的制作和播放,应当遵守有关保密规定,不得泄露国家秘密。"

新闻传播活动因其具有传播信息、传递文化、引导舆论、监测环境、教育大众的社会功能以及传播覆盖广、受众人数多、媒介影响力大的特征,成为维护国家安全和社会秩序的重要工具之一。与传统新闻传播活动相比,网络传播具有广泛性、扩散性、时效性、关注性和全球性的特点,网络传播活动在舆论导向及传播新闻信息等方面,发挥着极为重大的作用,社会影响力也更加突出。

新闻传播活动要求保障公民的知情权,提高公开性、增强透明度,以便人民群众能够及时有效地参与管理国家事务和社会公共事务,这与出于维护国家安全和利益的需要而对公民的知情权作出必要的限制相矛盾;新闻传播竞争日趋激烈,新闻工作者要寻求具有重大新闻价值和公众感兴趣的新闻信息来满足受众需要,这与国家秘密既具有重大新闻价值又能满足受众的兴趣却不能予以公开相矛盾。在这双重矛盾的作用下,使得新闻传播活动比较容易泄漏各种秘密信息。因而,新闻传播的保密工作必然成为保守国家秘密工作的一个重要组成部分,做好网络传播的保密工作对于保守国家秘密、维护国家安全和利益,具有十分重要的意义。

① 以上四点内容援引:胡永鑫. 危机事件中的新闻侵权,网址:http://www.chinavalue.net/352562/Home.aspx

在网络世界，良莠不齐，极易出现使用情绪化的、蛊惑性的非理性表达方式以及造谣诽谤、虚张声势或夸大其辞的非事实性材料，直接面向公众，散布激起人们反常性狂热以煽动分裂国家、颠覆国家政权、煽动民族仇恨的行为。即使传播者并无分裂国家、颠覆国家政权的目的，而是出于营利等其他动机，在明知传播内容含有危害国家安全等违禁言论的前提下，仍然参与传播过程或采取放任自流的态度而导致散布流传的同样触犯刑法。1998年最高人民法院发布《关于审理非法出版物刑事案件具体应用法律若干问题的解释》的第一条规定，"明知出版物中载有煽动分裂国家、破坏国家统一或者煽动颠覆国家政权、推翻社会主义制度的内容，而予以出版、印刷、复制、发行、传播的，依照《刑法》第一百零三条第二款或第一百零五条第二款的规定，以煽动分裂国家罪或者煽动颠覆国家政权罪定罪处罚。"

《出版管理条例》、《广播电视管理条例》、《互联网信息服务管理办法》以及《全国人大常委会关于维护互联网安全的决定》等各类规范性法律文件都规定不得发布或传播含有损害国家的荣誉和利益、危害国家安全、泄露国家秘密、扰乱社会秩序、煽动民族歧视与仇恨、侮辱少数民族、破坏民族团结等危害国家安全和社会秩序的信息。

3. 传播色情、淫秽、邪教、恐怖、暴力、迷信等信息

出于新闻价值取向的扭曲和新闻伦理的缺失，导致了许多人利用互联网的匿名性传播和快捷、广泛的传播优势，在网络上传播色情、淫秽、邪教、恐怖、暴力、迷信等信息，追逐"眼球效应"，满足少部分人的低级趣味，寻求刺激。此类信息对社会秩序的稳定有着极大的危害，例如邪教、迷信神化其首要分子，制造散布迷信邪说迷惑蒙骗他人，发展、控制他人，扰乱社会秩序。而无论是以上的哪一种信息都将对未成年人造成百害而无一利的影响，威胁青少年的身心健康。

《中华人民共和国刑法》第三百六十七条规定："本法所称淫秽物品，是指具体描绘性行为或者露骨宣扬色情的诲淫性的书刊、影片、录像带、录音带、图片及其他淫秽物品。有关人体生理、医学知识的科学著作不是淫秽物品。包含色情内容的有艺术价值的文学、艺术作品不视为淫秽物品。"新闻出版署在1988年12月27日公布的《关于认定淫秽及色情出版物的暂行规定》对淫秽、色情出版物及其范围作了更为详细的说明。所谓邪教信息是指冒用宗教、气功或者其他名义，实际扰乱社会秩序，危害人民群众生命财产安全和经济发展的信息。所谓恐怖信息是指能够威胁到人民群众生命财产安全和社会稳定秩序的信息，通过制造受众的心理恐慌，来达到某种政治、经济、宗教或意识形态的目的。所谓暴力信息是指能够侵犯其人身、财产权利的信息。网络传播暴力信息主要表现为网络暴力游戏和网络暴力语言攻击两种行为。所谓迷信信息是指星占、卜筮、风水、命相、鬼神等信息，其主要目的是为了收敛钱财。[①]

我国刑法对于色情、淫秽、邪教、迷信等信息和对于传播此类信息的处罚措施有明确的规定。例如，《刑法》第三百六十三条规定："以牟利为目的，制作、复制、出版、贩卖、传播淫秽物品的，处三年以下有期徒刑、拘役或者管制，并处罚金；情节严重的，处

---

① 黄瑚，邹军，徐剑. 网络传播法规与道德教程【M】. 上海：复旦大学出版社，2006

三年以上十年以下有期徒刑,并处罚金;情节特别严重的,处十年以上有期徒刑或者无期徒刑,并处罚金或者没收财产。"第三百条第一款规定:"组织和利用会道门、邪教组织或者利用迷信破坏国家法律、行政法规实施的,处三年以上七年以下有期徒刑;情节特别严重的,处七年以上有期徒刑。"《刑法》(修正案)第八条规定:"编造爆炸威胁、生化威胁、放射威胁等恐怖信息,或者明知是编造的恐怖信息而故意传播,严重扰乱社会秩序的,处五年以下有期徒刑、拘役或者管制;造成严重后果的,处五年以上有期徒刑。"

数字媒体的违法违规的新闻活动行为是指新闻单位或个人以互联网为媒介、以故意捏造事实或过失报道等形式向公众传播内容不当或法律禁止的内容,从而侵害他人合法权益的行为。它比传统新闻侵权更具有杀伤力且呈现出了新的特征:第一,虚拟性,网络世界是由人类网络行动而虚拟拓展出来的一个人类新的联结、信息整合、交互作用的环境或生存的相对虚拟的空间。与传统媒体营造的大的"拟态环境"不同,在网络的虚拟世界,独立于现实空间,但网民又能够参与其中,可以使用虚拟的身份进行交流,导致了侵害行为的复杂性和隐匿性。第二,差时性,利用多媒体通信和在多媒体条件下进行信息传播活动支持双方乃至多方几乎同时进行,加之网络的传输速度快、传输的信息量大和反馈及时的特点,使得信息传递与接收的时差比传统媒体短,但是由于数媒使用者具有多、杂、散、匿的特点以及违规主体依赖计算机网络信息技术为基础的智能化和高科技化,使得新闻侵害行为无法在第一时间调查出来,新闻侵害的发生到查实的时差比传统媒体长。第三,广泛性,由于数字传播信息的海量化和受众的广泛化,一旦造成了侵害行为,将比传统媒体的侵害后果更加严重。网络媒体作为一个开放的、参与度极高的平台,发布其中的各种信息得以接受大众的检阅,因此应充分发挥其受众多、杂、散、匿的功能特征,发动受众共同监督新闻传播活动,保证在开放环境下的言论市场里多方意见的共生共存,把信息置于所有参与者的监管之下。每个人都是发言人,每个人的言论却又受到他人的监管。

加强新闻传播活动的行为监管和法制建设自然是完善我国新闻法治以使各项侵害有法可依的题中之意,毋庸置疑。解决新闻违法行为的关键还是从新闻主体入手。除了重塑新闻价值取向和规范新闻伦理,自觉遵守新闻传播的职业道德之外,为了尽量规避新闻侵权等违法行为的发生与扩大,在新闻采写过程中可以注意以下几点:第一,不宜将推断的"可能情况"当做"既成事实"材料来处理,"可能状态"事实与既成事实之间的区别需要记者深入地采访、调查与核实。在写作中,不能将采访所获得的材料作主观上的推论,导出可能性的后果,即使这一主观推导逻辑合理又合乎常情,也不能将该主观判断当做已然事实加以报道。时刻牢记,有实际发生的事实,才有对事实的报道。第二,有些信息记者经过了实践采访,仍难免存在问题,超出了记者能够核实的能力之外,可采用具有权威性来源的消息和材料。权威机关消息来源具有确信性,如发生差错,新闻单位可以不对差错后果承担法律责任。从我国现有司法解释和国际通行的惯例来看,都确认司法机关作为权威新闻源的法律地位。第三,在材料的运用中,要忌避预存报道意图对事实材料的"一面性"取舍,不能先定调,将与自己设定的意图不一致或有冲突的材料全部舍去,而只保留能够说明自身观点的材料。尤其是在进行批评性报道和评论时,要在可靠全面的事实来源基础上,以社会公共利益为立场,客观公正。第四,在材料处理中,要善于采用"化名"来规避报道内容侵犯当事人隐私的可能性,对图片要进行人性化的选择和加工,保护受害人,尤其是未成年人。第五,一旦侵权事实发生,要及时予以纠正、更改、致歉,减小冲突和矛盾,万万不能居高自傲,蔑视群众的权益。最高法院司法解释规定:"编辑出版单位在作品已被认定为侵害他人名誉权或者被告知明显属于侵害他人名誉权后,应刊登声明消除影响或者采取其他补救措施。拒不刊登声明,不采取其他补救措施,或者继续刊登、出版侵权作品的,应认定为侵权。"

新闻价值、新闻伦理及新闻法规分别在观念、道德和法律这三个层面解决了本章伊始提出的问题,它们三者之间相辅相生。这三者贯穿于新闻活动的始终,更应当内化为每一个传播者进行新闻传播活动的指导思想和行为指南。之所以把它们放在新闻编辑和发布之前,是因为只有指导性的观念先行,才能在不扭曲新闻价值、不背离新闻伦理、不违法新闻法规的前提下,以人为本的采集、制作和发布新闻,做一个真正能守望社会的传播者。

本章小结

新闻价值、新闻伦理及新闻法规分别在观念、道德和法律这三个层面解答了本章伊始提出的问题。三者之间相辅相生,贯穿于新闻活动的始终,更应当内化为每一个传播者进行新闻传播活动的指导思想和行为指南。之所以把它们放在新闻编辑和发布之前,是因为只有指导性的观念先行,才能在不扭曲新闻价值、不背离新闻伦理、不违反新闻法规的前提下,以人为本的采集、制作和发布新闻,做一个真正能守望社会的传播者。

【思考与练习】

1. 全媒体时代的新闻价值与以往相比,有哪些新的特点?

2. 假如现在你需要编发一条新闻,你将新闻价值的哪一个元素置于首位? 为什么?

3. 在数字媒体时代,有哪些背离新闻伦理的新闻活动? 如何规避?

4. 在数字媒体时代,新闻伦理失范的原因是什么?

5. 列举新闻侵权的表现形式。

6. 列举新闻违法违规的侵害行为。

第二部分

全媒体素材编辑

第3章　全媒体新闻的文本写作

【本章学习目的】　全媒体新闻的文本写作是全媒体新闻操作中最核心、最重要的一步。通过对本章的学习,了解网络媒体、手机媒体、微博这三种新媒体的定义及特点,并熟练掌握不同媒体的新闻文本写作特征及要求,从而提高自身的新闻写作、编辑能力。

【本章学习重点】　本章涉及的媒介形式较多,实用性较强,对于学生提高新媒体的新闻文本写作能力有很大的帮助。本章的学习重点是熟练掌握三种新媒体新闻文本写作的特点、技巧、要求。对新媒体的媒介特点需大致理解把握。

【案例】

关于北京暴雨营救的全媒体报道

2012年7月21日,北京发生了61年来最大暴雨,这场天灾给北京人民带来了巨大的损失。在暴雨降落、灾难发生之时,微博、网站就对其进行了及时的直播和报道。第二天,全国各大报纸也对此进行了大篇幅的报道。此外,北京政府对于灾难信息的绝对公开,也使各家媒体第一时间了解到最新消息。于是,新媒体、传统媒体竞相报道。关于北京暴雨事件的报道,也堪称全媒体新闻报道的典范。以"房山区青龙湖少年军校基地夏令营小学生被救"事件为例,不同的媒体在报道该事件时,也有其不同的表达方式及呈现形态。

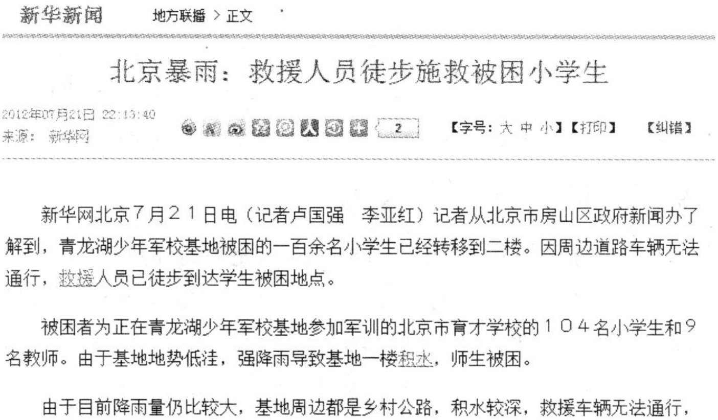

图1　新华网7月21日报道

【北京：山洪围困近百小学生】"山洪爆发，被困北京房山青龙湖少年军校基地，有上百个小学生，110打不通。"21日晚，网民"亘泰"通过网络向北京消防部门求助。http://t.cn/zWXiv7P

7月21日 22:24　来自 新浪微博　　　　　　　　　转发 (3) ┊ 收藏 ┊ 评论 (1)

【北京：救援人员徒步施救被困小学生】记者从北京市房山区政府新闻办了解到，青龙湖少年军校基地被困的一百余名小学生已经转移到二楼。因周边道路车辆无法通行，救援人员已徒步到达学生被困地点。http://t.cn/zWXiclw

7月21日 22:31　来自 新浪微博　　　　　　　　　转发 (1) ┊ 收藏 ┊ 评论

图 2　新华网微博 7 月 21 日报道

图 3　《新华每日电讯报》7 月 23 日报道

3.1　网络媒体新闻写作的概述

网络媒体作为第四媒体，成为当今社会寻求信息的重要渠道，而网络新闻作为网络媒体重要的组成部分，与传统新闻在内容、形式上都有着很大的区别。

3.1.1　网络新闻的定义、特点、分类

网络新闻是以网络为载体的新闻。① 网络新闻是基于传统媒体新闻和新兴网络技术共同的基础上的。网络新闻是突破传统的新闻传播概念，在视、听、感方面给受众全新的体验。它将无序化的新闻进行有序的整合，并且大大压缩了信息的厚度，让人

① http://baike.baidu.com/view/1361106.htm

们在最短的时间内获得最有效的新闻信息。[①]

网络新闻相较于传统新闻具有时效性强、大容量信息、交互性强、多媒体展现、超文本链接等特点。

时效性。网络新闻打破了传统媒体新闻以天为更新单位的局面,变成了即时性更新新闻。在 2008 年 5 月 12 日的汶川大地震中,在地震发生以后,各大网站都反应迅速,5 月 12 日 14 点 46 分,新华网最早发出快讯:四川汶川发生 7.6 级地震。15 点 02 分央视播出了第一条地震消息,比网络慢了 16 分钟。由此可以看出,网络的时效性是其他任何传统媒体都不可比拟的,这是网络新闻发挥巨大力量时得天独厚的优势。

大容量信息。网络的另一个优势是可以保存巨大的信息量。与传统媒体的版面限制、时间限制不同,虚拟的数字化的信息一旦上传网络,就将永远地留下印记。这是一个信息爆炸的时代,网络空间上的无限性和时间上的即时性使网络拥有数以亿计的信息量。如此大的信息量构成了浩瀚的"海洋",人们在网络新闻中可以搜到任何信息。因此,网络新闻强大的信息量让读者在阅读到最新信息的同时,能够补充相关的新闻或背景信息。

交互性强。在传统的新闻传播中,"我传你看"的形式是传播中的主流,传者和受众之间界限泾渭分明,互动性差。这是跟传统媒体的传播特性有关。而网络的低门槛、低成本、即时性发布使得传受双方跨越时间、空间的限制,在网络上进行交流。这是传统媒体不可比拟的优势。

多媒体展现。网络新闻的多媒体展现方式融合了报纸、电视等多种传统媒体传播手段,集视觉、听觉为一体,全方位地为受众打造一个媒体的饕餮盛宴;用文字、图片、视频、音频等手段调动感官的运动,使受众获得立体的感官刺激,从而加深对新闻的印象。

超文本链接。网络新闻的另一大革命是运用了超文本链接。超文本链接其实就是超链接。印刷媒体由于受到平面文字文本结构的局限,只能按有先后顺序的线性结构来组织材料,而网络媒体则是以万维网站为平台,利用网络的超文本链接功能来传递信息。[②]

超文本链接是一种按信息之间关系非线性存储、组织和浏览信息的网络传播技术,各个文本之间通过关键字建立链接,每个文本中任何关键词语或句子都可以链接另一个文本。超文本结构系统主要由存放信息的节点和表示信息之间关系的链两个要素构成,传播者可任意分层组织自己的信息,在网络新闻写作中,对一些关键字建立超链接的方式,可以使信息之间的转换更加便捷。运用超文本链接,网络新闻就可以将信息进行分类,将次要信息、补充信息、背景信息分开来放置,既节约了读者的时间,又能够将新闻进行分类整合。

网络新闻的这几种特性为网络新闻的不断发展提供了有效的动力。

---

① http://baike.baidu.com/view/1361106.htm
② 张松.从受众多元需求角度探索网络新闻写作【J】.西南名族大学学报,2004(11)

目前网络媒体上的新闻,根据来源可以分为两种类型:复制新闻和原创新闻。所谓复制新闻,就是从传统媒体上复制来的新闻。各个新闻网站把传统媒体的新闻搬上了网络,然后大家彼此搬来搬去。原创新闻是指以下三种情况:独家的,第一手的、网络记者自己采访写作的新闻报道;通过重组新闻资源、重新编辑改写的新闻报道;该新闻是利用网络传播的特殊优势,制作出适合网络信息传播规律,与传统媒体的报道方式、方法在形式上有差别的新闻报道。值得说明的是,原创网络新闻才是文本研究的对象。①

3.1.2 网络新闻的发展历程

1994 年 4 月,中国全面接入互联网。1995 年 1 月,《神州学人》杂志称为中国第一家上网媒体,自此,中国进入了网络新闻时代。经过近 20 年的发展,网络新闻从诞生之初作为传统新闻的延伸,到现在已经形成自己的特色,经历了很多革命性的转变。其发展历程主要体现在三个方面:

1. 时间观上的发展

网络新闻对于传统新闻的变革,很重要的一个方面是时间观的发展。它经历了"定时——及时——实时——全时"的改变。

网络新闻早先的更新方式是"定时"更新,如《中国日报》是每天一次的更新周期。这与传统媒体时间观的限制有关。1999 年《人民日报》网络版进行改版,将常规的每天一次的定时发布,增加到每天九次定时发布。这可以说是突破了以往网络新闻的更新时效,从"定时"跨越到"及时"。对于商业网站,如"新浪"、"腾讯"、"搜狐"等网站来说,"及时"早已成为内容发布的基本原则。"新浪"的前身"利方在线"在 1997 年世界杯亚洲区预选赛期间,就已经能及时地将赛况和相关信息发布出来,及时地让受众了解最新情况。

随着网络的不断普及,"及时"发布已然不能满足受众的需求。2000 年的奥运会成为网络新闻从"及时"上升到"实时"的直接动力。

"实时"的时间观催生了一种新的报道形式的出现,那就是"文字直播"。它像电视一样,在事件发生的同时,进行现场报道。② 不过当时他们所采用的手段是文字而不是视频或声音。"911 事件"发生后的 8 分钟,新浪网登出了第一条相关的消息。

"全时"观念是指:网络新闻不仅要最大限度地保障对个别新闻报道的时效性,同时还要作为一个"全天候"的媒体,在一切新闻报道中争取最强的时效性。③

2. 内容编辑观上的发展

内容编辑观上的发展经历了"拷贝——加工——组织——解读"的过程。一是简单的"拷贝新闻",靠快和全来赢得眼球;二是"加工新闻",即对新闻进行加工整理,使

① 邓涛. 网络新闻写作之基本规律【J】. 新闻三昧,2005(12)

② http://baike. baidu. com/view/1361106. htm

③ http://baike. baidu. com/view/1361106. htm

其具有更好的质量与可读性;三是"组织新闻",包括形式上的组织与内容上的组织,一方面对现成的新闻资源进行整合,一方面争取独创性;四是"解读新闻",即对新闻事件或其中某些环节的来龙去脉、前因后果进行深度的剖析,释疑解惑。①

从最简单的拷贝传统媒体上的新闻,到现在的积极发挥自身优势,对资源进行整合和深度解读。这是网络新闻工作者根据时代要求、自身发展以及受众的需求,在内容上进行的不断改革。这一系列的改革,推动了新闻内容的发展,也推动了人们接受新闻的方式,更推动了人们对于新闻事件的深度思考和广泛参与。

3. 内容组织方式上的发展

网络新闻资源的整合是依靠层次化、网络化的方式进行的。网站发布网络新闻时,是逐步展示出完整的内容,而不是一次性展现的。网络化则是指信息之间多元的、复杂的联系,实现的方式是超链接。层次化与网络化是新闻发布后的状态,也是新闻资源循环再生时的形态。② 层次化分为很多种,如单篇新闻作品的层次化、专题的层次化、网站整体的层次化等等。其中单篇新闻里的层次可以分为:层次一:标题;层次二:内容提要;层次三:新闻正文;层次四:关键词或背景链接;层次五:相关文章或延伸性阅读。③

网络化、层次化的网络资源联系方式是网络新闻发展至今,区别于传统媒体的另一大优势,突破了传统媒体线性的阅读模式,让网络新闻更富立体感、层次感。

3.1.3 网络新闻的写作技巧

网络新闻发展到今时今日,已经拥有庞大的网络受众,网络新闻已经成为人们获取新闻的重要渠道。如何提高网络新闻传播的质量,增强网络新闻传播效率,是当前网络新闻记者面临的重大问题。网络新闻的直接目的是为了增加点击率,特别是对于商业网站来说更是如此。因此,网络新闻写作需要以受众的多元需求为基础。在这个内容为王和一切为了受众的时代,掌握网络新闻写作的规律、熟练网络新闻的写作技巧尤为重要。

有人说网络新闻开辟了人类信息传播史上扫描式阅读的时代。这与受众对印刷媒体的阅读方式完全不同。网上信息纷繁复杂,受众不可能逐句逐字地去看网络上的每一条新闻,而是选择快速浏览的扫描式阅读来搜寻信息。美国 SUN 微电子公司的网络大师级人物杰可布·尼尔森在对网络受众的研究中发现,接受测试的网络用户中,79% 的人看到新页面时总是快速浏览而过,只有 16% 的人会仔细阅读。基于这一分析,尼尔森提出:网页内容的写作必须有利于人们的浏览,以便受众在最短的时间内知晓一篇文章的内容要点。④

---

① http://baike.baidu.com/view/1361106.htm
② http://baike.baidu.com/view/1361106.htm
③ http://baike.baidu.com/view/1361106.htm
④ 张松. 从受众多元需求角度探索网络新闻写作【J】. 西南名族大学学报,2004(11)

在网络新闻中,为了适应读者阅读的需要,首先需要网络新闻记者能够精心制作标题。

1. 精心制作新闻标题

在传统媒体中,标题是作为"新闻的眼睛",具有十分重要的作用;而在网络媒体中,新闻标题就显得更加重要。网络媒体为增大信息容量、突出网络的链接功能,通常采用在首页集中显现新闻标题的逐层导入式版面结构。在这样的网页结构中,最先呈现在受众眼前的是由大量新闻标题组成的链接群,每条新闻的具体内容需要通过点击标题的链接才能索取。① 因此,在网络新闻传播中,新闻标题在很大程度上影响着受众点不点开链接、去不去看新闻。所以,精心制作新闻标题在网络新闻的写作中,占据很大份额。

传统报纸的新闻标题有单行题,也有双行题,还有由引题、主题和副题构成的多行题。同时,新闻标题还有实题和虚题之分。而对于网络新闻来说,由于层次化的网页结构,标题在首页以链接的形式存在。同时受读者快速阅读方式的影响,网络版新闻标题的形式已从传统的多行题向一行题转化,而为了让读者迅速接收到新闻信息,网络新闻的标题从传统的虚实结合向实题转化。同样,网络媒体对新闻标题的长度也有一定的限制,如不能超过 25 个字等。

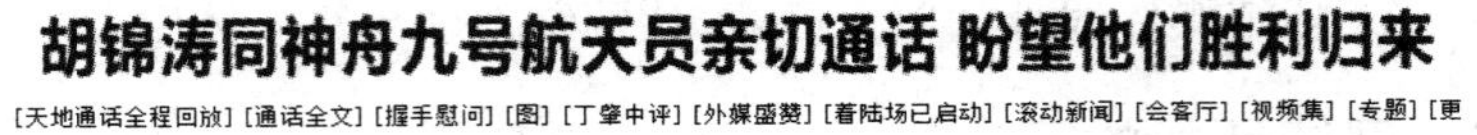

胡锦涛同神舟九号航天员亲切通话 盼望他们胜利归来

[天地通话全程回放] [通话全文] [握手慰问] [图] [丁肇中评] [外媒盛赞] [着陆场已启动] [滚动新闻] [会客厅] [视频集] [专题] [更

图 3 - 1 - 1 人民网标题

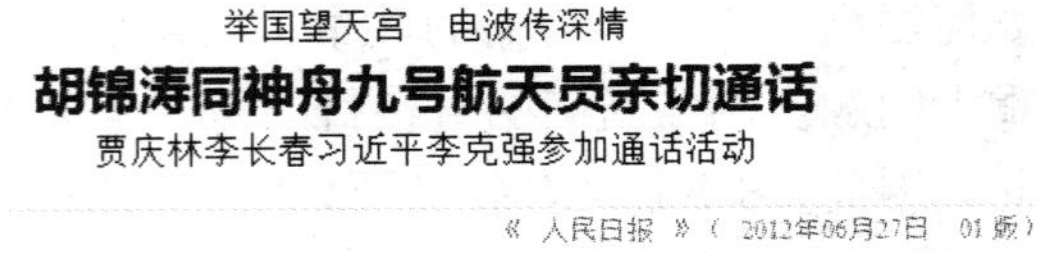

举国望天宫 电波传深情

胡锦涛同神舟九号航天员亲切通话

贾庆林李长春习近平李克强参加通话活动

《 人民日报 》 (2012年06月27日 01 版)

图 3 - 1 - 2 《人民日报》标题

以上两个标题分别是人民网和《人民日报》就胡锦涛与航天员通电话新闻的两个标题。可以看到,网络版的标题是一行题,而纸质版的标题是三行题。网络版的标题是实题,叙述了整个新闻中最重要的事实,且字数在 25 个字以内。而纸质版的标题,有引题、主题、副题,其中引题是虚题,主题和副题是实题。纸质版的标题厚重,能给读者视觉上的震撼,通过排版让读者重视该新闻。而人民网的标题则切中新闻要害,陈述了基本事实,让读者一目了然。

因此,对于网络新闻标题的要求,首先标题要用极其精炼的文字清晰、准确地表明新闻事实;二是要突出新闻事实中最重要、最引人关注的信息。

---

① 张松. 从受众多元需求角度探索网络新闻写作【J】. 西南名族大学学报,2004(11)

对于网络新闻来说,内容提要是位于标题之后的,也是概括新闻主要事实的,类似于新闻导语的部分。很多重要的新闻都会在新闻标题下面加上一部分内容提要,概括新闻的内容要点和最吸引受众的信息。而与传统新闻的导语相比,二者又有不同之处。

常回家看看 这是法律!

要求子女经常回家看望老人的条款有望入法?昨日,全国人大常委会首次审议《老年人权益保障法(修订草案)》,并规定"家庭成员应当关心老年人的精神需求,经常看望或者问候老年人。"

▸ 政策　我国拟禁止地方政府自行发债
▸ 其他　合同约定薪酬须符合"同工同酬"

图 3-1-3　新京报网首页标题及内容提要(2012 年 6 月 27 日)

《老年人权益保障法》修订草案首次审议,每年农历九月初九拟定为"老年节"

子女"常回家看看"有望入法

● 老年人权益保障法

新京报讯 (记者王姝)昨日,全国人大常委会首次审议《老年人权益保障法(修订草案)》(以下简称《草案》)。在草案形成过程中有较大争议的"常回家看看"精神慰藉条款,写进了草案。

要求子女经常回家看望老人的条款该不该入法?曾进行过较广泛讨论。有人认为,该条款不具备可操作性,影响法律的权威性。

草案规定,"家庭成员应当关心老年人的精神需求,不得忽视、冷落老年人。与老年人分开居住的赡养人,应当经常看望或者问候老年人。用人单位应当按照有关规定保障赡养人探亲休假的权利"。

图 3-1-4　《新京报》的相关标题及导语

以上是新京报网与《新京报》就同一事件发布的两个消息。从标题上分析,新京报网的标题更为简练、有力,而《新京报》的标题则更为严谨,采用了"有望"两个字,而新京报网的标题就显得有些肯定了。从提要上分析,新京报网的提要更精炼,也概括了新闻整体的内容。而《新京报》的导语相对冗长。

网络新闻的内容提要与传统新闻的导语功能类似,都是提示新闻主旨的。因此,网络新闻要想让读者在快速阅读的过程中关注该新闻,除了要有精心制作的标题外,还要重点突出内容提要,这能够让对该新闻不感兴趣的读者在不点击新闻正文的情况下能够大致了解新闻事实,对该新闻感兴趣的读者能够吸引他们点击去看正文。

合肥至长沙开通直达火车 7月1日首发硬座车票91元

2012-06-27 00:47　来源: 新安传媒网　📧我来说两句　📱手机看报　🖨打印

核心提示: 从7月1日起,广铁集团长沙将首次开通到合肥的直通旅客列车,以后合肥市民可以乘火车直达长沙。运行9时49分,合肥至长沙硬座车票91元。目前,该次列车车票已开始发售。

图 3-1-5　新安传媒网标题及内容提要

下月市民去长沙可乘火车

硬座票价91元,运行9小时49分;车票已开始发售

一直以来,合肥到长沙都没有直达旅客列车,只能从阜阳、南昌、武汉等地中转,费时费力。合肥到长沙虽然有飞机能够直达,但航班也不多,而且机票价格相对昂贵。昨天,记者从有关部门了解到,从7月1日起,广铁集团长沙将首次开通到合肥的直通旅客列车,以后合肥市民可以乘火车直达长沙。

图 3 - 1 - 6 《新安晚报》标题及导语

从以上两条内容提要可以看出,新安传媒网的内容提要仅六十多字,但却已经交代清楚整个事件的重点新闻要素,等于纸质版《新安晚报》的正副标题的总结。当读者看完网络新闻的内容提要时,已经大致了解新闻内容了。

对于网络新闻内容提要的要求是:要解释或补充标题的内容;要报告新闻事件最新动态,让读者第一时间了解最新信息;要揭示新闻主旨;文字简练,字数要少,要能吸引读者阅读。

2. 逐层深入的正文写作

与传统新闻相同,正文是网络新闻的主要部分,正文的结构也与传统新闻相似。但与其不同的是,网络新闻的段落比较多,而每段的字数相对比较少。因为网上读者阅读新闻的主要方式为扫描式阅读,在这种阅读方式下,要想保证读者能够容易、清晰、准确地捕捉新闻的核心内容,在写作上就要做到:一是将重要新闻因素用最清晰的文字方式描述出来,再就是要对重要新闻因素进行合理排列。[1]

为了让受众在扫描式阅读中快速准确捕捉新闻的核心内容和信息要点,有学者总结了在网络新闻正文的写作中主要可以采用的一些技巧:其一,一段一个内容。由于扫描式阅读具有跳跃性,受众在阅读中经常会进行超越段落的跳跃,因此,他们很难在一个段落中同时注意到两个重点。其二,每一段开头安排一个段旨句,用以概括全段内容要点,受众阅读每段的第一句就可以把握该段基本信息。要知道,对于进行扫描式阅读的受众,如果一段的开始几句不能吸引住他的注意力,其余内容就可能被忽略掉。其三,将最重要的新闻要素置于最前面,无论是写作一篇新闻还是处理其中一个段落,都要遵循"重要信息优先"的原则。网络读者绝对不喜欢在文字堆中艰难跋涉,因此,在任何时候都要把最重要的信息置于最前端,这与传统新闻写作中的"倒金字塔结构"完全一致,其实,"倒金字塔结构"本质上就是一种便于迅速传递信息和浏览信息的文本结构。[2]

新闻数字传播时代系列教材实务

---

[1] 高钢. 怎样为网络媒体写新闻—网络新闻写作特殊规律的探讨【J】. 新闻战线,2004(4)
[2] 张松. 从受众多元需求角度探索网络新闻写作【J】. 西南名族大学学报,2004(11)

社科院发布公共服务满意度 医疗卫生6年均垫底

http://www.sina.com.cn 2012年06月27日15:34 中国新闻网

中新社北京6月27日电（肖莹莹）中国社会科学院财经战略研究院27日在北京发布了《中国公共财政建设报告2007-2012（全国版）》。报告显示，社会公众对9项公共服务的满意度方面，义务教育排名最高，医疗卫生排名最低。

据悉，报告在国内首次对全国层面的公共财政建设状况进行定量评价，公布了2007-2012六个年度的中国公共财政建设指数。

作为中国公共财政建设指数的十大指标之一，绩效改善度指数通过问卷汇总了社会公众对9项公共服务的满意度，集中反映了社会公众对各项公共服务的主观评价。

报告显示，从2008年开始，公众对义务教育的满意度连续5年在9项公共服务中排名第一，2012年的得分达到了69.34分。2007年，义务教育的排名是第四位。

9项公共服务中，对医疗卫生的满意度在6个年度均排名倒数第一，这说明医疗卫生服务是当前公共服务的薄弱环节。但该指标的得分在2010年至2012年也超过了60分，达到了基本满意的水平。

对社会保障的满意度是6年来进步最快的指标。2007年和2008年，该指标的得分仅仅高于对医疗卫生的满意度，在9项公共服务中排名倒数第二。2009年，该指标上升至第七位；2010年上升到第六位。2011年和2012年，该指标上升至第四位。

公众对自来水、电力、燃气、市政道路等市政基础设施和铁路、机场、高速公路等公共基础设施的满意度较高，2007年这两项排名前两位，2008-2012年仅次于义务教育，排名在第二和第三位。（完）

图 3-1-7 新浪新闻中心 国内新闻版

　　这篇网络新闻是典型的倒金字塔结构，但整篇新闻分为七段，每段字数较少，有的段落是一句话即为一段。这与传统新闻的倒金字塔结构在内容上还是有所区别的。但这种结构更适合网络新闻的快速阅读方式，便于受众获得信息。

　　3. 设置便于检索的关键词

　　关键词是在一篇文章中具有关键意义的词语。关键词是在网络新闻中发展起来的。在网络新闻中，关键词的作用不仅仅可以揭示网络稿件最核心的内容，同时可以提高网络稿件的检索率和利用率。

　　关键词的设置对于一个网络媒体来说，在提高网络稿件的检索率和利用率的同时，可以增加网站的点击量。这是通过 SEO 来完成的。SEO（Search Engine Optimization），汉译为搜索引擎优化，是较为流行的网络营销方式，主要目的是增加特定关键字的曝光率以增加网站的能见度，进而增加销售的机会。其分为站外 SEO 和站内 SEO 两种。SEO 的主要工作是通过了解各类搜索引擎如何抓取互联网页面、如何进行索引以及如何确定其对某一特定关键词的搜索结果排名等技术，来对网页进行相关的优化，使其提高搜索引擎排名，从而提高网站访问量，最终提升网站的销售能力或宣传能力的技术。①

　　简单地说，就是网络新闻增加并重复特定的关键字，通过 SEO 优化，能够让该网

---

① http://baike.baidu.com/view/1361106.htm

105

站的网络新闻在搜索引擎中针对特定关键字的搜索排名提高。当排名提高时,读者自然而然选择搜索排名靠前的网站点击,从而提高了网站的访问量,进而能提升网站的认知度,招来广告商的投资,最终提升网站的销售能力或宣传能力。

关于 SEO 的优化,由于对技术的要求较高,因此在此不予赘述,关于 SEO 的使用说明,详见附录。

关键词设置的原则:

① 精确性和规范性原则;精确性是指所析出的关键词在语义表达上所具有的精炼性和准确性。规范是指所析出的关键词是人们常用的专业性强的规范性词语。

② 全面性和适度性原则;指关键词能够提炼主题概念和表达全文内容,同时关键词能够适度地标引深度和选取数量。

③ 逻辑性和层次性原则;指关键词的选取和设置能按照网络稿件的逻辑关系,使其在整体上具有逻辑性、层次性。

关键词设置的方法:

① 把握网络稿件的主题;在此要注意专业词汇和隐含主题,如"毒驾罪",这就是一个专业性词汇,同时也是网络稿件的一个关键词语,如图 3－1－8。网络新闻记者编辑需要对其解释,将其设置为关键词。

孟建柱向全国人大常委会报告禁毒法实施和禁毒工作情况
建议刑法增设"毒驾罪"(全民禁毒进行时·"6·26"国际禁毒日特别关注)

图 3－1－8　网易新闻中心　国内新闻

② 提炼关键词;首先注意不要把选取范围仅限文章的标题,还可以从稿件的摘要和正文中选取。其次,当主题在题名、摘要、正文中不是很明显时,需要整体分析,提炼关键词。如图 3－1－9。

③ 关键词的选用数量与逻辑排列;如单主题网络稿件的关键词可少些,多主题的关键词应多些,或者研究对象的组成部分多的稿件,标引的关键词要多些,反之则少些。

4. 链接丰富的延展新闻

这里的延展新闻包括新闻背景以及与发布新闻相关的其他延伸性的新闻。

首先是新闻背景。新闻背景是对新闻事件发生的历史、环境与原因所作的说明,解释事件发生的主客观条件及其实际意义,具有烘托和发挥新闻主题的作用,是新闻报道中不可或缺的重要组成部分。网络新闻中,新闻信息的链接不再仅仅是线性的,而是网状的,这为在报道中提供更多的与新闻报道相关的新闻背景材料创造了条件。网络媒体为新闻背景提供了两种方式。一种是传统方式,即将新闻背景与新闻事实融会在一起,穿插在导语、主体或结尾中;另一种是网络特有的一种方式,是将新闻背景与主要新闻事实区别开来,放在不同的网页上通过链接的方式供读者随时查阅。[①]

①　王慧梅. 网络新闻写作探索【J】. 传媒观察,2011(1)

社科院发布公共服务满意度 医疗卫生6年均垫底

http://www.sina.com.cn 2012年06月27日15:34 中国新闻网

中新社北京6月27日电（肖莹莹）中国社会科学院财经战略研究院27日在北京发布了《中国公共财政建设报告2007-2012(全国版)》。报告显示，社会公众对9项公共服务的满意度方面，义务教育排名最高，医疗卫生排名最低。

据悉，报告在国内首次对全国层面的公共财政建设状况进行定量评价，公布了2007-2012六个年度的中国公共财政建设指数。

作为中国公共财政建设指数的十大指标之一，绩效改善度指数通过问卷汇总了社会公众对9项公共服务的满意度，集中反映了社会公众对各项公共服务的主观评价。

报告显示，从2008年开始，公众对义务教育的满意度连续5年在9项公共服务中排名第一，2012年的得分达到了69.34分。2007年，义务教育的排名是第四位。

9项公共服务中，对医疗卫生的满意度在6个年度均排名倒数第一，这说明医疗卫生服务是当前公共服务的薄弱环节。但该指标的得分在2010年至2012年也超过了60分，达到了基本满意的水平。

对社会保障的满意度是6年来进步最快的指标。2007年和2008年，该指标的得分仅仅高于对医疗卫生的满意度，在9项公共服务中排名倒数第二。2009年，该指标上升至第七位；2010年上升到第六位。2011年和2012年，该指标上升至第四位。

公众对自来水、电力、燃气、市政道路等市政基础设施和铁路、机场、高速公路等公共基础设施的满意度较高，2007年这两项排名前两位，2008-2012年仅次于义务教育，排名在第二和第三位。(完)

图3-1-9　中国新闻网

　　还有相关新闻或延展性新闻。延展性新闻是与发布新闻有一定联系的,但又是独立的新闻报道。

男子驾车超载压塌北京一桥梁 被诉赔款1500万 图

2012年06月27日 08:33:43
来源：新京报

【字号：大 中 小】【打印】　　【纠错】

图3-1-10　新京报网发布的一条新闻

延展阅读　香港回归15年 神九天宫 欧洲杯 高考分数线

北京白河桥被超载货车压塌 桥面弯曲成W形(图)

北京：货车严重超载压塌一桥梁

高速公路连撞6车致2死5伤 司机被判4年 赔偿130...

聚焦中国桥梁塌陷祸首：车辆超限载致"病危"

货车超载压塌项城一危桥4车落水 村民舍身拦示...

杭州通报钱江三桥坍塌事故 坠落车辆负重百吨涉...

贵阳女车主超载被处罚怀恨在心，一掌扇向交警

华北五省份推动超限超载入刑

交通运输部等联合推广山西公路治超经验重拳治理...

周恩来总理视察怀柔水库（图）

图3-1-11　与此条新闻相关的延展新闻

在此，我们可以看到，围绕一条新闻，围绕其中一些关键词，如"超载"、"桥梁"、"坍塌"等，通过文本链接，延伸出了10条相关新闻，这些相关新闻是各自独立的新闻，但又在某些程度上相互联系。运用链接的方式使网络上信息之间的联系得到了加强，改变了人们传统的线性的阅读方式。读者可以从任何地方超链接出去，抵达新的站点，获得新的信息。①

5. 建设合理的链接导航布局

无论是对于单篇网络新闻来说，还是新闻专题，抑或网站的整个网页，都需要通过合理的链接导航布局，来引起受众的阅读兴趣。有学者对受众网上阅读方式的进一步研究发现，受众阅读网络信息并非都是采用扫描式阅读方式，而往往是"快速扫描"与"深入阅读"这两种看似截然相反的阅读方式的结合。换句话说，网络新闻的读者通常的行为方式是：通过快速扫描搜寻信息，而一旦发现所需要或感兴趣的内容，则会进行深入阅读。如何在视觉上让受众对新闻感兴趣，对于网站来说，布局显得尤为重要。因此，建设合理的导航链接布局对于网络新闻编辑来说，是必修课。

对于单篇网络新闻来说，其布局结构是分层布局。即报道的第一层作为骨干层次，要用精炼的文字传递最主要信息。这一层只需提供一个大致的新闻事实梗概，使受众能够快速把握信息要点，以便决定是否深入了解；第二层主要将梗概层的内容展开，较详尽地报道新闻事实，特别是一些有意义的、引人关注的细节；第三层则进一步提供相关背景材料以及对新闻事实的分析评论等深层信息。②

以图3-1-12所示的一条新闻为例，在新华网首页将《国台办反驳两岸关系"变冷"言论》与其相关新闻《ECFA生效以来获得良好经济社会效益》、《大陆惠台新政策发酵："稻米""采购"成热词》、《大陆居民赴台游规模未来会有望进一步提升》、《海峡论坛架"心"桥》等相关新闻报道放在一起，让读者在获取更多信息的同时，也被赋予了更多的选择权。受众可以点击任何标题进入正文。这种链接导航方式是非常合理和有新意的。

图3-1-12　新华网2012年6月27日一则新闻

对新闻专题来说，由于一个新闻专题由相关的多条新闻、多张图片、多个视频组合在一起。合理的导航布局使整个专题内容丰富但页面整洁、有序，在方便受众阅读的同时，能给予受众舒适的视觉享受。因此，新闻专题的链接导航布局的重要性可想而知。

人民网通过首页的标题链接到专题网页，进入专题后，各个频道、栏目、图片、视频都紧凑而有序的排列开来，使专题内容多而不乱，读者可以点击自己喜欢的频道或链接，从而进入单篇网络新闻中去。如图3-1-13和图3-1-14。

---

① 付丽波. 网络新闻写作特征分析【J】. 哈尔滨学院学报,2005(5)
② 付丽波. 网络新闻写作特征分析【J】. 哈尔滨学院学报,2005(5)

网络新闻专题并不是随意的摆放单篇新闻,而是根据各篇新闻不同的属性、关联度、新闻价值等标准来进行有序的排列。这种导航布局的方式是:标题——新闻专题网页——频道——单篇新闻。

对于整个网站来说,网站首页是网站的脸面,受众打开一个网站,首先看到的是网站的首页。因此,网站首页的链接布局对网站在受众中的印象有很大影响。

图3-1-15和图3-1-16显示的是同一天的两个门户网站新浪网、人民网的首页导航布局。这两个网站显示出了明显的不同。新浪网作为一个商业网站,没有传统媒体作为基础和依托。而人民网是人民日报社主办的,有《人民日报》作为依托,人民网中还包含着《人民日报》的新闻。因此,人民网首页的内容较多,分类较细,有传统报纸分类的印记,同时网站新闻以权威性取胜,这个权威性是寄托于传统媒体《人民日报》上的。但新浪网作为一个纯商业性网站,网络新闻以时效性取胜。因此,在版面安排上,首页的分类情况并不明显,这有利于受众快速浏览信息。且整个版面不如人民网"拥挤",以"要闻"为主,评论与视频、图片分于两侧。这种导航布局方式使整个版面看上去更为整洁。

合理建设导航链接的基本原则是为了方便受众的阅读习惯,满足受众多元化需求。因此,无论如何架构布局,总是要以便利为第一要义。

香港回归15周年:中央政府六大方面加强内地与香港的合作

["一国两制"光辉映耀香江] [《基本法》是香港发展基石] [本报记者共话香港回归15周年] [香港:把"不可能"变成可能] [更多]

图3-1-13　人民网"香港回归15周年"的专题首页链接

图3-1-14　人民网发布的"香港回归15周年"专题的部分页面

图 3 - 1 - 15　新浪网 2012 年 6 月 27 日首页的一部分

图 3 - 1 - 16　人民网 2012 年 6 月 27 日首页的一部分

3.1.4 网络新闻写作应注意的几个问题

传统新闻写作有着记者、编辑等多重把关者，来检查和确定新闻的各项指标。而对于网络新闻写作者来说，特别是门户网站的网络记者来说，同样需要对新闻进行"把关"。因此，网络新闻写作应把好以下几个基础的关。

1. 注意新闻标题的严谨性

对于网络新闻来说，点击量是一篇网络新闻好坏的重要指标。因此，为了吸引读者关注。很多网络记者选择用夸张的、不雅的、曲解原意的，甚至是文不对题的标题来吸引读者的点击。这样虽然增加了点击率，但读者浏览完新闻后的失望，会让整条新闻的效果适得其反。

例如上文曾经提到的两篇新闻《常回家看看，这是法律！》和《子女"常回家看看"有望入法》，第一篇是网络新闻，第二篇是纸质新闻。前者是对后者的加工。但在标题上，我们能看到。原文是"有望"入法，到了网络版上，就成了"这是法律！"原文所表达的意思是仅仅是《老年人权益保障法（修订草案）》将"常回家看看"纳入进了草案中。因此，这条网络新闻的标题不够严谨，很容易让人产生歧义。

因此，网络新闻的标题需要简练、严谨、客观，能抓住主要新闻事实，切记要真实可靠。

2. 注意保持新闻的客观性

客观性是新闻追求的永恒不变的真理，当然也适用于网络新闻。网络新闻由于各种条件限制，如网络发布信息门槛低、网络虚假信息多、网络发言的匿名性、群体情绪感染散播快等，其客观性难以保证。例如不久前的药家鑫案件，当时的网络对肇事者药家鑫一边倒的责骂，群情激愤。在这种群体情绪感染下，很多网络新闻也"顺应民意"，一味地指责药家鑫"没有人性"、"无良"等等，给他贴上了"泯灭人性"的标签。现在网络新闻的"贴标签"现象很严重。如"官二代"、"富二代"等，这些标签本身就带有贬义，当相关事件发生时，网络媒体关注的不是事件本身，而是事件的当事人是不是符合"标签"，如果符合，则会大肆炒作，在此过程中，那些"二代"自然被当做对立面给孤立出去，进而造成了矛盾的激化。以最近的"合肥少女毁容案"为例，在这个案件中，网络新闻基本上都是站在受害者周岩的一边，而将矛头直指男方，并贴上了"官二代"的标签，进行大肆的讨伐。在此，网络媒体的新闻是失衡的。网络新闻和传统新闻一样，需要有客观性作为衡量标准，给双方平等的发言权，同时，尊重每一位当事人。

在网络时代新闻风格多样化的趋势下，新闻的原创性、客观性是新闻写作必须要坚守的一条防线，否则就会给新闻行业本身带来非常严重的后果。[①]

3. 不要片面求新求快

在网络的世界，"新"和"快"是网络的优势之一，同时也是新闻生存的标准之一。但这并不意味着网络新闻可以不顾其他新闻要素，一味地求新求快。片面求快会造成

---

① 佟瑞坤. 网络新闻写作应注意的几个问题【J】. 写作, 2006（3）

欲速则不达,甚至导致新闻报道的失误。最著名的例子是,某大网站的体育栏目报道奥运会女排决赛,在中国队比分落后、但比赛尚未结束的情况下,就抢登出中国队负于俄罗斯队的新闻,结果最后时刻中国队顽强地反败为胜,记者弄"快"成拙,造成了不可挽回的失误。① 同时,网络媒体记者在求新求快的同时,降低了对新闻文本的要求,可能会使整篇新闻没有色彩,归于平庸,进而被淹没在浩瀚的网络信息的海洋里。

网络时代的新闻写作有许多新的规律需要探索,但首先必须把握新闻本身的特质及新闻写作的基本要求,并及时纠正出现的偏差,才能使新闻写作的变革朝正确的方向发展,而不至于走向混乱。

3.1.5　小结

有人说当今的时代是全媒体的时代,麦克卢汉预言的"地球村"早已变成事实。而在这个地球村里,信息已经取代商品,成为人们生活不可缺少的要素。全媒体时代改变的不仅仅是人们的生活方式,改变更深刻的是人们的思维方式。网络,作为获取信息的最重要的渠道,在改变受众的同时,也对网络新闻工作者提出了更高的要求。如何培养一个适应网络环境"全能"的新闻工作者,是网络媒体亟待解决的问题。

3.2　手机报新闻写作概述

随着科学技术的迅猛发展,人们生活节奏不断加快,对于信息的接收要求也在不断提高。传统媒体的信息发送方式已经不能满足当前人们的需要。面对严峻的社会环境和媒介环境,传统媒体力图打造网络新媒体,使信息发送方式更为迅速、便捷、有效。而当今社会最为便捷有效的移动平台就是手机平台。人们通过手机可以随时随地地与外界沟通联系,同时,手机便于携带。因此可以说,手机比网络更为便捷。而传统媒体更是看上了如此有利的平台,继而与电信等通讯媒体联姻,催生了手机报这个新兴的媒体形态。

3.2.1　手机报的定义、特点、分类

1. 手机报的定义

手机报(Mobile Newspaper)是依托手机媒介,由报纸、移动通信商和网络运营商联手搭建的信息传播平台,用户可通过手机浏览到当天发生的新闻。② 有人说,手机报是"拇指媒体",轻松一按,就可以浏览到很多新鲜的信息。手机报的实质就是电信等通讯增值业务和传统媒体相结合的产物。具体来说,手机报将传统媒体的新闻内容通

---

① 佟瑞坤. 网络新闻写作应注意的几个问题【J】. 写作,2006(3)
② http://baike.com/view/376380.htm

过无线技术平台发送到彩信手机上,从而在手机上开发发送短信新闻、彩图、动漫和WAP(上网浏览)等功能。①

进入21世纪以来,媒体市场竞争日益激烈。如今,依托媒介新技术的新兴媒体如网络媒体,与传统媒体的关系既不断融合,又无情博弈。而手机报则是传统媒体在应对当前严峻的全媒体大环境下所做出的有力举措,是继传统媒体创办网络版和兴办网站之后,又一次与时代接轨,与科技联姻的产物。

2. 手机报的特点

(1)形式上的便捷性:从形式上看,手机报与传统报纸存在着很大的差别。如果说,传统的报纸是以纸质媒介来传递信息,那么手机报则是由电信、网络和传统媒体等多家产业共同合作打造的一种电子媒体,以手机为平台,来传递信息。从纸质跨越到电子媒介,载体的变化,导致了媒介性质的变化。手机报的性质是多媒体的,是可移动的。因此,与传统报纸单一的表现形式相比,手机报新闻的表现形式更为丰富多样。

(2)内容上的丰富性、权威性:形式上的丰富很大程度上导致了内容的丰富多样。首先,传统报纸的内容多为文字新闻和图片新闻以及副刊,较为单一;而手机报的信息模式是多媒体,既有传统报纸的文字、图片内容,未来还将发展为包含声音、动画、影视、游戏、娱乐、互动等的多媒体内容。此外,手机报的受众基础是庞大的拥有手机的用户,而我国拥有手机的人数已突破十亿。这个数字远远大于传统媒体的受众基数。因此,庞大的受众基础使得手机报需要用更广泛、丰富的内容来吸引用户的关注、订阅。

由于手机报依托传统媒体,因此手机报新闻的编辑人员是以传统媒体的新闻工作者为基础的。因此,手机报内容上的真实性、权威性是可以和传统媒体相媲美的。同时,手机报的内容经过了传统媒体和手机媒体的双重把关,其重要程度可想而知。

(3)传播方式的双向性:双向互动困难一直以来是传统媒体的瓶颈,而手机报对于传统媒体的一大突破就在于与受众建立了及时有效的互动关系。手机报的用户可通过短信等方式实现与编辑的有效互动,不仅可以及时迅速地得到新闻,而且可以发表自己的见解。而报社方面,不仅给用户发送他所需要的新闻,更可实现事件跟踪、线索收集、读者调查、读者评报等多方面的功能,真正体现了传播的人性化和个性化。②

(4)传播效果的广泛性。便捷的传播形式、丰富的传播内容、先进的传播技术、双向的传播方式以及强大的受众基础,使得手机报的传播效果比传统媒体更为广泛、深入。

3. 手机报的分类

(1)从地域上分:全国模式、地方模式

这与传统报纸本身的地域性质有关。全国模式的手机报是全国性报纸利用电信、网络公司打造的手机报,如中国第一家手机报《中国妇女报·彩信版》。继其之后,全

---

① http://baike.com/view/376380.htm
② 王涵. 手机报的优缺点及创意发展分析【J】. 青年记者,2011(5)

国各大报纸,如《中国青年报》、新华社旗下的几乎所有的报纸和杂志都推出了各自的手机报。

同样,地方模式的手机报则是地方报刊如晚报、都市报等具有地域特征的报刊利用当地的电信公司打造的手机报纸。中国第一份省级手机报是 2005 年由浙报集团、浙江移动通信有限公司和浙江在线联手打造的《浙江手机报》。再如,《安徽手机报》是 2006 年创刊的,依托安徽日报报业集团的丰富新闻资源,结合中安在线的互联网优势,形成了安徽本土自创的手机报。此后,安徽又推出了《新安手机报》、《江淮手机报》等地方模式的手机报,成为传统纸质媒体进军多媒体的一大有力举措。

(2)从操作模式上分:彩信模式、WAP 模式、二者结合模式

彩信模式:这种模式类似于传统纸质媒介,就是报纸通过电信运营商将新闻以彩信的方式发送到手机终端上,用户可以在手机上接收彩信,并可以离线观看。

WAP 网站浏览模式:这种模式是手机报订阅用户通过访问手机报的 WAP 网站,在线浏览信息,与上网浏览的方式类似。①

二者结合模式:现在的中国移动提供的手机报业务,主要是这两者相结合的模式。所有手机报付费用户都可以免费(不计流量)登录手机报 WAP 网站,浏览各类新闻以及一些小游戏。②

(3)从内容性质上分:新闻类、娱乐时尚类、综合类

移动终端的便捷、表现形式的多样、受众的分众化,都使得手机报在内容分类上更加窄化。有偏重新闻的手机报,它们大多依托主流媒体,如上文提到的《安徽手机报》、《浙江手机报》、改版前的《新闻早晚报》等。它们以时政新闻为主,对于娱乐、时尚内容涉猎较少。而有的手机报是由娱乐时尚类报刊所创办,如《瑞丽手机报》、《明星娱乐手机报》等,由于市场和受众不同,它们的手机报内容更多偏向时尚、娱乐,与严肃的、偏重新闻的手机报有所不同。而综合类手机报是指内容更为丰富、全面、综合的手机报。综合类手机报有两层意义。首先,和之前两种手机报一样,它的依托对象是综合类报刊,而综合类报刊本身的内容就相对丰富多样,如《中国青年报手机报》、《看天下手机报》等综合类手机报;此外,综合类手机报还是手机报本身在持续发展过程中,自身不断完善而形成的一种手机报类型。如改版后的《新闻早晚报》,就在注重传播新闻的同时,添加了很多娱乐、时尚、服务性的信息,使手机报的内容丰满起来。可以说,综合类手机报相较于其他两种手机报,更具有发展前景,更能吸引用户订阅。

(4)从时间上分:早报、晚报

很多手机报都有早报和晚报之分。从媒体角度上说,新闻每时每刻都在发生,而媒体的责任,就是将新闻迅速传播给受众,传统媒体由于版面、时间的限制,不能够做到及时传递,而手机报的早晚报则改善了传统媒体的困境。一天两报,不仅能将昨天的信息在早报中传播,在晚报中,又能将今天新发生的新闻传播出去,填补了传统媒体

---

① http://baike.com/view/376380.htm
② http://baike.com/view/376380.htm

时间上的空白对受众来说,也能够更及时地接收到最新信息。同时,虽然人们在手机上读新闻比在报纸上更便捷,可控性更强,但由于人们读手机报的时间和场合较为随机,往往在读手机报时,注意力集中时间较短。因此,将新闻内容分段,从受众角度上来说,更便于用户仔细阅读信息,而不是一闪而过。从技术角度上来说,一条彩信的容量不可能无限增大,将手机报分为早报和晚报,也是必要的。

3.2.2 手机报的发展历程

作为继报纸、广播、电视、互联网之后一个新兴"第五媒体"——手机媒体的代表,手机报肇始于21世纪初,在短短的近十年中,发展迅速,成为人们获取信息的重要渠道,在媒介市场上占据着非常大的市场份额。而手机报也有着自己的发展轨迹和历程。很多学者对于手机报的发展历程进行分期,用以研究手机报下一步的发展方向。而本文引用的是徐州师范大学信息传播学院副教授李宗诚在论文《手机报在我国兴起的原因与发展历程》中的分期方法,将手机报在我国的发展历程划分为四个时期,分别为:酝酿期、发轫期、井喷期、升级期四个时期。

1. 酝酿期(2000—2003年):手机报的雏形出现。作为用手机通过无线通信网络来阅读电子报纸内容的新形式,我国手机报的雏形最早可以追溯到2000年。2000年6月19日,全国性大报——《人民日报》在日本正式开通了日文版、英文版的I-mode手机网站。但由于此网站的使用模式与我国手机无线上网使用的WAP模式不同,因此国内的手机用户无法进入网站进行阅读,所以在国内影响力非常有限。2001年,一些门户网站和报社开始尝试用短信向用户发送新闻信息的服务。新浪、搜狐等大型门户网站向用户提供短信新闻订阅业务。江苏省的《扬子晚报》率先在全国新闻媒体中启动手机短信新闻服务,命名为"扬子随身看"。随后,新华社江苏分社开通手机短信新闻定制——"热点新闻"。一些地方报社也零星推出此类服务。由于受技术限制,短信最多容纳70个汉字,短信新闻信息容量非常有限,因此从严格意义上来说,短信形式的新闻还不能称为"报纸"。但是,报社用短信把报纸新闻和手机终端连接在一起的实践,却为手机报新媒体的发轫埋下了种子。2002年,中国移动推出彩信业务。彩信是一种能够容纳文字、图像、视频、音频等多媒体格式文件的数据包,理论容量最大能达到100K,相当于2万个汉字。彩信的推出,大大扩展了短信的信息容量,为我国彩信手机报的诞生酝酿好了充分的技术条件,中国的第一份手机报呼之欲出。[①]

2. 发轫期(2004年):手机报正式诞生。2004年7月18日,《中国妇女报》选择彩信作为手机报的传送平台,与北京好易时空公司和中国移动联合推出《中国妇女报·彩信版》,成为中国第一份手机报,标志着手机报正式诞生。而随后,《中国青年报》、《京华时报》、新华通讯社等的彩信手机报也相继出炉。2004年12月,重庆日报报业集团联合重庆移动、重庆联通推出了《重庆晨报》、《重庆晚报》和《热报》WAP手机上网版,成为国内第一家WAP手机报。至此,我国手机报的两种主要形态:彩信手机报

---

① 李宗诚. 手机报在我国兴起的原因与发展历程【J】. 新闻爱好者,2010(4)

和 WAP 手机报基本确立。①

3. 井喷期(2005—2006 年):地方报纸抢滩手机报,手机报遍地开花。2005 年,中国报业经过 20 多年的高歌猛进之后,首次出现了零增长和负增长的下滑拐点。在新媒体引发的中国传媒市场格局重新洗牌的背景下,一些地方报业集团开始争相抢滩手机报市场。2005 年、2006 年两年间,全国各省几乎所有报业集团和有影响的报社都与当地通信运营商的分公司联合开通了手机报业务。手机报遍地开花,到 2006 年底,迅速发展到了近 100 家,手机报的发展呈现"井喷"之势。②

4. 升级期(2007—2009 年):手机报全面升级,跻身主流媒体。从 2007 年至 2009 年 9 月,手机报在全国范围内数量和规模一直处于高速增长状态。据有关数据,截至 2008 年底,全国报业整体(包括中央大报、都市报、行业报乃至地市级报社)已推出涵盖新闻、娱乐、体育、财经、旅游、健康、饮食、双语、教育等领域的手机报约 1500 种。与此同时,手机报从媒体级别、发行平台、社会影响和技术支持上也开始了全面升级。③

手机报在经历了这四个发展时期后,已经迎来了新的形态。而李宗诚教授认为,手机报的下一个阶段将是品牌竞争的时代。而对于新的形态,由于本书的研究重点在于内容编写方面,对于手机报的发展历程,仅作简单介绍,因此不再过多赘述。

3.2.3 手机报的新闻编写特点

无论是纸质媒体,还是网络报纸,抑或是手机报,报纸的主题内容——新闻,永远都是支撑这份"报"的基石,是"报"赖以生存的基础。而内容的表现方式在很大程度上又受到报纸形式的影响,不同的报纸形态,其新闻的表现方式有所不同。因此,手机报新闻与传统报纸的新闻相比,有相似的地方,但由于新闻编写方式不同,在表现方式上,手机报新闻又有着自己的特点。

1. 中观层面

(1)深度报道弱化,消息类新闻占据主流

由于技术的原因,手机报很难刊发类似于传统媒体的深度报道那样的长篇大论,因此手机报只能另辟蹊径,走"短、平、快"的新闻报道之路。消息是"以最直接、最简练的方式报道新闻事实"的一种新闻文体。这种"短、平、快"的新闻报道方式正好与消息的表达方式相一致,因此,消息在手机报中的广泛运用,不仅在技术上弥补了手机报的短板,而且更好地发挥了手机这一移动媒体的便捷与及时的特点。④

(2)新闻来源增多

手机新媒体从诞生之日起就奉行"拿来主义",主要依靠转载传统媒体以及网络媒体的内容,因此,与传统新闻的新闻来源相比,手机报的新闻来源算是"二手"的新闻来源。网络媒体的信息量是巨大的,因此,相对于传统媒体和网络媒体,手机报的新

① 李宗诚. 手机报在我国兴起的原因与发展历程【J】. 新闻爱好者,2010(4)
② 李宗诚. 手机报在我国兴起的原因与发展历程【J】. 新闻爱好者,2010(4)
③ 李宗诚. 手机报在我国兴起的原因与发展历程【J】. 新闻爱好者,2010(4)
④ 严励,王冠辉. 手机报的编写特点分析——以彩信模式的手机报为例【J】. 中国出版,2011(20)

闻来源更为广泛。

如新华社和中新社联合中国移动共同推出的以彩信技术为实现方式的手机报——《新闻早晚报》，它的新闻来源主要由新华网、中新网及 ESPNSTAR 中文网这三大网站提供。其中 ESPNSTAR 中文网仅仅提供体育方面的信息。除了这三大网站之外，《新闻早晚报》的新闻偶尔也来源于中国日报和 CFP（国务院新闻办公室图片库）。除此之外，还有和讯网、环球网、国际在线、北青网、新京报、中国青年报等。①

再如，《安徽手机报》的新闻来源是安徽日报报业集团麾下十报三刊一网站以及新华网、人民网、网易、搜狐、新浪、中新网等各大新闻类网站。

新闻来源的多样性，在导致新闻内容增多的同时，也能让受众看到不同的观点，充分展现了舆论的丰富和报道的客观公正。

（3）栏目设置多样

由于新闻内容丰富多样，手机报的栏目设置也呈现多样化的态势。仍旧以《安徽手机报》为例，《安徽手机报》分为早报和晚报，就新闻版块而言，栏目的编排方式由固定栏目和非固定形式的栏目。早报的固定栏目是封面、导读、要闻、文体、锐评；而晚报的固定栏目是封面、最新消息、世态。根据编排中的非固定因素，有了非固定形式的栏目，且非固定形式栏目多出现于晚报中，因为晚报带有更多消遣娱乐的色彩，如晚报的财经栏目。

手机报的栏目不仅是将新闻内容分门别类，方便受众阅读，更多的是起到了为受众设置议程的作用。与传统媒体一样，最重要的新闻总是放在手机报的头条。因此，虽然每条手机报的内容并不多，但它仍然能够给受众设置议程，从而在某种程度上引导受众舆论。

2. 微观层面

由于手机报本身无采访权，因此与传统媒体的新闻采写相比，手机报省略了"采"的部分，而将更多的注意力集中在编写上。从单篇手机报新闻的角度上看，手机新闻呈现出了与传统新闻不同的特质。

（1）结构精简，无消息头

对于手机报新闻来说，受到字数的限制，手机报新闻的结构基本上已经舍弃了代表消息来源的消息头，而正文以倒金字塔结构为主，甚至更为简练。

如《新安晚报手机报》于 2012 年 6 月 24 日刊登在手机晚报中的一则新闻：24 日 12 时许，神舟九号与天宫一号再次形成组合体，完成首次手控交会对接。几个小时后，航天员将再次从神舟九号进入天宫一号，继续进行空间科学实验。媒体称此次对接意味着中国完整掌握空间交会对接技术，具备了建设空间站的基本能力。

从这则消息中我们可以看出，三句话即构成了一条手机新闻。第一句是导语，第二、三句则成了结尾。其实，整条消息的内容并不全面，而且较为断续。这是手机报为了追求信息量而产生的一种"不健全"的消息文本，也是现在手机报新闻编写常用的

---

① 彭静. 手机报《新闻早晚报》的编辑特点【J】. 青年记者,2009(14)

结构模式。

（2）内容简练，短小充实

手机报新闻的内容是经过加工、缩减的。内容简练是编辑手机报新闻的第一要义。河北新闻网副总编辑王崇刚在《手机报编辑技巧初探》里提出："手机报文章尽量少用长句，多用短句，语言平实易懂，言简意赅，少用形容词和虚词，用尽量少的文字，涵盖最多的信息，节约读者的时间。这就要求编辑要根据手机报的特点，将文字进行逐字逐句的推敲整理。"①以下同样是《新安手机报》6 月 24 日晚报的一则消息：

中共中央总书记、国家主席、中央军委主席胡锦涛将于 6 月 29 日至 7 月 1 日赴香港出席庆祝香港回归祖国 15 周年大会暨香港特别行政区第四届政府就职典礼。

仅仅一句话，将最有价值的信息传递出来，同时也不会让读者感到困惑。这条手机报新闻较好地体现了其内容简练的编写特点。

（3）表现形式多样，多媒体融合

多媒体特性是手机报区别于传统媒体的本质特征。因此，形式与内容结合导致了手机报新闻的多媒体性。传统报纸的新闻仅仅是由单一的图片和文字组成。而对于手机报来说，新闻除了图片和文字，还有声音、动画、影视、游戏、娱乐、互动等多媒体内容。以声音为例，《安徽语音报》是一项通过固定电话或手机使用的声讯业务。它是以农资、农讯等信息为主要内容的文字新闻，通过智能语音合成技术，将文字信息制作成具有专业播音员播音效果的语音文件。用户通过拨打声讯电话即可收听到这些新闻语音。通过多种多样的表现形式，将新闻串联起来，让读者在充满兴趣的阅读的同时，能调动更多的感官参与到新闻中去，从而达到一个良好的传播效果。

对于受众来说，了解手机报新闻编写的特点能够更好地阅读手机报新闻。而更大的意义是帮助手机报新闻编辑工作者更好地了解手机报新闻，在掌握其特性的过程中，能编写出优秀的手机报新闻。

3.2.4 手机报的新闻编写应注意的几个问题

1. 首先是版块设置，具体来说就是栏目设置

按照不同读者群的需求来设置内容，不同的版块或栏目对应不同的受众群体，手机报在内容的设置上要体现"分众化"特点。

2. 手机报新闻的结构精简、内容短小精悍

体现在总量上，一般要求大小保持在 40K 以内，数量 20 条左右。要把一天的新闻浓缩在狭小"彩信盒子"中，绝不是容易的事情，所以手机报编辑的"把关人"角色显得尤为重要，他们每天都要浏览大量的新闻，然后作出比较和选择。

3. 针对单条新闻的编写，简练的编辑是第一要义

提炼中心思想，找出新闻中最吸引人的新闻是手机报新闻编辑的责任和义务。因

---

① 李增祥. 手机报《新闻早晚报》的编辑特点【J】. 中国地市报人,2010(10)

此需要编辑具备很强的归纳、组织、提取能力,这是手机报编辑工作的核心,也是最能体现一个编辑的技术能力和业务能力的工作。

4. 较短时间的新闻编辑

手机报编辑必须在新闻发布时间前找到距离发布时间最近的新闻。因此,对于手机报新闻的编辑工作,必须控制在很短的时间内。正常情况下为一个小时左右。编辑要在非常短的时间内完成前期看到并选择的新闻和图片的整理、编辑、制作、发布。

因此有人说,手机报新闻的编辑是一个疲于奔命的炼金工人,"炼千吨矿石,才可得一克黄金",但这就是手机报新闻编写所需要的精神。

3.2.5 手机报新闻编写要求

一般来说,手机报的新闻编写需要遵循一定的规律和要求。这些规律和要求是具有普遍意义的。本书拟按照手机报的新闻编辑流程,具体介绍手机报新闻的编写工作需要的基本素质和能力。

1. 文章采集——浏览寻找热点新闻

手机报对于新闻编辑的要求首先是,一般情况下,早报发送前两个小时,编辑进入工作状态;浏览当天全国各大网站、报纸电子版发布的新闻、资讯,选择符合各栏目定位的读者关注的热点新闻、服务资讯进行编辑。手机报早报以硬新闻为主,晚报可软一些。对于地方性的手机报来说,应多关注本地的报纸、电视、网站及相关媒体对于本地新闻的报道。

2. 内容选择

编辑需将搜集来的内容源进行整理、分类、编写,并随时关注网站内容有无更新信息。

3. 图片编排

由于图片的直观性和可看性,彩信报中的图片在手机报编辑中起到很重要的作用。而对于图片的编排,在手机报中也是有很高要求的。

一般情况下,对于手机报的图片要求是:应选择新闻性强、具有视觉冲击力的图片;不得插入错误、变形、偏色、文题不符的图片;图片按"彩信编辑基本要求规范"来切,暂定为 128 * 128 的 JPG 格式,大小 5K 左右,封面图片不超过 10K。发送前核对封面图片的日期、早晚报标志,不能有错。

其实,对于手机来说,由于一般手机屏幕狭小,只有 2~3 英寸,适合表现细节图片,不适合表现大场面的全景图片,所以一些包含信息量比较大的图片、经过压缩以后,细节信息会严重缺失,图片的表现力会黯然失色。所以最好用近景或特写图片,这样在手机屏幕上表现力更细腻、更丰富。[①]

4. 标题制作

手机报的内容标题的要求就是"简练"二字。文章标题的编辑加工是工作中的重

[①] http://wenku.baidu.com/view/68f7c4d6195f312b3169a5ee.html

要环节,对于手机报新闻标题制作来说,编辑要做到让浏览者在观看文章标题时能明白文章所表达的内容,不应让人感觉不知所云;标题应杜绝标语口号式的大话空话,要具有一定的吸引力,不应让人感到平淡乏味;要注意做到字数基本统一,外观整齐;编辑标题要做到客观公正。

以《新闻早晚报》2012年7月12日早报的一则标题为例。《外来物种入侵!》是《新闻早晚报》转载自中新网的一篇新闻,题为《广西食人鱼伤人引发关注　民众担忧外来物种入侵》。原文标题的21个字被缩减成了6个字,但仅仅这6个字,将新闻最核心的信息提取出来,让读者一目了然,与此同时,又激发了读者进一步的阅读兴趣。

有学者总结手机报新闻的内容标题一般9个字为宜,《河北手机报》曾统一标题长度均为9个字,这样的标题可以整齐的安排在首屏。除此之外,在长度统一的基础上要做到让读者留下深刻的印象。文章主体内容在标题上有所体现,但不能是全部,把起因或结果隐藏,引导读者去阅读详细的内容。①

5. 内容缩编

内容缩编在编辑流程中最为重要。一般的手机屏幕显示约200字左右的内容,每期手机报能够容纳的文字量大概3000字左右。依据读者的阅读习惯,手机报的文章尽量少用长句,多用短句,应该"短些,短些,再短些",语言通俗易懂,言简意赅,少用形容词和虚词,多用动词和实词,用尽量少的文字,表达更多的信息,节约读者的阅读时间。因此要求编辑人员不能将复制来的文章简单地进行剪切,而是要根据手机报的特质,将文字进行逐字逐句的推敲整理。

一般情况下,对于手机报内容编辑的要求是:按照手机报读者阅读特点,对内容进行缩编。每条控制在100字左右(读者关注的、有可读性的新闻字数可以多),在文章结构、表达方式、语言上形成风格。"套话"要删除,每期文字、图片容量控制在技术规范内。

举个例子来说,以下是人民网在2012年6月刊登的一则新闻:

今年考研国家分数线普遍降5至10分

30日下午15时,教育部公布2012年全国硕士研究生招生考试复试分数线(考研国家线),2012年硕士研究生复试录取工作开始全面展开。相比去年,学术型学位类、专业学位类分数线普遍下降了5到10分左右,考研调剂将从4月1日起一直持续到5月5日。

相比去年,学术型学位类、专业学位类,除享受少数民族政策的考生总分保持在240分外,其他专业几乎都下降了5到10分左右。学术型学位类一区考生,分数线最高的是文学专业,345分,其次是经济学、管理学类,340分,最低的是农学类,255分。专家分析,虽然2012年考研分数线普遍降低,但今年情况特殊,考生一定要结合专业特点,要结合报考学校办学特色、借鉴好的学校复试方法及经验,完善自己的复试方

---

① http://wenku.baidu.com/view/68f7c4d6195f312b3169a5ee.html

案。踩线与上线的考生要及时确认是否已有复试资格，或抓紧时间调剂。

根据教育部官网规定，"全国硕士研究生招生调剂服务系统"将在 4 月 1 日至 5 月 5 日在"中国研究生招生信息网"（公网网址：http：//yz. chsi. com. cn，教育网网址：http：//yz. chsi. cn）开通。符合条件且有调剂愿望的考生，可上网了解调剂信息和调剂系统的使用方法，按要求申请调剂。

2012 年考研英语泄题现在依然是社会各界关注的焦点。虽然教育部称已抓获主要犯罪嫌疑人，但事件的影响仍在继续。教育部也在 2012 年全国硕士研究生招生录取工作会议上表示，复试考核跟以往相比将有所加强。不少考生担心，分数线普遍下降，上线的人将增多，加上泄题事件的影响，复试难度增大、复试分数线抬高成必然，被淘汰的比例也将增加，给努力备考的学生造成不公平。

而《人民日报手机报》将该新闻缩编后，编写成了一条手机报新闻，题为《考研国家线全线降分》，内容如下：

人民手机报 3 月 31 日电　30 日，教育部公布了今年考研全国复试分数线，与去年相比，复试分数线全线降分，部分专业甚至直降 10 分。为方便考生调剂，4 月 1 日至 5 月 5 日，教育部将在"中国研究生招生信息网"开通"全国硕士研究生招生调剂服务系统"。符合条件且有调剂愿望的考生可按要求申请。

手机新闻将原文的 602 字，缩减到了最后的 133 个字，但又能够将新闻中的基本要素概括出来，这需要编辑对每个词语和句子都细细推敲，将网络稿件的"水分"挤干，让手机报新闻中的每个词语都有存在的意义。

人民网上的新闻内容更为详细、完整，而手机报新闻的内容更为简练、概括。字数的限制使得手机报新闻不能够将所有的信息在一条新闻中表达出来，但对于新闻内容高度的概括能力是手机报新闻编辑必须具备的基本素质。

6. 导读缩写

手机报新闻需要有导读，一般手机接收的新闻中，第一屏为导读内容，罗列重要新闻的标题，让读者对本期手机报的内容有一个概括的了解。因此新闻标题是否醒目、是否吸引人是决定读者阅读兴趣的关键。手机媒体对于导读的要求是：早报导读栏目，一般每条 10 个字左右，要选择最重要的具有可读性的新闻。以下是《新闻早晚报》2012 年 7 月 12 日早报的导读。

【早报导读】
中央三公经费将大减
强制引产案孕妇获偿
知名化妆水被指暴利
恩施否认推"凉民证"
冷漠被救者现身致歉

对于导读来说，简练、整齐是基本要求。能够吸引读者进一步的阅读，是导读的根本作用。因此,对于导读的提炼,需要手机报新闻的编辑拥有很深厚的文字功底。

3.3 微媒体新闻写作概述

有人说,21世纪的第一个十年,三款全球性互联网产品从根本上改变了我们的生活:Facebook、Youtube和Twitter。而这三款产品的国产复制品:"校内、优酷、土豆、微博"同样在国内遍地开花。

2009年,随着3G手机牌照的发放,中国迎来了新技术主导的移动互联网时代。微博,即微博客(MicroBlog)的简称,是一个基于用户关系的信息分享、传播以及获取平台,用户可以通过Web、WAP以及各种客户端组建个人社区,以140字左右的文字更新信息,并实现即时分享。

2010年是中国的微博元年,两年时间内,中国微博用户数量呈井喷式增长。2012年2月28日,新浪发布了2011年第四季度及全年财报,报告显示,新浪微博注册用户已经突破3亿人次。

微博,作为一个全新的互联网社交工具,正改变着我们的生活方式与沟通方式。新浪执行副总裁陈彤说过,微博正慢慢成为每个人网上的一个"交流中心",就像一个触角,通过它,我们接入和感受着这个社会。

在"人人是媒体"的微博时代,微博作为新的媒介信道打破了传统媒介的线性传播模式,模糊了"传"与"受"的界限,点面传播与点点传播相结合,形成相互缠绕的网状结构。微博新闻文体正是适应微博传播的特性而发展起来的一种报道形式,并形成特有的信息传播方式和生活方式。

3.3.1 微博新闻的定义、分类

1. 微博新闻的定义

微博新闻,就是官方机构、媒体或个人,运用微博平台发布的新闻。

如果说电报催生倒金字塔式结构的消息;互联网催生以超文本为特征的网络新闻;那么微博新闻则是通过移动通信网与互联网的联姻,并借助自身强大的传播优势而迅速地发展起来的。而且,多媒介传播融合不仅表现在传播内容的改变,还可能会"影响我们理解和思考的习惯"。①

2. 微博新闻分类

微博相较于其他传统媒介发布平台如报纸、杂志、广播、电视,有其自身的特性,如低门槛、发布信息及时、个性化等。因此,微博新闻的分类比传统新闻的分类要复杂得多,既不能以受众性质来分,也不能以地域来分。而本书力图将微博新闻分析得有条

① 李法宝. 试论微博新闻文体及传播【J】. 写作,2011(9)

理,故将微博新闻以发布对象的不同来区分,更便于整理、归纳、概述。

以微博新闻发布的对象来看,可以分为:

(1)依托传统媒体的"官方"微博发布的新闻。这里的传统媒体包括报纸、杂志、广播、电视等,如《南方周末》《中国日报》《经济观察报》等报纸,CCTV焦点访谈、各地卫视及地级电视台。

(2)新闻门户网站微博发布的新闻,如新浪、腾讯、搜狐、中安在线等网络媒体发布的微博新闻。网络媒体的记者本身并没有采访权,但是网络新媒体的特性使得采访权在发布微博新闻上显得不那么重要了。同时,新媒体发布的微博新闻较之传统媒体,更为迅速快捷,但可信度略显不足。

(3)政务、企业等微博发布的新闻。政务微博新闻,是指中国政府部门推出的官方微博账户发布的新闻。同样,企业微博新闻,是指独立的赢利性组织利用微博发布的新闻。湖南桃源县官方微博"桃源网"出炉,成为中国最早开通微博的政府部门。同时,很多企业也都开通官方微博,发布微博新闻。政务、企业微博发布的新闻更多的带有政府、企业本身宣传性的内容。

(4)以新闻工作者个体的名义发布的微博新闻。微博新闻在传统媒体的微博平台中,除了以组织的名义发布外,还有很多是以从事媒体行业的新闻工作者个人的名义发布的,如中国经济时报的王克勤记者、中央电视台新闻频道的主播赵普等。他们从属于传统媒体的同时,自身同样也作为一个个体发布微博新闻。而这种微博新闻与新闻组织发布的微博新闻在新闻选择、新闻写作等方面表现出很大的不同。他们更多的带有自己的写作风格,更为随意、轻松。

(5)普通社会公民发布的微博新闻。这里的普通公民,更多的是指千千万万隐藏在网络中的草根公民。他们没有固定的组织,也不像新闻工作者那样从事着相关的职业。他们并不像前几类机构或个人有目的的寻找新闻,其发布的微博新闻很多是在现实生活中遇到的事件。他们是新闻发生时的经历者,抑或是围观者。他们在微博上发布的新闻,带有很强的突发性和无目的性。

以上是对于微博新闻的分类,分类是为了研究和阐述更为方便,故这并不是唯一的分类方法。微博新闻还可以按照传统新闻的分类方式进行分类,如分为政治新闻、经济新闻、文体新闻、科教新闻等。但这几种微博新闻之间的界限并不如传统新闻那样分明,有时候,微博新闻是这几种新闻的糅合。在以发布对象分类的这五种微博新闻中,第五种微博新闻的发布者是较为独立的个体,其组织性和整体性较弱,新闻风格也较为随意。第三种微博新闻主体主要是政府、企业,相对来说,微博新闻较为古板,同时带有浓重的宣传特点。而本书的研究主要针对的是传统媒体的官方微博新闻、新闻工作者微博新闻以及新闻门户网站的微博新闻。因此,以下主要分析这三种微博新闻。

3.3.2 微博新闻的传播特点

1. 碎片化的信息传播

碎片化是微博新闻相较于其他新闻最大的特点,它是指完整的信息被切割成许多零碎的小块。微博新闻碎片化的传播主要体现在两个方面。

从内容上来说,微博的发布平台是"零门槛"的。这种"零门槛"在内容上表现为"零编辑、零语法、零文采、零形式"的特点。即微博新闻在写作文法、措辞和结构上比传统媒体要随意得多。这与微博和新闻本身都追求快速传播有关。为寻求快速及时,加上微博字数限制,导致微博新闻内容零散化、碎片化。

从形式上来说,微博对于字数的限制使得一次微博报道无法将重大事件完整地表述出来,往往要通过多次的微博报道,方能组合成重大新闻事件的全景图。因此,微博直播成为微博传播的一大特征。而微博直播本身是不能进行信息整合的,所以即使直播过程结束,受众所获得的信息也还是碎片化的,没有传统新闻的完整度高。

2. 内容丰富,立体传播

与传统媒体受版面限制、时间限制不同,微博新闻利用网络无限的空间、快速及时使受众在短时间内获得大量信息。因此,微博新闻的内容是无限量丰富的。

而微博新闻的一个重要优势在于它能够将文字、图片、视频、音频等手段融为一体,突破了传统媒体只依靠其中一种或几种手段的局限性,使读者获得更多的信息,形成了一种丰满的立体传播形式。

3. 互动性强,制定信息流动新秩序

加拿大媒介学者麦克卢汉认为,电子媒体将会使整个世界变成一个小小的"地球村落",互联网实现了麦克卢汉的预言。而今的微博相较传统的互联网络,互动性更强。微博用户通过个性化的定制信息源,用转发功能将信息组织与传播链路的决定权交给个体,制定了信息流动的新秩序,实现了海量信息的重新组织,人人都可以制定个性化的信息源。每个人对信息的需求都是个性化的,海量的信息确实会增加每个人寻找对自己有用信息的成本,而微博的关注功能帮助人们制定自己个性化的信息源。虽然信息的总量增大了,但是人们自主完成了在海量信息中的重新组织,转发功能实现海量信息的重新组织与增值。首先,微博新闻的发布者不仅可以让自己的粉丝看到信息,同时经过不断的转发,辐射面不断扩大,蔓延式的传播可以让更多的微博用户看到信息,而微博的评论功能,同样使微博新闻的发布者与接受者进行互动、对话。此外,微博新闻还可以通过@特定人的方式,与特定的人进行点对点的交流对话。强大的互动性使微博新闻的信息量不断增多,从而更全面的了解新闻事件的真相。

4. 多次转发,强大的传播影响力

微博新闻作为一种附着于新载体上的新闻形式,其强大生命力的展现,不再是由传统媒体说了算。传统媒体依靠"议程设置",引导读者对于"重要事件"的认知及态度。而微博新闻则是依靠众多用户的参与,无限次的转发,从而扩大其影响力。正如2011年春节期间轰动一时的"微博打拐"事件,事件起于中国社科院学者于建嵘教授所发的"随手拍照解救乞讨儿童"微博,该微博经热心网友不断转发,形成强大的舆论传播力量,并吸引了传统媒体的跟进与关注,最终解救了很多失散的孩子。微博用户的转发,让微博新闻不断地被看到、被重复、被重视,从而形成一股强大的力量,进而推动事件的不断发展。所以,并不是微博新闻本身有影响力,而是转发微博新闻的人拥有这种影响力。

3.3.3 微博新闻叙事特征

微博新闻体现着新闻观念的变革,催化着新闻文体的不断创新。微博新闻的传播特征直接影响着微博新闻的叙事特征,使其不同于传统的新闻媒体,也不同于新闻门户网站,而是在新闻文体中自成一派。

1. 叙事主体多样化

从上文对微博新闻的分类来看,微博新闻的发布主体是多样的。微博新闻是由工作人员发布的,所以无论是以组织形式出现,还是以个人形式出现,微博新闻的叙事主体,也就是叙事者,都是个人。传统媒体中,新闻的叙事者就是报社的记者,电视台的主持人,广播中的主播。这些都是媒体中比较固定而专业的人。而在微博新闻的叙事主体中,由于传统媒体的微博发布基本不署个人姓名,因此很多非记者、非主持人、非主播的新闻工作者参与其中,发布微博,如报社的编辑、电视台的编导等等,因此造成了叙事主体的多样性。

2. 叙事风格:随意性、生活化

微博新闻的叙事风格与传统媒体大不相同。例如,《重庆晚报》纸质版的一则新闻标题为《14岁女儿恋上30岁男老师,怎么办?》与《新安晚报》的微博标题相比,纸质版标题就显得生硬很多。微博标题用了合肥方言"捉急",显得口语化和生活化。这条微博新闻虽然不是本地消息,但经过发布者这般"改写",赋予了微博新闻的本地特质,让其具有风趣性、可读性,体现了微博新闻的叙事风格:随意性和生活化。

如图3-3-1,这是《新安晚报》微博对于2012年高考语文卷的报道。文本中运用了"号外!号外!""火热出炉"等"俏皮"的字眼,微博新闻顿显活力。

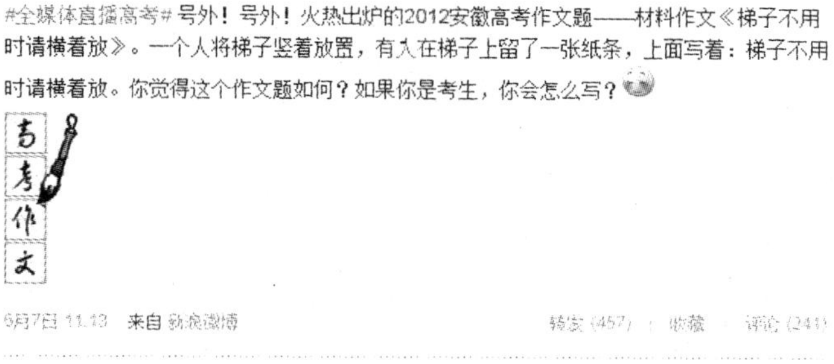

图3-3-1 《新安晚报》微博新闻

上文曾经说过,微博强大的影响力在于微博用户的不断转发,从而形成强大的舆论力量,引起相关部门的重视,推动事件的发展。但从形式上看,如果想要得到广大微博用户的转发,除了在题材的选择方面需要注意,微博的叙事风格也要更生活化、随意化,符合微博用户的习惯、爱好及思维方式,才能吸引微博用户,增加转发量。

如图3-3-2所示,该条微博是《Vista看天下》的一条微博,在140个字内,将全

【3只北极熊一口气游完9.7公里求生之路】据每日邮报，由于全球变暖导致冰层融化，北极熊妈妈带领2只小北极熊游完9.7公里才上岸。一家三口原本在一块大冰层上捕食，不想冰层突然断裂，它们被困于一小块冰面上，只得另寻栖息地。图中迷茫的北极熊盯着水面，仿佛在问："冰都到哪里去了？"

8月12日 23:05　来自iPad客户端　　　　　　转发 (2060)　|　收藏　|　评论 (356)

图 3 - 3 - 2　《Vista 看天下》微博新闻

球变暖这个宏观深刻的问题从一个动物家庭的视角切入，用拟人的手法，进行生活化的表述，这样既避免了对全球变暖问题专业的解释，便于受众以最简单的方式理解信息，同时也能吸引更多的读者阅读并转发此条微博，激发受众的环境保护意识。

3. 叙事客体：部分交叉重叠，双向互动

媒介的叙事客体是受众。受众则是媒体的权利之源、财力之源。传统媒介的受众是读者、观众、听众，网站的受众是网友。这些受众是相对固定的，即使浏览网站的网友流动性较大，但对于门户网站来说，受众也还是相对固定的群体。与传统媒介和网络媒介的微博粉丝相比，传统受众与粉丝之间相互交叉，但不完全重叠。

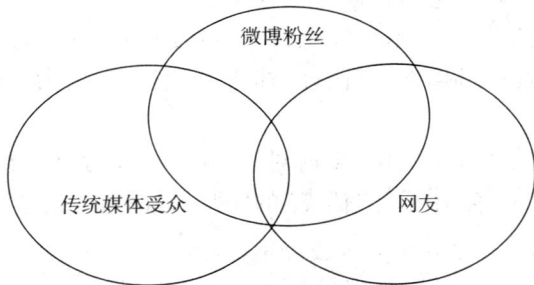

图 3 - 3 - 3

这种差异化的受众群体，在一定程度上促使了微博新闻在内容上、形式上、文本风格上都与其他两种媒体新闻与众不同。

在传统媒体中，这部分受众群体是一群被重视却又被忽略的群体。这起源于传统媒体与受众之间的互动不足，受到技术、观念的双重限制。虽然近年来传统媒体一直在为增强与受众的双向互动而努力，但其劣势显而易见。而之前的网络媒体，在互动方面，相较于传统媒体来说，是质的飞跃。微博出现之后，传者与受者之间的界限进一步模糊，互动更加便捷及时。以博客为例，作为网络媒体较为成熟时期的一个标志，博主发表网络日志，可以与看到这篇日志的人在网络上进行"发帖"、"回复"的互动。但博客的互动程度也远不及微博。微博的互动方式是在一对多的同时可以一对一的交流。一条微博发布，不仅可以让所有微博用户的"粉丝"看到，同时微博通过@特定的人，可以让特定的人看到此条微博，而且经过转发让更多的人看到微博，并转发或评论,互动迅速而广泛。而博客相比之下,没有@的功能,其互动性略显不足。

2011年10月6日8点,拥有近百万粉丝的"新浪科技"在微博上第一时间转发了苹果董事会的声明,许多微博网友由此获知了乔布斯离世的消息。虽然发生在"十一"长假,但乔布斯去世却成为了新浪微博当时关注度最高的新闻事件,48小时内,新浪微博平台上与"乔布斯去世"相关的微博数量突破8000万条。其中,有35%的微博用户在所发布的微博中对乔布斯的去世表达了哀悼之情,更是有45%的用户所转发的微博跟乔布斯有关。[1] 微博强大的互动程度和效果可见一斑。

微博新闻的发布者就某个新闻事件或者新闻话题,征求微博用户的看法,这就是微博新闻与用户之间互动的基本方式。用户转发或评论该新闻,以表达自己对此事件的看法。而且与传统媒体不同的是,用户的评论是可以被所有微博用户看到的,因此呈现出来的不是传统媒体上登出来的少数观点,减少了媒介干预,受众既可以获得全面的观点,又可以在自由的氛围中表达自己的意见。

如图3-3-4和图3-3-5所示的两条微博新闻都在结尾处向用户抛出了"议题",这样可以使用户围绕议题进行广泛的评论和讨论,自由表达自己的观点。每评论一次,互动就多一次,微博新闻的影响力就增强了一分。

【与植物人丈夫离婚,错了吗?】侯方和陈敏本是一对恩爱多年的夫妻,不幸的是,侯方遭遇车祸成了植物人。3年来,陈敏和家人多方努力,但始终未能唤醒侯方。经过慎重考虑,陈敏向法院提出了离婚请求。昨天,郎溪县法院调解了此案。😊 与植物人丈夫离婚,你怎么看? http://t.cn/zWPSHRY

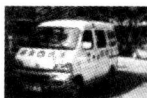

6月13日 14:44 来自 媒体 新微博   转发(11) 收藏 评论(20)

图3-3-4 《新安晚报》微博新闻

#投票#成都一城管执法车牌照被遮挡,工作人员称因为每逢限行日,执法车辆不能出门,工作无法开展,所以才会遮挡牌号。你觉得"为了工作"可以遮挡执法车牌吗? http://t.cn/SLdMas #民调中心#

6月13日 17:48 来自 媒体 新微博   转发(200) 收藏 评论(208)

图3-3-5 《中国新闻周刊》微博新闻

4. 叙事文本:文本题材分散

由于对新闻价值标准的判断不同,每个叙事主体对于叙事题材的选择也就不尽相

① http://www.donews.com/net/201112/1032878.shtm

127

同,同时由于网络空间的无限性,微博新闻的题材也就较传统媒体来说,突破了地域的限制,取材更为广泛。

如图3-3-6来自《新安晚报》的微博,稿件来源是《重庆晚报》的一则消息,且这则消息并没有在《新安晚报》的纸质版上出现。《新安晚报》的微博里诸如此类的例子还有很多。对于都市报来说,地缘的接近性是报纸的一个卖点,但由此带来的信息不全面的弊病也不可避免。被传统媒体的"把关人"过滤掉了的信息,由微博填补,既不占版面,也可以补充本地域之外的被认为是有价值的新闻,与传统媒体相得益彰。

【14岁女儿爱上男老师?约看电影家长很捉急】郑先生的女儿今年14岁,在重庆渝北区某中学读初二,爱上男老师后,女儿不仅向他表白,两人还一起去看电影!"郑先生怀疑,男老师已经和女儿有不正当关系。而老师则称,这是他独特的教育方式。青春期的女儿如何教育,您有何看法? http://t.cn/zODDjHi
6月5日 13:40 来自皮皮时光机   转发(20) 收藏 评论(12)

图3-3-6 《新安晚报》微博新闻

微博题材的多样化,除了与叙事主体及个体新闻价值取向多元、无地域限制等特点有关外,还与政府对网络媒介的管理比传统媒体宽松、受众多元化需求有关。微博打破了地域的壁垒,使传统媒介的受众从局域的变为全国的,从单一的变为多元的。在这个受众为王的时代,如何吸引受众的注意力,增加微博新闻的点击量,增加微博的粉丝数,都是微博发布者需要考虑的。因此,更广泛的新闻来源、更多样的新闻题材和新闻写法,构成了一个内容丰富的微博。

同一事件,不同的叙事角度,也会产生不同的效果。每个角度都是新闻事件的一个侧面,展现出新闻事件不同的方面。对于微博新闻来说,传统媒体的条条框框限制较多,因此,新闻写作的角度也中规中矩,被很多人诟病为"千报一面"。但微博新闻相对灵活,角度也较新颖别致。

关于欧洲足球杯的报道,传统媒体的报道多集中在阵容、训练、赛事等方面,而图3-3-7所示微博则将焦点放在"足球观众的身体健康"上。同时在这里,微博新闻的叙述方法不是说教式的语言,而是亲切的、口语的、邻家的语言,像是在和读者对话。新颖的角度配合生活化的语言,更容易让人接受和认同微博新闻的内容。

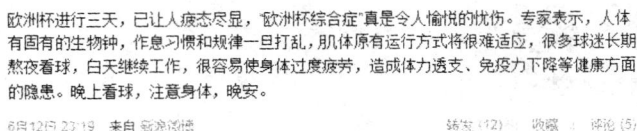

欧洲杯进行三天,已让人疲态尽显,"欧洲杯综合症"真是令人愉悦的忧伤。专家表示,人体有固有的生物钟,作息习惯和规律一旦打乱,肌体原有运行方式将很难适应,很多球迷长期熬夜看球,白天继续工作,很容易使身体过度疲劳,造成体力透支、免疫力下降等健康方面的隐患。晚上看球,注意身体,晚安。
6月12日 23:19 来自新浪微博   转发(12) 收藏 评论(5)

图3-3-7 《新安晚报》微博新闻

微博新闻多角度、多层面的叙述新闻事实能够让人们更清楚、更完整地了解事件的真相,不至于被片面的信息所误导。

5. 叙事方法:叙述导语化

140个字的限制使微博新闻文字简短,直接指向事件中最具价值的要素,正如传统新闻中的倒金字塔结构,导语般的叙述言简意赅、指向明确,便于人们快速准确地判断该信息是否为自己所需要、是否有必要进一步关注,在当前阅读以快速浏览为特征的时代,这一特点显然符合大众的口味。[①]

如图3-3-8所示,此条微博是"新浪科技"发布的第一条消息,也是国内第一条关于乔布斯逝世的消息。这条新闻仅仅五个字,却最简单有力的陈述了整个事实。在遇到突发事件时,微博新闻与传统新闻倒金字塔结构的导语相似。突出结果、弱化过程也是微博新闻的新闻文本特点。

快讯:乔布斯辞世

2011-10-6 07:46　来自新浪微博　举报　　　　转发(3291)　收藏　评论(993)

图3-3-8　《新浪科技》微博新闻

此后,"新浪科技"接连发布的微博新闻都是围绕乔布斯逝世而展开的。如图3-3-9、图3-3-10和图3-3-11,这是"新浪科技"的第二至第四条微博新闻。从叙事文本上看,这三条微博的字数在逐渐增多,同样,信息量也是逐渐丰富的,但重要程度也是不断降低的。

#乔布斯去世#苹果官网宣布,乔布斯今天辞世,享年56岁。

2011-10-6 07:55　来自新浪微博　举报　　　　转发(1855)　收藏　评论(405)

图3-3-9　《新浪科技》微博新闻

#乔布斯辞世#苹果前CEO乔布斯辞世,苹果官网首页图片纪念乔布斯,1955-2011。

2011-10-6 07:55　来自新浪微博　举报　　　　转发(47042)　收藏　评论(6817)

图3-3-10　《新浪科技》微博新闻

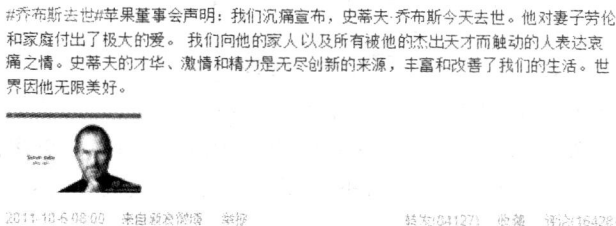

#乔布斯去世#苹果董事会声明:我们沉痛宣布,史蒂夫·乔布斯今天去世。他对妻子劳伦和家庭付出了极大的爱。我们向他的家人以及所有被他的杰出天才而触动的人表达哀痛之情。史蒂夫的才华、激情和精力是无尽创新的来源,丰富和改善了我们的生活。世界因他无限美好。

2011-10-6 08:00　来自新浪微博　举报　　　　转发(84127)　收藏　评论(16428)

图3-3-11　《新浪科技》微博新闻

6. 叙事手段:多媒介的集中化

基于新的媒介技术,微博平台可以发布文字、图片、视频及超链接等各种形式的信

---

① 张灯林,李潇帆. 微博新闻文本特征与写作方法探析【J】. 军事记者,2012(3)

息,扩大了受众接受信息的渠道和内容,满足了受众的多元化需求。而微博新闻可以汇集多种媒介要素同时发布,因此,新闻写作进入了动态的、立体的、有声的多媒体网络表达空间,其文本的表现形式更加自由多元。

3.3.4 叙事结构

有学者曾经对新浪微博里所有媒体中粉丝最多的《头条新闻》微博做叙事结构分析,总结出了微博新闻的基本模式:【标题】××社/报/网报道+据××社/报/网报道+××称/说+5W+H+背景事实+网址链接+图片+视频。限于 140 个字的要求,微博经常会有所简化或割舍上面结构模式中的一部分内容,最常见的是"××社/报/网报道"、"据××社/报/网报道"和背景事实。如图 3 - 3 - 12。

【福州原副市长被双规 传房产17套受贿3000万】人民网报道,记者调查证实,已于2010年退休、曾任福州副市长达10年的杨爱金今年4月因涉嫌违纪被"双规"。消息人士称,纪检调查组在其办公室、家里共查出3000万元及17套房产证。杨爱金被"双规"前为福州市计生协会副会长。http://t.cn/zWhvRCN
今天 11:55 来自新浪微博　　　　　　　　转发 (7393)　收藏　评论 (2359)

图 3 - 3 - 12　《头条新闻》微博新闻

其中,标题也有相对固定的模式:××(某地、某部门官员,国家领导)+称/回应/声明/通报/疑因/否认/要求。如图 3 - 3 - 13。

【欧盟要求中印航企明天之前提交碳排放数据】欧盟要求中国和印度在明日之前提交2011年的飞行数据,以此为依据来征收碳排放税。欧盟上月曾称,仅有8家中国航空公司和两家印度航空公司仍未提交该数据。中航协表示,中国航空公司不会向欧盟提供任何的碳排放数据。http://t.cn/zWhhzbE
今天 12:06 来自新浪微博　　　　　　　　转发 (338)　收藏　评论 (310)

图 3 - 3 - 13　《头条新闻》微博新闻

这是《头条新闻》的一种基本叙事结构,这种方式多用于网络媒体的资讯类微博新闻,其特点是导语式的微博新闻。因为网络媒体对于时效性的要求远高于传统媒体,此类微博新闻要发挥其技术优势,在有限的字数下,将更新、更多的信息融入微博中。这种结构的优势在于简洁明了,对于新闻发布者来说,易学易用,遇到突发事件和重要事件时,套用此结构,能有效节省采写、编辑时间。但同样,这种结构的不足之处也显而易见,新闻的趣味性、生动性、灵活性不足,结构过于模式化。微博信息的更新无疑是即时的,如果不能在有限时间内抓住粉丝的眼球,也许下一秒,这一条新闻就会被下一条所取代,淹没在茫茫的信息海洋里。

其实,对于微博新闻来说,《头条新闻》的基本叙事结构并不是微博新闻唯一的类型。因为微博新闻的叙事结构是灵活的,不同类型的微博新闻有不同的叙事方式与叙事结构。因此,微博新闻没有特定的、放之四海而皆准的叙事结构或是模板可以依照。

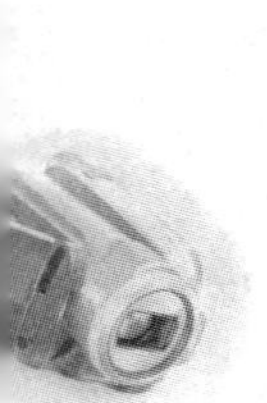

传统媒体与网络媒体的受众组成成分不同、微博定位不同、功能不同,导致传统媒体的微博新闻与网络媒体的微博新闻在形式、内容和风格上都有很多不同。在此,两者的对比就不赘述了。

微博新闻与传统新闻及网络新闻的对比如图3－3－14、图3－3－15和图3－3－16。

【昨晨上演日环食奇观 敢问是包大人来了吗?】今年唯一一次国内可见的日环食昨天早上5点多上演,因为不处在"环食带"上,包括合肥在内的安徽各地只能看到犹如包公头上月牙的日偏食。据了解,下一次看日环食得要等到2020年6月21日。更多高清图片请见
http://t.cn/zO3f9gu

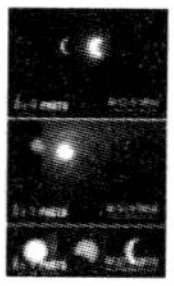

5月22日 11:19 来自 新浪微博   转发 (5)   收藏   评论 (2)

图3－3－14　《新安晚报》微博新闻:《昨晨上演日环食奇观 敢问是包大人来了么?》

昨晨上演日环食奇观　安徽省各地也能看到"日牙儿"

2012-05-22 00:49　来源:新安传媒网　我来说两句　手机看报　打印

核心提示:前一天晚上还阴云密布的合肥,昨天凌晨开始逐渐放晴,让太阳的"魔法"得以在天空中随意挥洒。
今年唯一一次国内可见的日环食昨天早上5点多上演,因为不处在"环食带"上,包括合肥在内的安徽各地只能看到犹如包公头上月牙的日偏食。而一些天文迷甚至专程赶到厦门观测环食,虽遇云层"捣乱",但所幸最终得睹奇观。

图3－3－15　新安传媒网新闻:《昨晨上演日环食奇观　安徽省各地也能看到"日牙儿"》

图3－3－16　《新安晚报》新闻:《谁把太阳咬一口》

131

3.3.5 微博新闻的局限

微博在即时发布突发事件的相关信息方面有着得天独厚的优势,但单篇微博文本信息量小,难以提供完整的信息,而且由于逻辑性不强,在细节或关键环节上往往出现断层,倘若再经用户多次转发,就很难找到初始信源。这使得人们想要核实信息、寻找关键点以便对事件进行跟进采访或深入报道时难度非常大。另一方面则是重大新闻事件完整性的缺失。一则微博难以传达新闻事件的全貌,即便多个微博作者通过多次传播完成了一个新闻事件的完整传达,微博本身也无法自发完成有效信息的整合从而诞生出完整真实的新闻来。同时,微博信息发送的"零门槛"和低成本使信息上传过度,造成了信息的极度"超载",如果想要在其中提取有价值的文本,进而快速整合出事件的整体面貌,无疑如大海捞针。①

另外,碎片化的新闻事实不断切割,有时会使真正的新闻边缘化。当新闻事实被无数次的转发、加工后,信息传播的"噪音"会增加,当初真正的微博新闻会被边缘化,而"噪音"成为主流,传播意义也将发生改变。

3.3.6 微博新闻的写作技巧

掌握微博新闻的叙事特征以及写作方法技巧,对于传统媒体培养高素养的全媒体记者来说,是非常必要的。

1. 抓住最新鲜、最主要的事实

新闻的保鲜期是最短的,因此,媒体需要在最短时间内告知受众关于新闻事件的最新消息。这点无论是对传统媒体还是网络媒体,抑或是微博,都是基本要求。而微博的时效性是空前的,因此,当新闻事件发生时,最新的动态、最主要的事实都需要被及时发布。这就需要微博的发布者具有遇到事件快速反应和快速编写新闻的能力,能在第一时间感受到新闻的发生,又能迅速地将新闻编写出来发布出去。因此,微博的发布者需要比传统媒体关注的内容更多、反应更迅速。在短时间内,如何抓住新闻中最新鲜、最主要的事实,是微博写作者相较于传统媒体的记者更难的部分,也是微博对于写作者的基本要求。

2. 注明消息来源、保证内容的真实性

微博新闻作者在注重时效性的同时,也要注重消息来源和内容的真实性。传统媒体和网络媒体的微博新闻多是对其他媒体的转载,而转载时注明消息来源是对消息源的确认,也是对自身的保护,同时还是对读者的知情权的尊重。微博的消息源一般是在开头注明,以"据×××报道"为基本形式,也有在微博结尾处注明消息来源的。

转载除了消息源的问题,还有一个重要的问题,就是如何保证新闻内容的真实性。如果不加选择和确认地发布或转载新闻,就很可能出现之前"金庸已死"的闹剧。传统新闻媒体的记者可以通过面对面的采访来确认信息,而微博新闻的写作、发布者更

---

① 高冬可. 微博新闻文体特征解析【J】. 新闻爱好者,2011(6)

需要有一双"火眼金睛",在发布微博新闻之前,需要确认新闻内容的真实性。微博作者可以向新闻事件的当事人确认,如果遇到困难,可以向消息源进行求证,但这种求证是二手的,需要再次进行验证。

3. 微博语言风趣、灵活

每天的微博新闻很多,为什么有的微博能够引起很强烈的关注,而有的微博新闻却湮没无闻。这除了跟新闻本身的重要性有关之外,还与微博新闻语言的表达有关。新闻的内容加上个性、风趣的语言形式,使微博新闻不再枯燥无味。从凡客体到淘宝体,再到现在的甄嬛体,多种文体的表达方式运用到微博新闻上,不但丰富了微博的形式,也吸引了粉丝的关注,经不断转发之后,微博新闻的影响力不断扩大。因此,微博新闻的写作需要打破陈规,特别是对于传统媒体的记者来说,打破在传统媒体中的写作思维方式,用更新颖、更灵活的表达方法来写作微博新闻,可能会获得更大的影响。

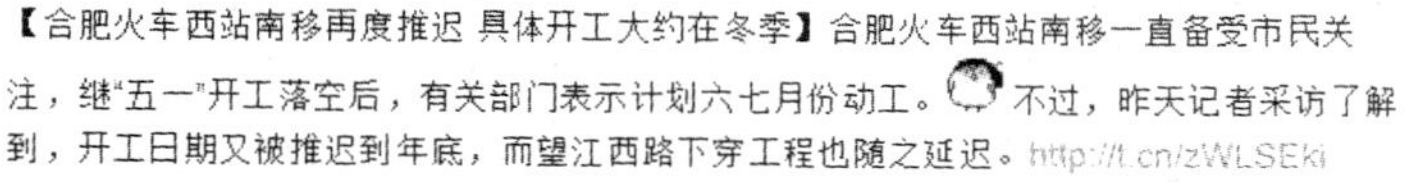

【合肥火车西站南移再度推迟 具体开工大约在冬季】合肥火车西站南移一直备受市民关注,继"五一"开工落空后,有关部门表示计划六七月份动工。 不过,昨天记者采访了解到,开工日期又被推迟到年底,而望江西路下穿工程也随之延迟。http://t.cn/zWLSEki

图 3 - 3 - 17　《新安晚报》微博新闻

这条《新安晚报》的微博新闻语言风趣,标题用了《大约在冬季》的歌名,同时还在新闻中运用了微博表情符号,更增添了新闻的趣味性和可读性。

4. 注重运用多媒体展现

微博是个多媒体互动的平台,微博新闻应利用好这个平台,用多种形式为自己的内容增添亮色。微博新闻应具有文字、图片、视频等多种展现方式,既能丰富自身内容,又能增加可读性,同时还能减少谣言的产生。

3.3.7　微博新闻写作的基本原则

随着拥有微博账户的用户越来越多,微博新闻的影响力正在慢慢超过普通的网络新闻。而微博新闻作为新闻体裁的一种新形式,在本质上也具有一般新闻的特点,因此,在采写、制作微博新闻时,应该遵循一般新闻的原则。一般新闻具备的指导性、群众性和战斗性,微博新闻应该而且必须具有,且应充分吻合微博的特点。[①]

以下是微博新闻写作的基本原则:

1. 必须遵循新闻规律

新闻规律是规定新闻媒介功能和运行模式的一个基本因素。新闻规律具有普遍性,适用于世界上任何一个国家、任何一类新闻媒介。它并不因为某个国家或某一类新闻媒介的特殊性而丧失其影响力。[②] 因此,即便是微博,也同样必须遵循新闻规律。而新闻规律则表现在三个层次上。

---

① 王卫明,甘昕鑫. 微博新闻的特征及其采写原则【J】. 新闻与写作,2012(1)
② 李良荣,林琳. 浅谈新闻规律【J】. 新闻大学,1997(4)

首先，微博新闻要真实、迅速。即时传播、时效性高是微博新闻的特质，在此不必多说。

2010年12月6日晚8时许，新浪微博上有人传播"金庸去世"的消息，不明真相的网友疯狂转发。中新社下属的《中国新闻周刊》新媒体的编辑邓丽虹下班后看到这条微博，于是在家登录《中国新闻周刊》的新浪微博官方账号，并以周刊的名义发了类似内容的微博。因为没有注明转发，很多网友误以为是该周刊核实并且首发的消息，于是大量转发。不久该消息即被证实是假，但为时已晚。《中国新闻周刊》副总编辑、新媒体总编辑刘新宇7日宣布辞职，并且获得批准。刘新宇很可能是中国第一个因微博出错而辞职的新媒体总编辑。可见，在信息繁杂的网络中，如何保证发布的微博新闻的真实性，不容小觑。真实是新闻的生命，微博新闻改变的是新闻的形式，并未改变新闻的本质。作为新闻的一种，微博新闻也必须符合新闻的真实性要求。新闻的真实性指的是在新闻报道中的每一个具体事实必须合乎客观实际，即表现在新闻报道中的时间、地点、人物、事情、原因和经过都经得起核对。新闻的真实性不仅要求构成新闻的基本要素、新闻中所引用的材料，包括引语、数据和事例准确、使用的背景材料真实、全面、客观，还要求所采写的新闻符合实际，不能以点代面、以偏概全。

真实、迅速是新闻规律中最基础、最核心的规律。

其次，微博新闻要有新闻价值。

新闻价值是一个新闻学的专有名词，新闻价值是选择和衡量新闻事实的客观标准，即事实本身所具有的足以构成新闻的特殊素质的总和。[①] 拥有越多的新闻价值要素，就有越多的受众关注度。新闻价值的要素包括时新性、重要性、接近性、显著性、趣味性。无论是传统媒体，还是新兴的微博平台，新闻价值对于新闻来说，都是评价其好坏的基本标准。

微博新闻同样要具有新闻价值，才能在浩瀚的信息海洋中被发掘出来，受到关注。微博新闻对于新闻价值的侧重点与传统媒体不同，它更注重新闻的时新性和重要性。接近性在网络媒体对于地域的突破下被冲淡，趣味性让位于即时性。

无论是侧重点如何，微博新闻仍旧要有新闻价值，遵循新闻价值规律。

再次，微博新闻要客观。

新闻界提出了"客观性"这一概念以确保新闻的全面、真实，同时也保证不同的意见得以公平地呈现。客观是新闻专业主义的核心内容。

在传统媒体的新闻中，客观性的要点是要求记者以不偏不倚的态度选择材料；把记者、编辑的观点（意见）和事实分开；新闻只报道事实，评论才是发表意见。由于微博新闻自身无采访权，传统媒体和网络媒体的微博新闻多为转载和改写。因此，微博新闻的客观性是要求对所转载的新闻来源详细核实，选择客观的新闻报道进行转载，对新闻来源的改写也要把事实和观点分开。这对叙事主体多样化的微博新闻发布者提出了很高的要求。

---

① http://baike.baidu.com/view/36988.htm

2. 内容简洁,符合微博的字数要求

从新闻的字数上来看,微博新闻的篇幅十分小,多则 100 多字,少则几十个字、几个字,甚至只是一两个表情符号或以标点符号表达情绪和观点。众所周知,消息是新闻文体中最言简意赅、短小精悍的文体。然而,微博新闻由于受到微博 140 字的限制,比一般的消息还要简短。所以,微博新闻有点类似一句话新闻、图片新闻。与传统意义上的新闻对比,微博新闻可以没有标题,没有导语(当然,微博的发布者已经标明了新闻的采写单位),直接进入新闻主体,关键词则用中括号标明。

本章小结

通过本章的学习,我们对全媒体新闻文本写作有了全面的认识,特别是对于不同媒介新闻写作之间的区别和联系,有了深入的了解。同时,我们也进一步认识了新闻文本写作在全媒体新闻发布的整个过程中的重要性。对于新闻写作的基本技巧和规律,本章也进行了深入探讨。这对于新闻专业以及新媒体的新闻工作者有很多借鉴意义。

【思考与练习】

1. 网络新闻的特点有哪些?
2. 手机报新闻的写作要求是什么?
3. 简述微博新闻与传统新闻的区别。

第4章 图片处理

【本章学习目的】 介绍几款图片多媒体融合制作处理软件的使用,使读者在媒体融合时代处理图片迎刃有余。

【本章学习重点】 图片处理、Photoshop 软件应用、多媒体图片融合处理。

【案例】

网络新闻专题图片制作

(1)打开图像处理软件 Photoshop。

(2)找到最左上角的"文件",左键单击,出来如图1所示窗口。

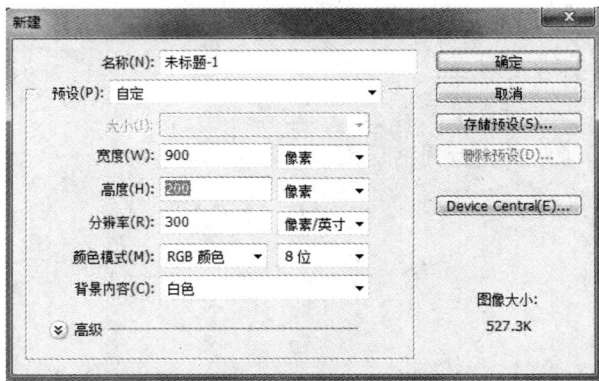

图1 新建图片窗口

(3)这时候进入操作界面。软件弹出一个 900＊200 的白色方框。找到最左上角"文件"边上的"编辑",左键单击,如图2所示。

(4)单击"填充",出现新的选择框,如图3所示。

(5)点击"使用"条框,找到颜色,这样做的目的是选择填充的颜色。

(6)选择以后会出现颜色选择界面,选择使用的颜色,本案例选择蓝色为例。点击确定。刚才白色的 900＊200 框就会被填充满了蓝色。如图4所示。

(7)再找到最左上角的"文件",打开我们需要的另外一张素材图片。如图5。

(8)找到 Photoshop 的界面左边工具栏,如图6。

看见 PS 两字下面那个虚线的正方形小框了吗,就点它。如图 7 所示。

(9) 在"羽化"后面的白框中写上 50,也就是说需要 50 的羽化效果。所谓羽化就是在图片边上出现模糊效果。如图 8 所示。

(10) 所谓选取就是在你要的图范围内拉个框出来,再找左边工具栏那一列,点击正方形小框右边的按钮,如图 9。

(11) 将鼠标放到素材图片上点一下,然后拖到已经做好的那个蓝色的框里,变成图 10 所示。

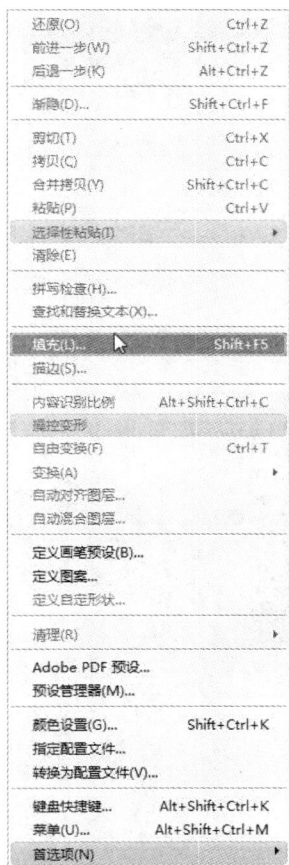

还原(O)	Ctrl+Z
前进一步(W)	Shift+Ctrl+Z
后退一步(K)	Alt+Ctrl+Z
渐隐(D)	Shift+Ctrl+F
剪切(T)	Ctrl+X
拷贝(C)	Ctrl+C
合并拷贝(Y)	Shift+Ctrl+C
粘贴(P)	Ctrl+V
选择性粘贴(I)	▶
清除(E)	
拼写检查(H)...	
查找和替换文本(X)...	
填充(L)...	Shift+F5
描边(S)...	
内容识别比例	Alt+Shift+Ctrl+C
操控变形	
自由变换(F)	Ctrl+T
变换(A)	▶
自动对齐图层	
自动混合图层	
定义画笔预设(B)...	
定义图案...	
定义自定形状...	
清理(R)	▶
Adobe PDF 预设	
预设管理器(M)...	
颜色设置(G)...	Shift+Ctrl+K
指定配置文件...	
转换为配置文件(V)...	
键盘快捷键	Alt+Shift+Ctrl+K
菜单(U)...	Alt+Shift+Ctrl+M
首选项(N)	▶

图 2

图 3 单击"填充",出现新的选择框

图 4 蓝色的背景

图5　选择素材

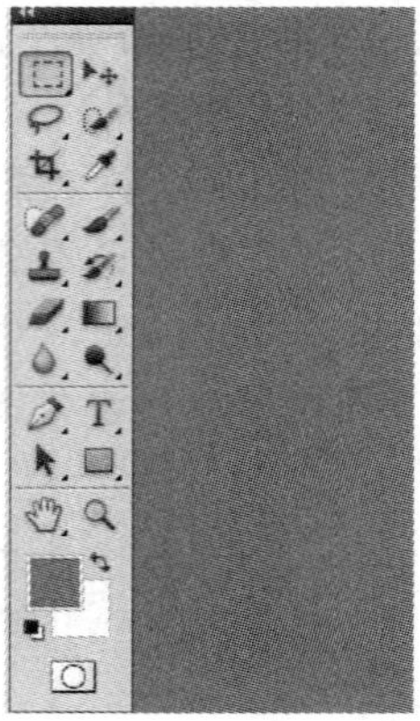

图6

图7　正方形小框

图8　羽化

图9　左边工具栏,正方形小框右边

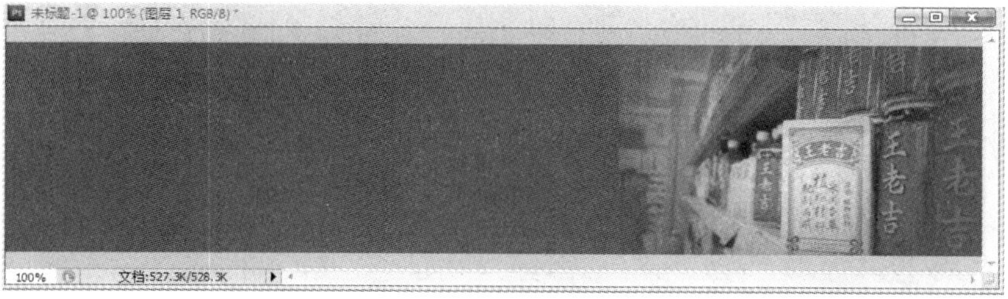

图10　放在已经做好的蓝色框里

移动鼠标,直到图片在你满意的位置为止。

(12)在工具栏中,找到"T"文字工具,如图11和图12。

图11　"T"文字工具

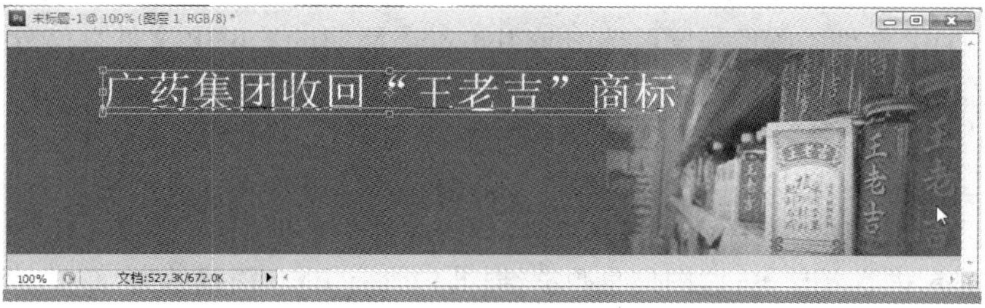

图12　点它一下,你就可以在上面那个框里写字啦

(13)字体大小可以在图13的工具栏中调整,当然前提是要把刚才写的字全部选中,用鼠标一拖即可。

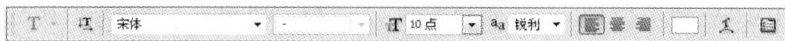

图13　调整字体

(14)最后出来如图14效果。

139

图 14

4.1　常见图片格式及特点

随着数字时代媒体融合的到来,图片在不同媒体之间的融合运用越发显得重要。对于图片的运用处理成为一名记者必备的知识。图片多媒体融合运用俨然成为传媒时代的一个新趋势,如移动互联终端、网络、传统媒体等媒体的图片运用。无论是新闻图片,电脑设计作品,还是个人的摄影作品、家庭照片、手机照片等,都可以通过互联网、移动终端、新兴媒体进行传播,与他人分享。当然,要想图片呈现出好的效果,除了拍摄的水平以外,掌握一些对图片多媒体融合处理的软件也是很重要的。

4.1.1　BMP 图像文件格式

BMP 是一种与硬件设备无关的图像文件格式,使用非常广。它采用位映射存储格式,除了图像深度可选以外,不采用其他任何压缩方式,因此,BMP 文件所占用的空间很大。BMP 文件的图像深度可选 1bit、4bit、8bit 及 24bit。BMP 文件存储数据时,图像的扫描方式是按从左到右、从下到上的顺序。

由于 BMP 文件格式是 Windows 环境中交换与图有关的数据的一种标准,因此在Windows 环境中运行的图形图像软件都支持 BMP 图像格式。

典型的 BMP 图像文件由四部分组成:位图文件头数据结构,包含 BMP 图像文件的类型、显示内容等信息;位图信息数据结构,包含有 BMP 图像的宽、高、压缩方法以及定义颜色等信息;调色板,这个部分是可选的,有些位图需要调色板,有些位图,比如真彩色图(24 位的 BMP)就不需要调色板;位图数据,这部分的内容根据 BMP 位图使用的位数不同而不同,在 24 位图中直接使用 RGB,而其他的小于 24 位的使用调色板中颜色索引值。[①]

优点:BMP 支持 1 位到 24 位颜色深度,与现有 Windows 程序(尤其是较旧的程序)广泛兼容。

---

① 　http://baike. baidu. com/view/7671. htm

缺点:BMP 不支持压缩,造成文件非常大,同时 BMP 文件也不受 Web 浏览器支持。

4.1.2　PCX 图像文件格式

最先的 PCX 格式雏形是出现在 ZSOFT 公司推出的名叫 Paintbrush 的用于绘画的软件包中,后来微软公司将其移植到 Windows 环境中,成为 Windows 系统中一个子功能。随着 Windows 的流行、升级,加之其强大的图像处理能力,使 PCX 同 GIF、TIFF、BMP 图像文件格式一起,被越来越多的图形图像软件工具所支持,也越来越得到人们的重视。

PCX 图像文件由文件头和实际图像数据构成。文件头由 128 个字节组成,描述版本信息和图像显示设备的横向、纵向分辨率以及调色板等信息,在实际图像数据中,表示图像数据类型和彩色类型。PCX 图像文件中的数据都是用 PCX REL 技术压缩后的图像数据。

PCX 是 PC 机画笔的图像文件格式。PCX 的图像深度可选为 1bit、4bit 和 8bit。由于这种文件格式出现较早,它不支持真彩色。PCX 文件采用 RLE 行程编码,文件体中存放的是压缩后的图像数据。因此,将采集到的图像数据写成 PCX 文件格式时,要对其进行 RLE 编码。而读取一个 PCX 文件时首先要对其进行 RLE 解码,才能进一步显示和处理。[①]

4.1.3　GIF 文件格式

GIF(Graphics Interchange Format)的原意是"图像互换格式",是 CompuServe 公司 1987 年开发的图像文件格式。GIF 文件的数据是一种基于 LZW 算法的连续色调的无损压缩格式,其压缩率一般在 50% 左右。目前几乎所有相关软件都支持它,公共领域有大量的软件在使用 GIF 图像文件。

GIF 图像文件的数据是经过压缩的,而且是采用了可变长度等压缩算法,所以 GIF 的图像深度从 1bit 到 8bit,最多支持 256 种色彩。GIF 格式的另一个特点是其在一个 GIF 文件中可以存多幅彩色图像,如果把存于一个文件中的多幅图像数据逐幅读出并显示到屏幕上,就可构成一种最简单的动画。

GIF 解码较快,因为采用隔行存放的 GIF 图像,在边解码边显示的时候可分成四遍扫描。第一遍扫描虽然只显示了整个图像的 1/8,第二遍的扫描后也只显示了 1/4,但这已经把整幅图像的概貌显示出来了。在显示 GIF 图像时,隔行存放的图像会让人感觉到它的显示速度似乎要比其他图像快一些,这是隔行存放的优点。[②]

GIF 图像文件多用于动态的图片处理运用,如手机动态图片、微博动态图片等等。

---

① http://baike.baidu.com/view/52069.htm? fr=ala0_1

② http://baike.baidu.com/view/7966.htm.

4.1.4　JPEG 文件格式

　　JPEG(Joint Photographic Experts Group)是联合图像专家组的缩写,文件后缀名为".jpg"或".jpeg",是最常用的图像文件格式,由一个软件开发联合会组织制定,是一种有损压缩格式,能够将图像压缩在很小的储存空间,图像中重复或不重要的资料会被丢失,因此容易造成图像数据的损伤。尤其是使用过高的压缩比例,将使最终解压缩后恢复的图像质量明显降低,如果追求高品质图像,不宜采用过高压缩比例。但是JPEG 压缩技术十分先进,它用有损压缩方式去除冗余的图像数据,在获得极高的压缩率的同时能展现十分丰富生动的图像,换句话说,就是可以用最少的磁盘空间得到较好的图像品质。而且 JPEG 是一种很灵活的格式,具有调节图像质量的功能,允许用不同的压缩比例对文件进行压缩,支持多种压缩级别,压缩比率通常在 10∶1 到 40∶1 之间,压缩比越大,品质就越低;相反地,压缩比越小,品质就越好,比如可以把1.37Mb 的 BMP 位图文件压缩至 20.3KB。当然也可以在图像质量和文件尺寸之间找到平衡点。JPEG 格式压缩的主要是高频信息,对色彩的信息保留较好,适合应用于互联网,可减少图像的传输时间,可以支持 24bit 真彩色,也普遍应用于需要连续色调的图像。

　　JPEG 格式的应用非常广泛,特别是在网络和光盘读物上,都能找到它的身影。目前各类浏览器均支持 JPEG 这种图像格式,因为 JPEG 格式的文件尺寸较小,下载速度快,国内移动互联终端如手机、平板电脑上多用该类格式的图片,也是多媒体图片融合处理最为常见的一种图片格式。

　　JPEG2000 作为 JPEG 的升级版,其压缩率比 JPEG 高约 30% 左右,同时支持有损和无损压缩。JPEG2000 格式有一个极其重要的特征在于它能实现渐进传输,即先传输图像的轮廓,然后逐步传输数据,不断提高图像质量,让图像由朦胧到清晰显示。此外,JPEG2000 还支持所谓的"感兴趣区域"特性,可以任意指定影像上感兴趣区域的压缩质量,还可以选择指定的部分先解压缩。

　　JPEG2000 和 JPEG 相比优势明显,且向下兼容,因此可取代传统的 JPEG 格式。JPEG2000 即可应用于传统的 JPEG 市场,如扫描仪、数码相机等,又可应用于新兴领域,如网络传输、无线通讯等等。①

4.1.5　PSD 文件格式

　　PSD 是 Photoshop 图像处理软件的专用文件格式,文件扩展名是".psd",可以支持图层、通道、蒙板和不同色彩模式的各种图像特征,是一种非压缩的原始文件保存格式。扫描仪不能直接生成该种格式的文件。PSD 文件有时容量会很大,但由于可以保留所有原始信息,在图像处理中对于尚未制作完成的图像,选用 PSD 格式保存是最佳的选择。

---

　　①　http://baike.baidu.com/view/48269.htm.

4.1.6 PNG 文件格式

PNG(Portable Network Graphics)的原名为"可移植性网络图像",是网上接受的最新图像文件格式。PNG 能够提供长度比 GIF 小 30% 的无损压缩图像文件。它同时提供 24 位和 48 位真彩色图像支持以及其他诸多技术性支持。由于 PNG 非常新,所以目前并不是所有的程序都可以用它来存储图像文件,但 Photoshop 可以处理 PNG 图像文件,也可以用 PNG 图像文件格式存储。

注意:

考虑网络浏览的速度,一般网络图片大小最好控制在 100KB 左右,分辨率设置为 72。目前网络主要流行 GIF 和 JPEG 两种格式图片。

4.2 图像采集

4.2.1 扫描仪的使用

1. 扫描前期处理

(1)扫描仪应摆放在平整、震动较少的地方,才可以保证达到理想的扫描仪垂直分辨率。保持工作环境的清洁:扫描仪工作时,光从灯管发出后到 CCD 接收之间要经过玻璃板以及若干个反光镜片及镜头,其中任何一部分落上灰尘或其他微小杂质都会改变反射光线的强弱,从而影响扫描图像的效果。(2)预热:在开始扫描以前最好先让扫描仪预热一段时间(时间长短从 10 多秒到几分钟,依具体环境而定)。这是由于扫描仪在刚开启的时候,光源的稳定性较差,而且光源的色温也没有达到扫描仪正常工作所需的色温,因此,此时扫描输出的图像往往饱和度不足。

注意:要扫描的图像要摆放在扫描起始线的中央,可以最大限度地减少由于光学透镜导致的失真。

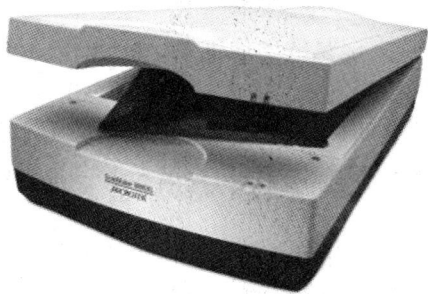

图 4 - 2 - 1 扫描仪

2. 印刷用图像扫描

原则上来讲,在1:1输出的情况下,大约需要以两倍于印刷设备的分辨率进行扫描。一般报刊为85dpi,杂志133dpi,精美杂志175dpi,因而分别使用170dpi、266dpi、350dpi进行扫描即可。其实1.5倍于印刷分辨率,一般能满足印刷要求。

3. 屏幕显示图像扫描

扫描用于屏幕显示或Internet网页制作的图像时,原则上来讲不需用太高的分辨率扫描,如屏幕分辨率为800×600像素,需用96dpi扫描;如屏幕分辨率为1024×768像素,则需用115dpi扫描仪。如需放大显示,则按放大倍数将扫描分辨率放大即可。

4. 文字稿件扫描

如果要对文字稿件进行扫描,要原样输出,首先必须使用二值方式进行扫描,不要用灰度方式进行。虽然二值方式扫描后,由于屏幕显示分辨率较低,显示时会有边缘不齐现象,但打印时,由于打印机分辨率高,二值扫描的文稿将会得到好的效果,而灰度方式时,则会出现边缘模糊。另外,在进行文字稿件扫描时,最好保证扫描分辨率与打印机分辨率一样,方能保证输出效果。

5. 图文混排稿件扫描

作为图文混排的稿件制作,首先用户必须采用图文混排软件,如Pagemaker、Coreldraw等,而不能使用图像处理软件。在扫描时,将图像部分进行扫描,而文字部分必须进行单独输入,并且千万不要将文字转化成图像,或将制作完的稿件存为一个图像文件,否则将使文字在输出时变得模糊不清,因为文字边缘将有层次过渡。

6. 图表稿件扫描

用户在使用扫描仪进行文字或图表等线条扫描时(或直接输出,或进行OCR识别等),一般很难准确扫描,扫描后的稿件不是太黑,使文字相连,出现底色,就是出现断线,无法进行后期处理,其控制办法一般有两种方式。

(1)在进行黑白二值扫描时,通过预览准确对Threshled值进行调整,也可在扫描后调整(一般好的扫描驱动软件,或图像软件都有此功能),便可得到好的效果,但原则上最好在扫描之前调整。

(2)在扫描之后处理则更为有效,就是对图像进行灰度扫描,然后通过图像软件,转化成二值,这个操作会有难度,但你有可能得到最佳效果。

7. 胶片扫描

如果想完美地重现胶片上记录的图像细节,那么扫描分辨率至少要和胶片本身的分辨率相当。以35毫米胶片为例,当前质量比较出色的彩色感光胶片可以达到每毫米100线以上的分辨率,著名相机厂家生产的优质镜头中心分辨率也能有每毫米100线,边缘分辨率大约在每毫米60线以上,换算过来平均为2000dpi。

8. 除网纹

被扫描的原稿若是印刷品,由于印刷品采用大小不同的点来表示颜色的深浅,人眼很难看出来,但是扫描出来就全是网纹了。因此,许多扫描仪有去网纹的功能,该功能可由软件完成或由硬件完成,去网纹功能简化了后期处理的手续,经过调整可以直

接得到无网纹的扫描图像。

9. 分割扫描,合并处理

在进行实物扫描时,如果扫描仪的幅面比较小,不能将需要扫描的器件一次扫描完,那就分成多次扫描。先用待扫描的文件在扫描仪上横竖测量一下,看横竖哪种扫描方式更好。对于大幅面稿件也可以采用这种分割扫描然后再合并处理的方法进行扫描。

10. 多区域扫描

对于扫描幅面较小但扫描次数较多的情况,为了减少开、合扫描仪上盖的次数,可以采用多区域扫描方式。以扫描照片为例,首先一次尽可能多地放入照片,对于我们最常见的标准 5 寸彩照而言,A4 幅面的平板扫描仪最多能同时放 5 张,其中 3 张横幅画面的,2 张竖幅的。这样在预扫描之后,显示器预览屏幕上会出现 5 张照片,这时启用扫描软件的多区域扫描模式(一般品牌的扫描软件中都提供此功能),这时会有多区域扫描模式状态显示框出现。然后按住 Shift 键,再按住鼠标左键,拉出矩形框将欲扫描的图像框住,重复这一步操作,直到将 5 张照片都框住,最后单击"扫描"按钮,扫描仪会按照多区域显示框中的顺序,在扫描完一张照片后,自动进行初始化,接着自动进行下一张照片扫描,直至将 5 张照片都扫完。

分辨率决定了扫描仪所记录的图像的细致程度,一般用 dpi(即每英寸点数)来表示,dpi 越高,扫描的图像文件长度也就越大。较高的分辨率可以提高图像的品质,但这是有限度的,不合理的增大分辨率,只会使图像文件的长度增大,并不能对图像的品质产生显著的改善。

注意:一旦扫描仪通电后,千万不要热插拔 SCSI、EPP 接口的电缆,这样会损坏扫描仪或计算机,当然 USB 接口除外,因为它本身就支持热插拔。[1]

4.2.2 捕捉屏幕图像

常用的捕捉方式有键盘捕捉和软件捕捉。使用键盘捕捉很简单,点击键盘上的 PrintScreen 键,使用 Alt+Print Screen 键就可以把当前活动窗口捕捉下来,但视频图像不能用这个方法捕捉。目前国内图像捕捉较为出名的软件是 SuperCapture。

SuperCapture 是一款非常强大的专业图像捕捉软件。它是中国首届共享软件大赛优秀软件。SuperCapture 专业版包含了标准版的所有功能,同时它还有很多专业的功能:例如从网页捕捉所有 Flash;播放 Flash;将桌面活动图像捕捉为 AVI 视频文件(提供多种压缩方式);轻松地从您的电脑上捕捉您想要的任何图标 ICON。例如从一个文件中或者一个文件夹中,甚至是整个硬盘中,它可以轻松捕捉全屏(包括 DirectX,Direct3D 游戏屏幕)、窗口、控件、区域、固定区域、不规则区域;轻松抓取特殊菜单、鼠标、超长屏幕、网页、网页图像(可将网页内图片一次全部抓取);支持定时捕捉、自定义热键、缩略图方式浏览;支持 BMP/JPEG/TIF/PNG/GIF 等 17 种图形格式的浏览与

---

[1]　http://www.cnprint.org/bbs/thread/72/14321/

转换;可将捕捉后的图形直接发送到 Microsoft Office 文档(Word、Excel、PowerPoint);支持多语言。它适用于任何需要对屏幕图像处理的用户。使用 SuperCapture 超级屏捕能极大地节省用户处理屏幕图像的时间,提高工作效率。

4.2.3 数码相机的使用和图像输入

数码相机主要由光学镜头、取景框、光电耦合组件 CCD、译码器、数据接口和电源等部件组成。用数字照相机拍照时,进入照相机镜头的光线聚焦在 CCD 上。目前智能手机的照相机也基本上实现数码相机的功能,手机随手拍、传照片、发微博成为当代都市青年的时尚玩意。数码相机一般输入照片步骤。

1. 把 USB 连线一端插入计算机 USB 接口,另一端与数码相机接口相连。
2. 打开"我的电脑"。
3. 双击"可移动磁盘"图标,打开保存照片的文件夹。
4. 单击工具栏中"查看",打开下拉列表,选择"缩略图"选项。
5. 选择目标文件,复制到素材库中"图像"文件夹。
6. 根据图像内容,适当修改文件名。

4.2.4 从 Internet 上下载图像素材

Internet 是一个资源宝库,从中可以得到很多有用的图像,用于课件制作、家庭欣赏等等。目前国内互联网图片搜索主要来自搜索引擎——百度图片,其拥有来自几十亿中文网页的海量图库,收录数亿张图片,并在不断增加中。壁纸、写真、动漫、表情、素材……美图新图热图酷图,任你挑选。随着社会不断地发展,图片网站也出现一批高端化、品质化、细分化的网站平台,如高品质时尚、艺术、摄影、设计、插画类精美图片分享社区——TOPIT. ME、中国最大的创意图片库——全景网。

4.3 图片处理软件使用

4.3.1 简单手机图片软件使用

随着宽带、无线移动通信技术的进一步发展和 Web 应用技术的不断创新,移动互联网业务的发展将成为继宽带技术后互联网发展的又一个推动力,为数字时代媒体融合的发展提供了一个新的平台,使得互联网更加普及,并以移动应用固有的随身性、可鉴权、可身份识别等独特优势,使手机特别是智能手机成为未来移动互联网的终端,为传统的互联网类业务提供了新的发展空间和可持续发展的新商业模式。

电子产品的发展让普通大众获取影像的门槛降得很低,也就是说大部分人手上都有便于拍照的工具,不论是 30 万像素的手机摄像头,还是上千万像素自动对焦并带闪光系统的高端手机拍摄系统,甚至是高端全副单反+专业镜头。于是,很多人都出现一种身份的转变和代入,拿着拍摄设备的时候就是肩负重任的记录者,尽责地记录着感兴趣的事物,或者这也是推动"自媒体"发展的一个因素。关于智能终端的图片处理成为多媒体图片融合使用的首要部分。

从目前国内首家智能终端来看,国内存在两大手机智能系统。一是 Google 开发的基于 Linux 平台的 Android 开源手机操作系统。如图 4-3-1。

图 4-3-1

二是由苹果公司为 iPhone 开发的 iPhone OS 操作系统,主要供 iPhone 使用。如图 4-3-2。

图 4-3-2

如今智能手机已经具有了非常全面的图片处理功能,在 App Store 就能看到许多国内外不同的新老图片软件。

1. 基于 iPhone OS 系统的苹果智能手机图片处理

(1)关于 App Store

和传统意义上的商店不同,App Store 是一个软件流通的地方,如图 4-3-3。随着智能手机的普及,手机硬件地位已经被灵魂式的软件挤占半边江山,可见其发展的速度和重要性。

App Store 模式为第三方软件的提供者提供了方便而又高效的软件销售平台,使得第三方软件的提供者参与其中的积极性空前高涨，是手机软件业良性发展的带动者。

图 4-3-3

（2）三款 iPhone 主流图片处理软件简介

① 美图秀秀

作为国内手机软件新秀，美图秀秀传承其 PC 端图片处理软件的经验，在各个方面做得都还不错，无论是图片处理、背景虚化还是一键特效，都很便捷，而且软件免费无广告植入，其微博分享功能提升了软件的趣味性和实用性。美图秀秀的 iPhone 版界面设置、页面整体、跨媒体运用等等都走在行业的前列，而且都是免费软件，如图 4-3-4。

图 4-3-4

美图秀秀软件特色功能：手机图片处理软件以易操作性和趣味性为主。美图秀秀的图片处理功能包括裁剪、翻转、调色（饱和度、亮度、对比度）、锐化，特效功能包括虚化、一键特效应用和添加背景相框，如图4－3－5。各种操作都根据手机的特点进行优化，操作起来便捷简单，效果也还不错。

图4－3－5

美图秀秀还结合了当下热门的微博分享功能，如图4－3－6，可以直接将处理好的图片分享到新浪微博。

图4－3－6

② TiltShift 移轴镜

一款在 App Store 上很受欢迎的软件 TiltShift，如图4－3－7，最新版售价 $0.99（也有免费版），主要有调色（饱和度、亮度、对比度）和背景虚化功能。该软件以背景虚化为卖点。

图 4 - 3 - 7

    TiltShift 软件特色:利用 TiltShift Generator 这款软件创作的作品所呈现的效果就像缩微模型一样,非常特别。用户可以通过手指拖动控制虚化区域,还可以采用平行线或者圆圈的方式进行设置。虚化完成后,用户还可以进行柔化处理,使照片的背景虚化显得不那么突兀。如图 4 - 3 - 8、图 4 - 3 - 9。

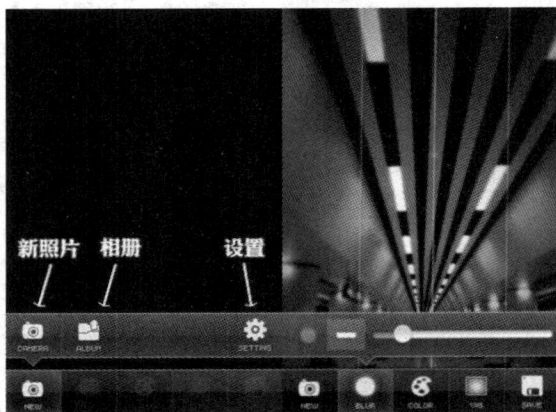

图 4 - 3 - 8

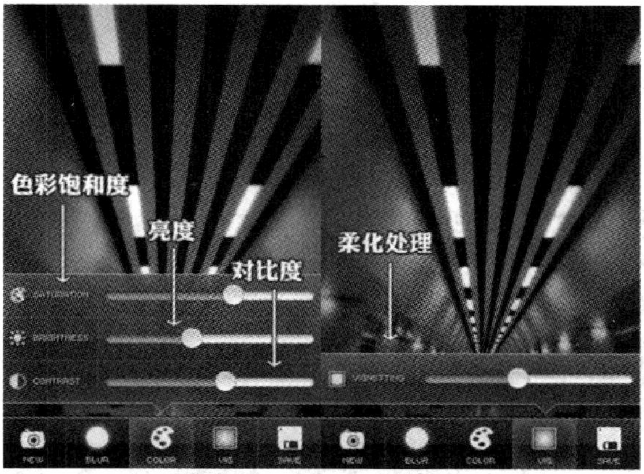

图 4 - 3 - 9

③ Photo fx

Photo fx 是名气颇大的特效类软件,主要功能在于一键特效的应用,售价＄2.99。如图 4 - 3 - 10。

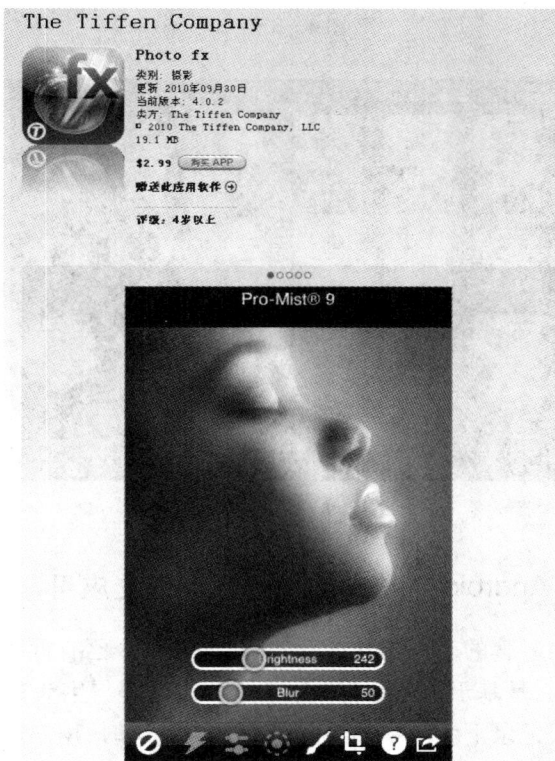

图 4 - 3 - 10

按一个按钮,可以选择从 1970 年代的素描、油画风格,到现代艺术风格来绘制图片或照片,还可以添加鲜花、蝴蝶或漂亮的框架。

Photo fx 特点:171 种照片效果;直观,易于使用的界面;可混合不同的效果;可调参数;多步撤销和重做;裁切图像;旋转和翻转图像;亮度调整;添加到收藏夹;纵向和横向模式支持;将图像复制到剪贴板;可通过 Flickr、Facebook、Twitter 或邮件共享。如图 4 - 3 - 11、图 4 - 3 - 12。

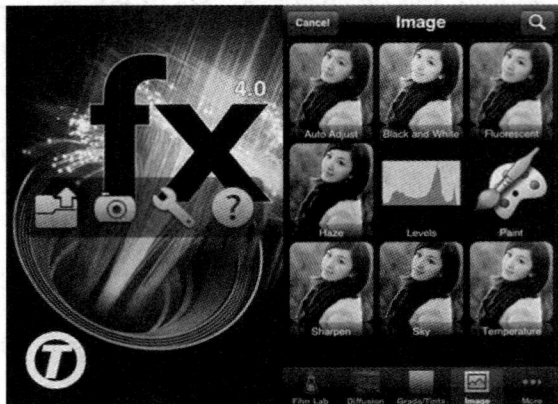

图 4 - 3 - 11

图 4 - 3 - 12

4.3.2　基于 Android 系统的图片处理与社交应用

猫眼图博是国内老牌的一款图片社交软件,面市至今已有近两年的时间。它由两个自由程序员开发的,是基于 Android 平台上的图片处理与生活社交应用。用户可通过手机以照片的方式记录下生活中的点点滴滴。与此同时,用户还可将当前的地理位置信息和经过滤镜处理后的精美图片,分享给新老朋友们,一起共同体验这个精彩的生活瞬间。如图 4 - 3 - 13。

(1)软件特点

配备了 14 种效果滤镜(负冲、LOMO、Holga、艺术照、八零年代、Polaroid 等);

经过自动处理后的图片既保持了精美的效果，也精简了体积，节省网络流量；

图片的地理位置分享功能；

一键分享到 Email、短信、新浪微博、人人网等；

非手机用户可通过网页和其他用户互动；

用户可对图片发表评论，标注喜欢，进行分享或下载到本地；

用户之间可以相互关注，以图片为主题讨论；

支持 Android 2.1 及以上版本。

图 4 - 3 - 13　在电子市场中搜索"猫眼"，即可评价和试用猫眼图博中文版

（2）图片处理流程：如图 4 - 3 - 14，打开猫眼图博首页，登录主界面。

图 4 - 3 - 14

153

图 4 - 3 - 15

（3）图片处理效果

　　猫眼图博自带 14 种非常出色的图片处理效果,分享功能也是一键傻瓜化操作。不管是"自拍狂"、"小萝莉",还是"文艺青年"、"LOMO 爱好者"、"怀旧老男孩"甚至"良家妇女",都能从猫眼图博中找到想要的图片效果。从实际拍摄和后期处理效果来看,发布的图片质量的确丝毫不亚于 iPhone 平台上大红大紫的 Instagram。因此,即使无法接入网络,猫眼图博也能作为一款专业的图片处理软件,供使用者对手机上储存的图片进行处理。如图 4 - 3 - 16、图 4 - 3 - 17。

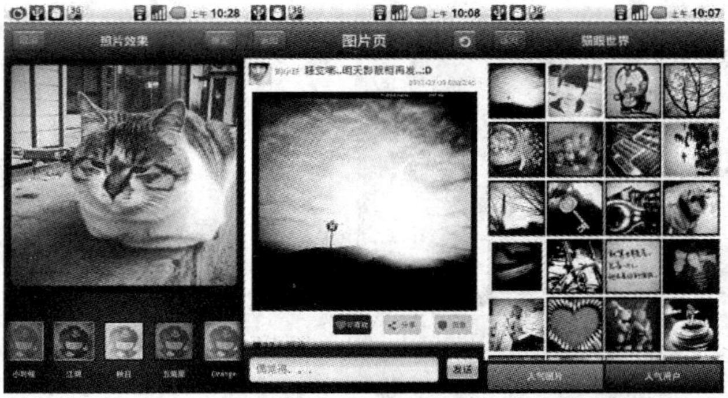

图 4 - 3 - 16　效果最终图和处理的多个可选效果图

图 4 - 3 - 17 经典的滤镜效果和发布效果

（4）地理位置信息和微博互动

猫眼图博鼓励玩家随手拍摄生活中的精彩照片,并用内置的滤镜效果处理为精美的图片上传和分享。作为一款定位为"社交"的应用软件,猫眼图博不光支持常规的彩信、E-mail 方式,还支持地理位置标记以及一键转发至国内主流的 SNS 社区,如人人网,新浪微博等方式,便于用户分享图片。经过试用发现,直接在猫眼图博中使用@符号加新浪微博用户名的方式就可对微博用户进行内容推送。在发布的过程中,可以选择是否对图片的地理位置进行标记,并完成对微博和 SNS 社区的图文更新。如图 4 - 3 - 18。

图 4 - 3 - 18 地理位置信息以及直接@微博用户等分享功能

除了在 Android 手机平台上的用户互动外,没有手机的用户也能通过浏览器登录网站访问社区用户的最新图片,并和朋友一起发表评论,进行分享。但略微遗憾的是,目前网站的这些功能只对通过手机注册的用户开放。如图 4 - 3 - 19。

图 4 - 3 - 19　用户可通过浏览器登录网站和手机用户互动

4.3.3　微博图片处理应用技巧

微博是一个基于用户关系的信息分享、传播以及获取平台,用户可以通过 Web、WAP 以及各种客户端组建个人社区,以 140 字左右的文字更新信息,并实现即时分享。最早也是最著名的微博是美国的 Twitter,根据相关公开数据,截至 2010 年 1 月份,该产品在全球已经拥有 7500 万注册用户。2009 年 8 月份,中国最大的门户网站新浪网推出"新浪微博"内测版,成为门户网站中第一家提供微博服务的网站,微博正式进入中文网主流人群视野。作为全媒体时代的最大推手,微博的诞生改变了当下中国的传播业态,"自媒体"成为可能。随着上亿用户的深度使用,微博成为最流行、最迅速的即时信息传播交流软件。

微博上一些时效性强的热点事件或者纪实性的图片引来网民围观。大众会通过关心事件而留意到微博博主,从而关注他(她)。

用图片反映事实的前提下加一些自己有态度的观点看法是目前传媒从业者普遍的做法。

1. 几个基础摄影构图常识

微博上的图片在我们上传后会以 294 像素宽来呈现(展开状态、非查看大图),尽管不是很大,但我们在拍摄的时候还是需要遵循基本的摄影知识,运用合适的角度和构图,才能让照片具备美的前提。摄影构图是一门非常复杂的学问,有不少书籍都是专门介绍它的,从发展史到各种理论的详解,再到实例展示和提点启发,蔚为大观。

本书在此简单给大家介绍 5 个实用的基础原则,灵活运用后足以轻松应对微博的照片拍摄。

(1)画面突出主体　整体保持简洁

你要知道你要拍的是什么,想表达的又是什么。那样你就可以把主体很好地框在你的照片内,也就容易将你要传达的信息送给受众。

图 4-3-20　利用镜头虚化将主体以外的物体排除

画面乱糟糟的毕竟不是好事情,所以我们先要善于运用减法,将影响画面简洁性的元素先排除在外吧。

(2)善于用三分法　保持黄金分割

最简单的构图方法,只需要将主体大概放置在照片幅面九宫格的 4 个交点上,你就可以轻松得到接近黄金分割比例的构图,至于放到哪一个点上,则需要考虑到主体的延展或者是运动方向,一般我们会留出空间让物体做趋势。

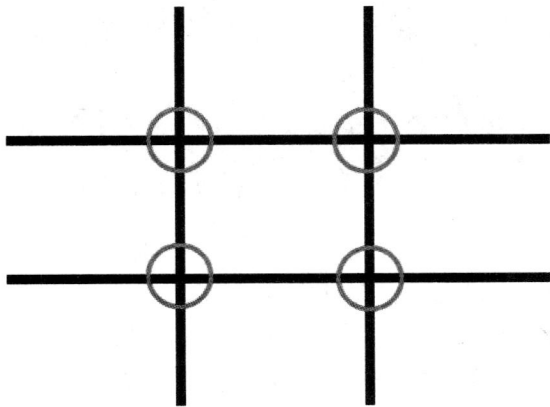

图 4-3-21　摄影构图九宫格示意一般主体置于红圈位置

（3）线条支撑画面　寻找最美角度

点到线再到面,我们需要寻找现实世界的线条,真实或抽象,并将线条合理的放置在我们的画面中,其中比较常用的就是对角线和S线的合理排布。

图 4-3-22　利用线条支撑画面

（4）形状颜色重量　归于平衡和谐

一切事物都需要归于和谐,所以我们需要注重画面的平衡,根据事物的形状、颜色,甚至重量来做合理的安排,才能让图片整体归于一种有美感的稳定性,从而达到耐看的结果。

图 4-3-23　主体形状色彩的和谐统一

（5）避免构图硬伤　随心享受摄影

到自己对画面把握能力有了进一步提高后,就可以跳出种种规条,只要避免一些例如人像头顶长柱子,线条横穿颈部等硬伤,就可以随心随性地捕捉感动你的每一瞬间了。

有关摄影构图的问题还可以有更多的内容,读者如要进一步研究,则需要购买专业的书籍来阅读并做大量的练习,最终做到心中有谱但不受各种规条限制,自由地用意识去玩摄影的高境界更好,那样你的微博运用就会炉火纯青。

2. 注意事项

在构成手机、微博这种终端窄屏幕的文字、图片、标题和留白等诸元素中,什么居于主导地位,应该突出什么,把什么放在第一位,一直成为新闻人和有关专家争论的焦点。作为一则重要新闻,侧重于文字、图片、标题,还是版面形式,这要依据具体情况而定,尤其在网络、手机终端日益市场化的今天,应该说是由受众来决定的。受众是喜欢通过文字方式了解这则新闻,还是更喜欢图片方式?作为新闻人应该按读者的方式去做。这些道理估计大家都能理解,所不能理解的就是孰轻孰重的问题,如果探讨孰轻孰重,估计焦点就会落在图片和标题上。在此,笔者想就终端时代下的图与标题之间的辩证关系来进行一些探讨。

(1)主题明确

要突出新闻主题,让受众一眼就能识别新闻含义,减少过多的辅助干扰元素。切忌图片新闻被切割的太细碎,内容繁多,没有浏览重心。很多新闻人往往会认为传达的信息越多受众越有兴趣,其实并不然,什么都想说的新闻,就是什么都没说好。

(2)重点文字突出

用文字进一步地告诉受众,是财经新闻还是体育新闻?如果我们最大的新闻点就是"5·12汶川地震纪念",那么毫无疑问,"5·12"的字样一定要大,要醒目,其余的则需要相应的弱化。

(3)符合阅读习惯

阅读视线要符合用户从左到右、从上到下的浏览习惯。

(4)用最短时间激起点击欲望

受众浏览网页、移动终端的集中注意力时间一般也就几秒,所以不需要太多过场动画,应第一时间进行新闻的展示,命中主题,并配以鼓动人心的新闻点引导受众。

(5)色彩不要过于醒目

有些新闻人要求使用比较夸张的色彩来吸引访问者眼球,希望由此提升新闻的关注度。实际上,"亮"色虽然能吸引眼球,但往往会让访问者感觉刺眼、不友好甚至产生反感。所以,过度耀眼的色彩是不可取的。

(6)新闻要素不宜过多

很多新闻人总是想展示更多新闻要素,少则4~5个,多则8~10个,结果使得整个新闻变成"点"的堆砌。网络新闻图片的显示尺寸非常有限,摆放太多新闻点,反而被淹没,视觉效果大打折扣。所以,新闻点不是越多越好,易于识别是关键。

(7)信息数量要平衡

很多人总认为信息多就是所有信息都很重要,都要求突出,结果适得其反。如果图片新闻上满是吸引点,那受众只会被注意,所以在图片新闻的有限空间内做好各种信息的平衡和协调非常重要。

（8）留空

图片新闻画面中需要留空，留空可以使图形和文字有呼吸的空间。

4.3.4 善用后期处理软件优化照片

1. 简单易用图片处理工具——光影魔术手①

我们大多数人用数码相机拍照后，不能熟练地应用 Photoshop 等软件去作后期处理，因为专业要求高，难度大，操作比较复杂，毕竟 Photoshop 高手太少了。但数码照片的后期处理，却又的确非常必要的，比如调整照片某些部位的曝光过度或不足，改变一下色调、尺寸、角度，来个缩放和剪辑，调整白平衡，增加文字说明或打上一个水印，做个边框等等。

光影魔术手是一个对数码照片画质进行改善及效果处理的软件。由于采用一些特殊的算法，所以功能强大，但操作简单、易用，不需要任何专业的图像技术，就可以制作出专业胶片摄影的色彩效果。

图 4 - 3 - 24

光影魔术手追求的理念：简单、优秀。它的出现给图片处理的初学者带了福音，使初学者可以很快地上手处理数码图片并可以做出高质量的图片。

（1）光影魔术手界面

光影魔术手安装后，界面非常简捷。最上面是菜单，包括了所有的操作、设置和信息。第二行是工具栏，工具栏按钮的图标比较大，好处是选择的时候方便点击，有些按钮还带下拉菜单，便于选择性操作。

界面中部是图片显示区，光影魔术手把尽可能大的页面空间留给数码照片的显示，便于用户对照片的观察和修饰。其建议的屏幕分辨率设置是 1024 * 768，或者更大。色彩设置一般需要 16 位色以上。

界面最下面是状态栏，显示图像文件名称、分辨率、拍摄相机和参数等。

右面是信息栏，其中右上是直方图；右下的栏目一共三层：

① 有详细显示拍摄信息的 EXIF，光影魔术手特别之处还在于能显示出单反相机拍摄时所使用的镜头信息；

② 有显示当前光标所在位置有关数据信息的色彩，它随光标位置改变而变化；

③ 还提供了便于操作的右工具栏，它和上面工具栏的区别是：在这个工具栏中的操作不是一键式的，列出了参数可供仔细调整。

所有这些信息栏、菜单、工具栏和状态栏，都可以在"查看"下拉菜单中进行设置，确定显示还是隐藏。

———————————

① 参考：光影魔术手使用说明及网站资料。

图 4 - 3 - 25

（2）光影魔术手使用方法

光影魔术手以简单、便捷著称,故其用法也具有简单、上手快等特点。这里以光影魔术手 3.1.1.18 版本为例,介绍它的一些简单操作:

① 人像美容

a. 打开一幅人物照片"文件→打开",如下图 4 - 3 - 26。

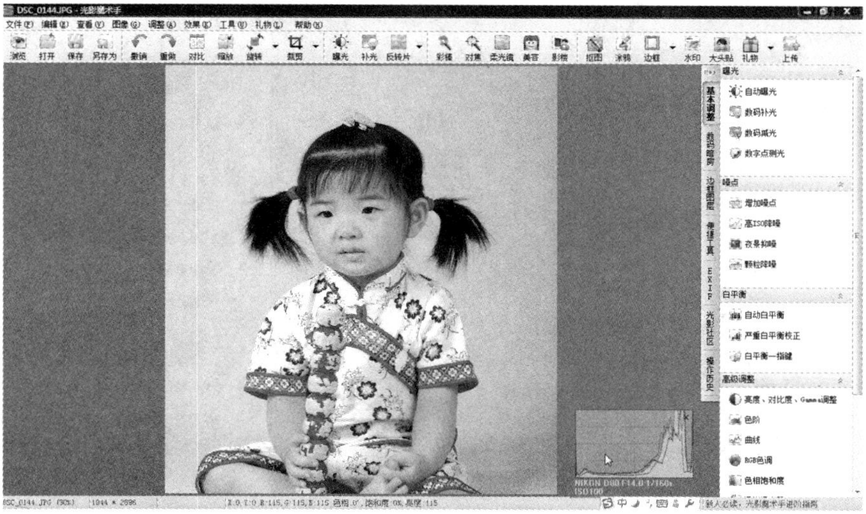

图 4 - 3 - 26

b. 选择工具栏上的"美容图标 ",效果如图 4 - 3 - 27。

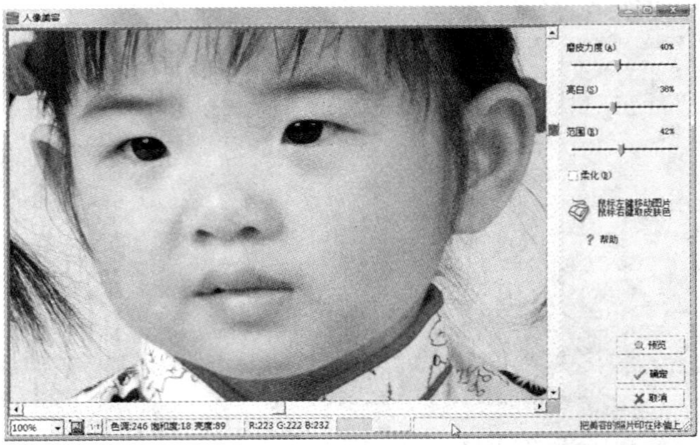

图 4 - 3 - 27

  c. 设定具体的磨皮力度、亮白、范围参数,在取景框内浏览效果,直到自己满意为止,按下"确定"保存图像。

  ② 花样边框

  光影魔术手可以快速地给图片加上各种各样的边框,具体边框可以到光影魔术手官方网站上下载安装。

  a. 打开一幅图片,效果如下图 4 - 3 - 28。

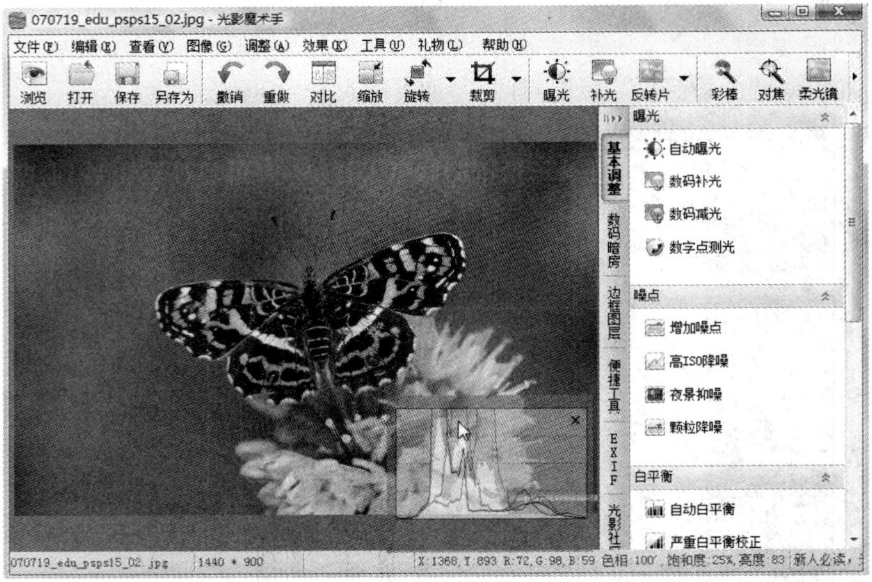

图 4 - 3 - 28

  b. 选择工具栏上的"边框图标 ",在下拉选项中选择"多图边框"效果图 4 - 3 - 29。

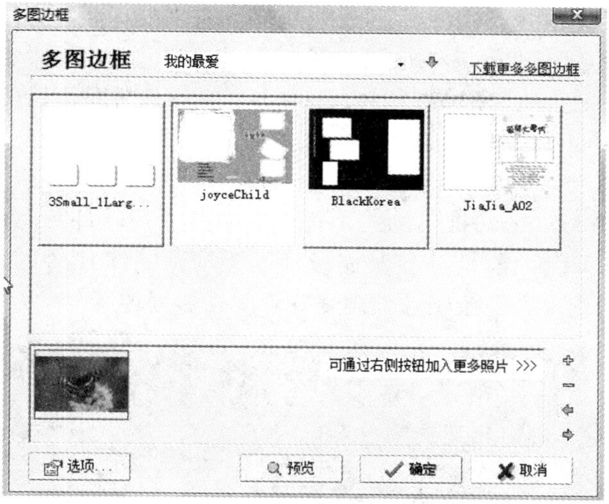

图 4 - 3 - 29

c. 选择一种边框样式,可以通过"选项"对边框样式进行设置。

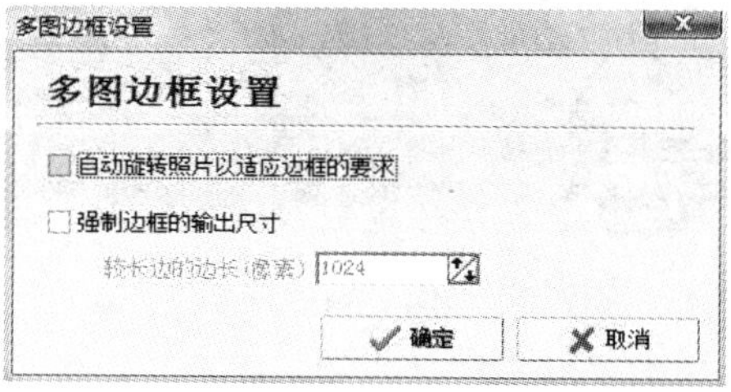

图 4 - 3 - 30

通过预览窗口浏览,图片效果,最后按"确定"按钮。最终效果如图 4 - 3 - 31。

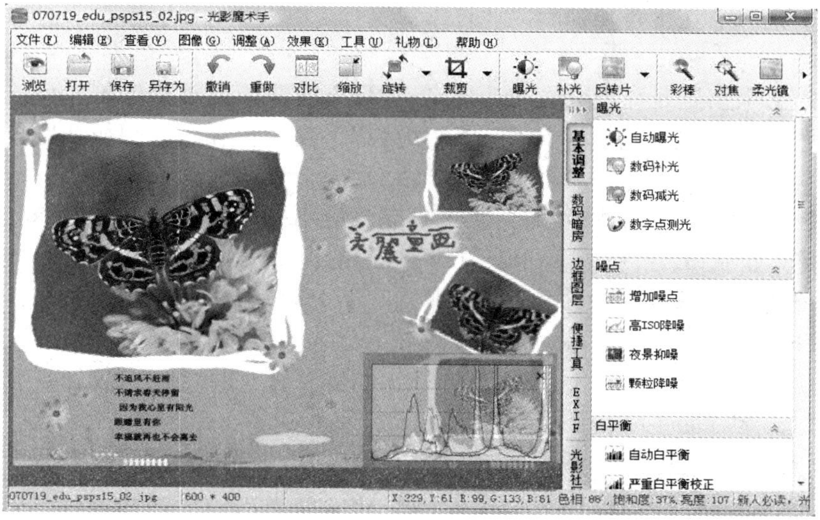

图 4 - 3 - 31

光影魔术手的用法具有举一反三的效果,利用它来处理照片方法简单直观。但是它的缺点也很明显,光影魔术手在宏观上处理照片可以说是很强大的,但在微观处理上却很难把握,如果想进一步处理相片,Photoshop 系列软件是不错的选择。本节第二部分将介绍 Photoshop CS3 软件的具体应用。

2. 优秀的专业图片处理工具——Adobe Photoshop

Photoshop 是 Adobe 公司推出的一个优秀的图像处理软件,一直占据着图像处理软件的领袖地位,是平面设计、建筑装修设计三维动画制作及网页设计的必用软件。它强大的功能也引起广大业余图像处理爱好者的强烈兴趣。

图 4 - 3 - 32

(1)Photoshop 主要功能

① 图像编辑:可以对图像做各种变换如放大、缩小、旋转、倾斜、镜像、透视等;也可进行复制、去除斑点、修补、修饰图像的残损等。

② 图像合成:这是将几幅图像通过图层操作、工具应用合成完整的,传送明确意义的图像。

③ 校色调色:这是深具威力的功能之一,可方便快捷地对图像的颜色进行明暗、色编的调整和校正,也可在不同颜色进行切换以满足图像在不同领域如网页设计、印刷、多媒体等方面的应用。

④ 特效制作:主要由滤镜、通道及工具综合应用完成,包括图像的特效创意和特效字的制作,如油画、浮雕、石膏画、素描等常用的传统美术技巧都可借此特效完成。而各种特效字的制作更是很多美术设计师热衷于 Photoshop 研究的原因。

(2)Photoshop 用法

我们这里以其最新的 CS3 版本为例,结合我们新闻图片处理常用的一些工具介绍其用法。启动 Photoshop 后的界面如图 4 - 3 - 33。

窗口上端是标题栏和菜单栏,下端在打开文件后会出现状态栏,中间为工作区。工作区左边为工具箱,右上为导航器、信息、直方图控制面板组,右中为颜色、色板、样式控制面板组,右下为图层、通道、路径控制面板组,中部为字符、段落控制面板组。

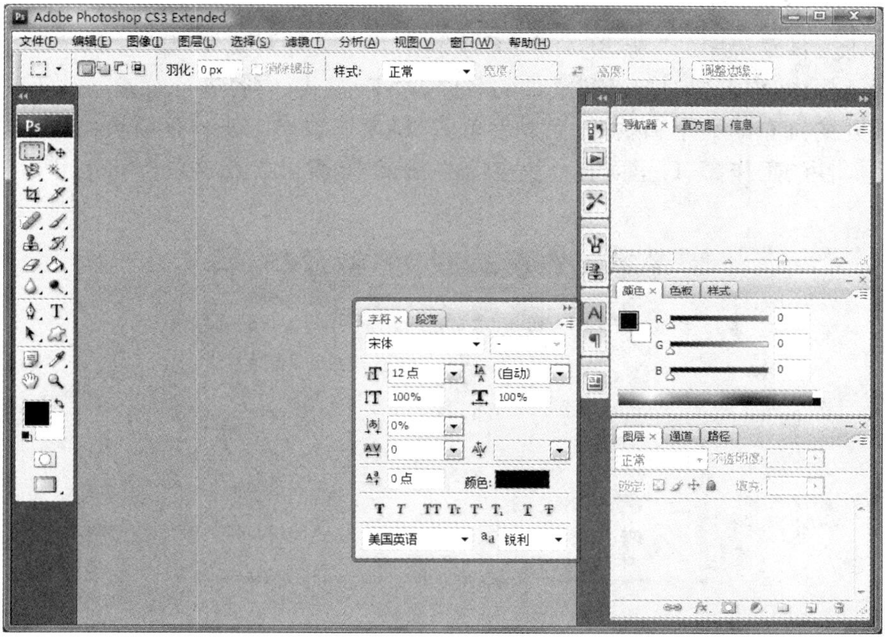

图 4 - 3 - 33

① 打开图片文件

打开图片文件可以通过文件菜单中的"打开"命令,单击打开命令后跳出"打开"文件对话框,如下图 4 - 3 - 34。我们以系统提供的例子文件"小鸭"为例,选中文件后单击打开,文件就显示在窗口的工作区中了。

图 4 - 3 - 34

② 新建图片文件

点击文件菜单中的"新建"命令,系统跳出新建文件对话框,如下图4－3－35,在这个对话框中,你需要对要新建文件的名称、大小、模式、内容进行设置,这将确定系统为你展开的画布的大小和属性,完成后单击"确定",在窗口工作区就会出现一个符合你设定属性的工作窗口,里面有一块空白的画布,你就可以在这块画布上开始你的工作了。

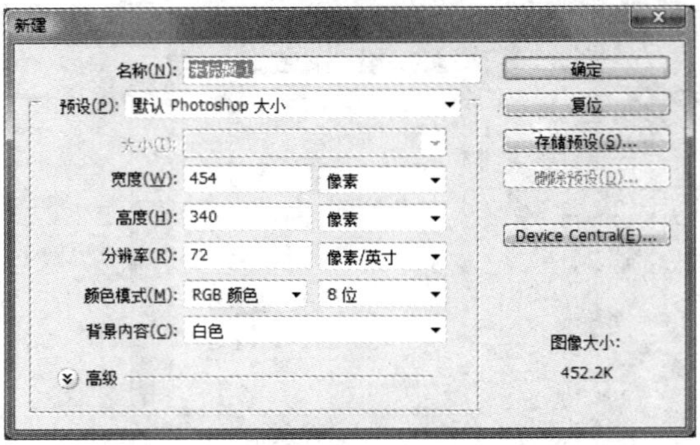

图4－3－35

③ 选择图片的某一区域

在编辑图像时,通常需要对图片的局部进行调整,在调整之前我们就需选取目标区域,在Photoshop中选中的区域会用沿顺时针转动的黑白线(也称作浮动的蚂蚁线)表示。选取区域就是用来编辑的范围。在不取消选择的情况下,一切命令只对选取区域有效,下面我们介绍一下选取工具,如图4－3－36所示。

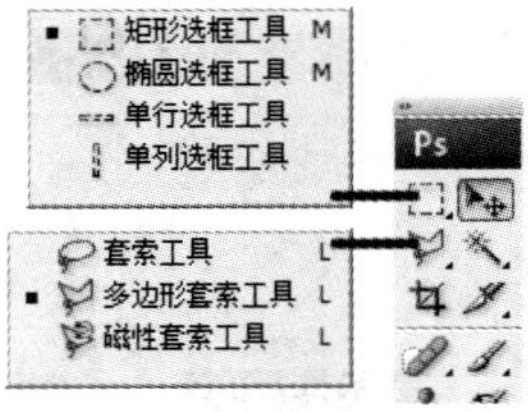

图4－3－36

a. 规则图片的选取工具——矩形和椭圆选取工具

ⓐ 矩形选取工具:按钮为□,它可以用鼠标在图层上拉出矩形选框。先单击□,鼠标在图片上变为"+"字形,这时在选项菜单栏中出现如下的矩形选取工具任务栏:

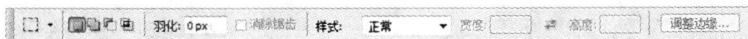

图4－3－37

用鼠标拖动在图像中画出一个矩形。所选中区域的线变为高亮虚线,即可进一步对选中区域进行其他操作。

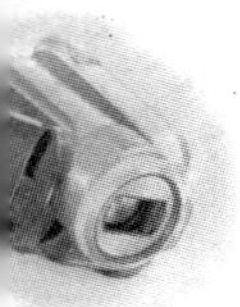

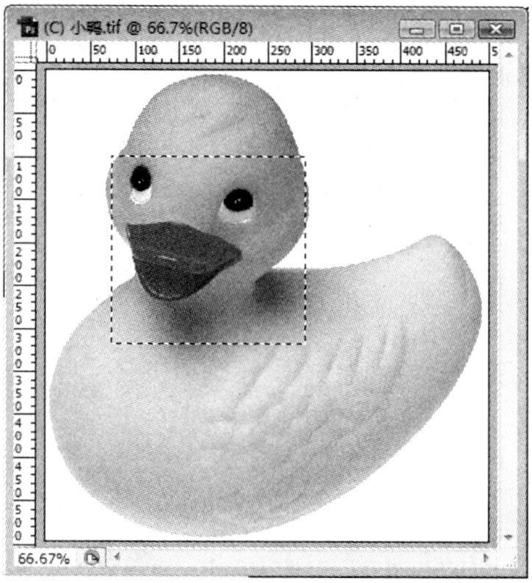

图 4 - 3 - 38

　　还可以通过矩形框选取任务栏提供的修改工具 [图标] 进行任意组合，形成你所想要的不规则矩形框组合。

　　如要选取图 4 - 3 - 39 中图 A，则先通过矩形框工具选择图 4 - 3 - 39 中图 B 中的区域，再选择减去选择按钮 [图标]，在旧的选择区域中，减去新的选择区域与旧的选择区域相交的部分，如图 4 - 3 - 39 中图 C，最终形成图 A 中的区域。

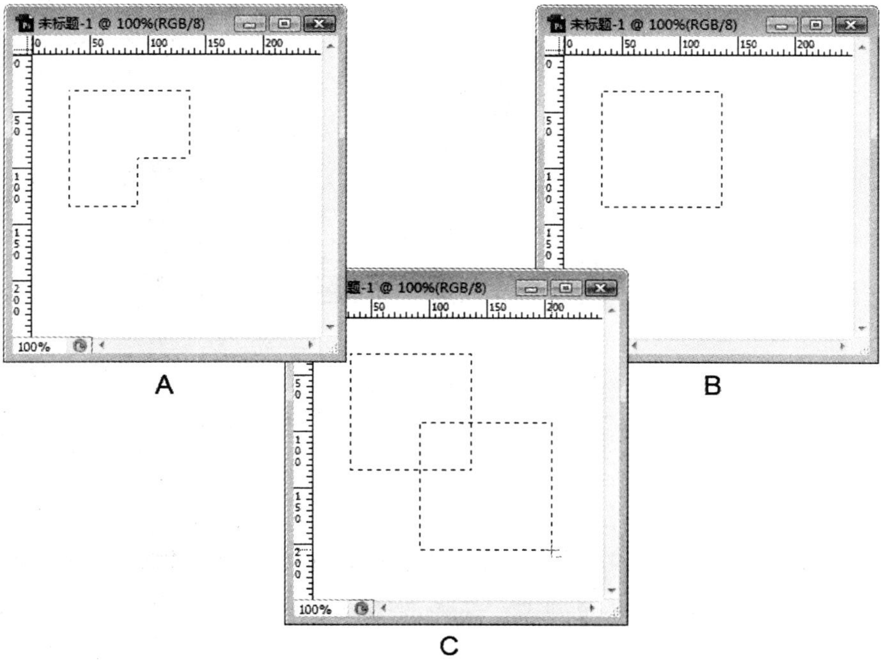

图 4 - 3 - 39 　 (A、B、C)

你还可以使用选择工具任务栏中的羽化工具消除选择区域的正常硬变边界,对其进行柔化,也就是使边界产生一个过渡段,如图4-3-40所示,其取值在2~255pixels之间。

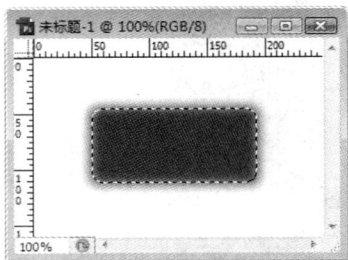

图4-3-40

　　ⓑ 椭圆选取工具:其使用与矩形大致相同。如果你想选取的图片形态是不规则的,就需要利用Photoshop6.0的套索和魔棒工具。
　　b. 不规则形态图片的选取工具——套索工具、魔棒工具。
　　ⓐ 套索工具:包括套索工具、多边形套索工具、磁性套索工具。套索工具是以手画的方式描绘出不规则形状的选取区域,如图4-3-41所示。套索选项面板如图4-3-42所示。

图4-3-41

图4-3-42

　　如果选取的曲线终点和起点未重合,则Photoshop会自动封闭成完整的曲线。在按下Alt键的同时,拖动鼠标,也能形成任意曲线,只需在起点和终点单击就会以直线相连。
　　套索工具:按住鼠标左键,拖动套索工具,沿所需要的图形移动鼠标,当回到起点时会形成闭合的曲线。

多边形套索工具:多边形套索工具 ，可以在图像中选取出不规则的多边图形。将鼠标移到图像点处单击,然后再单击每一顶点,来确定每一条直线。当回到起点时,光标下就会出现一个小圆圈,表示选择区域已封闭,再单击鼠标即完成此操作,如图4－3－43所示。

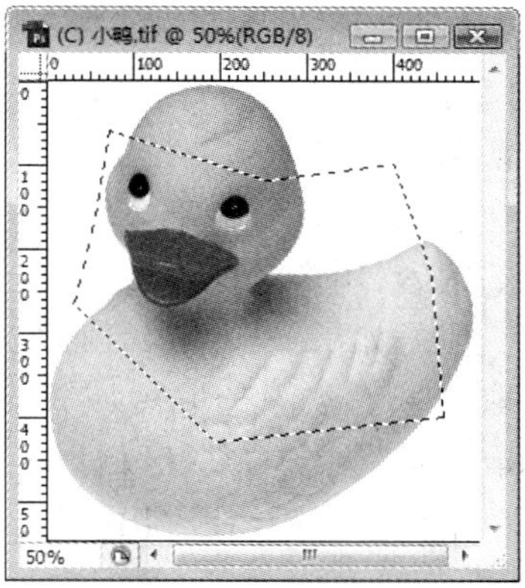

磁性套索工具:磁性套索工具 ，是一种具有可识别边缘的套索工具,可在图像中选出不规则但图形颜色和背景颜色反差较大的图形。选中 按钮,任务栏也就相应的显示为磁性套

图 4－3－43

索工具的选项,如图4－3－44所示,与以上套索有点不同,多了套索宽度和频率,前者用于设置磁性套索工具在选取时探查距离,后者是用来制定套索连接点的连接频率。鼠标移到图像上单击选取起点,然后沿图形边缘移动鼠标,如图4－3－45所示,无需按住鼠标,回到起点时会在鼠标的右下角出现一个小圆圈,表示区域已封闭,此时单击鼠标即可完成此操作。Delete 键和 Alt 键的操作和套索一样。

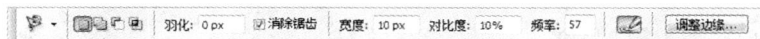

图 4－3－44

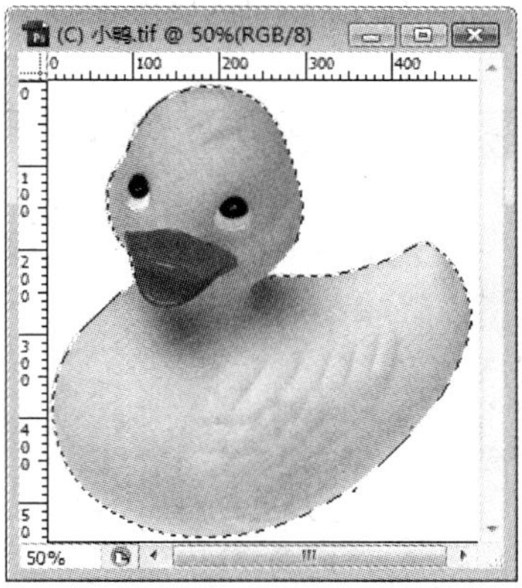

图 4－3－45

ⓑ 魔术棒

魔术棒 是一个神奇的选取工具,可以用来选取图像中颜色相似的区域,如图4－3－46所示。当用魔术棒单击某个点时,与该点颜色相似和相近的区域将被选中,可以在一些情况下节省大量的精力来达到意想不到的结果。

魔术棒的任务栏包括选取方式、羽化与消除锯齿、容差,应用所有图层。容差容差: 32 是用来控制颜色的误差范围。值越大，选择区域越广。数值范围在 0～255 之间，系统默认为 32。

在选取区域后，这部分是画布上唯一被激活了的内容，用户就能够在上面进行所需要的操作。但是如果要转到其他区域，必须先取消该选取区域。取消选取区域只需要用任何一种选取框工具单击选取区域以外的任何地方，或者单击鼠标右键，在跳出的快捷菜单中选择"取消"。

选取区域之后，你还可以改变选取区域的大小。首先选取该对象或要改变大小的图像。在选取框处于激活状态时，选取 编辑(E) 、 变换 ▶ 、 缩放(S) 命令。这时在选取的对象周围出现一个类似于裁切框的窗口，拖动方框四周的任何一处的控制手柄即可改变选取对象的大小。如果拖动插槽的同时按住 Shift 键，还可以保持对象的高宽比例。如果拖动方框侧面的手柄，即可相应拉伸或缩小选择区域的高度或宽度。

④ 重新设置图像的尺寸

要重新设置图像的尺寸，可以选取 图像(I) 、 图像大小(I)... Alt+Ctrl+I 命令，打开如图 4－3－47 所示的对话框。在这里重新设置后点击确定就会回到工作窗口，看见改变尺寸后的图片。

图 4－3－46

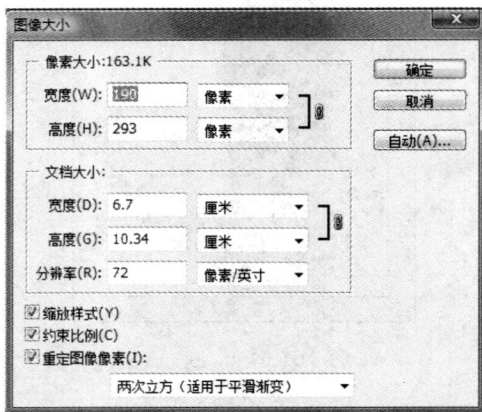

图 4－3－47

a. 像素大小。它显示的初始值是当前图像的大小，可以通过重新设置图像的宽度和高度来改变图像的大小。如果选择了约束比例选项，会出现右边的链条，表示图像的宽度和高度将始终保持原始比例。

b. 文档大小。在这里,可以查看图像的物理尺寸以应用于打印,也可以通过调整宽度、高度和分辨率来改变打印尺寸。可以选择的单位有百分比、英寸、厘米、派卡、列、点。若保持图像的分辨率不变,改变像素大小和文档大小其中一个选项组的宽度或高度设置时,另一个选项组的宽度和高度也会发生改变。

c. 重定图像像素。改变图像尺寸时,Photoshop 会将原图的像素颜色按一定的内插方式重新分配给新的像素。两次立方是最精确的分配方式。如图 4-3-48。

图 4-3-48

⑤ 重新设置画布大小

画布尺寸大小命令可以让用户修改当前图像周围的工作空间,即画布尺寸的大小。用户也可以通过减小画布尺寸来裁剪图像。画布尺寸放大后,新添加的空间将会用当前的背景色来填充。因此在改变画布的大小之前要先确定工具箱中的背景色是所需要的颜色。白色是常用的颜色。

单击 **图像(I)** 菜单中 **画布大小(S)…** Alt+Ctrl+C 命令,弹出如图 4-3-49 所示的对话框。

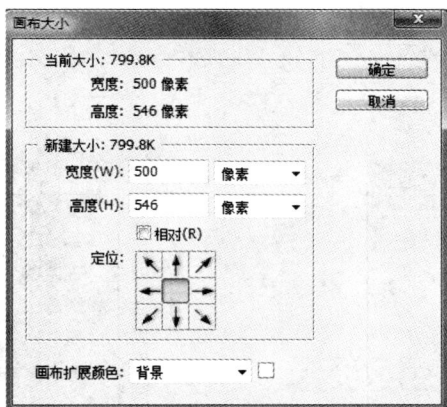

图 4-3-49

你可以从弹出的对话框中选择自己喜欢的度量系统。输入要改变后的画布尺寸大小,点击"确定"即可。你还可以利用对话框中定位锚点,如图 4-3-50,来决定把图像放置在画布的什么位置。如单击右上角,图中的图像会置于画布的右上角去。

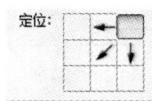

图 4-3-50

⑥ 图片的剪切、复制与粘贴

执行 **编辑(E)** 下的 **剪切(T)** Ctrl+X 或 **拷贝(C)** Ctrl+C 命令,可以将当前操作层上的选取区域剪切下来或者复制下来,Photoshop 自动将选取内容复制到计算机剪贴板中,再执行 **粘贴(P)** Ctrl+V 命令,就会将剪贴板上的内容拷贝到当前工作文件中并放到一个新的图层上。

a. 打开两张图片。如图 4-3-51、图 4-3-52。

图 4 - 3 - 51　　　　　　　　　　　　　　图 4 - 3 - 52

b. 用魔棒工具 ✎ ，然后选择 **选择(S)** 下的 反向(I) Shift+Ctrl+I 命令，将小鸭选中。如图 4 - 3 - 53 所示。

c. 选择 **编辑(E)** 下的 **剪切(T)** Ctrl+X 或 拷贝(C) Ctrl+C 命令，点击风景照为当前工作文件，选择 **编辑(E)** 下的 **粘贴(P)** Ctrl+V 命令，将刚才复制的图像粘贴过来，如图 4 - 3 - 54。

图 4 - 3 - 53　　　　　　　　　　　　　　图 4 - 3 - 54

(4)选择图层的移动工具 ▶₊ ，将小鸭移动到合适位置。

⑦ 图片裁剪

裁剪在 Photoshop 中可以看做是特殊的选取工具。具体操作步骤如下：

a. 选中裁剪工具 ✄ 。

b. 在任务栏中确定好裁剪工具的属性，如图 4 - 3 - 55 所示。

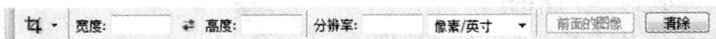

图 4 - 3 - 55

c. 在所需剪裁的图像上,用鼠标拖拉出剪切区间框,如图4-3-56所示。

d. 对剪切框进行调节,达到预期效果。

e. 按 Shift 键或在框内双击鼠标进行剪切,如图4-3-57。

图4-3-56

图4-3-57

可以通过设定 宽度: ⇄ 高度: 分辨率: 像素/英寸 ▾ 来设定剪裁后的图像的大小和分辨率。

⑧ 图片的移动、变换

a. 使用移动工具 ▶⊹ 可以对图层进行选择、变换、排列和分发。它的任务栏如图4-3-58所示。

图4-3-58

选择图层可以在任务栏中勾选 ,用鼠标在图像上单击,可自动选择鼠标所在的非透明图像的那一层。变换图层勾选 ,用鼠标单击图像后,可对已选中的一个或多个图层进行变换。选中边框后单击鼠标右键会出现一个下拉菜单,在菜单中可选择变换方式,如图4-3-59所示。

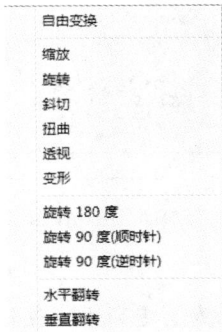

自由变换

缩放
旋转
斜切
扭曲
透视
变形

旋转 180 度
旋转 90 度(顺时针)
旋转 90 度(逆时针)

水平翻转
垂直翻转

图4-3-59

b. 变换选取对象

上面的变换方式既可以针对整个画布也可以针对所选取的对象。下面我们介绍只对所选取的对象起作用的一些变换方式。

选取好区域后，单击 编辑(E) 、 变换 ▶命令，下拉菜单如图 4-3-60 所示。

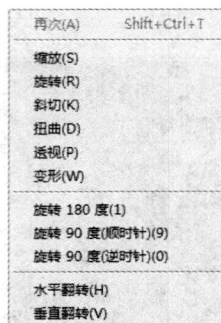

选中缩放，图像四周出现控制点，直接拖动这些控制点将会直观地改变图像的大小，若按住 Shift 的同时拖动控制点，图像将按长和宽等比例改变大小。

选中旋转，将光标移至选中区域外部，光标变成旋转光标后，拖动鼠标即可旋转所选区域。

选中斜切，这个命令不仅是将图片区域倾斜一定的角度，它还可以把图像扭曲、伸展和变形，就好像捏一块橡皮泥一样，可以任意变换。它可以使选取对象在所有可能的方向上扭曲，我们只需拖动控制手柄并拖动选取区域就能够完成这种操作，完成后按回车键即可。

扭曲命令不改变图像的尺寸，而是挤压和拉伸图形。

透视命令，要创建近大远小效果的图像，透视工具就有了用武之地。它的操作非常直观。单击一个控制手柄并从选取区域向外拖动鼠标时，对角的镜像手柄也将向相反方向做镜像运动。反之，如果向选取区域内拖动锚点，对角的镜像手柄也会向内运动。如图 4-3-61。

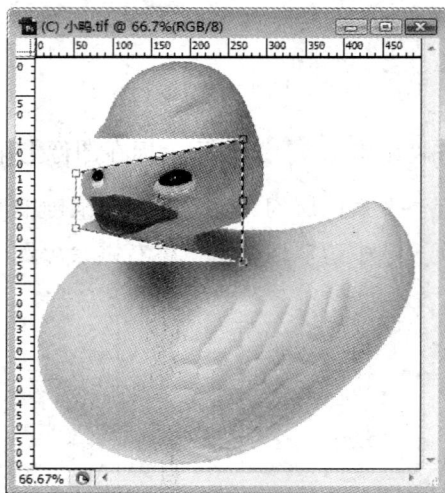

再次(A)	Shift+Ctrl+T
缩放(S)	
旋转(R)	
斜切(K)	
扭曲(D)	
透视(P)	
变形(W)	
旋转 180 度(1)	
旋转 90 度(顺时针)(9)	
旋转 90 度(逆时针)(0)	
水平翻转(H)	
垂直翻转(V)	

图 4-3-60

图 4-3-61

⑨ 图片的旋转、镜像

a. 旋转。图像在处理的时候，为了更有效方便地操作，需要旋转。Photoshop 中提供了强大的精确的旋转工具。执行 图像(I) 、 旋转画布(E) ▶命令，它的菜单如图 4-3

-62 所示。

如果不按菜单提供的固定角度旋转画布,则可以选择 图像(I) 、 旋转画布(E) ▶ 、 任意角度(A)... 命令自行设置旋转角度,打开如图 4-3-63 所示的对话框。

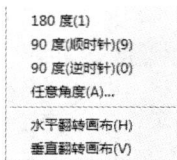

180 度(1)
90 度(顺时针)(9)
90 度(逆时针)(0)
任意角度(A)...

水平翻转画布(H)
垂直翻转画布(V)

图 4-3-62

旋转画布
角度(A): 0
○ 度(顺时针)(C)
○ 度(逆时针)(W)
确定
取消

图 4-3-63

在对话框中输入要旋转的角度值,单击 确定 完成。

b. 水平翻转、垂直翻转

这两种翻转实际上是图片的镜像翻转,即像照镜子一样,可以水平翻转,即以垂直轴为中心水平翻转图像,也可以垂直翻转,即以水平轴为中心垂直翻转图像。

⑩ 图片的颜色调整

Photoshop 有着强大的颜色调整功能,如图 4-3-64 所示菜单,我们选择几个加以介绍。

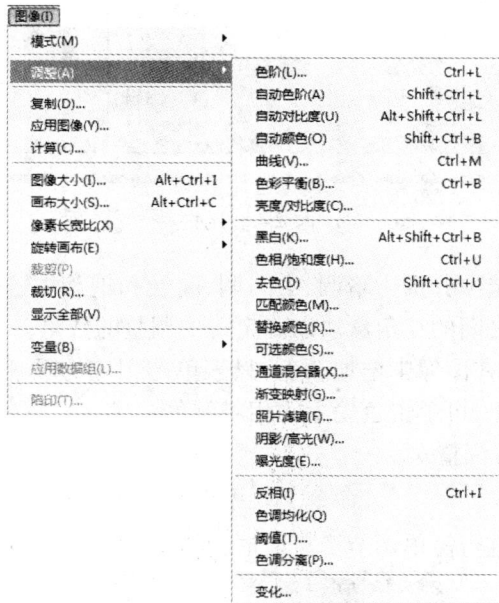

图像(I)
模式(M) ▶
调整(A) ▶   色阶(L)   Ctrl+L
                  自动色阶(A)   Shift+Ctrl+L
复制(D)...   自动对比度(U)   Alt+Shift+Ctrl+L
应用图像(Y)...   自动颜色(O)   Shift+Ctrl+B
计算(C)...   曲线(V)...   Ctrl+M
                  色彩平衡(B)...   Ctrl+B
图像大小(I)... Alt+Ctrl+I   亮度/对比度(C)...
画布大小(S)... Alt+Ctrl+C
像素长宽比(X) ▶   黑白(K)...   Alt+Shift+Ctrl+B
旋转画布(E) ▶   色相/饱和度(H)...   Ctrl+U
裁剪(P)   去色(D)   Shift+Ctrl+U
裁切(R)...   匹配颜色(M)...
显示全部(V)   替换颜色(R)...
                  可选颜色(S)...
变量(B) ▶   通道混合器(X)...
应用数据组(L)...   渐变映射(G)...
                  照片滤镜(F)...
陷印(T)...   阴影/高光(W)...
                  曝光度(E)...

                  反相(I)   Ctrl+I
                  色调均化(Q)
                  阈值(T)...
                  色调分离(P)...

                  变化...

图 4-3-64

a. 用变化调整

在进行调整时,效果最显著的变化就是直接比较图像调整前后的差异。Photoshop 中,执行这种操作的命令就是变化,是颜色调整菜单中的最后一项。变化实际上是由几个图像调整工具组合而成的一个容易使用的系统。用户可以用该命令调节图像的色相和亮度,通过缩略图来观察对比效果,然后用鼠标单击最满意的那个缩略图。

打开一幅彩色图像文件,选择 图像(I) 、 调整(A) ▶ 、 变化... 命令,对话框如图 4 - 3 - 65 所示。

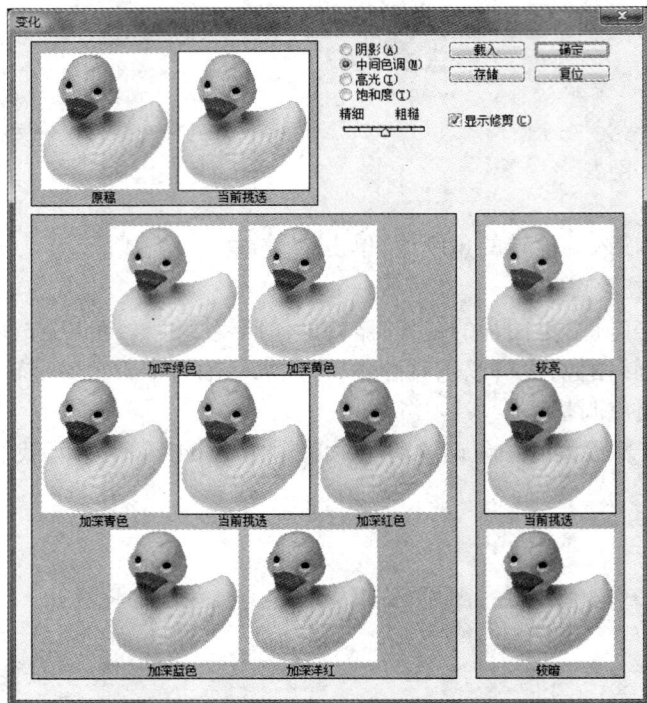

图 4 - 3 - 65

对话框右上角的选项分别为暗调、中间调、高光和饱和度,对它们分别进行调整,然后移动精细和粗糙之间的三角滑块以确定每次调整的数量。

调整方法:如果要在图像中增加颜色,只需单击相应的颜色缩略图就可以了。如果要从图像中减去颜色,可单击色轮上的相对颜色。

b. 用亮度/对比度调整

亮度/对比度(C)... 命令主要用作调节图像的亮度和对比度。利用它可以对图像的色调范围进行简单调节。对话框如图 4 - 3 - 66 所示。

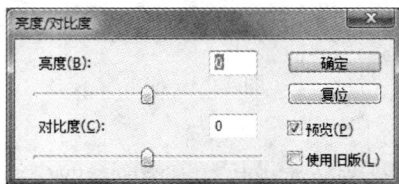

图 4 - 3 - 66

拖动对话框中三角形滑块就可以调整亮度和对比度:向左拖动,图像亮度和对比度降低;向右拖动时,则亮度和对比度增加(每个滑块的数值显示有亮度或对比度的值,范围为 0~100),调整至合适后,单击确定完成。

c. 用反相调整

反相命令能对图像进行反相,运用它可以将图像转化为阴片,或将阴片转换为图像。不过,反相命令对扫描的彩色胶片无效。反相命令没有对话框,执行时,通道中每个像素的亮度值会被直接转换为颜色刻度上相反的值:白色变为黑色,其他的中间像素值取其对应值(255-原像素值=新像素值)。

效果如图 4-3-67 和图 4-3-68 所示。

图 4-3-67

图 4-3-68

d. 增加图像局部亮度

使用工具箱中的减淡工具可将图像局部加亮,打开一个需要进行局部加亮处理的图像文件,用选择工具选取图像中某个需要增亮的区域;用鼠标选取工具箱中的减淡工具,单击减淡工具使选取的图像局部加亮,直到达到满意的效果为止。

⑪ 使用滤镜

通过使用滤镜,可以清除和修饰照片,该应用能够为用户的图像提供素描或印象派绘画外观的特殊艺术效果,还可以使用扭曲和光照效果创建独特的变换。Adobe 提供的滤镜显示在"滤镜"菜单中。第三方开发商提供的某些滤镜可以作为增效工具使用。在安装后,这些增效工具滤镜出现在"滤镜"菜单的底部。如图4-3-69所示。

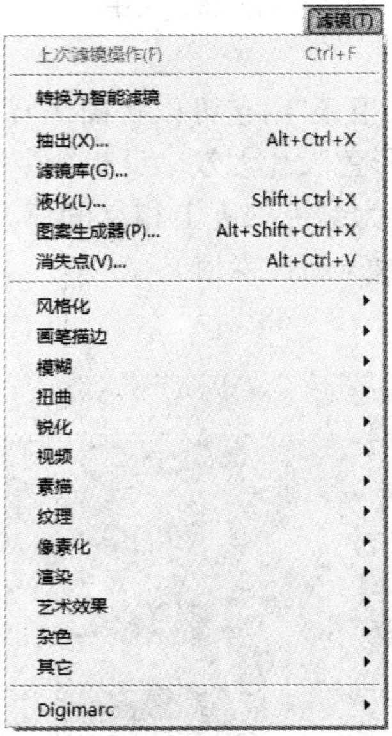

图4-3-69

单击菜单中的"滤镜"按钮,便可看到一系列的滤镜菜单,其中比较常用的是模糊和锐化。如图4-3-70和图4-3-71所示。

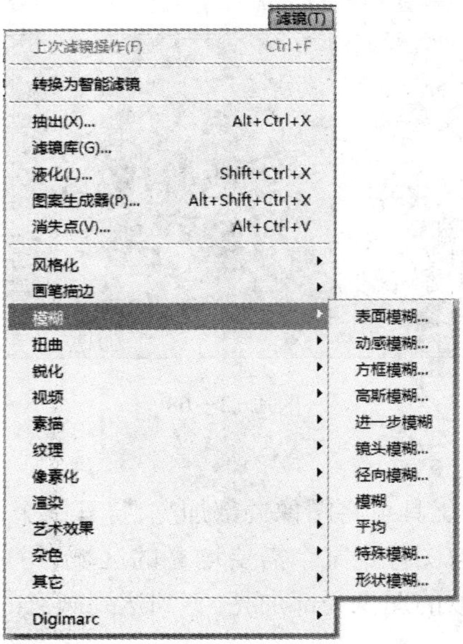

图4-3-70

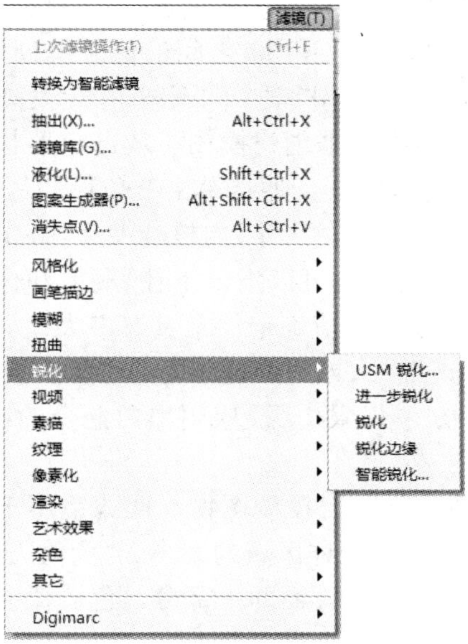

图 4 - 3 - 71

模糊和锐化下有一系列不同程度不同模式的效果选项,以下分别就模糊和锐化分别讲解。

a. 模糊

"模糊"滤镜柔化选区或整个图像,这对于修饰非常有用。它们通过平衡图像中已定义的线条和遮蔽区域的清晰边缘旁边的像素,使变化显得柔和。

"平均":找出图像或选区的平均颜色,然后用该颜色填充图像或选区以创建平滑的外观。

"模糊和进一步模糊":在图像中有显著颜色变化的地方消除杂色。"模糊"滤镜通过平衡已定义的线条和遮蔽区域的清晰边缘旁边的像素,使变化显得柔和。"进一步模糊"滤镜的效果比"模糊"滤镜强三到四倍。

"方框模糊":基于相邻像素的平均颜色值来模糊图像。此滤镜用于创建特殊效果,可以调整用于计算给定像素的平均值的区域大小;半径越大,产生的模糊效果越好。

"高斯模糊":使用可调整的量快速模糊选区。高斯是指当 Photoshop 将加权平均应用于像素时生成的钟形曲线。"高斯模糊"滤镜添加低频细节,并产生一种朦胧效果。

"镜头模糊":向图像中添加模糊以产生更窄的景深效果,以便使图像中的一些对象在焦点内,而使另一些区域变模糊。

"动感模糊":沿指定方向(-360°至+360°)以指定强度(1 至 999)进行模糊。此滤镜的效果类似于以固定的曝光时间给一个移动的对象拍照。

"径向模糊":模拟缩放或旋转的相机所产生的模糊,产生一种柔化的模糊。选取

179

"旋转",沿同心圆环线模糊,然后指定旋转的度数。选取"缩放",沿径向线模糊,好像是在放大或缩小图像,然后指定 1 到 100 之间的值。模糊的品质范围从"草图"到"好"和"最好"。通过拖动"中心模糊"框中的图案,指定模糊的原点。

"形状模糊":使用指定的内核来创建模糊。从自定形状预设列表中选取一种内核,并使用"半径"滑块来调整其大小。通过单击三角形并从列表中进行选取,可以载入不同的形状库。半径决定了内核的大小;内核越大,模糊效果越好。

"特殊模糊":精确地模糊图像,可以指定半径、阈值和模糊品质。半径值确定在其中搜索不同像素的区域大小。阈值确定像素具有多大差异后才会受到影响。也可以为整个选区设置模式("正常"),或为颜色转变的边缘设置模式("仅限边缘"和"叠加")。在对比度显著的地方,"仅限边缘"应用黑白混合的边缘,而"叠加边缘"应用白色的边缘。

"表面模糊":在保留边缘的同时模糊图像。此滤镜用于创建特殊效果并消除杂色或粒度。"半径"选项指定模糊取样区域的大小。"阈值"选项控制相邻像素色调值与中心像素值相差多大时才能成为模糊的一部分。色调值差小于阈值的像素被排除在模糊之外。

以高斯模糊为例简单介绍操作方法:

高斯模糊的操作界面如图 4-3-72,其中,最大部分是预览框,给操作者提供操作结果的实时预览,勾选右侧的预览框便可实现这一效果,下边是对预览框的显示百分比的调整,可以放大查看细节,也可以缩小查看概括效果。最下边是模糊半径的调整,半径越大,模糊效果越明显。

图 4-3-72

b. 锐化

"锐化"滤镜通过增加相邻像素的对比度来聚焦模糊的图像。

"锐化和进一步锐化":聚焦选区并提高其清晰度。"进一步锐化"滤镜比"锐化"滤镜有更强的锐化效果。

"锐化边缘和 USM 锐化":查找图像中颜色发生显著变化的区域,然后将其锐化。

"锐化边缘"滤镜只锐化图像的边缘,同时保留总体的平滑度。使用此滤镜在不指定数量的情况下锐化边缘。对于专业色彩校正,可使用"USM 锐化"滤镜调整边缘细节的对比度,并在边缘的每侧生成一条亮线和一条暗线。此过程将使边缘突出,造成图像更加锐化的错觉。

"智能锐化":通过设置锐化算法或控制阴影和高光中的锐化量来锐化图像。

以"USM 锐化"和"智能锐化"为例简单介绍操作方法。

使用"USM 锐化"进行锐化处理如图 4-3-73 所示。

图 4-3-73

"USM 锐化"通过增加图像边缘的对比度来锐化图像。"USM 锐化"不检测图像中的边缘。相反,它会按用户指定的阈值找到值与周围像素不同的像素。然后,它将按指定的量增强邻近像素的对比度。因此,对于邻近像素,较亮的像素将变得更亮,而较暗的像素将变得更暗。另外,您可以指定每个像素相比较的区域半径。半径越大,边缘效果越明显,如图 4-3-74。

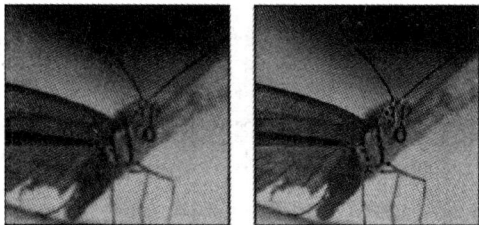

图 4-3-74   原图像和应用了"USM 锐化"的图像

应用到图像的锐化程度通常取决于个人的喜好。但是,如果对图像进行过度锐化,则会在边缘周围产生光晕效果,如图 4-3-75。

"USM 锐化"滤镜的效果在屏幕上比在高分辨率输出时显著得多。如果最终的目的是打印,请试验确定最适合图像的设置。

如果您的图像是多图层图像,请选择包含要想锐化的图像的图层。即使这些图层是链接图层或组合图层,也只能一次向一个图层应用"USM 锐化"。在应用"USM 锐化"滤镜之前,可以合并图层。

图 4-3-75

选取"滤镜"→"锐化"→"USM 锐化",确保"预览"选项已被选中。

在预览窗口中单击图像,并按住鼠标查看图像在未锐化时的外观。在预览窗口中拖动,查看图像的不同部分,然后单击"+"号或"-"号放大或缩小。

拖动"半径"滑块或输入一个值,确定边缘像素周围影响锐化的像素数目。半径值越大,边缘效果的范围越广,而边缘效果的范围越广,锐化也就越明显。"半径"值随主体、最终复制品的大小以及输出方法的不同而不同。对于高分辨率图像,通常建议使用 1 和 2 之间的"半径"值。较低的数值仅锐化边缘像素,较高的数值则锐化范围更宽的像素。这种效果在打印时没有在屏幕上时明显,因为 2 像素的半径在高分辨率输出图像中表示更小的区域。

拖动"数量"滑块或输入一个值,确定增加像素对比度的数量。对于高分辨率的打印图像,建议使用 150% ~ 200% 的数量。

拖动"阈值"滑块或输入一个值,确定锐化的像素必须与周围区域相差多少,才被滤镜看作边缘像素并被锐化。例如,如果阈值为 4,则会按 0 到 255 的比例影响色调值差异为 4 或更多的所有像素。因此,如果相邻像素的色调值为 128 和 129,它们将会不受到影响。为了避免带入杂色或出现海报化效果(举例来说,在色调较饱和的图像中),请使用边缘蒙版,或尝试用 2 ~ 20 的"阈值"进行试验。默认的阈值(0)将锐化图像中的所有像素。

使用"智能锐化"进行锐化处理:

"智能锐化"滤镜具有"USM 锐化"滤镜所没有的锐化控制功能。您可以设置锐化算法,或控制在阴影和高光区域中进行的锐化量。可以将文档窗口缩放到 100%,以便精确地查看锐化效果。

选取"滤镜"→"锐化"→"智能锐化"。设置"锐化"选项卡中的控件,如图 4-3-76。

数量:设置锐化量。较大的值将会增强边缘像素之间的对比度,图片从而看起来更加锐利。

半径:决定边缘像素周围受锐化影响的像素数量。半径值越大,受影响的边缘就越宽,锐化的效果也就越明显。

移去:设置用于对图像进行锐化的锐化算法。

"高斯模糊"是"USM 锐化"滤镜使用的方法。"镜头模糊"将检测图像中的边缘和细节,可对细节进行更精细的锐化,并减少锐化光晕。"动感模糊"将尝试减少由于相机或主体移动而导致的模糊效果。如果选取了"动感模糊",请设置"角度"

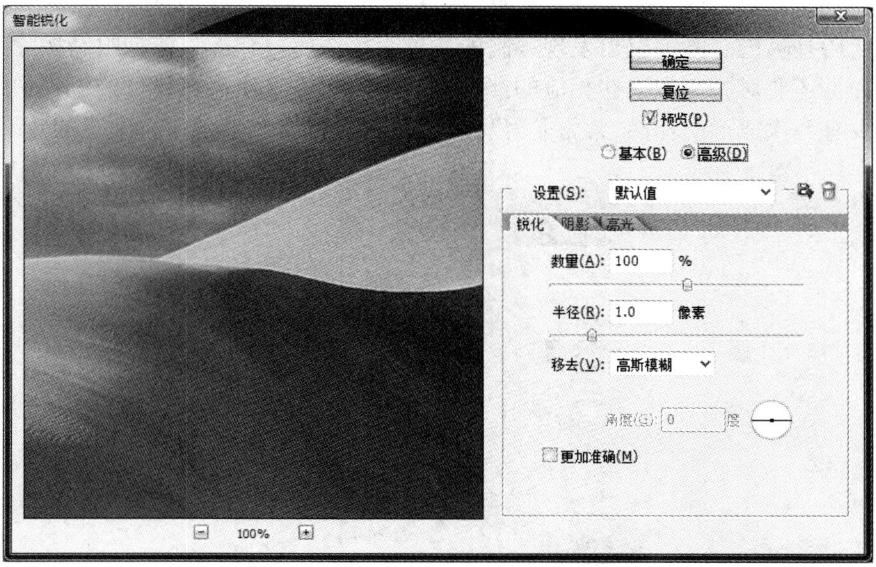

图 4 - 3 - 76

控件。

角度：为"移去"控件的"动感模糊"选项设置运动方向。更加准确、用更慢的速度处理文件，以便更精确地移去模糊。使用"阴影"和"高光"选项卡调整较暗和较亮区域的锐化。（单击"高级"按钮可显示这些选项卡。）如果暗的或亮的锐化光晕看起来过于强烈，可以使用这些控件减少光晕，这仅对于 8 位/通道和 16 位/通道的图像有效。

渐隐量：调整高光或阴影中的锐化量。

色调宽度：控制阴影或高光中色调的修改范围。向左移动滑块会减小"色调宽度"值，向右移动滑块会增加该值。较小的值会限制只对较暗区域进行阴影校正的调整，并只对较亮区域进行高光校正的调整。

半径：控制每个像素周围的区域的大小，该大小用于决定像素是在阴影还是在高光中。向左移动滑块会指定较小的区域，向右移动滑块会指定较大的区域，单击确定。

c. 马赛克滤镜

马赛克滤镜将图像分解成各种颜色的像素块。最终效果就是大家常见的马赛克效果。在滤镜菜单里其位置如图 4 - 3 - 77。马赛克滤镜在处理某些不适宜公开发布的部分图片内容时具有很大作用。掌握它的使用对新闻图片编辑具有很大帮助。

如图 4 - 3 - 78，对话框中，最大部分是预览框，可以实时查看滤镜执行效果。勾选右边的预览可以在原图上看到整体效果。下边的单元格大小定义了组成马赛克的小方格的大小，其数值越大马赛克越明显，细节越不明显。

⑫ 图层的使用

图层可以说是 Photoshop 中最重要的工具之一，能熟练掌握图层的使用是检验

Photoshop 使用水平的重要工具。比如我们在纸上画一个人脸,先画脸庞,再画眼睛和鼻子,然后是嘴巴。画完以后发现眼睛的位置歪了一些。那么只能把眼睛擦除掉重新画过,并且还要对脸庞作一些相应的修补。这当然很不方便。在设计的过程中也是这样,很少有一次成形的作品,常常是经历若干次修改以后才得到比较满意的效果。

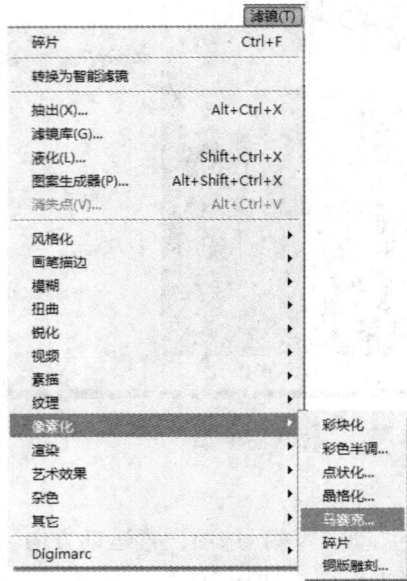

图 4 - 3 - 77

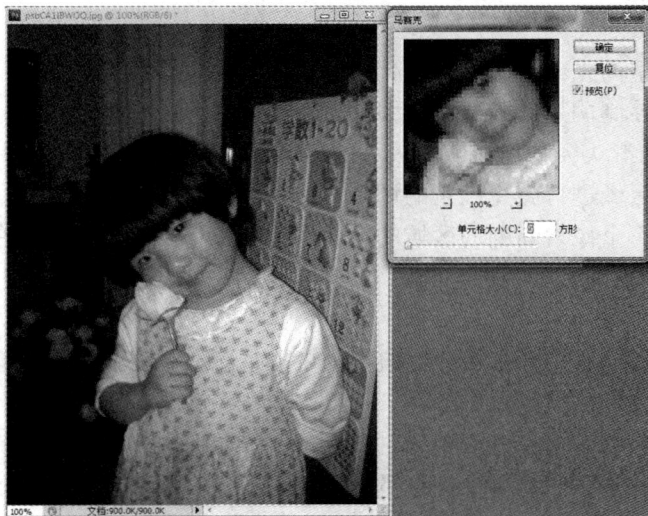

图 4 - 3 - 78

那么想象一下,如果我们不是直接画在纸上,而是先在纸上铺一层透明的塑料薄膜,把脸庞画在这张透明薄膜上,画完后再铺一层薄膜画上眼睛,再铺一张画鼻子,将脸庞、鼻子、眼睛分为三个透明薄膜层。这样完成之后的成品,和先前那种全部画在一张纸上的方法,在视觉效果上是一样的。如果觉得眼睛的位置不对,可以单独移动眼睛所在的那层薄膜以达到修改的效果。如果不满意,甚至可以把这张薄膜丢弃,重新画一张。而其余的脸庞、鼻子等部分不受影响,因为它们被画在不同层次的薄膜上,如图4-3-79。

图4-3-79

这种方式极大地提高了后期修改的便利度,最大可能地避免重复劳动。因此,将图像分层制作是明智的。

在Photoshop中我们也可以使用类似这种"透明图像"的概念来处理图像。通过调用图层调板"F7"可以察看和管理Photoshop中的图层。图层调板是最经常使用的调板之一。它通常与通道和路径调板整合在一起,一幅图像中至少必须有一个层存在。如图4-3-80。

图4-3-80 图层混合模式   图4-3-81

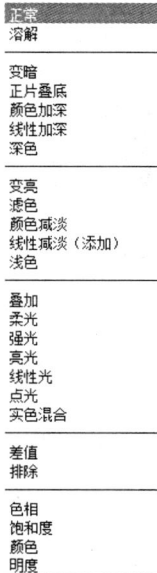

所谓图层混合模式就是指一个层与其下图层的色彩叠加方式,在这之前我们所使用的是正常模式,除了正常以外,还有很多种混合模式,它们都可以产生迥异的合成效果。

但是,完全理解混合模式对初学者来说是非常困难的。即使是很有经验的人,往往也只是感性认识而不知其原理。曾有一份资料将混合模式的工作原理描述为类似于把上层亮度减去下层亮度结果的绝对值乘以2再开方,可见图层混合模式的原理是比较复杂的。用户可以在 Photoshop 中打开帮助文件"F1",点击"搜索",填入"混合模式"查找相关的内容。

对于初学者来说,图层混合模式使用的机会并不多,即使完全不了解这方面的知识,也不会有太大影响。真正在制作中最常用的也就是两三个模式,但理解图层的混合模式对于理解 Photoshop 有很大的帮助。

在前面的部分我们已经感觉到图像中的各个图层间,彼此是有层次关系的,层次效果的最直接体现就是遮挡。位于图层调板下方的图层层次是较低的,越往上层次越高,就好像从桌子上渐渐往上堆叠起来一样。位于较高层次的图像内容会遮挡较低层次的图像内容。

改变图层层次的方法是在图层调板中按住图层拖动到上方或下方,拖动过程可以一次跨越多个图层。

现在我们把图层 2 移动到图层 1 的下方,那么小灰色方框就会被大的橘黄色方框遮挡住了,如下图 4 - 3 - 82,注意拖动的目的地要位于图层 1 与背景层的接缝处(图中红色线条处)才可以。

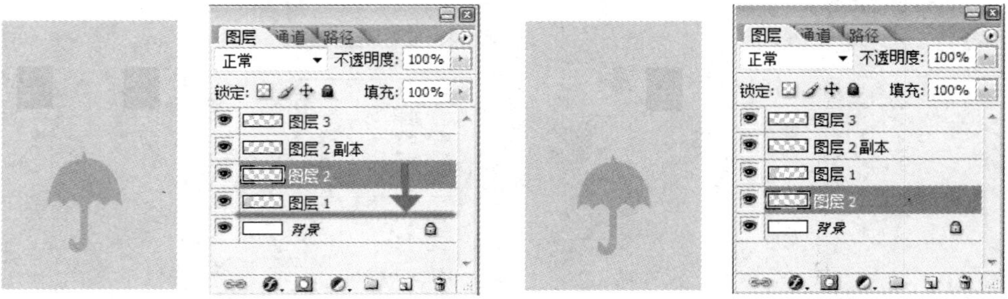

图 4 - 3 - 82

⑬ 蒙版的使用

蒙版是 Photoshop 中独特的图像处理方式,主要用于隔离和保护图像中的某个区域,并可将部分图像处理成透明和半透明效果。蒙版主要用于隔离和保护图像的区域,当对图像的其他区域进行颜色变化、使用滤镜和进行其他效果处理时,被蒙版蒙住的区域不发生变化。也可以只对蒙版蒙住的区域进行处理,而不改变图像的其他部分。

在 Photoshop CS3 中蒙版有快速蒙版、图层蒙版、矢量蒙版、剪切蒙版 4 种形式,下面简单介绍常用的图层蒙版和剪切蒙版的使用。

a. 图层蒙版

图层蒙版可以理解为在当前图层上面覆盖一层玻璃片,这种玻璃片有透明的和黑色不透明两种,前者显示全部,后者隐藏部分。然后用各种绘图工具在蒙版上(即玻璃片上)涂色(只能涂黑白灰色),涂黑色的地方蒙版变为不透明,看不见当前图层的图像,涂白色则使涂色部分变为透明可看到当前图层上的图像,图灰色使蒙版变为半透明,透明的程度由涂色的灰度深浅决定。其创建方法:在图像中创建一个选区,再单击"图层"控制面板底部的"添加图层蒙版"按钮 ,如图 4 - 3 - 83。

图 4 - 3 - 83

它是一种特殊的选区,但它的目的并不是对选区进行操作,而是要保护选区不被操作。同时,不处于蒙版范围的地方则可以进行编辑与处理。

蒙版虽然是一种选区,但它跟常规的选区颇为不同。常规的选区表现了一种操作趋向,即将对所选区域进行处理;而蒙版却相反,它是对所选区域进行保护,让其免于操作,而对非掩盖的地方应用操作。

制作蒙版的方法有以下几点:先制作选区→选择/存储选区,直接单击通道控制面板中的"将选区存储为通道"按钮;利用"通道"控制面板,首先创建一个 Alpha 通道,然后用绘图工具或其他编辑工具在该通道上编辑,以产生一个蒙版;制作图层蒙版;利用工具箱中的快速蒙版显示模式工具产生一个快速蒙版。

b. 剪切蒙版

使用剪切蒙版可以将一幅图像置于所需的图像区域中,并可在其中对图像进行编辑,图像的形状不会变化,具体操作如下:

打开一幅需要创建剪切蒙版的图像,将其背景图层转换为图层 0,在其下方新建一个图层,绘制一个心形选区并填充红色,如图 4 - 3 - 84。

图 4 - 3 - 84

选择图层 0,再选择图层,创建剪切蒙版命令,完成剪切蒙版创建,效果如图 4 - 3 - 85 所示。

图 4 - 3 - 85

⑭ Photoshop 动画制作基础

自 Photoshop CS2 版本以来,Photoshop 配合 ImageReady 就可以制作简单的动画。Photoshop 的这一功能推出,使初学者不必学 Flash 就可以制作简单的 gif 动画。Photoshop CS5 制作的动图是逐帧动画,需要你把想要的动画图片分别放入不同的图层,在设定播放时间实现的。如图 4 - 3 - 86。

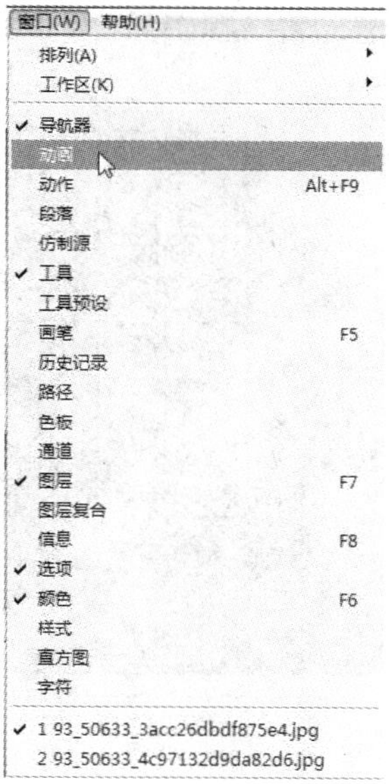

图 4-3-86

下面介绍在 Photoshop 中独立创建动画的方法,当然在 ImageReady 中也可以创建更好的动画效果。这里只是简单的操作,希望读者可以由这简单的动画推及复杂的操作。软件的学习就是要多想、多练、多对比。

a. 启动 Photoshop CS3,打开两幅图像,如图 4-3-87、图 4-3-88。图片来源中新闻,被戏称中国"高考最牛钉子户"的梁实在成都一老茶馆内紧张备战 2012 年全国高考,这是他个人第 16 次参加全国高校招生考试。现龄 45 岁的梁实每天都要花 6 个小时时间复习功课,到茶馆学习也是他多年来养成的一种习惯。梁实表示,若今年还不能考进理想中的大学,2013 年还将继续奋斗。

图 4-3-87

b. 将一幅图像用鼠标按住拖入另一幅图像中,如图4-3-89所示,得到图层1。

图4-3-88

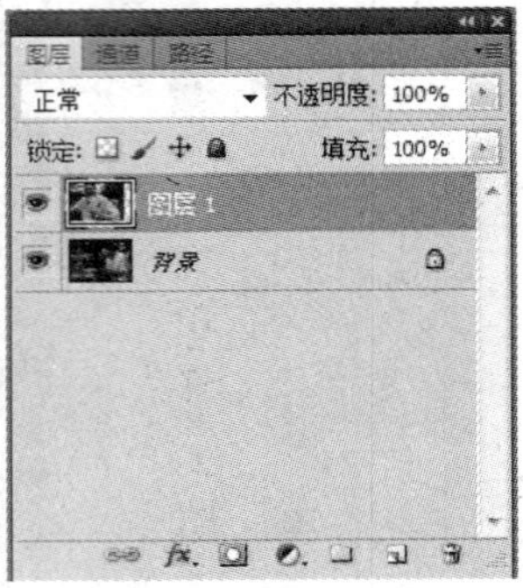

图4-3-89

c. 让两幅图像严格对齐(如果不对齐就会出现图片跳动现象)。

d. 点击"窗口"→"动画",显示动画调板。如图4-3-90。

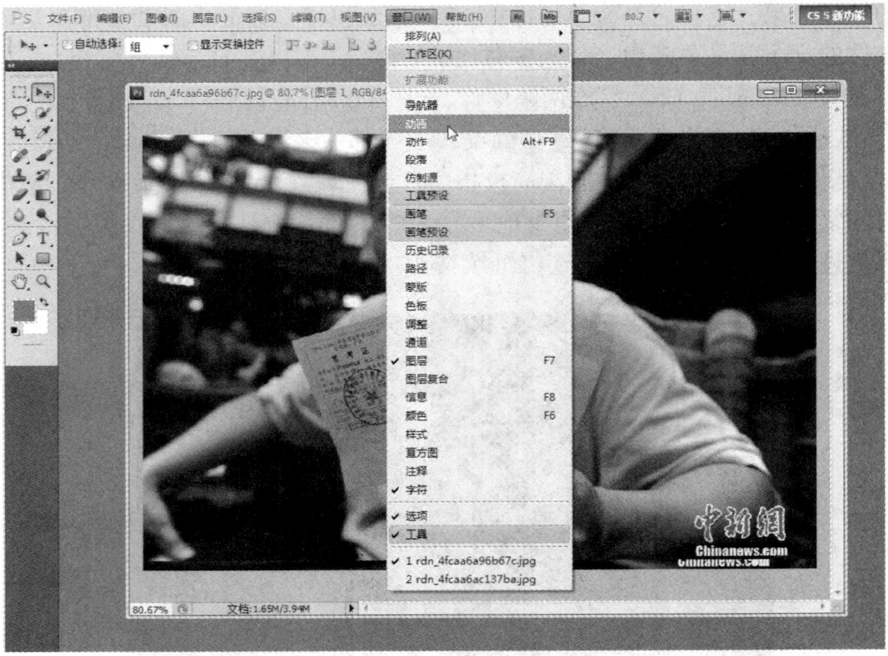

图4-3-90

e. 关闭图层1 👁,点击"复制当前桢钮",如图4-3-91。

图 4 - 3 - 91

f. 关闭先前的图层 👁，显示另一个图层的 👁，如图 4 - 3 - 92。

图 4 - 3 - 92

动画面板此时如图4-3-93。

图4-3-93

g. 按住 Ctrl 键选中两个动画桢,点击小黑三角,设置显示时间(两桢显示时间相同)。如图4-3-94。

图4-3-94

h. 现在可以试试播放效果了,如果觉得太快或是太慢,可以重新设置显示时间。

i. 保存 gif 动画。"文件"→"存储为 Web 和设备所用格式"。这样一幅简单的 gif 动画就完成了。如图4-3-95。

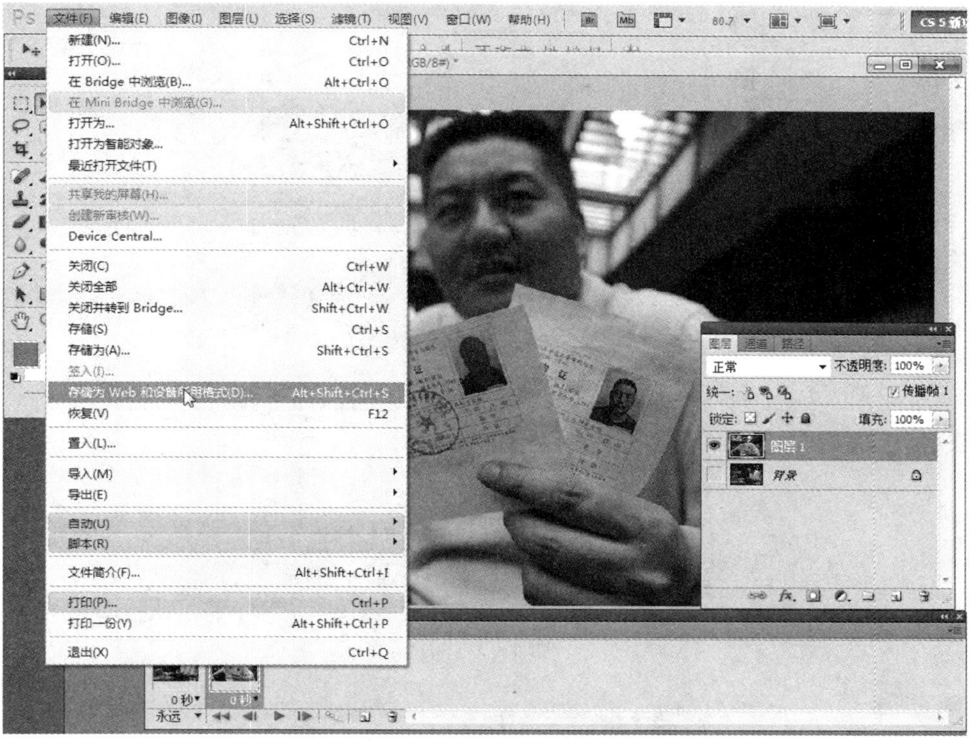

图 4 - 3 - 95

⑮ Photoshop 文件保存常见格式

PSD（＊.PSD）、BMP（＊.BMP）、TIFF（＊.TIf）格式、JPEG（＊.JPG）格式、Photoshop EPS（＊.EPS）格式、GIF（＊.GIF）、PCX（＊.PCX）、Film Strip（＊.FLM）、PICT（＊.PCI）格式、PNG（＊.PNG）、PDF（＊.PDF）、Photo CD（＊.PCD）、TGA（＊.TGA）格式

⑯ Photoshop 文件保存方式

Photoshop 文件保存一般保存为两种格式,即 PDF 和 GIF 格式。具体情况下可以按照需要保存为上篇所谈到格式。如图 4 - 3 - 96。

注意:

一般适用于网络的图片保存为"储存为 Web 和设备所用格式",该设置的好处是,图片清晰且大小较一般储存模式较小,适用于网络传输。如图 4 - 3 - 97。

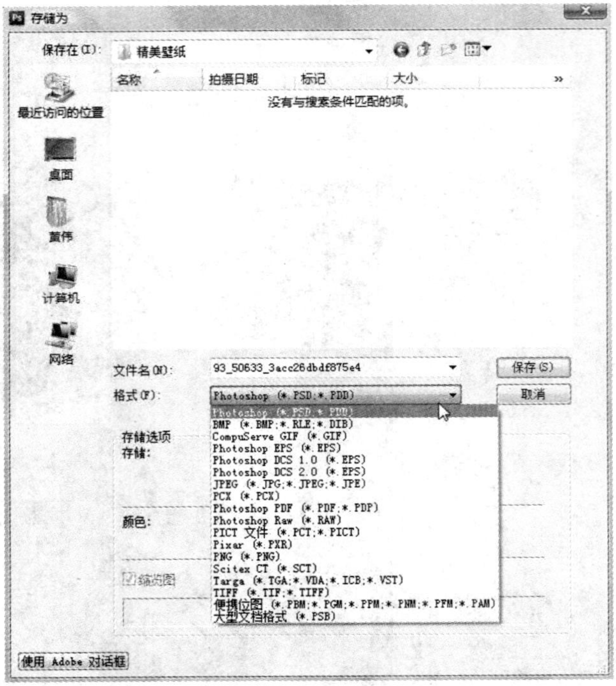
存储为
保存在(I):
精美壁纸
名称
拍摄日期
标记
大小
没有与搜索条件匹配的项。
最近访问的位置
桌面
蓝伟
计算机
网络
文件名(N):
93_50633_3acc26dbdf875e4
保存(S)
格式(F):
Photoshop (*.PSD;*.PDD)
取消
存储选项
存储:
颜色:
缩览图
BMP (*.BMP;*.RLE;*.DIB)
CompuServe GIF (*.GIF)
Photoshop EPS (*.EPS)
Photoshop DCS 1.0 (*.EPS)
Photoshop DCS 2.0 (*.EPS)
JPEG (*.JPG;*.JPEG;*.JPE)
PCX (*.PCX)
Photoshop PDF (*.PDF;*.PDP)
Photoshop Raw (*.RAW)
PICT 文件 (*.PCT;*.PICT)
Pixar (*.PXR)
PNG (*.PNG)
Scitex CT (*.SCT)
Targa (*.TGA;*.VDA;*.ICB;*.VST)
TIFF (*.TIF;*.TIFF)
便携位图 (*.PBM;*.PGM;*.PPM;*.PNM;*.PFM;*.PAM)
大型文档格式 (*.PSB)
使用 Adobe 对话框

图 4－3－96

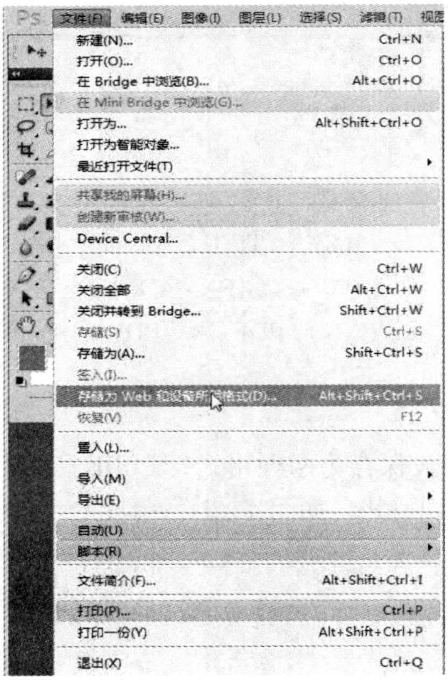
文件(F)
编辑(E)
图像(I)
图层(L)
选择(S)
滤镜(T)
新建(N)... Ctrl+N
打开(O)... Ctrl+O
在 Bridge 中浏览(B)... Alt+Ctrl+O
在 Mini Bridge 中浏览(G)...
打开为... Alt+Shift+Ctrl+O
打开为智能对象...
最近打开文件(T)
共享我的屏幕(H)...
创建新审核(W)...
Device Central...
关闭(C) Ctrl+W
关闭全部 Alt+Ctrl+W
关闭并转到 Bridge... Shift+Ctrl+W
存储(S) Ctrl+S
存储为(A)... Shift+Ctrl+S
签入(I)...
存储为 Web 和设备所用格式(D)... Alt+Shift+Ctrl+S
恢复(V) F12
置入(L)...
导入(M)
导出(E)
自动(U)
脚本(R)
文件简介(F)... Alt+Shift+Ctrl+I
打印(P)... Ctrl+P
打印一份(Y) Alt+Shift+Ctrl+P
退出(X) Ctrl+Q

图 4－3－97

本章小结

　　全媒体时代最大的特征就是媒体与媒体之间可以便利、直接、形象地沟通交流。而以图片为代表的视觉时代更是这一特征的典型代表,如同样一张新闻图片可以在手机媒体、网络媒体、报纸媒体同时运用。

　　伴随着这种图片的运用而来的是如何灵活处理各媒体间图片适宜展示的问题。特定的媒体需要特定的图片。虽然关于图片处理万变不离其宗的是一些技巧的应用,如 Photoshop 软件的熟练掌握,但是本章交代的内容是如何在多媒体运用间灵活处理图片,把图片处理贯穿到各种媒体之间,多找些方法,少走些弯路,做到游刃有余。毕竟在时间为王的新媒体时代,任何节省下来的时间都可能打赢一场漂亮的"媒体战争"。

【思考与练习】

　　一、判断题

　　1. Photoshop 中,光照滤镜效果只在 RGB 模式图像应用。

　　　　A. 正确　　　　　　　　　B. 错误

　　2. 喷绘时,输出文件色彩模式为 RGB 或 CMYK 均可。

　　　　A. 正确　　　　　　　　　B. 错误

　　3. 色是产生光的原因,光是色被感觉的结果。

　　　　A. 正确　　　　　　　　　B. 错误

　　4. 选区的存储载体为蒙版,蒙版存储在通道中以 Alpha 通道形式体现。

　　　　A. 正确　　　　　　　　　B. 错误

　　5. 从打开着的文件上可以看出文件的分辨率。

　　　　A. 正确　　　　　　　　　B. 错误

　　6. 关闭层可将此层隐藏。

　　　　A. 正确　　　　　　　　　B. 错误

　　7. CMYK 和灰度两种模式都能用于印刷。

　　　　A. 正确　　　　　　　　　B. 错误

　　8. "图像尺寸"命令可以将图像不成比例地缩放。

　　　　A. 正确　　　　　　　　　B. 错误

　　二、应用题

　　根据本章应用技巧,独立完成一则图片动画,要求至少两张图片组成,时间间隔设为 5 秒,图片大小为 560 * 360,储存设置为 Web 所用格式。

第5章 音频制作

【本章学习目的】 随着全媒体时代的到来,数字音频技术也逐渐被重视起来,应用于各个领域,也服务于各类多媒体作品之中,学习音频处理软件现阶段也变得重要起来。熟练掌握音频处理技术既能适应全媒体时代的发展,也能让生活变得多姿多彩。

【本章学习重点】 使用 Adobe Audition 来进行音频录制、编辑和特效控制。

【案例】

广播录音通讯《小岗村的好书记——沈浩》制作过程

目前在我国的广播行业,Adobe Audition 以其简单易学、操作简便受到广大记者的青睐。由于广播新闻和广播通讯在制作过程中多有共通之处,而广播通讯的制作更为复杂,因此,我们选取了安徽广播电视台记者采写的录音通讯《小岗村的好书记——沈浩》作为实例来进行演示。

广播录音通讯《小岗村的好书记——沈浩》是安徽广播电视台农村广播记者黄美娟、黄铮采写的,该稿件于 2009 年 11 月 18 日首播,以凤阳县小岗村第一书记沈浩同志猝逝为新闻事件由头,通过沈浩同志生前录音,对小岗村村民、相关领导同志等的采访,展现了沈浩同志平凡而光辉的选派生涯。该稿件获得第二十届中国新闻奖一等奖,这是安徽省广电媒体首次获得该国家级大奖。

1. 准备工作

(1)采访与录音

无论是广播新闻还是广播通讯,其本质都是各种录音的组合。最主要的两种录音形式是"口播"和"采访录音"。下面节选的这段稿件就是标准的广播录音稿件的写作形式:

如图 1 所示,【录音起】和【录音止】中间的部分就是采访录音,其他的文字都是需要记者自己进行录音的。

广播记者进行采访时均需要使用专业音频录制设备,以保证后期处理时音质的清晰。目前专业音频录制设备品类很多,仅便携设备就达数十种之多,如国外产品 SONY D-50,M-audio MicroTrack 24/96,国内产品英夫美迪 PAW-V 等等,可根据具体需要选择使用。

录制记者口播内容应当在专业录音棚中进行。如果外采过程中无法使用录音棚录音,也可临时选取安静的房间进行录音,在本实例中记者口播内容是在专业录音棚沈浩并没有被眼前的困难所吓倒，他一方面召集村两委干部开座谈会，了解小岗村方方面面的情况，一方面起早贪黑挨家挨户走访，在近一个月的时间里，沈浩访遍了全村每一个家庭。村民韩庆江回忆说：

【录音起】

"听说财政厅调一个沈书记来，这个人一开始来呢，在村民开会的时候就讲：'我争取在每家都吃一顿饭，就是了解群众生活情况，把小岗搞好。'"

【录音止】

图 1

中进行录制的。

（2）将录音导入电脑

在使用软件进行编辑之前，应该养成将所有需要使用的音频文件导入电脑并进行初步归类的习惯，这有利于提高后期编辑制作的条理性和速度。

编辑采访对象录音之前，应该对被采访对象录音进行审听，并从中选取需要用的片段并记录下来（记录具体的文字或者时间点）。

2. 处理录音剪辑

前面提到，被采访对象的录音可能很长，但由于稿件需要或时间限制，我们必须从中选取稿件最需要的片段。

（1）导入录音音频

打开 Audition，切换到编辑界面 █编辑，从菜单"文件"中选择"打开（O）…"命令，选择需要编辑的原始音频，这里选择"沈浩（采访）.wav"，如图 2 所示。

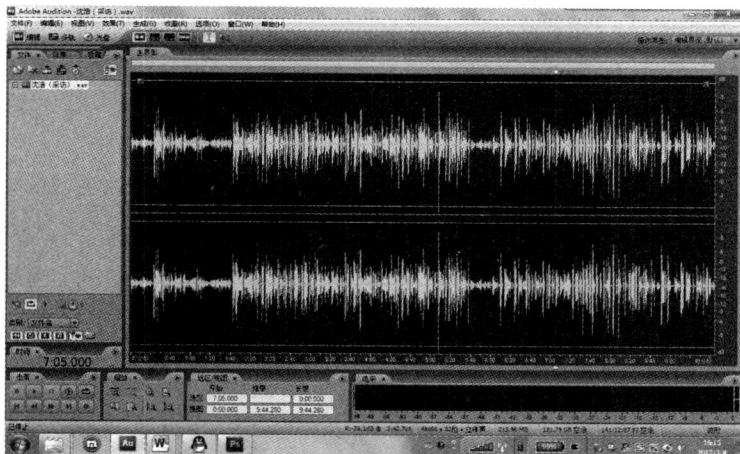

图 2

在前面的准备工作中,我们发现需要的录音起始位置在 7:05 处,因此我们把这一段复制出来,建立一个新的音频文件,这样做的意义是尽量减少对原始音频文件的破坏。

在 7:05 处点击鼠标左键,将黄色的磁头线放置在此位置,然后利用鼠标拖放选择需要的部分。这里选取从 7:05 开始至音频文件末尾的部分,如图 3 所示。

图 3

使用文件复制命令 Ctrl+C,复制整个区块。

在菜单中选取"文件"→"新建(N)…",按照图 4 中的参数建立新的空白音频文件。

使用文件粘贴快捷命令 Ctrl+V,将刚刚复制的音频片段粘贴到新建的空白音频文件中。现在,我们可以对复制后的音频片段进行编辑了。

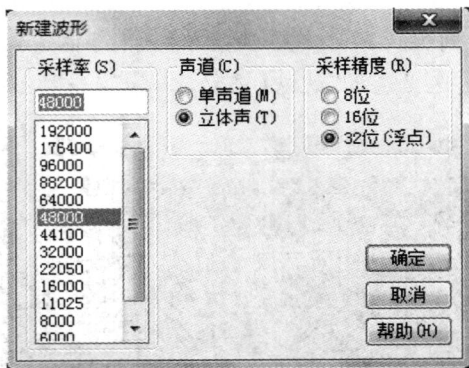

图 4

(2)编辑音频片段

我们可以对不需要的部分直接进行删除,通过鼠标拖放选取不需要的片段,用键盘上的"DEL"键进行删除。最终按照如下文字剪辑出稿件中需要的录音片段:

"我们现在制定了一个规划,'四型村'的建设定位:现代农业的示范村、城乡一体的先行村、制度创新的试验村、全面小康的新农村。规划出来了，下一步就是要靠干部带头、党员带头，上下团结一致，按照科学发展观的要求，要加快发展。小岗人现在的信心很足，所以我们也相信，不要三五年，展示在世人面前的新小岗应该是一个富裕、美丽、文明的社会主义新农村。"

选择后按"DEL"键删除不需要的段落，如图 5 所示。

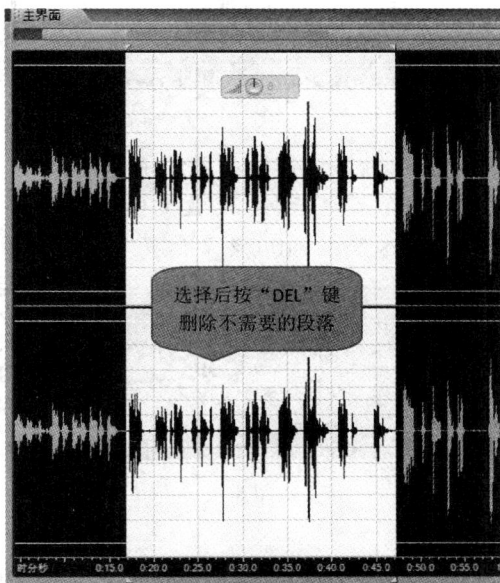

图 5

编辑完之后，选取菜单中"文件"→"另存为(E)…"将文件保存为"沈浩 4. wav"，同时在稿件上文字的对应位置记录下录音的名称。

如此往复，将稿件所有需要的部分进行编辑并逐一存储为新的名称，如图 6 所示。

3. 在多轨界面下编辑

如果用工业生产来做比喻，编辑界面下对于采访录音片段的处理就是对机器零件的建模、铸造和打磨成形。而在多轨界面下的后期处理则是将所有需要的机器零件进行拼装，最终生产出优质产品的过程。

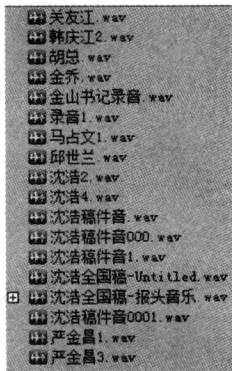

图 6

我们现在已经对所有的音频片段进行了编辑，下面将要把它们按照稿件的顺序拼接起来。

点按 [多轨] 按钮切换到多轨界面。

使用菜单中"文件"→"导入(I)…"命令，将需要的音频片段导入。

在这些音频文件中，"沈浩稿件音 .wav"、"沈浩稿件音 000. wav"和"沈浩稿件音 0001. wav"是记者口播文件，其他音频文件均为采访录音。

(1)导入记者口播录音

使用菜单中"文件"→"新建项目(N)…"新建一个项目。

利用鼠标拖放,将"沈浩稿件音.wav"拖到项目的第一轨,右键点选该音频并保持,左右拖动以确保该音频文件头在整个项目的起始位置。如图7。

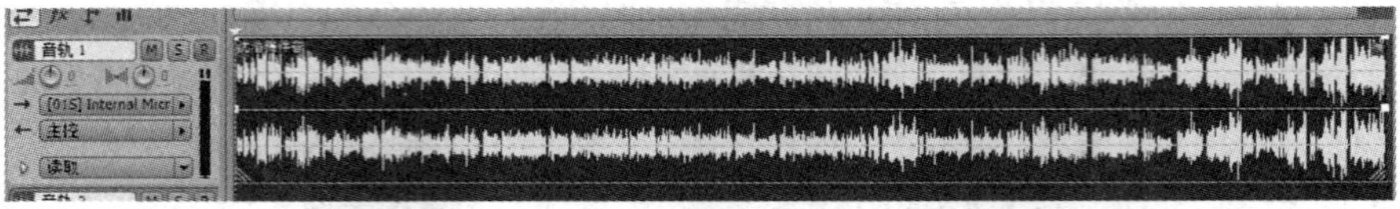

图7

按下空格键播放项目音频,听到需要插入采访录音片段时,再次按下空格键暂停播放。在确定磁头线停在适当位置之后(可用放大按钮确定磁头线停在空白处),使用快捷键Ctrl+K,剪断该录音,这里在3:06:417位置剪断。如图8。

图8

(2)导入采访录音片段

将音频片段"录音1.wav"拖入项目第二轨,放置在刚刚剪断位置上,并将音轨1剪断的后半部分拖放到第二轨音频文件之后,保证两轨声音波形不会重叠。如图9。

图9

这样,我们就完成了第一段采访录音的插入。以此类推,将所有的采访录音插入到第二轨,一篇基本的录音通讯稿件就完成了。如图10。

图10

4. 细节的处理

一篇获奖作品的产生,在音频处理上尤其要注意细节。在制作录音新闻和通讯时,要注意以下几点:

(1)各音频音量大小要一致

采访来的音频文件和在专业录音棚中录制的音量电平大小不尽相同,可以针对不同的音频进行音量大小的调节以保持一致,具体方法:在需要改变音量电平的音频片段上单击右键,选择"素材属性…",在弹出的对话框中改变音量大小即可。如图11。

(2)对部分音质较差的文件应做效果处理

有些采访录音中,因环境噪音较大,导致合成后显得十分突兀,此时应该在片段编辑的过程中使用 Audition 的降噪工具将较大的噪音去除,以保证录音整体质量。关于降噪处理的方法,前文中已有讲解,此处不再赘述。

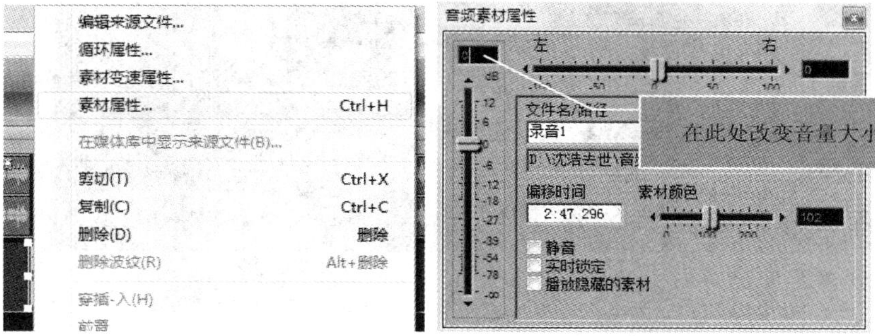

图 11

(3)采访录音和记者口播录音的过渡应自然

记者口播录音是相对"干净"的声音,在直接连接采访录音时听起来很不自然,此时应将采访录音的首尾进行"淡入"、"淡出"处理,具体如图12所示。

图 12

5. 制作片头、栏目头

普通的录音新闻对于片头、栏目头的要求并不高,但如果是录音通讯,如果能够给稿件添加一个短小精悍并且十分贴合稿件内容的片头,会大大提高可听性,亦为稿件增色不少。

《小岗村的好书记——沈浩》这篇广播录音通讯就制作了一个简短的片头。

（1）选择合适的片头音乐

一般来说，新闻性通讯除非必要，是不应使用音乐的。但适当在片头中使用音乐，能够吸引受众的注意，并且为整篇稿件奠定基调。片头音乐应该尽量贴合稿件内容，最好是纯音乐，这样不会对片头的语言造成影响。这里选择了《情系人民》的交响乐版本。

（2）在多轨界面里合成片头

如图13所示，导入音乐、语言等合成方法与普通的稿件合成别无二致，但需注意以下三点：

A. 音乐整体音量水平不能超过语言；

B. 片头的最后部分应该是音乐的高潮部分，这样对于烘托整条片头的气氛有推动作用；

C. 音乐剪接应多做尝试，前后节拍应该一致。

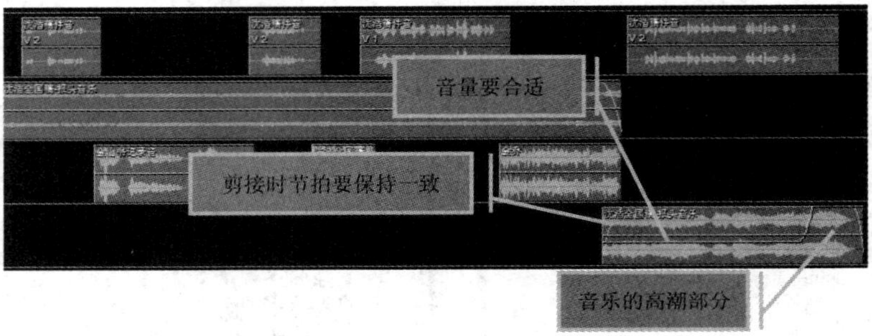

图13

6. 混缩成品文件

全部制作完成之后，就可以生成最终成品文件了。在多轨界面下使用菜单中"文件"→"导出（P）"→"音频混缩（M）…"，按照提示选择文件位置即可混缩成品文件。

默认状态下混缩文件是".wav"格式，可以在混缩时选择其他文件格式。

5.1　Audition 基本操作

全媒体的时代背景下，数字音频技术被越来越多地应用于各种专业领域，从广电系统到网络多媒体，普及程度之高绝对不亚于数字影像技术，网络上出现了越来越多的数字音频作品。除了单独的数字音频作品，一些视频作品、新闻作品等等都需要画外音或者旁白等，这些也都需要音频处理软件进行编辑。本章将对 Adobe Audition 的基本操作方法进行介绍。

Adobe Audition 是一款音频软件，其主要功能包括：录音、混音、声音编辑、效果处理、降噪、音频压缩与刻录 CD 等，还可以与其他音频软件或视频软件协同工作，成为工作流程中的重要组成部分。Adobe Audition 是一个应用于运行 Windows 系统的 PC

机上的完整的多音轨唱片工作室。Adobe Audition 提供了高级混音、编辑、控制和特效处理能力,是一个专业级的音频工具,允许用户编辑个性化的音频文件、创建循环、引进了 45 个以上的 DSP 特效以及高达 128 个音轨。Adobe Audition 拥有集成的多音轨和编辑视图、实时特效、环绕支持、分析工具、恢复特性和视频支持等功能,为音乐、视频、音频和声音设计专业人员提供全面集成的音频编辑和混音解决方案。

Adobe Audition 提供了直觉的、客户化的界面,允许用户删减和调整窗口的大小,创建一个高效率的音频工作范围。一个窗口管理器能够利用跳跃跟踪打开的文件、特效和各种爱好,批处理工具可以高效率处理诸如对多个文件的所有声音进行匹配、把它们转化为标准文件格式之类的日常工作。

Adobe Audition 为视频项目提供了高品质的音频,允许用户对能够观看影片重放的 AVI 声音音轨进行编辑、混合和增加特效,广泛支持工业标准音频文件格式,包括 WAV、AIFF、MP3、MP3PRO 和 WMA,还能够利用达 32 位的位深度来处理文件,取样速度超过 192kHz,从而能够以最高品质的声音输出磁带、CD、DVD 或 DVD 音频。网络上许多网友播客作品都是用 Audition 软件制作的。Adobe Audition 音频编辑和 Adobe Premiere 视频编辑软件有很好的互补功能。①

Adobe Audition 的应用范围:

广播电视:广播电视正朝着数字高清的方向迈进,而数字音频技术的参与可以大大提高其内容的音质。

电影与 DVD:电影的制作也慢慢渗透了数字化的成分,其中配音与配乐的制作大都是通过数字音频技术实现的。而 DVD 影碟中的音响也是通过特殊的环绕声编码技术,从而达到真实的震撼效果。

多媒体行业:一些多媒体演示文档、Flash 动画以及 PDF 文档中都可以包含数字音频。

流媒体:用于在网络上以流式传输方式进行播放的视频或音频文件,其音频内容基本上都是使用数字音频软件制作生成的。

增值服务业:很多手机增值服务的运营商都包含了彩铃业务,而彩铃最早就是由一批数字音频技术的爱好者发起制作的,慢慢演化成为一种商业服务。其中的内容基本上是通过数字音频软件制作出来的。

下面将着重对 Audition 3.0 的工作界面和操作方法进行介绍。

1. Audition 界面及参数设置

(1)工作区

进入 Audition 界面我们可以选择不同的工作区,以便适用不同人的编辑需求,单击菜单栏"窗口"→"工作区",如图 5-1-1 和图 5-1-2 所示,选择不同的工作区。

(2)参数设置

在进行 Audition 编辑前,需要对 Audition 的参数进行设置。图 5-1-3 和图

---

① 参考 Adobe Audition 产品说明书和 http://baike. baidu. com/view/373410. htm.

5－1－10为各选项卡的常用配置,当你熟悉了 Audition 的各项操作后,可以根据需要自行调整参数设置。单击菜单栏"编辑"→"首选参数"。

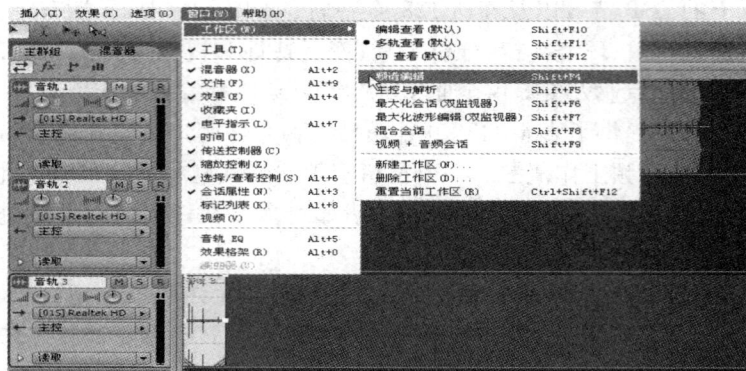

图 5－1－1

图 5－1－2　混合会话工作区

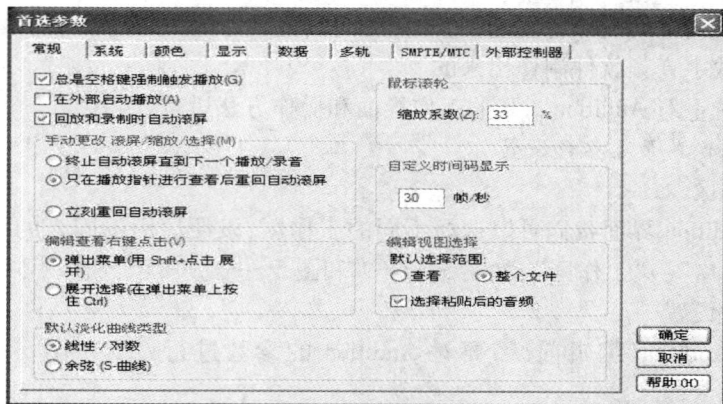

图 5－1－3　常规选项卡

图 5-1-4　系统选项卡

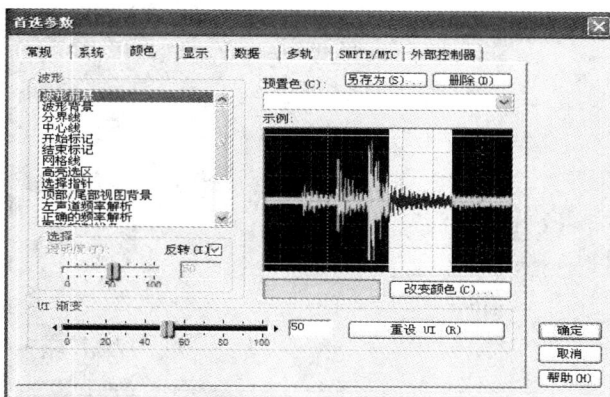

图 5-1-5　颜色选项卡

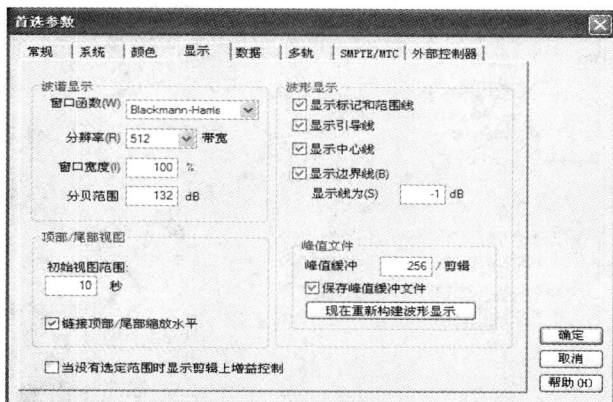

图 5-1-6　显示选项卡

图 5-1-7 数据选项卡

图 5-1-8 多轨选项卡

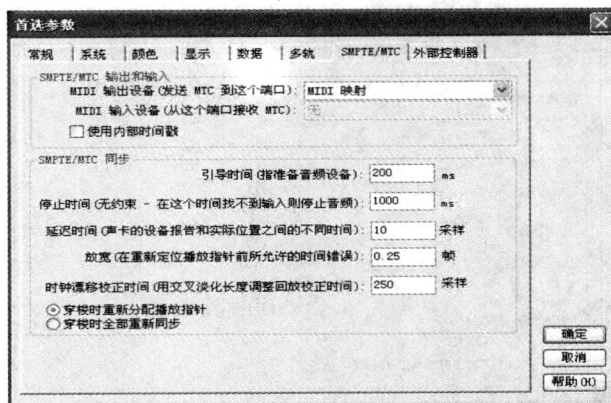

图 5-1-9 SMPTE/MTC 选项卡

图 5 - 1 - 10   外部控制器选项卡

2. Audition 录音

处理音频,首先要会使用 Audition 录音,通过设置我们可以获取不同频率的声音。在录音之前首先要设置好计算机的录音设备。

首先介绍一下"音量控制(Volume Control)"与"录音控制台(Recording Control)"这两个概念,只有弄清楚它们的区别,才能正确的录音。

(1)音量控制

使用"音量控制"可以调节计算机或其他多媒体应用程序(如 CD 唱机、DVD 播放器和录音机)所播放声音的音量、平衡、低音、高音设置(高音与低音控制,通常是高级声卡才有此控制)。也可以使用"音量控制"调节系统声音、麦克风、CD 音频、线路输入、合成器和波形输出的级别及是否静音。

打开音量控制的方法:请单击"开始",指向"程序"(Windods XP 为"所有程序"),指向"附件",指向"娱乐",然后单击相应的图标,就可以打开"音量控制"。如图5 - 1 - 11。

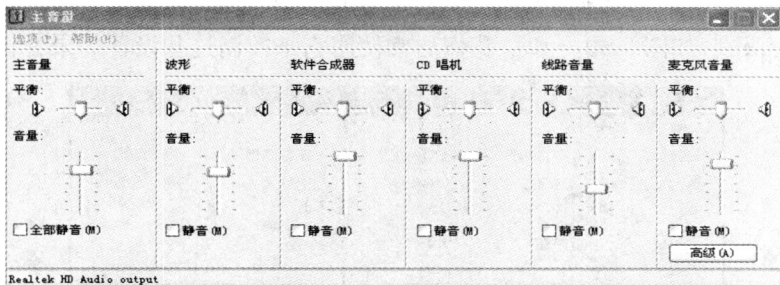

图 5 - 1 - 11

在上面这个图里,我们可以看到音量(Volume)、波形(Wave)、软件合成器(SWSynth)、麦克风(Microphone)、CD 唱机(CD Audio)、线路音量(Line In)等控制,它们的含义分别是:

① Volume：它能控制系统所有设备的播放音量，如果把它静音，整个系统将没有声音被放出来（ASIO、E-WDM 等专业驱动除外）。

② Wave：它控制的是系统内部数字音频流的声音，如：WAV、MP3、WMA 等格式的音量，而 MIDI 播放的音量是不受它控制的。

③ SWSynth：它专门控制 MIDI 合成器的音量，如果静音，系统 MIDI 播放就无声，而其他 WAV、MP3、WMA 播放就不受此影响。

④ Microphone：它是控制麦克风捕获声音并被送到声卡输出的音量，声卡 MIC 孔一旦插上麦克风并对麦克风说话，麦克风捕获的声音将被输出到声卡的输出系统，就可以直接在音箱或耳机里听到自己说话的声音。在录音过程中，这个通常是控制麦克风实时监听音量的，方便在录音的时候能从耳机里听到自己的声音，而不是单控制麦克风录音音量，无论你如何调节它，都不能改变麦克风录音音量大小（除非录音控制台里选择了"混音器"内录方式）。

⑤ CD Audio：通常情况下，CD-ROM 会有一条四芯模拟音频线（L、G、G、R）连接到声卡，这个项目就是控制 CD-ROM 驱动器模拟线路的音量的。现在，有很多播放器（Windows Media Player 9.0、Foobar 2000 等）都可以通过操作系统内部的 DirectX 通道来播放 CD 音频，CD 音频数据通道来自 CD-ROM 的 IDE 线路，从而实现"软数字播放"，如果是这样，CD Audio 模拟音量将不控制 CD 播放音量。有些中高档声卡，还有一个专门的 SPDIF CD 同轴接口，它是连接 CD-ROM 的两芯数字接口的，从而实现"硬数字播放"，硬数字播放的音质和声卡的 DAC（数模转换器）的品质有关。

⑥ Line In：所有声卡都有 Line In 接口，可以通过一根立体声音频线来把外部模拟设备（如：收音机、录音机、CD 随身听、调音台等）连接到声卡。这样，我们就可以通过电脑来听这些设备播放的声音了。同 Microphone 控制一样，它仅仅是控制外部线路设备的播放音量，而不是控制录音音量，当然也可以通过 Line In 接口把收音机、录音机、CD 随身听等的声音录入计算机。

（2）录音控制台

使用"录音控制"可以调节系统声音、麦克风、CD 音频、线路输入、合成器和波形输出的录音级别，如图 5-1-12。我们通常使用它来控制这些设备的录音音量。

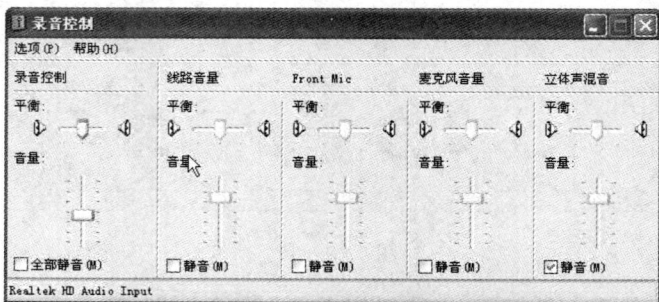

图 5-1-12　录音控制台

打开"录音控制台"的方法:先根据上面的方法打开"播放控制台",在"播放控制台"控制条里的"选项(P)"菜单上,单击"属性",然后单击"录音",在设备框里选择要调节其输入音量的设备(见下图),然后单击"确定"。或者在"Adobe Audition"录音软件里,我们点"选项"菜单下的"Windows 录制控制台",同样可以打开它。

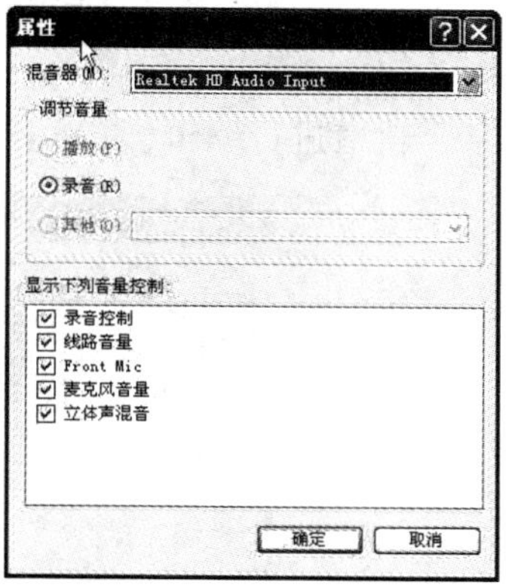

我们来看看"录音控制台"里面各个设备的含义:

① Stereo Mix:即"立体声混音器录音音量控制",一旦选择它,录音软件将录制系统发出的所有声音,即"播放控制台"里所有未被静音的设

图 5 - 1 - 13
录音控制台属性

备,我们通常叫系统内录。比如你使用播放器听 MP3,选择"录音控制台"里的"Stereo Mix",然后打开录音软件来录音,你就会发现录音软件会录下播放器所播放的 MP3 音乐,这个过程是内录的。

注意:"音量控制"里的麦克风如果没有静音,而"录音控制台"又刚好选择了"Stereo Mix",这样录音软件同样会录下麦克风的声音(如果你在多轨下录音还会录下其他轨道播放的声音),对于多轨录音而言,这样做是不可取的,因为在后期处理前,你已经通过立体声混音器混合了人声与伴奏,就不能单独对人声或伴奏进行后期处理了。多轨录音是通过后期的"混缩"功能,来混合人声与伴奏。

② Microphone:即"麦克风录音音量控制",对于一般的声优录音,这个才是真正的麦克风录音音量控制,我们必须选择它才对。只有这样,录音软件才会单独记录麦克风的声音,而不会记录其他声音。

③ CD Audio:即"CD-ROM 模拟录音音量控制",选择它,你可以用录音软件来单独录制 CD-ROM 播放的音乐。

④ Line In:即"线路输入录音音量控制",选择它,你可以使用录音软件来记录外部模拟设备的音乐。如果需要录制录音机、CD 机等播放的声音,只要连接上即可。在专业的录音领域,录音师都使用调音台或麦克风放大器来连接专业麦克风的,而调音台或麦克风放大器就通过 Line In 连接到声卡上。

⑤ Wave:即"波形录音音量控制",它和"Stereo Mix"主要区别是"波形录音音量控制"仅仅记录系统内部的 PCM 音频流(如:WAV、MP3、WMA 等),而不会记录 MIDI 通道和麦克风的声音。

⑥ SW Synth:即"MIDI 合成器录音音量控制",选择它以后,录音软件将单独内录 MIDI 通道的声音,这也就是 MIDI 转换成 WAV、MP3、WMA 的一个通用方法了。MIDI 不等同于 WAV、MP3、WMA,通常是不能直接转换的,只有通过录音,才能把 MIDI 转换成其他波形格式。

设置好后,就可以录音了。在 Audition 中的录音和操作我们需要经常在"单轨(编辑)""多轨"视图间切换,这也是后面需要经常进行的操作,往往在多轨视图下需要对某个轨道进行编辑(复制、删除、加效果等)就需要切换到单轨视图。

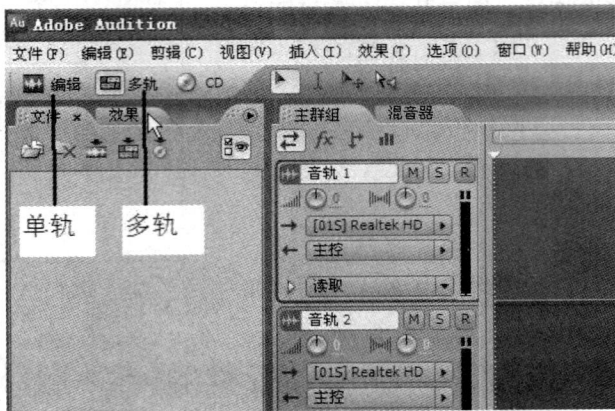

图 5-1-14　单轨 多轨 按钮

(3)录音

① 单轨录音

选择菜单栏"编辑"→"音频硬件设置",把释放 ASIO 后台设备的"√"去掉。

在第一次使用 Audition 前,往往需要对 Audition 的参数进行设置,如图 5-1-15。当然你也可以使用软件安装时的默认值,一些和硬件相关的参数调整需要针对计算机的硬件配置进行设置。选择菜单栏"编辑"→"首选参数",窗口内含有常规、系统、颜色、显示、数据、多轨、SMPTE/MTC、外部控制器等选项卡,可以根据需要进行设置。

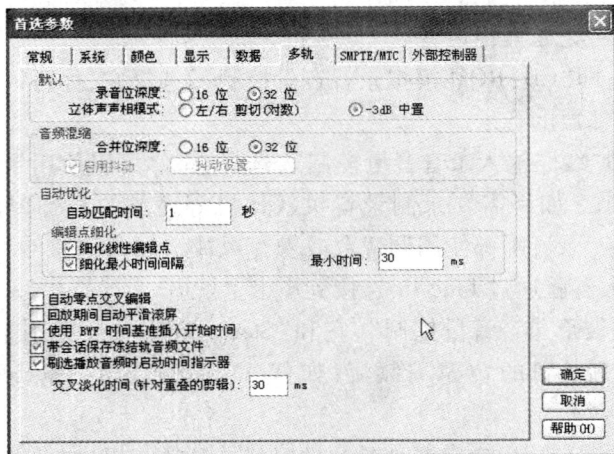

图 5-1-15　首选参数

在单轨模式下,点"编辑"菜单,找到"参数选择"(或按快捷键 F4),找到"多轨",

把"录音位深度"和"合并位深度"都选择 16 bit,这样可以使计算机的性能得到发挥,录音效果好,当然如果是专业音频工作站则另当别论。如果你的声卡有自带 ASIO 驱动,在菜单栏"编辑"下的"音频硬件设置"中启用 ASIO。如图 5 - 1 - 16。

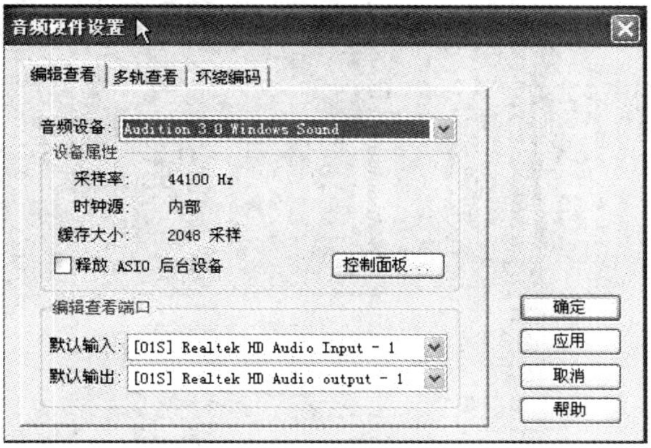

图 5 - 1 - 16 音频硬件设置

首先,我们单独录制一段声音,也可以在多轨某一轨道录音,录音时单击"R"按钮,单击菜单栏上"新建"→"文件",出现"新建波形"窗口,选择需要的采样率、通道、分辨率。如图 5 - 1 - 17。

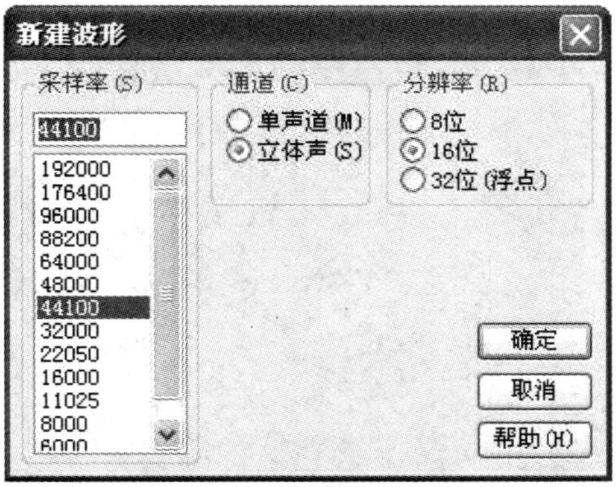

图 5 - 1 - 17 新建波形文件窗口

再点击"录音"按钮开始录音。如图 5 - 1 - 18 和图 5 - 1 - 19。

图 5 - 1 - 18 录音

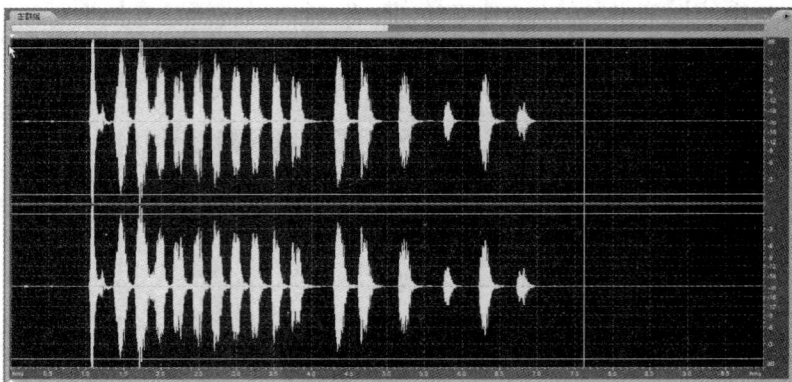

图 5 - 1 - 19　录音产生的波形文件图

注意:录音时注意下面电平指示区域,最合适的音量应该控制在接近零分贝(指示柱刚刚变红),不能超过零分贝,一旦超过零分贝就立即过载,最右边的两个过载小格子会变红色。若发现过载了,你应当把麦克风音量关小一些。

② 多轨录音

我们以自己录制歌曲为例,首先切换到多轨视图,如图 5 - 1 - 20;选择一个音频轨道插入音频文件,单击右键"插入"→"音频",如图 5 - 1 - 21;打开插入音频窗口选择音频文件导入,如图 5 - 1 - 22。

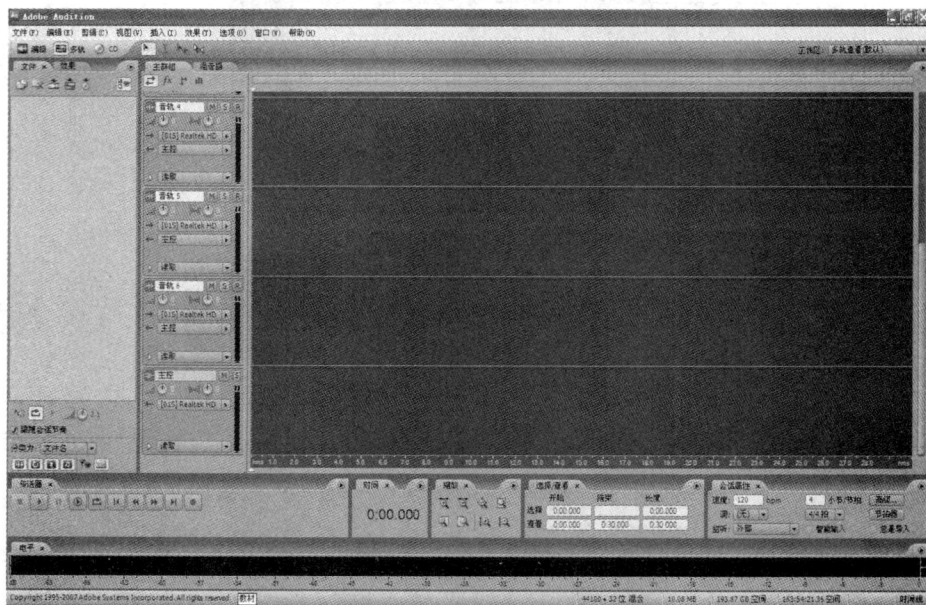

图 5 - 1 - 20　多轨视图

图 5 - 1 - 21　插入音频

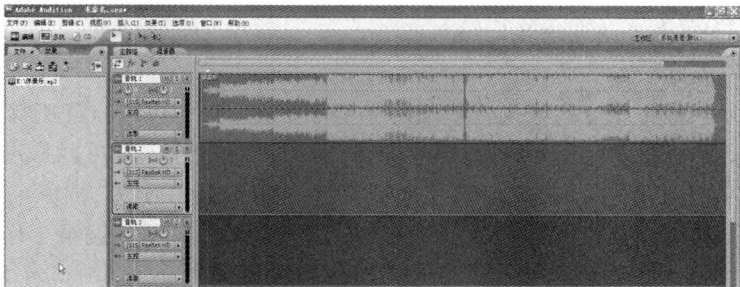

图 5 - 1 - 22

在开始录制歌曲前,必须先保存文件,如图 5 - 1 - 23,这里需要注意的是,首先保存的是会话,可以理解为是保存为项目,这个文件的扩展名是 .ses。项目文件相对较小,是因为其中仅包含了源文件的路径和相关的混合参数,例如,音量、声像和效果设置等。这种文件有一个好处,当你想对已经合成的音频文件再次进行编辑时,可以调用 .ses 文件编辑音频,此时调用出来的是含有多轨的音频文件,不是已经合成或混录的音频文件。

图 5 - 1 - 23

再选择另一个轨道录音,如图5-1-24,单击左下录音按钮,录制完毕后保存会话(工程、项目)文件。

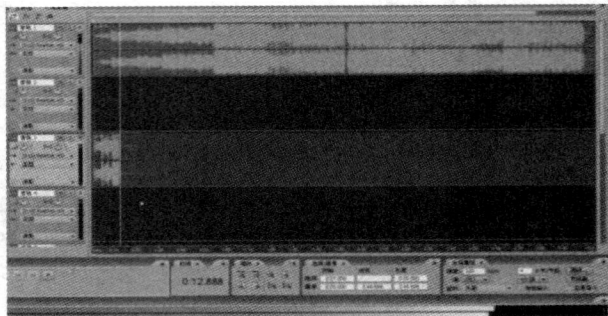

图5-1-24　正在录音视图

3. 单轨音频文件的处理

(1)导入音频

进入单轨(编辑)视图,导入音频文件如图5-1-25,也可以打开视频格式文件中的音频部分,其中包括 AVI、MPEG、MOV 或 WMV 等格式,导入后可以看见视觉化的音频波形。如果打开的是立体声文件,则其左声道波形出现在上方,而其右声道波形出现在下方。如果打开的是单声道文件,其波形充满主调板显示。编辑工作其实就是精确地剪辑与添加,在 Audition 中,通常是在编辑视图下进行的。Audition 为精确选择、编辑音频提供了广泛的方法。在保存编辑之前,所有的操作都可以恢复。

图5-1-25　导入音频

在单轨视图左下角有控制音量、播放及文件选项卡各种文件显示选择按钮,如图5-1-26所示。也可以按空格键播放导入的音频,第一次按是播放,第二次按是停止,在 Audition 今后的操作中经常用到。

图5-1-26

（2）音频文件的复制、粘贴、移动、删除

选择"时间选择面板"工具图5－1－27，拖动选择你要的时间的波形文件，如图5－1－28，复制（Ctrl+c）、剪切（Ctrl+v），在现有文件或其他音频文件中选择插入点粘贴，如图5－1－29。对选择了剪切的波形文件段可以选择具体的插入点将剪切的音频部分移动过来，如图5－1－30，如果不要选择的部分音频直接按"Delete"键删除即可，如图5－1－31。

图5－1－27　时间选择面板

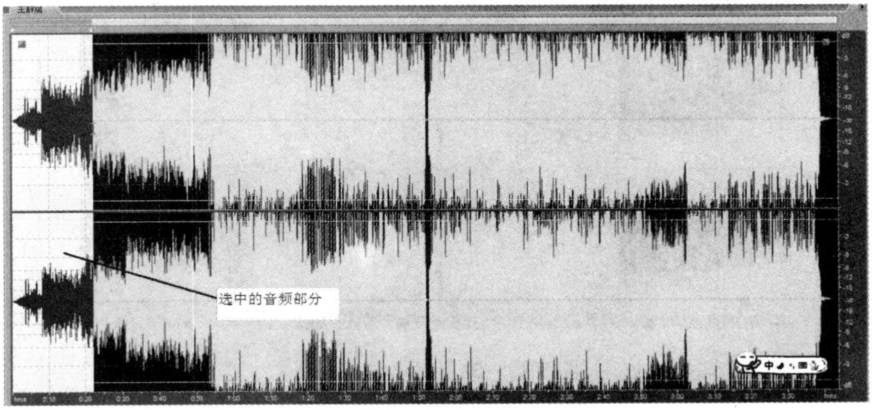

图5－1－28　选择部分音频

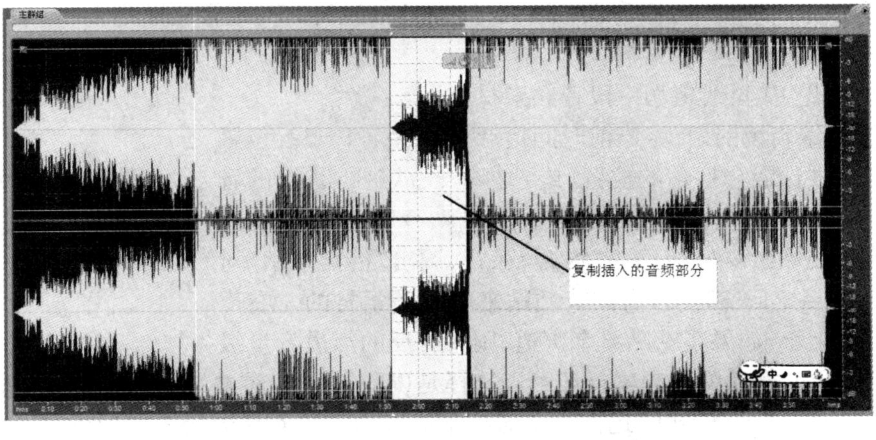

图5－1－29　复制音频

215

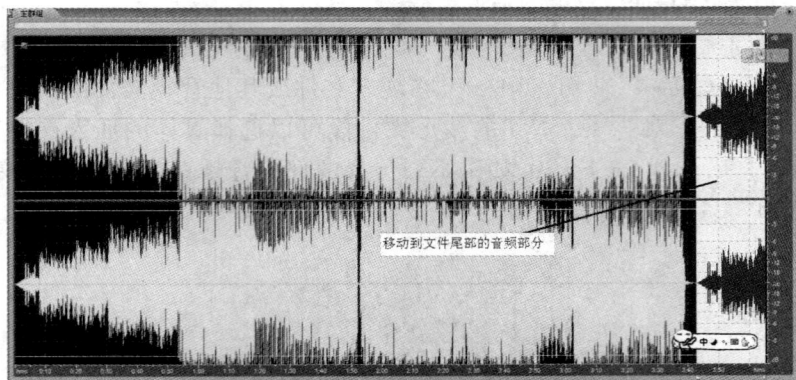

图 5 - 1 - 30　移动音频

图 5 - 1 - 31　预备删除部分

在音频文件的粘贴中,"混合粘贴"是一种重要的编辑形式。混合粘贴命令可以将剪切板中的音频数据(已经选中的音频素材)与当前波形相对应的部分进行混合。如果剪切板中的音频数据与欲粘贴入音频的格式不相符,则在粘贴之前,自动对剪切板中的音频数据进行格式转换。

① 首先,拷贝或剪切一段音频素材。

② 在编辑视图中,将当前时间指针,如图 5 - 1 - 32,位置设置到要进行混合粘贴的位置,或选择一段欲进行替换的音频部分。

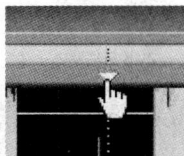

图 5 - 1 - 32　时间指针

使用菜单命令"编辑"→"混合粘贴",调出"混合粘贴"对话框,如图 5 - 1 - 33。首先调节粘贴来的音频素材的左右声道的音量大小,如果是粘贴单个声道,则将相反的声道音量级别调整到零。粘贴的音频素材还可以选择是以"插入"、"重叠"、"替换"、"调制"来加入音频素材。"混合粘贴"还提供了对粘贴进来的音频素材的始末位置添加淡入淡出的效果。"混合粘贴"命令实际上是一种多轨混合的快捷方式。

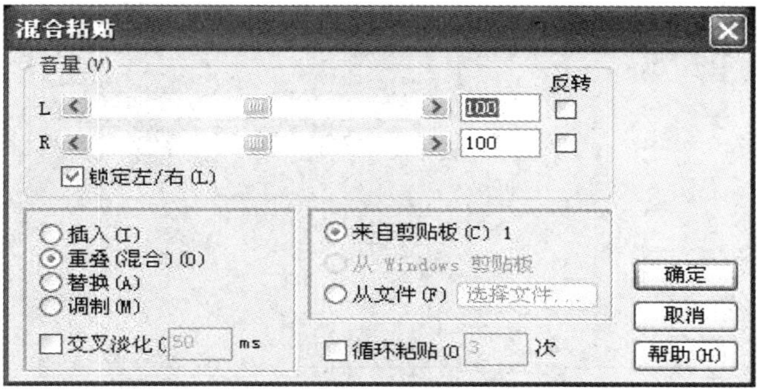

图 5-1-33　混合粘贴对话窗口

如果想对立体声音频的左右声道进行编辑只需要选择菜单栏"编辑"→"编辑声道",系统默认是编辑双声道。如图 5-1-34,选择编辑左声道,选择好声道后按鼠标右键就可以对左右声道进行复制、粘贴等编辑。

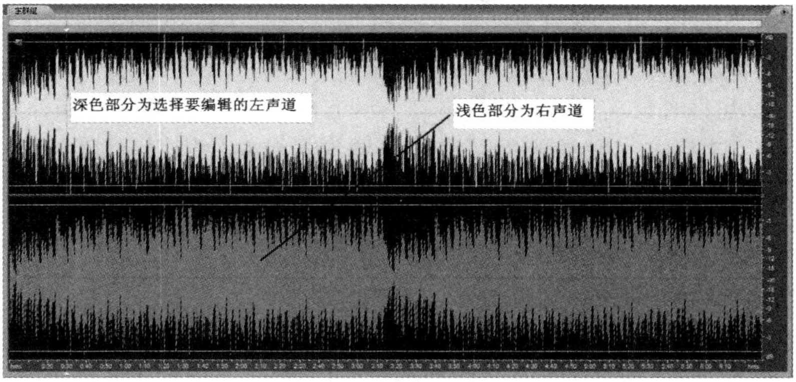

图 5-1-34　选择编辑左声道

4. 多轨视图音频处理

（1）多轨视图简介

在多轨视图下,如图 5-1-35 所示,可以将多种格式的音频素材和 MIDI 素材片段进行混合,形成多层音轨,以创建音频作品。在 Audition 中可以录制并混合无限多的音轨,并且每个音轨中都包含所需的音频片段。处理好的音频素材可以输出为各种Audition 支持的音频格式。

多轨视图是一个比单轨复杂得多的编辑环境,也是能反映音频软件功能高低的地方。在多轨下它可以方便地添加音频素材、视频配音、录制合成、音频编辑,随时可以听到结果,在多轨视图中的编辑操作是暂时性的,随时可以修改、添加、复制、粘贴、删除、移动。当编辑完成时可以先保存为项目文件,再混合成音频格式文件,如果你对混合生成的音频文件不满意,还可以调用项目文件再次进行编辑。

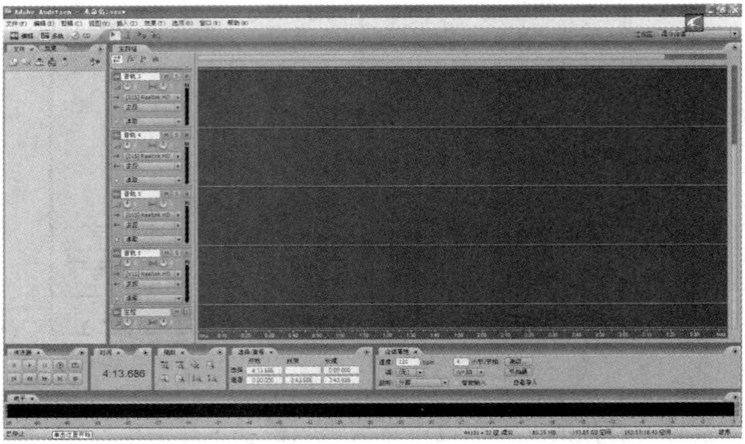

图 5 - 1 - 35　多轨音频视图

　　我们来看一下多轨视图和单轨视图的主要界面区别,一个是每个轨道有轨道控制模块,如图5-1-36,另一个是调用混音器模块,如图5-1-37(平时可以调用,也可以不调用,混音器不是默认调用模块),混音器的优点:①可以同时浏览控制项目中的所有轨道。②可以外接调音台来操控混音器的各项操作,混音器调板和外置调音台的功能是一一对应上的,一般情况下,如果有外置调音台就使用混音器,如果没有,大多数还是使用轨道控制。

图 5 - 1 - 36　轨道控制

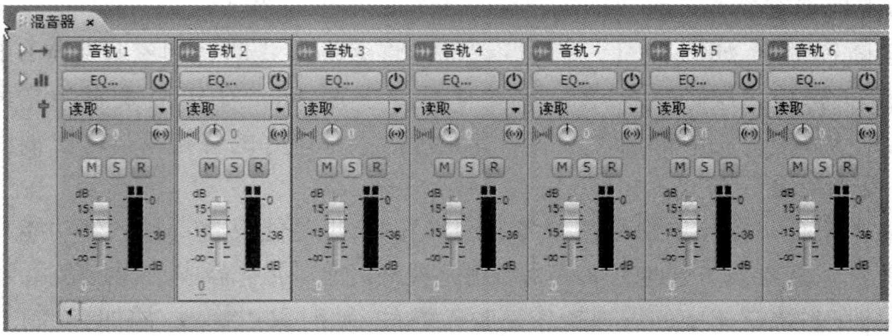

图 5 - 1 - 37　混音器

　　我们要知道在多音轨视图中有三个选择工具,如图5-1-38,十分重要,分别是

"混合工具"和"选择工具",它们都可以选择一个区域,"混合工具"还可以移动音频素材。另一个工具是移动/拷贝工具,它主要是移动音频或片段到指定时间点或将选择的片段进行拷贝。轨道上的三个轨道按钮,是我们在编辑音频中经常使用的,分别是静音、独奏、录音按钮,如图5-1-39。当你需要听其中一个轨道编辑的音频素材时,只需将其他的轨道静音即可,也可以选择独奏听取当前轨道音频。

混合工具
选择工具
移动/拷贝
刷选工具

静音
独奏
录音

图5-1-38 多轨视图选择工具   图5-1-39 轨道按钮

在音频素材的选择上,可以用"移动/拷贝"工具选择音频轨道或音频片段,当需要选择多个不同轨道的素材组(如将分布在不同轨道的同一种乐器的音频进行组合,以便对音频素材统一进行移动、剪辑和淡入淡出操作,像使用单个音频素材一样)使用时可以使用按Ctrl键配合"移动/拷贝"工具。

(2)多轨视图素材导入

在多轨视图下,选择一个轨道单击鼠标右键可以导入音频或视频中的音频,选择另一个轨道可以录音,也可以在其他轨道对音频素材片段进行导入、插入、粘贴、删除等操作。如图5-1-40。

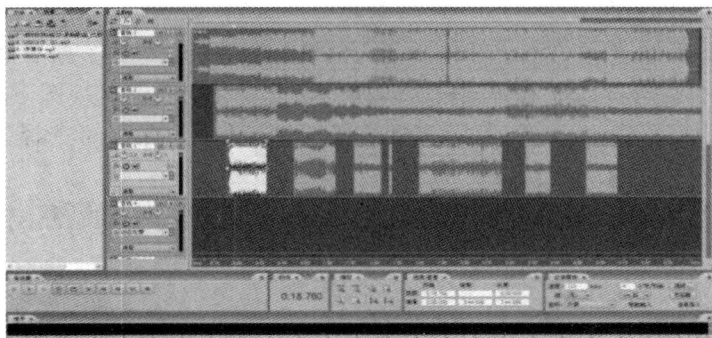

图5-1-40 多轨视图素材导入

(3)轨道控制

如果你的轨道不够用,可以添加轨道。单击"插入"→"添加音轨"添加音频、midi、总线、视频轨道。如果需要删除轨道,只需选择"编辑"→"删除所选音轨"。当想移动轨道时,选中轨道并且当鼠标变为手形时拖动轨道移动,如图5-1-41。如果要给轨道重命名,只需在音轨名处双击鼠标修改,如图5-1-42。

(4)音频素材的分离

用"选择工具"选择音频素材片段,单击"剪辑"→"分离"。再用"移动/拷贝"工具即可将以"选择工具"末端为界分割的音频素材移动位置。如果需要保留选择的部分,可以用"剪辑"下的"调整边界"和"修剪"。

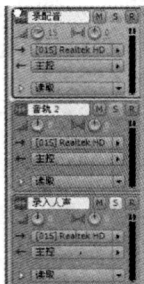

图 5 - 1 - 41　移动轨道　　　　　　　　图 5 - 1 - 42　音轨重命名

（5）设置轨道输出音量

可以分别在主调板或混音器中设置调节轨道的输出音量。

在主调板中,拖曳音量标记,调节音量;按住 Shift 键,以 10 倍单位增量进行调节;按住 Ctrl 健,以 1/10 的单位增量进行微调节。

MIDI 轨道不支持微量调节。

在混音器中,拖曳轨道输出推钮,调节输出音量;单击推钮上下的位置,缓慢移动推钮;按住 Alt 键,直接将推钮移动到此位置。

5. 音频文件的保存

（1）单轨音频文件保存

对于编辑好的音频文件,首先保存项目文件（. ses）,再保存音频格式文件,Audition 的文件保存同时还有音频格式转换的功能。在单轨编辑视图下,单击"文件"→"另存为",如图 5 - 1 - 43,选择需要的格式进行保存,保存时选择"选项",如图5 - 1 - 44,还能选择不同编码格式。

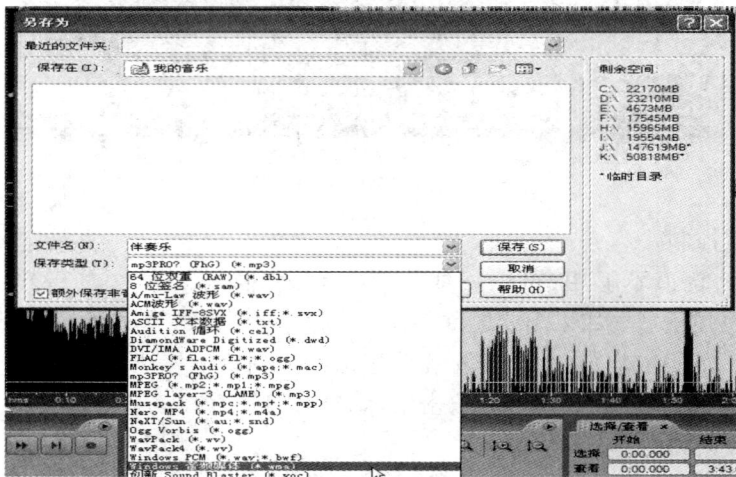

图 5 - 1 - 43　保存音频文件

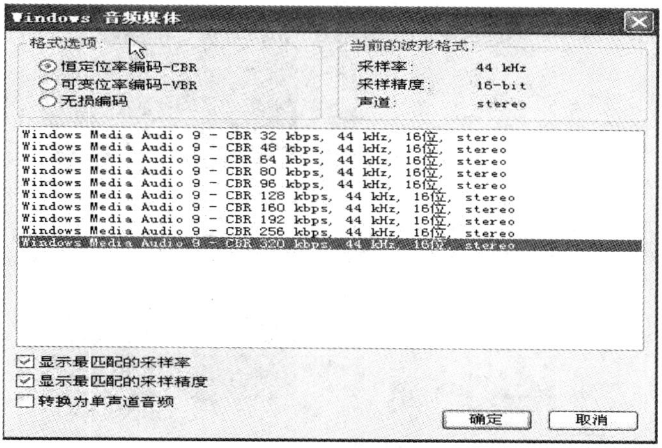

图 5 - 1 - 44　编码选择

（2）多轨音频文件保存

保存多轨音频文件相对复杂，它牵涉到某一轨道音频的保存，几个轨道的音频混音，所有轨道音频混缩及混缩的文件形成新文件或形成新轨道。

下面举例说明多轨音频文件的保存。

① 选择一个音频（立体声）轨道将其保存到新音轨且保存为单声道，单击鼠标右键选择"合并到新音轨"，如图 5 - 1 - 45。

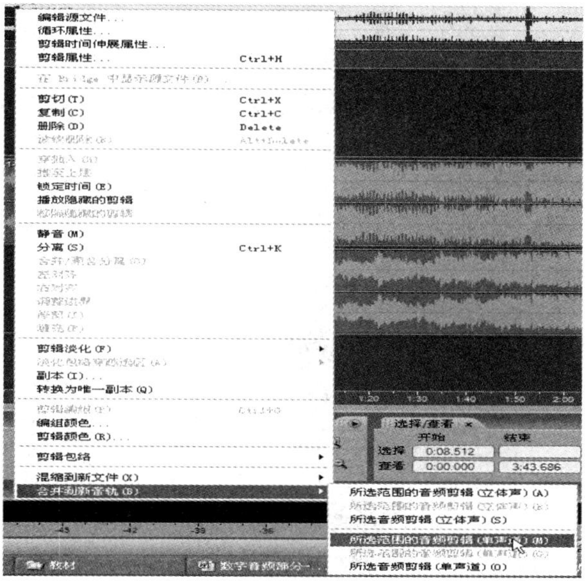

图 5 - 1 - 45　保存为新轨道单声道音频

② 选择一个音频（立体声）轨道将其保存为新文件立体声音频，单击右键选择"混缩到新文件"，如图 5 - 1 - 46。

图 5-1-46　保存为新文件立体声

③ 按 Ctrl 键选择多个音轨保存文件,保存方法同①、② 。

④ 保存所有文件,将所有导入到多轨音频视图下的文件(可能来自不同盘符、目录)保存到统一的目录下。选择"文件"→"所有音频另存为",如图 5-1-47 。

⑤ 文件的导出。选择菜单栏"文件"→"导出"→"混缩音频",如图 5-1-48、图 5-1-49,保存所有轨道音频文件为一个混缩音频文件,保存时可以对"混缩选项"进行选择,保存符合你要求的音频文件。

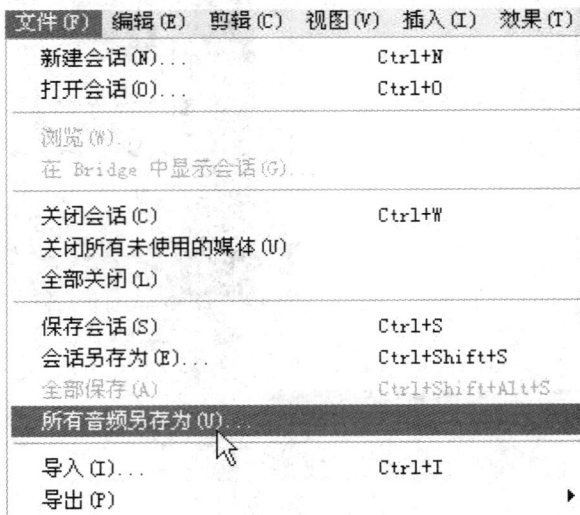

文件 (F)	编辑 (E)	剪辑 (C)	视图 (V)	插入 (I)	效果 (T)
新建会话 (N)...			Ctrl+N		
打开会话 (O)...			Ctrl+O		
浏览 (W)					
在 Bridge 中显示会话 (G)					
关闭会话 (C)			Ctrl+W		
关闭所有未使用的媒体 (U)					
全部关闭 (L)					
保存会话 (S)			Ctrl+S		
会话另存为 (E)...			Ctrl+Shift+S		
全部保存 (A)			Ctrl+Shift+Alt+S		
所有音频另存为 (V)...					
导入 (I)...			Ctrl+I		
导出 (P)			▶		

图 5-1-47　保存所有音频文件

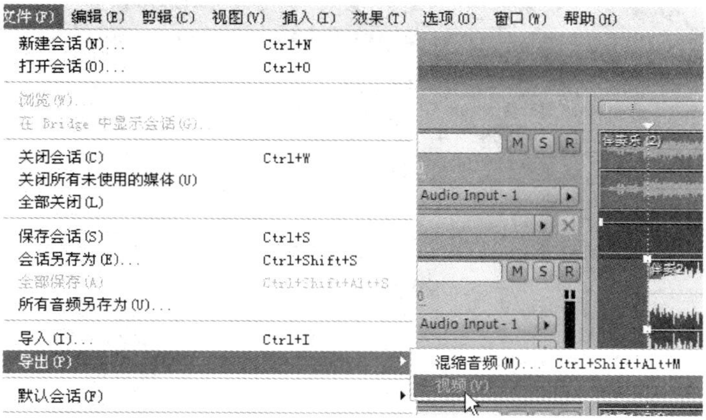

图 5 - 1 - 48　文件的导出

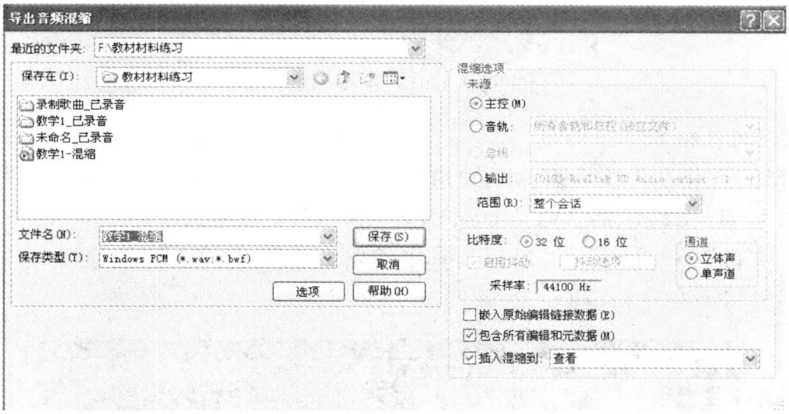

图 5 - 1 - 49　导出音频混缩窗口

6. CD 音频处理

（1）导入 CD 音频

在计算机的光驱中插入一张音频 CD 光盘,切换到 CD 视图,单击菜单栏"文件"→"导入",如图 5 - 1 - 50,选择 CD 文件,导入到 Audition 中。双击导入的音频文件可以对音频进行编辑,和单轨音频编辑方式一样。

（2）CD 内录

内录是通过声卡在 CD 中进行实时录音以获取音频。在 Audition 中新建文件,设置录音源为 CD,用 Windows Media Player 等播放软件播放 CD,按"录音"按钮录音。

（3）保存 CD

在文件选项卡中,选择一个或多个音频文件,拖动到 CD 列表中。拖入的音频文件可以是 Audition 支持的音频格式。选择"文件"→"写入 CD",即可将编辑的音频刻录成 CD 碟。

图 5-1-50　导入 CD 音频

7. 视频文件输出

当编辑的音频文件中含有视频轨道时,可以将其与音频素材整合输出为视频格式文件,如图 5-1-51,包括 AVI、MOV、MPEG 和 WMV 等格式。

选择"文件"→"导出"→"视频",其中编辑的音频文件会替换原视频中的音频文件,视频部分将不会重新编码。

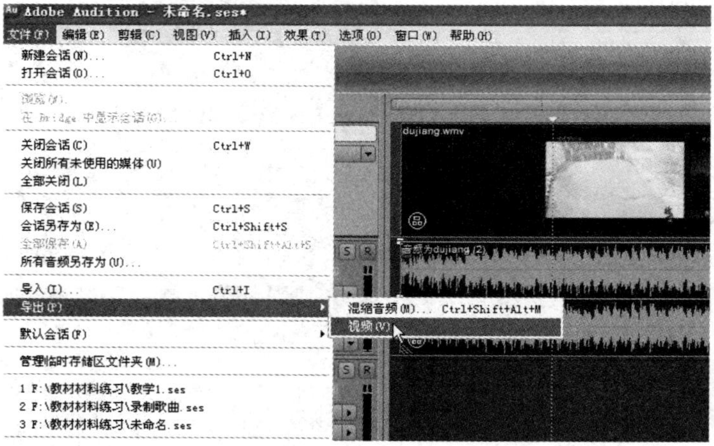

图 5-1-51　保存为视频文件

8. 音频文件效果处理

(1)音频文件的淡入淡出处理和音量调节

在单轨视图下,拖动"淡入控制标志"控制音量的淡入,Audition 提供了 3 种可视化淡化模式。

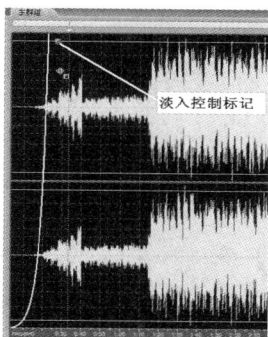

图 5 - 1 - 52　淡入控制标记

① 线性淡化：生成一个平直的音量变化，对于多数，如音频素材均适用，如图 5 - 1 - 53。

② 对数淡化：平滑地改变音量，先慢后快或反之，如图 5 - 1 - 54。

③ 余弦淡化：像一条 s 形曲线。首先缓慢地改变音量，接着进行淡化之后，再缓慢地结束淡化，如图 5 - 1 - 55。淡出操作相同。

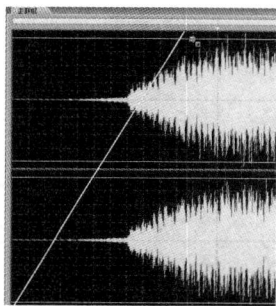
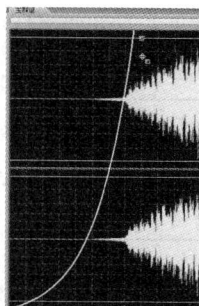
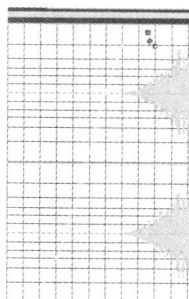

图 5 - 1 - 53　　　　　　　　图 5 - 1 - 54　　　　　　　　图 5 - 1 - 55

如果需要对整个音频文件或其中一段音频片段实现淡入淡出的效果，可以使用效果中的"振幅和压限"→"振幅和淡化"，在"预设"中选择淡入、淡出，如图 5 - 1 - 56。

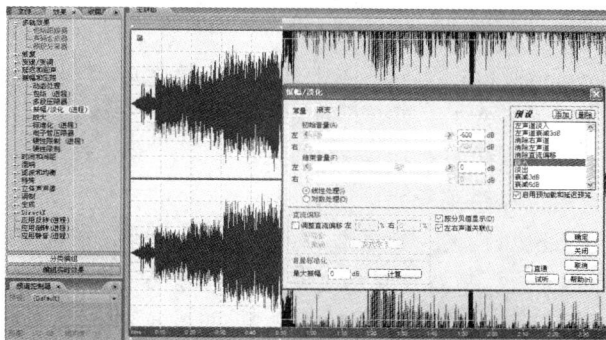

图 5 - 1 - 56　效果中淡入淡出设置

在多轨视图中,我们则通过添加包络线上的控制点,调节声音的淡入淡出,这里需要注意的是,在多轨视图中左右声道的变化是要调整声像的,调整过后声音在播放时能听出来左右声道的变化,如图 5-1-57。如果觉得声音和左右声道变化比较生硬,可以在音轨上单击鼠标右键选择"剪辑包络"→"音量/声相"→"使用采样曲线",如图 5-1-58,让音量、声相过渡平滑些。

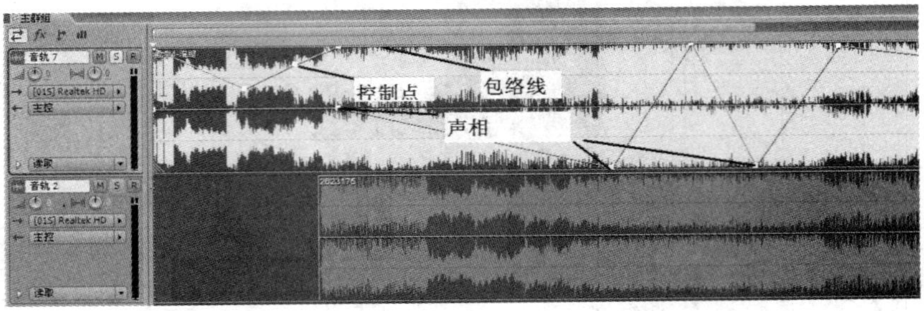

图 5-1-57　包络线和声像

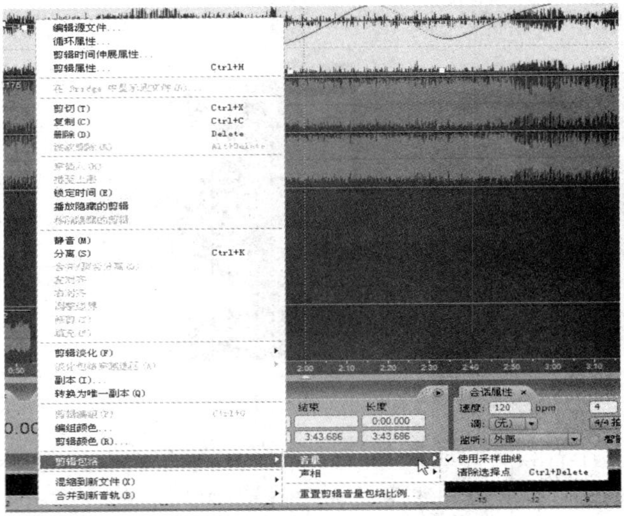

图 5-1-58　使用采样曲线

注意:包络(Envelope)编辑是一个专业术语,指通过时间线对素材片段的某个属性进行动态编辑,使其在播放时,随着时间的变化而变化。在多轨视图中进行的包络编辑是一种非破坏性编辑,不会影响音频素材文件。在多轨视图中,包络编辑分为两类:素材包络编辑与轨道包络编辑。使用素材包络编辑可以对素材片段的音量和声像在时间线上进行动态设置;而使用轨道包络编辑则可以对轨道的音量、声像以及效果的各项参数在时间线上进行动态设置。通过单击包络线,可以为其添加包络编辑点,而通过拖曳包络点,可以移动包络点的时间位置,并对包络点所在时刻的属性进行相应的设置。对于不想要的包络点,将其拖出轨道区域即可。在默认状态下,素材片段的音量包络线是一条绿色的直线,处于素材片段的最顶端,表示 100% 音量;而声像包络线是蓝色的,处于素材片段的中央,表示没有偏移。

在音频处理中经常会选中某段时间音频,需要对其调节音量大小,此时只需选择需要调节的音频片段,在片段上方会出现"音量控制"图标,如图 5-1-59。只要调节旋钮即可调节选中音频片段音量大小。

(2)效果的添加

导入音频后,往往需要对音频添加一些效果,添加效果是音频处理的一个重要环节,在处理复杂音效的时候,Audition3.0 提供了主控格架和效果格架,如图 5-1-60、

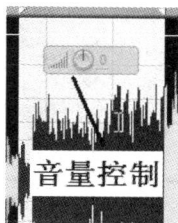

图 5-1-59　音量调节

图 5-1-61,分别在编辑视图和多轨视图下,对效果进行统一管理和控制。

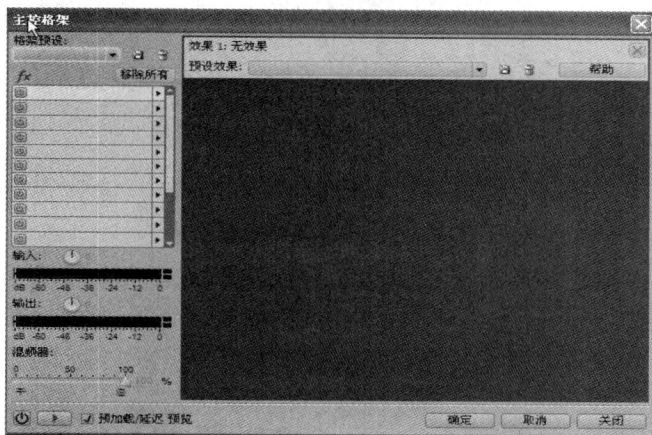

图 5-1-60　主控格架

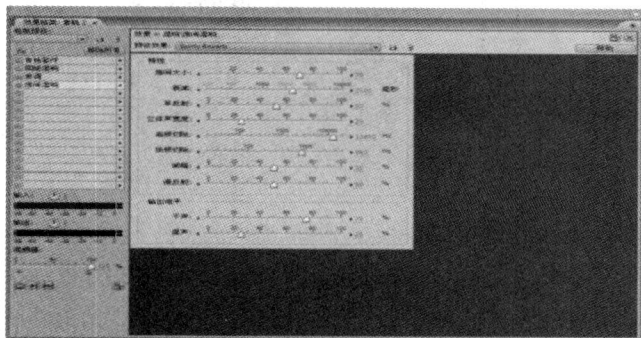

图 5-1-61　效果格架

在编辑视图下施加效果,首先要使用"选择工具"、"选区工具"、"套索工具",选择要添加效果的区域,再调用主控格架对话框添加效果,如图 5-1-62,试听满意后确定,将效果应用到所选区域。添加效果还有一种形式,就是选择音频,从"效果"菜

单中选择效果添加到音频中,如图5－1－63。

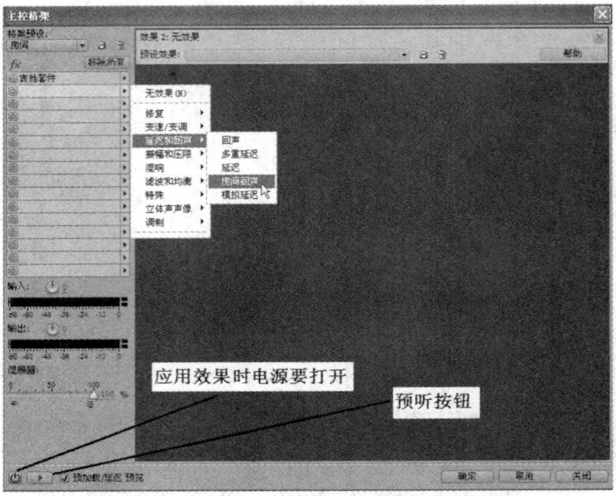

图5－1－62　编辑视图下添加效果

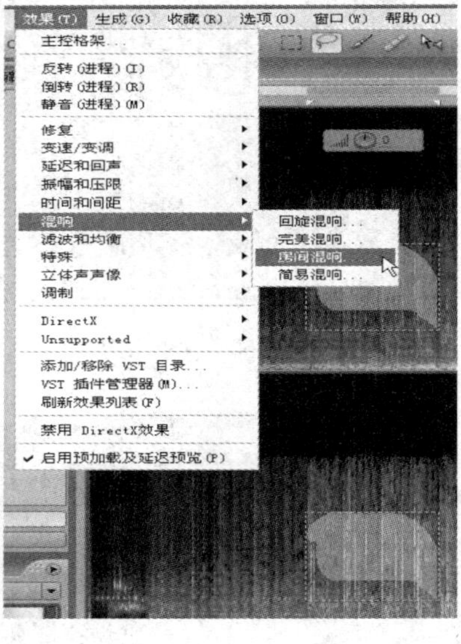

图5－1－63　从"效果"菜单添加效果

在多轨视图下添加效果,每个音频轨道或公共轨道最多可以施加16个效果,可以在主调板、混音器调板和效果格架中添加、排序或删除效果。在多轨视图下,添加的效果不会影响轨道中的音频源文件,可以随时对其进行调整。

多轨视图下添加效果主要有三种方式。①直接拖动效果到音频轨道或选择的区域。②在主调板中,单击效果按钮,切换到效果控制区域,显示效果位,通过效果菜单选择所需添加效果,如图5－1－64。③在混音器的控制面板中,如图5－1－65,在效果菜单中选择所需效果。

图 5 - 1 - 64　通过效果位添加效果

图 5 - 1 - 65　混音器控制面板

（3）效果应用

① 使用"声码合成器"效果制作机器人说话的声音

"声码合成器"效果可以通过一路音频对另一路音频进行调整。在多轨视图下，导入一段音乐，再在另一个轨道录解说词，如图 5 - 1 - 66。

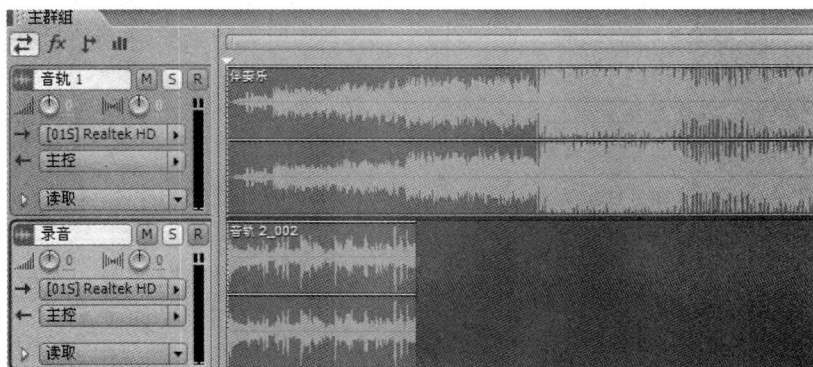

图 5 - 1 - 66　导入音频和录音

使用时间选择工具选择一段区域(音乐),按 Ctrl 键并单击选择两段音频,如图5-1-67,单击菜单栏"效果"→"声码合成器",如图5-1-68,设置参数或选择预置中的"For Male Voice",单击"确定"按钮,对音频进行处理,并将计算机结果插入到下面一个轨道中,播放新轨道中的内容,已经生成类似外星人的声音。

图 5-1-67　选择两段音频

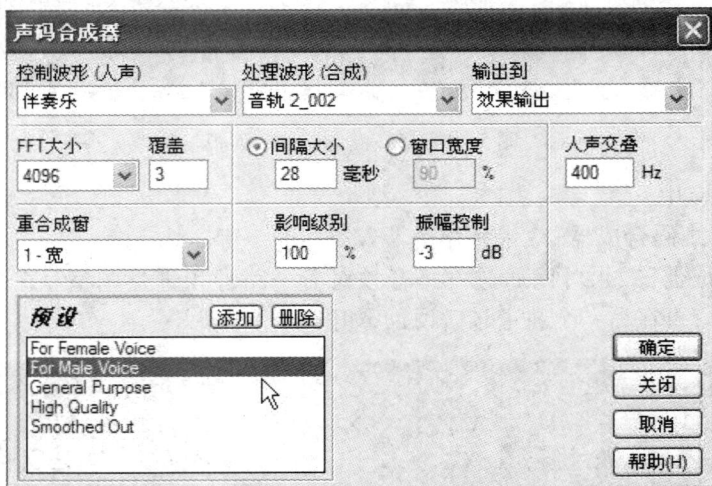

图 5-1-68　声码合成器

② 降噪处理

选择一段录音,选择录音前面没有人声但是有波形的最前段部分。这里没有录人声,只记录了声音数据,那么这个声音就是纯噪了,所以选定它,如图5-1-69,将其作为噪样,如图5-1-70,方便后面采集数据,选择整个音频,再选择菜单栏上"效果"→"修复"→"降噪器",如图5-1-71、图5-1-72,选择选项后按"确定",如图

5－1－73,降噪成功。降噪是否成功与你的硬件和设置有关,需要多摸索才能找到适合自己的参数。

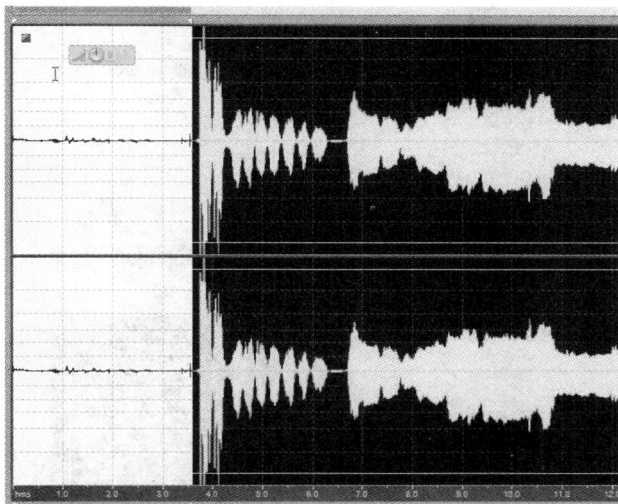

图5－1－69 选择纯噪

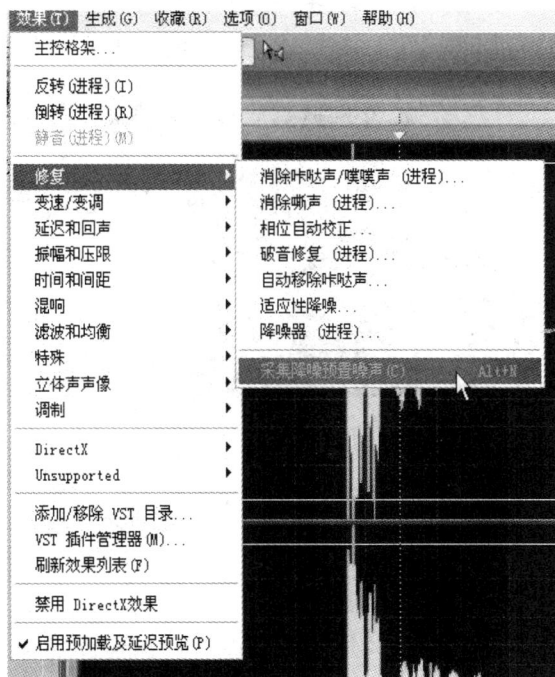

图5－1－70 采集噪样

图 5-1-71 选择降噪器

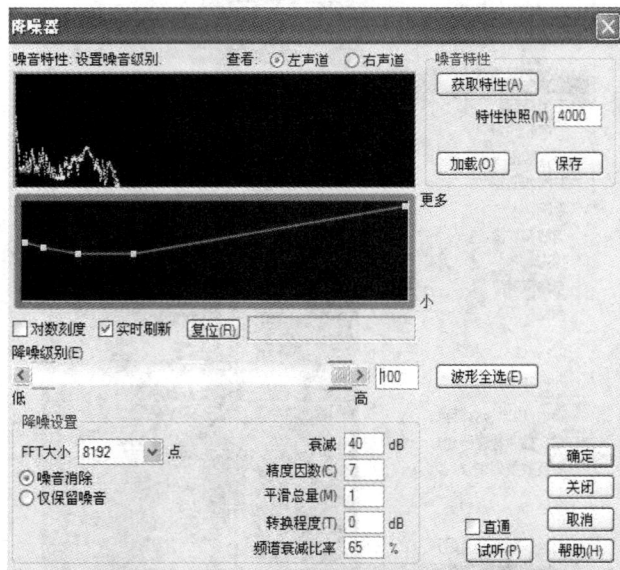

图 5-1-72 降噪器

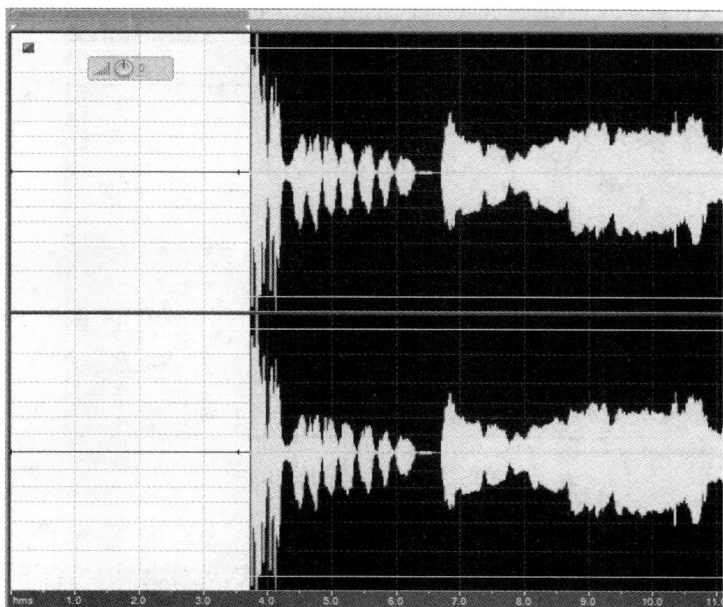

图 5 - 1 - 73 降噪部分

③ 获取流水声

在山区旅游时,经常听到远处传来潺潺的流水声。如果我们想要在处理的音频中加入这种声音该怎么获得呢? 在 Audition 中很方便就可以获得。

新建一个采样文件,选择菜单栏"生成"→"噪波",如图 5 - 1 - 74,选择"褐噪",单击"确定",就生产了音频文件,听听是不是流水的声音。如果想要得到你满意的声音需要选择不同的参数设置。

图 5 - 1 - 74 生产噪波

④ 脉冲波

当你录制一个广播剧时,需要一个拨电话的声音,录制又比较麻烦,那怎么获得拨电话时的脉冲音呢? 我们可以新建采样文件,选择菜单栏"生成"→"脉冲信号",如图 5 - 1 - 75,选择"脉冲信号",单击"试听",试听效果,单击"确定"生成音频文件。

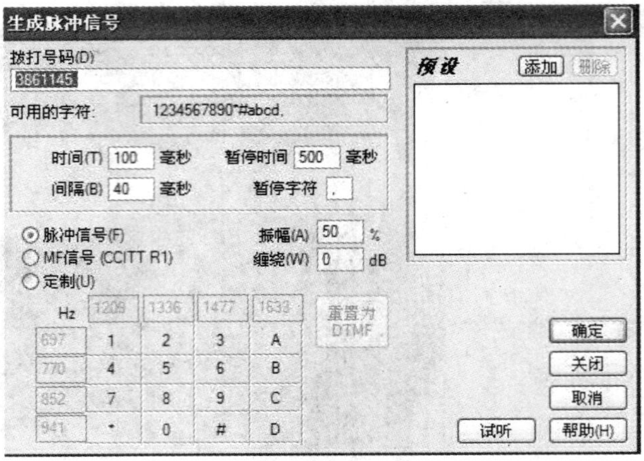

图 5-1-75　生成脉冲信号

⑤ 主唱变声

时间和音调类效果可以通过改变音频频率的方式,改变音调。我们以男声变为女声的方法为例。

在编辑视图下,导入男生唱歌的音频,使用快捷键"Ctrl+A"选择整段音频,再选择菜单栏"效果"→"时间和间距"→"变速",如 5-1-76,弹出"变速"窗口,如图 5-1-77,在"变速模式"中选择"变调不变速",在"变调变速设置"中选择"独奏乐器或人声",在"预设"中选择"Raise Pitch",单击"试听"听一下是不是男声变成了女声了。

Audition 的效果有很多,需要设置不同的参数。网上还有许多效果插件,可以直接调用。

图 5-1-76　调用变速效果

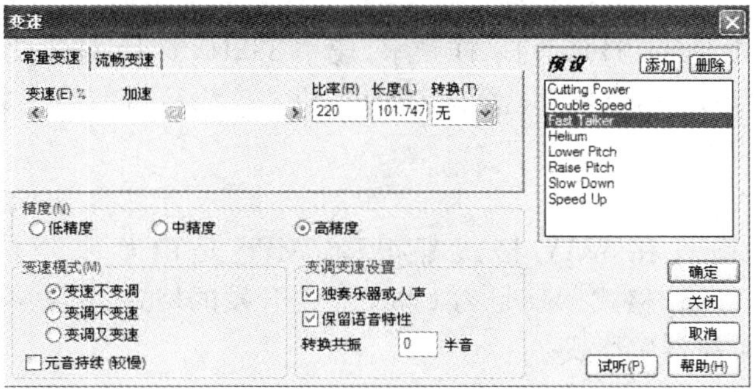

图 5 - 1 - 77 变速窗口

5.2 常用音频格式[①]

1. 常用音频格式及特点

要在计算机内播放或是处理音频文件,也就是要对声音文件进行数、模转换,这个过程同样由采样和量化构成,人耳所能听到的声音,最低的频率是从 20Hz 起一直到最高频率 20kHz,20kHz 以上人耳是听不到的,因此音频的最大带宽是 20kHz,故而采样频率需要介于 40～50kHz 之间,而且对每个样本需要更多的量化比特数。音频数字化的标准是每个样本 16 位 -96dB 的信噪比,采用线性脉冲编码调制 PCM,每一量化步长都具有相等的长度。在音频文件的制作中,正是采用这一标准。

(1)CD 格式

当今世界上音质最好的音频格式是 CD 格式。在大多数播放软件的"打开文件类型"中,都可以看到".cda"格式,这就是 CD 音轨了。标准 CD 格式也就是44.1kHz 的采样频率,速率 88kHz/s,16 位量化位数,因为 CD 音轨可以说是近似无损的,因此它的声音基本上是忠于原声的。CD 光盘可以在 CD 唱机中播放,也能用电脑里的各种播放软件来重放。一个 CD 音频文件是一个".cda"文件,这只是一个索引信息,并不是真正的包含声音信息,所以不论 CD 音乐的长短,在电脑上看到的".cda"文件都是 44 字节长。注意:不能直接复制 CD 格式的".cda"文件到硬盘上播放,需要使用像 EAC 这样的抓音轨软件把 CD 格式的文件转换成WAV 或 MP3 格式。

(2)WAV

WAV 是微软公司开发的一种声音文件格式,用于保存 Windows 平台的音频信息资源,被 Windows 平台及其应用程序所支持。"＊.Wav"格式支持 MSADPCM、CCITT

---

① http://baike.baidu.com/view/178954.htm

A LAW 等多种压缩算法,支持多种音频位数、采样频率和声道,标准格式的 WAV 文件和 CD 格式一样,也是 44.1kHz 的采样频率,速率 88kHz/s,16 位量化位数,WAV 格式的声音文件质量和 CD 相差无几,也是目前 PC 机上广为流行的声音文件格式,但缺点是占用存储空间较大。

（3）AIFF 与 AU

这两种音频格式和 WAV 格式都很像,AIFF 是由苹果公司开发的（Audio Interchange File Format）格式,AU 是为 UNIX 系统开发的格式,在大多数的音频编辑软件中也都支持这两种音乐格式。

（4）MP3

MP3 格式诞生于二十世纪八十年代的德国,所谓的 MP3 是指 MPEG 标准中的音频部分。根据压缩质量和编码处理的不同分为 3 层,分别对应"＊.mp1""＊.mp2""＊.mp3"这 3 种声音文件。需要提醒大家注意的是:MPEG 音频文件的压缩是一种有损压缩,MPEG3 音频编码具有 10：1～12：1 的高压缩率,同时基本保持低音频部分不失真,但是牺牲了声音文件中 12kHz 到 16kHz 高音频这部分的质量来换取文件的缩小,相同长度的音乐文件,用".mp3"格式来储存,一般只有".wav"文件的 1/10,而音质要次于 CD 格式或 WAV 格式的声音文件。由于其文件小,音质好,所以在它问世之初还没有什么别的音频格式可以与之匹敌,因而为".mp3"格式的发展提供了良好的条件。MP3 格式压缩音乐的采样频率有很多种,可以用 64kbps 或更低的采样频率节省空间,也可以用 320kbps 的标准达到极高的音质。但是 MP3 音乐的版权保护问题也一直找不到办法解决,这也是制约 MP3 发展的一个大问题。

（5）MIDI

MIDI 是 Musical Instrument Digital Interface 的缩写,MIDI 允许数字合成器和其他设备交换数据。MID 文件格式由 MIDI 继承而来。MID 文件并不是一段录制好的声音,而是记录声音的信息,然后再告诉声卡如何再现音乐的一组指令。所以 MIDI 记录的只是信息,不是声音本身。这样一个 MIDI 文件每存 1 分钟的音乐只需 5～10kb。如今,MID 文件主要用于原始乐器作品,流行歌曲的业余表演,游戏音轨以及电子贺卡等。MID 文件重放的效果完全依赖声卡的档次。MID 格式的最大用处是在电脑作曲领域。MID 文件可以用作曲软件写作,也可以通过声卡的 MIDI 口把外接音序器演奏的乐曲输入电脑里,制成".mid"文件。

（6）WMA

WMA（Windows Media Audio）格式是来自于微软的音频格式,音质要强于 MP3 格式,更远胜于 RA 格式,是以减少数据流量但保持音质的方法来达到比 MP3 压缩率更高的目的,WMA 的压缩率一般都可以达到 1:18 左右。另外,WMA 还支持流媒体技术,适合在网络上在线播放。

（7）Real Audio

RealAudio 主要适用于在线音乐欣赏,现在 real 的文件格式主要有 RA（RealAudio）、RM（RealMedia,RealAudio G2）、RMX（RealAudio Secured）。这些格式的

特点是可以随网络带宽的不同而改变声音的质量,在保证大多数人听到流畅声音的前提下,令带宽较富裕的听众获得较好的音质。对于带宽不足或不稳定的用户在线听音乐,RealAudio 是不错的选择。

(8)VQF:无人问津

VQF 是雅马哈公司开发的一种格式。它的核心是利用减少数据流量但保持音质的方法来达到更高的压缩比,可以说技术上也是很先进的,但是由于宣传不力,这种格式难有用武之地。".vqf"可以用雅马哈的播放器播放,同时雅马哈也提供从".wav"文件转换到".vqf"文件的软件。

(9)OGG:新生代音频格式

OGG 全称应该是 Ogg Vorbis,是一种新的音频压缩格式,类似于 MP3 等现有的音乐格式。但有一点不同的是,它是完全免费、开放和没有专利限制的。Ogg Vobis 有一个很出众的特点,就是支持多声道,随着它的流行,以后用随身听来听 DTS 编码的多声道作品将不会是梦想。

Ogg Vorbis 文件的扩展名是".ogg",这种文件的设计格式是非常先进的。现在创建的 OGG 文件可以在未来的任何播放器上播放。因此,这种文件格式可以不断地进行大小和音质的改良,而不影响旧有的编码器或播放器。

(10)AAC

AAC 即高级音频编码技术(Advanced Audio Coding),是杜比实验室为音乐提供的技术,最大能容纳 48 通道的音轨,采样率达 96kHz。2000 年,MPEG-4 标准出台,AAC 重新整合了其特性,故现又称 MPEG-4 AAC,即 m4a。

AAC 作为一种高压缩比的音频压缩算法,AAC 通常压缩比为 18:1,也有资料说为 20:1,远远超过了 AC-3、MP3 等较老的音频压缩算法。一般认为,AAC 格式在 96kbps 码率的表现超过了 128kbps 的 MP3 音频。AAC 另一个引人注目的地方就是它的多声道特性,它支持 1~48 个全音域音轨和 15 个低频音轨。除此之外,AAC 最高支持 96kHz 的采样率,其解析能力足以和 DVD-Audio 的 PCM 编码相提并论,因此,它得到了 DVD 论坛的支持,成为了下一代 DVD 的标准音频编码。

2. 无损压缩格式

(1)APE 格式

APE 是一种无损压缩音频格式,很多时候它被用做网络音频文件传输,因为被压缩后的 APE 文件容量要比 WAV 源文件小一半多,可以节约传输所用的时间。

(2)TAK 格式

TAK 是一种新型的无损音频压缩格式,全称是 Tom's Audio Kompressor。它的压缩率和解压缩速度类似 FLAC,而且用此格式的编码器压缩的音频是 VBR,即可变比特率的。

(3)TTA 格式

TTA 是 True Audio 的缩写,是一种免费又简单的实时无损音频编解码器。TTA 是一种基于自适应预测过滤的无损音频压缩,与目前主要的其他格式相比,能有相同或更好的压缩效果。

本章小结

数字音频技术的处理既顺应了全媒体时代的发展潮流,又能很好地服务于视频、图片等多媒体作品的制作,是全媒体时代不可或缺的技术之一。

本章主要对 Adobe Audition 的基本操作方法进行了介绍,Audition 还有许多高级的功能,如创建环绕声、MIDI 合成、影片配音等,需要学习的朋友可以参阅相关参考书。

【思考与练习】

1. Adobe Audition 的应用范围有哪些?
2. 制作一则诗歌朗诵的音频片段,并配上背景音乐。

第6章　视频制作

【本章学习目的】　全媒体时代的到来使生活变得多姿多彩,方便了人们用各种终端设备记录下所见所闻,为了更好地与他人分享身边的新闻、美好的光影,熟练掌握一定的视频处理技巧是必不可少的。本章将介绍 Premiere Pro CS3 的具体操作,让读者可以通过本章内容的学习对网络新闻、广告视频的制作有所了解,在日后能够熟练掌握视频剪辑技巧。

【本章学习重点】　认识 Premiere Pro CS3 的编辑界面,掌握 Premiere Pro CS3 的基本操作方法,了解 Premiere Pro CS3 一些特效和技巧。

【案例】
网络公益广告《关注留守儿童》制作过程

本章对 Premiere 的介绍将以一个网络公益广告实例操作——《关注留守儿童》开始。

制作一段网络公益广告,在制定完一个完整的关于广告内容的策划之后,首先需要用摄影、摄像设备拍摄下所需要的视频、照片素材,之后用视频处理软件进行编辑。此处将首先介绍如何采集视频。

1. 视频采集

用 DV 摄像机拍摄的视频素材是最常用的素材,首先我们将 DV 摄像机与计算机相连,打开摄像机电源,将其设置为 VCR 模式。启动 Premiere Pro CS3,进入欢迎窗口后选择新建项目。设置好参数、项目存放路径之后点击确定。

进入到工作界面之后,在采集之前,我们先对采集的一些参数进行设置。点击菜单栏中的"编辑"→"参数"→"采集",勾选需要的选项,保证采集的质量。同时对"设备控制"和"暂存盘"进行设置后开始采集,如图1所示。

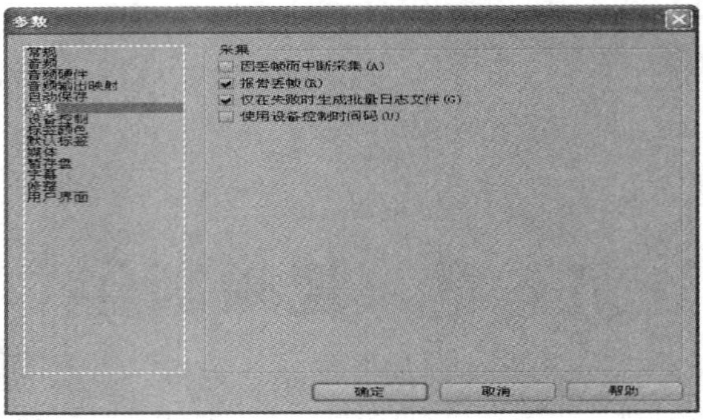

图1

前面都设置好了之后,回到 Premiere Pro CS3 的主界面,单击菜单栏中的"文件"→"采集",也可以直接按 F5 键,进入采集界面,如图2。

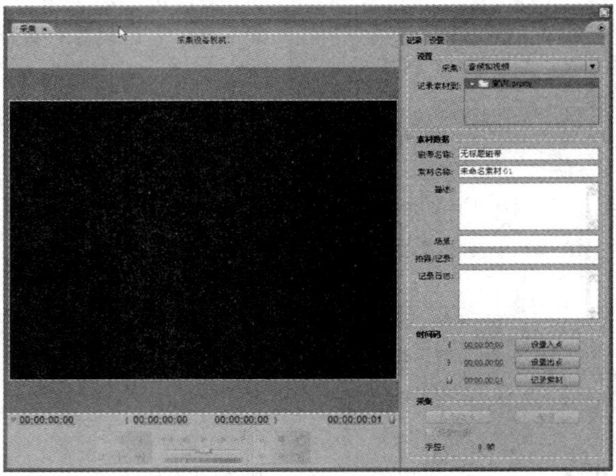

图2

采集界面中,需要对右边的参数进行设置,"采集"下拉菜单中选择"音频和视频",同时可以对素材的名称进行定义。

定义好之后,通过 DV 将磁带倒退到拍摄开始的位置,按下 DV 的播放键,同时点击采集界面下方的录制按钮进行采集。除了通过 DV 调节,也可以直接用采集界面下方的按钮进行倒退、播放,如图3所示。

图3

注意:采集过程中需要随时关注采集过程中是否会出现丢帧、磁盘剩余空间不足等情况。

需要的素材采集结束之后，可以再次点击录制按钮停止采集，也可以按 ESC 键停止采集，系统将弹出保存采集素材的对话框，可以在对话框中输入素材名和注释，点击确定即可。

关闭采集窗口，回到 Premiere Pro CS3 主界面之后会发现采集的视频素材已经自动导入到项目窗口中。

2. 视频编辑

（1）导入素材

通过"文件"→"导入"找到采集后的视频素材，将其拖入素材监视器窗口进行浏览，通过设置出入点按钮选择需要的素材片段，并将这些片段拖入时间线窗口进行细致编辑。

这段视频的主题是"关注留守儿童"，制作时需要将留守儿童的生活与一般儿童的生活片段进行对比，呼吁大家关注留守儿童。所以，首先要从采集的视频素材中将留守儿童的生活片段截取出来，同时将与之对比的一般儿童的生活片段也选取出来，拖到时间线窗口中，如图 4 所示。

图 4

（2）视频剪辑

如果截取的片段还有多余的部分需要截掉，大可不必再通过素材监视器窗口截取，可以利用工具窗口中的剃刀工具进行截取，如图 5 所示。

如果出现需要截掉的片段太小的情况，可以用缩放工具进行放大，再截取即可，如图 6 所示。

图 5　　　　图 6

由于影片需要把两组儿童的生活放在同一画面的两个部分进行对比，因此，就需要将留守儿童的生活片段视频放在视频 1 轨道上,将一般儿童的生活片段视频放在视频 2 轨道上,与视频 1 轨道上的视频首尾对齐,如图 7 所示。

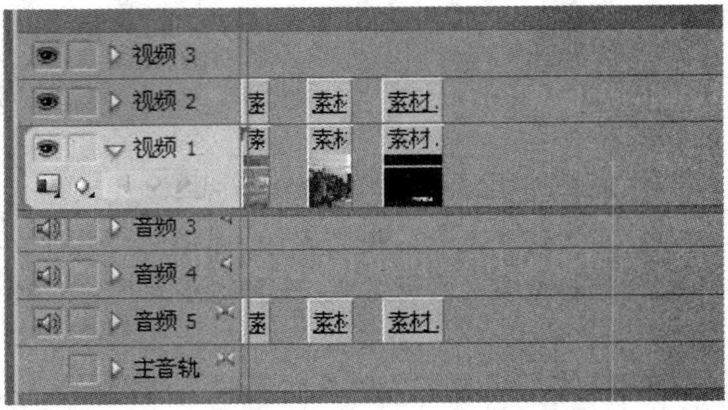

图 7

　　在观看节目监视器窗口时可见,窗口中只显示了视频 2 轨道上的素材,要想让两部分视频同时出现在窗口,必须调整视频图像显示的大小。首先选中时间线窗口中视频 2 轨道上的素材,然后打开效果控制窗口,将其大小和位置进行调整,使其占据节目监视器窗口中的右半部分。同理,对视频 1 轨道上的素材进行调整,使其占据节目监视器窗口中的左半部分。同时,为了能增加对比的效果可以将留守儿童生活的那部分片段调整成黑白画面,一般儿童生活的片段保持原来的色调,加强对比。

　　选择时间线窗口中留守儿童生活片段的素材,对其添加视频特效。打开效果窗口,选择视频特效中的图像控制,在图像控制下有个黑 & 白,拖动它至选中的素材,即可观看到所需要的效果,如图 8、图 9、图 10 所示。

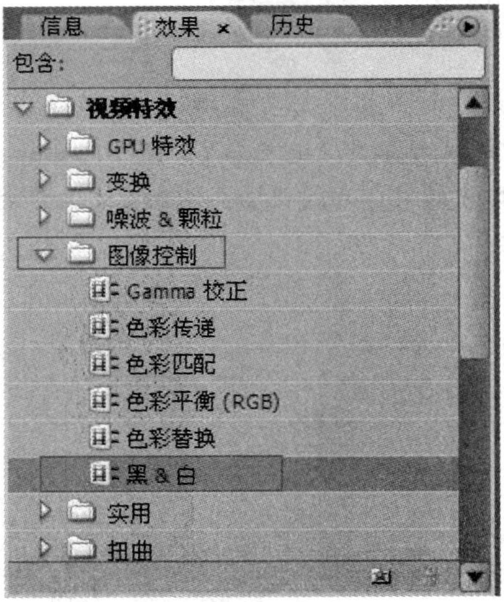

图 8

图 9

图 10

注意:视频编辑时的比例、位置的变化要求在拍摄过程中注意拍摄画面大小和位置的控制,因此拍摄之前必须将策划方案整理清楚、准备充分,以免在编辑过程中造成不必要的麻烦。

接下来就是字幕的添加,选择"字幕"→"新建字幕"→"默认静态字幕",出现新建字幕对话框,点击"确定",如图 11 所示。

图 11

进入字幕编辑窗口,进行字幕的设置,如图 12 所示。

图 12

选择"文字工具"输入字幕,如图 13 所示。

图 13

选择"选择工具"移动字幕的位置,如图 14 所示。

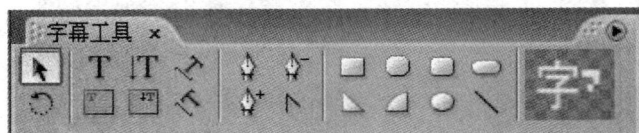

图 14

选中输入的字幕,可以改变字体,如图 15 所示。

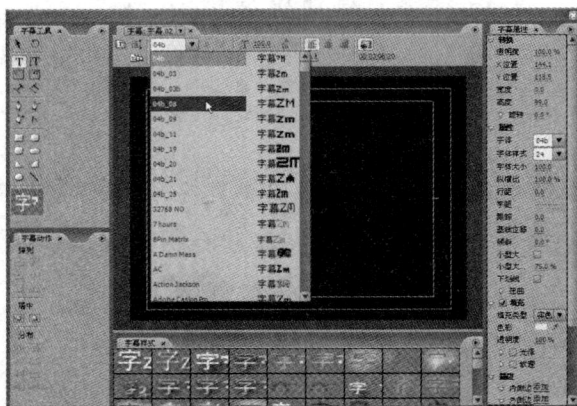

图 15

字幕的字体大小、字间距、行间距都可以进行设置,如图16所示。

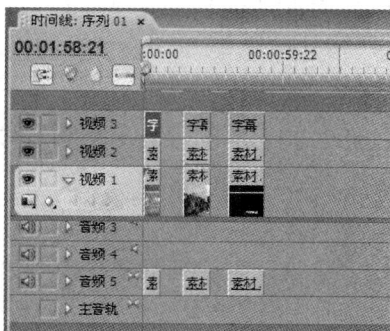

图 16

字幕设置好后,将其拖动到视频上方的视频轨道上,在这段视频中,将字幕拖动到视频3轨道。改变字幕块的长短来设置字幕显示的时间,如图17所示。

图 17

将编辑好的每组生活片段合并到一起,清除素材之间的间距,可以直接选中一段视频,进行拖动,与前一段视频合并;也可以在两段视频中间的空隙处点击右键,出现"波纹删除"选择即可。

视频合并好后,在视频切换处加入转场特效,使视频过渡更加自然,这里选择的是视频切换特效中的叠化效果。同理,在字幕切换时也加入叠化效果。

注意:两段视频之间的叠化效果长短要控制好,否则就会出现重影或者切换不自然的现象,设置过程中要注意观察。

视频编辑好之后,就要插入事先准备好的音乐素材,拖动至音频轨道,调整音频块长度,使其和视频素材首尾对齐。

为了让音乐的出现和结束更加自然,可以在音乐素材的开头和结尾加上特效,使其更加完善。打开效果窗口,选择音乐切换效果中的交叉淡化,将其栏目下的恒定增益分别拖动到音乐素材的开头和结尾,如图18、图19所示。

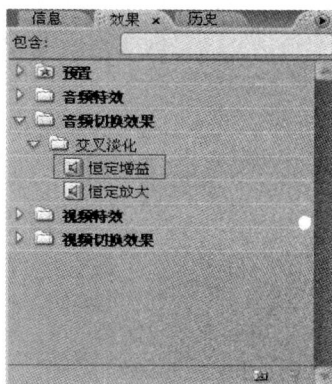

图 18

图 19

3. 视频导出

视频编辑好之后,就要按照步骤将视频导出。首先保存项目,选择"文件"→"保存"即可。

注意:在编辑过程中,要养成随时保存的好习惯,以免电脑或软件出现问题,造成不必要的损失。

保存之后,会发现时间线窗口上方有一条红色的线条,需要对其进行渲染,使其变成绿色,使导出片子更加流畅。选择菜单栏中的"序列"→"渲染工作区"对视频进行渲染;当然也有更简便的方法,单击"Enter"键即可进行渲染,如图20、图21所示。

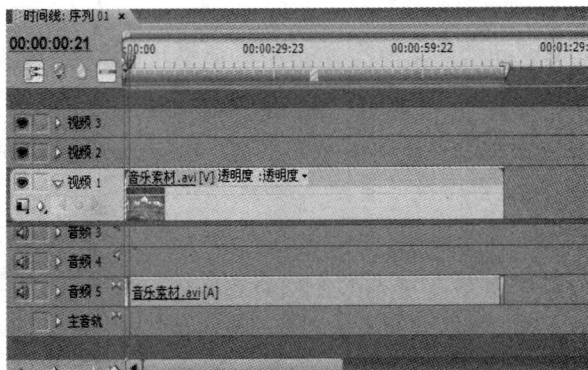

图 20

图 21

渲染以后选择"文件"→"导出"→"影片",出现对话框选择导出路径,点击保存,如图22所示。

在实例操作之前先介绍一下 Premiere Pro CS3 的基本操作和主要界面进行介绍。

以上介绍了 Premiere Pro CS3 的一些基本操作,根据这些操作完成了一段简单的网络广告制作。接下来就对 Premiere Pro CS3 的主要编辑界面和基本操作进行一些具体介绍,让大家更加熟悉 Premiere Pro CS3 的操作方法。

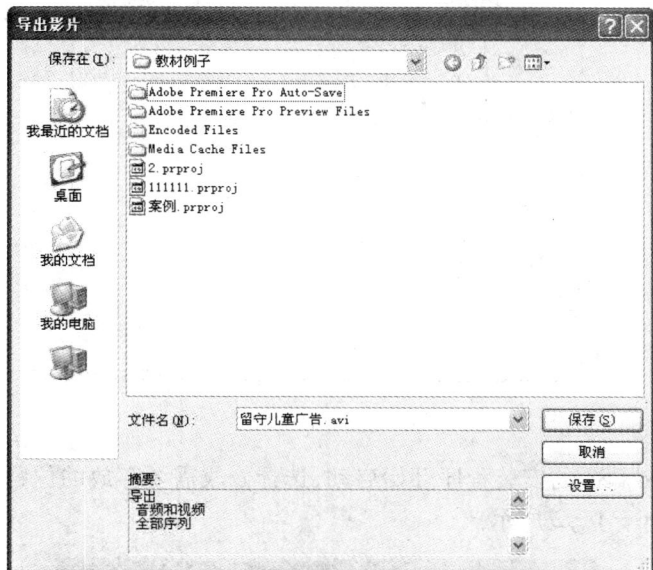

图 22

6.1　Premiere 基础操作

随着全媒体时代的到来,电脑、手机、各类摄影设备已然成了人们的生活必需品,除了照片,人们还热衷于随时拍摄一些视频,用动态的影像记录下美好的时光与他人共赏,无论是用什么拍摄工具记录的影像都可以通过互联网等新媒体与他人分享。视频拍摄的好坏不仅仅取决于一个人的技术,也离不开视频处理软件,现阶段非线性编辑的普及也让视频编辑更加多姿多彩。本章将主要介绍一款视频处理软件——Premiere 的使用方法。

Premiere Pro 是 Adobe 公司推出的音视频非线性编辑软件。它功能强大、操作简洁,被广泛应用于电视、电影、广告制作等领域。本章内容将以 Premiere Pro CS3 为例进行介绍。

Premiere Pro CS3 可以编辑 HD、SD 和 DV 等格式的视频影像,同时可以和 Adobe 公司的其他软件完美结合,为高校的数字视频制作提供了可能。对于学生而言,掌握了 Premiere 后完全可以胜任日常视频新闻、短片的编辑工作。

6.1.1　Premiere Pro CS3 的安装

双击 Premiere Pro CS3 的安装程序,如图 6-1-1 所示。

图 6 - 1 - 1

　　Premiere Pro CS3 的安装程序开始启动,选择修改需要存放的位置,点击"下一步"进行安装,如图 6 - 1 - 2 所示。

图 6 - 1 - 2

　　文件安装中,如图 6 - 1 - 3 所示。

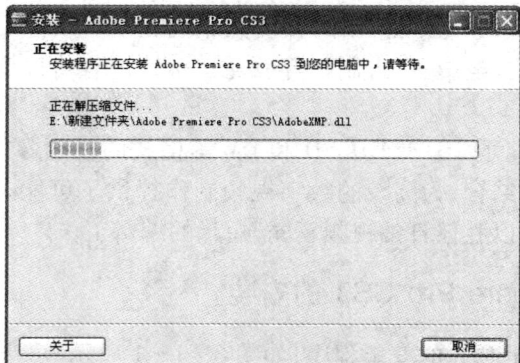

图 6 - 1 - 3

6.1.2 Premiere Pro CS3 的启动

Premiere Pro CS3 安装完成后,双击桌面快捷方式或者从"开始"菜单→"所有程序"中找到 Premiere Pro CS3 启动它,如图 6 - 1 - 4 所示。

图 6 - 1 - 4

程序启动后首先进入欢迎界面,如图 6 - 1 - 5 所示。

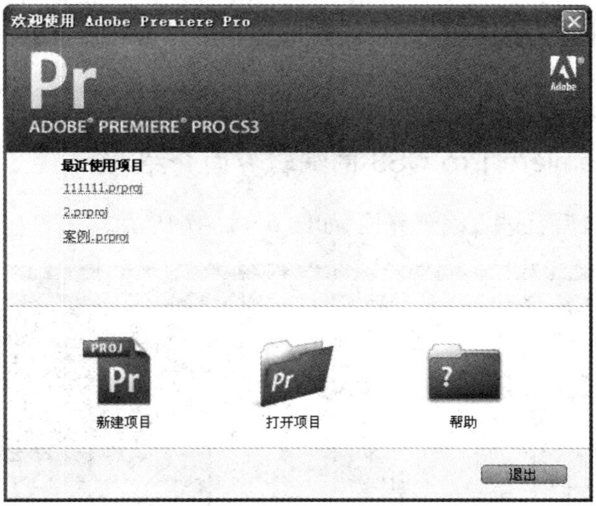

图 6 - 1 - 5

在欢迎界面中,
单击"新建项目",可以创建一个全新的项目文件;
单击"打开项目",可以打开一个已经存在的项目文件;
单击"帮助",可以打开软件的帮助文件。

注意:由于是首次打开 Premiere Pro CS3,因此在最近使用项目中没有任何内容;在使用过该软件之后,最近使用项目中会显示最近编辑过的项目文件,如果要继续进行编辑,单击该项目即可。

在单击"新建项目"之后,会出现新建项目的对话框,通过该对话框可以对即将编辑的项目文件的编辑模式、时间基准、名称、路径等内容进行设置,如图6-1-6所示。

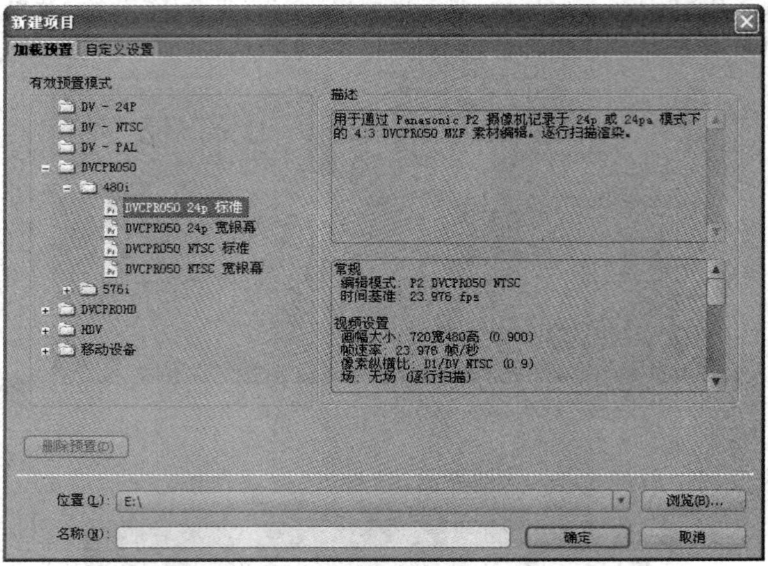

图6-1-6

6.1.3 Premiere Pro CS3 的编辑界面介绍

一切准备就绪后就进入编辑界面,如图6-1-7所示。

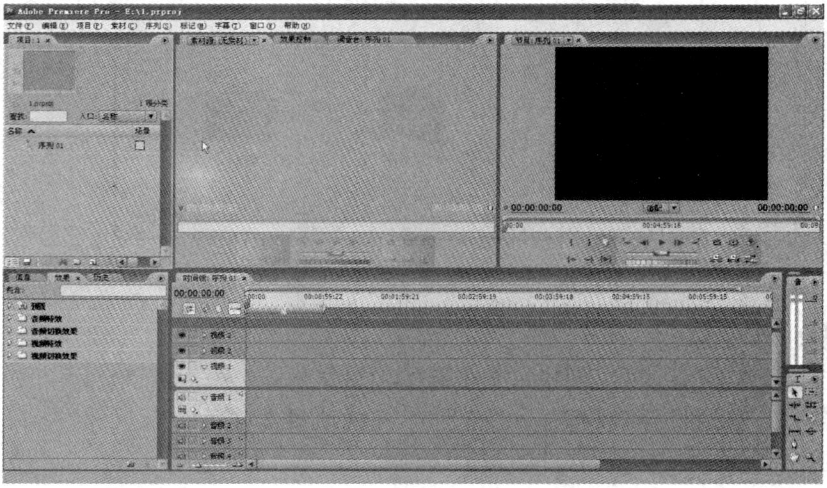

图6-1-7

浏览了整个编辑界面之后,先介绍一下编辑界面的主要部分。

1. 项目窗口

项目窗口主要用来存放和管理导入的素材,同时也可以在项目窗口新建素材。双击"项目窗口"中的素材就可以在素材监视窗口观看素材,如图6-1-8所示。

图6-1-8

2. 素材监视窗口

素材监视窗口可以浏览素材内容,如图6-1-9所示。

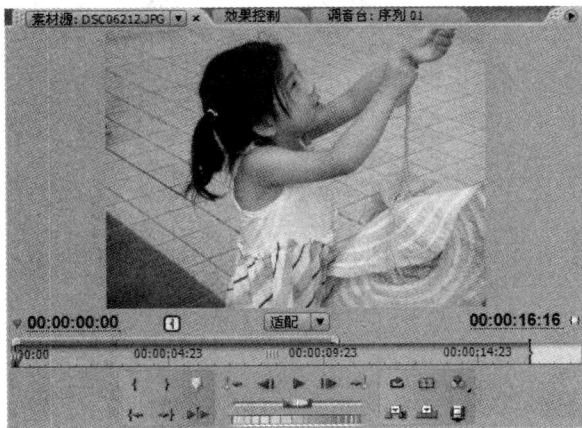

图6-1-9

素材监视窗口可以对素材进行初步的选取、标记等等,下面简单介绍一下素材监视窗口的主要工具,如图6-1-10所示。

图6-1-10

主要运用的工具是视频截取的"设置出入点"按钮 ；视频播放、暂停以及"逐帧进退"按钮 ；将截取的视频插入时间线轨道的"插入"按钮 以及"音视频切换"按钮 。

3. 效果窗口

一段素材添加了音频、视频或者转场后，就需要在效果窗口中选择适合的特效进行相应的特效设置，使得视频和音频播放地更加自然流畅，如图 6-1-11 所示。

图 6-1-11

4. 历史窗口

历史窗口中出现的是在编辑过程中依次进行的操作，可以通过历史窗口对操作进行撤销或者恢复，如图 6-1-12 所示。

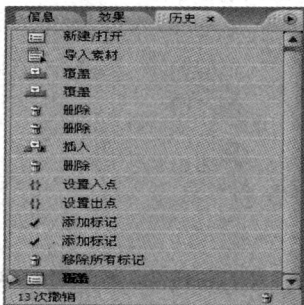

图 6-1-12

5. 时间线窗口

时间线窗口是该软件的主要编辑窗口，可以按照时间顺序来安排和连接不同的素材，各个素材之间可以叠加、整合，如图 6-1-13 所示。

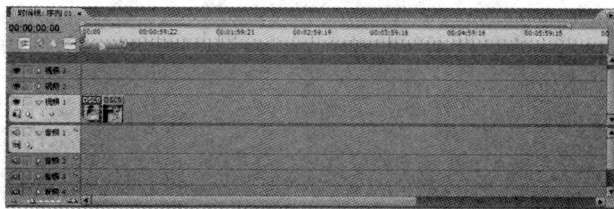

图 6-1-13

6. 工具窗口

工具窗口中主要存放的都是时间线窗口编辑时需要的一些常用工具,比如选择工具、缩放工具、裁剪工具等等。要想利用 Premiere Pro CS3 编辑好视频,就必须熟练应用这些工具,如图 6-1-14 所示。

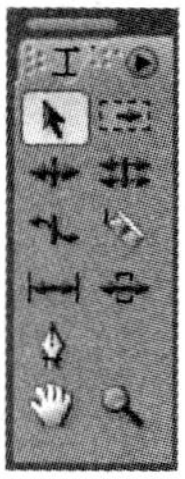

7. 节目监视窗口

节目监视窗口显示的是时间线编辑窗口编辑合成的视频,通过这个窗口观看视频编辑的质量,从而进行调整和修改,如图 6-1-15 所示。

图 6-1-14

图 6-1-15

8. 效果控制窗口

效果控制窗口可以进行参数设置、添加关键帧以及运动特效设置,设置的内容也会在这个窗口显示,可以根据自己的需要进行调整,如图 6-1-16 所示。

图 6-1-16

9. 调音台窗口

调音台窗口主要用于对音频素材的处理,比如音量的平衡、声道之类,如图6-1-17。

图 6 - 1 - 17

10. 字幕窗口

字幕窗口主要用于文字的设计,Premiere Pro CS3 中的文字类型较多、变化多样,操作也是相当方便的,如图6-1-18所示。

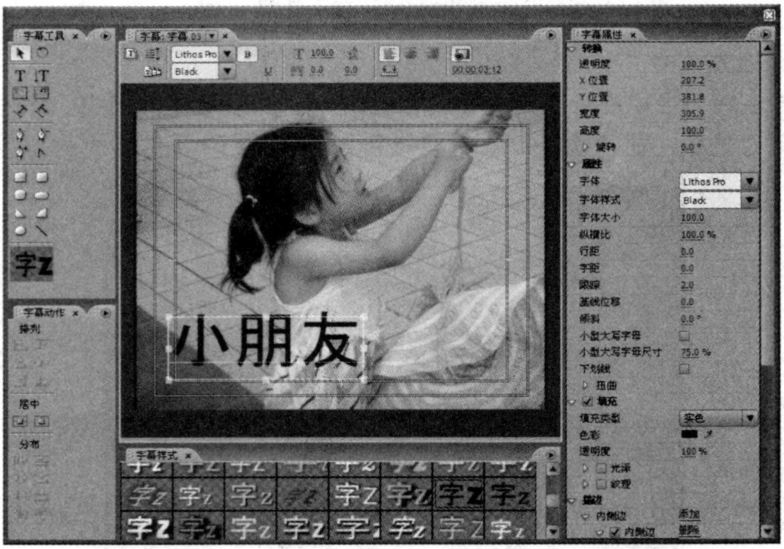

图 6 - 1 - 18

6.1.4 Premiere Pro CS3 的主要操作

在介绍完 Premiere Pro CS3 编辑界面的主要控件之后,以实例做说明,介绍一下该软件的主要用法。

1. 导入素材

点击"文件"→"导入",出现素材窗口,选择需要导入的素材即可,如图 6-1-19、图 6-1-20、图 6-1-21 所示。

图 6-1-19

图 6-1-20

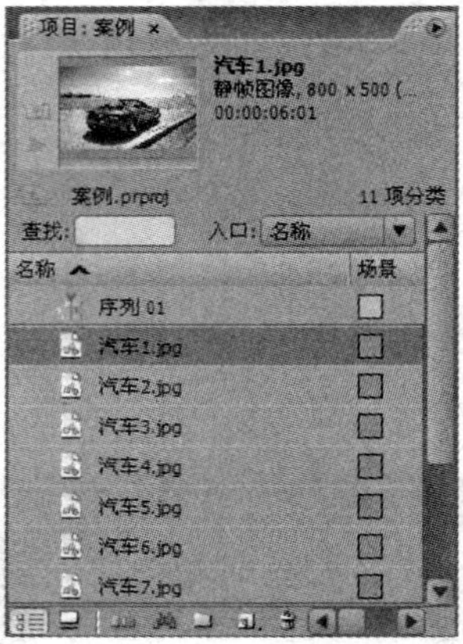

图 6 - 1 - 21

注意:除了这个方法导入素材之外,我们还可以选择其他的方式导入。

(1)双击项目窗口中的空白位置,即可弹出素材窗口,选择需要导入的素材即可;

(2)右击项目窗口中的空白位置,在弹出的快捷菜单中选择"导入"即可;

按快捷键 Ctrl+I 即可。

2. 素材插入时间线窗口

在导入需要的素材之后,双击素材,在素材监视窗口对素材进行初步的剪辑,然后再利用时间线窗口对素材进行细致的编辑。

在素材监视窗口浏览过整个素材之后,通过出入点设置按钮选择需要的素材片段,如图 6 - 1 - 22 所示。

图 6 - 1 - 22

片段选取好后,可以直接按住左键拖动,将鼠标放在素材监视窗口的素材上,按住左键直接拖动到时间线窗口;也可以点击插入按钮将素材插入到时间线窗口;还可以将鼠标放在素材监视窗口的素材上单击右键,点击"插入",就可以将初步选取的片段插入到时间线窗口进行进一步编辑,如图6-1-23所示。

图6-1-23

当素材处于时间线窗口时,可以通过点击节目监视器窗口的播放按钮,或选中时间线窗口点击"space"即可,如图6-1-24所示。

图6-1-24

3. 素材大小调整

在播放过程中,假如出现节目监视器窗口无法完全显示的情况,就需要调节素材图像的大小进行适配,如图6-1-25所示。

图 6 - 1 - 25

要使图片大小与画面大小一致,在时间线窗口找到这段素材,单击右键,选择"画面大小与当前画幅比例适配"即可,如图 6 - 1 - 26 所示。

图 6 - 1 - 26

当然,如果对素材图像大小有精确要求,可以通过手动调整图像尺寸来实现。

单击选中时间线窗口中需要调整大小的素材,打开效果控制窗口,这时候该窗口显示的就是需要调整的素材的信息,可以通过调整"比例"来改变素材图像的大小,如图 6 - 1 - 27 所示。

新闻数字时代系列传播教材实务

258

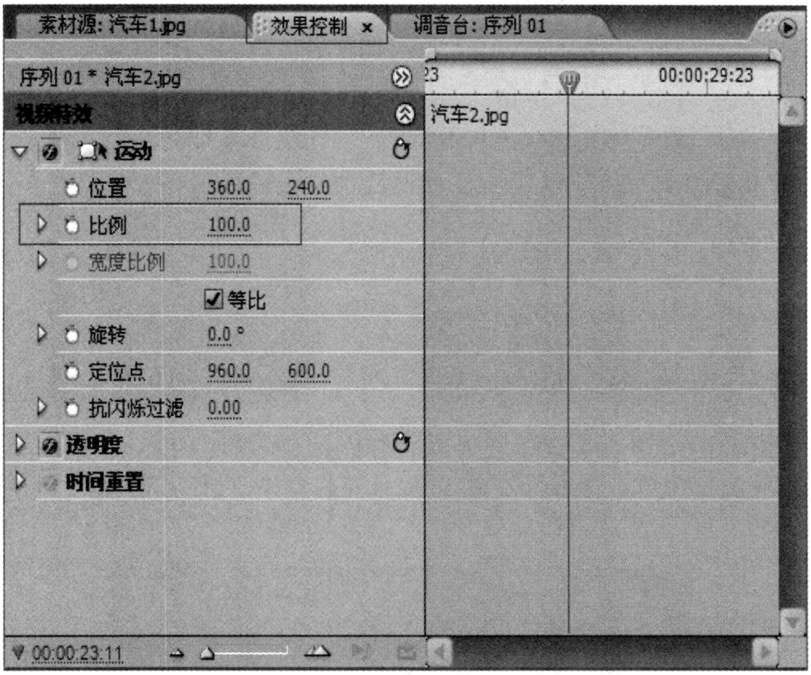

图 6 - 1 - 27

4. 素材位置调整

Premiere Pro CS3 是非线性视频编辑软件,因此素材插入时间线窗口之后,如果感觉素材的在拍摄或者插入时的顺序与所要编辑的顺序不一致,可以选中需要调整的视频,按住左键不放,拖动到需要放置的位置即可。

如果只是一段视频中的一部分位置不合适,可以运用刀片工具进行截取,之后拖动到相应位置即可。

5. 视频特效

在大小和位置调整之后,再次浏览素材,如果素材在切换时显得有些生硬,那么要解决这一问题,可以在每段素材之间加上一些特效,使得视频播放的效果更好。

(1)视频切换特效

在效果窗口选择"视频切换效果",在众多的特效中选择一个适合的,添加到素材中去,如图 6 - 1 - 28、图 6 - 1 - 29 所示。

注意:点击每种效果前面的小三角形可以打开效果列表,选择效果。

选择好特效以后,将鼠标放在选择的效果上,按住鼠标左键拖动至需要添加切换效果的两段素材之间即可。

接下来就需要对选择的特效进行设置,使其在切换时更加自然。

图6-1-28

图6-1-29

在时间线窗口中单击选中特效,打开效果控制窗口,对各项参数进行设置,比如拖动效果滑块的长度、位置来修改特效开始和结束的时间和位置,如图6-1-30所示。

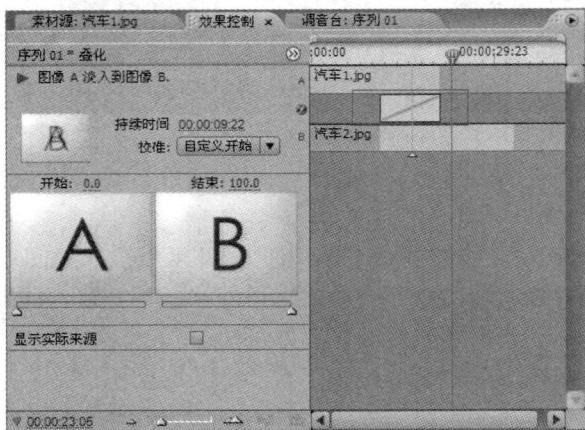

图6-1-30

（2）视频特效

除了转场特效,视频或者图片在拍摄过程中由于光线的原因会影响其效果,此时可以通过特效进行修改。

首先在效果窗口找到"视频特效",在下拉菜单中选择需要调整的内容,比如"色彩校正",可以对素材图像的RGB曲线进行微调,如图6-1-31所示。

将鼠标放在选择的特效上,按住左键不放拖动至时间线窗口中需要调整的素材上,打开效果控制窗口,就会看到窗口中出现所需特效,便可对特效参数进行调整来改变素材显示的效果,如图6-1-32所示。

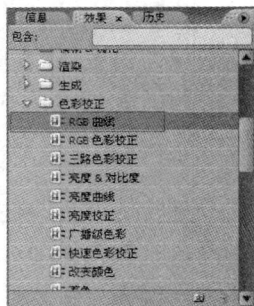

图6-1-31

图 6 - 1 - 32

在选择视频特效时,除了上述方法,还可以在时间线窗口中点击选中需要调整的素材,打开效果控制窗口,然后在视频特效中找到需要的特效,按住左键不放将特效拖动至效果控制窗口即可。

在一些网络新闻中,有时会看到许多马赛克效果,这在视频编辑中也是常用的,接下来,笔者将介绍马赛克效果的制作过程。

首先,将视频素材拖动到时间线窗口中的视频 1 轨道,再拖动一份到视频 2 轨道,即放在之前的视频素材之上,两段视频前后对齐,如图 6 - 1 - 33 所示。

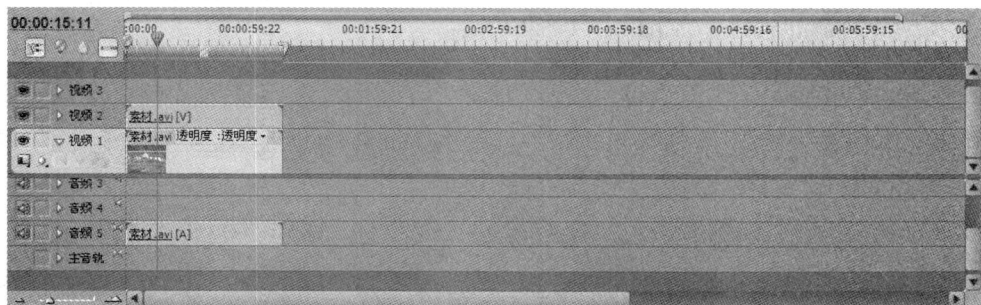

图 6 - 1 - 33

第二步在视频特效中选择"风格化"→"马赛克",并将其拖动至视频 2 轨道的素材上,如图 6 - 1 - 34 所示。

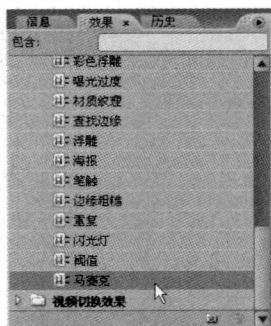

图 6 - 1 - 34

第三步在效果控制窗口打开"马赛克",对马赛克的效果进行调整,在节目监视窗口中可以看到效果,如图 6 - 1 - 35 所示。

图 6 - 1 - 35

第四步对马赛克的范围进行调整,我们选择视频效果中的"变换"→"裁剪",将其拖至视频 2 轨道的素材上,如图 6 - 1 - 36 所示。

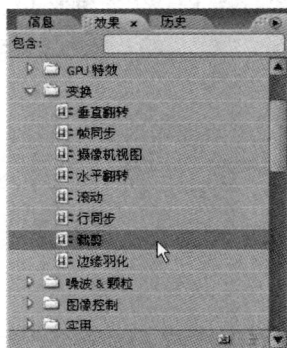

图 6 - 1 - 36

第五步在效果控制窗口对裁剪特效的参数进行修改,调整马赛克范围,其效果可通过节目监视窗口观察,如图 6 - 1 - 37 所示。

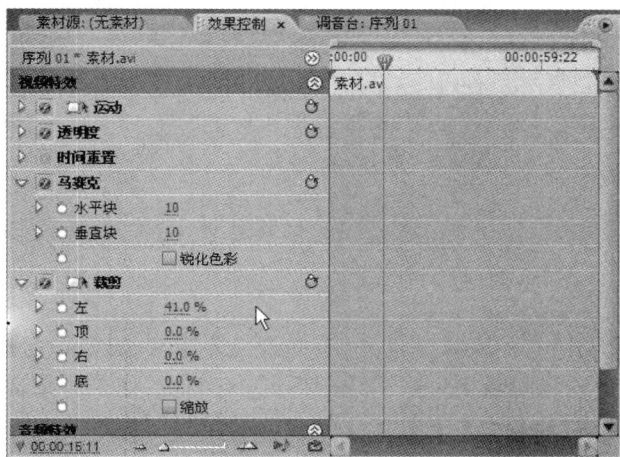

图 6 - 1 - 37

这样,马赛克效果就添加成功了,可以在节目监视窗口查看效果,如图 6 - 1 - 38 所示。

图 6 - 1 - 38

Premiere Pro CS3 中的视频特效还有很多,由于篇幅有限,在这里就不一一介绍了,希望读者能够在日后的学习中不断发现和探索。

6. 音频编辑

素材图像调整好之后,接下来就要为视频插入音频文件,用同样的方法,导入音频文件,对音频素材进行剪切,使它与视频轨道上的素材首尾对齐,打开调音台对音频素材进行微调,如图 6 - 1 - 39 所示。

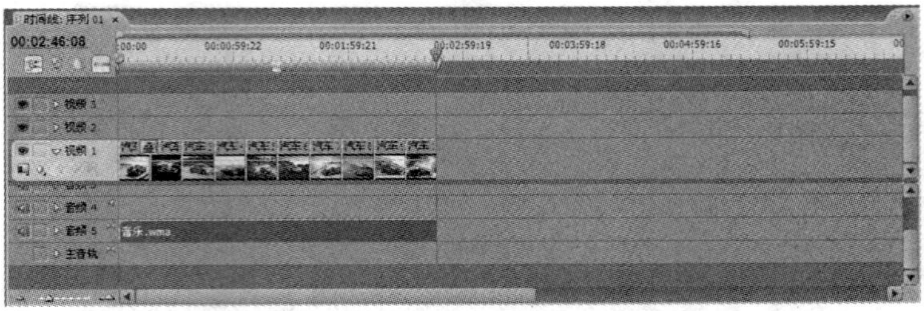

图 6-1-39

除了给视频配上已有的音乐文件外,有些视频要求有画外音、旁白等,需要进行录音,录音后将录好的音频导入 Premiere Pro CS3 进行编辑,如果对录音的效果有较高的要求,则需要一些比较专业的录音软件支持。

7. 关键帧

Premiere Pro CS3 中有一个非常重要的名词,那就是关键帧。设置关键帧可以在不同的时间设置不同的特效,实现在视频播放过程中效果的不断变化。

在观看视频时会发现,有些图片、字幕等会在一段时间内出现多种效果的变化,这就是关键帧起到了作用,接下来笔者将对关键帧的基本操作进行介绍。

对关键帧的介绍将以图片飞入屏幕、旋转、缩放为例。

首先在项目窗口导入一张图片,将其拖至时间线窗口,打开效果控制窗口中的"运动"选项,会出现很多参数,接下来就要对这些参数设置关键帧,如图 6-1-40 所示。

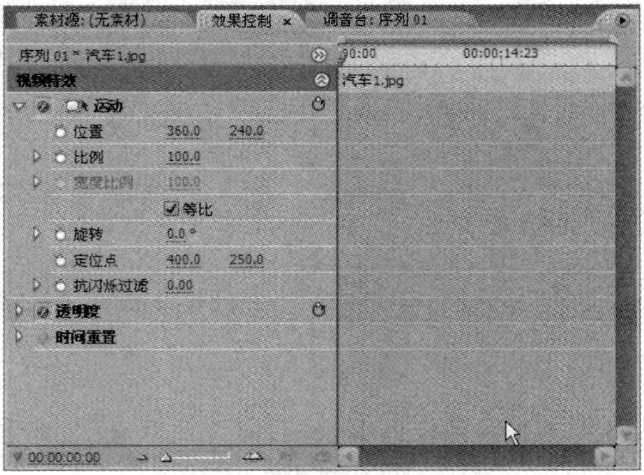

图 6-1-40

图片飞入屏幕:即对图片位置的设定,对位置坐标值进行修改,将图片移动至屏幕之外。横坐标数值变大,图片右移;数值变小,图片左移。纵坐标数值变大,图片下移;数值变小,图片上移。将时间线放在图片开始处,当图片出屏幕之后,点击"位置" ◎位置 前面的"切换动画"按钮添加关键帧。根据需要设定飞入的时间,将时间线移动至飞入时间点,将图片移动至屏幕中央,添加关键帧,如图 6-1-41 所示。

图 6-1-41

图片旋转:图片飞入后,让图片在图片中央旋转一周。在图片位于屏幕中央时,点击"旋转"前面的"切换动画"按钮添加关键帧。根据需要设定旋转时间,将时间线移动到旋转结束的时间点,将旋转度数设定为360,添加关键帧即可,如图6-1-42所示。

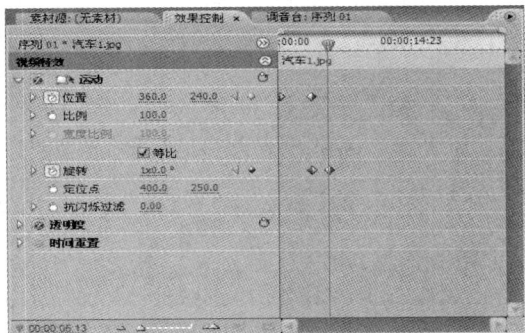

图 6-1-42

图片缩放:图片缩放就是对图片比例设置关键帧。在图片旋转完成后的那个时间点,点击"比例"前面的"切换动画"按钮添加关键帧。根据缩小时间,将时间线移动到缩小结束时间点,将比例值减小,添加关键帧。再根据放大的时间,将时间线移动到放大结束时间,将比例值设置成100,添加关键帧,如图6-1-43所示。

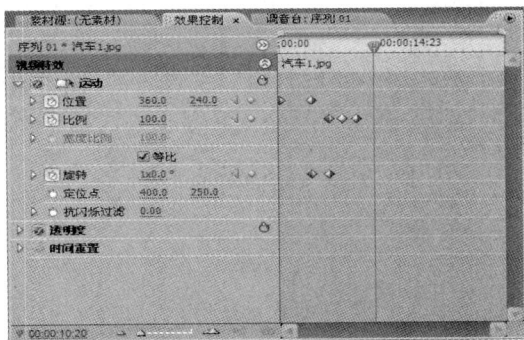

图 6-1-43

如果在添加关键帧过程中添加错误,选中错误的关键帧,点击右键"清除"即可。

8. 倒计时制作

在视频新闻之前,可以加上片头,让整个视频更加完整,下面将主要介绍倒计时的制作方法。

由于倒计时每个数字间的时间间隔为1秒,所以要在制作之前对相关参数进行设置,使每个画面出现的时间都为1秒。选择"编辑"→"参数"→"常规",因为在Premiere Pro CS3 中1秒为25帧,所以将静帧图像默认持续时间设定为25帧,这样设置之后素材拖动到时间线窗口上的持续时间默认为1秒,如图6-1-44、图6-1-45所示。

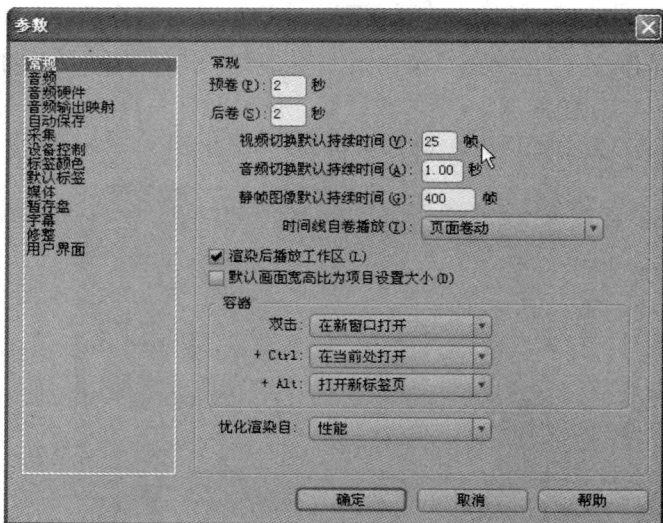

图6-1-44

图6-1-45

设置完成后,首先建立黑白两个彩色蒙版,点击"新建"→"彩色蒙版",如图 6-1-46所示。

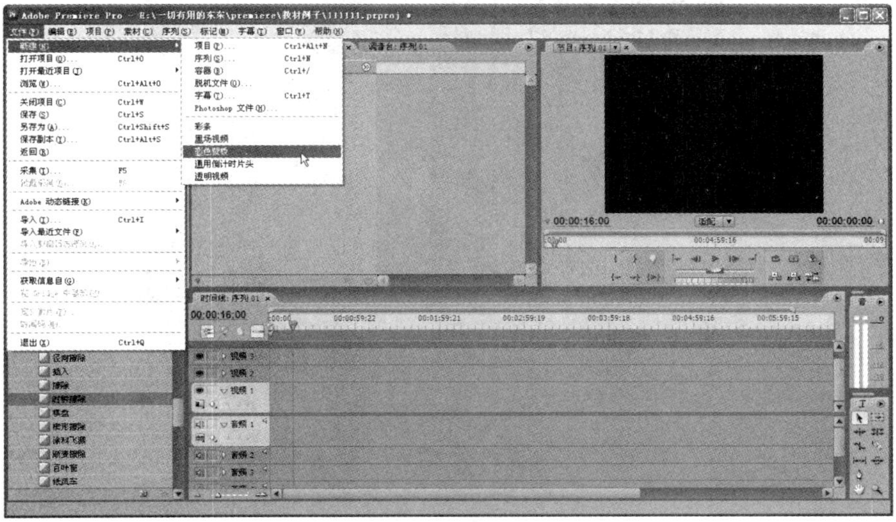

图 6-1-46

除了上面的方法,也可以在项目窗口的最下方找到"新建分类",选择"彩色蒙版",如图 6-1-47 所示。

图 6-1-47

点击"彩色蒙版"之后出现颜色拾取窗口,分别选择黑色和白色,建立两个彩色蒙版,如图 6-1-48 所示。

建立好彩色蒙版后,项目窗口将出现黑色和白色两个蒙版,如图 6-1-49 所示。

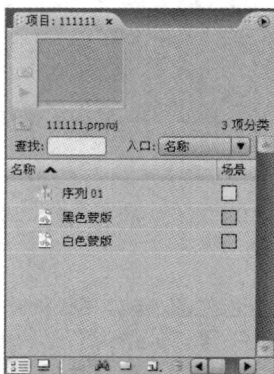

图 6 - 1 - 48

图 6 - 1 - 49

第二步绘制图形，让倒计时更加形象。新建字幕选择图形工具进行绘制。先绘制黑色蒙版上的图形，选择白色作为线条颜色。

先选择椭圆工具，按住"Shift"不放拖动鼠标左键，绘制出一个正圆环。圆环以黑色填充，白色描边，在字幕窗口右边将参数设置好，如图 6 - 1 - 50、图 6 - 1 - 51 所示。

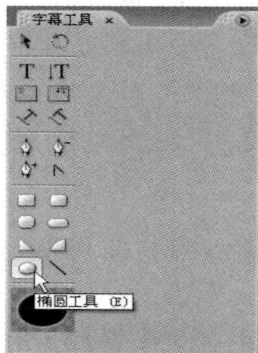

图 6 - 1 - 50

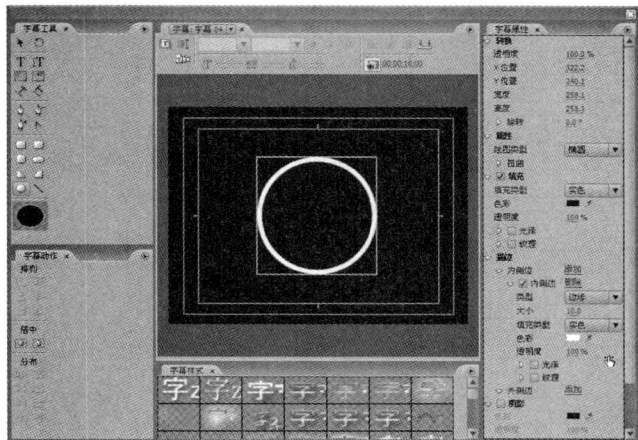

图 6 - 1 - 51

接着选择直线工具,按住"Shift"拖动鼠标绘制两条白色垂直直线,交点位于屏幕中心,如图 6 - 1 - 52 所示。

图 6 - 1 - 52

根据坐标将圆环位置调整至屏幕正中间。记住圆环的大小,以便接下来绘制白色蒙版上的黑色圆环。之后同理绘制黑色圆环和直线。

绘制好之后,制作数字字幕,数字将从"5"开始倒数,因此分别制作"5"~"1"五个红色阿拉伯数字字幕,位置位于屏幕中心,数字大小要保持一致。先选择"文字工具"在字幕窗口绘制出红色阿拉伯数字,然后选择"居中"使其位于窗口中央,如图 6 - 1 - 53、图 6 - 1 - 54 所示。

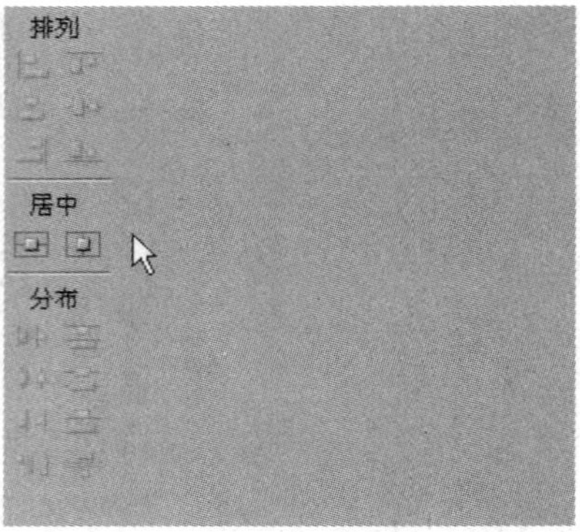

图 6 - 1 - 53

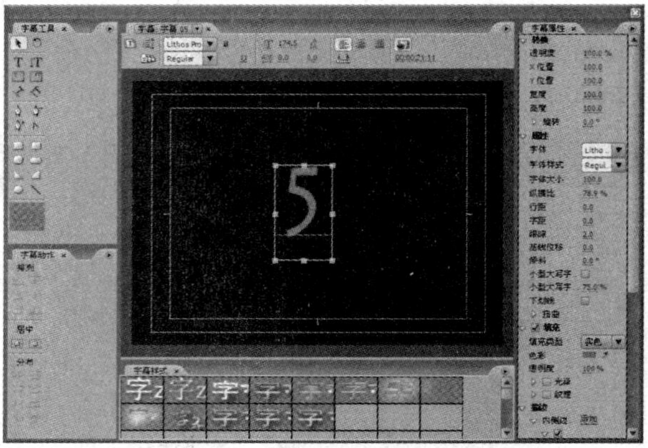

图 6 - 1 - 54

接下来将蒙版拖入时间线窗口,黑白相间拖入 5 个至视频 1 轨道,如图 6 - 1 - 55 所示。

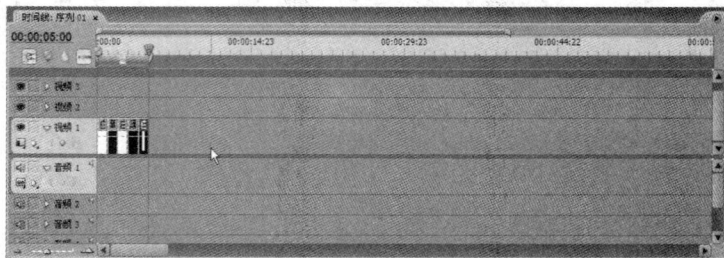

图 6 - 1 - 55

接下来将绘制的图形黑白相间拖动至视频 2 轨道,要与视频 1 轨道上的蒙版颜色相反。最后将数字字幕按顺序拖动到视频 3 轨道上,如图 6 - 1 - 56 所示。

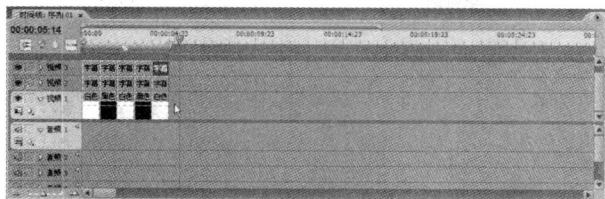

图 6 - 1 - 56

在视频 1 轨道和视频 2 轨道上每两个素材之间添加视频切换效果中的"擦除"→"时钟擦除",使特效完全覆盖到素材上,但是视频 1 轨道和视频 2 轨道上的第一段素材的特效不要全部覆盖,在前面留一小段空隙,两条视频轨道上的特效要首尾对齐,如图 6 - 1 - 57 所示。

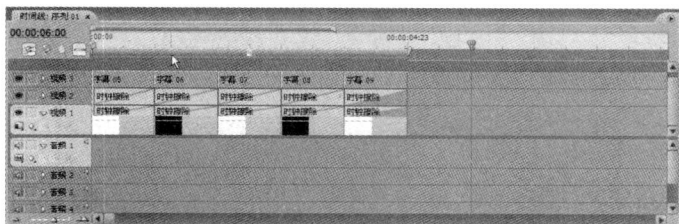

图 6 - 1 - 57

最后就能观看到倒计时效果了,如图 6 - 1 - 58 所示。

图 6 - 1 - 58

6. 滚动字幕

在新闻或者一些视频短片之后会出现滚动字幕,出现制作人、作者、单位等信息。接下来,笔者将对滚动字幕的制作方法进行介绍。

选择"字幕"→"默认滚动字幕",出现滚动字幕的编辑窗口,选择文字工具,在屏幕上按照要求编辑需要的内容,如图 6 - 1 - 59 所示。

图 6 - 1 - 59

字幕编辑完之后,点击"滚动游动选项",进行滚动设置,如图 6 - 1 - 60 所示。

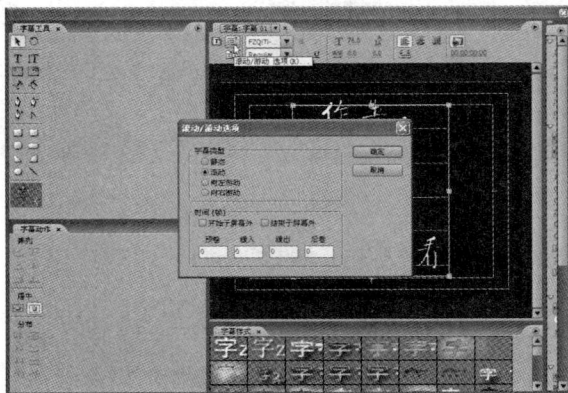

图 6 - 1 - 60

字幕类型选择"滚动",时间帧勾选"开始于屏幕外","结束于屏幕外",如图 6 - 1 - 61 所示。

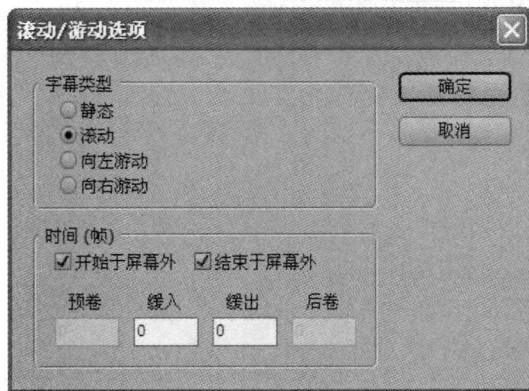

图 6 - 1 - 61

设置完成后,关闭字幕窗口,在项目窗口将字幕拖动到时间线窗口,观看滚动字幕效果。如果滚动字幕速度太快或者太慢,就要对速度进行设置。可以用鼠标右键单击字幕,选择"速度/持续时间",如图6-1-62所示。

图 6-1-62

对速度的百分比进行修改,数字越小播放速度越慢,数字越大播放速度越快,如图6-1-63所示。

图 6-1-63

如果对时间有明确要求,可以对"持续时间"进行精确的设置。如果对时间没有具体的要求,可以在时间线窗口之间拖长或缩短素材长度即可。

6.2 Premiere 注意事项

1. 格式要求

视频格式:非压缩的 AVI、WMV、MPEG、MPG;如果是 DAT 或 VOB 格式的视频,直接把扩展名改为 MPEG。

音频格式:MP3、WAV、WMA(详见第五章 5.3)。

图片格式:JPG、PSD、BMP、tiff、TGA 等。

如果素材的格式不是 Premiere Pro CS3 所支持的,需要用格式转换工具,如格式工厂。

由于科技的进步,素材拍摄的设备也是形式各异,电脑摄像头、手机、DV、高清摄像机、相机都能够记录下我们需要的素材,素材的格式也是多种多样,所以在导出素材之后,我们一定要根据 Premiere Pro CS3 的要求进行格式转换,进行正常的操作。

现在的手机媒体,如 iPhone 手机拍摄的视频主要是 MOV 格式,如果要对手机上的素材进行编辑,就需要先将视频复制到电脑上,因为 iPhone 手机上的文件不能够直接进行编辑,因此要利用格式转换工具对素材格式进行调整,转换成适用于 Premiere Pro CS3 的素材格式。

图 6 - 2 - 1

现在的 Android 手机拍摄的视频主要是 3GP 格式,这种格式无法直接导入 Premiere Pro CS3 中进行编辑,需要导入电脑进行格式转换,才能导入到 Premiere Pro CS3 进行编辑。3GP 是一种 3G 流媒体的视频编码格式,主要是为了配合 3G 网络的高传输速度而开发的,也是手机中的一种视频格式。3GP 是新的移动设备标准格式,应用在手机、MP4 播放器等移动设备上,优点是文件体积小,移动性强,适合移动设备使用,缺点是在 PC 机上兼容性差,支持软件少,且播放质量差,帧数低,较 AVI 等格式相差很多。3GP 是 MP4 格式的一种简化版本,减少了储存空间和较低的频宽需求,让手机上有限的储存空间得到充分利用。[①]

图 6 - 2 - 2

如果有些是 Premiere Pro CS3 支持的格式但导入后仍有问题,不能进行正常操作,

① http://baike.baidu.com/view/7077.htm

可以用格式转换工具转换成另一种格式进行尝试。

视频、音频格式介绍:

AVI:AVI英文全称为Audio Video Interleaved,即音频视频交错格式。它是将语音和影像同步组合在一起的文件格式。它对视频文件采用了一种有损压缩方式,压缩值比较高,尽管画面质量不是太好,但其应用范围仍然非常广泛。AVI支持256色和RLE压缩。AVI信息主要应用在多媒体光盘上,用来保存电视、电影等各种影像信息。[①]

WMV:WMV是微软推出的一种流媒体格式,它是在"同门"的ASF(Advanced Stream Format)格式升级延伸来的。在同等视频质量下,WMV格式的体积非常小,同时WMV格式的文件可以边下载边播放,因此很适合在网上播放和传输。[②]

MPEG/MPG:MPEG是计算机常见多媒体格式,MPEG标准的视频压缩编码技术主要利用了具有运动补偿的帧间压缩编码技术以减小时间冗余度,利用DCT技术以减小图像的空间冗余度,利用熵编码则在信息表示方面减小了统计冗余度。这几种技术的综合运用,大大增强了压缩性能。MPEG格式令视听传播进入了数码化时代。[③]

DAT:DAT是数据流格式,即我们非常熟悉的VCD。用电脑打开VCD光盘,可看到有个MPEGAV目录,里面便是类似用MUSIC01.DAT或AVSEQ01.DAT命名的文件。DAT文件也是MPG格式的,是VCD刻录软件将符合VCD标准的MPEG-1文件自动转换生成的。[④]

VOB:VOB文件用来保存所有MPEG-2格式的音频和视频数据,这些数据不仅包含影片本身,而且还有供菜单和按钮用的画面以及多种字幕的子画面流。[⑤]

由于笔者主要介绍的是网络新闻的编辑,因此编辑的视频需要上传到互联网,会受到网络浏览速度的限制,所以在上传时会选择相对较小的格式,一般上传网络的视频格式主要是FLV,有些是SWF。

2. 由于现在拍摄终端的种类繁多,拍摄出视频的分辨率、效果也存在差异。因此,将这些视频导入Premiere Pro CS3进行编辑时前后画面会出现偏差,影响视频的效果,如果介意的话在拍摄时最好采用分辨率高的拍摄终端。

3. 在进行网络新闻、广告视频编辑前,我们必须有一个明确的主题,从而制定出完整的策划方案,包括主要内容、镜头画面转换、旁白等等,同时要做到内容简洁准确,所以制作一则网络新闻或者广告,准备工作一定要做充分。

4. 在进行操作时要注意随时保存,以免程序出现错误导致不必要的损失。在进行Premiere Pro CS3操作时,对电脑要求较高,电脑可能出现死机等现象,所以在进行视频编辑时我们要养成随时保存的好习惯。

① http://baike.baidu.com/view/7697.htm
② http://baike.baidu.com/view/66019.htm
③ http://baike.baidu.com/view/7689.htm
④ http://baike.baidu.com/view/387002.htm
⑤ http://baike.baidu.com/view/7947.htm

5. 在进行 Premiere 编辑时,会占用很大的空间,我们要提前选择好较大空间的磁盘进行储存,或者准备好移动硬盘。

Premiere Pro CS3 还有其他许多功能没有在教程中介绍出来,需要在实际的案例操作中不断发现和摸索。

本章小结

全媒体时代是媒介融合的时代,不想再唯唯诺诺地听从技术的摆布,就要主动地学习、利用技术。你也许善于观察,可以随时记录下身边的风吹草动;你也许乐于分享,想要告诉别人你的所见所闻,岂可轻易地被视频编辑难为的茫然无措。

本章主要介绍了 Premiere Pro CS3 的基本操作方法,旨在让视频制作更加完整、有条理。在全媒体时代,灵活运用各类媒体、设备,熟练掌握各项技术,才能有所突破,获得成功。本章所介绍的 Premiere Pro CS3 只是众多视频处理软件中的一种,读者可以触类旁通,举一反三,根据自己的喜好选择软件编辑视频,随时随地在全媒体时代与大家分享身边的感动与喜悦。

【思考与练习】

一、选择题

1. 下面哪个视频格式是 Premiere Pro CS3 不支持的(　　　)

A. AVI　　　　　B. MPEG　　　　C. FLV　　　　　D. WMA

2. 下面哪个选项是错误的(　　　)

A. 位置的横坐标数值变大图片向左移

B. 位置的横坐标数值变大图片向右移

C. 位置的纵坐标数值变大图片向下移

D. 位置的纵坐标数值变小图片向上移

3. 马赛克效果是视频特效中的哪一种(　　　)

A. 生成　　　　　B. 风格化　　　　C. 扭曲　　　　　D. 实用

二、操作题

1. 利用关键帧制作出图片旋转进入画面的效果。

2. 两张图片同时出现在画面中,并进行彩色与黑白效果对比。

第 7 章　Flash 动画制作

【本章学习目的】　在平时的生活中,经常会在互联网、移动电视、手机等媒体上看到各式各样有趣的动画,而 Flash 是这类动画的主要制作工具之一。在全媒体时代,单纯静态的图片有时往往不能完全展示出所要表达的内容,而拍摄视频又比较麻烦,这时通过一个简单的动画就可以使问题变得简单。Flash 现阶段也成为人们生活中不可或缺的工具之一。

【本章学习重点】　Adobe Flash CS3 中几种常见动画的制作方法。

【案例】

公益广告的 Flash 动画制作

在公交车或者地铁的移动电视上,经常会看到很多公益广告在循环播放,这些公益广告利用动画生动地阐述了公益广告的内容,大多数动画是用 Flash 制作而成。

本章首先将对一则公益广告进行介绍,让读者对 Adobe Flash CS3 有一个基本的认识。

整个动画可以分成几个场景镜头,具体场景画面如下,如图 1、图 2 所示。

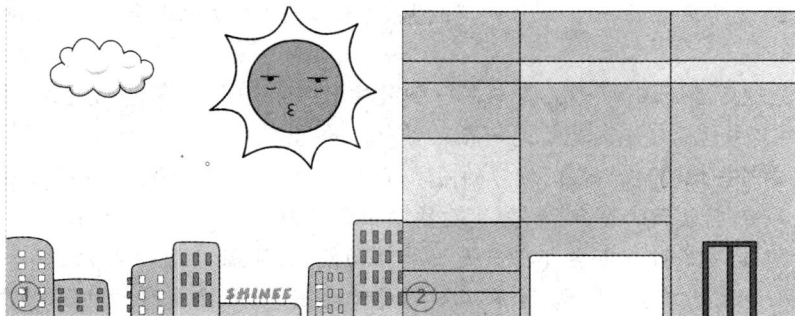

图1

图2

下面具体分析动画的制作：

镜头1：这是云的位置移动动画，和太阳的旋转动画，其中把旋转中心放在太阳正中心上。

镜头2：这是背景的一个从上到下的摇镜头画面，实际上是背景从上到下的位置移动动画。

镜头3：这是后面场景一层，汽车在一个图层上，做汽车的位置移动动画，并做轮子的旋转动画。其中后面汽车的尾气是一点点冒出来的，其实就是逐帧动画，这需要一帧帧地画出烟来，要符合烟的运动规律，学习的同学可以了解相关的运动规律，在这就不多说了。

镜头4：镜头里面的冒汗，完全是逐帧画出的汗珠，并将它做位置移动动画。

镜头5：镜头里面的售票员在吆喝买票的场景，其实就是逐帧动画，这个逐帧动画就是嘴的几个常见口型，张嘴、闭嘴以及半闭嘴的图像，几个画面连起来播放，构成张嘴闭嘴的动画效果。

镜头6：镜头中人物眼睛的转动，其实就是前面讲的位置移动动画。

镜头7：镜头里的眼睛也是逐帧动画，由睁眼和闭眼两个画面构成。

镜头8:镜头里面的人物是单独一个图层,动起来的火是单独一个图层,火也是一帧帧地画的,然后连续播放,就形成了火冒三丈的动画效果。

注意:在 Flash 动画中,一般都是由上面这几种常见动画类型组成,遇到复杂的动画要分解成简单的常规小动画来制作。

7.1 Flash 基本操作

Adobe Flash CS3 是 Adobe 公司推出的功能强大、性能稳定的二维动画制作软件,是网页动画、游戏动画、电影电视动画、手机动画的主要制作工具之一。[①] 本章将通过一个有趣的公益广告,展开对 Adobe Flash CS3 的介绍,逐步将读者带入到有趣的动画制作领域。

Flash 动画制作的学习主要有两大部分,第一部分为造型区域,第二部分为动画区域,第一区域主要是指使用选择工具、矩形工具、椭圆工具以及钢笔工具来画图。第二区域为动画区域,主要由时间轴和帧构成。

Flash 动画分为下面几种类型:位置移动动画、路径动画、遮罩动画、逐帧动画、大小动画、变色动画、旋转动画、变形动画、组件动画、交互动画、综合动画。

7.1.1 位置移动动画

1. 简单的位置移动动画制作

在第 1 帧利用椭圆形工具绘制一个椭圆并会自动产生一个关键帧,如图 7 - 1 - 1,图 7 - 1 - 2 所示。

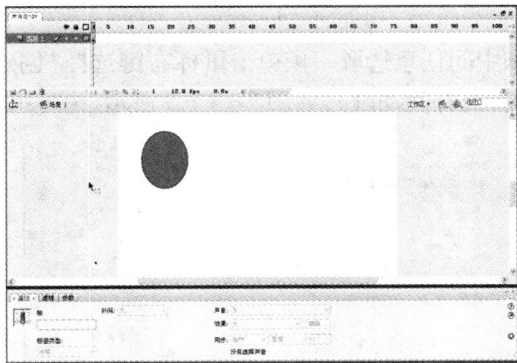

图 7 - 1 - 1   图 7 - 1 - 2

---

① 吴万明. Flash CS3 基础与实例教程【M】. 重庆:重庆大学出版社,2009

然后将时间帧拖动到后面任意一帧（暂定为第 20 帧），按"F6"建立关键帧,如图 7-1-3 所示。

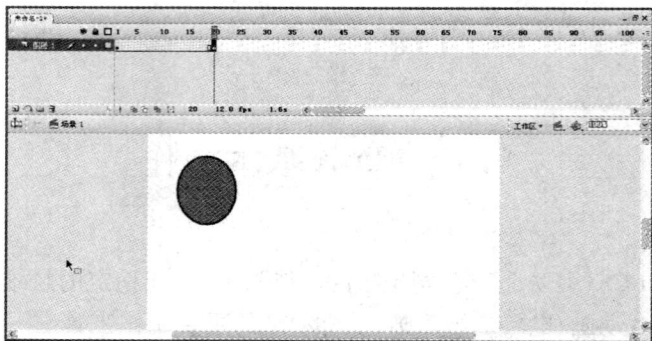

图 7-1-3

接下来在第 20 帧的位置按住"Shift"拖动椭圆形到一个新的位置,如图 7-1-4 所示。

图 7-1-4

最后在第 1 帧和第 20 帧中间任意选取一帧单击鼠标右键选择"创建补间动画"（如果是 Flash CS4 版本,则选择传统补间动画）,如图 7-1-5 所示。

图 7-1-5

这样一个完整的位置移动动画就制作好了,选择"控制"→"播放"即可观看动画,如图7-1-6所示。

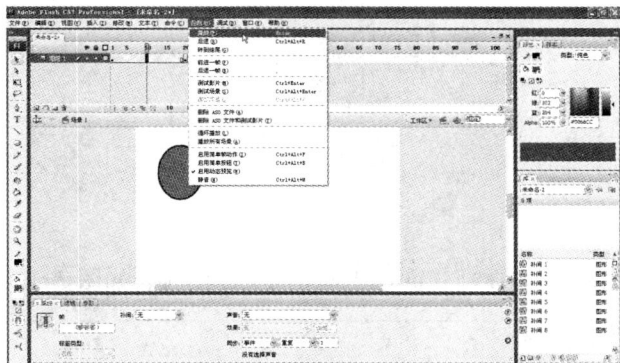

图7-1-6

2. 位置移动动画的应用

(1)点击红色方框位置的图标,新建图层。如图7-1-7所示。

图7-1-7

(2)画一个椭圆,如图7-1-8所示。

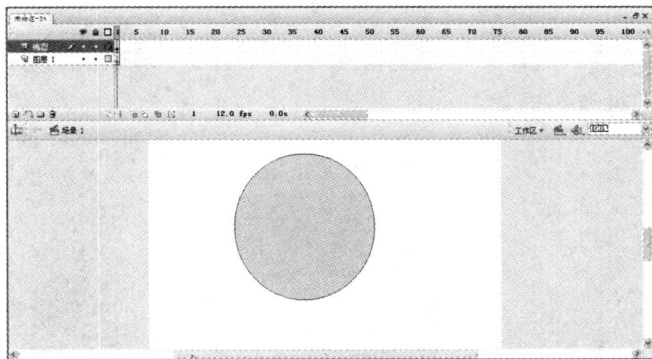

图7-1-8

双击图层名称可以给图层定义新名称,从而方便操作,如图7-1-9所示。

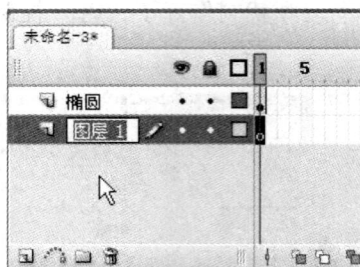

图 7 - 1 - 9

（3）新建一个图层，并在新建图层上画两个白色的圆，如图 7 - 1 - 10 所示。

图 7 - 1 - 10

注意：图层的位置是逐渐覆盖的，在最上面的图层位置也在最上方。上面的例子中白色的圆形应该在肉色圆形上方，因此白色圆形的图层在肉色圆形的上方。

（4）分别新建两个图层，并在这两个新建图层上画上黑点，如图 7 - 1 - 11 所示。

图 7 - 2 - 11

（5）在第 10 帧，按"F5"，保持黄色椭圆和白色圆圈的时间，如图 7 - 1 - 12 所示。

图 7 - 1 - 12

（6）在 10 帧，按"F6"，给两个黑点确立两个关键帧，这样可以记录这两个黑点的位置属性，如图 7 - 1 - 13 所示。

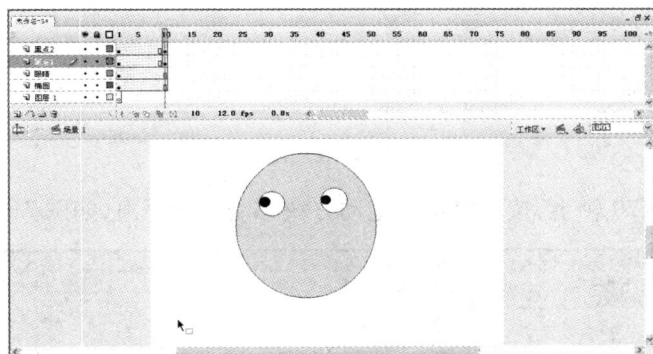

图 7 - 1 - 13

（7）在第 1 帧和第 10 帧之间，任意选择一帧，单击鼠标右键，选择"创建补间动画"（如果是 Flash CS 版本，则选择补间动画）。

（8）在第 10 帧上，向右移动两个黑点的位置，这样两个黑点眼睛就可以向右移动了，如图 7 - 1 - 14 所示。

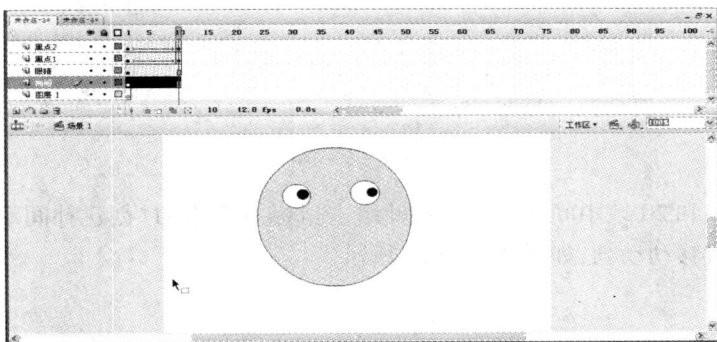

图 7 - 1 - 14

7.1.2 路径动画

在第一层第 1 帧画一个方块,在后面第 20 帧按"F6"建立一个关键帧,如图 7 - 1 - 15 所示。

图 7 - 1 - 15

把帧放在第 20 帧上,按住"Shift"拖动方块移动一段距离,如图 7 - 1 - 16 所示。

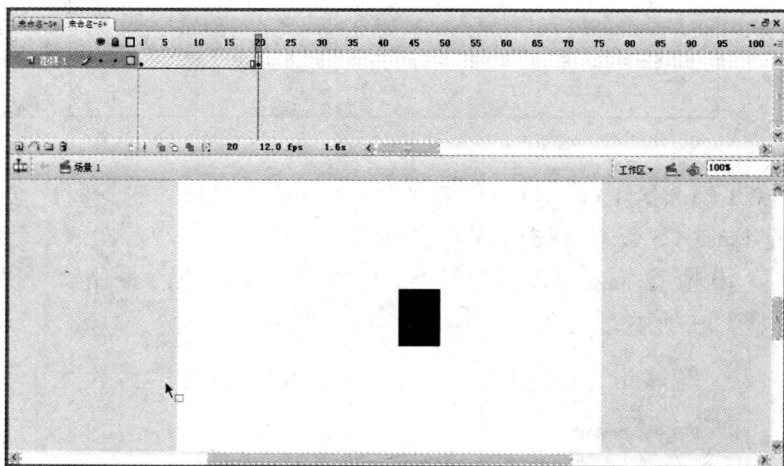

图 7 - 1 - 16

在第 1 帧和 20 帧中间任意选取一帧单击鼠标右键添加"创建补间动画",这样就做了一个位置移动动画,如图 7 - 1 - 17 所示。

图 7 - 1 - 17

在这个基础上新建一个引导层,如图 7 - 1 - 18 所示。

图 7 - 1 - 18

在引导层用铅笔工具绘制一条曲线,在第 1 帧和最后一帧分别将方块正中心的小白点对齐到曲线的两个端点上,路径动画就做好了。这种动画主要可以做一些飘落的树叶、水中上升的气泡,或是宇宙飞碟、蝴蝶之类,如图 7 - 1 - 19、图 7 - 1 - 20、图 7 - 1 - 21 所示。

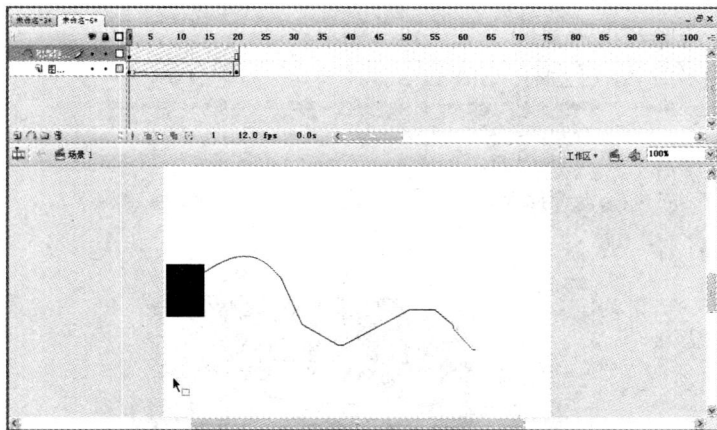

图 7 - 1 - 19

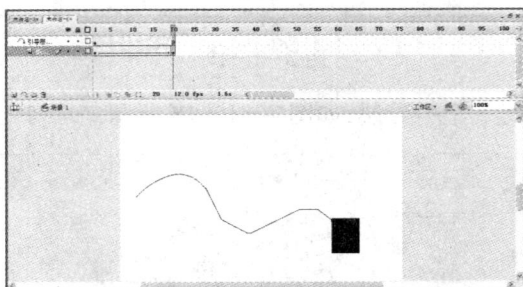

图 7 - 1 - 20

图 7 - 1 - 21

7.1.3 遮罩动画

1. 什么是遮罩动画

在学遮罩动画之前需要先了解什么是遮罩：

（1）现在在第一图层上有一张图片，如图 7 - 1 - 22 所示。

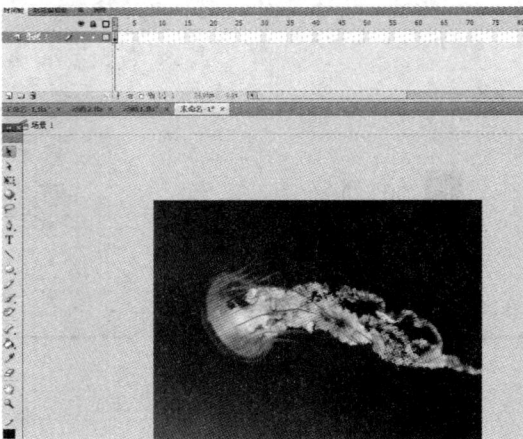

图 7 - 1 - 22

（2）现在新建一个图层，并画一个椭圆，如图 7 - 1 - 23 所示。

图 7 - 1 - 23

（3）选择圆的图层，并选择遮罩层，如图 7 - 1 - 24 所示。

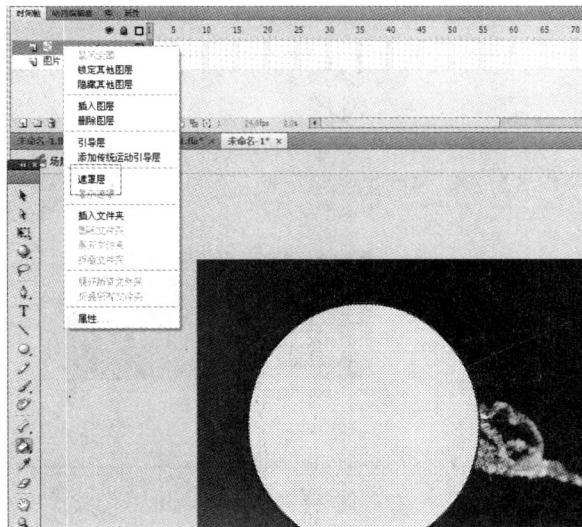

图 7 - 1 - 24

（4）现在图片显示在圆内，圆以外的地方不显示，这就是遮罩，如图 7 - 1 - 25 所示。

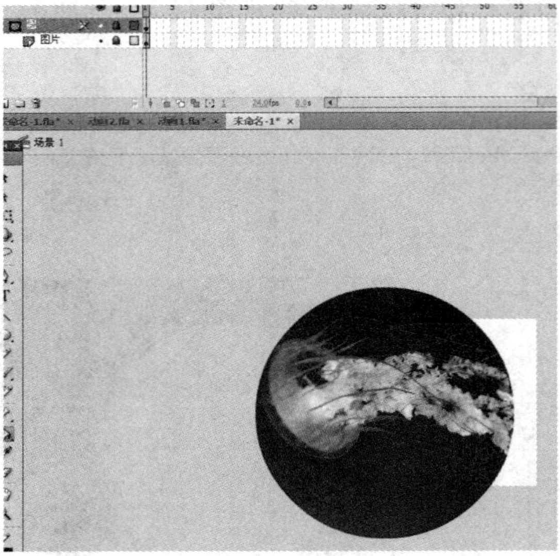

图 7 - 1 - 25

2. 实例操作

（1）先画一个红色矩形，并在上面写上万事如意，在第 10 帧的位置按"F5"保持时间，如图 7 - 1 - 26 所示。

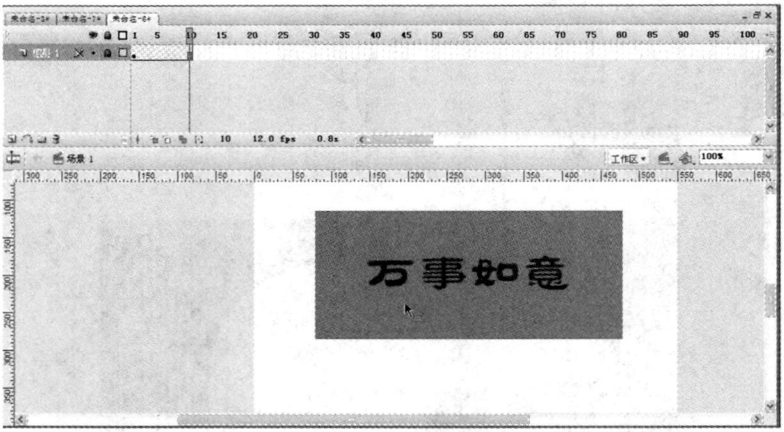

图 7 - 1 - 26

（2）新建两个图层，分别画上卷轴。在每个图层的第 1 帧位置画上一个卷轴，在第 10 帧的位置，按"F6"添加关键帧，按住"Shift"将卷轴拖到红色矩形的一边，在第 1 帧和第 10 帧中间的一帧点击右键添加"创建补间动画"，制作出移动动画，另一个卷轴图层同理。如图 7 - 1 - 27、图 7 - 1 - 28 所示。

图 7 - 1 - 27

图 7 - 1 - 28

（3）新建一个图层，制作遮罩。第 1 帧在万事如意中间绘制一个任意颜色的矩形，范围不小于两个卷轴的大小，在第 10 帧添加关键帧，绘制一个和卷轴展开后大小一致的矩形，如图 7 - 1 - 29、图 7 - 1 - 30 所示。

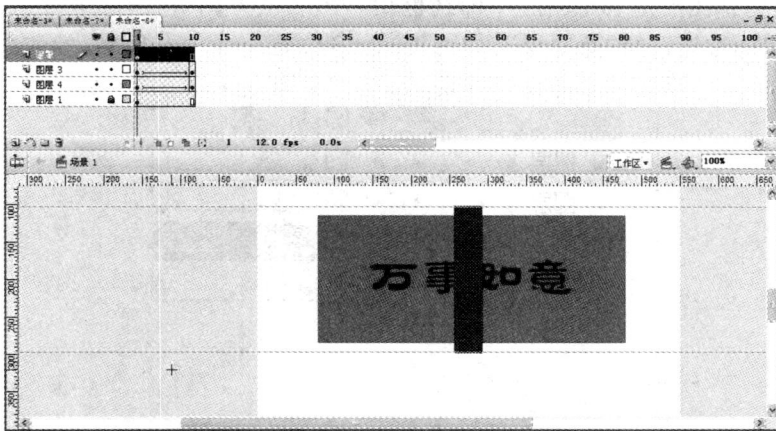

图 7 - 1 - 29

图 7 - 1 - 30

（4）选择第 1 帧到第 10 帧中间的任意一帧,点击鼠标右键选择"创建补间形状",如图 7 - 1 - 31 所示。

图 7 - 1 - 31

（5）将遮罩图层拖动至图层 1 即红色矩形图层上方,卷轴图层下方,并在遮罩图层上点击鼠标右键选择"遮罩层",如图 7 - 1 - 32、图 7 - 1 - 33 所示。

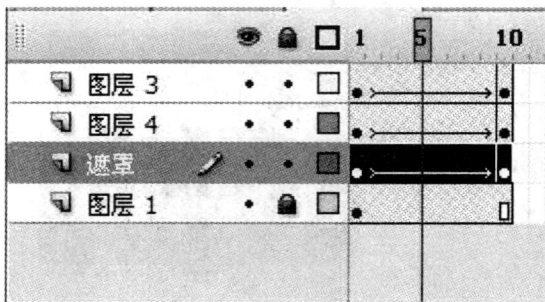

图 7 - 1 - 32

图 7 - 1 - 33

（6）卷轴就完成了，可以选择"控制"→"播放"观看效果，如图 7 - 1 - 34、图 7 - 1 -
35 所示。

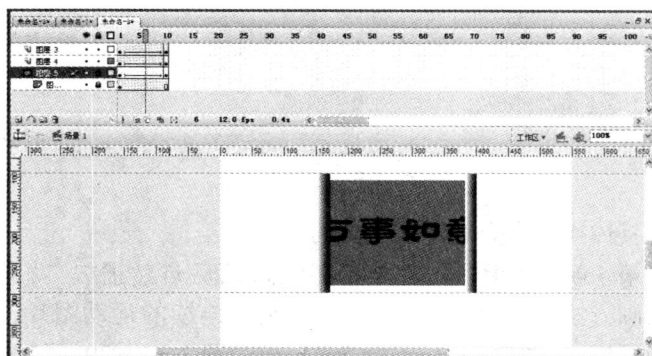

图 7 - 1 - 34

图 7 - 1 - 35

7.1.4　逐帧动画

动画之所以动起来,是由一个个连续的画面组成,由于视觉暂留原理,最终形成动态画面,如图7-1-36所示。

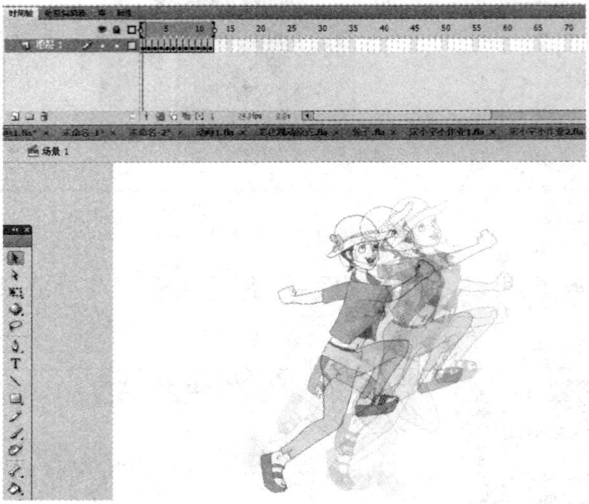

图7-1-36

接下来通过具体操作来介绍逐帧动画的制作。

在第1帧到第4帧绘制图形(甚至更多帧),然后自然播放,就可以形成动态画面。由于这种动画方法的原理性,只要能够绘画出连续的运动图片,就可以动起来。这是一种万能动画法,如图7-1-37、图7-1-38、图7-1-39、图7-1-40所示。

图7-1-37

图 7 - 1 - 38

图 7 - 1 - 39

图 7 - 1 - 40

7.1.5 大小动画

1. 先随意画一个圆,将这个圆选中双击,按"F8"转换为元件图形类型,如图 7 - 1 - 41所示。

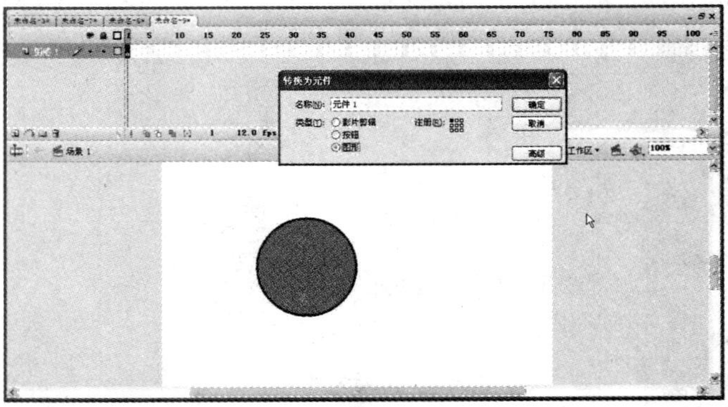

图 7 - 1 - 41

2. 在第15帧按"F6"建立一个关键帧,选择"任意变形工具",按住"Shift"把圆调大,如图 7 - 1 - 42、图 7 - 1 - 43 所示。

图 7 - 1 - 42   图 7 - 1 - 43

3. 在第 1 帧到第 15 帧任意选择一帧,选择"创建补间动画",圆形就能够从小到大变化了,图 7 - 1 - 44 是圆形从小到大变化的轨迹图。

图 7 - 1 - 44

7.1.6　变色动画

1. 画一矩形,双击矩形,按"F8",转换为元件,如图 7 - 1 - 45 所示。

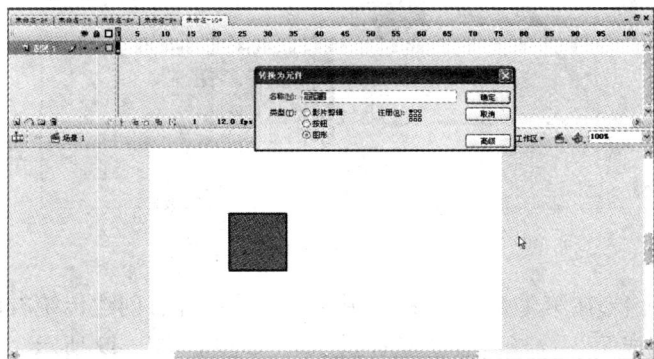

图 7 - 1 - 45

2. 后面任意选择一帧,按"F6",新建一个关键帧(如第 18 帧),如图 7 - 1 - 46
所示。

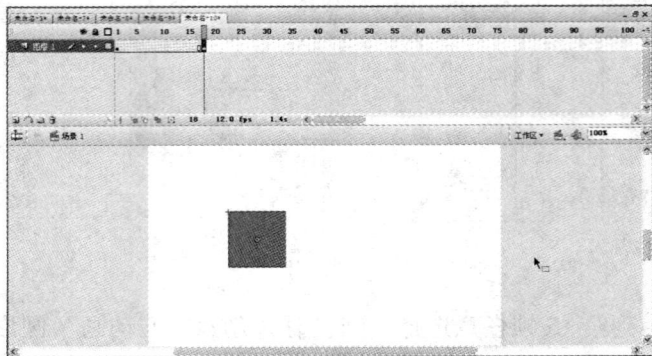

图 7 - 1 - 46

3. 选择第 18 帧,按"Ctrl"+"F3",调整出属性面板,如图 7 - 1 - 47 所示。

图 7 - 1 - 47

4. 选择第 18 帧,在属性中找到"颜色",选择"色调"模式,并选择一个颜色,如图
7 - 1 - 48 所示。

图 7 - 1 - 48

5. 在时间轴上,在第 1 帧到第 18 帧中任意选择一帧,创建传统补间动画,这样变
色动画就制作完成了。选择播放就能看到效果,如图 7 - 1 - 49 所示。

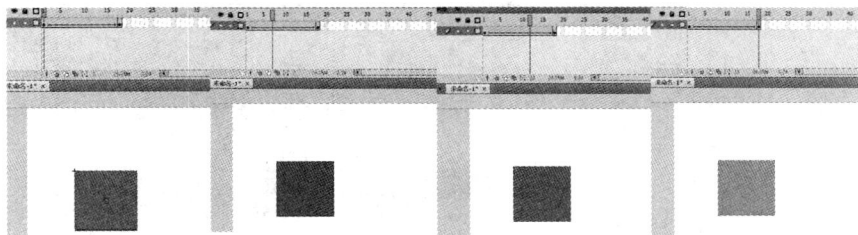

图 7 - 1 - 49

7.1.7 旋转动画

1. 先画一个矩形,如图 7 - 1 - 50 所示。

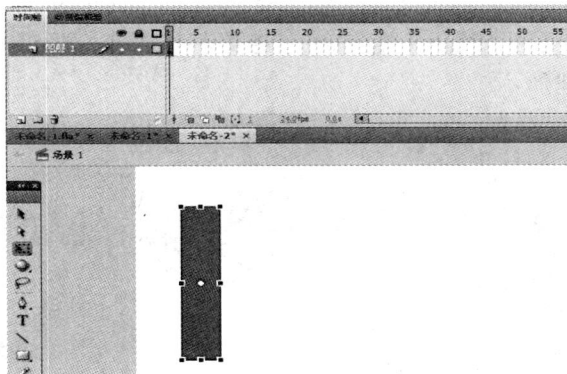

图 7 - 1 - 50

2. 选中关键帧 1,按"F8"将矩形转换为元件。

3. 选中元件,选择"任意变形工具",如图 7 - 1 - 51 所示。

图 7 - 1 - 51

　4. 移动中心小白点至一端,并在后面任意选一帧建立一个关键帧,这时选中矩形,如图 7 - 1 - 52 所示。

图 7－1－52

5. 选中第 1 帧到第 20 帧中的任意一帧，创建补间动画，旋转动画制作完成，图 7－1－53中可以看到图形旋转的路径。

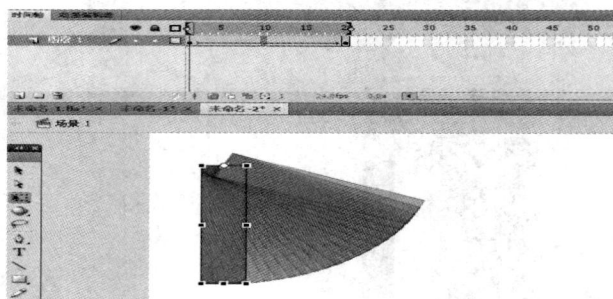

图 7－1－53

这样的动画可以制作类似钟摆、胳膊、腿、摇头、摆头、时针以及车轮等可以旋转的动画，这类动画类型较为常用。

7.1.8　变形动画

1. 在时间轴上画一个红色小矩形，并且务必将这个小矩形保持打散状态"Ctrl"＋"B"，如图 7－1－54 所示。

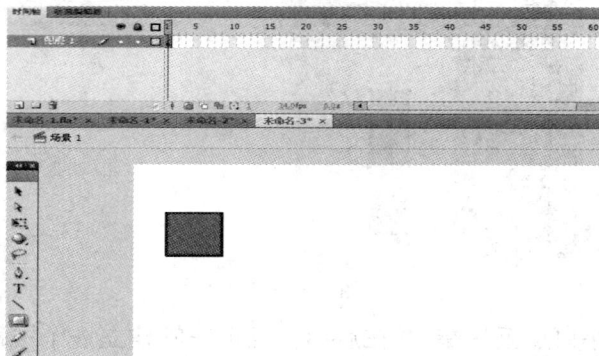

图 7－1－54

2. 按住"F7"在第20帧新建一个空白关键帧,并画一个多边形,并且务必将它保持打散状态"Ctrl"+"B",如图7-1-55所示。

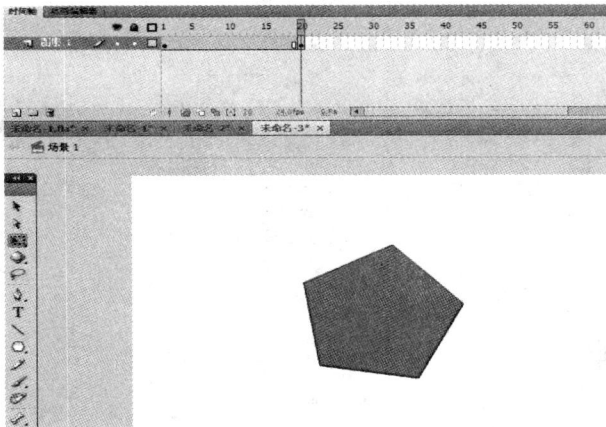

图7-1-55

3. 在第1帧到第20帧之间,旋转任意一帧按鼠标右键,创建形状补间。

4. 变形动画就制作完成了,图7-1-56可以看到变形的全过程。

图7-1-56

5. 在前面讲的卷轴的动画中,其中遮罩层的动画其实就是变形动画的应用实例。

7.1.9 交互动画

1. 所谓交互动画就是用"后台"语言命令来控制的动画,最常见的就是用来控制播放和停止。

2. 如图7-1-57所示,这是一段位置移动动画。

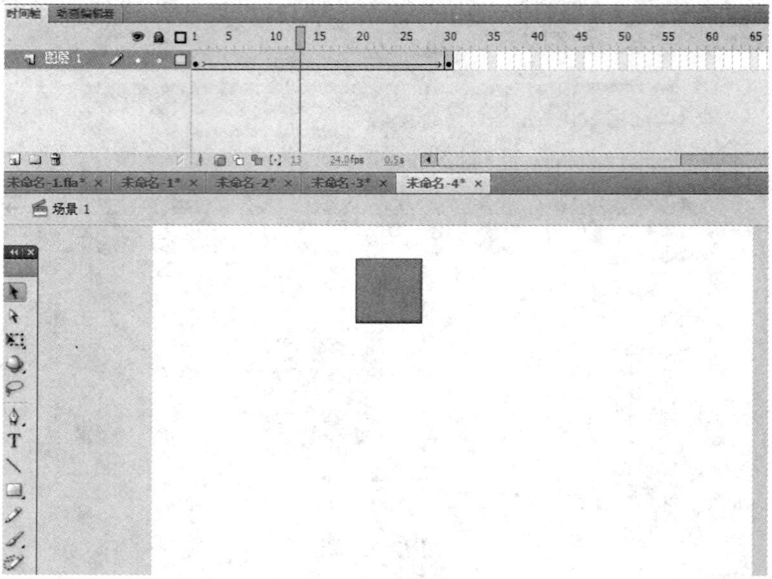

图 7 - 1 - 57

3. 新建一个图层,并选中该图层的第 1 帧,按"F9"调出动作面板,如图 7 - 1 - 58 所示。

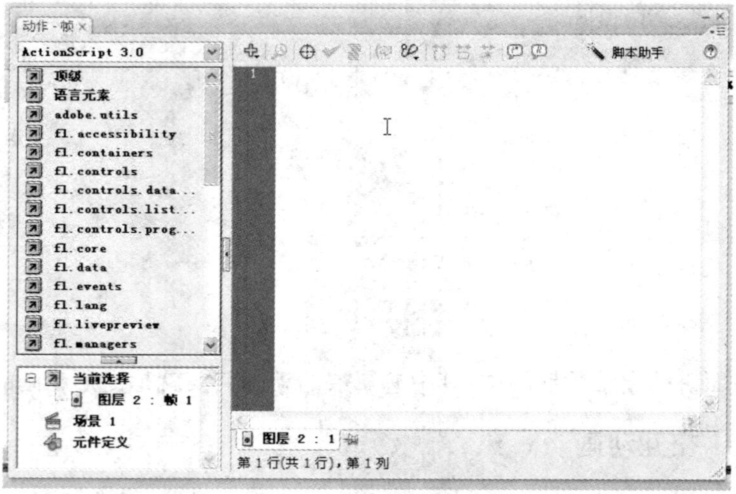

图 7 - 1 - 58

4. 在动作面板中选择"ActionScript 1.0&2.0"中的"全局函数"→"时间轴控制", 双击"stop",如图 7 - 1 - 59 所示。按照一般情况没有加 stop 的时候,按回车键盘,就可以播放了,但现在如果按回车,动画是静止不动的。

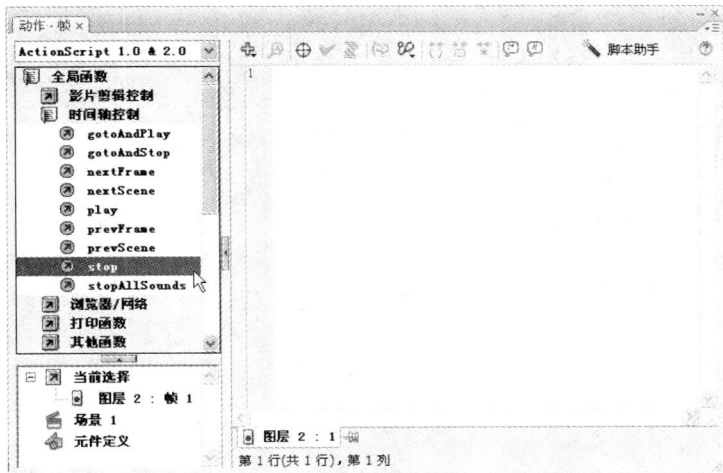

图7-1-59

5. 新建图层,从窗口下公共库的按钮里调出一个按钮,点选按钮,在动作面板添加后台命令,如图7-1-60所示。

图7-1-60

6. 按"Ctrl+回车"播放,显示最终效果,点击按钮,播放动画。

7.2　Flash 注意事项

在 Adobe Flash CS3 的操作过程中,运用快捷键可以方便动画的制作,接下来将介绍一些经常使用的快捷键。

1. 工具快捷键

箭头 V

部分选定 A

套索 L

直线 N

钢笔 P

添加锚点 =

删除锚点 –

转换锚点 C

文本 T

椭圆 O

矩形 R

基本椭圆 O

基本矩形 R

铅笔 Y

刷子 B

墨水瓶 S

颜料桶 K

滴管 I

橡皮擦 E

手形 H

放大镜 M,Z

任意变形 Q

对象绘制 J

2. 菜单命令快捷键

新建（N）Ctrl+N

打开（O）Ctrl+O

浏览 Ctrl+Alt+O

关闭（C）Ctrl+W

全部关闭 Ctrl+Alt+W

退出（X）Ctrl+Q

复制（C）Ctrl+C

全选（L）Ctrl+A

粘贴 Ctrl+V

粘贴到当前位置 Ctrl+Shift+V

查找（N）Ctrl+F

再次查找（A）F3

转到行（G）Ctrl+G

保存（S）Ctrl+S

另存为（A）Ctrl+Shift+S

首选参数（F）Ctrl+U

隐藏字符（C）Ctrl+Shift+8

自动换行（W）Ctrl+Shift+W

隐藏面板（P）F4

继续（C）Alt+F5

结束调试会话（E）Alt+F12

跳入（I）Alt+F6

跳过（V）Alt+F7

跳出（O）Alt+F8

切换断点（B）Ctrl+B

删除所有断点（A）Ctrl+Shift+B

时间轴 Ctrl+Alt+T

插入帧（F）F5

删除帧 Shift+F5

插入关键帧（K）F6

工具 Ctrl+F2

属性（P）Ctrl+F3

库（L）Ctrl+L，F11

动作（A）F9

行为 Shift+F3

测试影片（M）Ctrl+Enter

测试场景（S）Ctrl+Alt+Enter

编译器错误 Alt+F2

ActionScript 2.0 调试器 Shift+F4

影片浏览器（M）Alt+F3

输出（U）F2

项目（J）Shift+F8

对齐（G）Ctrl+K

颜色（C）Shift+F9

信息（I）Ctrl+I

样本（W）Ctrl+F9

变形（T）Ctrl+T

缩放和旋转 Ctrl+Alt+S

组件（X）Ctrl+F7

组件检查器（R）Shift+F7

辅助功能（A）Shift+F11

历史记录（H）Ctrl+F10

场景（S）Shift+F2

字符串（T）Ctrl+F11

Web 服务（W）Ctrl+Shift+F10

Flash 帮助（H）F1

向左移动帧左箭头

向右移动帧右箭头

向上移动帧上箭头

向下移动帧下箭头

选择左帧 Shift+左箭头

选择右帧 Shift+右箭头

选择上帧 Shift+上箭头

选择下帧 Shift+下箭头

3. AS 动作面板快捷键

自动套用格式 Ctrl+Shift+F

语法检查 Ctrl+T

显示代码提示 Ctrl+Spacebar

脚本助手 Ctrl+Shift+E

隐藏字符 Ctrl+Shift+8

行号 Ctrl+Shift+L

自动换行 Ctrl+Shift+W

查找和替换 Ctrl+F

转到行 Ctrl+G

平衡大括号 Ctrl+´

缩进代码 Ctrl+[

凸出代码 Ctrl+]

成对大括号间折叠 Ctrl+Shift+´

折叠所选 Ctrl+Shift+C

折叠所选之外 Ctrl+Alt+C

展开所选 Ctrl+Shift+X

展开全部 Ctrl+Alt+X

切换断点 Ctrl+B

删除所有断点 Ctrl+Shift+B

固定脚本 Ctrl+=

关闭脚本 Ctrl+-

关闭所有脚本 Ctrl+Shift+-

导入脚本 Ctrl+Shift+I

导出脚本 Ctrl+Shift+P

首选项 Ctrl+U①

本章小结

　　本章通过具体案例对 Adobe Flash CS3 中九种常用动画的操作方法进行了介绍，目的是让读者对 Adobe Flash CS3 的功能有个初步的认识和了解。有关 Adobe Flash CS3 的操作，本章还有许多内容没有涉及，需要 Adobe Flash CS3 的爱好者自己去探索学习。

【思考与练习】

一、选择题

1. Adobe Flash CS3 中插入关键帧的快捷键是（　　）。

A. F3　　　　　　B. F4　　　　　　C. F5　　　　　　D. F6

2. 制作落叶动画时，可以用到（　　）的制作方法。

A. 路径动画　　　B. 位置移动动画　　　C. 逐帧动画　　　D. 交互动画

二、操作题

1. 利用路径动画的制作方法制作一段蝴蝶飞舞的动画。

2. 根据本章内容，制作一段动画，动画中至少包含三种之前介绍的动画类型。

---

① http://wenku.baidu.com/view/501dc1d276eeaeaad1f330e4.html

第8章 手机报内容编辑

【本章学习目的】 了解当前手机报的基本情况,了解媒体编辑手机报的基本思想和基本流程。

【本章学习重点】 手机报的标题编辑、内容编辑、图片编辑和专题编辑。

【案例】

高考系列新闻手机报制作过程

高考是全国人民一年一度密切关注的大事,作为如影随形的新闻资讯提供者,手机报自然也不能错过高考这个重要内容。接下来以新安手机报对高考分数线公布的报道为例,来看下手机报的内容编辑。

图1

【封面】

安徽高考分数线公布

2012 年安徽省高招录取分数线今日上午公布。今年我省高考文科最高 671 分,600 分以上 3426 人,理科最高 704 分,600 分以上 11750 人。

● 文史类一本 577 分,二本 541 分,三本 512 分,高职(专科)200 分。理工类一本 544 分,二本 478 分,三本 431 分,高职(专科)200 分。艺术类本科,文史类 324 分,理工类 286 分;艺术类高职专科,文史类 140 分,理工类 140 分。体育类本科,文史类 378

分,理工类 334 分;体育类高职专科,文史类 200 分,理工类 200 分。

●明日上午,部分院校招生负责人将作客中安在线与安徽商报联合推出的"2012安徽高考直通车"直播视频访谈节目,为考生填报志愿指点迷津。

安徽建筑工业学院 8:20~8:50

安徽大学 9:10~9:40

合肥工业大学 10:00~10:30

合肥学院 10:50~11:20

在 6 月 24 日的新安手机报晚报中,将"安徽省高考分数线公布"作为封面报道呈现在读者的眼前。

首先,将此消息放在【封面】报道,体现了此消息相较其他报道的重要性;

其次配以图片,增强了读者的阅读兴趣,图片中满目的红色以及考生父母开心的笑容很容易让读者受到感染,同时也暗示今年的安徽高考又是一个丰收年!

另外,新闻标题以"安徽高考分数线公布",简单直观,一眼即明了;

最后,在内容方面,三个段落分别介绍了三个方面的内容:安徽省高考整体情况,文史理工各类本科的分数线,以及为考生填报志愿指点迷津的"2012安徽高考直通车"时间表。内容简洁明了,层次分明,给读者呈现了安徽省高考的基本情况。

上面的例子只是众多手机报内容中的一条,从以上的分析我们可以看出,每一条手机报内容,都是编辑深思熟虑的成果,从版面位置、图片搭配、标题制作、内容编排,每一个步骤都需要考虑思量。

8.1 手机报的基本概述

目前业界对于手机报并没有普遍认同的定义,根据中国互联网络信息中心(CNNIC)的定义,手机报是指"基于移动网络传输,并在手机上进行阅读的特殊包装后的报纸,目前的包装形式主要是短信和彩信。"①而中国人民大学教授匡文波在《手机媒体概论》一书中把手机报定义为:"一种将纸质报纸的新闻内容,通过移动通信技术平台传播,使用户能通过手机阅读到报纸内容的信息传播业务。"从中我们可以看到手机报的一些特点:接收终端是手机、需要借助移动通信网络、内容基本来自于传统媒体,方便快捷。下图为手机报生产到订阅的完整展示图。

在中国互联网络信息中心 2008 年公布的《中国手机媒体研究报告》中,手机媒体用户中手机报的用户普及率已经达到了 39.6%,超过手机音频、手机电视的占有率,手机报用户的使用习惯和重视程度均好于其他业务。这可能是因为手机报是移动运营商主推的业务类型之一,并采取了资费上的优惠,发展较为迅速。根据 EnfoDesk 易

---

① 中国互联网络信息中心. 中国手机媒体研究报告【R】. 北京:中国互联网信息中心,2008

观智库数据表明,截至 2012 年 2 月底,中国手机用户数已达 10.07 亿户。①

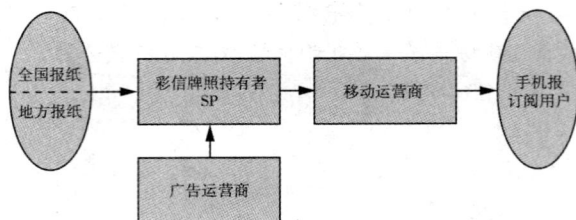

图 8 - 1 - 1

毫无疑问,手机报对于各大媒体来说是很有竞争力的产品之一,尤其是 3G 许可证颁发之后,之前手机报本身的一些技术限制又得到了提升,手机报的发展势头比原来更加强劲。3G(Third Generation)是第三代通信网络,目前国内支持国际电联确定三个无线接口标准,分别是中国电信的 CDMA2000,中国联通的 WCDMA,中国移动的 TD-SCDMA,而 3G 主要特征是可提供移动宽带多媒体业务。②

目前国内手机报大致分为两类:一是彩信手机报,二是 WAP 网页类型。国内目前已开通服务的手机报主要采用的是彩信模式。而 3G 技术的发展将会对 WAP 版手机报进行技术上的提升,对于音频、视频等多媒体业务会有很大的促进作用。

有关手机报的具体情况,此处就不多做赘述,请见本书第二部分第 3 章 3.2《手机报媒体新闻写作概述》。

8.2 手机报的编辑

在《中国手机媒体研究报告》中,有一项调查是对手机报的重要性的判断,有近67.6% 的用户认为手机报是传统报纸的补充,而对于 19.4% 的用户而言,手机报已经与传统报纸同样重要。调研中有 4.3% 的用户认为手机报在未来将取代报纸。可以推断,手机报将在较长的时间内仍然作为传统报纸的补充。③

现在的媒体都在强调差异化,提倡"内容为王",对于手机报来说,内容也是其立身之根本,目前所有手机报的内容都来自传统媒体或网站,没有独立采写的内容,所以对于手机报来说,内容编辑就至关重要,在本节中,笔者就以《安徽手机报》为例,向大家介绍一份完整手机报是如何编辑面世的。

安徽手机报系包括《安徽手机报》、《新安手机报》、《江淮手机报》三份手机报,后来又开发了《大学生手机报》,而《安徽手机报》是其中的龙头品牌。至 2010 年初,各

① http://tech.ifeng.com/internet/detail_2012_04/11/13804950_0.shtml
② http://baike.baidu.com/view/11232.htm
③ 中国互联网络信息中心.中国手机媒体研究报告【R】.北京:中国互联网信息中心,2008

手机报用户总和已超过 80 万人,形成了强劲的"安徽手机报"的品牌效应,对社会不同层面、不同群体的人群实现了较大范围的覆盖,影响力较大。

《安徽手机报》、《新安手机报》、《江淮手机报》分别是安徽日报报业集团与安徽移动、安徽联通、安徽电信三家移动运营商携手打造的手机报,但是在整体内容上差异性不大。鉴于《安徽手机报》较强的影响力和显著的代表性,笔者选择以《安徽手机报》作为本节的分析重点。

《安徽手机报》是安徽日报报业集团和中国移动通信集团安徽有限公司共同打造的现代"第五媒体"。它整合了安徽日报报业集团所属各报刊的新闻信息资源,立足安徽,图文并茂,超大容量,内容丰富,容移动性、及时性和互动性于一身。

8.2.1 《安徽手机报》版面设置

《安徽手机报》分为早报和晚报,每天定时发出,并更新发送内容,实现用户每天通过彩信看报;安徽日报报业集团的新闻资源保证了内容的丰富,除了每天的实时报道,更多的介绍生活类资讯的信息,例如:楼市、情感、消费、美食等。早报有天气预报的温馨提示,晚报有当晚电视的节目预告,进一步地贴近用户,贴近生活。另外,手机报开辟了周末版,介绍安徽风土人情,为用户提供消费、娱乐和旅游服务。以下为早报和晚报的版面内容设置。

早报——新闻头等舱

【封面】新闻快餐　抢先知道

【导读】看中部崛起　览皖媒报道

【天气】天气早知道　轻松出家门

【要闻】览国内大事　晓各地动态

【文体】体育赛事　实时播报

【热信】您有烦恼事　中安助解决

【互动】看天下文章　评世间百态

【生活】时尚生活　尽在掌握

【彩票】识得彩票真谛　博来满钵金银

晚报——今日信息盛宴

【封面】即时新闻 我先知晓

【最新消息】数尽全球大事　还看今日榜文

【一周专题】敏感话题　深度剖析

【世态】网罗社会万象　体验人间冷暖

【开心】幽默笑话　开心一刻

【新语】借古喻今　发人深省

【互动】看天下文章　评世间百态

【导视】今夜精品影视　已在掌握之中

【天气】轻松看天气　安心出家门

注:【一周专题】每日话题设置

星期一:一周人物;星期二:一周体坛;星期三:一周娱乐;星期四:一周话题;星期五:一周生活;星期六:一周影讯;星期天:一周荐书

8.2.2 手机报内容编辑

1. 标题编辑

标题均为单行题。除单行标题之外,传统报多行标题非常常见;而手机报为了浏览翻页的方便,也因节约空间的需要,标题大都只有一行,标题结构单一。

字数限制。受手机屏幕尺寸及终端的限制,又要安排尽可能多的新闻以提升信息容量,同时,手机屏幕的阅读更容易使眼睛疲倦,因此,手机报新闻标题的字数比报纸要求更加严格,通常不超过十个字。

【例8-1】 2012年6月24日早报:《中美签署42个投资项目》
新华网:《中美签42个投资项目 美欲扩大引入中国投资》
【例8-2】 2012年6月24日早报:《交警推开同事被撞牺牲》
新京报:《浙江31岁交警面对失控大货车推开同事被撞牺牲》
【例8-3】 2012年6月25日早报《媒体曝驱蚊花露水含农药》
人民网:《媒体曝花露水含农药 疾控中心:毒性微乎其微》

由以上三个例子的对比中,我们可以发现手机报中的新闻标题更为简洁,而且只透露最重要的信息,一些延伸性的内容光从标题中是无法得知,还得看具体的手机报内容。

2. 内容编辑

手机报的内容大部分都是来自传统媒体或网络媒体,由于手机界面的限制,手机报的内容多以简讯为主,长篇报道亦经过编辑加工成为短篇消息。

【例8-4】 手机早报:驱蚊花露水标着农药登记号,有的还注明"微毒",有人担心,每天往身上喷驱蚊花露水,难道是在喷毒药?专家表示,驱蚊花露水一般含微量避蚊胺或驱蚊酯等卫生用农药成分,这些成分毒性很小,对健康不至于有危害。但孕妇、婴幼儿、易过敏者不建议使用驱蚊花露水。

人民网:驱蚊花露水标着农药登记号,有的还注明"微毒",有人担心,每天往身上喷驱蚊花露水,难道是在喷毒药?

昨天,市民姜女士用驱蚊花露水时,无意中发现其外包装上印了个农药登记号,"我每天往身上喷花露水驱蚊,岂不是在喷农药?"她担心这对身体有害。

记者昨天走访多家超市见到,注明有"驱蚊"功效的花露水,大多是"农药身份"。在汉阳翠微路中百超市,六神有四种花露水,其中一款号称能有效驱蚊7小时的花露水,注明了"农药正式登记证号"、"农药生产批准文件号",其他三种没有"驱蚊"功效产品则没有。一款隆力奇的驱蚊花露水,除了有农药登记号等信息,外包装上还用红字注明"微毒"字样。蓝泊儿等品牌驱蚊花露水也注明农药登记号等。

市疾控中心防蚊灭蚊专家吴太平昨表示,驱蚊花露水一般含微量避蚊胺或驱蚊酯等卫生用农药成分,这些成分毒性很小,相关产品生产也都有严格标准,普通人群合理使用正规厂家生产的合格产品,对健康不至于有危害。

市皮肤病防治研究所主任医师蔡维立提醒,对一些特殊人群,如孕妇、婴幼儿、易过敏者等,不建议使用驱蚊花露水;市民如已被蚊子叮咬出创口,或因痛痒挠破皮肤,涂驱蚊花露水时,驱蚊酯等成分会通过创口刺激皮肤,可能加重皮肤损伤。他表示,市民被蚊虫叮咬后,可涂点炉甘石洗剂止痒,普通药店就能买到。

【例 8-5】

手机早报:近日,上海地铁官方微博"上海地铁二运"发布一则微博提醒女性勿穿着暴露,随即引发网络论战。一些网友认为,穿得暴露不暴露是个人自我选择的问题,没有任何人可以以此为借口对他人进行性骚扰。24 日上午,两名年轻女子在上海地铁二号线身着黑袍和普通衣装,蒙着面,手持彩板,上书"我可以骚,你不能扰"、"要清凉不要色狼",以此表达抗议。

人民网安徽频道:

6 月 20 日晚上,上海地铁第二运营有限公司官方微博"上海地铁二运"发布了一则微博:"乘坐地铁,穿成这样,不被骚扰,才怪。地铁狼较多,打不胜打,人狼大战,姑娘,请自重啊!"——配图是一名身着黑色丝纱连衣裙妙龄女子的背面,由于面料薄透,致使旁人能轻易看到该女子内衣,确实非常性感。

但也正是这则提醒微博,引来了诸多网友的非议。一些网友认为,穿得暴露不暴露是个人自我选择的问题,没有任何人可以以此为借口对他人进行性骚扰。网友"大江 Joe 舅"则认为,如果法律或者地铁的营运法规没有规定她不能这么穿,那么就没有权力指责,"按照你的理论,游泳池不是所有的男人都要对女人动手动脚了么?"

网友"雪天放晴"更是直言:"你们是维护乘客人身安全的,不要推脱责任,更别给罪犯开脱!"

但与这部分网友的态度相左的,则是另一面支持"上海地铁二运"的声音。"公共场所的穿着应该注意场合,这是起码的常识和公德!连这点常识都要质疑吗?简直滑稽!"这位网友认为,地铁二运作为官方微博,进行善意的提醒,完全应该,没有必要道歉。网友"@机场站王必磊服务团队"亦表态:现在的年轻男女,低胸衫、超短裙、透视装等包罗万象,使得一些人有了想入非非的感觉,"更有甚者走上了骚扰的道路,所以我们在批判犯事者之余是否也要为自己的身体语言反省一下呢?"

而昨天上午,随着这场论战持续,两名年轻女子在上海地铁二号线,身着黑袍和普通衣装,蒙着面,手持彩板,上书"我可以骚,你不能扰"、"要清凉不要色狼",以此向上海地铁二运抗议。这两位女志愿者的行为艺术随即引来关注,《女声报》官方微博"女权之声"对此进行了支持,并呼吁女性应拥有身体自主权并反对性骚扰。

网友"一 Buddy 一"在看到这次行为艺术后对此表示非常认可,他觉得,假如放任某些人说"女人穿得少就是诱惑男性犯罪"的言论,最终结果就是每位女性都要穿着厚实的衣物才能被允许出门。在正常的社会里,一个人即使裸体走在大街上,你可以报警,但你不可以侵犯她,这是基本的常识。网友"@我是你认识的王小能"也表态称,应正视女性在社会和历史中的位置,争取应当得到的权益,自尊自立,不被男权思想打压和自我禁锢,这就是女权,"在'女人'和'男人'之前,你必须先是个独立的人。"

这两名志愿者的行为艺术引来了诸多议论,双方论战也依旧持续,不少网友还是指出,"上海地铁二运"发布的那条引发热议的微博,虽然确是为减少一些性骚扰事件的发生而提出的建议,但言辞也确实欠妥。至于网友们对此事的争议,亦在情理之中,但也请体谅地铁方面的用心,"希望双方都能有一个好的态度来妥善处理此争议。"

对比上面两则报道,我们发现手机报的内容非常之简短,但却要囊括所有的重要信息点,时间、地点、人物、事件、原因,这些在新闻采写中常被提到的五要素可能并不能全部包含其中,但是对于我们了解最重要的事实却影响不大。如【例8-4】中的花露水事件,虽然手机报中没有交代事件的来龙去脉,但是读者对于"驱蚊花露水一般毒性很小,对健康不至于有危害"的观念已经了然于心。再如【例8-5】中的女性地铁着装清凉一事,手机报中只有一个大概的介绍,但地铁上的两位女子"我可以骚,你不能扰"、"要清凉不要色狼"的标语才是本报道中的亮点。

另外,手机报内容虽然很多是对传统媒体和网络媒体新闻的整合加工,但有时候,手机报对其内容并非直接拿来用之,更重视自身的新闻整合能力。

【例8-6】
手机早报:

全国多地遭受暴雨袭击

23日,广西多地紧急发布暴雨红色和橙色预警信号。据统计,22日12时至23日12时,桂中、桂东南及沿海部分地区出现暴雨,局部大暴雨到特大暴雨。全区24小时累计降雨量超过250毫米的有5个乡镇,最大为贺州钟山公安镇凤岭村(285.8毫米)。22日10时许,广西合浦县西场镇发生雷击事件致3人死亡1人重伤。

●22日开始,除赣北西北部外,江西省其他地区普遍出现大雨到暴雨,局部出现大暴雨。根据统计,22日8时至23日8时,江西全省有22个县市区下了大暴雨,32个县市区下了暴雨。

●福建省防汛办23日晚间通报称,福建省北部部分地区发生暴雨到大暴雨,闽江支流建溪、富屯溪发生略超警戒水位的小洪水。截至当天19时,受灾最严重之一的福建省浦城县19个乡镇已转移受威胁群众6500人。

中新网:

广西多地遭受暴雨袭击49个县出现雷暴天气

2012年6月23日,广西多地紧急发布暴雨红色和橙色预警信号。据广西气象台统计,6月22日12时至23日12时统计,桂中、桂东南及沿海部分地区出现暴雨,局部大暴雨到特大暴雨,其他地区小到中雨,局部暴雨。全区24小时累计降雨量超过250毫米的有5个乡镇,最大为贺州钟山公安镇凤岭村(285.8毫米),100~250毫米的有

142 个乡镇,50～100 毫米的有 288 个乡镇。同时,全区共有 49 个县(区)出现雷暴天气。6 月 22 日 10 时许,广西合浦县西场镇发生雷击事件致 3 人死亡 1 人重伤。(另有四张配图)

中新网在此只报道了广西多地遭受暴雨袭击的消息,而安徽手机报对此做了整合加工,综合江西和福建的暴雨消息,制作出《全国多地遭受暴雨袭击》的新闻。

6. 图片编辑

手机报图片应选择新闻性强,具有视觉冲击力的图片,不得插入错误、变形、偏色、文题不符图片。

【例 8-7】

手机早报

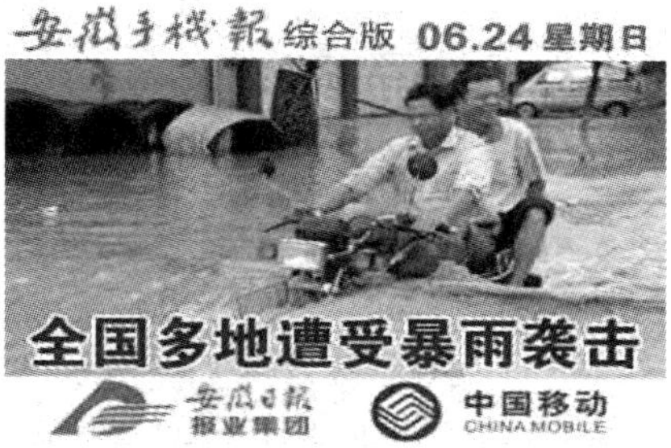

图 8-2-1

手机晚报

图 8-2-2

《安徽手机报》的图片为 128 * 128 的 JPG 格式,大小 5K 左右,封面图片不超过10K。发送前核对封面图片的日期、早晚报标志,不能有错。

7. 专题编辑

专题类稿件要反映当前社会最热点、最受关注的话题。手机报对重大突发新闻事件通过"快报"单独发送的方式,在第一时间送达读者。高考分数线发布、北京奥运火炬传递、汶川大地震、2008 年雪灾等快报和专题凸现了"第五媒体"更快捷、方便、随时随身的优势。汶川大地震发生当日仅半小时,《安徽手机报》就以快报的形式,向全省10 余万手机报用户及时通报了地震发生的地点、震级、波及的范围等资讯,起到了权威发布、稳定民心的积极作用。

【例8-8】 手机晚报"一周人物"

●谷超豪

著名数学家谷超豪先生因病医治无效,于24日01时08分在上海逝世,享年87岁。1953年起,谷超豪任教复旦大学,历任复旦大学副校长、中国科技大学校长。2009年8月6日,经国际小行星中心和国际小行星命名委员会批准,编号为171448的小行星命名为"谷超豪星",作为对这位著名数学家的褒奖。

>>>又一颗巨星陨落了,期待青出于蓝。

●陈发树

6月19日,青啤股份H股大跌7.81%收盘,青啤股份A股也高位回落,下跌2.28%。下跌源于其H股第三大股东新华都集团董事长陈发树减持了其个人持股的1/3。来自港交所青啤股份数据,当日其大宗交易总成交量3200万股,成交价为47港元。陈发树套现15.04亿港元。

>>>上述青啤股权正是陈发树曾承诺捐赠的83亿元有价证券中的一部分,由此再度引发外界对陈发树"假慈善"的质疑。

●唐骏

19日晚,唐骏正式承认错误,为"学历门"道歉,并告诫年轻人:"不要学我。"20日,唐骏发微博称,"我第一次面对公众讲述我过去两年的感受心境,释放了,该说的都说了,反而很轻松,以后可以坦然面对了。"

>>>诚信远比成功更加重要。

●穆尔西

经过两轮选举的激烈角逐,在选举结果几度推迟宣布之后,埃及新总统24日晚"千呼万唤始出来"——穆斯林兄弟会(穆兄会)下属自由与正义党主席穆尔西,以微弱优势击败前总理沙菲克,成为穆巴拉克的继任者,即埃及第五位总统、首位非军人总统。

>>>一年多来埃及磕磕绊绊的政治过渡终于向前迈出关键一大步。然而,新总统谜团虽已揭开,却立即引发更多悬念,新总统面临巩固地位、凝聚共识、稳定社会、发展经济和改善民生的"大考"。

●德罗巴

千呼万唤始出来,科特迪瓦国脚德罗巴终于在个人官网正式宣布,自己已经和上海申花正式签订了一份为期两年的合同,将于7月份加入球队,直到2014年12月31日。至于年薪,此前外媒盛传为1200万欧元。

>>>廉颇老矣,尚能饭否?

谷超豪、陈发树、唐骏、穆尔西、德罗巴是学术界、商界或体育界的国际知名人物,一直以来都是读者关注的焦点,手机报中将基本人物和事件介绍再加以一句评论,让读者清晰明了。

对于手机报内容编辑的介绍,我们就此告一段落,为了让读者们能更好地了解手机报的制作流程,在此附上《手机报编辑工作流程》一份(见附录),以供大家参考。

8.2.3 手机报编辑平台

上节中我们介绍了手机报的内容编辑,在此节中笔者将为大家简单介绍下手机报媒体供稿平台的使用,仍旧以《安徽手机报》的供稿平台为例。

该手机报媒体供稿中心集成在 CMS3.0 平台下,首先要新建媒体(一般由管理员完成此操作),登录后切换到"频道视图"标签页,选中左下角的媒体管理,选中媒体所在项目,点击新建按钮,点击新建媒体,如图8-2-3所示。

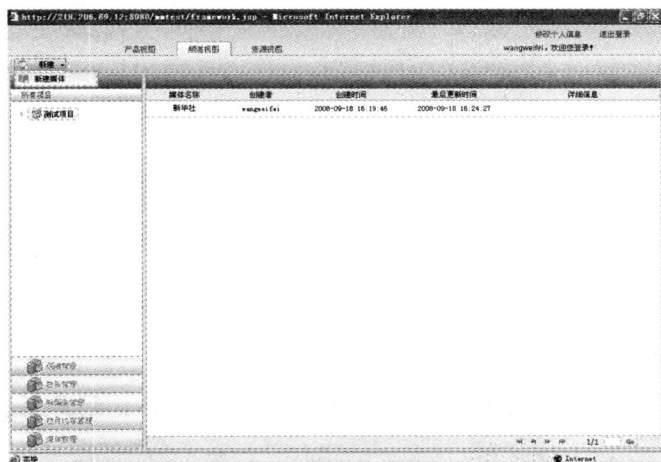

图 8-2-3

在弹出窗口中填写媒体名称,保存即可。如图8-2-4所示。

图 8-2-4

在新建后的媒体中添加稿源需要切换到"资源视图"标签页,选中左边的"按媒体视图查看",如图 8-2-5。

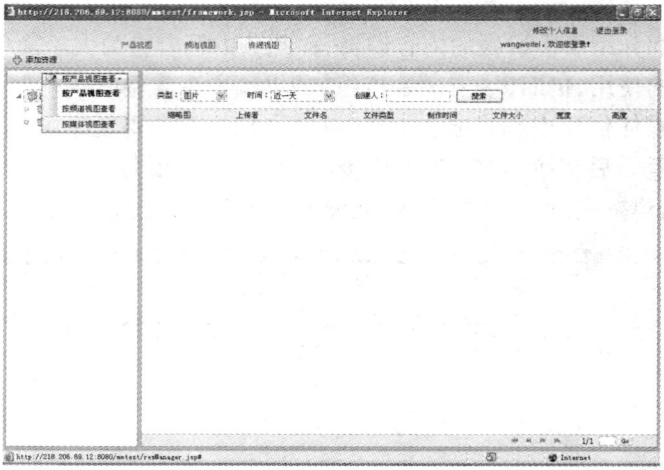

图 8-2-5

选中媒体所在项目,点击左上角的"添加资源"按钮,在弹出的编辑器中录入稿源即可。如图 8-2-6。

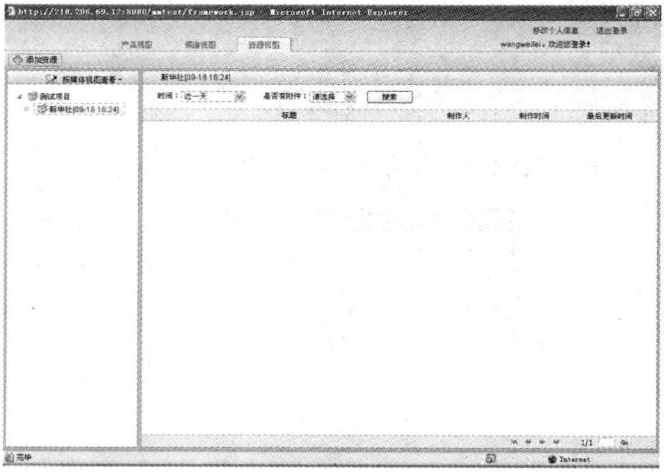

图 8-2-6

供稿系统的编辑器比较简单,只需要录入标题和文字即可保存,如果包含附件,可以点击上面的"附件"按钮,选中本地的图片或其他任意格式的文件,可以同时上传多个文件,如图 8-2-7,图片可以是未经裁剪的原图,单个文件不超过 1MB 即可。

图 8 - 2 - 7

需要注意的是,稿件标题中不能出现以下半角符号:' "<>&。录入稿件保存后,稿源会显示在列表中,左侧的媒体名称后面会有一个时间戳,表示该媒体最后一次更新的时间,如图 8 - 2 - 8。

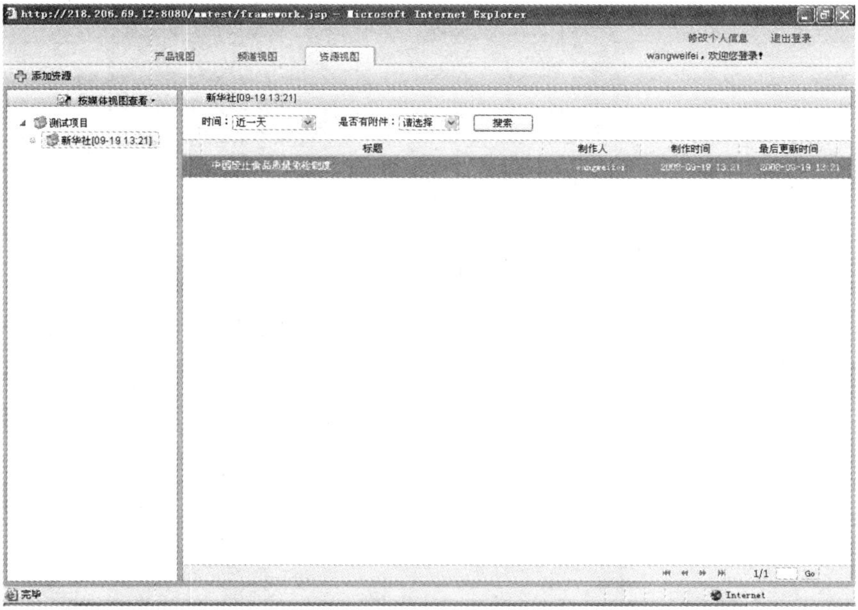

图 8 - 2 - 8

手机报编辑在选取稿源时,需要将原图附件下载到本地,根据适配规则裁剪,然后再将修改图片和文字后的稿件录入到手机报的新闻条栏目下,如图 8 - 2 - 9。

图 8 - 2 - 9

稿件审核功能：

此功能是为内容提供方使用的,当对方加入一条新闻后,点击此条新闻,标题框会变蓝显示,此时上方会有"审核"按钮出现,如图8-2-10。

图 8 - 2 - 10

内容提供方在确认此新闻没有问题后,点击"审核"按钮,在新闻标题之前会有五角星标志显示,如图8-2-11。

图 8 - 2 - 11

审核通过的新闻,还可以按照以上步骤实现"取消审核"功能。

注意:只有审核通过的新闻,手机报编辑才可以看到新闻内容,如果没有审核通过,手机报编辑只能查看新闻标题,无法查看新闻内容。

8.3 手机报的未来发展趋势

手机报从诞生至今,已经从最开始的文字短信新闻提醒形式,逐步演变到之后的彩信手机报和 WAP 手机报,再到现在各种酝酿中的 3G 手机报,从形式和内容上都有巨大的改观,手机报的内容提供商与运营商之间的合作也已经日渐成熟。然而,3G 时代的手机报在"三网融合"的大背景下,需要更多的创新和突破,笔者觉得可以从以下几方面做起:

1. 分众时代,手机报的类型需更加细化

在 2009 年中国互联网络信息中心(CNNIC)发布的《中国手机媒体研究报告》中有两点值得我们注意,一是手机报用户中,19～29 岁的用户约占全部使用用户的 73.6%;二是高学历的用户比例较大,尤其是本科与大专的用户,其比例分别为 46.5% 和 24.4%。既然"19～29 岁"人群和"高学历"人群是手机报的主要使用者,那么这部分人群到底需要哪方面的信息,和普通报纸的信息需求究竟有什么不同? 这都是值得我们深思的。其实之前也有成功的案例,如"手机报—ChinaDaily"——中国第一份中英文双语手机报,通过无线传输方式以中英文双语的优势力图抢攻白领阶层以及外籍人士的市场。但是在 3G 时代,手机用户上网浏览新闻更加方便,要留住手机报客户就要最大限度地满足不同人群的各种需求,最直接的办法就是研究用户群可能的消费习惯、购买可能等因素,将手机报类型细化再细化。

2. 树立权威性,做好品牌建设

当下手机报的主要内容基本都是来自传统媒体,真实性、准确性能够得到保证。3G 时代,网络媒体的渗透率越来越高,虽然网络媒体的信息量极其丰富,但是其准确率一直是让人诟病的地方。手机报虽然和传统报纸在很多方面都不同,但是对信息准确率的要求绝对是一致的。目前的手机报用户只有很少一部分是主动去订购的,大部分则是因为手机套餐内含手机报或是因为广告赠送。因此,手机报也要树立自身的权威性,尽快做好品牌建设,这一点需要向传统媒体看齐,传统媒体的权威性和品牌建设已经相当成形,如同想看对一个事件的深度剥析,我们就会去买《南方周末》,想要看一些轻松愉快的娱乐新闻就会去看《上海一周》一般。

3. 处理好和内容供应商以及通信平台之间的关系

手机报是由通信、网络和传统媒体三方共同协作打造的一种电子媒体,在这种协同作战的模式中,三方担当了不同的角色。通信公司作为技术掌握方,掌握着上亿的手机用户;网络公司则是利用自己巨大的网络信息平台,最近距离的"嫁接"手机;而传统媒体是这其中不可或缺的内容供应商。只有这三方协同工作,共同前进才能推动手机报业务向前发展,任何一个环节出故障,都会导致产业链的断裂。3G技术的到来,解决了手机报在技术层面上的很多问题,3G手机在芯片速度、内存、屏幕、电池等方面将有很大的提升,高速度、多媒体、个性化的优势将尽显,而且随着价格的不断下降,手机报的终端限制将大大削弱。手机报将真正成为以手机等移动终端为载体,将各类信息资讯传递给用户的一种媒体。①

4. 虽为新型媒体,但是仍旧需要坚持内容为王

目前的手机报内容都是来自传统媒体,那么不可避免的遗传了传统媒体同质化内容严重的问题,没有自己的原创内容是目前手机报最致命的弱点,当技术问题逐渐被人们攻克后,"内容同质化"可能也将成为手机报未来发展的死穴。《华尔街日报》发行人彼得·卡恩就不只一次强调:"发行的形式不是最重要的,内容才是,内容第一!"中国人民大学教授匡文波认为手机报的内容应该具备以下要求:"媒体内容制作应依照媒体特征设定内容范围,比如广播媒体强调信息快捷,电视媒体强调视觉冲击,报纸强调深度分析,手机阅读就要求制作者按照手机媒体的特点去开发选题、策划内容。同时在文章结构、表达方式、语言风格上形成新的风格,整合图片与文章的内容、结构,以适应那些通常处于移动状态,没有时间进行深度阅读的读者。"②

5. 探索多元化的报道形式

由于手机自身的局限,目前手机报的报道形式以消息为主,在今后,更多的新闻发布形式可以被运用到手机报中。随着3G时代的来临,手机媒体的外延将得到全面扩展,突破目前文字加图片的表现形式,成为集视频、音频、图片、文字、动漫等多媒体于一体的数字媒体,手机报的内容吸引力和表现力将得到极大的增强。当然,再丰富多彩的报道形式,其最终目标也必须是更贴近现实生活,让手机用户更方便地阅读所需要的资讯。

毫无疑问,3G时代的手机报要发展就必须得创新,这种创新不是单方面的,而是需要通信、网络和传统媒体三方面的共同努力、相互配合。8年间手机报的发展已然日新月异,相信下一个8年,手机报会更加生机勃勃、异彩纷呈,给广大手机用户交上一份满意的答卷。

本章小结

本章介绍了手机报的一些基本知识,在此基础上以《安徽手机报》为例讲解了手机报标题编辑、内容编辑、图片编辑以及专题制作的相关内容,同时对手机报媒体供稿中心

① 洪见骁. 3G时代手机报的发展前景【J】. 新闻爱好者,2011(6)
② 匡文波. 手机媒体概论【M】. 北京:中国人民大学出版社,2006

的平台使用也做了相关的介绍,最后,对于 3G 时代手机报的发展趋势做了一个思考。

【思考与练习】

1. 请简单列出手机报的定义和特点。

2. 何为 3G？中国的 3G 许可证由那几家运营商获得？

3. 在相关网站寻找新闻报道,尝试制作自己制作一份手机报,注意标题、内容、图片的编辑。

4. 在当前形势下,你觉得手机报的发展前景如何？

附录

手机报编辑工作流程

为了加强对手机报编辑部的管理,规范采编人员的工作行为,保障交接班采编工作的顺利对接,现制定手机报编辑部的工作程序。

一、编辑工作流程

(一)早报的工作程序

1. 值班采编人员早上 4—6 点开始采编当天早报的封面、导读、本地新闻、国际国内引导图片、娱乐、生活、彩票等版块内容(天气、互动、热信前一天准备好)。值班责任编辑负责采编当天的国际国内新闻,并二次审核整个手机报。采编人员不能按时到岗工作的,应提前向分管总编口头或书面请假。

2. 手机报早报应该在 7 点之前提交给值班总编辑终审。值班总编辑应快速审核,在 7 点 30 分之前完成修改,以确保手机报早报 8 点准时发送。

(二)晚报的工作程序

1. 晚报的值班编辑上午 9 点前开始编辑当天手机报晚报的内容,上网浏览并记录当天手机报晚报版面所需要的稿件。随时根据新闻的重要性和新闻点击量对手机报要闻区进行调整。

2. 晚报值班编辑负责组稿并对稿件进行初审,如果对稿件没有意见。下午 4 点交给责任编辑进行复审,由责编对稿件进行审读,提出对稿件取舍的意见,或确定修改方案。

3. 下午 4 点 30 分准时召开编前会,让当日值班总编辑对晚报稿件进行终审,当天的总编对稿件进行审读,经加工整理最后定稿。定稿时间不超过 5 点 15 分,以确保手机报晚报 5 点 30 分准时发送。

4. 在值班编辑和总编审稿时,责任编辑也要时时关注各大主流网络媒体的新闻,如新华网、人民网、网易、搜孤、新浪、中新网时政新闻,以确保手机报的实效性。总编定稿后,责编和编辑检查核实改错是否落实,是否出现新问题,同时检查稿件中有关文字内容有无差错,图文是否一致。经检查一切无误后方可发送。

(三)编辑要求

1. 了解宣传精神

早报发送前2小时,编辑进入工作状态,及时了解宣传提示、领导指示和同事的业务留言。

2. 浏览寻找热点新闻

编辑上班后应马上进入工作状态,浏览当天各大报业集团各系列报刊、重点新闻网站、全国各大网站、报纸电子版发布的新闻、资讯,选择符合各栏目定位的读者关注的热点新闻、服务资讯进行编辑。此外,关注凤凰时事评论、人民日报手机报,查漏补缺,丰富我们手机报的内容,学习好的编辑方法。手机报早报以硬新闻为主,晚报可软一些。

(1)本地新闻可在本地门户网站寻找。

(2)国内国际新闻可在新华网、人民网、网易、搜狐、新浪、中新网首页寻找,还可关注QQ、MSN、网易邮箱小窗口推荐的新闻,临发送时看一下新华网最新消息,不要漏发最新的重要新闻。

3. 图片选择

图片应选择新闻性强,具有视觉冲击力的图片。不得插入错误、变形、偏色、文题不符图片;图片按"彩信编辑基本要求规范"来切,暂定为128*128的JPG格式,大小5K左右,封面图片不超过10K。发送前核对封面图片的日期、早晚报标志,不能有错。

4. 标题制作

文章标题的编辑加工是工作中的重要环节,编辑要做到让浏览者在观看文章标题时能明白文章所表达的内容,不应让人感觉不知所云;标题应杜绝标语口号式的大话空话,要具有一定的吸引力,不应让人感到平淡乏味;要注意做到字数基本统一,外观整齐;编辑标题要做到客观公正。

5. 内容缩编

按照手机报读者阅读特点,对内容进行缩编。每条控制在100字左右(读者关注的、有可读性的新闻字数可以多),在文章结构、表达方式、语言上形成风格。"套话"要删除,每期文字、图片容量控制在技术规范内。

6. 导读缩写

早报导读栏目一共6条,每条10个字,要选择最重要的具有可读性的新闻。注意:审好后要检查,不能把删掉的稿件上导读。

7. 编发专题、快报

如遇重大、突发事件,经请示后,应在第一时间编发手机快报、专题,及时送达读者。

8. 送审发布

(1)非即时新闻性内容要提前送审,如笑话、新语等。

(2)早报中的"互动话题"与前一个工作日的晚报一起送审。

(3)编辑完成后,编辑要预览当期所编内容,确定准确无误后送责任编辑复审,再交网站总编辑审定。

（4）最后将当期内容输入发布系统,浏览检查,审核后按时完成发布。

（5）如发现技术故障,应及时通报部门负责人或技术中心值班人员处理。

二、快报编发流程

（一）可预见事件

1. 提前向值班总编辑汇报新闻线索,如需编发,做好发布快报的准备工作,总编辑协调平台运营商做技术支持。

2. 制作完毕,由手机报采编中心负责人和总编辑两级审阅后对外发布。

（二）重大突发事件

1. 编辑口头向值班总编辑汇报新闻线索以确定是否制作快报。

2. 如需要制作快报,当班编辑立即进行采编工作。总编辑协调平台运营商做技术支持。

3. 快报制作完毕,由手机报采编中心负责人和总编辑两级审阅后对外发布。

（三）线索监控

1. 对新闻线索实行 24 小时监控。

2. 正常上班时间,由手机报编辑和新闻中心对新闻线索同时进行监控,遇重大突发新闻事件,直接向值班总编辑口头汇报。

3. 非值班时间,新闻线索监控由新闻中心编辑代监控,遇重大突发新闻事件,直接向值班总编辑口头汇报。

（四）判断标准(参考):

1. 国际:热点地区、热点人物相关新闻,联合国常任理事国发生的相关新闻。

2. 国内:中央政治局常委在第一时间赶到的突发事件。

3. 省内:省委常委在第一时间赶到的突发事件。

4. 重大人事变动。

5. 事关全国的重大民生问题。

6. 突发性重大自然灾害。

（五）后续

1. 快报发送后,如新闻事件需要追踪报道,可在手机报早晚报中做专栏报道。

2. 如需深度报道,另行策划制作手机报"专题"。

三、专题的策划和编辑流程

（一）专题类稿件要反映当前社会最热点、最受关注的话题。

（二）专题的策划由责编负责,制作大型的专题相当于一个频道,要下工夫做。

（三）当天的编辑负责对专题内容的充实和版面的设计。

（四）最后交给当日值班总编定稿。

（五）总编定稿后,编辑负责发送。

第9章　电子书编辑

【本章学习目的】　了解目前电子书行业的状况,掌握常用电子书制作的基本流程。

【本章学习重点】　能熟练运用软景 HTML 制作机、QuickCHM、eBook Edit Pro 软件编辑电子书。

【案例】

真知网内部评选作品电子书合集

在全媒体环境的滔滔洪流中,看着自己电脑中各种门类的文档资料,你是否感到些许烦乱和无措呢? 那么你有没有想过自己制作电子书,将同类资料分门别类,方便以后的查阅和存储呢?

接下来首先介绍真知网内部评选优秀新闻稿件时,为方便评选稿件的阅读而整理制作的电子书。

1. 资料收集

将所有参选的文件存为文本文档,文本文档中的分段需先编辑好,并放入同一文件夹中,可按照顺序命名,在生成电子书时会自动形成标题,如图1。

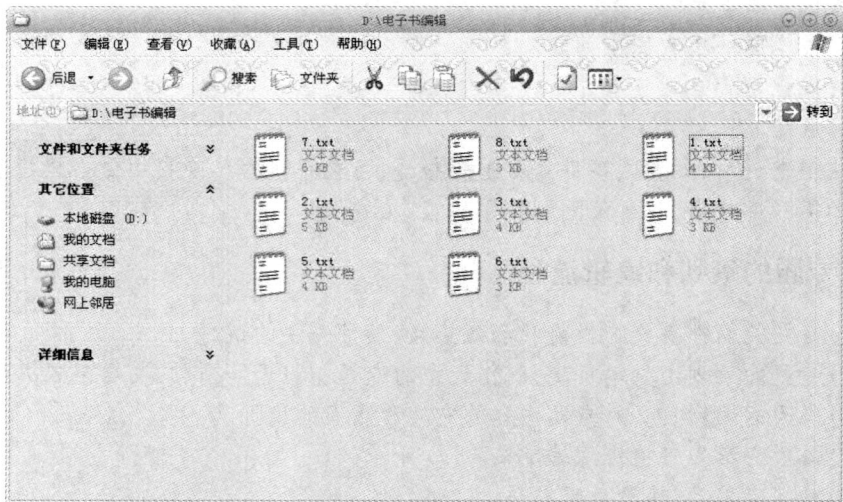

图1

2. 制成网页

利用软景 HTML 制造机将所有的文本文档生成为网页文件,生成后文件可存放在同一文件夹中,如图 2,生成的目录如图 3 所示。

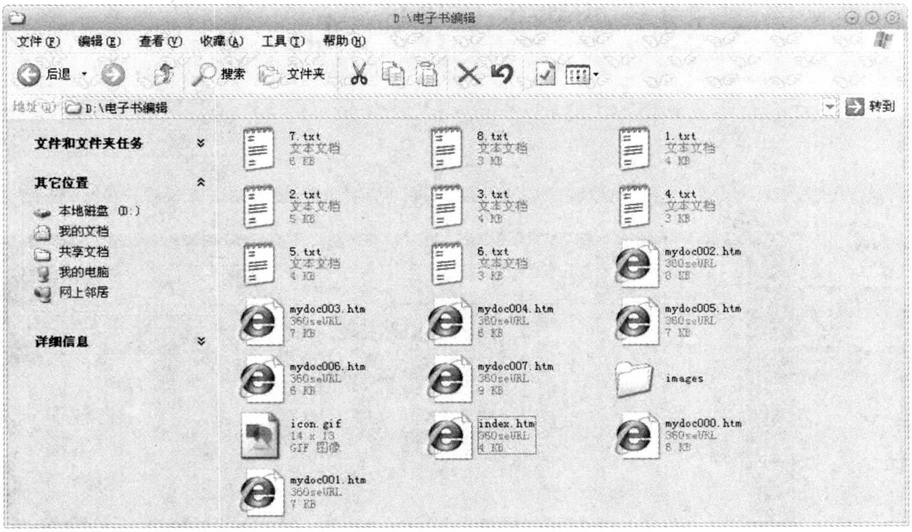

图 2

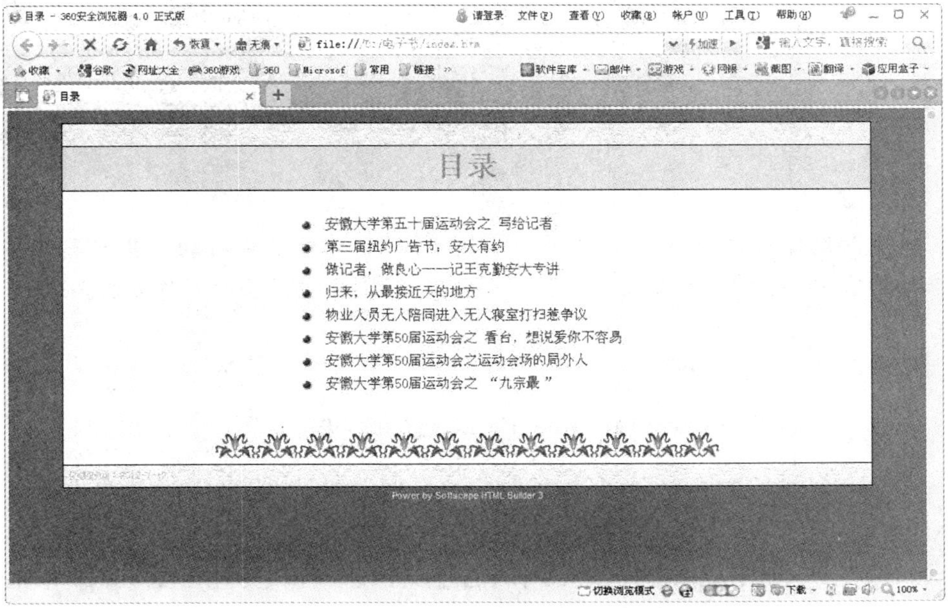

图 3

3. 制成 CHM 格式电子书

用 QuickCHM 软件将生成的网页文件制作成电子书,生成的图标和界面如图 4、

图 5 所示。

图 4

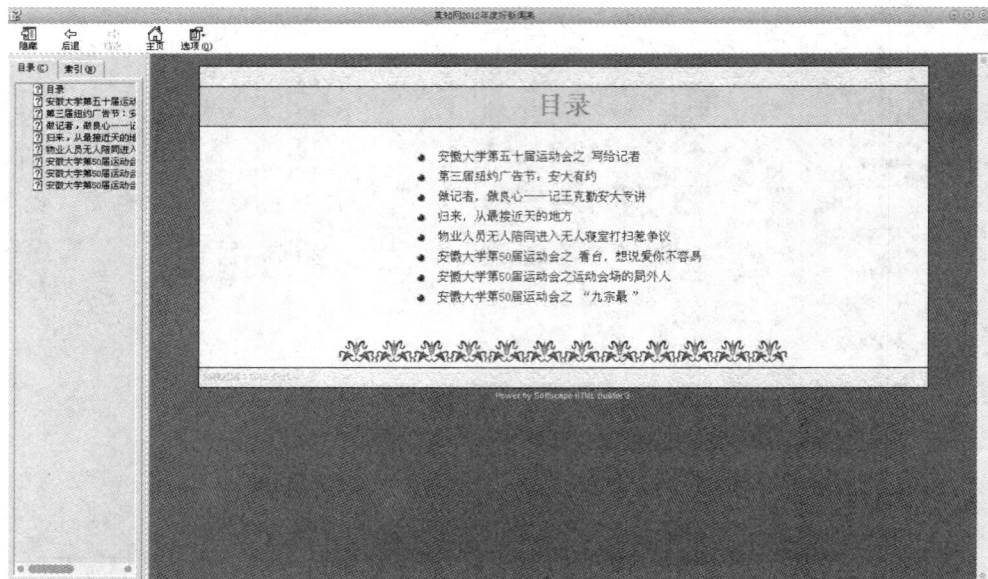

图 5

　　以上为制作 CHM 格式电子书的一个简单案例,方便了资料的收集和整理,在接下来的内容中,笔者将介绍电子书的相关情况以及两种电子书的制作方法。

9.1　电子书概述

　　大家对于电子书应该都很熟悉了,网上许多小说、文摘、资料或教程等都是以电子书的形式来传播的。比起 HTML 网页等其他传播媒体,电子书可以更好地阅读、存储和交流,极大地方便了我们的学习和工作。

　　电子书的称谓来自于英文中的 E-book,就是 Electronic Book 的缩写,这是和传统出版中在纸张上印刷出版进行传播的图书 P-book(Paper Book)相对应的。

9.1.1　电子书的概念

《说文》曰:"书,箸也。"从古至今,我们传统意义上的书都是写在纸上的。但随着计算机的普及和互联网的发展,书升华到了另一种形态,那就是电子书(E-book)!电子书虽然不像日常生活中的书那样便于携带和阅读,但拥有成本低、制作简单、流传方便、功能强大等许多优点。

现在,人们已经越来越多地谈论关于电子书的话题,似乎大家对此都已耳熟能详。但实际上,人们对于电子书这一概念的理解,却往往有着非常大的差别,尤其是对其内容与载体的不同内涵的指认,往往使讨论出现各执一词、南辕北辙的尴尬。

新闻出版总署认为,电子书是指将文字、图片、声音、影像等讯息内容数字化的出版物以及植入或下载数字化文字、图片、声音、影像等讯息内容的集存储介质和显示终端于一体的手持阅读器。①

由以上定义可以发现电子书由三要素构成:

(1)E-book 的内容。它主要是以特殊的格式制作而成,可在有线或无线网络上传播的图书,一般由专门的网站组织而成。

(2)电子书的阅读器。它包括桌面上的个人计算机、个人手持数字设备(PDA)、专门的电子设备,如"汉王电子书"。

(3)电子书的阅读软件。如 Adobe 公司的 Adobe Reader、Glassbook 公司的 Glassbook、微软的 Microsoft Reader、超星公司的 SSReader 等。②

由此可以看出,无论是电子书的内容、阅读设备,还是电子书的阅读软件,甚至是网络出版都被冠以电子书之名。

目前能够得到学术界以及社会各界初步认定的定义是,电子书代表人们所阅读的数字化出版物,从而区别于以纸张为载体的传统出版物,电子书是利用计算机技术将一定的文字、图片、声音、影像等信息,通过数码方式记录在以光、电、磁为介质的设备中,借助于特定的设备来读取、复制、传输。③

9.1.2　电子书的发展历史

1. 电子书的发展阶段

严格来讲,电子书的发展经历了三代:

第一代电子书是采用注册授权的方式从远程登录到存放书的服务器中去取。这种方式无法进行版权保护,所以现在基本上仅是公司用于内部文件对传的方式。

第二代电子书应用各种阅读器软件,将符合格式的书下载到 PC 上,用显示器来看。常用的阅读软件有 Adobe 公司的 Acrobat Reader、华康公司的 DynaDoc 以及超星

---

① http://www.dianzhishu.com/news/20101011-1106.html
② http://baike.baidu.com/view/17637.htm#6
③ http://baike.baidu.com/view/17637.htm#6

公司的国产阅读器软件 SSReader 和北大方正的 Apabi 等。这些阅读器制作出的供下载阅读的电子书能够保持纸质书原来的版式和色彩,可以限制拷贝和打印,所以受到作者和出版社的欢迎。但是这些阅读器软件相互之间不能兼容,另外,购书者无法脱离 PC,需要在 PC 上阅读。

第三代电子书是真正意义上的"电子书",是电子读物与电子阅读器的有机合成体,是一种类书型的电子文化产品。电子阅读器是一个书本大小的阅读器硬件,几百克重,支持网上购买和下载电子书。由于可以对硬件加密,所以这种方式对版权保护得最好。

2. 国外电子书发展

1971 年,Michael Hart 先生把一些他自己认为对人类有一定意义且无版权的书籍输入电脑,放置在网站(http://www.gutenberg.net)上供人们免费阅读和下载,这项计划被命名为"谷登堡工程"。1981 年《The Random House Electronic Thesaurus》世界上第一本电子书产生。著名的兰登书屋(Random House)、西蒙和舒斯特(Simon&Sohuster)、哈柏柯林斯(Harper Collins)等大出版商相继介入电子图书市场。20 世纪 90 年代以来因特网的发展,推动了网络版电子读物的出现与普及。2000 年 4 月,美国畅销小说作家 Stephen King 发表了一本小说《骑弹飞行》(Riding the Bullet),这是第一本只发行电子图书,不发行印刷版本的图书,由出版商 Simon & Schuster 出版。《骑弹飞行》在电子图书销售史上创造了传统出版界所没有的奇迹,作者获得的收益是传统纸质图书出版的 40 倍,使电子图书出版市场呈现出生机勃勃的局面。《骑弹飞行》一书的出版,不仅引起了出版商、网上书店、电子图书出版技术商的极大关注,也促进相关技术的发展,为此有人把 2000 年称之为电子出版的元年。微软、Adobe 等大公司也介入电子图书的产品开发,著名的 Gartner 集团将电子图书列入 1999 年十大技术之一。微软公司技术副总裁 Dick Brass 认为,未来 15 年内,将有一半的书以电子图书形式销售。《骑弹飞行》尽管只是个案,但更新了印刷业、出版业、IT 产业对出版概念的理解,图书载体已不是界定出版的前提,电子图书出版为传统出版业开辟了一条全新而灿烂的道路。

3. 国内电子书发展

与国外相比,我国的电子书起步较晚,但是成绩斐然。1996 年 2 月,武汉大学出版社研制出"博克电子图书编著环境(Wdbook)",这是一套通用的中文电子图书制作与阅读工具系统。博库网站、超星公司、书生之家、方正 Apabi 等几家公司各自开发了专用电子图书浏览器软件。各家出版社也纷纷推出自己的电子书业务。以辽宁出版集团为代表,他们建立了"中国电子图书网"(http://www.cnbook.com.cn)。读者可以从网上阅读、下载或购买所需图书。新浪、网易等门户网站也纷纷开设电子图书网上阅读、下载和购买服务,像"e 书时空"(http://www.eshunet.com)这样专业性的电子图书商务网站也纷纷建立。中国虽然比一些国家起步较晚,但发展却比这些国家快,因为中国的出版社都在采用方正的电子排版系统,空前统一,这就是一个有利的条件,即印刷纸书的时候同时就有了电子文档,可以用来出版电子书。方正又推出 Apabi 中文网络出版整体解决方案,,着重解决了网络出版三大关键技术问题:数字版权保护、电子书安全分发和数量统计技术、图书资源数字化技术。尤其是版权保护机制,不仅能有效控制非法拷贝问题,保证读者购买的电子书只能在一台机器上阅读,同时还解决了传统出版业十分棘手的盗版问题。北京大学出版社社长彭松建说:"以版权保护为中心的网络出版,为出版社摆脱盗版噩梦带来了光明,同时它也将为传统出版打开新的利润空间。"在电子书领域,中国做得更彻底一些,但是规模要比美国差一些。[①]

9.1.3　电子书的格式

通过电脑看书,就不能不提到电子书格式,目前由于电子书格式众多,有时好不容易找到自己想看的书,下载后却发现,格式不能识别。为了避免这种尴尬事,下面就为大家简单介绍一下电子书格式以及对应的阅读软件。

1. 通用式电子书

通用式电子书是指目前普及率和认知度已经很高的文本格式的电子书。如 TXT(记事本)、HTML(网页文本)、CHM 和 HLP(后两个都是帮助文件形式)格式等都是Windows 系统中自带的文件格式,用户无须安装任何软件即可直接打开阅读。另外一种普遍使用的电子书是可以图文混编的 PDF。PDF 是 Adobe 公司开发的电子文档格式,具有真实反映原文档格式、字体、版式和图片以及打印效果不失真等优点,可以用"Adobe Reader"程序来阅读。

2. 专用格式电子书

正规的数字化图书馆或电子书发行网站都会采用专用的电子书文件格式,在网络上大家常常会下载到这些类型的电子书,如果不用特定的软件是难以打开的。

PDG 格式。这是超星公司为数字图书馆开发的电子书格式,"超星阅读器"可以对 PDG 电子书进行阅览、下载、打印等功能。软件会自动连接到官方服务器,显示最新的内容,你可以像使用浏览器一样使用它。

CEB 格式。这是由北大方正公司独立开发的电子书格式,在文档转换过程中采用"高保真"技术,可以使 CEB 电子书最大限度地保持原书样式。"方正阿帕比"(Apabi Reader)是 CEB 格式的专用阅读软件,同时支持 PDF、TXT、HTML 和 XEB 等格式。

CHM 文件格式。这是微软 1998 年推出的基于 HTML 文件特性的帮助文件系统。它支持 IE 浏览器支持的 JavaScript、VBScript、ActiveX、Flash、图形文件(gif、jpeg、png)、音频视频文件(mid、avi)等等,并可通过 URL 与 Internet 联系在一起。缺点是操作系统必须是 Windows98 或 NT 及以上版本。如操作系统是 Windows95,则需安装 CHM 文件阅读升级包。

NLC 格式,这是中国国家图书馆的电子图书格式,"Book Reader for NLC"是它对应的阅读器。另外,EBX 格式对应的电子书阅读器是"XReader",其小巧实用,可以让你轻松阅读 EBX 电子书。

---

① 高峰. 关于电子书的概念及其发展【J】. 沧桑,2006(5)

其他格式还有 CAJ 格式,这是同方知网的电子书格式。

3. 网页式图书

它是用 Web 网页显示网络电子书。一些专业网站或社区提供专门的网络区域,供作者通过网络发表自己的专著,使自己的作品不经过传统出版社,首先以电子书的形式出现供人们分享。

4. 手机电子书

目前主要的手机电子书格式有 TXT、JAR、UMD。TXT 格式的电子书一般用手机自带的阅读器即可阅读。JAR 格式的电子书也比较简单,只需将下载的电子书(包括 JAR 文件和 JAD 文件)传送到手机专门的 JAVA 文件夹下即可阅读(JAR 格式的文件名最好是字母,否则容易出问题)。"UDM"格式电子书目前只支持在智能手机上阅读,需要在手机上先安装专用的阅读器软件,例如"掌上书院"软件等。①

9.1.4　电子书的特点

第一,利于环保。对于出版商来说,电子图书不仅可以减少日趋高涨的印刷费用,而且更不必仅仅依赖纸质作为制造信息的载体。它在使商家降低成本的同时,又保护了森林资源,进而也减少了人类在造纸过程中所带来的环境污染。

第二,存贮量大,信息密度大。电子图书具有存贮量大,信息密度大的优点。与传统书籍相比,电子图书具有存贮量巨大的特点。一张只读光盘可存储 650M 字节,相当于 1000 册 30 万字的传统书籍,这给信息的保存带来了极大的方便。据统计,光是 OCLC 的 First Search 就有 3700 万条书目记录,6 亿多条馆藏信息,12500 种期刊目次,几千种学术会议论文;Uncover 有 17000 条期刊论文目录可供检索。正是这种海量的存贮技术,大大降低了图书的体积,极大地节省了藏书空间,为既定空间范围内更多更全地存储图书提供了前提和可能,大大缩减了过去那种庞大的藏书机构。

第三,补充馆藏图书副本量。电子图书的优势还表现在那些利用率高或丢失及毁损较为严重的图书上。读者常常对新书及畅销书有着强烈需求,主要是计算机类或一些社会科学方面的新书;另外,图书馆的很多图书的丢失及破损率相当高。电子图书通过技术手段或增加复本(电子图书复本比印刷图书便宜很多)等方式可以同时满足多位读者的阅读需求,解决上述印刷型图书容易出现的问题。②

第四,获取与携带方便,通过网络下载或很小的电子设备就能有大量的阅读资料。

第五,易于检索与互动。电子书可全文检索,作者与读者能透过网络互动。

第六,个人订制。读者可根据需要订制电子书。个人出版成为可能。

第七,使用方便,读者可通过网络超链接的特性获得更进一步的资料。

第八,多元化,多媒体可供阅读的平台越来越多源化,电子书内容亦可呈现多媒体影音资料。

---

① 谭云明．新媒体信息编辑【M】．北京:清华大学出版社,2011
② 高峰．关于电子书的概念及其发展【J】．沧桑,2006(5)

9.2 电子书制作方法

在上节中我们有提到电子书的很多种格式,每一种格式都各有利弊,在制作时应根据现有资料的特点,从易于阅读的角度选择合适的格式。在我们当下的电子书市场中,CHM、EXE 是使用得较多的两种格式,在此我们为大家逐一介绍这两种格式电子书的制作方法。

9.2.1 CHM 格式电子书制作的方法

每一个互联网的用户都会有一大堆的文件,把这些文件按照其内容分类、整理,最后编译成一本 CHM 格式的电子书,分发给远方的朋友,会极大地方便他们的查阅。在这里之所以选择 CHM 格式,还因为 CHM 格式的电子书支持 JavaScript、VBScript、ActiveX、Java Applet、Flash、HTML、图像文件(GIF、JPEG、PNG)、音频视频文件(AU、MIDI、WAV、AVI)等,所以,如果你有很多从网上保存下的网页文件要做进电子书,CHM 格式乃是你最佳的选择。

要制作 CHM 格式的电子书,我们需要用到两款操作简单的小软件。

1. 软景 HTML 制造机

考虑到多数网友对网页制作并不熟悉,在这向大家推荐一款可以将文本文件转换为网页的工具——软景 HTML 制造机。

(1)首先将每一篇文章的内容复制粘贴到记事本上,切记题目与正文、段与段之间不要有空行,接着按顺序依次保存为 1. txt、2. txt 等文本文件,也可以按照文件名称来命名,此处为了方便操作和讲解,笔者直接将文本文件按照顺序命名为 1. txt、2. txt……

(2)运行软景 HTML 软件,如图 9-2-1 所示。

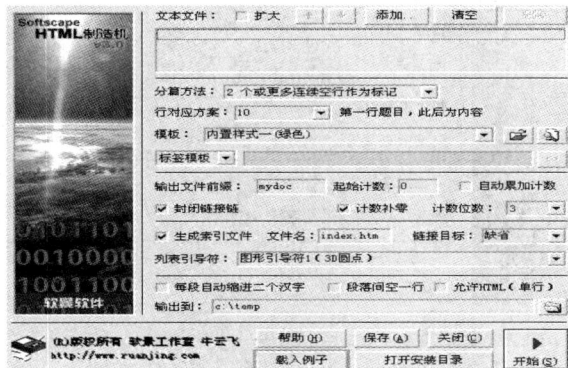

图 9-2-1

单击界面上方的"添加"按钮,找到文本文件的保存目录,拖动鼠标选取所有文件并打开,如图9-2-2。

图9-2-2

我们可以设置网页文件的很多细节部分,如在"分篇方法"中可以选择"一个文件一篇"、"2个或更多连续空行作为标记"等,如图9-2-3,在"标签模板"设置中,可随意选择"内置样式(绿色)"、"内置样式(蓝色)"等,如图9-2-4,你还可以根据需要确定是否勾选"每段自动缩进二个汉字"、"段落间空一行"等内容。

图9-2-3

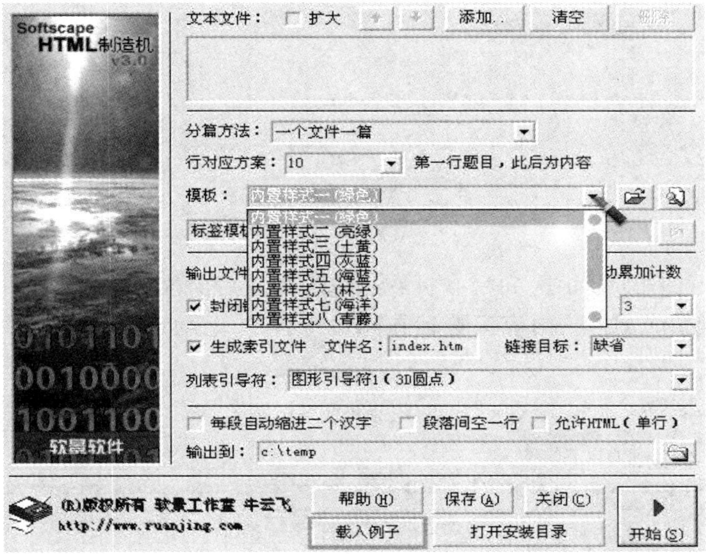

图 9-2-4

以上设置完成后,单击"输出到"后面的按钮,选择 HTML 文件输出目录(这里选择的是"D:\电子书"),如图 9-2-5,如单击"开始"按钮,弹出一个设置总标题的对话框,默认为"目录",如图 9-2-6 此处选择默认"目录",也可以更改为自己想要的名称,单击"确定",之后会出现一个提示窗口,单击"是"即可查看生成后的 HTML 文件,如图 9-2-7。由于"分篇方法"选择的是"一个文件一篇",故在生成网页文件时自动默认以每个文档内的第一句话作为标题。

图 9-2-5

图 9-2-6

在图 9-2-7 的页面中,每一个标题点进去都是一个独立的 HTML 网页,如图 9-2-8 所示,之前 txt 文档的内容都囊括在网页内容中。至此,我们的网页文件即制作完成。

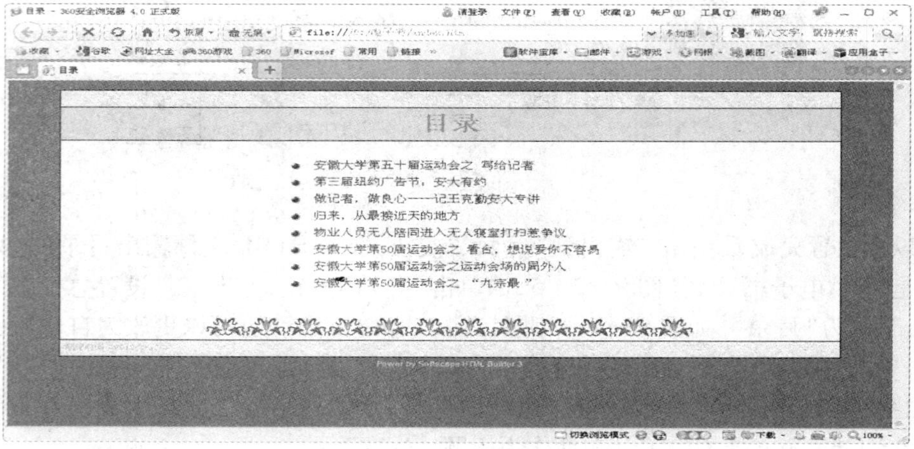

图 9-2-7

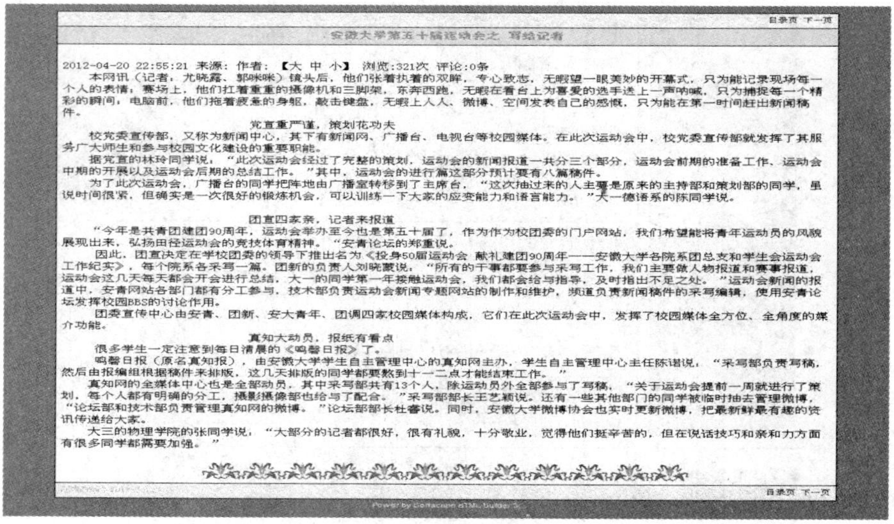

图 9-2-8

接下来就要进行第二步制作 CHM 格式电子书了,这里需要介绍另外一款方便快捷的软件。

2. QuickCHM

目前网上最流行的是 CHM 格式,因为它体积小巧、传输方便。制作 CHM 电子书的软件也有很多,其中简单易用的莫过于 QuickCHM 了。

在制作之前,最好把需要做进电子书的文档都做成 HTML 网页文件,之前借助软景 HTML 制作机,我们已经将所有文档转为 HTML 网页文件了,并且已把它们放在同一文件夹中,在 HTML 文件上链接到的图片等网页元素,可以集中放在该文件夹的子文件夹中。

打开安装并启动 QuickCHM 后,如图 9 - 2 - 9 所示,选择"文件"→"新建"命令,我们先新建一个工程,找到 HTML 文件的保存目录(即 D:\电子书),输入文件名,例如"one",再单击"保存"按钮,即可创建一个名为"one. hhp"的新工程,以后该工程可以随时在 QuickCHM 中打开,方便修改。

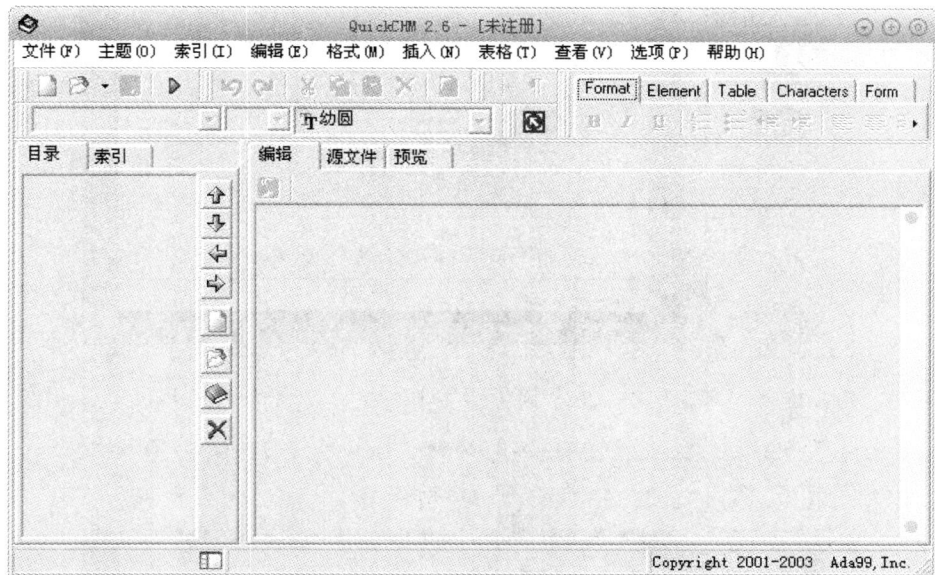

图 9 - 2 - 9

切换到"目录"页,在菜单栏执行"主题"→"导入"→"添加文件夹"单击文本框后面的打开按钮,由于主工程文件和 HTML 文件在同一个目录中,因此只需单击两次"确定",所有的网页文件即被导入 QuickCHM 中。注意,在弹出的"添加文件夹"对话框中可以使用过滤器,防止某些类型的文件比如图片进入目录,如图 9 - 2 - 10 所示。点"确定"按钮之后,即可出现如图 9 - 2 - 11 所示的电子书雏形界面。

接下来的任务就是编辑目录和网页,下面就这两个方面作简单的介绍。

(1)编辑目录。此目录的编辑主要是重命名主题,修改主题图标,排序主题,新建主题和删除主题,这些都可以利用右键快捷菜单或"目录"页上的按钮完成,如图 9 - 2

-12 中椭圆圈出的部分。

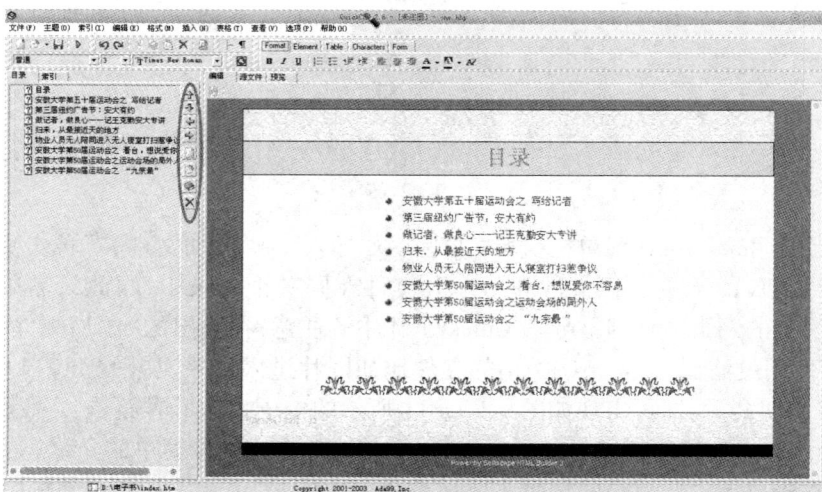

图 9 - 2 - 10

图 9 - 2 - 11

图 9 - 2 - 12

（2）编辑网页。QuickCHM 集成了一个简单易用的所见即所得网页编辑器，利用 QuickCHM 提供的网页编辑工具箱，如图 9－2－13，可以完成大部分的网页操作。即可以像在 Word 中一样对文章进行修改，如插入图片水平线和表格，或者任意文字及段落格式等，非常方便。

另外，切换到"源文件"页，可以对 HTML 源代码进行直接修改。和多数网页编辑软件一样，切换到"预览"页，可以对当前网页实时预览。

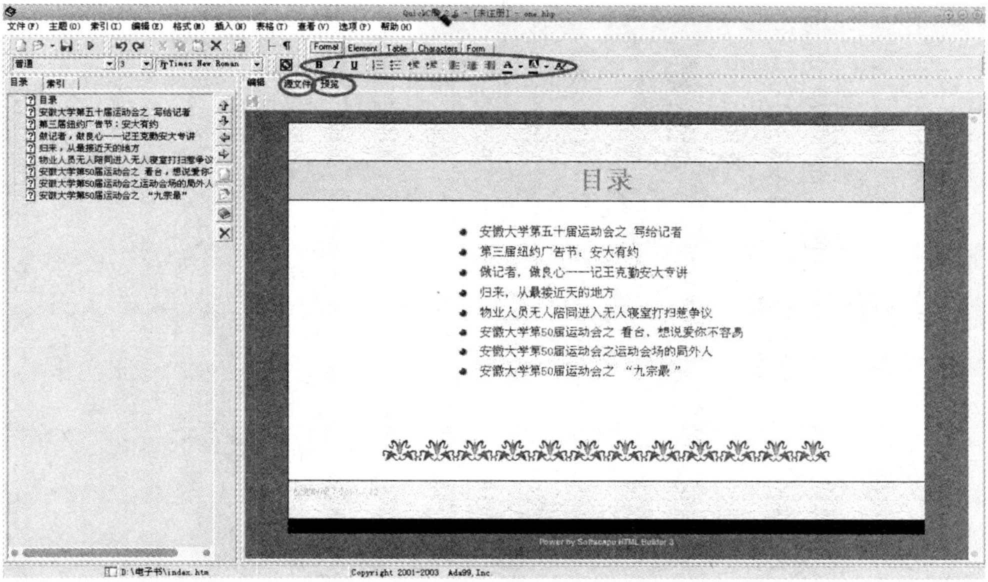

图 9－2－13

利用同样的方法，还可以给电子书制作一个索引页，点击工具栏上的"索引"进行设置即可。

对目录和网页的编辑完成以后，接下来还可以进行一些细节问题设置，如给这本电子书命名。选择"选项"→"项目选项"命令，出现"参数"对话框，在"文件"标签下，记得为自己制作好的电子书加个标题，如"真知网 2012 年度好新闻集"，如图 9－2－14。然后单击"默认"项后面的按钮，选择一个网页文件作为电子书的默认首页（一般为 index. hml），其他"按钮"、"扩展"等可以自行设定，完成后单击"关闭"。

所有程序都完成后，就可以输出 CHM 文档了，不过在输出前也可以把它保存为一个 hhp 项目，以便日后添加文件继续编辑。点击工具栏上的"编译"按钮，编译完成后提示你是否运行已完成的 CHM 文档，点击"是"，如图 9－2－15 所示。

至此，一个简单的 CHM 格式的电子书就制作完成，我们在此处制作的电子书是最简单的一种样式，有兴趣的读者，还可以对更复杂的电子书制作进行探索和实践。

普通		扩展		其他
文件	按钮	面板	目录	位置

标题　　真知网2012年度好新闻集

默认　　index.htm

主页　　index.htm

自定义1

自定义2

语言　　中文(中国) ▼

默认

关闭

图 9-2-14

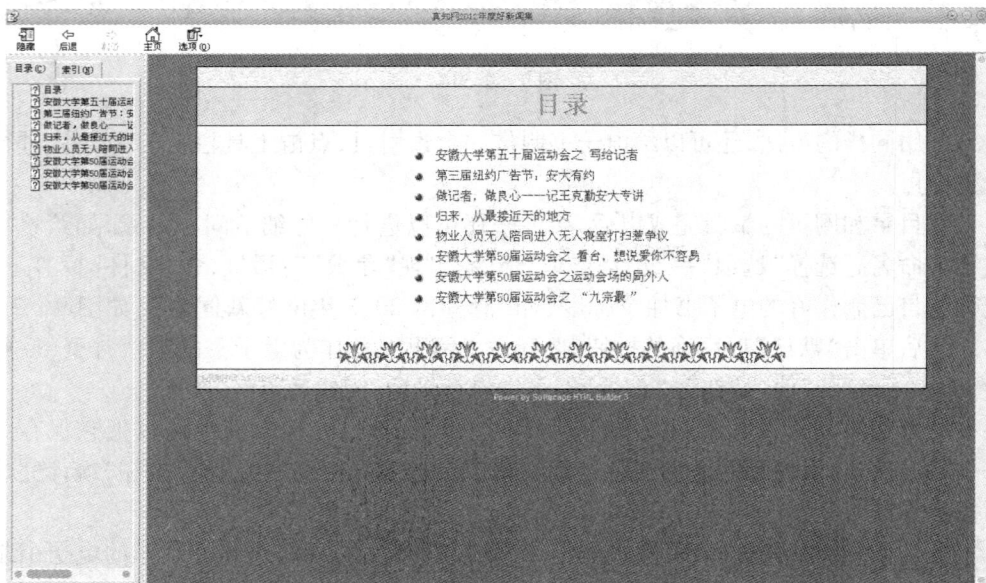

图 9-2-15

9.2.2　EXE 格式电子书制作的方法

　　自己在网上写的博客如果想保存下来一般都是一个个网页文件或文本文件。只要你学会了使用 eBook Edit Pro，把这些网页文件或文本文件编译为 EXE 格式的电子书，并加上自己的图标、标志和版权信息甚至密码，然后可以复制一份分发给自己的朋友和网友一起分享。

　　eBook Edit Pro 是一款功能强大的 EXE 格式的电子图书制作软件，它能够使用256 色的图标，还可以在设置过程中定制标志使用的图片和链接到的网址。它采用了向导式的制作界面，每项设置都有动态提示。启动 eBook Edit Pro，如图 9-2-16 所示，它首先会打开"欢迎"选项页，依次完成每一选项页上的设置，当切换到最后一页，一本电子书的制作也就完成了。

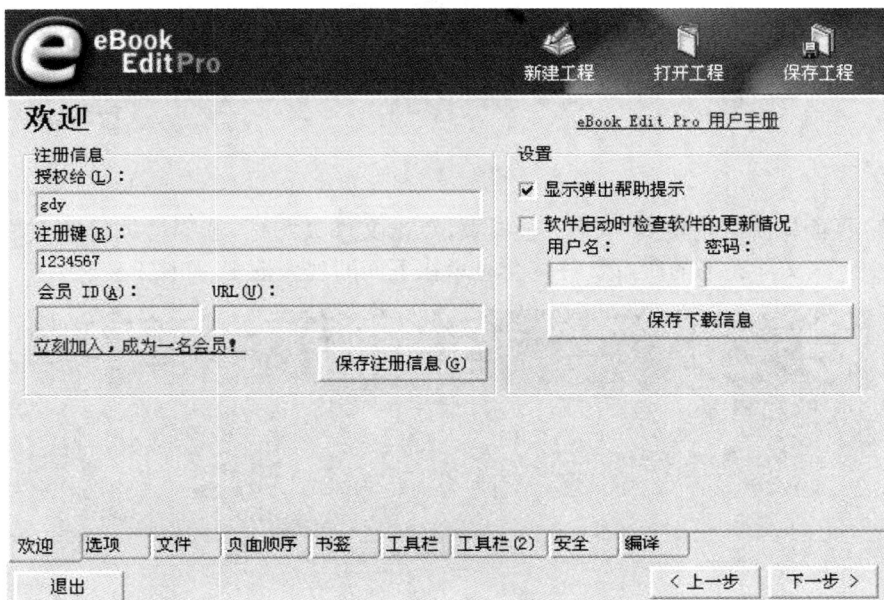

图 9-2-16

　　下面我们就设置过程中的几个概念和重要步骤给予阐述，希望能对大家利用eBook Edit Pro 制作 EXE 格式的电子书有所帮助。

　　(1)闪屏。几乎每个软件在启动的时候，都会弹出一个启动画面。电子图书在启动或退出的时候，也可以弹出这样一个画面，在这里我们把它叫做"闪屏"。eBook Edit Pro 可以使用一幅 BMP 的图片作为闪屏，也可以选择"显示弹出消息"弹出一个消息对话框，如图 9-2-17。

　　(2)"关于"对话框。几乎每个软件都有一个"关于"命令或按钮，它用对话框的方式显示该软件的版权信息。电子图书也有版权，也可以用"关于"对话框来显示版权等信息，在"选项"选项页，你可以自定义对话框要显示的文本，如图 9-2-17。

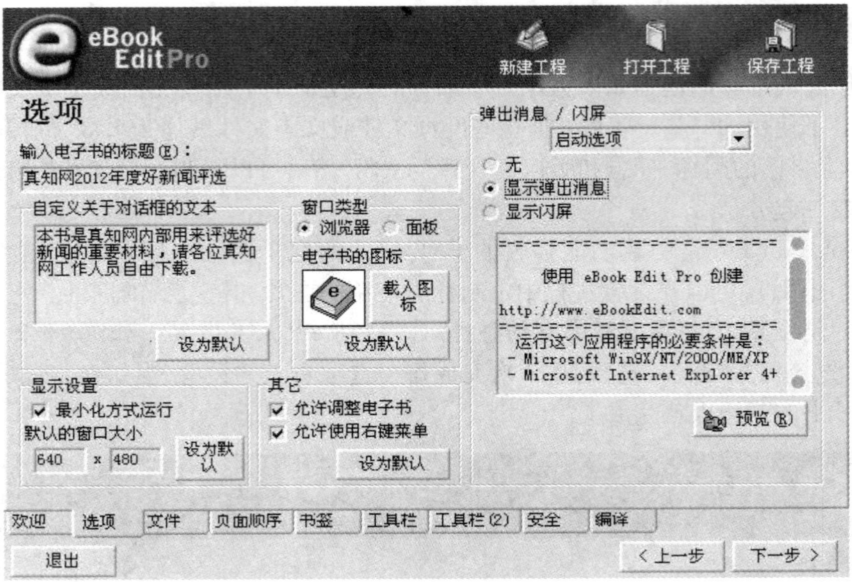

图 9 - 2 - 17

（3）页面排序。切换到"文件"选择页，点击文件夹图标，选择待编译的文件所在的文件夹，该文件夹下的所有文件将会显示在下面的列表框中，如图 9 - 2 - 18。

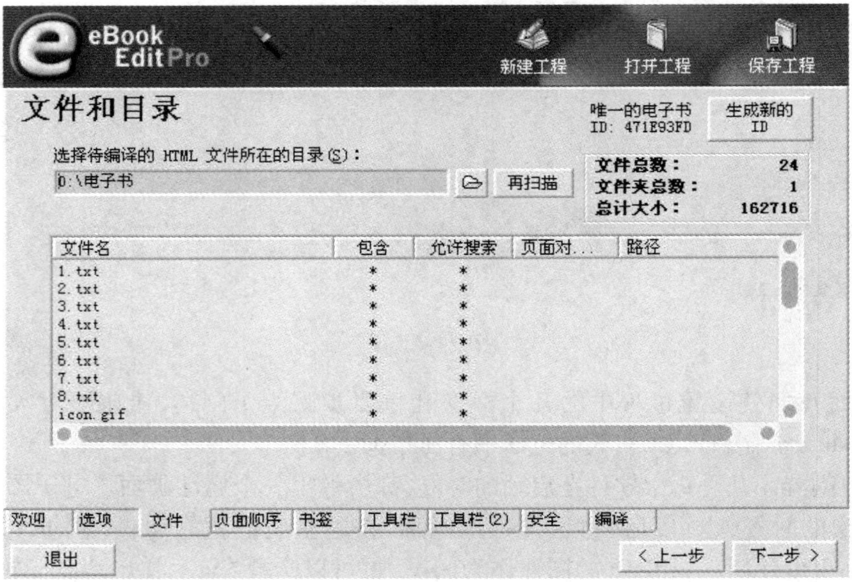

图 9 - 2 - 18

然后切换到"页面顺序"选项页，左边的列表框中列出了将被编译到电子图书中的文件，右边列表框中的文件可以通过中间的"添加"、"移除"等按钮把左边列表框中的文件添加进来,如图9-2-19。注意,添加进来的文件可以通过电子图书浏览窗体上的"前进"、"后退"来翻页,它们是有顺序的,最顶部的文件将首先被载入,你可以通过拖动来调整它们的载入顺序。另外,你还可以为你的电子图书制作一个封面,并设置为"起始页面",这样当电子图书打开以后,首先会载入封面,如图9-3-19。

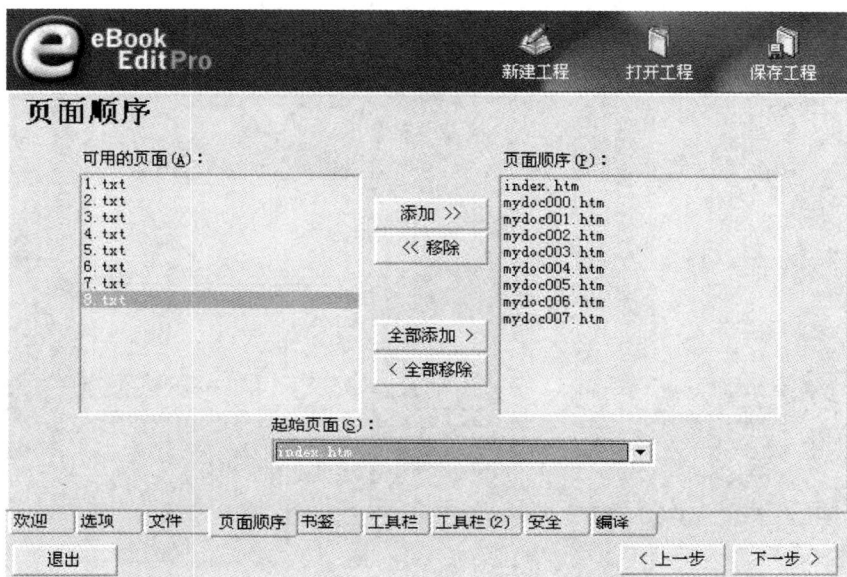

图9-2-19

(4)书签。电子图书的"书签"相当于IE浏览器的"收藏夹",点击其中的文字链接,会切换到相应的页面。将eBook Edit Pro切换到"书签"选项页,可以设置外部书签和内部书签。

外部书签:外部书签将链接到互联网中的某一网页,在"URL地址"中输入链接到的网页地址,在"描述"中加以说明。例如,笔者制作的《真知网2012年度好新闻评选》电子书,在"URL地址"中加入了真知网的主页地址"http://www.zhenzhi.org",在"描述"中输入了网站名称"真知网",并选择了"在新窗口中打开",如图9-2-20,这样当读者点击书签中的"真知网"时,就会在默认的浏览器中打开真知网的主页。

内部书签:这里需要说明的是,用eBook Edit Pro制作的电子图书和用其他软件制作的电子图书,工具栏上的"前进"和"后退"在功能上有所不同。用eBook Edit Pro制作的电子图书,"前进"和"后退"的功能是"前一页"、"后一页"。利用这一功能,只要在"页面顺序"选项页调整好各页面的载入顺序,基本上就可以对整个电子图书导航了,不过为了让读者快速地跳转到所需的页面,笔者还是建议使用内部书签建立一些重要页面间的链接,比如建立一跳转到"目录"页面的内部书签。

(5)结构设计和导航。一本精美的电子图书,在结构设计上要利于读者导航,一般的设计为"封面"→"目录"→"内容",也就是说,当启动电子图书后,先载入"封面",然后是目录,在目录中,可以链接到各章节的具体页面。为了照顾读者的阅读习惯,最好在页面的顶部和底部建立"上一页"、"下一页"、"目录"的文字或图片链接。大多数人在制作电子图书的内容页面时使用 Dreamweaver 的模板制作,建议把用于导航的"上一页"、"下一页"、"目录"也作进模板。对于 Dream weaver 的软件操作,我们在此就不做赘述,感兴趣的读者可以查阅相关书籍。

图 9-2-20

（6）密码设置。在"安全"页面上,你可以选择要加密的页面,如图 9-2-21,在其中输入软件的用户名和序列号即可。

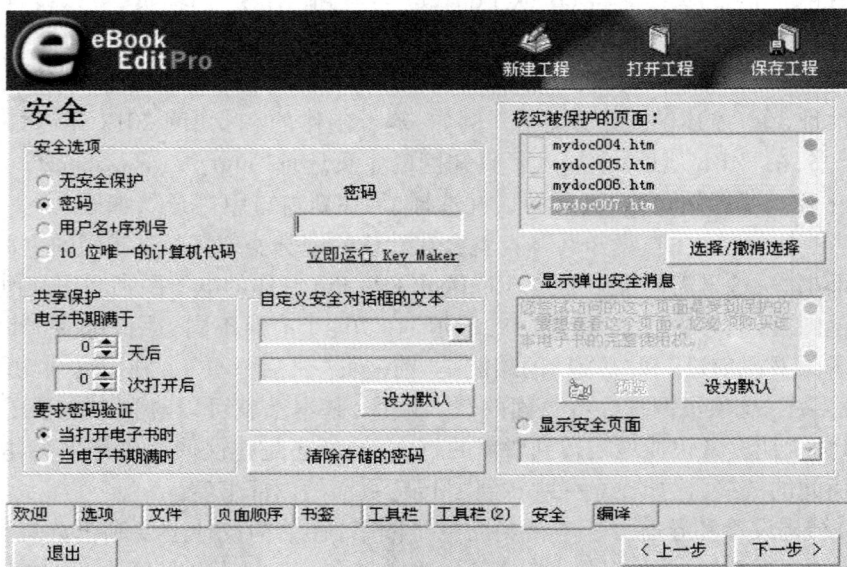

图 9-2-21

（7）编译和运行。选择好存放电子书的目录和电子书的名称,点击"编译"即可,如图9-2-22。编译完成后,找到存放电子书的目录,双击打开运行电子书,如图9-2-23,至此一份完整的 EXE 格式的电子书制作完成。

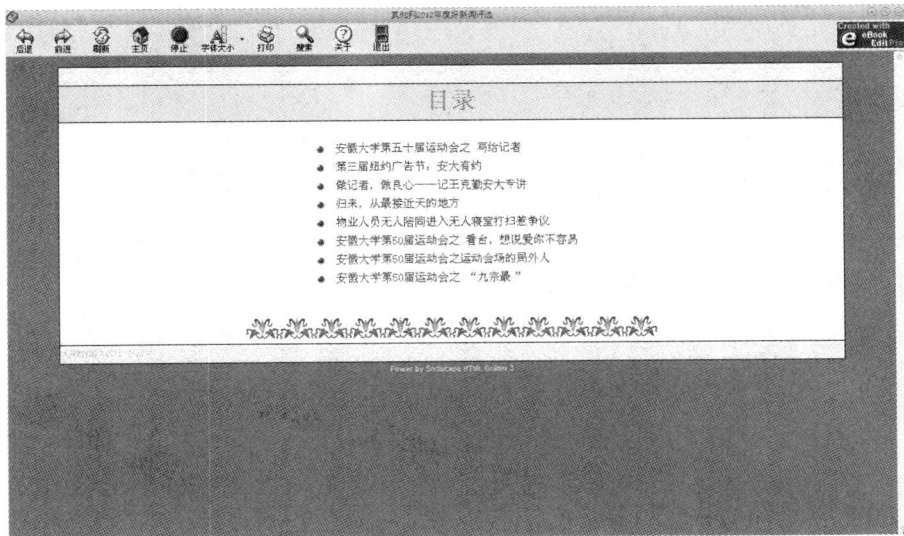

图9-2-22

图9-3-23

本章小结

本章介绍了有关电子书的一些基本情况,让大家对电子书的周边知识有个基本的了解,同时又介绍了软景 HTML 制作机、QuickCHM、eBook Edit Pro 这三款电子书制作软件的操作流程。

【思考与练习】

1. 我们该如何定义电子书?
2. 电子书的种类有哪些? 请列举出 5 种。
3. 请运用自己所学知识,将自己喜欢的一本书制作成 EXE 格式的电子书。

第三部分

全媒体发布平台

第10章 网络平台的内容发布

【本章学习目的】 作为新媒体的代表,网络日渐成为人们生活中不可或缺的部分。本章着重介绍网站内容管理系统的理论知识,并以案例为切入点,系统讲解网站新闻的发布流程,如何在网站的后台发布文字、视频、图片新闻以及评论,使读者在了解后台管理的同时,能够制作融合文字、图像、视频信息的网站专题。

【本章学习重点】 理解网站内容管理系统功能、特点以及网站新闻发布一般流程;掌握文字、图片、视频等新闻的发布方法,能够独立制作专题。

【案例】

真知网(www.zhenzhi.org)的后台编辑管理系统

网站内容管理系统是一个十分复杂并且庞大的系统,其发布平台也是如此,具有很强的综合性,它不仅包括文字、图片、视频等新闻的发布,还包括专题的制作、评论、信息查询等功能。本章以真知网的后台内容编辑管理系统为例,介绍每一部分的具体操作环节,此后再重点讲解如何发布各类新闻。

文字新闻:选取 2012 年 5 月 22 日的《南方日报》的文章《质朴和温情,纪录片打败热播剧》为例,并添加图片,以便系统讲解如何发布文字新闻。如图 1 所示。

图片新闻:选取新华网 2012 年 5 月 23 日刊发的《美国民企发射人类首艘商业飞船》为例,系统讲解图片新闻的页面表现形式以及发布流程。如图 2 所示。

视频新闻:选取搜狐网 2012 年 5 月 27 日的新闻《美国重新发布公告 称孔子学院合法》,由于视频的发布有多种形式,包括"在线观看"、"添加远程视频"等,本章也讲分类单独介绍每种视频新闻的发布方法。如图 3 所示。

专题新闻:除了文字、图片、视频新闻外,专题新闻是网站新闻的一个重要组成部分,它往往是这几种新闻形式的综合,本章就以真知网自己创作的专题新闻《舌尖上的中国》为例,系统讲述如何制作专题新闻。如图 4 所示。

除了新闻发布,新闻审核也是网站内容管理系统的一个重要环节,本章也将以上述案例为切入点,介绍如何进行新闻审核。

图1

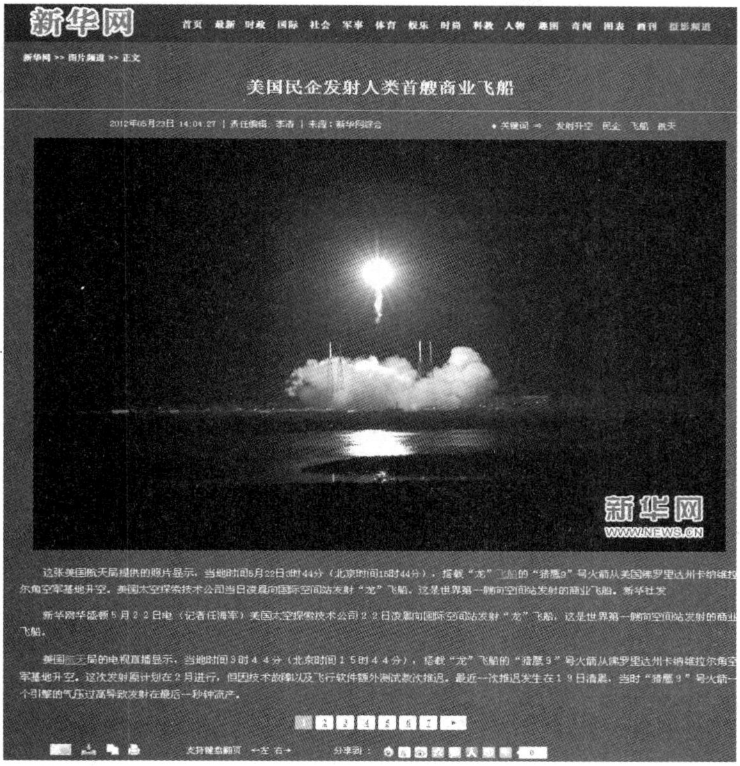
新华网
首页 最新 财政 国际 社会 军事 体育 娱乐 时尚 科教 人物 趣图 奇闻 图表 画刊 摄影频道
新华网 >> 图片频道 >> 正文
美国民企发射人类首艘商业飞船
2012年05月23日 14:04:27 | 责任编辑：李清 | 来源：新华网综合
关键词 ⇒ 发射升空 民企 飞船 航天
新华网
WWW.NEWS.CN
这张美国航天局提供的照片显示，当地时间5月22日3时44分（北京时间15时44分），搭载“龙”飞船的“猎鹰9”号火箭从美国佛罗里达州卡纳维拉尔角空军基地升空。美国太空探索技术公司当日凌晨向国际空间站发射“龙”飞船。这是世界第一艘向空间站发射的商业飞船。新华社发
新华网华盛顿5月22日电（记者任海军）美国太空探索技术公司22日凌晨向国际空间站发射“龙”飞船，这是世界第一艘向空间站发射的商业飞船。
美国航天局的电视直播显示，当地时间3时44分（北京时间15时44分），搭载“龙”飞船的“猎鹰9”号火箭从佛罗里达州卡纳维拉尔角空军基地升空。这次发射原计划在2月进行，但因技术故障以及飞行软件额外测试数次推迟。最近一次推迟发生在19日清晨，当时“猎鹰9”号火箭一个引擎的气压过高导致发射在最后一秒钟流产。
支持键盘翻页 ←左 右→
分享到：

图 2

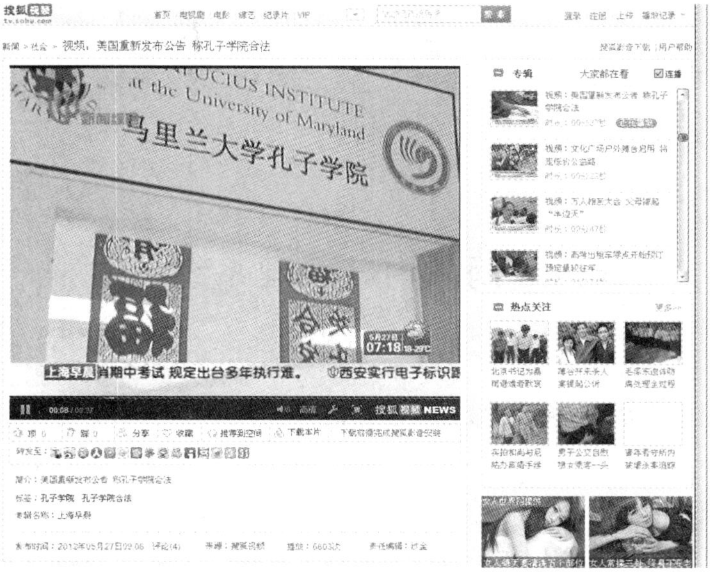
搜狐视频
视频：美国重新发布公告 称孔子学院合法
UCIUS INSTITUTE
at the University of Maryland
马里兰大学孔子学院
5月27日
07:18
上海早晨
期中考试 规定出台多年执行难。
西安实行电子标识
搜狐视频 NEWS
专辑
大家都在看
热点关注

图 3

图 4

10.1　网站内容管理系统概述

10.1.1　网站内容管理系统诞生背景

电子计算机的出现,使人类进入了一个崭新的时代,而随着科学技术的不断发展,人们已经从单一的媒介体验转入全媒体体验时期。文字、图像、音频、视频、网页等多种媒体表现手段不断融合,不同媒介形态如报纸、广播、电视、互联网也相互合作,打造全媒体产业阵容,使用户可以通过电视、电脑、手机等多种终端在任何时间、任何地点接收到最新信息。

与此同时,在全媒体的环境下,加之快速的社会生活节奏,使人们对迅速及时的信息需求愈发迫切,涵盖文字、视频、互动功能的网站也赢得了众多用户的青睐,并且很多政府、企业也需要建立自己的网站来搜集信息,对外宣传。

但是,与快速发展的环境相比,很多在网络流行之初建立的网站还无法很好地满足人们的需求,不能迅速跟进大量信息的生产和发布模式的变革,采用单一的静态网站的信息发布和管理方式,虽然访问速度非常快,但是对于后台管理来说,这种模式存在着一定的问题:

专业性比较强,开发成本大,需要写 HTML 代码或手工建立每一个页面。

没有数据库支持,要花费大量的人力、物力、财力来管理信息、制作网页和维护复杂的网站修复工作;

交互性、兼容性较弱,在应用功能方面存在较大的限制,如用户注册、在线评论、在线调查、在线管理等都无法实现。

基于此,传统的网站后台管理系统有着一定的缺陷:

信息更新慢,内容过于繁杂,部分音视频信息由于技术原因无法显示;

各种工作人员如编辑、美编等角色不明确,工作人员效率低下;

后台管理难度大,技术性强,不少工作需要相关技术人员的配合才能完成;

网站集成兼容其他应用的能力差,系统扩展能力低,网站维护工作量大。

网站安全性较低,无法很好保护用户资料。

一方面是不断降低的内容处理效率和复杂的后台管理发布系统,另一方面是不断膨胀的信息需求、线上互动和技术融合,对于网站建设和管理人员来说,网站内容管理系统的易用性和完善性是其最看重的方面。因此,一种全新的动态的网站内容管理系统应运而生。

10.1.2 何为网站内容管理系统

网站内容管理系统(Web Content Management System)是在网站投入运营后,为满足其日益庞大的信息内容生产、日趋简单的网站维护和多样的线上功能而提出的新要求。

一般来说,网站内容管理系统可直接理解为内容管理系统(Content Management System,简称 CMS)。关于其定义,目前并没有统一的解释,其相关论述也很少,这里只列举其中一部分。

百度百科对其的解释为:CMS 是 Content Management System 的缩写,意为"内容管理系统",它具有许多基于模板的优秀设计,可以加快网站开发的速度和减少开发的成本。CMS 的功能并不只限于文本处理,它也可以处理图片、Flash 动画、声像流、图像甚至电子邮件档案。[①]

有学者认为:内容管理系统是一种位于 Web 前端(Web 服务器)和后端办公系统

---

① http://baike.baidu.com/view/15867.htm

或流程(内容创作、编辑)之间的软件系统,其重点解决各种非结构化或半结构化的数字资源的采集、管理、利用、传递和增值。内容的创作人员、编辑人员、发布人员使用内容管理系统来提交、修改、审批、发布内容。这里指的"内容"可能包括文件、表格、图片、数据库中的数据甚至视频等一切你想要发布到 Interact、Intranet 以及 Extranet 网站的信息。①

综合之前学者们的研究成果,结合目前 CMS 的发展和应用,本书认为网站内容管理系统是一种可以把网站内容管理和网站开发设计组件分离开来的应用软件程序系统。它集内容(文字、视频、音频、Flash 动画、多媒体文件等)收集、编辑、发布、管理、存储、查询、互动于一体,有效实现了信息资源的发布与共享。狭义上讲,内容管理系统是指新闻信息的采、写、编、评管理系统,从广义上说,它还涵盖了论坛管理系统、信息查询统计系统、广告发布管理系统、网上调查系统、用户管理系统等各种通用功能系统,满足各种内容管理的需要。

内容管理系统是网络后台编辑管理的基本平台,它不仅能够满足在全媒体环境下,各类新闻(文字、视频等)的搜集、编辑和发布,还实现了内容管理和网站设计的相分离,使后台编辑人员在没有完全细致地掌握网页制作这种专业技术原理的情况下,依然可以对网站内容进行管理,大大提高了信息生产的效率。

目前,在政府机关、教育机构、企业网站、行业网站、媒体机构、个人网站中,CMS得到了广泛的应用。现在市场上比较流行的 CMS 系统主要有 Php168(齐博)整站系统和织梦内容管理系统(DedeCms)。

PHP168(齐博)整站系统是目前 PHP(Personal Home Page 或 Personal Homepage Program,一种目前比较流行的动态网页制作语言)领域最强大的建站系统,其使用很方便,用户可以自由的安装与删除所有的功能模块。PHP168 的文章系统非常全面,除支持内容无限分类,网页标签功能外,还支持续页发表文章功能、文章置顶功能,还可以设定特殊栏目组,比如设定哪些栏目给游客在前台投稿,哪些栏目给指定的用户组投稿等。

此外,PHP168(齐博)整站系统还具备强大的用户权限系统、数据库备份系统、灵活的广告系统、强大的字符替换功能和投票系统等,可以说是目前多数网站所选择的内容管理系统。

织梦内容管理系统(DedeCms)也是目前用户使用最多的 PHP 领域的建站系统之一。它在安全性、稳定性和易用性方面具有较高的声誉。DedeCms 具有灵活的模块组合功能,程序用户可以像安装软件一样,下载相应的模块进行安装,进行自定义模型,使网站的页面和内容更加丰富。

10.1.3 网站内容管理系统的功能和特点

目前比较流行的 CMS 网站内容管理系统可以将静态化和动态化的网页制作技术

① 徐方,邓敏. 内容管理系统(CMS)的发展与应用【J】. 孝感学院学报,2007(3)

相结合,这不仅使网站的开发成本大大降低,也使得网站具有更加全面的内容发布和管理功能。现在,虽然市场上有许多不同种类的内容管理系统,不同的网站也会选择不同的系统对内容进行发布和管理,但是这些系统在功能上具备很大的一致性。具体来说,网站内容管理系统具有以下一些功能:

1. 强大的内容管理功能

信息内容的及时迅速与全面独特是保证一个网站能够持续运营的关键因素之一,也是每个网站最重视的一个环节。为了配合网站的持续发展与受众的需求,CMS系统具有比较强大的内容管理功能。

(1)内容采编功能

即采集信息并在后台进行编辑,向网站添加、收集、扩充网站内容的功能。之前传统的网站的内容采编功能比较单一,一般只支持文字内容,很多音频、视频链接都无法显示,CMS不仅可以对文字内容进行搜集和编辑,还支持图片、视频、音频、相关软件和Flash动画等多媒体素材的采编,并可以在内容中插入链接、配发图片和视频。同时,CMS还支持多种不同的内容采集方式,提供可视化编辑处理功能,支持自动采集的功能,即根据设置关键字来搜集新闻的功能。

另外,在编辑稿件时,其内容的更正功能也十分便捷。当发现页面出现一些错误时,编辑可以马上进入后台,查找相关文章,将错误改正或删除,更可以重新发布,覆盖原来的页面,将影响控制到最低。

除了支持多媒体内容采编外,CMS还可以进行超链接设置,即将文章的关键词提炼,并对之进行相关的链接设置,方便读者搜索网站内容,提高网站内容的搜索量。另外,对敏感字进行过滤也是其内容采编的一大功能。在部分特殊时期,有些具有敏感字的内容不宜上传,编辑通过此功能,设置敏感字,就可以在之后的内容中进行查找,来考虑该内容是否发布。此外,CMS还支持推荐位功能,可轻松实现同一频道不同栏目信息聚合并精准定位显示,在发布或编辑信息时给需要出现的推荐位打勾即可把文章链接显示到指定位置。

专题制作也是CMS比较强大方便的功能之一。在后台中,编辑可以根据其提供的模板,将相关的文字、图片、视频等内容放入其中,以最快的速度制作出一个内容全面丰富的专题来。

(2)内容发布功能

CMS内容管理系统具有便捷高效的内容发布功能。之前传统网站的后台发布环节较为繁琐,每个页面都有发布系统,要层层发布才能完成内容的发布任务,前台的页面也不一致。但是CMS系统可以将静态页面的低负荷与快速和动态页面的模板化、标签化相结合,编辑完全不必考虑层层发布、五花八门的网页系统,所有的网页(包括主页面和每个内容的子页面)全部显示一个模板,信息只要一经发布,前台网页就会及时显现出来,既减轻了网站的负荷,又实现了及时发布和页面统一性原则。

另外,广告发布与管理系统也是CMS的一个重要系统,因此,广告的发布也是其功能之一,这部分一般由专业人士负责,在前台网页中设计广告位,与广告商进行沟通,进而发布广告。

2. 灵活的权限管理功能

以往传统的网站后台的工作人员如编辑、美编等分工不明,后台也没有相关的权限限制,使得信息的搜集、编辑、发布以及页面的美编存在冲突,使得内容杂乱。并且,稿件内容的审核也是层层限制,编辑无法做到马上发布新闻,导致新闻时效性较差。

针对这种现象,CMS内容管理系统设置了比较灵活的权限管理功能,采用建立策略,分级下发权限的方式管理网站,支持按频道和模块分别设置频道管理员和模块管理员,还可以按频道、栏目、专题设置栏目总编、栏目编辑、信息发布员、信息审核员等。

按照这种权限管理功能,可以将专项栏目频道内容的发布审核权分给不同的编辑,将权限绑定到特定的编辑中,每个人仅负责其所管理的方面,对于一般的新闻信息,只要该模块的编辑审核完成后,即可发布到前台网页上,不用等着层层审核,减少中间环节。

一方面,CMS将网站后台中的模块权限下发管理,减少审核环节;另一方面,该系统还可以设置多层管理,除了普通的管理编辑人员外,还可以设置级别、权限更高的后台管理人员。对于普通的新闻信息,该模块的普通管理员只要审核好后就可以发布,或者对不合适的新闻进行删除。但是一些特殊的新闻信息,需要经过更多层次的审核,普通管理员可以马上将信息传给高级管理人员,等审核好后再发布;另外,对于一些需要马上修改或替换的新闻,高级管理员可以直接对文章或视频进行管理,而不必层层下达,减少审核环节,提高网站内容的更新速度。

3. 信息查询统计调查功能

该功能包括信息查询、信息统计和信息调查三个方面。

CMS可以提供本网站的相关信息查询功能。只要在网站的查询栏上输入相关的日期,就可以查询到指定的某一天或某一段时间的新闻。此外,还可以通过搜索新闻的标题、关键字、作者、日期等方式来对新闻进行检索。另外,很多CMS系统不仅提供站内信息查询,还可以再整个互联网上进行查询,这是根据前文所提高的关键字设置功能,编辑在设置好该文章的关键字后,用户就可以在互联网上通过关键字搜索到该网站的信息。

信息统计功能不仅包括每个记者、编辑的信息发布、评论统计,也包含了注册用户的下载、评论数量,还涵盖了全面的网站数据统计和分析功能,包括对网站的点击量、访客数的收集,本网站用户网上活动(评论、下载等)的记录和分析,并可以生成图表。这使网站管理人员能够更清楚掌握网站人员的业绩,衡量各栏目的质量,了解网站的发展动态,对网站改版提供栏目、内容等方面的参考。

信息调查功能是为了配合网站的专题制作,对一些信息进行调查、竞猜和投票。一般都需要编辑人员利用信息发布系统里的一些特定模板进行。

4. 邮件管理功能

现在,很多网站的用户都会采用邮件注册的方式来进行注册,成为会员。为了更加方便地管理会员,CMS系统有专门的邮件管理模块,如查看用户的邮件地址、统计用户数量等,并且可以根据用过邮件为用户制定专门的信息,以满足其特定的需要。

除此之外,现在的很多网站内容管理系统为了更好地与用户交流,会增设很多互动页面内容,比如在线评论、在线交谈、论坛管理等,拉近与用户之间的距离,保持网站的长远发展。

鉴于目前的网站内容管理系统所具备的强大的内容管理、权限管理、信息查询和邮件管理等功能,使得后台管理人员能够灵活地制作模板,方便地组织网站内容,并进行相应的权限管理。因此,目前的网站内容管理系统具有以下新的特点。

(1)操作简单,实用性强

目前的CMS网站内容管理系统的后台界面十分简单,完全控件式的页面布局,同时索引页的生成和发布完全可以是自动的,这使得新闻的录入工作更简便,许多选项包括新闻类别、来源部门等只需要点击鼠标就可以完成,就可以发布信息,大大提高了页面发布效率。对新闻的处理(包括添加、修改、删除、更新)将立即在主页的对应栏目显示出来,达到"即时发布、即时见效"的功效。

网站的后台是一种可视化的操作系统,具有丰富的扩展模块,不仅可以针对不同的内容进行分类、发布和管理,还可以针对不同类型的用户需求定做用户接口和风格模块,发布不同的内容。

可视化的操作系统和丰富的模块使改版和新增节目的周期大大缩短。由于系统中模板的复用度很高,各种页面版式和内容分类完全可以只由编辑人员规划和组织就可以了,无需技术人员再一次次进行开发。专题和栏目的开发也是如此,由于系统已经提供了丰富的模板,这样,专题和栏目的制作就非常简单了,在编辑已经规划好了各种内容、前期工作准备比较好的情况下,大约一个小时就可以全部完成结构简单的专题,几分钟就可以在网站上发布出来。

可以说,这种相对简单的操作,任何一个人在经过10个小时左右的专业培训后就可以很轻松地管理并运作整套系统,实用性比较强。

(2)功能完善,可读性强

根据之前的介绍,能够看出,目前的内容管理系统具备很多功能,这里所谈的功能完善的特点,特针对新闻信息的搜集、编辑等方面。

传统的网站后台的信息分类相对杂乱,并且功能单一,一般只有阅读功能。但是目前新型的网站内容管理系统的新闻管理功能日趋完善,其包含了网站新闻管理的各个方面:比如新闻添加、浏览、删除、修改、更新等各个方面,完整地实现了网站对即时新闻的管理要求。

另外,网站后台还可以支持多种分类方式和无限级分类,比如影视网站可按动作、爱情、古装等设置影片分类,同时可按大陆、港台、日韩、欧美设置影片地区,还可以按导演或者主演设置专辑,还可以相互交叉,将导演和主演按地域再进行分类。

除了分类外,网站后台还支持网页浏览、新闻订阅(RSS)、BT下载、音视频直播和点播等多种应用服务种类,实现了内容和多媒体技术的完美结合。

上述功能的完善使得网站的内容具备更强的可读性,但是,目前的互联网上的海量信息让人眼花缭乱,如何用最准确的新闻抓住受众的眼球,也是编辑需要考虑的事情。目前的网络内容管理系统支持推荐功能,在编辑发布新闻的时候,点击"置顶"功能键,就可以将最吸引人眼球的新闻推荐到首页显眼的位置,抓住受众,增强网站内容的可读性。

（3）分布管理,地域灵活

这点比较好理解,目前互联网的发展,打破了空间的界限,实现了分布式的管理。

网站的管理人员和维护人员无须集中在同一个办公室,甚至都不用在同城,只要在任何一个有网络的地方,大家就可以进行信息的搜集和编辑,发布新闻,讨论专题制作,实现高效率的管理和发布。

（4）多重管理,安全性高

以前传统网站的安全性较低,注册用户的资料丢失的情况时有发生,目前的网络内容管理系统采用了多重安全机制和权限控制,后台支持访问地址改名、Cookie 加密、验证码、IP 锁定等多重安全机制。

同时,实行多级管理权限控制,按频道和模块分别设置频道管理员和模块管理员,还可以按频道、栏目、专题设置栏目总编、栏目编辑、信息发布员、信息审核员,同时还提供全面的后台操作记录,使得后台的相关信息能够一目了然,后台支持按频道和模块等分类严格控制访问权限,为网站的安全运营提供最强有力的保障。

总之,目前的内容管理系统的以上特点保证了媒体网站的规范化运营,极大地提高了网站工作效率,可以更好地发挥编辑人员的创造性和积极性,以达到网站从内容采集到内容发布所有过程对内容管理的需要;同时还提高了其内容的可选择性和可读性,保证了用户信息的安全性,提高了互动性,能够吸引更多的受众。

10.2 网站内容管理系统内容发布

10.2.1 内容管理系统中的角色分工

目前市场上有许多不同种类的网站内容管理系统,但其功能都大同小异,对网站后台的工作人员的要求也具有相通性,具体来说,工作人员的角色分为以下几类:

1. 系统管理员

这一工作通常是由网站的技术人员担任,具有一定的专业性要求。系统管理员负责网站的日常维护,完成网站的各种参数设置、模板管理数据处理等系统升级任务。由于这一部分与信息发布没有直接的关系,本书也不进行深入探讨和解释。

2. 信息投稿员

这可以是该媒体的记者,也可以是网站的注册用户。具有该权限的记者和用户可以随时撰写稿件,但不具备信息的审核权,只是将搜集的信息发布到网站的后台,等待编辑审核。

3. 信息编辑员

该类工作人员可以直接采写自己的新闻并进行发布,或者编辑自己负责的版块的信息,将信息发布到网络上,并可以随时查看发布结果,还可以同时对已发布到网上的新闻进行再次编辑或者撤稿。

需要注意的是,网站的编辑人员分为多种类型,相应的新闻审核也分为不同的程序。一般来说,记者投稿后,栏目编辑先对文章的内容、格式进行比较细致的调整,再将其发送到主任编辑(有的网站也叫做签发编辑)那里,他们会对各个栏目的稿件进行签发,直接将稿件发布到网络上,并随时查看稿件的发布效果。

10.2.2 网络新闻内容发布流程

1. 信息发布的一般流程

信息投稿员和信息编辑员由于其权限不同,所进行的信息发布流程也有所不同。但一条新闻的发布,是二者相互合作的产物。图10-2-1显示了各角色操作之间的相互关系,即一般网站内容发布系统的操作流程。

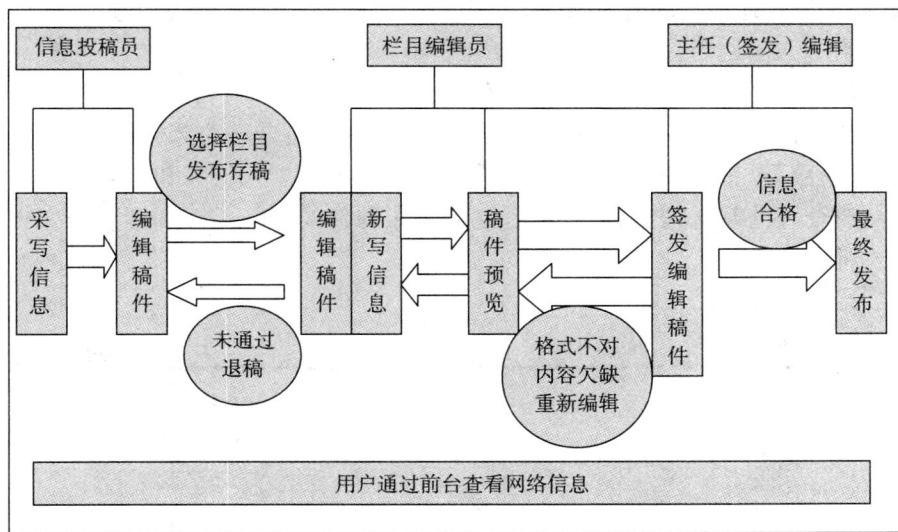

图10-2-1 信息发布流程图

注意:(1)信息编辑员不仅具有审核投稿员发布的信息的权限,还可以自己根据网站内容的需要自行采集信息,直接发布。

(2)栏目编辑员在第一次发布信息之后会有一个信息预览的过程,这是为了确保发布的信息内容准确,格式美观。预览格式1即网页显示的格式,编辑人员根据预览中出现的内容或格式问题,重新编辑,使发布的信息更加准确、美观。

2. 网站信息发布的具体操作方法

了解完网站信息发布的基本流程,接下来是对每个信息发布环节的具体介绍。本书以安徽大学新闻传播学院学生自主管理中心真知网为例,具体介绍如何发布一条完整的新闻,并对新闻进行评论。

(1)系统登录

一般的网站在首页都会有一个登录界面,不管是投稿人员还是网站后台的编辑人员,只有先登录,才能进行相应的操作。如图 10 - 2 - 2 所示,在框中输入用户名和密码,点击登录,即可进入 10 - 2 - 3 所示的界面。

图 10 - 2 - 2

图 10 - 2 - 3

如果账号或密码输入错误,系统会自动转入图 10 - 2 - 4 界面,用户可以点击返回,重新回到图 10 - 2 - 2 界面重新输入,或者在旁边再次输入账户和密码,进行登录,登录成功后,系统还会自动跳转到图 10 - 2 - 3 界面,此时,点击会员中心(上图中圈出部分),就会进入网站后台的管理系统。如图 10 - 2 - 5。

该主界面主要分为信息窗口和功能分类窗口。

信息窗口,如图 10 - 2 - 6。在此部分,用户可以看到自己的部分信息,包括发表的文章、评论数等。同时,用户可以通过点击左侧的查看个人资料和修改个人资料来查看和修改个人的基本信息,以及自己已经发布的新闻、评论等,如图 10 - 2 - 7、图 10 - 2 - 8 所示。

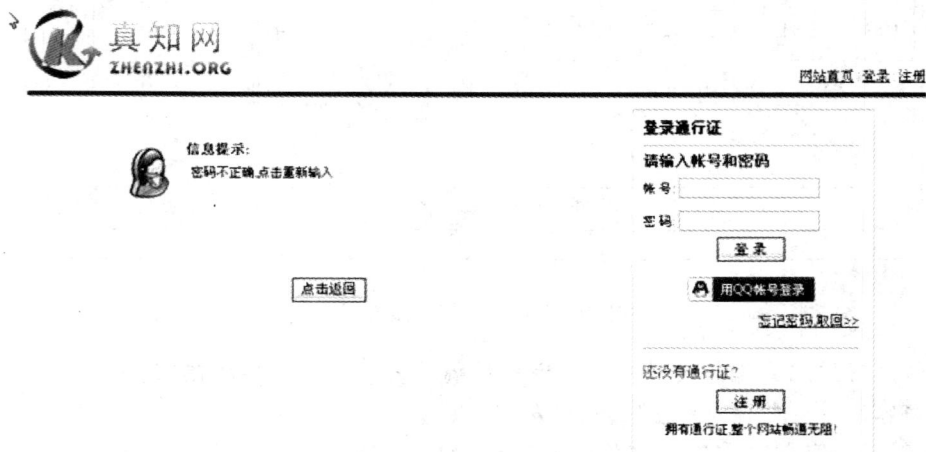

图 10 - 2 - 4

图 10 - 2 - 5

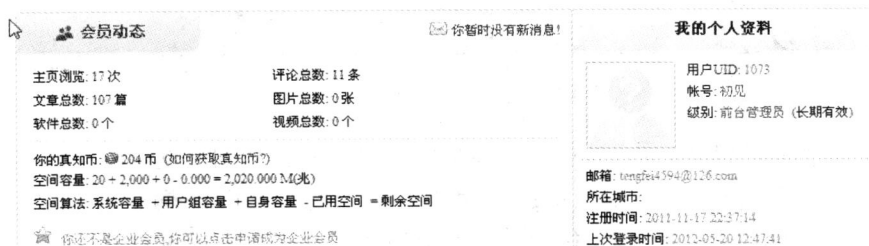

图 10 - 2 - 6

图 10-2-7

图 10-2-8

    功能分类窗口,如图10-2-9。该窗口以目录树的结构列出网站各个功能,是各工作人员分工完成自己任务的窗口,比如用户可以点击左侧 CMS 频道图标,来选择发布新闻还是视频,如图10-2-10所示。关于如何运用这些图标进行信息的发布,下文将做更加详细的描述。

图 10 - 2 - 9

图 10 - 2 - 10

（2）采集信息

不管是信息采集员还是信息编辑人员,都有资格进行信息的采集,即将信息存入网站的后台,等待审核。

虽然不同网站的页面格式会有所不同,但是其后台的运作都大同小异。

进入后台大致有两种方式,第一种就是之前所提到的会员登录,在登录成功后,点击会员中心,进入后台主页面,选择功能分类窗口中的 CMS 频道,如图 10 - 2 - 10,进而选择要发布的信息类型,比如"发表文章"、"发布图片"、"发布视频"等。第二种方式是在会员登录后,点击主页面上的"我要投稿",如图 10 - 2 - 11,进入栏目投稿界面,如图 10 - 2 - 12,选择自己所要投稿的"栏目",点击"发表",即进入发稿页面。

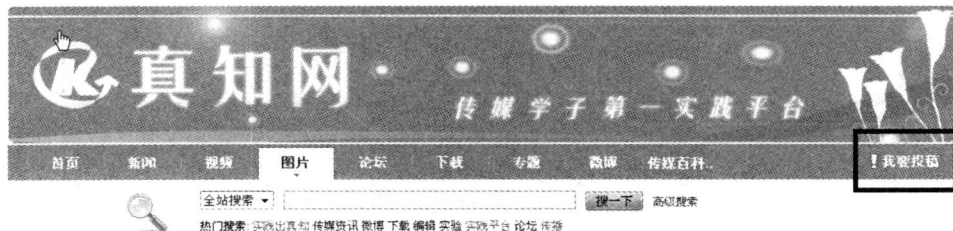

图 10 - 2 - 11

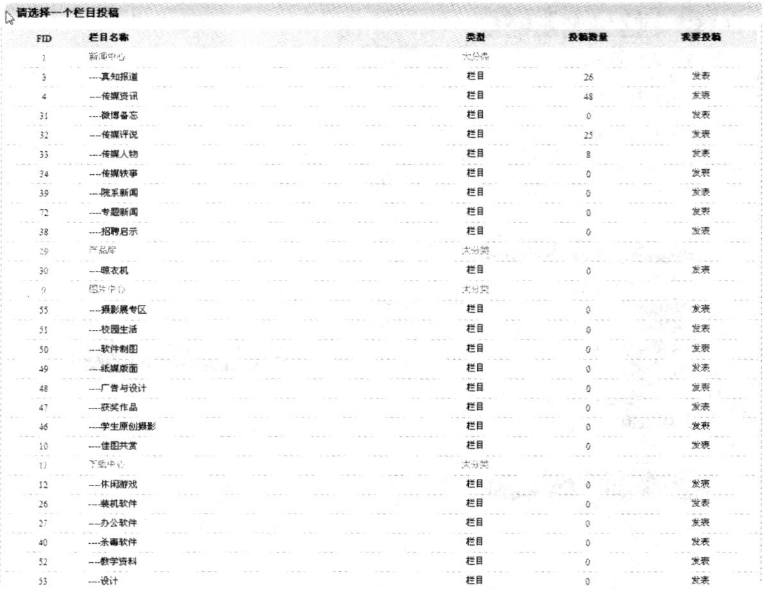

请选择一个栏目投稿

FID	栏目名称	类型	投稿数量	我要投稿
1	新闻中心	大分类		
3	—真知报道	栏目	26	发表
4	—传媒资讯	栏目	48	发表
31	—微博备忘	栏目	0	发表
32	—传媒评说	栏目	25	发表
33	—传媒人物	栏目	8	发表
34	—传媒轶事	栏目	0	发表
39	—院系新闻	栏目	0	发表
72	—专题新闻	栏目	0	发表
38	—招聘启示	栏目	0	发表
29	产品库	大分类		
30	—吸衣机	栏目	0	发表
9	图片中心	大分类		
55	—摄影专区	栏目	0	发表
51	—校园生活	栏目	0	发表
50	—软件制图	栏目	0	发表
49	—纸媒原画	栏目	0	发表
48	—广告与设计	栏目	0	发表
47	—获奖作品	栏目	0	发表
46	—学生原创摄影	栏目	0	发表
10	—佳图共赏	栏目	0	发表
11	下载中心	大分类		
	—休闲游戏	栏目	0	发表
26	—装机软件	栏目	0	发表
27	—办公软件	栏目	0	发表
40	—杀毒软件	栏目	0	发表
52	—教学资料	栏目	0	发表
53	—设计	栏目	0	发表

图 10 - 2 - 12

一般的网站,发布的新闻包括文字、图像、视频等信息,这里就具体介绍信息收集员如何采集不同种类的新闻信息。

①采集文字新闻

按照上述步骤,信息采集员在登录后,会进入发布稿件的页面,如图 10 - 2 - 13。

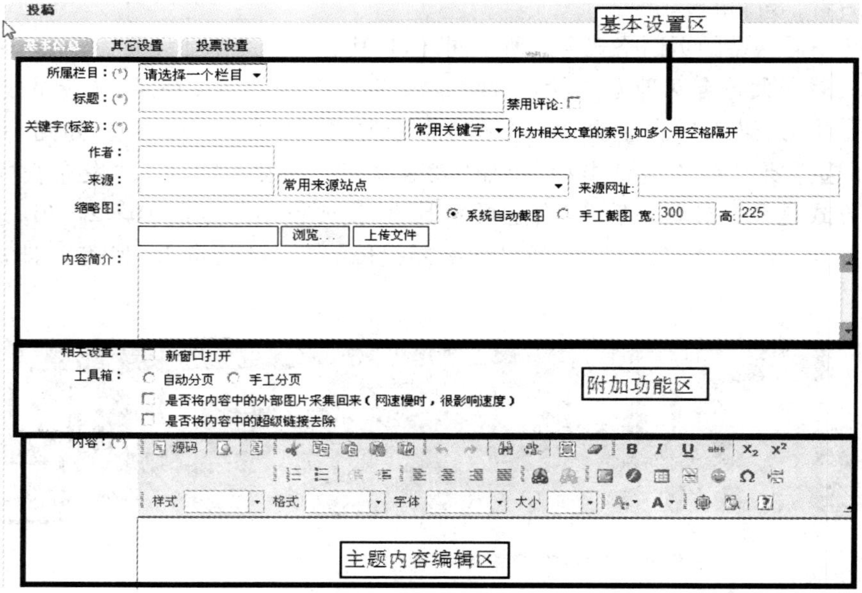

图 10 - 2 - 13

基本设置区是对文章的标题、来源、关键字、作者等基本内容进行设置,如图 10 - 2 - 14。

图 10 - 2 - 14

1）所属栏目:为所发布的信息选择一个栏目。

2）标题:显示新闻内容的标题。

3）禁用评论:如果选择该选项,那么前台页面中新闻下面的评论功能将被关闭。

4）关键字:设置该篇文章的关键字,为了站内甚至是站外该文章的精确搜索。

5）作者:显示新闻信息作者姓名

6）来源:在前台新闻内容页面上显示新闻稿件的来源,体现出本则新闻的出处,同时,系统还可以将经常输入的来源自动生成常用来源站点,下次再使用该站点的话只要点击就可以了。

7）缩略图:在很多网站的首页上,会有一个专栏滚动相关新闻的图片,如图 10 - 2 - 15 所示,点击图片,就会进入相关的新闻界面。

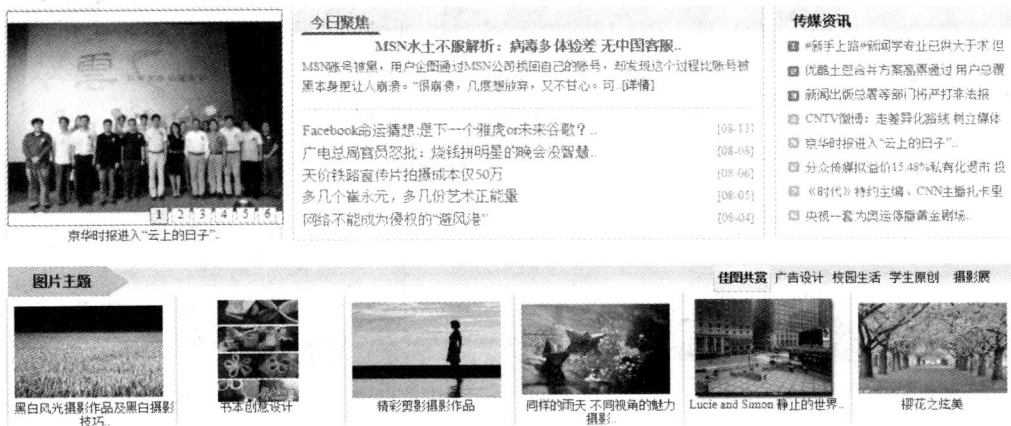

图 10 - 2 - 15

具体来说,点击"浏览",会跳出一个对话框,如图 10 - 2 - 16,在电脑上选择自己想选的图片,然后点击"上传文件",这样在稿件审核好后,该图片就会出现在首页位置。

图 10 - 2 - 16

　　另外,还要注意"系统自动截图"和"手工截图"的区别,"系统自动截图"就是指当不上传缩略图的时候,系统会自动默认文章里出现的第一个图片是缩略图,该图片也会自动显示在首页里;同样,"手工截图"就是当上传缩略图的时候,传者自己设定的图片尺寸大小。

　　8)内容简介:将文章的内容进行简要总结,在前台页面中新闻之前显示,使文章清晰明了,方便读者阅读。但一般情况下,很多新闻会省略这个环节,直接在内容编辑区编写即可。

　　附加功能区是对前台新闻在页面中如何显示所进行的设置,如图10-2-17。

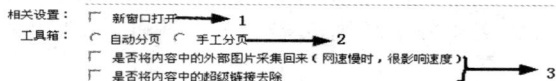

图 10 - 2 - 17

　　"新窗口打开":如果选择此项,在前台打开该新闻的子页面时,该页面是作为一个独立的窗口打开,如图10-2-18;如果不选择,则该页面是作为该系列窗口中的新选项卡打开,如图10-2-19。

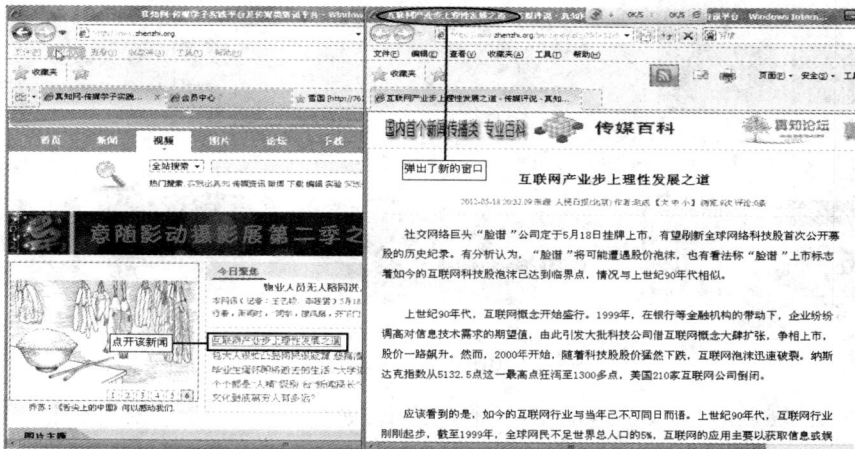

图 10 - 2 - 18

图 10 - 2 - 19

"自动分页":后台根据前台一张网页实际所能容纳的文字来自动为文章分页数。比如,如果一张网页能容纳 2000 字,那么这篇文章的剩余字数就会自动被系统分割到第二页。一般情况下,如果文章的字数超过网页所能容纳的字数,记者往往采取手工分页,使页面完整、清楚。

"手工分页":如果自动分页不能满足文章的整体布局,或者编辑想人为的为文章分页数,就会选择手工分页,如图 10 - 2 - 20。

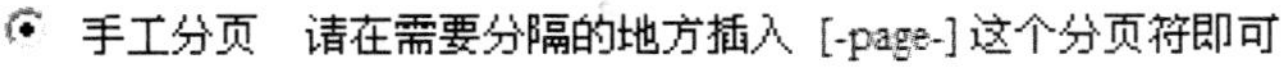

⊙ **手工分页** 请在需要分隔的地方插入 [-page-] 这个分页符即可

图 10 - 2 - 20

在文章的两段之间,复制粘贴插入 [-page-] 这个分页符,页面就会显示多页。如图 10 - 2 - 21 和 10 - 2 - 22。

"是否将内容中的外部图片采集回来":在信息采集员采集信息时,有时候会直接从网站带格式的粘贴一些新闻信息,这些信息中往往含有图片。如果选择该功能,则在文章中保留这些图片,不用另外再添加,不选择该功能的话,则需要采集员另外上传照片。对于大部分网站而言,一般不选择此种上传图片的方式,因为在网速比较慢的时候,会很影响稿件的上传和发布,而是选择重新添加图片的方式,这点在"主体编辑区"会有相关介绍。

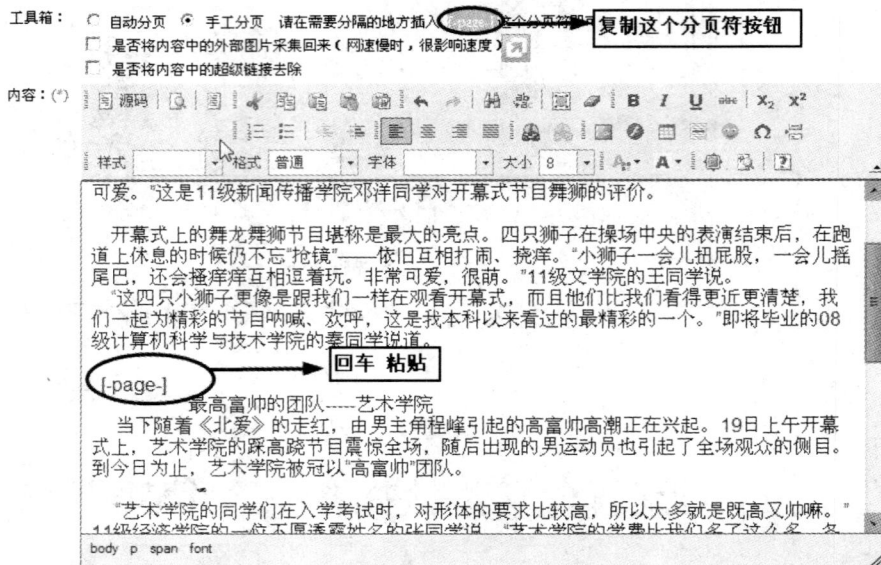

图 10 - 2 - 21

"这四只小狮子更像是跟我们一样在观看开幕式,而且他们比我们看得更近更清楚,我们一起为精彩的节目呐喊、欢呼,这是我本科以来看过的最精彩的一个。"即将毕业的08级计算机科学与技术学院的秦同学说道。

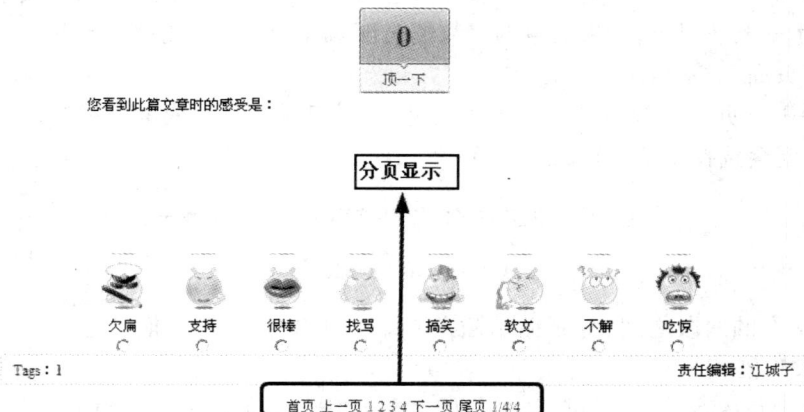

图 10 - 2 - 22

"是否将内容中的超链接去除"有些网站的新闻的某些名词会自动设置超链接，比如当提到某位明星时，会超链接上其微博地址。在转稿时，选中该功能，则转过来的稿件不含有超链接信息；不选该功能，所转的稿件就不再具有原有的超链接地址。

主体内容编辑区是对稿件进行具体编辑的区域，也是网站内容管理系统中最重要的区域。该编辑区域是一个所见所得的在线编辑器，能够在网络上利用所见所得的编辑方式编辑图文并茂的各类稿件，是采写稿件、编辑稿件的主要场所，如图10－2－23。

图10－2－23

稿件编辑区域的编辑功能跟 Word 文字处理软件有很多相似的地方，这里对其中一些常用的图标进行简单介绍。

图10－2－24　"剪切"按钮　　　图10－2－25　"复制"按钮

图10－2－26　"粘贴"按钮

图10－2－27　"无格式文本粘贴"按钮：无格式文本粘贴即去掉了之前文字的所有格式（包括原来的文字的字体、颜色、字号及排版等格式信息都会被取消掉）。这种无文本格式便于重新编辑、排版和设置字体、字号等。

图10－2－28　"从 Word 粘贴"按钮：从 Word 粘贴保留了原来 Word 文件中的内容的所有格式。编辑或者记者一般不使用这种粘贴模式，往往转换成无格式文本，自己再进行格式编辑。

图10－2－29　"撤销"按钮：撤销掉前一步所进行的操作。

图10－2－30　"重做"按钮：将之前的步骤取消，重新进行操作。

图10－2－31　"查找"按钮：这个按钮主要是用在编辑上，当编辑需要查找某个重复出现的字或词语时，可以点击这个图标，将会出现图10－2－32对话框。

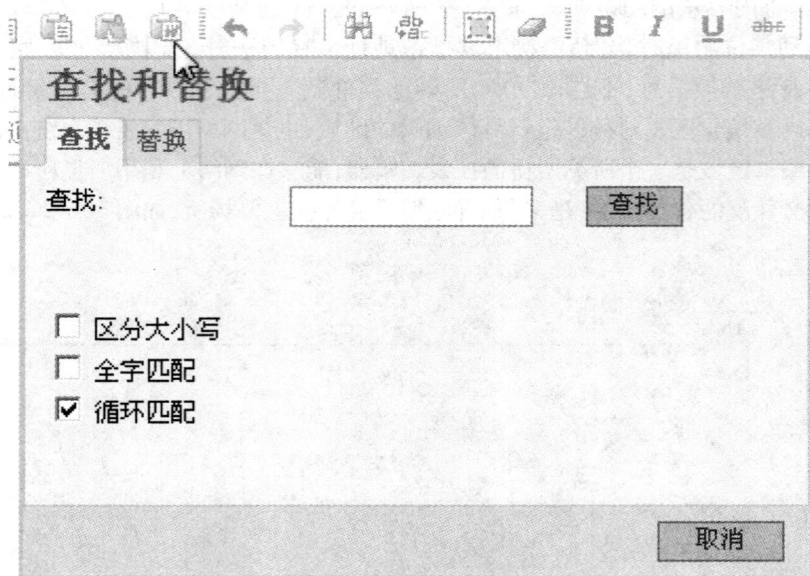

图 10 - 2 - 32

　　在这个对话框中,记者或者编辑可以输入想要查找的信息,并选择下面相应的要求,即可查找出想要的信息。

　　 图 10 - 2 - 33　"替换"按钮:这个按钮主要也是用在文章的编辑上,当编辑发现一些重复的信息需要整体替换成其他信息时,可以点击这个图标,将会出现图 10 - 2 - 34 对话框。

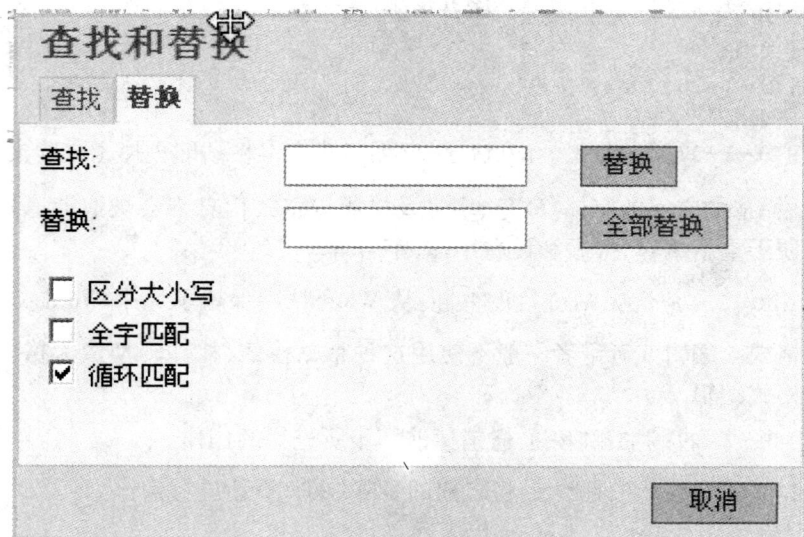

图 10 - 2 - 34

在这个对话框中,编辑可以输入需要替换的信息,在替换一栏输入新信息,根据需要选择"替换"或者"全部替换",来进行信息的编辑,可节省时间。

　　图10-2-35　"插入\编辑超链接"按钮:这个按钮可以对相应的内容进行超链接编辑。比如给下面这一段中的"新闻专业主义"加上超链接,就要先选中"新闻专业主义"这几个字,点击 "超链接"图标,会弹出图10-2-37的对话框,在http协议下,将所要链接的网址粘贴进去,选择确定,在编辑审核通过后,打开该新闻,会发现超链接的部分有下划线,如图10-2-38,点击后,就会弹出相应的链接页面。

　　图10-2-41　"取消超链接"按钮:可以将原来文章的超链接信息取消掉,在没有超链接的文章中,该按钮显示为白色。选中已经超链接的部分,点击该图标,超链接就被取消了。

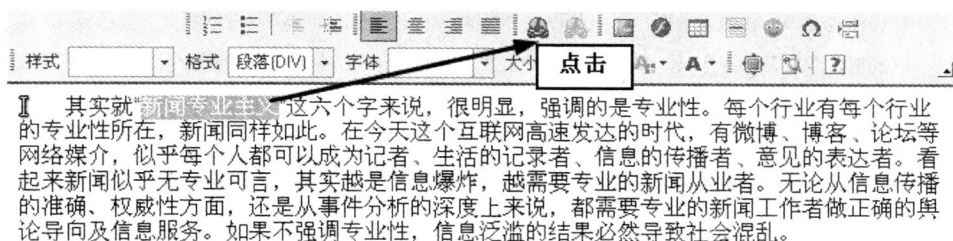

图 10-2-36

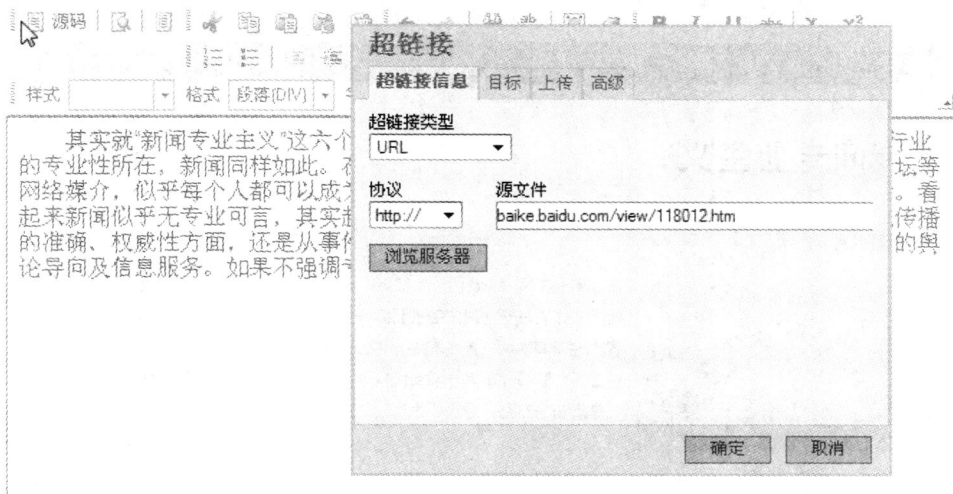

图 10-2-37

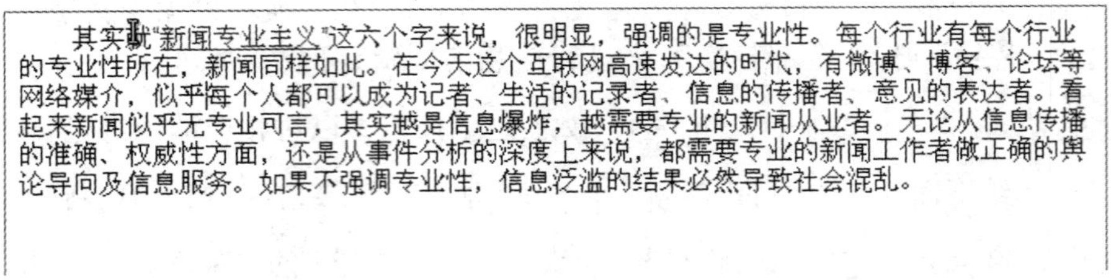

其实就"新闻专业主义"这六个字来说，很明显，强调的是专业性。每个行业有每个行业的专业性所在，新闻同样如此。在今天这个互联网高速发达的时代，有微博、博客、论坛等网络媒介，似乎每个人都可以成为记者、生活的记录者、信息的传播者、意见的表达者。看起来新闻似乎无专业可言，其实越是信息爆炸，越需要专业的新闻从业者。无论从信息传播的准确、权威性方面，还是从事件分析的深度上来说，都需要专业的新闻工作者做正确的舆论导向及信息服务。如果不强调专业性，信息泛滥的结果必然导致社会混乱。

图 10－2－38

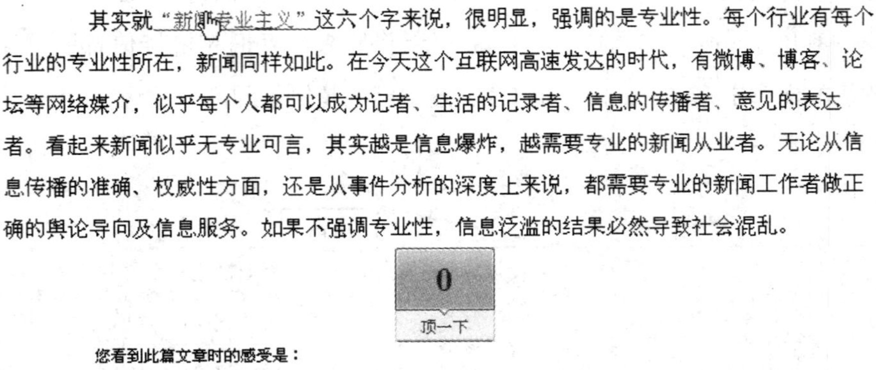

其实就"新闻专业主义"这六个字来说，很明显，强调的是专业性。每个行业有每个行业的专业性所在，新闻同样如此。在今天这个互联网高速发达的时代，有微博、博客、论坛等网络媒介，似乎每个人都可以成为记者、生活的记录者、信息的传播者、意见的表达者。看起来新闻似乎无专业可言，其实越是信息爆炸，越需要专业的新闻从业者。无论从信息传播的准确、权威性方面，还是从事件分析的深度上来说，都需要专业的新闻工作者做正确的舆论导向及信息服务。如果不强调专业性，信息泛滥的结果必然导致社会混乱。

0
顶一下

您看到此篇文章时的感受是：

图 10－2－39

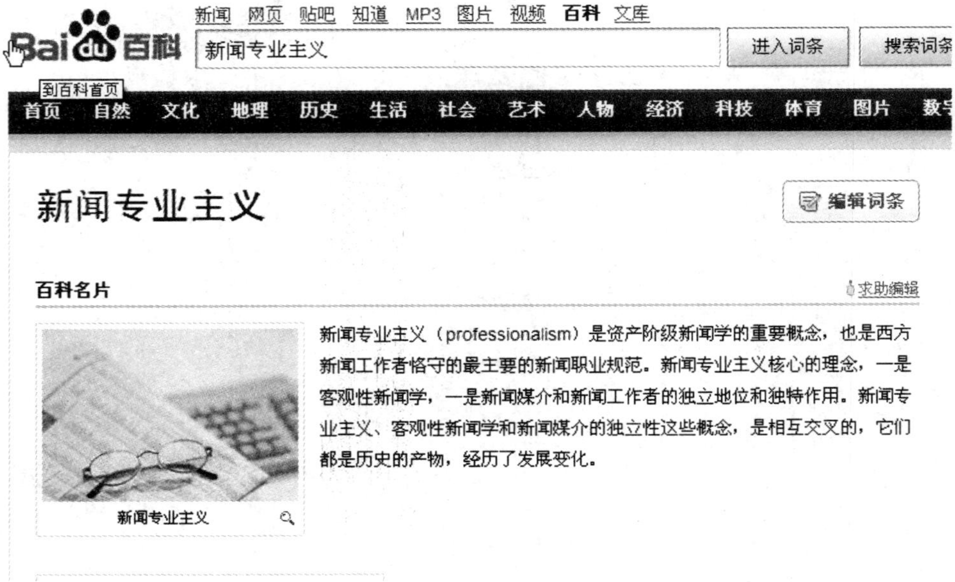

Baidu百科

新闻 网页 贴吧 知道 MP3 图片 视频 **百科** 文库

新闻专业主义   进入词条   搜索词条

到百科首页

首页 自然 文化 地理 历史 生活 社会 艺术 人物 经济 科技 体育 图片 数字

新闻专业主义

编辑词条

百科名片   求助编辑

新闻专业主义

新闻专业主义（professionalism）是资产阶级新闻学的重要概念，也是西方新闻工作者恪守的最主要的新闻职业规范。新闻专业主义核心的理念，一是客观性新闻学，一是新闻媒介和新闻工作者的独立地位和独特作用。新闻专业主义、客观性新闻学和新闻媒介的独立性这些概念，是相互交叉的，它们都是历史的产物，经历了发展变化。

图 10－2－40

新
系 闻 数
列 传 字
教 播 时
材 实 代
   务

370

图 10-2-42　"图像"按钮:将图片插入到文章中。

一般来说,文字信息中的图片来源于两个地方,一种是网站本身的服务器,另一种是从外部获取;对于大多数网站来说,这两个步骤是合二为一的,都是先将外部获取的图片上传至服务器,然后再从服务器中选择图片。具体操作内容如图 10-2-43。

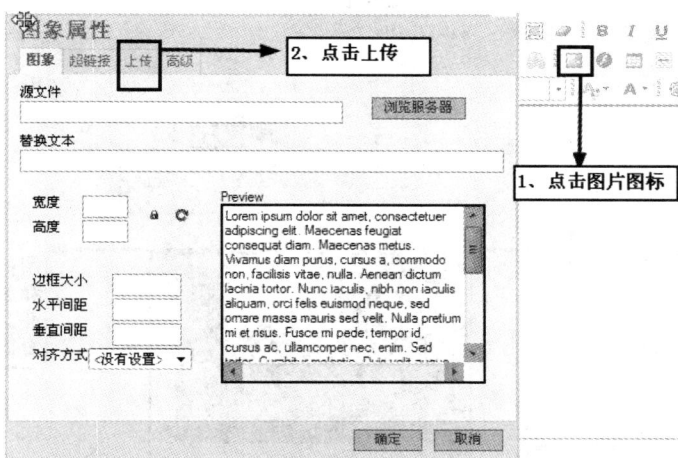

图 10-2-43

点击 后,会弹出一个对话框,这个"图像"页面是直接从网站的服务器上选择图片的,如果新闻的图片存在于网站的服务器上,则可以直接点击"浏览服务器",在网站的服务器上选择图片。但是一般情况下,网站新闻的图片都是从外部获取的,所以要先选择"上传",将图片上传至服务器。

点击浏览后,在弹出的对话框中选择本地需要上传的图片,最后选择"发送到服务器上",将图片保存在网站的服务器上。如图 10-2-44。

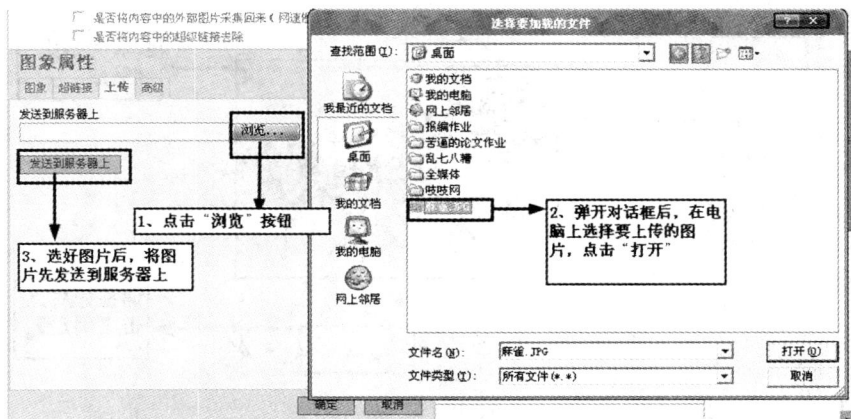

图 10-2-44

将图片发送至服务器上后,系统会自动跳至"图像"窗口,此时,图片已经上传至服务器,需要信息发送者对图片进行适当的修改。一般情况下,网站上的横向图片保持宽600、长450;竖向图片保持宽450、长600。为了使图片不变形,在修改图片时,默认图片按比例缩放,也就是修改长或宽一项就可以。如图10-2-45。

点击"确定"后,图片就传到内容编辑区域,如图10-2-46。

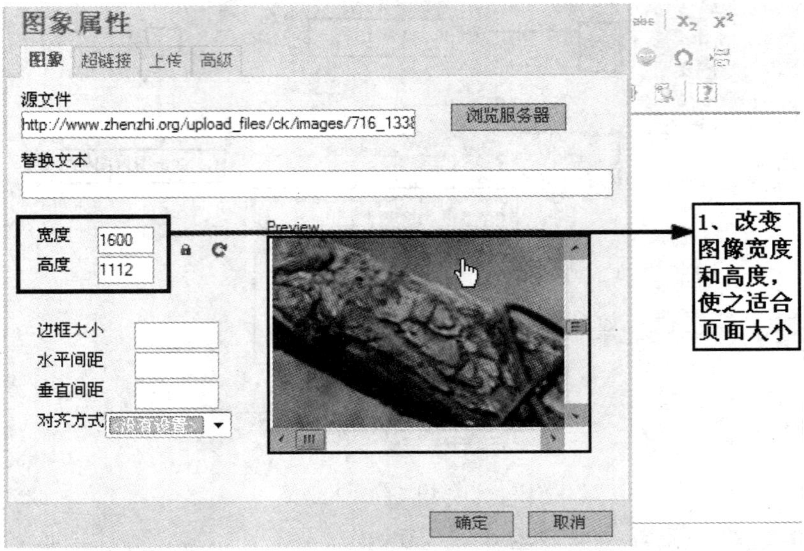

图 10-2-45

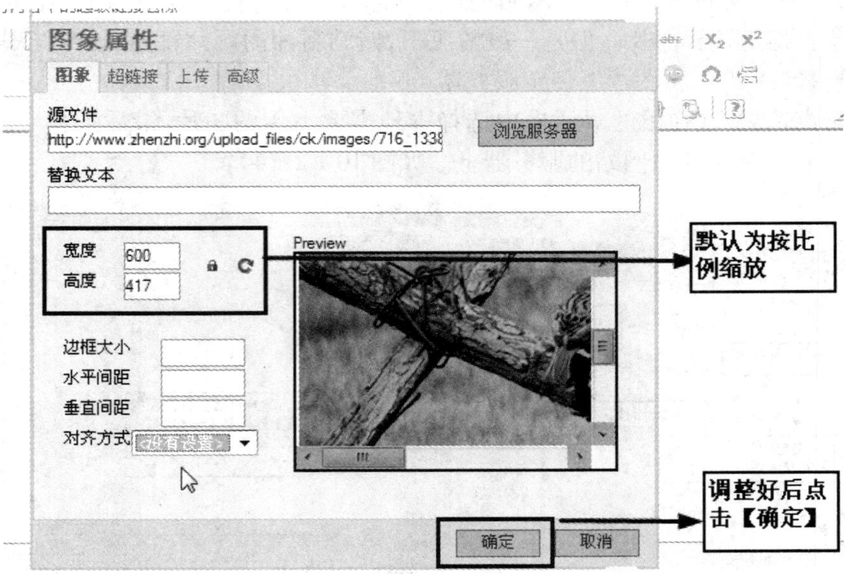

图 10-2-46

再与文字一起编辑,点击"提交",然后等编辑审核完毕后,一则有图片的新闻就可以发布到网站上了。如图10-2-47。

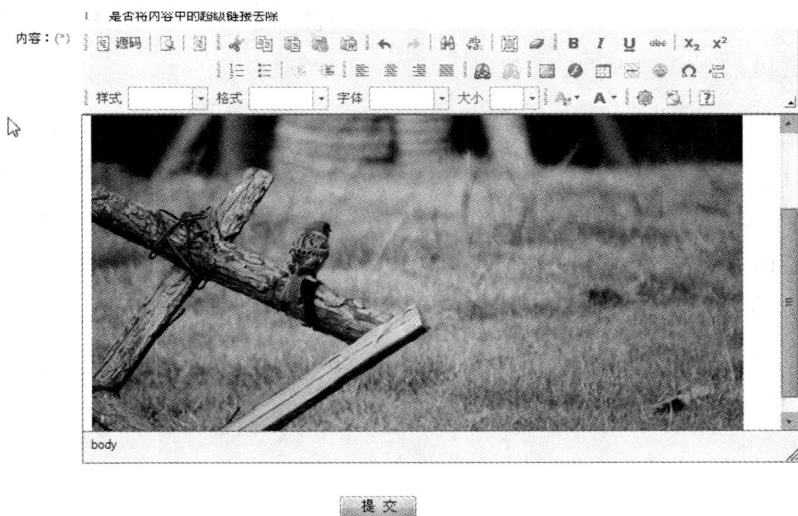

是否将内容中的超级链接去除
内容：(*)
源码
样式
格式
字体
大小
body
提交

图 10－2－47

图 10－2－48 “Flash”按钮:将 Flash 插入到文章中。

图 10－2－49 “表格”按钮:将表格插入到文章中去,点击该按钮,会出现图 10－2－49 对话框。

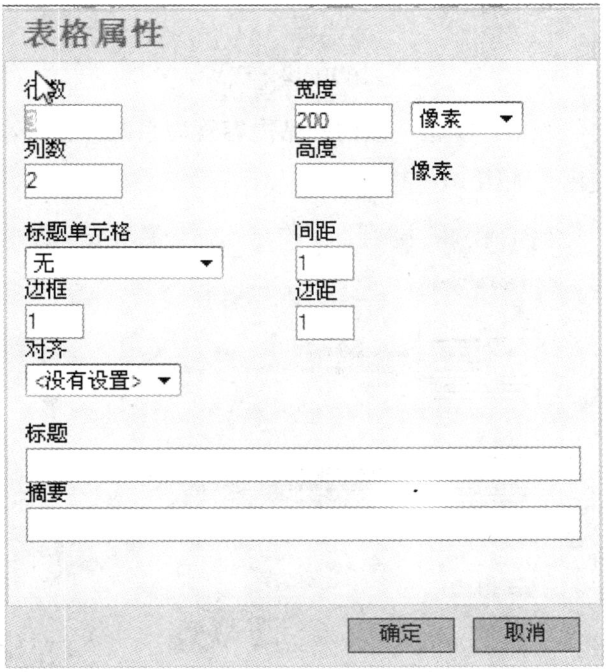

表格属性
行数
宽度
200
像素
列数
2
高度
像素
标题单元格
无
间距
1
边框
1
边距
1
对齐
<没有设置>
标题
摘要
确定
取消

图 10－2－49

在表格属性中,可以根据自己的要求设置其行数、列数以及边框的大小等因素。

图10-2-50 "水平线"按钮

图10-2-51 "分页符"按钮

这两个按钮都是分页按钮,与手工分页的功能一样,在两段之间点击该按钮,则会加入一条横线或分页符,发布后,前台页面的新闻会按照其划分分割成不同的页数。

图10-2-52 "特殊符号"按钮:里面包含了一些我们平时不常用的符号,在文章中可能会用到,点开会出现图10-2-53所示的对话框。

选择特殊符号

取消

图10-2-53

图10-2-54 "模板"按钮:一般的网站内容管理系统都会自动提供一些文章的模板来供发布者使用。如图10-2-55。

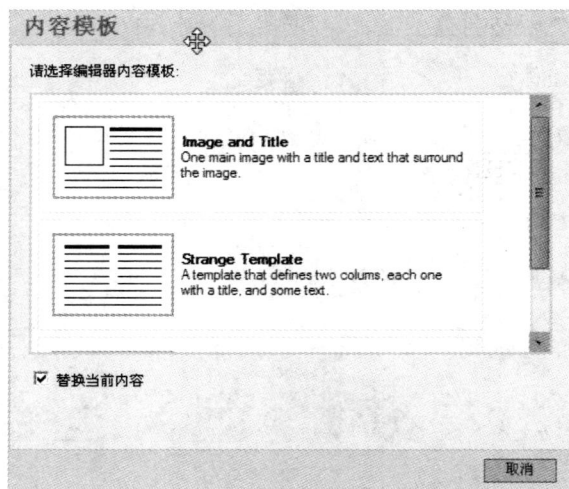

图10-2-55

X_2 图 10-2-56 "下标"按钮:有时候一些特殊的名词或字符需要下标,这个按钮则解决了这个问题。在输入栏中输入想要写的名词,右键将需要设置下标的字符选中,再点击"下标"按钮,则会自动生成下标。如图 10-2-57。

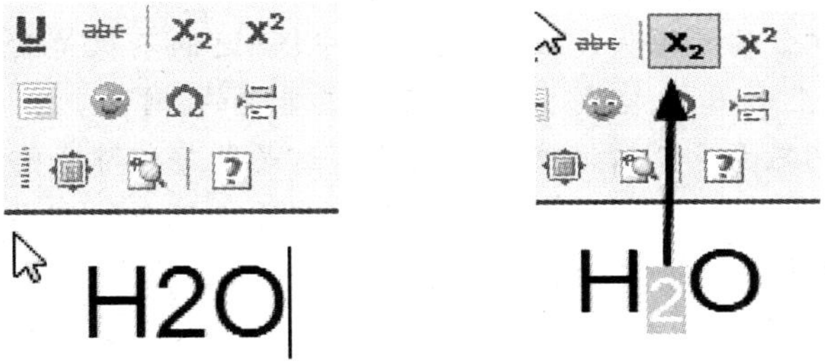

图 10-2-57

X^2 图 10-2-58 "上标"按钮:该图标是为了为一些字符加上上标,具体操作方法与"下标"按钮一样。如图 10-2-59。

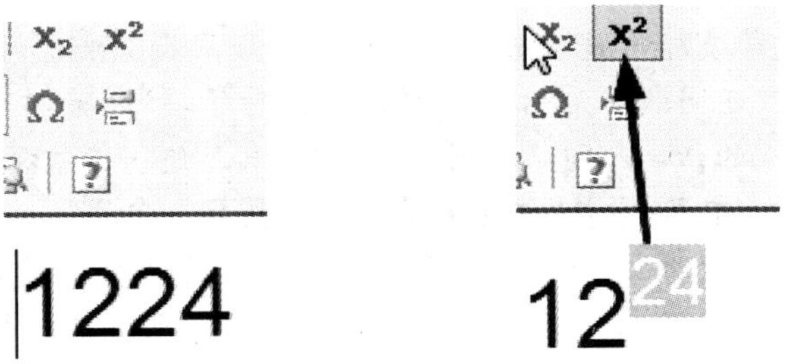

图 10-2-59

以上这些图标只是内容编辑区内的一部分,其他的图标功能与 WORD 中的功能基本一致,也是经常能用到的,在此就不再具体介绍。

【案例解析】

在对文字编辑页面有了一个大致的了解后,让我们来看下信息采集员如何将具体的文字新闻输入到网站后台。该文章选自 2012 年 5 月 22 日的《南方日报》。

质朴和温情,纪录片打败热播剧

在各种家庭伦理剧、后宫争斗剧充斥荧屏之时,每晚 10 点半开始在央视一套播出的纪录片《舌尖上的中国》却以黑马的姿态一鸣惊人,不仅引得"60 后"与"90 后"同时追看,而且成为微博、天涯等热门论坛中讨论的焦点话题。

无论从播出时间、还是纪录片本身的定位上看,《舌尖上的中国》无疑都不具备成为热播片的潜质。然而,正是在这种看似不可思议的"悖论"中,这部纪录片所引发的轰动效应远远超过同期电视剧。《舌尖上的中国》的成功秘诀是什么?它又能带给日益受重视的纪录片市场哪些启示?通过主创、观众的说法,南方日报带您一起揭秘

《舌尖上的中国》这道菜。

头盘：诚意"带着对食物的敬意和感情做纪录片"

一颗颗黄豆，经过手推石磨的碾压，雪白的汁液汩汩而出，再经过发酵等一系列时间的转化，最终才能成为豆腐……这个看似简单的过程是《舌尖上的中国》最寻常的叙述方式：寻找这些食物的源头，在这部纪录片中，讲述的不仅是食物，而是大自然的馈赠，植物、动物甚至是阳光、空气、风、水，还有最重要的：时间。

"带着对食物的敬意和感情做这个纪录片。"这是总导演陈晓卿对于《舌尖上的中国》最初也是最终的定位。事实上，仅从这部纪录片所耗费的时间和人力上，就可以看出这种诚意，"这次做这个片子，从接到任务到播出，是13个月，全国拍摄地点70个，前期调研员3人、导演8人、摄影师15人、剪辑师3人。"更为难得的是，这种诚意被成功地转化成了电视语言，从而被观众所认同。导演不吝时间地仔细记录食物从采摘到端上餐桌的全部过程。

在陈晓卿看来，记录如何将自然的馈赠经过捕猎、采掘、加工、制作成食材，比像食谱一样事无巨细地记录美味佳肴的做法更加重要。网友"拥抱月亮"说，《舌尖上的中国》的温情是绝大多数列举数据、搬弄文字、炫耀历史的纪录片所缺乏的。在当下的荧屏电视环境中，这种质朴的温情则显得格外难得。网友"明轮"说："古装戏太穿越了，现实剧太乱情了，连同线下看盘的美剧也太化外了。'带着对食物的敬意和感情做这个纪录片'，导演的话令人印象深刻。不真诚，别忽悠。应该深思！"

主菜：温情"每个人的舌尖上都有一个家"

在李安的电影《饮食男女》中，父亲每周做一桌大餐只是为了能让女儿们聚在一起享受天伦之乐，这种建筑在柴盐酱醋之上的儒家哲学理念成了电影的灵魂。这与《舌尖上的中国》有异曲同工之妙。在《主食的故事》中有这样一个故事：在浙江慈城，有一对空巢老人，他们最开心的时刻，就是儿孙从宁波回来，为他们制作可口的年糕。一家人围坐在一起，吃着年糕唠着家常，其乐融融。然而，短暂的团聚之后，儿孙们各自开车离去，家里又剩下这对老人。

"城市化迅猛发展的背景下，中国原有的大家族也在发生变化。通过吃食的故事，来展示普通中国人的人生况味，《舌尖上的中国》因此有了一层厚重的历史感。"陈晓卿说。

引发共鸣是纪录片最常应用的手法，《舌尖上的中国》将其应用到了极致。对于每个观众来说，都能在这部纪录片中找到感情的寄托，比如那些熟悉的家乡味道，比如饭桌上和乐融融的家庭气氛，比如那些美好的旧时时光。"第一集里提到湖北的藕，让我不禁想起每年年前在襄樊做项目，天寒地冻，在大街上等半个小时才打到出租车回到酒店，立马点上一份莲藕炖排骨，绵实的藕炖出来白白的汤，孩子们一人一手擒着一个大骨头，一碗热汤，喝下去，全身都暖了。"这是属于网友"阿拉蜗"的美食记忆。

甜品：接地气"美食之外是中国人的人生百味"

陕北的老农，花三天的时间在窑洞里做馍，再花一天的时间骑着三轮车吆喝着"黄馍馍"到城里去叫卖；内蒙古的游牧人家，带着母亲做的奶豆腐骑着马去遥远的山坡上放牛;岐山人结婚,村里必开臊子面做的流水席……这些普通人的生活与美食发生的联系,却带给观众别样的震撼与感动。

在陈晓卿看来,中国人常说"一方水土养一方人",不同地区的人吃什么,这其中涵盖着历史和文化的因素,这也是《舌尖上的中国》要表达的。陈晓卿说,摄制组此次在南方还拍到了一些鲜为人知的习俗,例如在云贵地区至今延续下来的古老的"新米节",新米下来的时候,人们要举行仪式,往禾仓里储存稻米;新生儿降临,亲戚朋友带来的礼物是大米。而在山西丁村,摄制组拍到了一位老人的寿宴,前来祝寿的村民把自己碗里最长的一根面条送给老人,以此祝愿他长寿。

"我们拍了食物的差异性,也拍到了它们的共通之处。比如说北方有凉皮,南方有米粉,这是稻米粉食的不同变种。像桂林米粉的出现,可能来自于秦始皇命军队修筑灵渠,北方的面条于是在桂林有了一种新的形式,就是米粉。从饮食的角度,能够揭示出中国是个大一统的国家。"陈晓卿认为,《舌尖上的中国》更关心的正是人和食物的关系,要把挖掘到的深层次的文化信息传递给观众。

纪录片通常被视作精英们的消遣,《舌尖上的中国》却把纪录片的格调高雅与电视的市井百味结合在一起,产生了一种独特的化学效应。"从叙述方式上来说,这套纪录片偏向剧情化、故事化、细节化,打破了一般电视纪录片大而全的手法,表现了日常生活中随处可见的食物不为人所知的一面。"同济大学传播与艺术学院广播电视编导专业讲师鞠薇这样评价这部纪录片。(《南方日报》记者　吴敏)

1)根据文章的内容选择相应的栏目,栏目的设置根据网站的不同会有所不同。

2)输入标题名称,选择该文章是否允许读者评论,如果选择"禁用评论",则表示该文章不允许读者评论。

3)根据文章的内容为文章设立关键字,使读者能够在站内或站外更容易找到该文章。如果该关键字在"常用关键字"中有,则在其中选择,没有则自己输入。

4)将作者和文章的来源输入进去,如果"常用来源站点"中有该来源,则可以直接选择,没有的话就自行输入。

5)本文选择"系统自动截图",即将文章中的第一张图片作为缩略图,因此这里不再进行设置。如图 10-2-60。

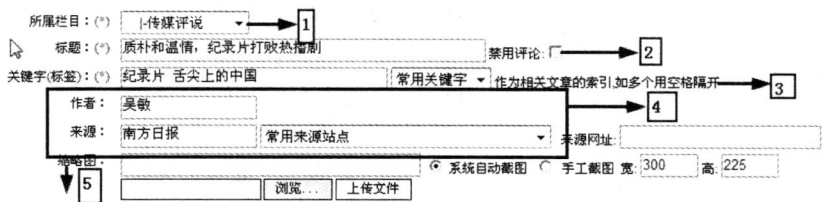

图 10-2-60

6)内容简介可以编辑,也可以不编辑,本文不再对文章进行编辑,直接粘贴即可。

7)文章不在新窗口中打开,在同窗口的新标签中打开即可。

8)因为文章的内容较多,本文选择"手工分页",然后在接下来的内容编辑中会进行分页;为了保证良好的网速,本文的图片都是在后续的编辑中重新添加,即不将图片采集回;另外,本文也会自行根据文章内容进行超链接,故将内容中的超链接去除。如图 10 - 2 - 61。

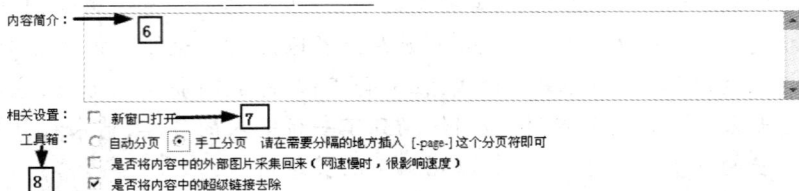

图 10 - 2 - 61

9)在将网站上的文章复制好后,选择"粘贴为无格式文本",方便进行编辑。如图 10 - 2 - 62。

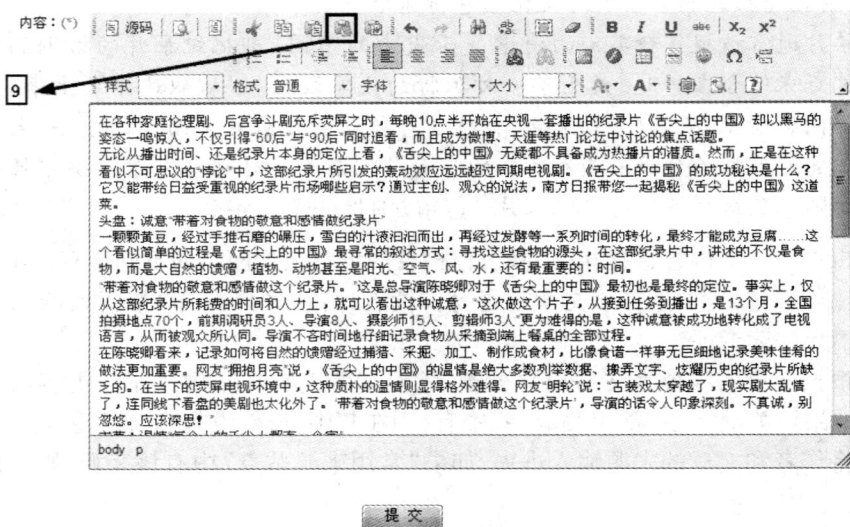

提 交

图 10 - 2 - 62

10)将文章粘贴后,将文章全选,设置文章的字体和字号。

11)在设置好后,就开始调整文章的格式,可以选择上图的一些功能键进行调整,但一般情况下,为了页面文章的美观,通常是采用空格键和回车键来调整文章的首行缩进和小标题格式。如图 10 - 2 - 63。

12)在将文字设置好之后,就开始为文章插入图片,首先在插入图片的那一段末尾按回车键,为图片留出余地。

13)点击 插入图片。

14)在"上传"对话框点击"浏览"在本地电脑上选择要插入的图片,发送到服务器上。如图 10 - 2 - 64。

内容：

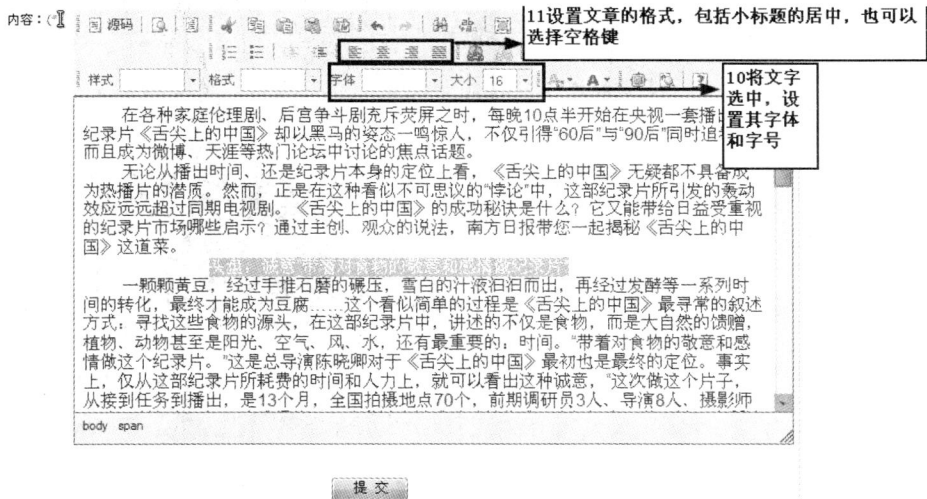

11 设置文章的格式，包括小标题的居中，也可以选择空格键

10 将文字选中，设置其字体和字号

在各种家庭伦理剧、后宫争斗剧充斥荧屏之时，每晚10点半开始在央视一套播出的纪录片《舌尖上的中国》却以黑马的姿态一鸣惊人，不仅引得"60后"与"90后"同时追捧，而且成为微博、天涯等热门论坛中讨论的焦点话题。

无论从播出时间、还是纪录片本身的定位上看，《舌尖上的中国》无疑都不具备成为热播片的潜质。然而，正是在这种看似不可思议的"悖论"中，这部纪录片所引发的轰动效应远远超过同期电视剧。《舌尖上的中国》的成功秘诀是什么？它又能带给日益受重视的纪录片市场哪些启示？通过主创、观众的说法，南方日报带您一起揭秘《舌尖上的中国》这道菜。

诚意 诚意 诚意

一颗颗黄豆，经过手推石磨的碾压，雪白的汁液汩汩而出，再经过发酵等一系列时间的转化，最终才能成为豆腐……这个看似简单的过程是《舌尖上的中国》最常见的叙述方式：寻找这些食物的源头，在这部纪录片中，讲述的不仅是食物，而是大自然的馈赠，植物、动物甚至是阳光、空气、风、水，还有最重要的：时间。"带着对食物的敬意和感情做这个纪录片。"这是总导演陈晓卿对于《舌尖上的中国》最初也是最终的定位。事实上，仅从这部纪录片所耗费的时间和人力上，就可以看出这种诚意，"这次做这个片子，从接到任务到播出，是13个月，全国拍摄地点70个，前期调研员3人、导演8人、摄影师

body span

提 交

图 10 - 2 - 63

内容：

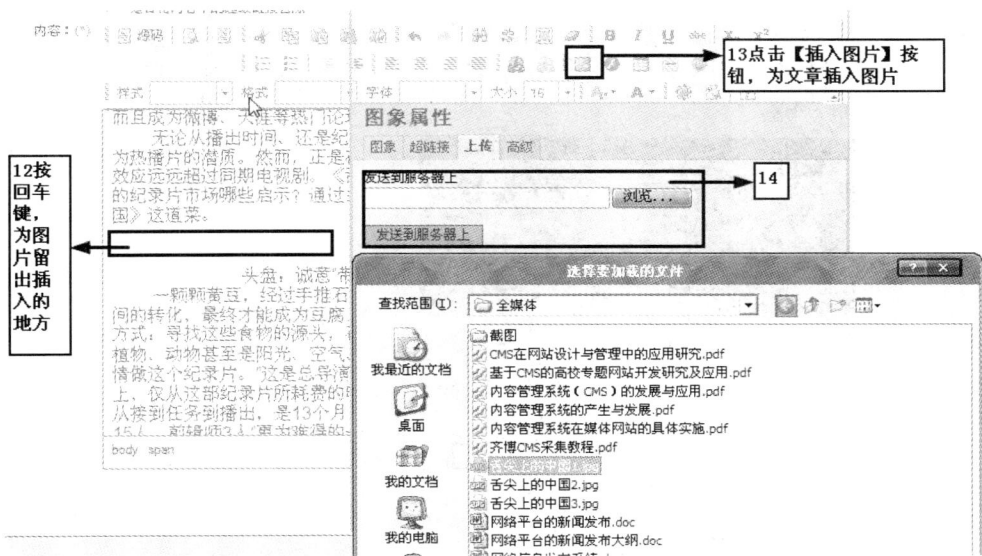

13 点击【插入图片】按钮，为文章插入图片

12 按回车键，为图片留出插入的地方

图象属性

图象 超链接 上传 高级

发送到服务器上

浏览...

14

发送到服务器上

选择要加载的文件

查找范围(I): 全媒体

截图
CMS在网站设计与管理中的应用研究.pdf
基于CMS的高校专题网站开发研究及应用.pdf
内容管理系统（CMS）的发展与应用.pdf
内容管理系统的产生与发展.pdf
内容管理系统在媒体网站的具体实施.pdf
齐博CMS采集教程.pdf
舌尖上的中国1.jpg
舌尖上的中国2.jpg
舌尖上的中国3.jpg
网络平台的新闻发布.doc
网络平台的新闻发布大纲.doc

我最近的文档
桌面
我的文档
我的电脑

body span

图 10 - 2 - 64

15) 在"图像"对话框调整图片的宽度和高度，因为该图片的宽度已经小于 600，则不必调整。如图 10 - 2 - 65。

点击确定后，图片就已经插入到文章中了。如图 10 - 2 - 66。

16) 为了让读者更好地了解这篇文章中所介绍的纪录片，还可以将"舌尖上的中国"这个纪录片的名字进行解释，加入超链接。如图 10 - 2 - 67 所示，先将"舌尖上的中国"选中，点击 超链接图标，在弹出的对话框中粘贴上先要链接的网址即可。

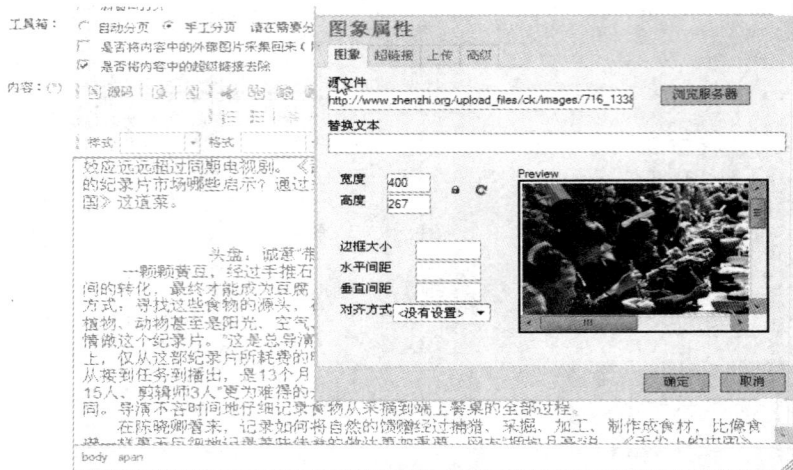

图 10 - 2 - 65

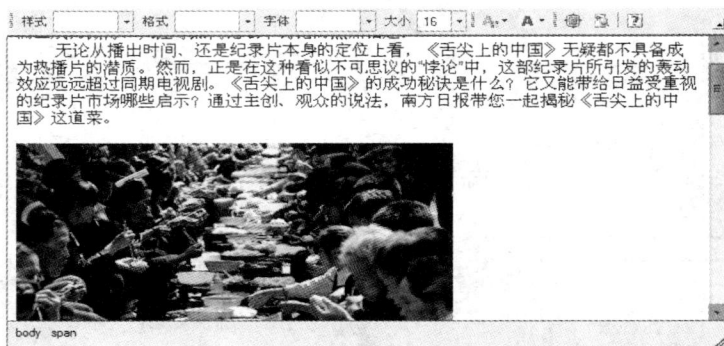

图 10 - 2 - 66

图 10 - 2 - 67

17）鉴于本文的字数较多,所以需要对其进行分页,结合之前的介绍,一共有三种分页方法。

a. 选择附加功能区中的"手工分页",在需要分页的末段回车,复制粘贴加入**[-page-]**这个分页符即可。如图 10 - 2 - 68。

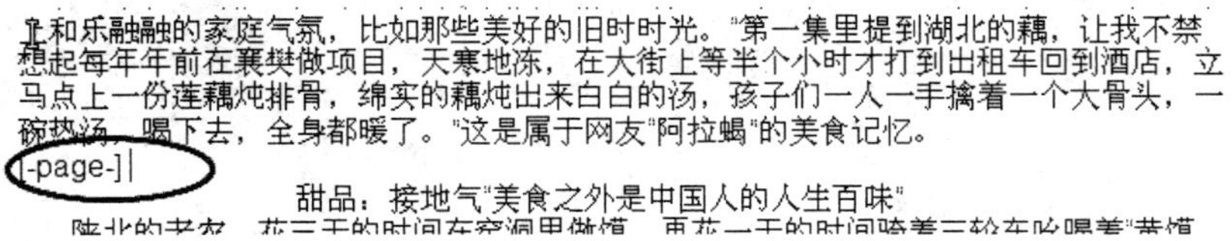

和乐融融的家庭气氛,比如那些美好的旧时时光。"第一集里提到湖北的藕,让我不禁想起每年年前在襄樊做项目,天寒地冻,在大街上等半个小时才打到出租车回到酒店,立马点上一份莲藕炖排骨,绵实的藕炖出来白白的汤,孩子们一人一手搞着一个大骨头,一碗热汤,喝下去,全身都暖了。"这是属于网友"阿拉蝌"的美食记忆。

[-page-]|

甜品:接地气"美食之外是中国人的人生百味"

陕北的老乡……花三天的时间在窑洞里做醋,再花三天的时间晾着三秋在心喂着"苦煌

图 10 - 2 - 68

b. 选择内容编辑区的 ☰ "水平线"图标,同样是在需要分页的地方回车,然后点击该图标即如图 10 - 2 - 69。

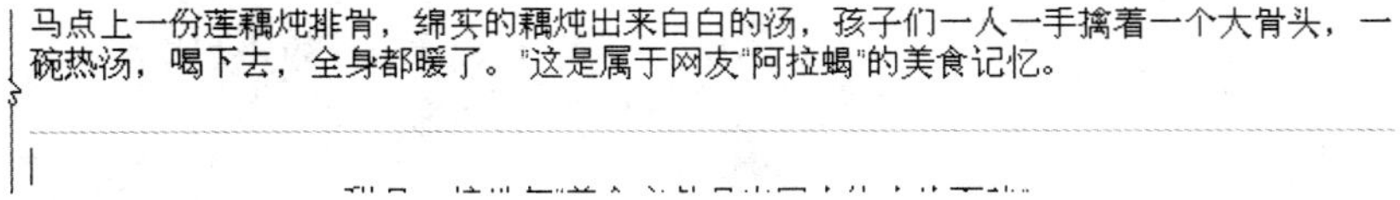

马点上一份莲藕炖排骨,绵实的藕炖出来白白的汤,孩子们一人一手搞着一个大骨头,一碗热汤,喝下去,全身都暖了。"这是属于网友"阿拉蝌"的美食记忆。

甜品:接地气"美食之外是中国人的人生百味

图 10 - 2 - 69

c. 选择内容编辑区的 ☴ "分页符"图标,在需要分页的地方回车,点击该图标。如图 10 - 2 - 70。

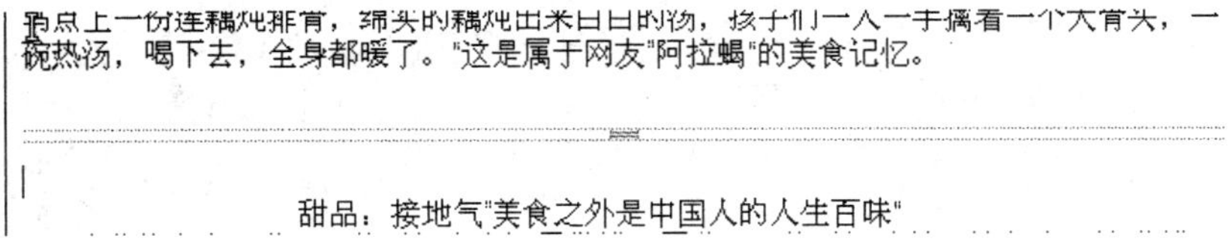

马点上一份莲藕炖排骨,绵实的藕炖出来白白的汤,孩子们一人一手搞着一个大骨头,一碗热汤,喝下去,全身都暖了。"这是属于网友"阿拉蝌"的美食记忆。

甜品:接地气"美食之外是中国人的人生百味"

图 10 - 2 - 70

在信息采集员将文字新闻输入进去并排版好后,点击内容编辑区下方的"提交"按钮,文章就会提交到后台服务器上,等待栏目编辑审阅。

另外,在提交到后台服务器之前,信息采集员点击"提交"按钮后会出现如 10 - 2 - 71 的对话框,可以先选择"查看主题",查看该文章在网页的显示情况,再点击"点击修改",对文章进行再次修改。

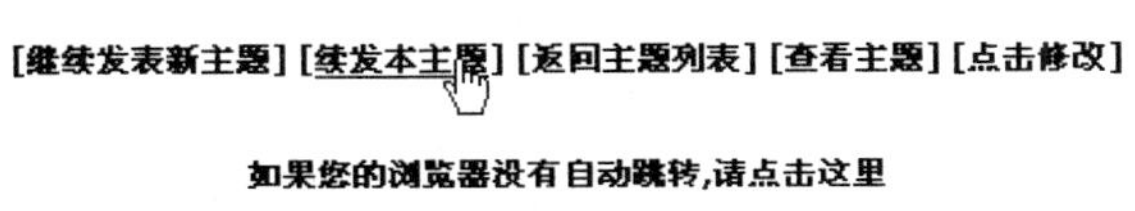

网页正在跳转当中,请稍候……

[继续发表新主题] [续发本主题] [返回主题列表] [查看主题] [点击修改]

如果您的浏览器没有自动跳转,请点击这里

图 10 - 2 - 71

②采集图片新闻

图片新闻是现在网站新闻的主要形式,在互联网信息快速传播的同时,通过图片

加文字的形式表现出来的新闻能更加便于用户的直观理解,同时也可以减少文字的枯燥和乏味感。当前各大门户网站都推出了图片新闻站。图 10 - 2 - 72 就是腾讯网的一则图片新闻网页。

图 10 - 2 - 72

为了顺应这种趋势,现在的 CMS 内容管理系统都有专门的发布图片新闻的程序,下面就介绍如何采集图片新闻。

信息采集员在登录并进入后台后,选择功能分类窗口的"CMS 频道"中的"发布图片"进入,如图 10 - 2 - 73。或者如之前所介绍的,点击首页"我要投稿",进入栏目页面,如图 10 - 2 - 74,选择图片中心的任意一个栏目。

图 10 - 2 - 73

图 10 - 2 - 74

点击"发布图片"后,就会进入发布图片的页面,这与"发表文章"的页面有很多相同的地方。如图 10 - 2 - 75。

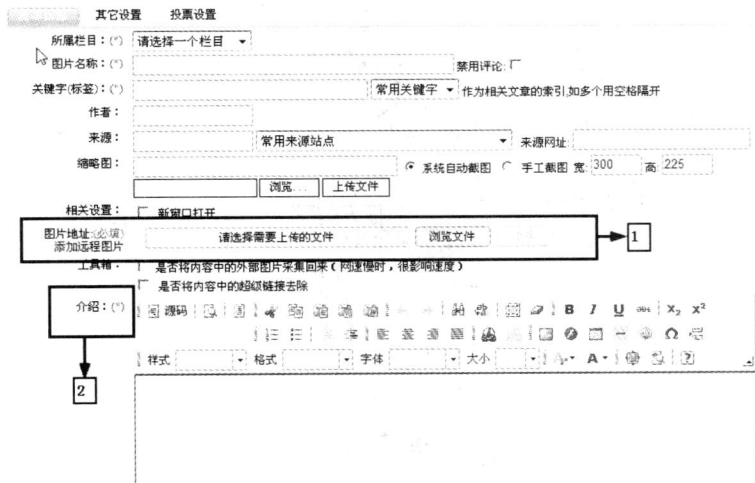

图 10 - 2 - 75

具体来说,只有"图片地址"和"介绍"与之前"发布新闻"的页面不太相同,其他的操作方法完全一样,这里只介绍不同的两种功能。

1)"图片地址"

一般来说,发布图片新闻时添加图片有两种方法,第一种将图片传送到网站的服务器上,即点击"浏览文件",将本地的图片传入到服务器上,如果图片较多,可以选择"批量上传",添加多张图片。如图10-2-76和10-2-77。

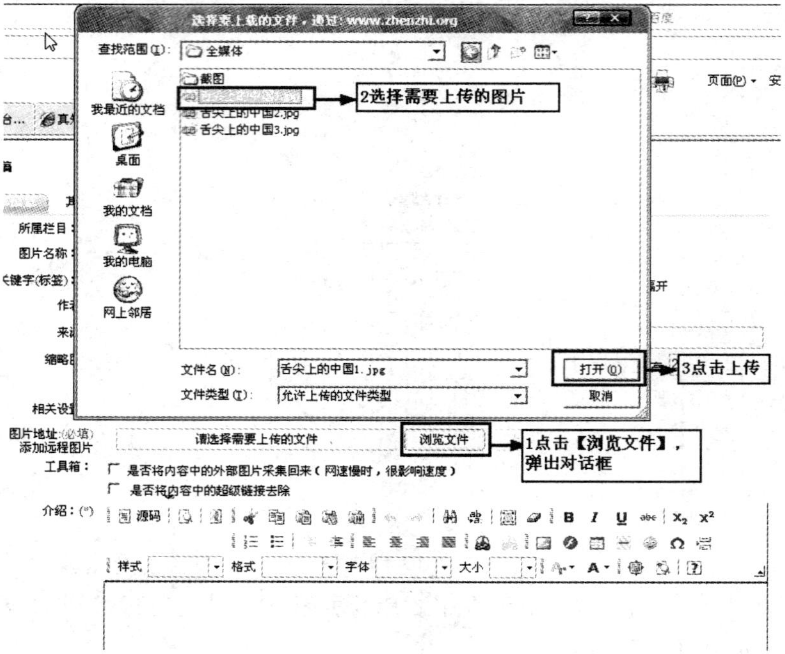

图 10-2-76

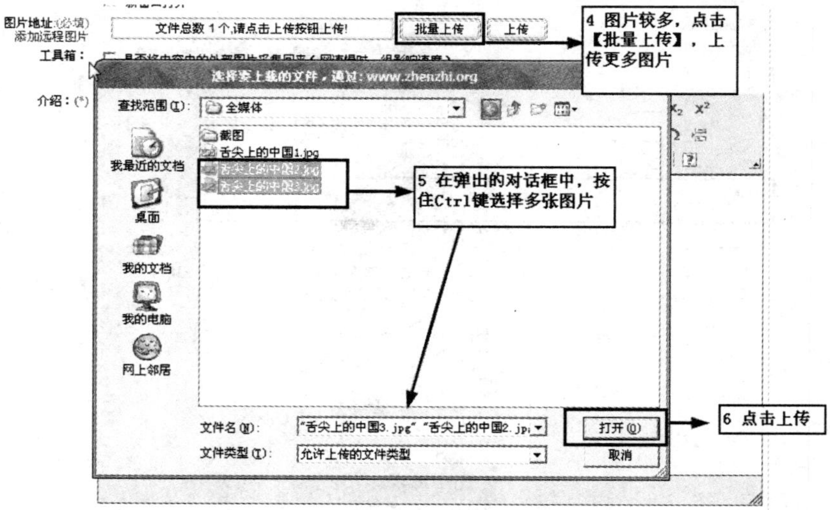

图 10-2-77

这样就将图片上传至了服务器,等待栏目编辑审核。

第二种方法是"添加远程图片",对于一般的网站来说,其图片新闻都是从其他网站转载而来,如果每一则新闻,信息采集员都要将图片下载在自己本地电脑上,然后再上传至网站的服务器的话,既费时又给网站的服务器增添了不小的压力。因此,很多网站都会选择"添加远程图片"的方式来发布图片新闻。

所谓"添加远程图片",就是直接复制图片新闻中图片的"原图地址",需要注意的是,这里所谓的"原图地址"并不是图片所在的网页地址,比如,信息采集员想要把之前提到过的腾讯网的《备战高考——为了明天加油!》这组图片转载到自己网站上,不能复制其在网站上的地址,如图 10-2-78(网站上的地址的后缀是含有 HTM 的),而是要点击上面的"查看原图",这时页面会自动弹出该图片的"原图地址",如图 10-2-79(其后缀是该图片的格式,如 jpg)。对于不同的网站,"查看原图"的方式也是不同的,有的是文字按钮,有的是图片图标,这需要信息采集员自己去寻找。

图 10-2-78

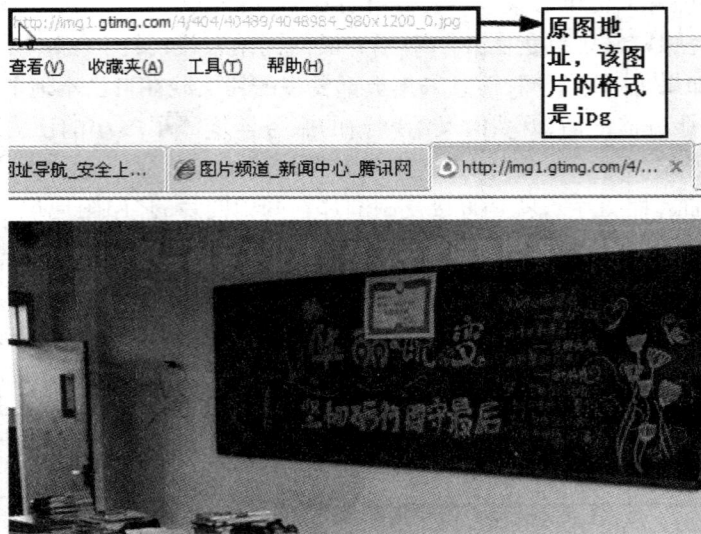

图 10-2-79

在复制了图片的"原图地址"后,就点击"添加远程图片",将图片的名字和地址输入进去,在对其进行内容描述之后,点击最下方的"提交",然后等待编辑审核即可。如图 10-2-80。

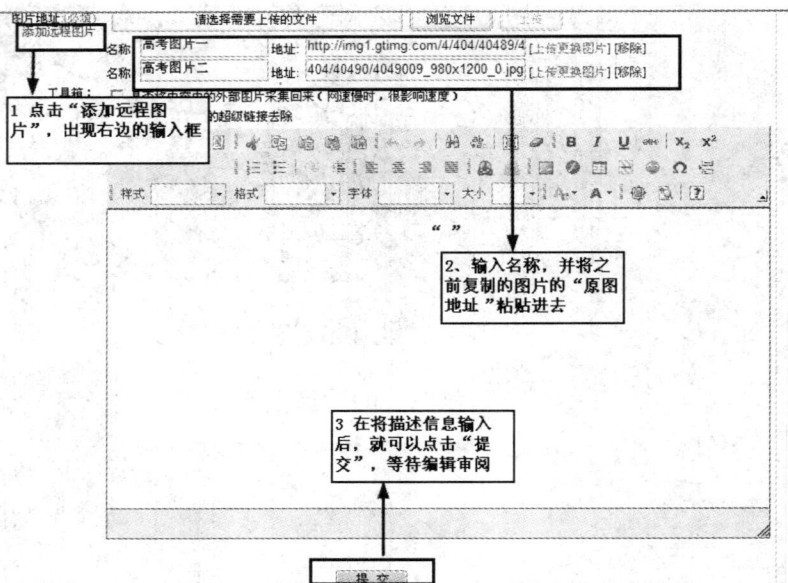

图 10-2-80

2)"介绍"

该栏是发布文字信息中的内容编辑区,对于图片新闻来说,就是将该组图片的介绍或相关新闻输入其中,具体的输入方法与文字新闻一样,这里就不再介绍。

【案例解析】

该图片新闻《美国民企发射人类首艘商业飞船》选自新华网 2012 年 05 月 23 日,如图 10 - 2 - 81。

图 10 - 2 - 81

对于该图片新闻的上传,开始的部分跟文字新闻上传一样,选择一个发布的栏目,输入新闻的名称、作者、关键字和来源,之后选择"添加远程图片",将图片的"原图地址"复制粘贴,并在主体内容编辑区输入相关的新闻介绍,然后点击最下方的"提交",该图片新闻就已经提交到后台,等待编辑审阅。如图 10 - 2 - 82。

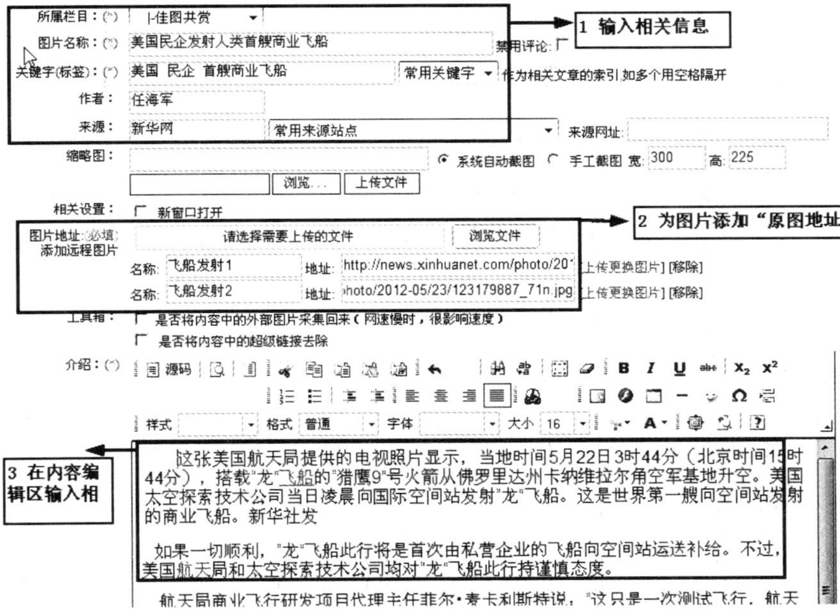

图 10 - 2 - 82

③采集视频信息

互联网是一个多媒体融合的平台,这里不仅包括文字、图片信息,还包括相应的视频信息,这种信息来自于传统的电视新闻,它一方面是将电视上的新闻信息用视频的方式原封不动的发布到网站上,使用户可以随时随地查看相关视频新闻,而不用等在电视机前;另一方面,视频信息的出现也为众多喜欢拍摄的网友提供了一个展示自我的平台。

视频新闻现在是网站新闻的主要形式,在互联网信息快速传播的同时,通过视频形式表现出来的新闻能吸引更多的受众,也使内容简单明了。所以,当前各大门户网站都推出了视频新闻频道。

目前,虽然市场上有很多网站内容管理系统,但发布视频是其必要的功能之一。

就像之前介绍的,信息采集员在登录并进入后台后,选择功能分类窗口的"CMS频道"中的"发布视频"进入,如图10-2-83。或者如之前所介绍的,点击首页"我要投稿",进入栏目页面,如图10-2-84,选择"视频频道"的任意一个栏目,点击"发布"。

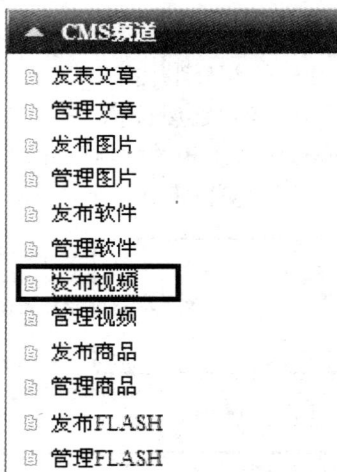

图10-2-83

13	视频频道		大分类		
14	——播客视频		栏目	0	发表
61	——教学视频		栏目	0	发表
62	——鱼眼视界		栏目	0	发表
63	——获奖作品		栏目	0	发表
70	——院系推荐		栏目	0	发表
71	——视频新闻		栏目	0	发表
73	——经典纪录		栏目	0	发表

图10-2-84

点击"发布视频"后,系统会进入发布视频的页面,如图10-2-85,该页面与"发表文章"和"发布图片"的页面有很多相似的地方,发布步骤也基本一样。

图 10 - 2 - 85

1)"在线观看"

同发布图片信息一样,发布视频信息时,添加视频的方法有两种,第一种将视频传送到网站的服务器上,即点击"浏览文件",将本地的视频传到服务器上,如果有多个视频,可以选择"批量上传",添加更多视频。如图 10 - 2 - 86。需要注意的是,这里的视频格式只支持 flv、wmv 等,对于一般的 rmvb 格式不予支持。

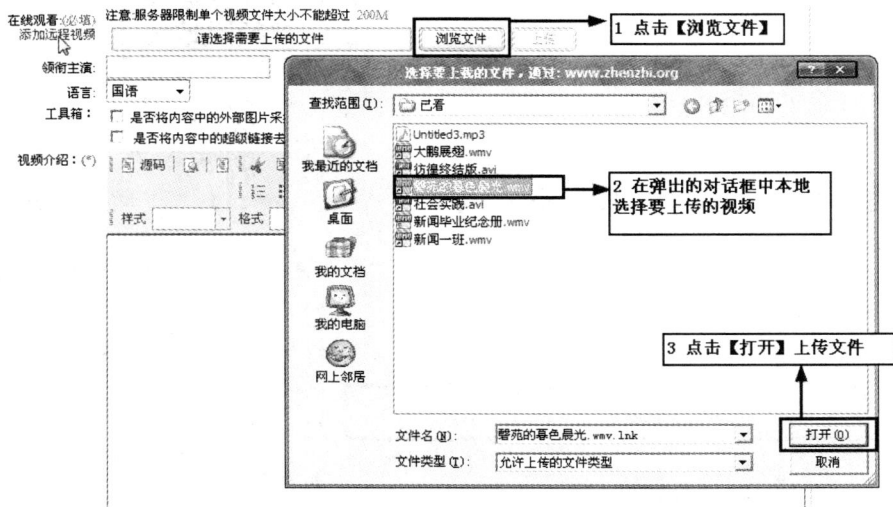

图 10 - 2 - 86

第二种方法也是网站最常用的方法是"添加远程视频",因为与文字信息和图片信息相比,视频信息所占的空间非常大,如果每一条视频信息,信息采集员都要将其下载到自己的本地电脑上,然后再上传至网站的服务器的话,可以说服务器会承担非常大的压力,对于部分小网站来说,服务器甚至会崩溃。因此,很多网站都会选择"添加远程视频"的方式来发布视频新闻。

　　所谓"添加远程视频",跟"添加远程图片"是一个道理,就是直接复制视频的"播放器地址"(也称 flash 地址),需要注意的是,这里所谓的"播放器地址"同样也不是视频所在的网页地址,比如,信息采集员想要把优酷网站上的《90 后最美女孩山区办幼儿园义务教学》转载到自己网站上,不能复制其网页地址(网页地址的后缀是含有 html 的),而是要点击"转发"的图标,这时页面会自动弹出该视频的"播放器地址"或"flash"地址(其后缀是 swf),如图 10－2－87 和 10－2－88。对于不同的网站,"播放器地址"会存在不同的地方,但一般都会在"转发"和"分享"的周围,需要信息采集员自己去寻找。

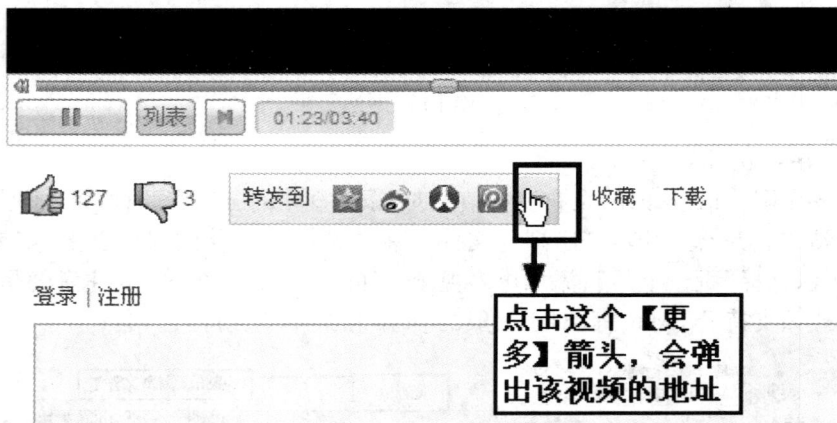

图 10－2－87

图 10－2－88

在复制了视频的"播放器地址"（flash 地址）之后，就点击"添加远程视频"，将视频的名字和地址输入进去，在对其进行内容描述之后，点击最下方的"提交"，然后等待栏目编辑审核即可。如图 10 - 2 - 89。

图 10 - 2 - 89

2)"视频介绍"

该栏是发布文字信息中的内容编辑区，也是发布图片新闻的内容介绍区。对于视频新闻来说，就是将该视频的介绍或相关新闻输入其中，具体的输入方法与文字新闻一样，这里就不再介绍。

【案例解析】

视频《美国重新发布公告称孔子学院合法》选自搜狐网 2012 年 5 月 27 日新闻。如图 10 - 2 - 90。

图 10 - 2 - 90

对于该视频新闻的上传，开始的部分跟文字新闻上传一样，选择一个发布的栏目，输入新闻的名称、作者、关键字和来源，之后选择"添加远程视频"，将视频的"flash 地址"复制粘贴,并在主体内容编辑区输入相关的新闻介绍,然后点击最下方的"提交",该视频新闻就已经提交到后台,等待栏目编辑审阅。如图 10 - 2 - 91。

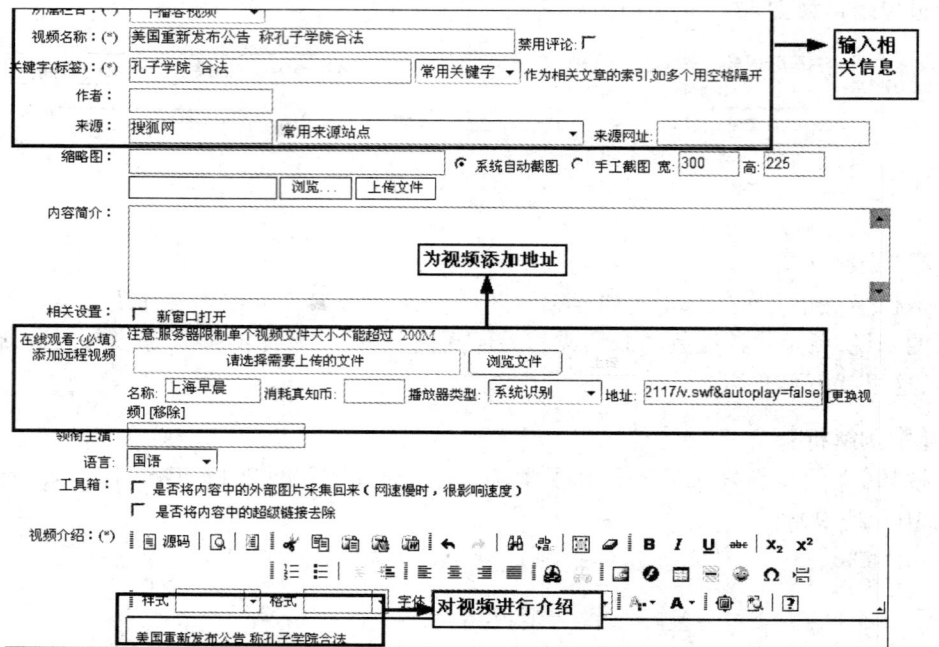

图 10 - 2 - 91

④制作专题

专题是一个网站的重要组成部分,现在,很多网站都开辟了专门的专题区域,根据时下热门事件来策划一个页面或活动页面,该页面往往包含网站相应的模块和频道以及与该事件有关的所有内容,包括事件回顾、文字新闻、图片新闻、视频新闻、网友评论等要素。如图 10 - 2 - 92 所示的腾讯网专题频道的一个页面。

要知道,网站信息库是一个非常巨大的数据库,每天都会有大量的数据更新,信息更新速度之快让很多读者无法捕捉到最核心的信息,如果信息的查找既费时又费力的话,网站会丧失掉一大部分读者群。所以,以专题形式聚集热点,具有连贯性、全面性、层次感、条理性,方便读者阅读,也就能够吸引更多的读者,提高网站被搜索到的概率。

另外,对于一个网站的内容来说,信息的全面是根本,特色是关键,网站的发展得益于活跃、灵性、优质的信息,而这些信息也形成一种文化元素,代表着网站编辑能力、思想素质、传媒导向的可信度。专题制作的质量好坏、思想深度、价值意义直接影响着网站的文化与生机。好的专题无形中就树立了网站的品牌形象,形式新颖,吸引读者。

对于网站而言,每天制作专题的界面是一件比较繁琐的事情,所以大多数网站都会要求网站技术人员制作一些专题的模板,信息采集员和编辑只需将相应的文字、视频、图片发布到具体的位置即可。以学生网站真知网为例,其专题页面由学生自己设计,虽然不是很成熟,但其后台发布的程序较其他网站来说大同小异,都是信息采集员先将新闻传送到专题栏目中,编辑再对其进行审核,确定其在专题界面中的具体位置,最后通过主任编辑审核。

图 10 - 2 - 92

本节主要介绍记者如何将新闻传送到专题栏目中。

以之前的文字信息《质朴和温情,纪录片打败热播剧》为例,记者在输入了文字信息后,可以点击"基本信息"旁边的"其他设置",如图 10 - 2 - 93。

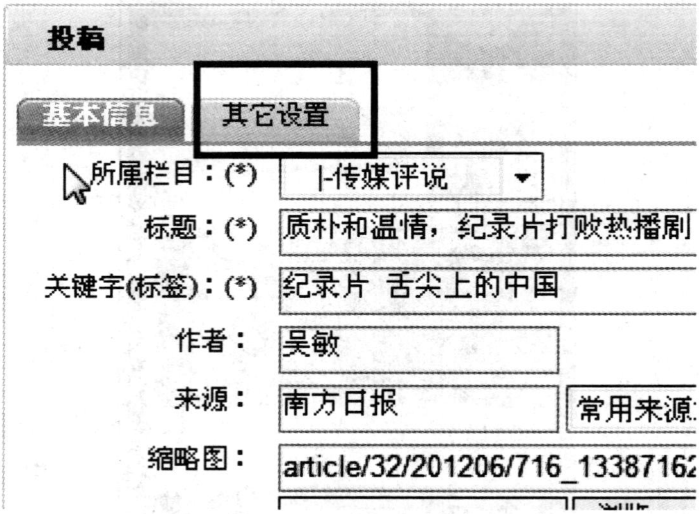

图 10 - 2 - 93

点击"其他设置"后,会看到如图 10 - 2 - 94 的界面,对于专题的发布,记者的职责比较小,只需将其采集的内容传送到专题的后台即可,即点击之前由技术人员制作好的《舌尖上的中国》这一专题栏,然后等待栏目编辑审阅即可。

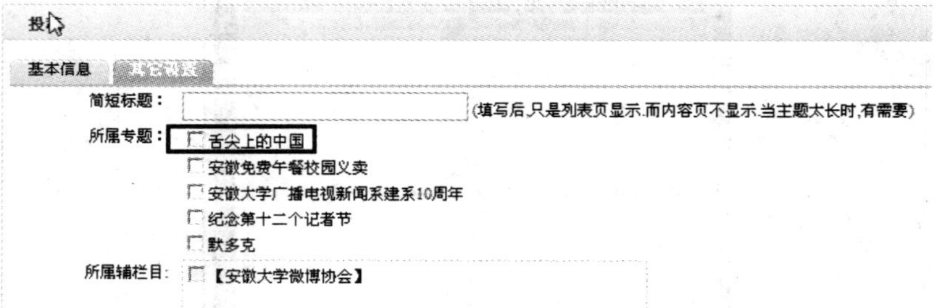

图 10 - 2 - 94

视频、图片新闻的专题制作也是如此,都是在编辑好后,点击"其他设置",选择相应的专题即可。这里就不再一一介绍。

(3)管理信息

由于各个网站对信息审核的流程不同,其审核步骤也不尽相同,但一般来说,网站对新闻信息的管理审核最少分为三层,信息发布员(记者)的自我审核管理和栏目编辑员的管理以及主任编辑(签发编辑)的审核管理。

有时候,新闻记者对自己发布的信息需要进行修改,就要重新进入后台对自己的信息进行修改。

而在记者采集完信息后,相关新闻会在网站的后台保存着,等待栏目编辑人员对信息进行审核。作为管理人员,其权限要比普通的信息发布人员大,除了具备发布新闻的职能外,还可以对稿件进行更加精细的修改、删除等相关操作。

最后,栏目编辑审核完的稿件会传送到主任编辑(签发编辑)那里,由他们进行最终的审核修改,并上传到网站上去,供读者阅读。

不管是文字新闻还是图片、视频新闻,其相关的编辑界面与稿件发布界面都大同小异,这里对一些不同的地方做一个简单的介绍。

①信息发布员的稿件管理

在新闻记者登录到后台界面后,点开功能分类窗口的"CMS 频道",会看到相关的管理功能,如图 10-2-95 所示。

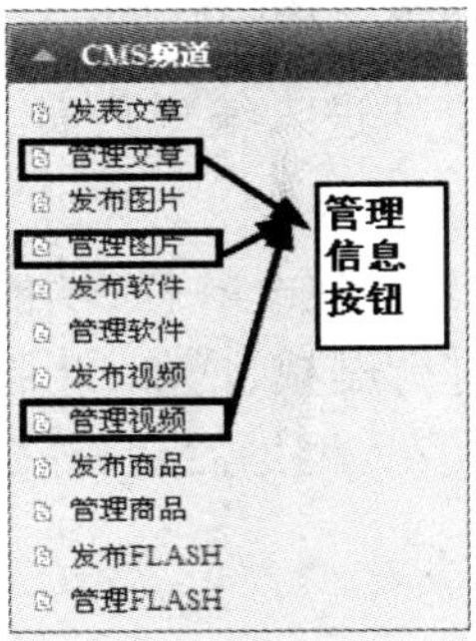

图 10-2-95

点击"管理文章"、"管理图片"和"管理视频"按钮,会进入相关的界面,比如点击"管理文章",会出现如图 10-2-96 界面:

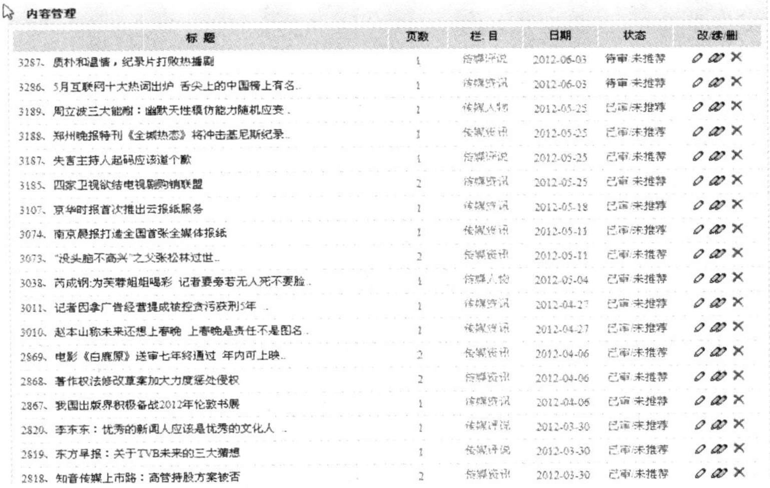

图 10-2-96

在这个界面,记者会看到自己所发布的所有新闻信息,包括新闻文章的页数,所上传的栏目、日期等。在"状态"一栏中,会有"待审"和"已审"两种信息状态。"待审"即意味着文章在后台保留,还未得到编辑的审阅,作者可以对其进行修改;"已审"则表示文章已经发布到网站首页,记者已经无权对其编辑。

"未推荐"状态则意味着文章没有得到编辑的推荐,一般情况下,编辑在审核稿件时,会推荐一些文章,即显示"已推荐",这样的文章会保留在网站首页的显著位置。

✎ 图10-2-97   修改按钮,对文章内容进行重新修改。

✏ 图10-2-98   续页按钮,对于页数较多的新闻,本按钮在继续修改文章的基础上,还可以直接续页,继续上传文字,方便快捷。

✖ 图10-2-99   删除按钮,直接删除该篇文章。

在该界面上,我们看到之前记者上传的新闻《质朴的温情,纪录片打败热播剧》还没有被编辑审核,因此记者可以重新进入编辑页面。点击 ✎ 按钮,会进入与之前发布新闻一样的界面,如图10-2-100。

这个编辑界面与之前的投稿界面完全一样,功能也完全一样,作者可以在里面对新闻进行各种修改,比如对文字进行删减、增加,删除图片,修改关键字等。修改好之后,点击"提交"按钮,文章就又会存入网站后台,等待栏目编辑的审核。

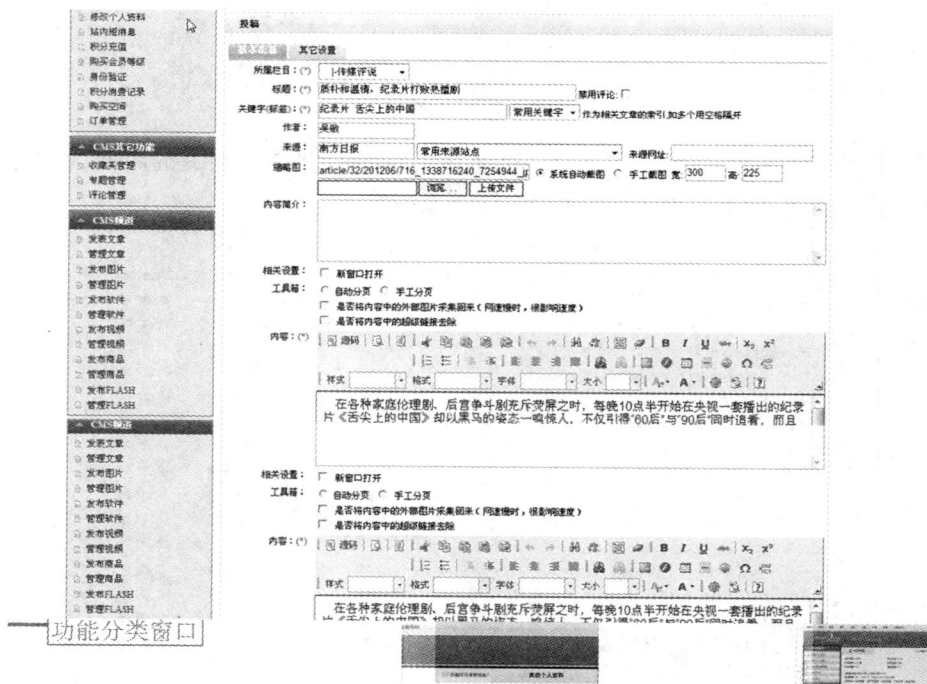

功能分类窗口

10-2-100

除了修改文章之外,记者对视频和图片的修改过程也是如此,都是先要点击"管理视频"和"管理图片"按钮,进入与投稿界面一样的区域,按照之前介绍的功能和步骤对相关新闻进行修改,由于之前对其已经进行了较为详细的介绍,本书这里就不再进行介绍。

②信息管理员的稿件管理

相对于信息发布人员的稿件管理,栏目编辑的管理权限就要大很多,他们不仅可以对自己上传的新闻进行修改,还有权限对其他人员的新闻进行更加细致的编辑审核。这种编辑不仅包括对文字图片相关信息的修改,还包括是否置顶,是否推荐等等权限,这些在下面的介绍中会详细讲解。

需要注意的是,不同的网站,信息审核的步骤也是不一样的,有些网站和新闻只需要编辑一审即可,但有些网站或新闻可能需要多层审核,但不管几层审核,大概的权限和功能是相类似的。

和新闻记者一样,编辑也要通过登录进入网站的后台,如图10-2-101。

图 10-2-101

总体来说,这个界面与信息发布人员的界面没有什么区别,只是如上图所画的区域有所不同。"稿件管理"是编辑人员对所有等待审核的稿件所进行的编辑管理。"评论管理"是编辑对网站的评论进行编辑。以下就开始一一进行介绍。

1)"稿件管理"

点击"稿件管理"后,会进入如图10-2-102所示的界面系统。

在该页面中,我们可以看到待审核和已经审核过的新闻、所属栏目、日期、发布者、推荐状态等,这里的新闻是指所有栏目的新闻,包括文字、图片和视频新闻。如果想要分类审核整理新闻信息,可以选择下方的"请选择要操作的栏目",点击下拉列表框,选择相应的栏目,就可以对相应栏目中新闻稿件进行编辑。

编辑文章大致分两种,一种是不针对文章的内容,只决定文章在页面中的位置。如图10-2-102画框部分。

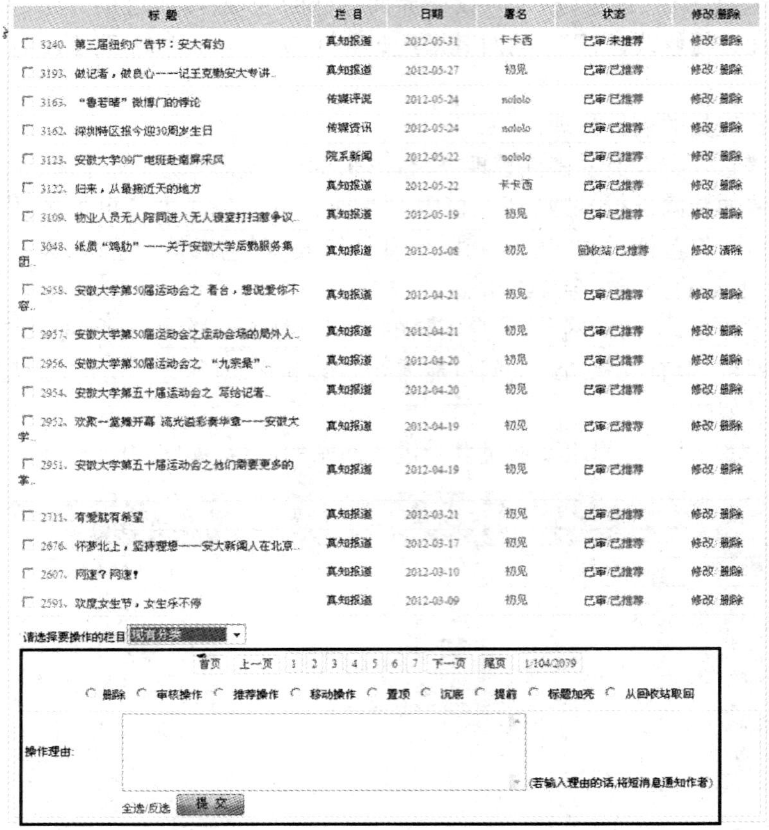

图 10 - 2 - 102

比如之前的稿件《质朴和温情，纪录片打败热播剧》，编辑就可以对其进行操作。具体如下：

首先，选中该文章，如图 10 - 2 - 103。

图 10 - 2 - 103

"删除"

选中该新闻，选中下方"删除"按钮，如果是彻底删除，就选择"彻底删除"，如果是暂时删除，编辑可以选择"放进回收站"，如需要发布再从该页面找回，因为放进回收站的新闻也是可以在这个页面找到的。此外，如果需要向记者解释删除理由，可以在"操作理由"一栏输入，信息会以站内信的形式发给该记者。最后，选择提交，就可以将这条新闻删除。如图 10 - 2 - 104。

图 10 - 2 - 104

除此之外,还可以选择文章后面的"删除"按钮,只是这种删除不是彻底删除,而是将其放入了回收站。

"审核操作"

该操作是决定文章是否能够发布到网上的关键,选择"审核操作"后,选择"通过审核",则文章会传送到主任编辑那里,等待审核。对于已经审核过的稿件,选择"取消审核",则该篇文章就从网站页面上消失,保留在网站后台。同时,可以输入相关操作理由,通知作者。如图 10 - 2 - 105。

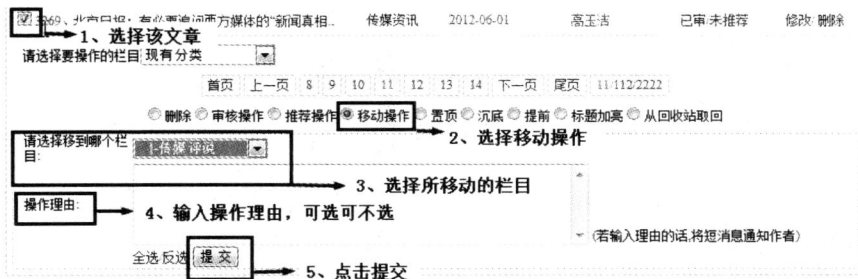

图 10 - 2 - 105

"推荐操作"

推荐是编辑的一项很重要的功能,即决定该文章的位置。一般来说,编辑编完的稿件会一篇一篇按顺序罗列出现,但经过推荐的稿件会出现在网页的显著位置(顶部或者专门的区域,视网站风格而定),方便读者阅读,也体现了该网站的意图和主旨。

具体操作如图 10 - 2 - 106。

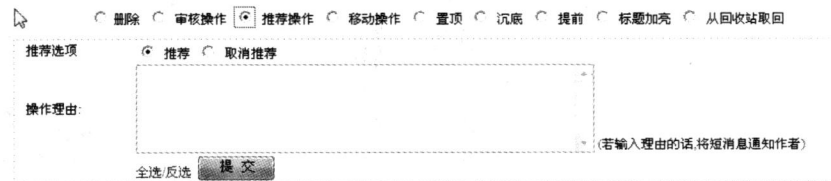

图 10 - 2 - 106

"移动操作"

有些时候,记者所选择的栏目可能不适合该新闻的具体内容,这时编辑可以进行移动操作,将其移动到合适的栏目组。如图10-2-107。

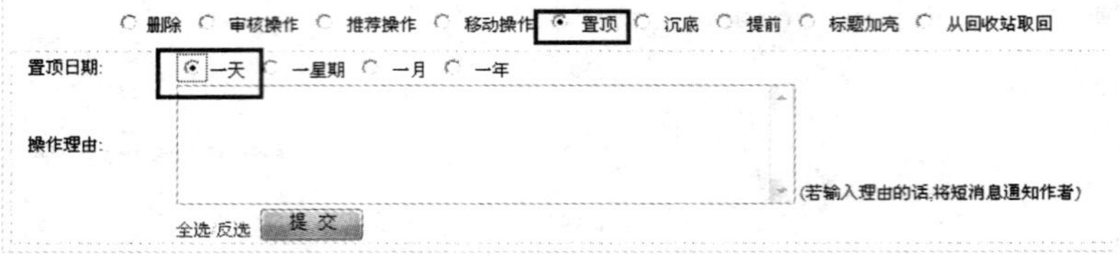

图10-2-107

"置顶"

置顶一般是结合推荐一起的,编辑在审稿的时候,有时会推荐不只一篇稿件,这时,可以选择一篇最重要的新闻,将其置顶,其他文章经过发布后只能在其下方显示。置顶是有时间限制的,在当今信息量极大的时代,很多网站上置顶的时间一般都不超过一天。具体操作如图10-2-108。

图10-2-108

"沉底"和"提前"

就是将某篇新闻放在另一篇新闻的前面或者后面,其操作方法比较简单,选中后,在对话框中输入另外一篇新闻的ID号,即可,如果不输入ID号的话,则该篇新闻会沉到最底。如图10-2-109。

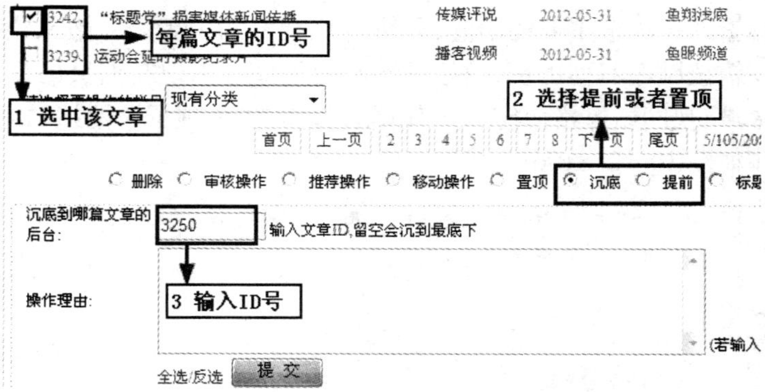

图10-2-109

"标题加亮"就是将标题换上其他颜色,使文章显得更亮。

"从回收站回收"

根据之前介绍的,对于一些没有被彻底删掉的新闻,编辑可以将其调回,重新编辑。如图10－2－110。

图 10－2－110

需要注意的是,这些功能都不是单独存在的,对于一篇文章来说,可以对其进行"移动操作"、"置顶"等多种设置,但最后,都要选择"审核操作",否则文章是不会传送到主任编辑那里去的。

当然,以上所介绍的只是编辑的一部分,在这里审核的新闻,栏目编辑都没有查看文章的具体内容,一般而言,栏目编辑都会先查看文章内容,对其格式进行简要的修改,再进行审核上传。如图10－2－111。

图 10－2－111

选择该篇新闻,点击"修改",会进入编辑页面。如图10－2－112。

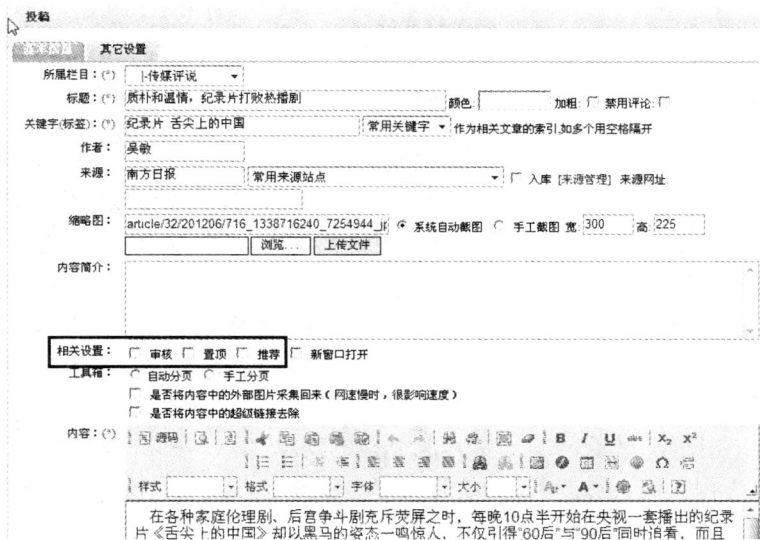

图 10－2－112

这个界面与投稿的界面基本一致，只是在如上图所示的"相关设置"中，包含了投稿界面中记者所没有的权限："审核"、"置顶"、"推荐"，这三个功能的相关说明在之前的叙述中已经提到，这里就不再作介绍。在选择上，编辑可以同时选择三个功能，也可以根据需要单独选择，但只有选择了"审核"，文章才能传送到主任编辑那里。

与记者投稿时的编辑一样，编辑在编辑好内容后，就可以点击"提交"，将信息提交到主任编辑那里去。

2) 专题管理

编辑的专题管理与记者发布的页面类似，进入的程序与编辑其他稿件的程序一样，都是点击个人主页上"稿件管理"，进入新闻列表界面，如图 10 - 2 - 113 所示。

图 10 - 2 - 113

点击"修改"，进入稿件编辑界面，如图 10 - 2 - 114。

图 10 - 2 - 114

在点击"其它设置"，进入专题管理界面，如图 10 - 2 - 115。

在这里，编辑可以对新闻的专题，所属的专题进行编辑，还可以对专题的模板和风格进行选择，正如之前所介绍的，网站都会想让技术人员制作一些专题的模板，编辑只需将新闻放置在专门的区域当中即可。如图 10 - 2 - 116。

不管是文字新闻，还是图片新闻、视频新闻，操作步骤都一样，这里就不再一一进行介绍。在选择好模板之后，就可以在"基本信息"中点击"提交"，等待审核。

3) 评论管理

不管是新闻网站、政府网站还是其他类型的网站，都会在新闻的结尾处设有评论专区，供网友进行交流，也提高了网站的浏览率和影响力。一般情况下，网友们的评论是不必经过审核的，一经发布就显示在了网上，但有些时候，网站需要对个别的评论进行部分操作，编辑的职责之一就是对这些评论进行管理，保证网站的正常运作和网民们正常有效的表达自己的意见。

与编辑们进入管理界面相类似,在后台的主页中,点击 ![] 评论管理 ,进入管理评论的界面。如图 10 - 2 - 117。

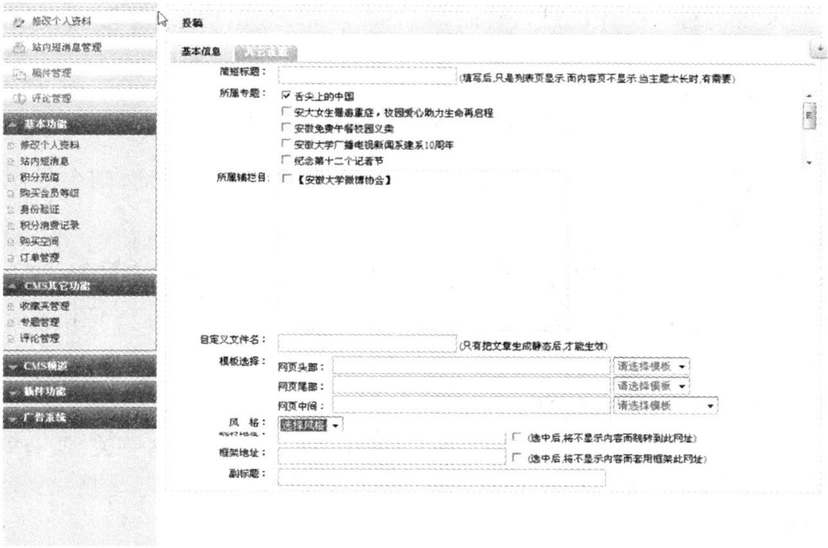

图 10 - 2 - 115

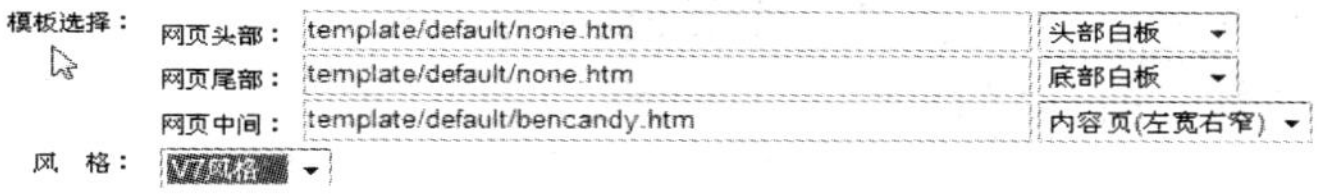

图 10 - 2 - 116

图 10 - 2 - 117

在这个界面中,编辑可以看到评论的内容、文章、日期以及评论者的用户名,并且可以对相关评论进行操作。

图10-2-118 "评论审核"该图标表示评论已经审核通过,可以在网站页面上看到。如果需要对一些评论进行管制,则点击该图标,出现 图标,表示评论没有通过审核。

图10-2-119 "非精华"该图标表示评论不是精华评论,没有在评论专区置顶或者没有在显著位置出现,点击该图标,可以将评论设为精华评论,则会显示 ,表示评论已经被设置为精华。

图10-2-120 "删除"点击该图标,评论将被删除,但要注意的是,这里的删除并不是完全的删除,而是将其放进回收站,等待主任编辑或其他更高层的编辑来进行审核。

③主任编辑(签发编辑)管理

签发编辑或者主任编辑,是稿件管理环节的最后一关,通过这一关,所有的新闻稿件包括专题稿件都会上传到网站上,供网友阅读;此外,还可以决定已删除到回收站的稿件、评论的最终归宿等。

根据网站的不同,签发编辑登录的界面也会有所不同,有的网站是签发编辑与栏目编辑使用的是相似的界面和登录方式,只是权限不同而已;有的网站是会在网站的域名后加入不同的后缀,提供另外一个界面,供编辑进入。

因为第一种和之前介绍的类似,这里就不再继续介绍,只是简单介绍下第二种签发编辑界面。

在输入网址,进行用户登录后,点击"内容管理"中的"文章"中的"管理"一栏,会进入如图10-2-121所示的界面。

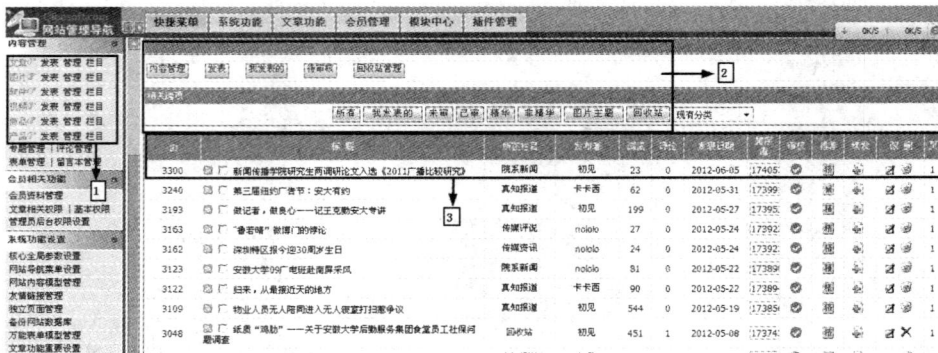

图10-2-121

1)内容管理区

这是主任编辑审核稿件的区域,选择文章、图片等任意内容分类,点击"发表",会弹出与栏目编辑相类似的内容发表区域，可以自行发表文章；点击“管理”，就会进入上述的界面，对文章进行编辑。

2）功能选择区

在该区域，编辑员可以有针对性地选择需要编辑的文章进行点击，比如点击“待审核”，就会出现如图 10－2－122 的界面，里面均为未经审核的新闻，等待编辑签发、发布。

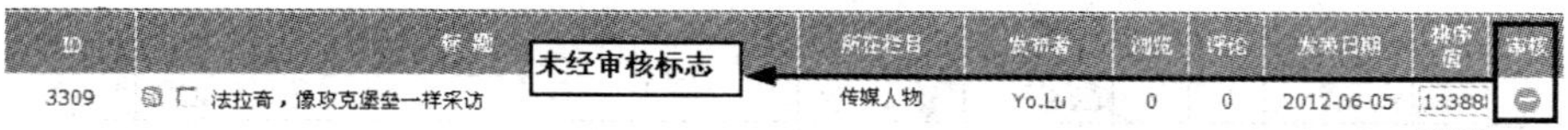

ID	标题	所在栏目	发布者	浏览	评论	发表日期	排序值	审核
3309	法拉奇，像攻克堡垒一样采访	传媒人物	Yo.Lu	0	0	2012-06-05	13388	

图 10－2－122

点击“回收站管理”，可以看到所有被删除到回收站的文章，编辑可以最终决定其是否可以发布或者删除。如图 10－2－123。

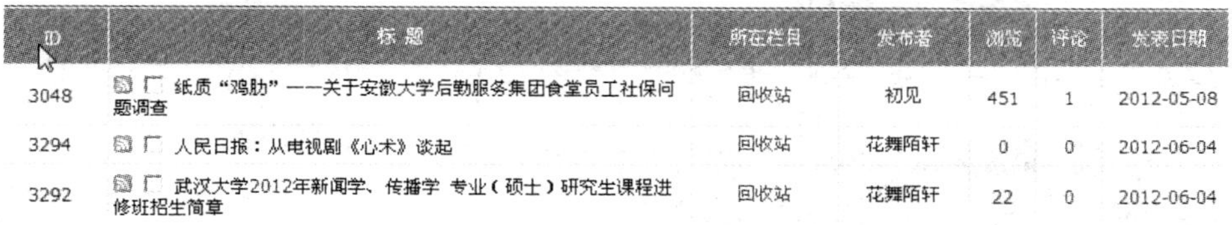

ID	标题	所在栏目	发布者	浏览	评论	发表日期
3048	纸质“鸡肋”——关于安徽大学后勤服务集团食堂员工社保问题调查	回收站	初见	451	1	2012-05-08
3294	人民日报：从电视剧《心术》谈起	回收站	花舞陌轩	0	0	2012-06-04
3292	武汉大学2012年新闻学、传播学 专业（硕士）研究生课程进修班招生简章	回收站	花舞陌轩	22	0	2012-06-04

图 10－2－123

3）内容编辑区

这部分就是对文章进行具体编辑的区域，如图 10－2－124。

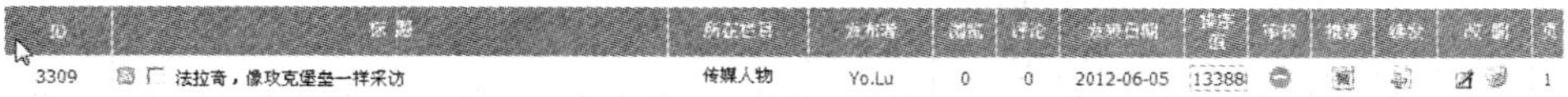

ID	标题	所在栏目	发布者	浏览	评论	发表日期	排序值	审核	推荐	续页	改 删	页
3309	法拉奇，像攻克堡垒一样采访	传媒人物	Yo.Lu	0	0	2012-06-05	13388					1

图 10－2－124

这里的操作跟栏目编辑的操作基本一致，点击 ，会进入与栏目编辑编辑文章时一样的内容修改界面，对内容进行进一步的编辑，此外，还可以对其进行推荐、续页等操作，最后点击 ，使文章通过审核，这样一篇文章就已经发布到网上了，读者可以从网上看到该新闻。

由于视频、图片新闻与其操作一模一样，这里就不再论述。

【案例解析】

对于一个网站来说，最能体现全媒体特色的就是专题制作。因为专题基本上涵盖了全媒体的所有内容，如文字新闻、图片新闻、视频新闻、事件介绍、网友评论和微博互动等。目前的很多网站，都非常重视专题主题的选取和内容的制作。因为从一定角度来说，这是网站吸引注意力的关键。

1. 网页专题模式

比如在关于“香港回归十五周年”的专题页面中，虽然腾讯网和新浪网在内容的选择上有所不同，但其页面的设置和版块的选择上，其模式基本一致。

先看一下新浪的专题,这个专题大致分成了三部分,第一部分是新闻的发布,包括文字新闻、图片新闻和视频新闻;第二部分是对香港回归十五周年的梳理,当然,这其中既有文字部分也有图片部分;第三部分是微博的互动。如图 10 - 2 - 125、图 10 - 2 - 126、图 10 - 2 - 127。

图 10 - 2 - 125

图 10 - 2 - 126

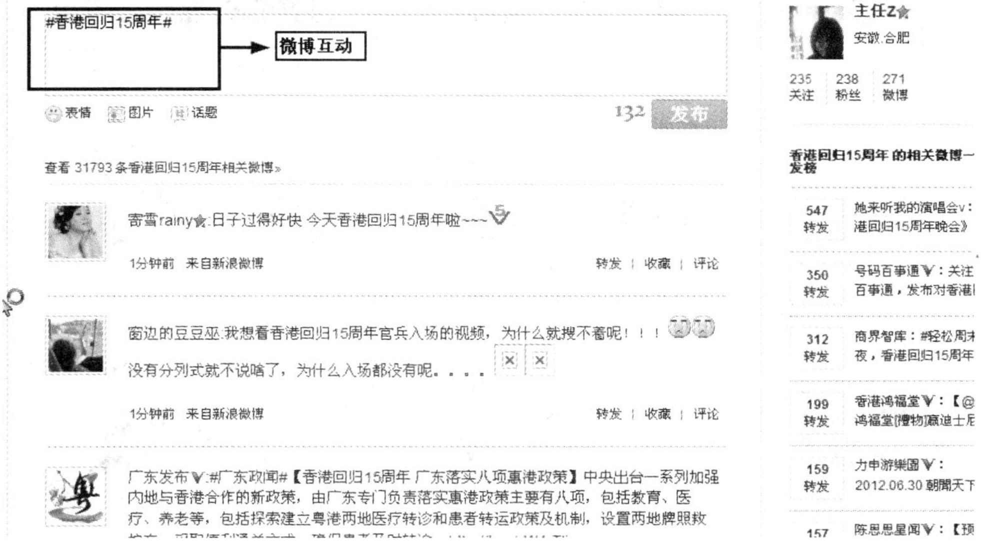

图 10 - 2 - 127

相比较新浪的专题,腾讯的专题在形式上也大同小异,大致分为三个部分,第一部分是滚动新闻,包括文字新闻、视频新闻和图片新闻;第二部分从衣食住行对香港十五周年进行了回顾和总结,分别分为香港回归十五周年之"高清图集""视频报道""第四任特首""品味香港""大事记""回归时刻";第三部分是网友们的互动和评论。如图 10 - 2 - 128、图 10 - 2 - 129、图 10 - 2 - 130。

图 10 - 2 - 128

图 10 - 2 - 129

图 10 - 2 - 130

　　在上述的两个例子当中,我们可以看出目前网站专题的一个整体趋势,就是注重在集合文字、图片、视频新闻的同时,扩展内容,对专题进行长期的深度的内容搜集和整理,并注重与网友的互动。

　　当然,网站专题的这样一个布局是有其特定的版面语言的。首先,网页能够承载众多的海量内容,也正因为如此,编辑往往将很多新闻摆放在页面上,用户可以自行点击标题,进入相关的界面;其次,图片的大量使用既丰富了网页的内容,又吸引了读者的注意;再次,由于用户读新闻的习惯是从左向右看,所以,网站的专题一般都把视频和图片这些具有视觉冲击力的新闻放在网页的最左边,力图最大限度地吸引读者的注意。最后,是注重与网民的互动。不管是微博还是论坛,网站在制作专题的时候都会注意与网友的互动,吸引网友们的长期关注。

2. 制作网页专题步骤

之前已经对网页的专题制作进行了简单的介绍,但那只是其中的一部分。

具体来说,专题的制作大致分为以下两个步骤。

第一,策划专题,搜集材料。

每天,社会上都会发生很多事情,编辑需要从中筛选出可以制作专题的新闻点;找到新闻点后,就要选取制作的角度,比如"香港回归十五周年",就会按照内容分为文字、视频、图片新闻,并从衣食住行等角度梳理十五年来香港的发展脉络;确定好分类后,编辑就需要组织相关素材(文字、图片、音频、视频、动画),并对材料取舍、加工,发布到系统中。

第二,后台操作,进行审核。

在搜集好资料后,编辑就可以把新闻上传到网站后台。一般来说,专题的页面都是有几个事先设计好的模板的,网站的技术人员会事先设计好专题的模板,编辑只需选择相应的板块,将新闻上传,然后等待审核即可。

对于一些重要新闻专题,由编辑、主任编辑、美工共同策划专题的页面及框架。这个过程在之前的"专题制作"中已经介绍过了,这里就重新回顾一下。

以之前的文字信息《质朴和温情,纪录片打败热播剧》为例,记者在输入了文字信息后,可以点击"基本信息"旁边的"其它设置"。如图 10 - 2 - 131 所示。

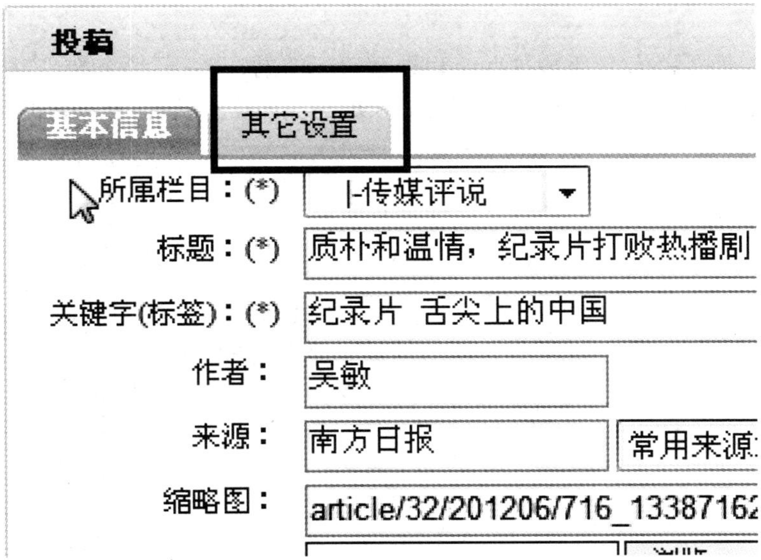

图 10 - 2 - 131

点击"其它设置"后,会看到如图 10 - 2 - 132 的界面,编辑只需将其传送到专题的后台,即点击之前由技术人员所制作好的《舌尖上的中国》这一专题栏,然后栏目编辑审阅通过即可。

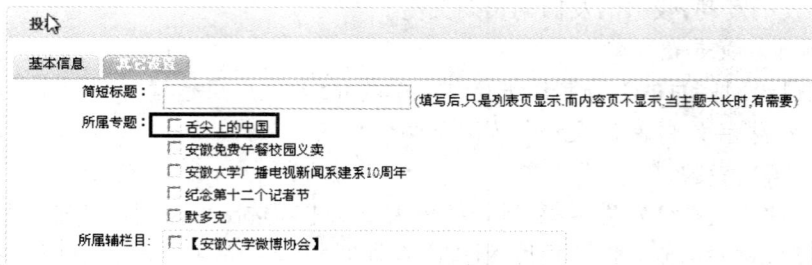

图 10 – 2 – 132

视频、图片新闻的专题制作也是如此,都是在编辑好后,点击"其它设置",选择相应的专题即可。这里就不再一一介绍。

本章小结

本章从网络内容管理系统的概述讲起,探讨了网络内容管理系统的诞生背景、概念、功能以及特点,介绍了网站新闻发布的一般流程、组成人员及其职责,并详细介绍了网站发布新闻的具体流程,目的是让读者对网络平台的新闻发布有一个比较全面细致的了解。

需要注意的是,仅仅掌握这些流程是远远不够的,还需要读者在平时的实践中多多练习,这样才能灵活运用网站内容管理系统的各种功能,制作出符合网站特色、吸引受众的新闻。

【思考与练习】

1. 何为网站内容管理系统?
2. CMS 网站内容管理系统的功能和特点各是什么?
3. 网站的内容发布由哪些人负责,具体的流程是怎样的?
4. 自己选择一篇文字新闻、视频新闻和图片新闻,分别在实验室的网站后台进行编辑发布操作。
5. 自己选取角度和文章,制作一期专题。要具备专题的所有内容。

第11章　微博内容发布

【本章学习目的】　作为中国社交网络中的一个重要组成部分,微博正不断走进大众的视野,成为人们生活的一部分。本章介绍了我国微博的定义、发展历程、发展布局以及发布的特点,力图让读者能够了解微博;此外,本章重点以案例的形式,讲解了如何使用微博,从注册微博到发布文字、视频等多种形式的微博信息,从发布微话题到在微群中发布信息,再到微博墙的应用,力图让读者能够全面掌握微博的内容发布。

【本章学习重点】　理解微博发布特点;掌握微博发布(文字、视频、图像、转发、评论)技巧;能够发布微话题并在微群中发布信息;了解微博墙。

【案例】

微 博 发 布

微博发布具有很强的综合性,涵盖了文字、图片、音频、视频等多种素材,并且内容短小,文字部分限定在140字以内。本章以"真知网"和"安大新闻传播实验中心"的微博为例来介绍。具体分析如下。

文字、图片案例

"#你好,310. 再见,310#方正实验室里的六十余台老方正退休了,他们的硬盘里记录了每个新闻人的成长,每一次报纸发排的欣喜,每一次打印失败的懊恼,每一个音频制作的新奇,每一次电脑死机的闷气。硬盘里的学号+姓名的文件夹还在,新闻人都在路上了。你好,310. 再见,310!"

图片案例也以上述内容图片为例,如图1所示。

胡夏-那些年-http://t.cn/SiTTll 🎵 最近比较喜欢听

▶ 点击播放音乐

+加标签

20秒前　来自新浪微博　　　　　　　　　　　　　　转发｜收藏｜评论

图1

视频案例

视频发布包括"上传视频"、"在线视频"、"分享电视"等多种方式，本章选择了动画视频《起司猫》和电视节目《快乐大本营》作为案例来介绍视频的各种发布方式。如图2和图3所示。

#湖南卫视~快乐大本营#费翔在叠纸飞机…… http://t.cn/zWADfD8

+加标签

6月23日21:55　来自看点-网页版　　　　　　　　　　　　转发 ｜ 收藏 ｜ 评论

^^^^^

图2

治愈系起司猫~~http://t.cn/zWA60jt

+加标签

6月22日23:59　来自新浪微博　　　　　　　　　　　　转发 ｜ 收藏 ｜ 评论

治愈系的经典哦，心情不好的时候就看看吧~~[起司猫].[ktxp][che\'s_sweet_home][01]
[rv10_aac][jp_cn][rv10] http://t.cn/zWAipmf

+加标签

6月22日23:27　来自新浪微博　　　　　　　　　删除 ｜ 置顶 ｜ 转发 ｜ 收藏 ｜ 评论

图3

音频案例

与视频相类似，音频的发布也有很多种形式，包括"搜索歌曲"、"喜欢的歌"、"输入音乐链接"，本章选取了胡夏的《那些年》为案例，来介绍如何用这三种方式来发布音频。如图4所示。

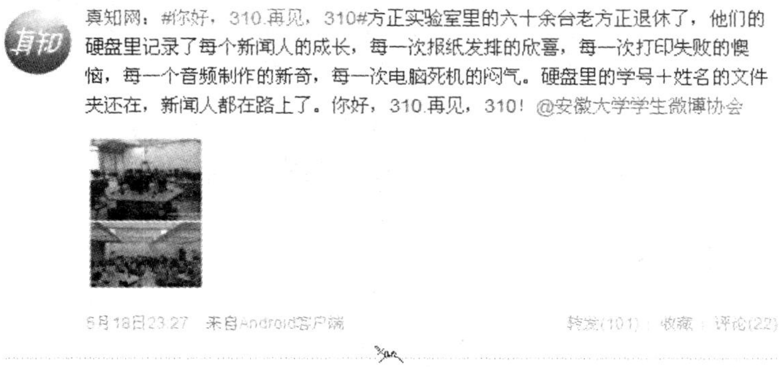

真知网:#你好,310,再见,310#方正实验室里的六十余台老方正退休了,他们的硬盘里记录了每个新闻人的成长,每一次报纸发排的欣喜,每一次打印失败的懊恼,每一个音频制作的新奇,每一次电脑死机的闷气。硬盘里的学号+姓名的文件夹还在,新闻人都在路上了。你好,310,再见,310!@安徽大学学生微博协会

5月18日23:27 来自Android客户端　　　　　　　　转发(101)｜收藏｜评论(22)

图4

当然,微博的发布内容远不止这些,本章还介绍了评论、转发、广场、微群、微博墙等功能,选取了"名人堂"、"真知网"和"安大新闻传播实验中心"的互动微博等案例来进行介绍。

11.1　微博发布概述

11.1.1　微博及微博的发展

1. 何为微博

中国互联网络信息中心(CNNIC)在 2012 年 1 月 16 日发布的《第 29 次中国互联网络发展状况统计报告》显示,截至 2011 年 12 月底,我国网民规模达到 5.13 亿,微博使用人数在这一年达到 24988 万人,比上一年暴涨近 300%。

如果说 2010 年被称为微博元年的话,那么 2011 年,微博则以迅雷不及掩耳之势火速蔓延,进入人们的视野。作为一种新兴的传播载体,微博不仅在中国社交网络中占据领先地位,更成为中国最具影响力的主流媒体之一。

李开复在《微博改变一切》一书中所指出的微博是一个高度社会化的传播平台,它集中了人们所熟悉的三种沟通方式——电子邮件、即时通信工具和媒体的优点,又分别赋予了它们社会化的特征。用简洁的方式来表达就是,微博=社会化收件箱+社会化即时通信+社会化媒体。[①]

本书认为,微博,即微型博客,也被戏称为"围脖",其源自英文单词 MicroBlog,是Web2.0 时代的最重要的产物之一,也是社交媒体(Social Media)的一种。微博是一种基于用户关系的信息分享、传播以及获取的平台。在这一平台上,用户能够利用多种

[①] 李开复. 微博改变一切【M】. 上海:上海财经大学出版社,2011

渠道(包括网页、手机、即时通讯、博客等),组建个人社区,以140字左右的文字发布文字、图片、视频、音频等形式的信息,并实现即时分享。

2. 微博发展历程

与众多互联网产品一样,微博也是"舶来品"。微博客的始祖是Twitter,创办于2006年,作为当时最具影响力的微博,Twitter的迅速走红带动了国内微博的发展。具体来说,我国微博的发展历经了以下三个阶段:

(1)初步引入期(2007年5月—2008年初)

自从Twitter在国外大红大紫之后,国内企业也纷纷效仿,将Twitter这种模式引入国内。2007年5月,依托校内网起家的黄兴创办了中国大陆第一个微博产品——饭否网(fanfou.com)。饭否的创建,开启了中国的微博时代。

饭否创建之后,一系列微博网站相继创建。如李卓桓创办的叽歪网,腾讯公司的微博滔滔等,在这一时期,微博都以独立的微博网站为主体。

(2)缓慢成长期(2008年—2009年8月)

在这一时期,国内微博经历了一个复杂的缓慢发展历程。2009年7月8日,饭否网的服务器被关闭,叽歪网等较早的微博产品也相继停止运营。这些微博的数量和规模不大,并且缺乏经验;用户的关注度相对偏低,其价值尚未得到充分体现。

不过,在沉寂之中,国内的微博也在缓慢发展着,继续焕发出新的活力。从2009年2月开始,嘀咕网、即时客、Fexion网、9911微博客、贫嘴、Follow5等一大批微博网站上线。虽然它们有的存在的时间比较短暂,但不可否认,大量的微博网站吸引了更多人的目光,也为后面国内微博的高速发展埋下了伏笔。

(3)高速发展期(2009年8月至今)

2009年8月,新浪微博开始公测,进入大众的视野,短短半年的时间里,新浪凭借名人效应拥有了大量的用户,并逐渐成长为中国最具影响力的微博。从新浪微博开始,中国微博进入了高速发展的时期,微博用户规模激增,微博也成为我国互联网发展的新的热点。

2010年被称为微博元年,从这一年开始,微博出现了井喷式的发展,不仅搜狐、腾讯、网易等门户网站推出微博,新华网、人民网、凤凰网、搜房网等多家媒体网站也推出了微博。

进入2011年和2012年,微博依旧保持了快速的发展态势,综合门户网站微博、垂直门户微博、新闻网站微博、电子商务微博、SNS微博、独立微博客网站纷纷成立,甚至电视台、电信运营商也开始涉足微博业务。此外,微博也逐渐渗透到社会的众多领域。"两会"带来了微博问政的持续升温,"微博打拐"、"大爱清尘"等活动带动了公益微博的发展,微博逐渐改变着人们的生活方式,并在众多公共事件中影响了公共舆论。作为一种互联网产品,微博在快速发展中不断走向成熟。

3. 国内微博的发展格局

经过了五六年的发展,在国内的微博行业市场上,目前,各类网站都相继开发了微博产品,大体上已达到20余种,形成了中国独有的微博嫁接资讯网站的发展特色。其中,主要门户网站的微博占了市场的绝大多数份额,比较有代表性的就是新浪微博和腾讯微博,搜狐微博和网易微博近一年多来也在迅猛发展;此外,人民微博、新华微博、凤凰微博这一类门户网站也在探索微博之路。另外,如天涯社区、百度贴吧等社区类网站也有自己的微博产品:天涯微博和百度 i 贴吧。

本章将对国内几款具有代表性的门户网站微博进行简单的介绍。

（1）新浪微博

新浪微博于 2009 年 8 月 14 日开始内测,它以"随时随地分享身边的新鲜事儿"为口号,是中国门户网站新浪网推出的微博服务,并为大众提供娱乐休闲生活服务的信息分享和交流平台。其登录界面如图 11 - 1 - 1 所示。目前,新浪微博拥有中国最多的微博用户。

新浪微博支持文字、视频、音频、图片的发布,字数限制为 140 字。其功能包括@ 、私信、评论、转发等。2010 年初,新浪微博推出了 API 开放平台。新浪微博采用加 V 的方式对公众人物、政府机关、知名企事业单位等实行身份认证,公众人物用户众多是其一大特色。

新浪微博依托于新浪网这一门户网站,占据着新闻传播的优势,包括玉树地震,南京爆炸案等,其现场度高,使用方便,传播速度与及时性突出,很多传播质量已经远超网络媒体,成为网友关注的热点和日常获取新闻的重要渠道。

图 11 - 1 - 1

（2）腾讯微博

腾讯微博于2010年4月1日开始进行小规模内测，它以"你的心声，世界的回声"为口号，是腾讯网推出的微博服务。如图11-1-2。

图11-1-2

与新浪微博一样，腾讯微博同样支持文字、音频、视频和图片的发布，具有"私信"功能，支持网页、客户端、手机平台的登录，支持对话和转播，在"转播"设计上，转发内容限制在140字以内。此外，腾讯微博更加鼓励用户自建话题，在用户搜索上可直接对账号进行查询。

作为中国最大的互联网综合服务提供商之一，腾讯微博的特点在于细致的产品功底和庞大的用户群。腾讯微博借助庞大的QQ用户进行微博账号的直接绑定，使其在注册用户上占据天然的战略优势。可以说，QQ本身为腾讯微博的发展提供了用户规模和沟通习惯的自然嫁接。

（3）搜狐微博

搜狐微博于2009年12月14日上线，于2010年4月正式公测。它以"来搜狐微博看我"为口号，是搜狐网推出的微博服务。

搜狐微博的登录界面如图11-1-3所示。除了支持文字图片、视频、音频的发布，具有评论、转发等功能外，搜狐微博的发布不再限制字数，用户可以随意发表看法表达自己的观点。另外，非注册用户也能查看搜狐微博的内容。

目前，搜狐微博正尝试打通旗下各产品线，发挥矩阵优势。整合博客、视频、相册、圈子等多个产品。

（4）网易微博

网易微博于2010年1月20日正式上线内测，3月20日上线公测。它以"有态度的微博"为口号,是网易公司推出的微博服务。其登录界面如图 11 - 1 - 4。

图 11 - 1 - 3

图 11 - 1 - 4

网易微博支持文字、图片等的发布,不同于新浪和腾讯的 140 个字,也不同于搜狐的无限制字数,网易将微博的发布字数限制在 163 个字。

区别于其他三家微博,网易微博坚持走草根路线,最初的阶段并没有打算推出名人认证这一功能。直到 2011 年初首次启用身份识别认证,推出"i 达人"计划。但其实名认证不局限于现实生活中的名人,所有在特定领域有专业影响力的用户都可成为达人。

与腾讯微博的营销类似,网易微博希望利用超过 3 亿的邮箱用户和 1 亿左右的博客用户,打造一个更开放的微博平台。网易微博目前还没有"明星效应"出现。而网易的微博字数最大限度之所以为 163 个,网易方面表示,这是为了突出"网易 163"的品牌特点。

11.1.2 微博发布特点

微博的迅速走红,与它自身的特性有很大的关系。微博的碎片化、即时性、交互性等特点大大降低了微博发布信息的门槛,几乎人人都可以随时随地表达自己的观点,发出自己的心声。因此,微博发展到现在,已经成为了大众传播信息的一种新的主流方式。

作为微博这一新兴媒体使用的重要工具,微博的发布环节显得尤为重要,正是由于微博具有以下的发布特点,使得微博能够在短时间内俘获大众的心。

1. 发布主体大众化

上一节所提到的《中国互联网络发展状况统计报告》显示,2010 年中国网民的微博使用率仅占 13.8%,而 2011 年该数据猛涨到 48.7%;从数量上看,2010 年微博使用人数仅有 6311 万,2011 年则暴涨近 300%,达到 24988 万人。

由此可以看出,微博发布的大众化特点愈发明显,越来越多的人参与到发布微博的大军中来。

尽管在推广期间,许多网站的微博都在借助名人的影响力来提高自己的市场认知度,但微博的本质在于为普通人提供了表达、分享和沟通的平台。这些普通人都在关注别人,自己也都被别人关注着。微博可以让普通人更方便地表达自己的感情和看法。在这里,民众不仅可以传达底层的声音,而且可以与更多的人产生共鸣,进而推动公共事物的进一步发展。

2. 发布内容个性化、随性化

微博操作简单、进入的门槛低,140 字的内容限制,对写作能力没有太大的要求,因此吸引了众多的草根民众参与其中。

这种简易的信息操作机制和随性的记录方式,催生了用户的个人表达欲望,也使得个性化的叙事风格在微博中较为凸显,一些源于普通民众的语句经过微博的传播后,被网民称为经典。在缔元信(万瑞数据)与新浪、搜狐、和讯、搜房等 10 多家媒体合作调查的《微博媒体特性及用户使用状况研究报告》中,用户在微博上最主要的行为就是"写微博,发表自己观点或发泄情绪"(占用户的 74%),主要发布的内容是"个人心情感受"(占用户的76%);这也使得微博发布内容愈加个性化。① 如图11-1-5、图11-1-6。

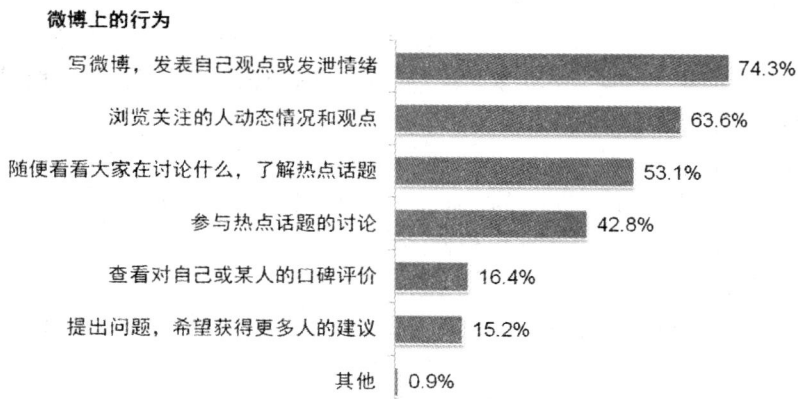

图 11-1-5

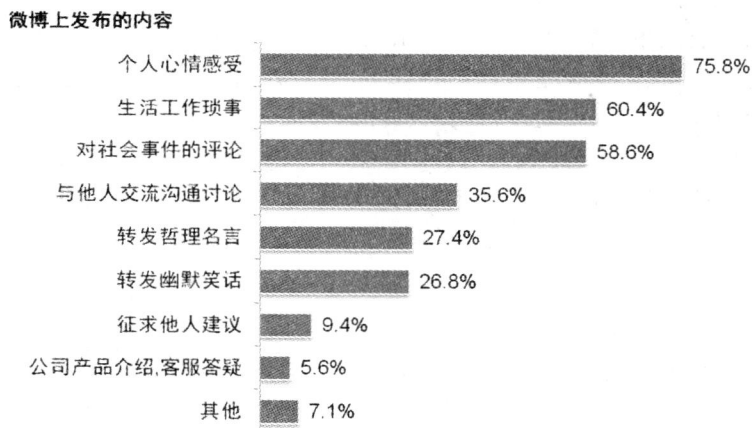

图 11-1-6

在个人微博个性化的同时,微博的内容也愈加随性化。这种随性化正是个人生活的日常体现。微博的出现使信息的书写、人们之间的沟通更加随性,使人们更方便地表达自己与获取信息。

在微博上,人们可以随时随地发布自己的任何状态和信息,天气、工作、心情,内容无所不有。图片、音乐、视频、音频,无所不包。

3. 发布方式便捷简单,即时性、动态性强

传统媒体(广播、电视、报纸、杂志等)的建立和运转,是一个复杂的过程,不仅需

_____

① 北京海纳互联网研究中心. 中国微博行业研究报告(2010-2011 年)

要经过层层核实和检验,还需要成百上千万的财力去投入和维持。但是,微博这一平台却使得发布简单便捷。

微博注册简单,网民只需填写电子邮件地址,设置登录密码即可成为微博用户。在使用过程中,"一点即发",用户只要会打字,会发短信,就可以在网络上发布相关内容,创建属于自己的"媒体"。140字这样一个简单的记录方式降低了用户的文字功底要求,也节约了时间成本,契合了现代社会快节奏的生活方式。在发布方式上,用户既可以通过登录微博网站收发讯息,又可以通过手机发布。

正是由于微博发布方式的简单便捷,很多人都可以利用手机等客户端随时随地记录身边正在发生的事情,所以微博也被称为现场直播,即时性和动态性很强。

比如在2008年5月12日14时28分04秒,中国四川汶川发生大地震,Twitter在约14时35分33秒披露了这一震撼性的消息,其快速的信息传播方式超越了传统的新闻媒体。

4. 转发威力强大,传播速度呈几何性增长

微博强大的转发功能也是其发布上的一大特点。在转发信息时,转发者可以加上自己的信息或观点,然后再进行发布。

这使得信息发生了转变:当第一个原微博产生后,它所传递的内容是线性的一级传播,当这条信息被其他关注者看见并且转发后,就发生了二次线性传播。两次线性传播并不是单向的直线,而是呈现出发散性的特征。

如图11-1-7所示,由A同时可以影响到B、C、D,B、C、D之间也绝非静止不变,他们既相互影响,又继续发挥传播效果,同时还会对A进行反馈,其全过程所实现的是传者与受者、受者与传者的全方位的身份置换与互动。

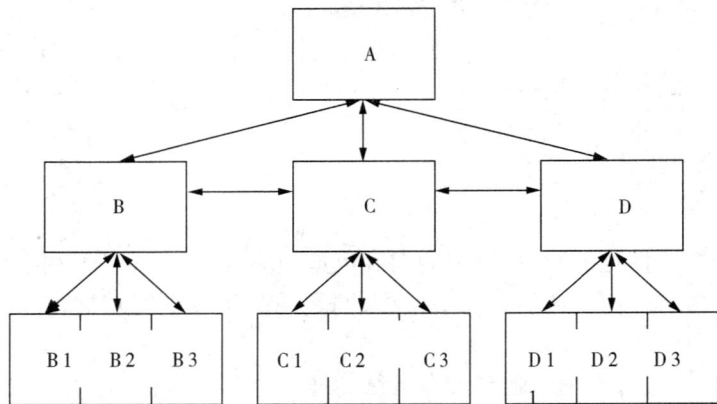

图11-1-7

由此来看,传播内容在微博转发的过程中,可能会发生很多次线性传播,这些线性传播交织起来,会形成一张传播网,这也就使得相关信息在迅速扩张,传播速度呈现几何增长。

11.2 微博内容发布流程

微博的发布有多种分类方式,按照发布主体来讲,可以分为企业、政府、个人等;按照发布的平台来讲,主要有网页平台、手机客户端等。一般来讲,不管是企业、政府还是个人,其微博的一般发布流程都大同小异,只是在内容的编辑上略有不同。

另外,新浪自2009年8月推出微博以来,已有数百万网友注册并使用,这其中既有像姚晨之类的娱乐明星和李开复等商界精英,也有许许多多的普通大众;既有各级政府的政务微博,也有企业的官方微博。新浪微博依托新浪网这一强大平台,吸引着众多的受众。可以说,在微博的发布上,新浪微博具有权威的示范性作用。

因此,本书将从网页平台和手机客户端这两种不同的发布平台入手,以新浪微博为模板,来介绍如何使用微博进行内容发布。

11.2.1 网页平台的操作流程

1. 注册

新浪微博的注册分邮箱注册和手机注册两种注册方式,进入新浪微博首页后,会看到如下的界面,如图11-2-1。

图11-2-1

点击"立即注册微博"",就可以进入注册页面,如图11-2-2和11-2-3。在注册界面上,用户可以根据自身的情况选择"电子邮箱注册"和"手机号码注册"两种方式,并按照其要求填入相关的信息,点击"立即开通",即可完成注册。

需要注意的是,邮箱注册后,新浪微博的链接地址会发送到注册的邮箱中,用户需要点击激活。短信注册用户需要点击"免费获取短信激活码",填写收到的短信激活码。

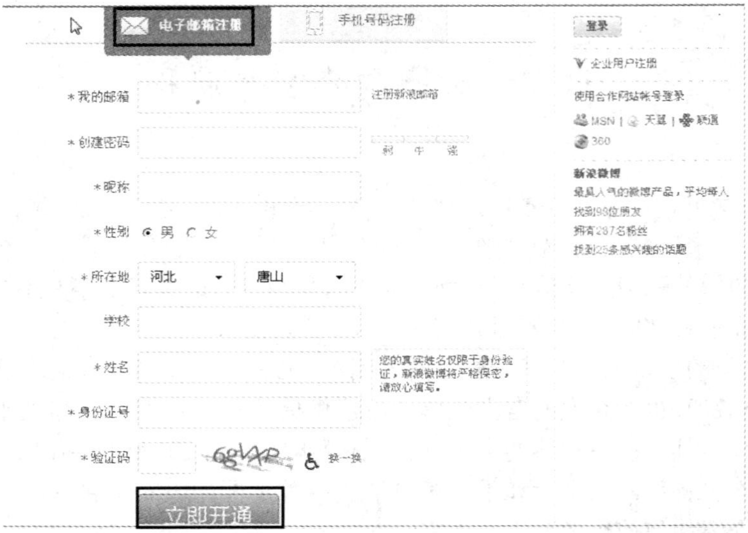

图 11 - 2 - 2

图 11 - 2 - 3

2. 界面管理

在微博注册完毕之后,就可以直接登录到自己微博的首页。以下就以真知网的微博为例,介绍微博的界面管理。

如图 11 - 2 - 4 所示,微博的界面大致由信息查看区域、功能分类区域、信息发布区域和关注的人所发布的微博区域四部分构成。

（1）信息查看区域

在图 11 - 2 - 5 显示的这个区域中,用户可以看到自己的部分信息,如所关注的人,自己的粉丝以及自己所发布的微博。

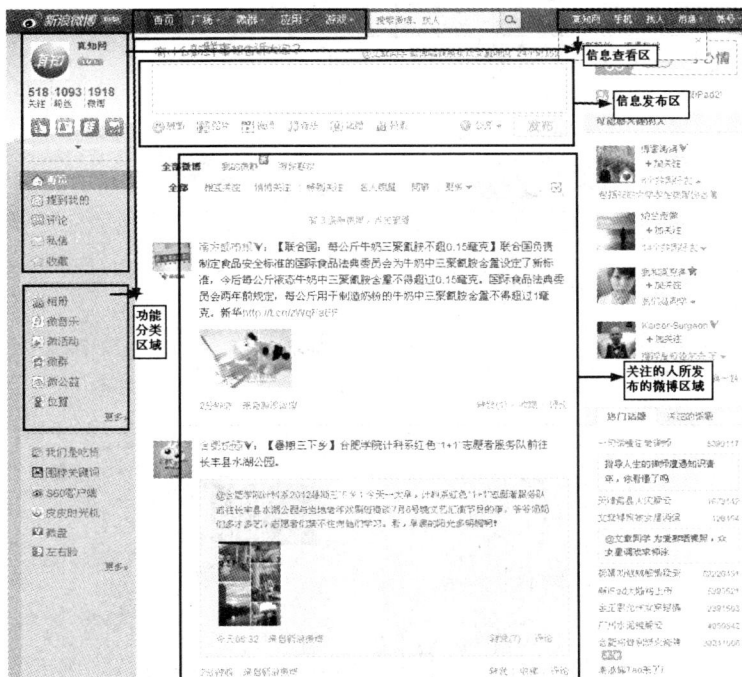

图 11-2-4

图 11-2-5

"关注"

关注的意思就是你成为了你所要关注的人的粉丝,以后他的微博上所有的更新都会显示在个人微博的首页上。点击"关注"按钮,会进入如图 11-2-6 所示的界面。

在关注的信息界面中,我们会看到,关注分"全部关注"和"互相关注"两个方面。"全部关注"是自己所关注的所有人,也就是说,这些人所发布的微博都会第一时间在自己的微博首页上显示。"互相关注",顾名思义,就是在你关注的所有人之中,有一部分人也关注了你,这样,你自己所发布的微博也会第一时间在对方的微博界面中出现,而那些没有关注你的人,则不会收到你的任何信息。

至于想查看是否互相关注,可以点击上面所介绍的"互相关注"进入查看,或者将鼠标移至该微博用户的区域,就会出现如上图所示的图标,则表示二者是互相关注的,如果想取消,可以将鼠标移至该用户区域,点击"取消关注"即可。如果没有那个图标,则意味着对方没有关注自己。如图 11-1-7 所示。

为了便于检索自己所关注的人的微博,用户可以"创建分组",将不同类型的微博放入不同的分组,以便自己检索。

微博最大的特点就是传播的无线循环性,在所关注的微博上,我们可以看到被关注者的关注人,我们共同的关注者等信息,用户可以点击进入,查看别人的关注信息,根据自己的情况选择是否增加关注对象。

图 11-2-6

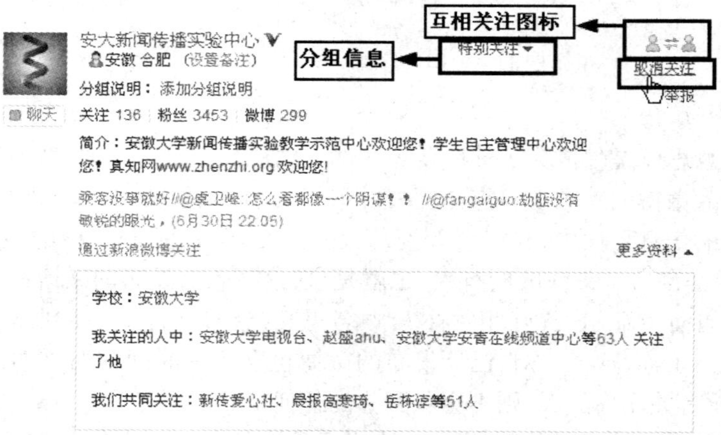

图 11-2-7

比如点击安大新闻传播实验中心的关注,如图 11-2-8,会看到其所关注的所有人,如图 11-2-9。

在这些微博中,用户可以自行选择需要关注的对象,比如上图的"安大新闻传播实验中心"的关注里面,有很多是"真知网"没有关注的,那么就可以点击"加关注",跳出如图 11-2-10 所示的分组对话框,在这个对话框中,用户可以自行设置关注对象的名称、组别等,然后点击"保存",关注就完成了。然后,用户也就可以第一时间看到新关注的微博的更新。

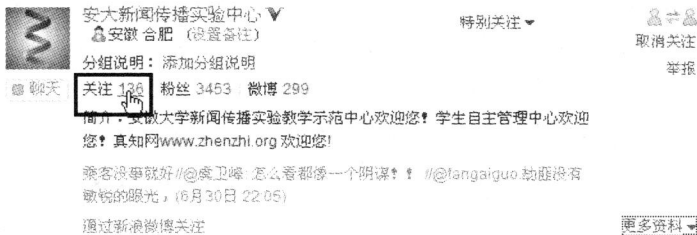

图 11 - 2 - 8

图 11 - 2 - 9

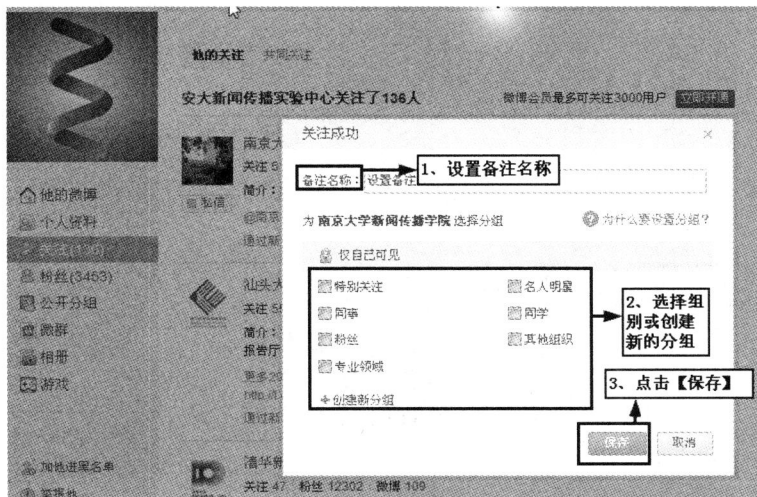

图 11 - 2 - 10

当然,因为很多用户关注了许多人,如果想要这样一下子从这么多的关注者中找到自己想要查找的人的微博不是一件容易的事。所以,用户可以通过右上方的查找对话框,如图 11 - 2 - 11 所示,或者左下方的"找人"按钮,如图 11 - 2 - 12 所示,来输入对方的微博名称或者自己所设置的名称、邮箱等完成信息的查找。

我关注了516人 开通微博会员可提高关注上限

图 11 - 2 - 11

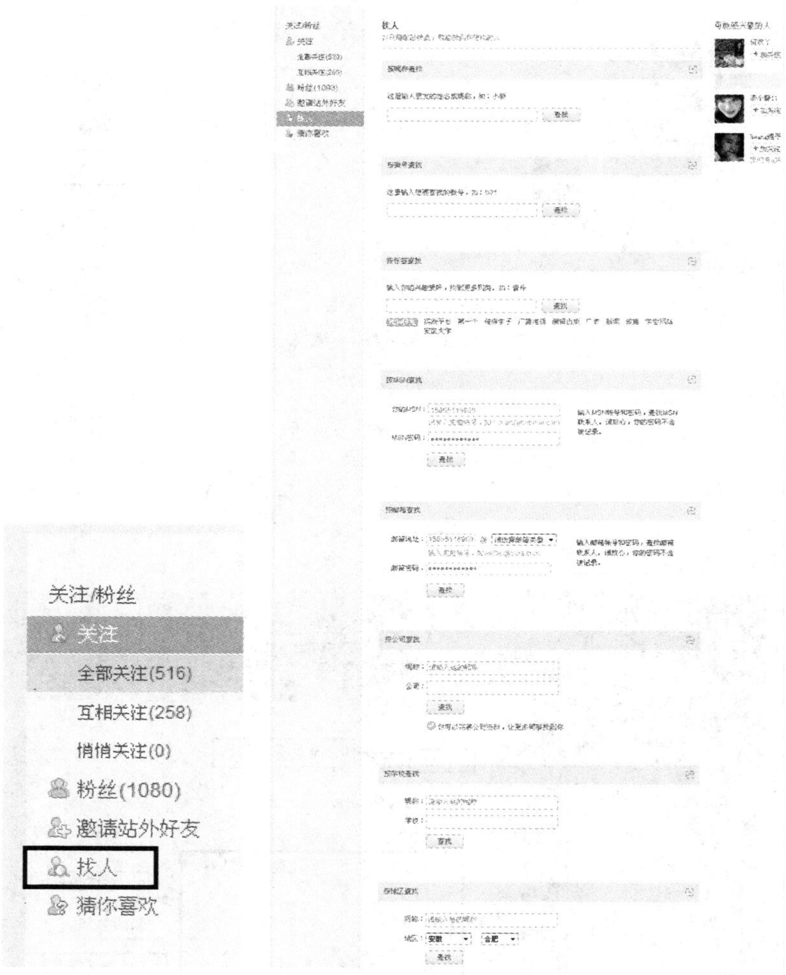

图 11 - 2 - 12

"粉丝"

粉丝是所有关注自己微博的人的统称,这些人中有一部分是自己关注了的,他们的微博能够在第一时间出现在自己的页面中;有一部分则是自己没有关注的,跟上文介绍的一样,他们的微博不会出现在自己的页面中。如图 11 - 2 - 13。

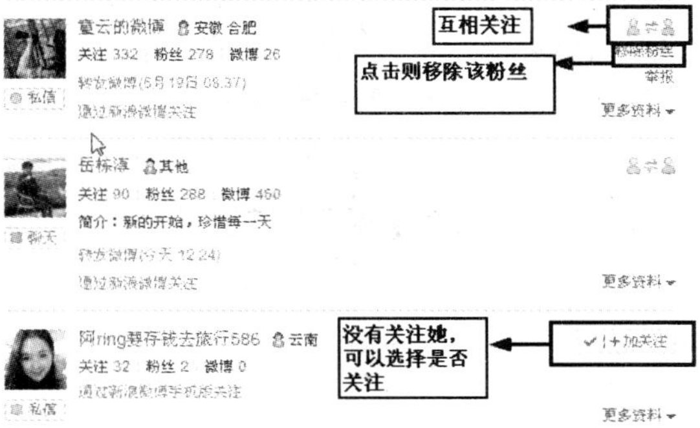

图 11 - 2 - 13

"微博"

点击后,会进入用户自己的微博界面,如图 11 - 2 - 14 所示。

图 11 - 2 - 14

在这一界面中,用户可以看见自己的一些个人信息,包括个人的资料、微博的网址、个人的微博、关注对象、粉丝人数等。

在左边的"个人资料"一栏,用户点进去后,可以对自己的个人资料进行设置。如图 11 - 2 - 15。

图 11 - 2 - 15

点击"修改",就可以对之前所进行的自己的资料进行修改。

另外,还可以设置个人的"标签","标签"是自定义描述自己职业、兴趣、爱好的关键词,方便其他人对自己的了解。通过标签,更多人可以找到你,而你也找到更多与自己志趣相投的人。一般来说,每个账户最多可添加 10 个标签,单个标签最多可输入 7 个汉字。

对于如何进行标签搜索,也很简单,点击"我的标签"下面的"标签管理",会出现之前出现过的"找人"界面,在"按标签查找"一栏中输入自己感兴趣的标签,就可以找

新
系闻数
列传字
教播时
材实代
材实务

428

到用同样标签定义自己的人。如图 11 - 2 - 16 和 11 - 2 - 17。

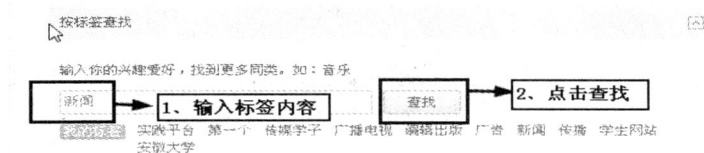

图 11 - 2 - 16

图 11 - 2 - 17

除了上述的信息查看外,我们还可以看到有两处信息查看的区域,如图 11 - 2 - 18 和 11 - 2 - 19。

图 11 - 2 - 18

图 11 - 2 - 19

这两部分有些内容是重叠的,在接下来的介绍中就不再重复介绍。

点击上图中的"真知网",就会进入之前图 11 - 2 - 14 所示的个人主页上。当然,

"真知网"只是用户自己的微博账号,不同的微博账号页面上,该处的内容也略有不同。

"手机"

这里主要是为用户提供手机客户端的下载,关于手机登录微博将在之后的部分论述。

"找人"

在微博中,有多个区域可以进行微博的查找和搜索。点击后,会进入之前图 11 - 2 - 18 所示的界面,用户可以通过输入昵称、微博号、标签等方式来进行查找。

"消息"

这一部分是整个信息查看区域中最重要的组成部分之一。在这里,用户可以看到自己与他人互动的各种信息。如图 11 - 2 - 20 所示。

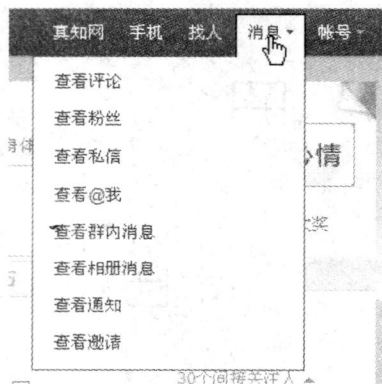

图 11 - 2 - 20

"查看评论"和"评论"

点击进入后,会看到别人对自己的微博所进行的评论。如图 11 - 2 - 21。

图 11 - 2 - 21

这部分评论是别人对自己微博的评论,将鼠标放在该微博上时,还可以对其进行删除,或者对评论者进行回复。如果要查看自己对别人的微博所作出的评论,则需要点击左侧的"发出的评论",还可以对自己的评论进行删除。如图11-2-22。

图 11-2-22

"查看粉丝"

当有新的粉丝关注自己的时候,该部分会给用户提醒,用户在点击"消息"中的"查看粉丝"之后,可以看到这些新的粉丝,然后根据自己的需要,看是否同时关注他们,如图11-2-23。关注的话,就点击"加关注",将其分配到合适的组别当中去。

图 11-2-23

"查看私信"和"私信"

私信是微博中的一个相对来说比较私密的功能。对于微博的一般功能,如转发、评论等,只要是用户自己的粉丝,都可以看到这些相关内容。但是私信却不一样,类似于QQ聊天,私信的内容只有双方才知道。只要对方是你自己的粉丝,你们之间就可以发私信联系。

私信的发布有多种渠道,可以在自己的"粉丝"页面中找到想要与之私信的人,点击头像下方的"私信"链接,就会弹出相应的对话框,用户可以在对话框中输入文字、表情、图片甚至上传文件,然后点击发送即可。如图11-2-24。

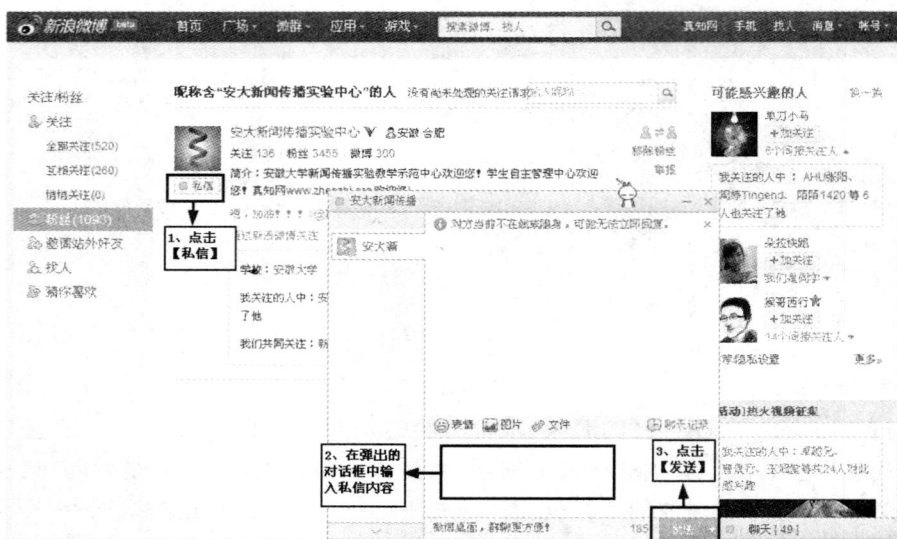

图 11-2-24

此外,用户还可以通过点击信息查看区域中的"私信"以及"消息"中的"查看私信"来进行私信的查看和发布。

在点击完"发私信"后,就会弹出一个对话框,在其中输入想要私信的对象的昵称以及内容,点击"发送",私信即发送成功。如图11-2-25所示。

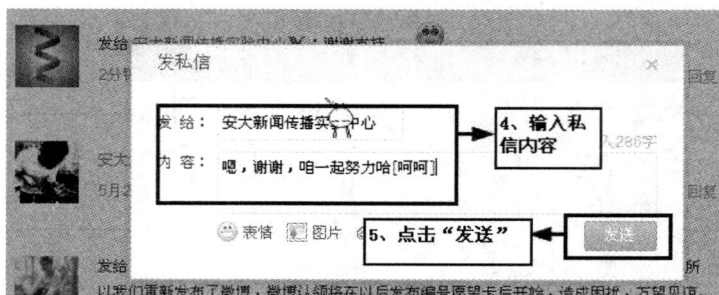

图 11-2-25

新

在图 11-2-26 的界面中,用户还可以看到自己的所有私信的内容,其中既包括自己给别人发的私信,也包括自己收到的私信,用户可以对其进行转发和回复处理。

图 11-2-26

需要注意的是,因为私信是保密的,只有收信人才能看到,所以可以放心把想写的内容发过去,但必须注意长度不能超过 300 个汉字。

"查看@我"和"@提到我的"

@功能是微博上一个十分重要的功能。2009 年 9 月 25 日,新浪微博官方博客发表博文《@功能上线,微博上交流更方便》,从此,微博的@时代来临了。

@即英文单词 at,即"向某某说"的功能,这一功能的上线,加强了微博发布的针对性。拥有了@功能之后,用户之间的交流更加紧密,也让许多微博用户用得更顺畅。

具体来说,可以从以下几个方面来了解@的功能:

第一,发布@信息

@的发布大概有两种方式。第一种是在信息发布区域发微博的时候直接输入@加对方的昵称即可,这种发布方式可以输入多人。需要注意的是,在发微博信息时,如果@的人是自己关注的人,那么当输入对方昵称的一个汉字或字母时,系统会自动弹出与之相关的所有人的昵称,但如果对方不是自己所关注的人,则需要将其昵称的全部都要输入进去才行。并且在输入完成之后,要空一格,然后再@下一个人。如图 11-2-27。

第二种发布方式是在"搜索栏"、"关注栏"或者"粉丝栏"找到想要@的人的微博,点击进入该人的页面,在页面的中间偏上部分有"@他"这一行工具栏,点击后,直接输入相关信息,等对方登录微博时,就会看到@他的信息。具体如图 11-2-28 和图 11-2-29。

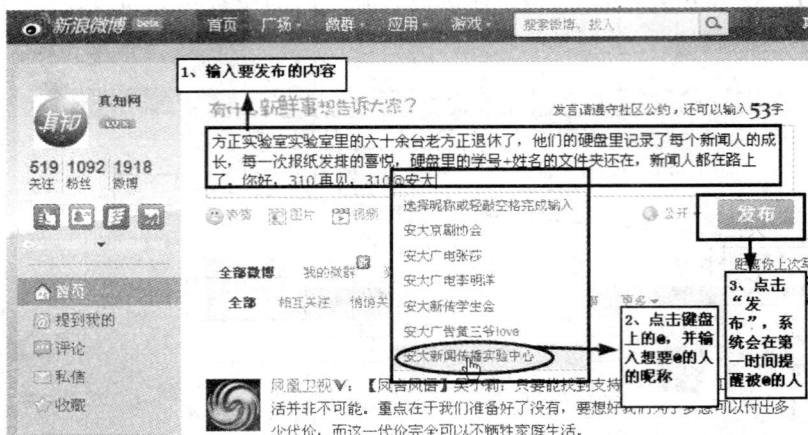

图 11 - 2 - 27

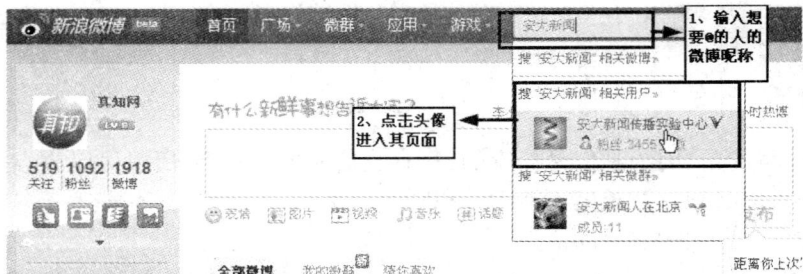

图 11 - 2 - 28

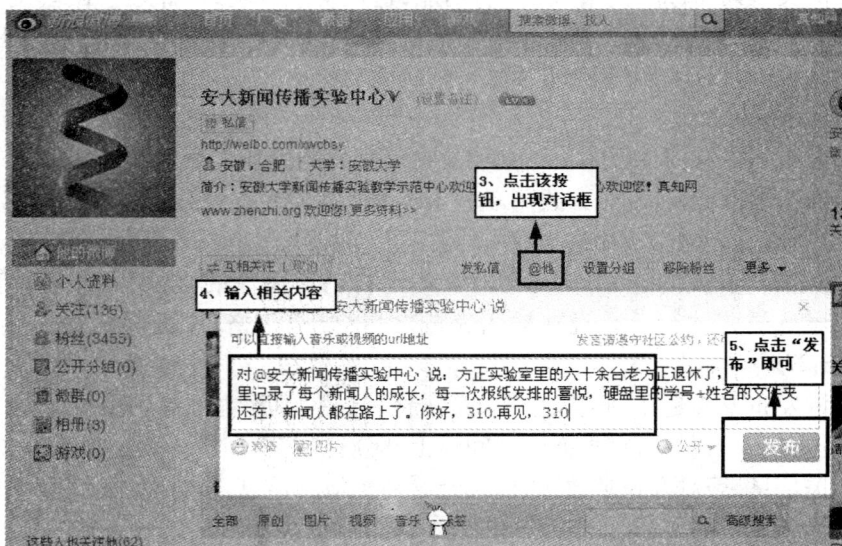

图 11 - 2 - 29

第二,查看@信息

一般来说,当有人@你之后,在你登录微博的第一时间,系统就会自动提醒"有@你的信息",此外,用户还可以点击右上方"消息"中的"查看@我"或者左上方的"提到我的"这两个按钮,进入@信息的界面。

在这个界面,我们可以看到所有@我的微博,还可以对这些微博进行再一次的"转发"、"评论",或者对该条微博进行"收藏"。

对于自己的微博而言,只要别人对其进行了转发或者评论,自己的微博前就会有"@自己昵称"这个字眼,哪怕最后这些评论与自己无关,那么在不断的转发和评论的过程中,自己仍然会收到@的信息。如图 11-2-31 所示,自己发的微博已经被 8 个人转载,那么,自己也会收到 8 条相关的@信息。

图 11-2-30

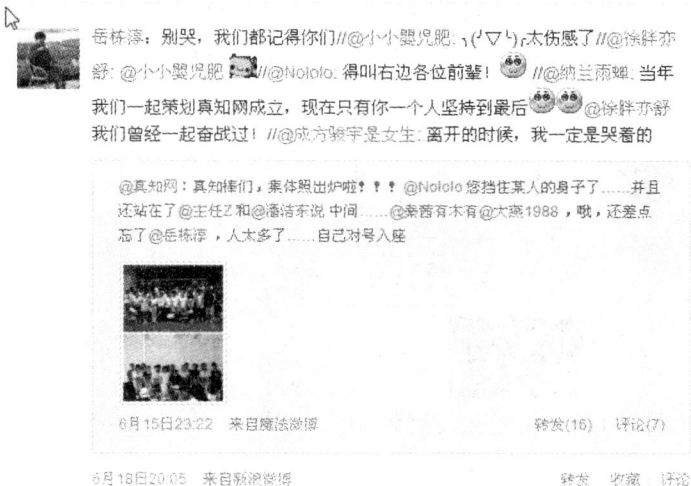

图 11-2-31

别人的微博里@了自己,那么,在之后任何人只要转发了此条微博或者评论了此条微博,自己也会持续收到@的信息。如图 11－2－32 所示,真知网的微博就会收到两次@的信息。

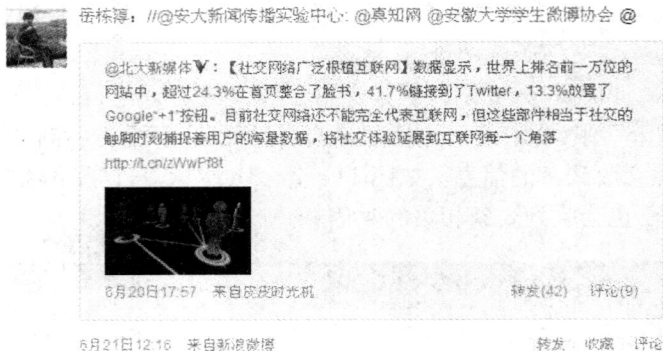

图 11－2－32

这种@的功能,既方便了大家之间的沟通,又拓展了每个人的交际空间。因为在不断的转发和评论的过程中,肯定有一些自己之前不认识的人,在不断的转发和评论中,可以通过"@昵称"这个字眼,直接点击该人的个人页面,进行了解和沟通。比如,"真知网"对"安大新闻传播实验中心"并没有关注,在转发的过程中对其产生了兴趣,就可以将鼠标移动到其昵称上面,点击进入它的个人主页,选择是否将其关注,进行进一步的互动。

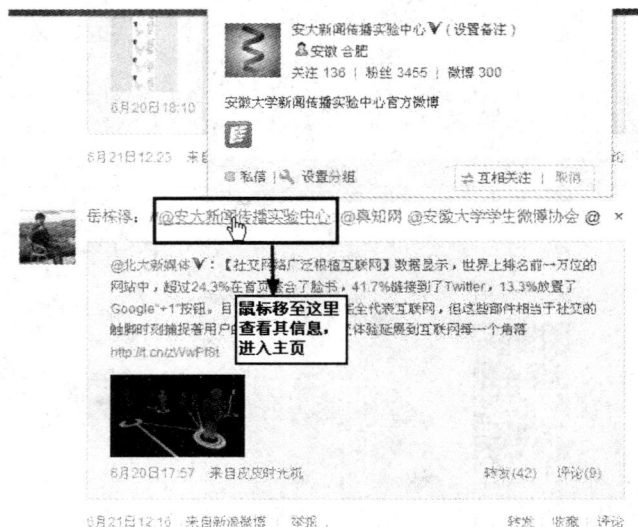

图 11－2－33

"查看群内消息"

微博中也有很多微群,类似于 QQ 群,如果自己加入的群中有任何消息,则会在这里显示,针对其他人的发言,还可以进行回复。如图 11 - 2 - 34。

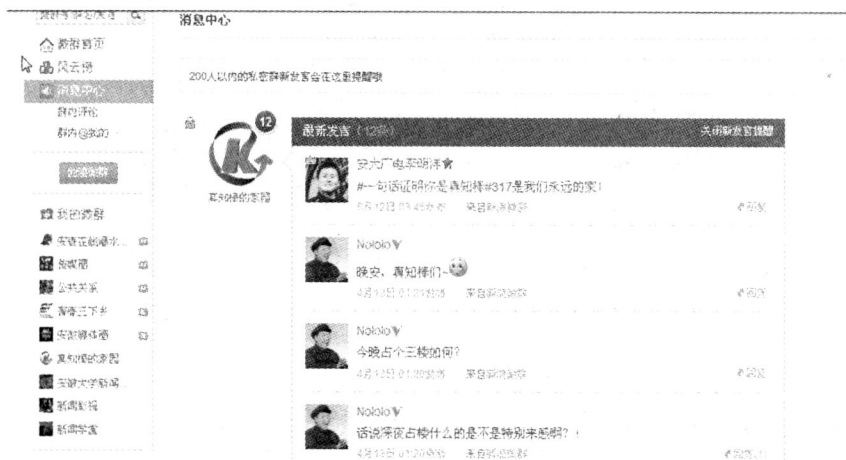

图 11 - 2 - 34

"查看通知"

用户在微博上进行的一系列行为,比如加入微群等待审核,上传视频、获得勋章等,系统会自动发送通知,告知事情进展情况。如图 11 - 2 - 35。

图 11 - 2 - 35

"收藏"

对于一些用户感兴趣的微博,但是又不想转发和评论,就可以将其收藏起来,具体操作是点击该条微博下方的"收藏"按钮即可。如图 11 - 2 - 36。

你也是这样吗

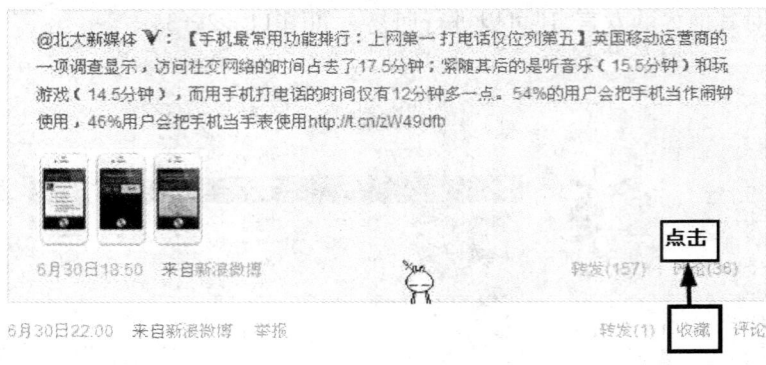

图 11 – 2 – 36

然后点击左上方的"收藏",对收藏的内容进行查看。如图 11 – 2 – 37。

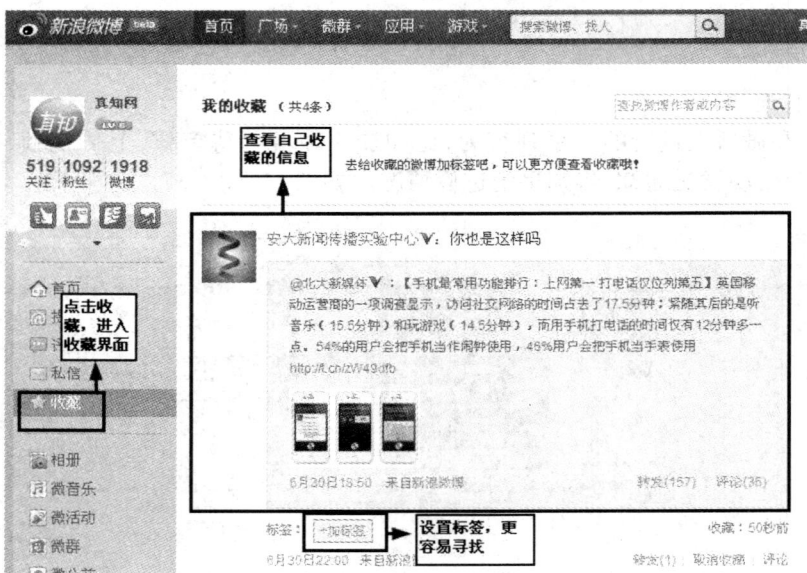

图 11 – 2 – 37

（2）功能分类区域

在用户的微博首页界面,大致有两个功能分类区,如图 11 – 2 – 38 和图 11 – 2 – 39。

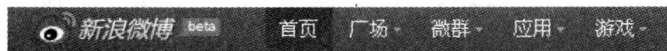

图 11 – 2 – 38

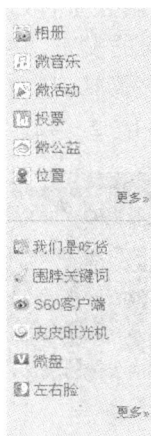

图 11 - 2 - 39

具体来说,图 11 - 2 - 39 中的内容是图 11 - 2 - 38 中的常用程序,在这里就不再介绍。这里主要以图 11 - 2 - 38 中的分类为依据,来介绍微博中的部分应用程序。

"广场"

新浪微博中的广场就是系统随机选择的一部分质量比较高的微博的集合。一般来说,如果用户刚刚注册微博,不知道说什么,不知道该关注谁的时候,就可以去广场看看大家都在说什么,寻找自己感兴趣的人关注,寻找自己感兴趣的话题发表自己的意见。如图 11 - 2 - 40。

图 11 - 2 - 40

微博中的广场有很多分类,比如名人堂、微话题、微访谈、微公益、风云榜等,用户可以进入任何一个广场,观看其他人的发言,并可以发表自己的意见。比如进入"名人堂"后,会看到里面既有名人的热门微博,还有热门分类,使用户可以根据自己的兴趣进行选择。如图 11 - 2 - 41 和图 11 - 2 - 42。

图 11 - 2 - 41

图 11 - 2 - 42

"微群"

微群从某种意义上来说,类似于我们平时经常接触的 QQ 群。微群从某种程度上说也具有地域性和专业性,在一个微群中的人,往往具有某种关联性,或是具有同样的兴趣爱好,或是原来就互相熟识的人。大家在这个群里可以发微博、上传文件,还可以发起活动。

图 11 - 2 - 43 是微群的页面截图,图 11 - 2 - 44 是微群首页的部分截图,在这里,用户不仅可以看见自己已经加入的微群,搜索微群;还可以根据系统的筛选,选择自己感兴趣的微群加入,发表自己的看法。

除了"广场"和"微群"外,"应用"和"游戏"也是比较常用的功能分类,这两部分一般都是供应商提供的休闲产品应用,用户可以根据自己的需要进行选择,这里就不再介绍。

(3)信息发布区

这部分是整个微博发布的核心地段。微博的内容发布十分简单,只要输入相关的文字即可,具体如何运用微博进行内容发布,本章将在以下几个部分进行详细的介绍。

(4)关注的人所发布的微博区

这部分是整个微博界面的核心,用户可以在该界面看到所有自己关注的人的微博,不管是自己发布的,还是转发的,抑或是评论。用户自己还可以对其他人的微博进行转发、收藏、评论或者查看其他微博用户的个人信息。

3. 微博内容的发布、转发与评论

(1)微博发布

微博的发布主要是在图 11 - 2 - 45 的微博信息发布区域中进行。其中主要包括文字、图片、视频和音乐的发布。这些内容可以分开发布,也可以综合到一起发布。

441

图 11 - 2 - 43

图 11 - 2 - 44

图 11 - 2 - 45

在发布的按钮中,有一个"话题"按钮是其他类似的交友工具不常见到的。微博中的"话题",就是很多人可以一起讨论的信息,就是微博搜索时的关键字,其书写形式是将关键字放在两个"#"之间,后面再加上你想写的内容。

图 11 - 2 - 46

点击"话题"按钮,会出现点"#请在这里输入自定义话题#"的字样,在两个"#"中间输入需要讨论的话题的关键字,或者在系统筛选出的热门话题中选择,然后再在后面发表自己的看法。这样,当其他人点击该话题的关键字时,就会看到所有相关话题的微博。如图 11－2－47 和图 11－2－48。

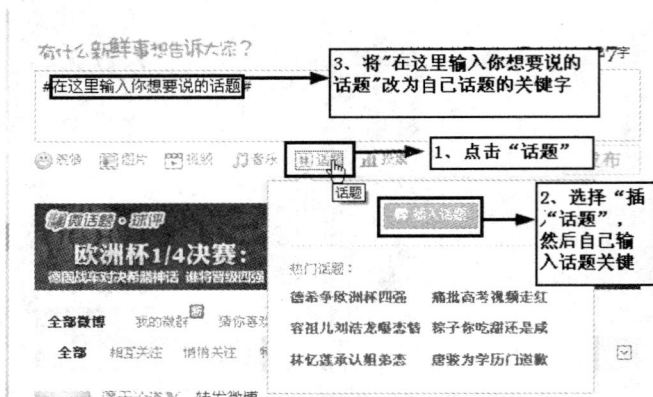

图 11－2－47

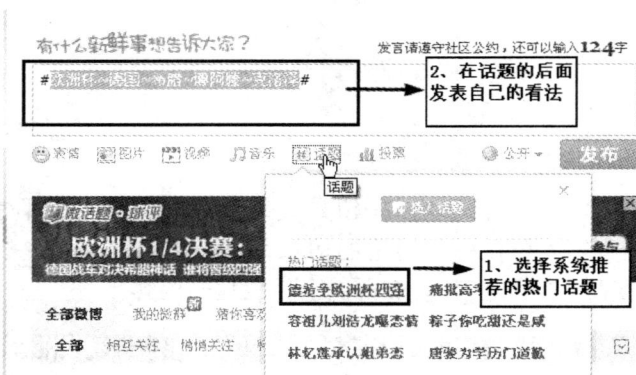

图 11－2－48

① 文字、图片和话题的发布

比如,想要发布一条如图 11－2－49 的包括文字、图片和话题的微博,就要进行如下的操作。

首先点击"话题",在##里面输入本次话题的关键字"你好,310. 再见,310",然后输入所要发布的微博的文字内容,需要@ 的微博昵称。如图 11－2－50。

输入完文字后,就进行图片的上传。点击"图片",按照自己的需要,选择是上传"单张图片"还是"多张图片",或者是"大头贴"。因为本条微博上传了两张图片,所以选择"多张图片",点击后,会弹出一个图片的对话框,在这之中,可以选择图片的衔接样式。"模板拼图"就是根据模板来进行图片的放置;"图片拼接"就是上传的图片按照顺序从上到下拼贴在一起。选择好图片并安排好图片的布局后,就点击"上传到微博",这样图片就已经保存到要发送的微博中去了。如图 11 - 2 - 51、图 11 - 2 - 52、图 11 - 2 - 53。

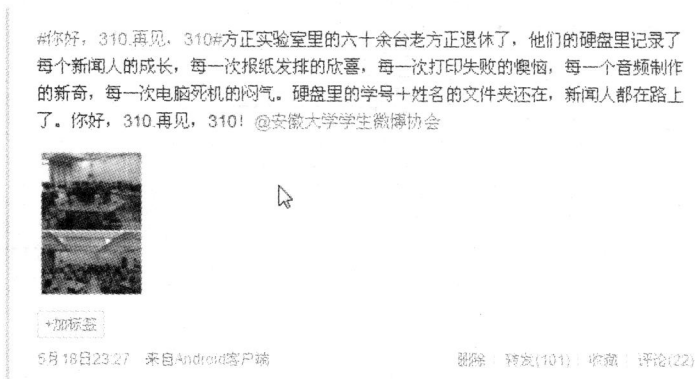

图 11 - 2 - 49

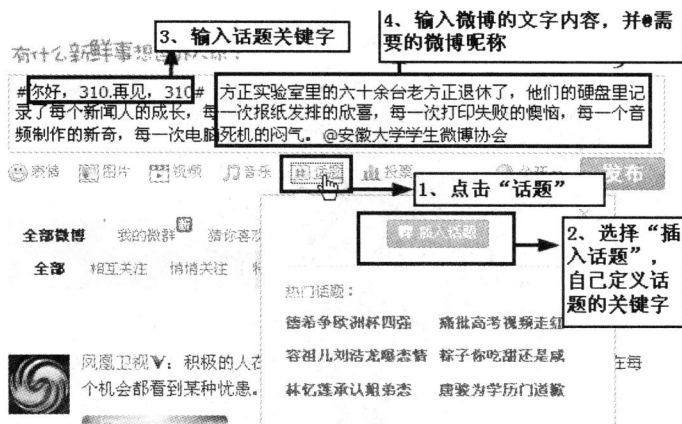

图 11 - 2 - 50

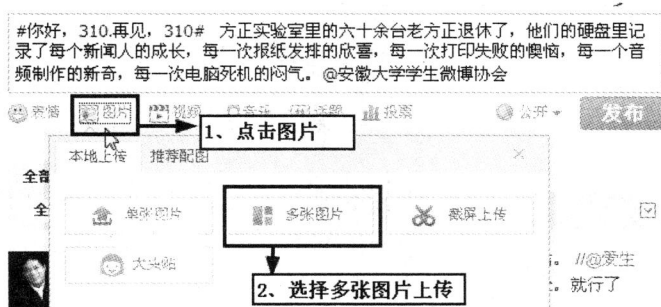

图 11 - 2 - 51

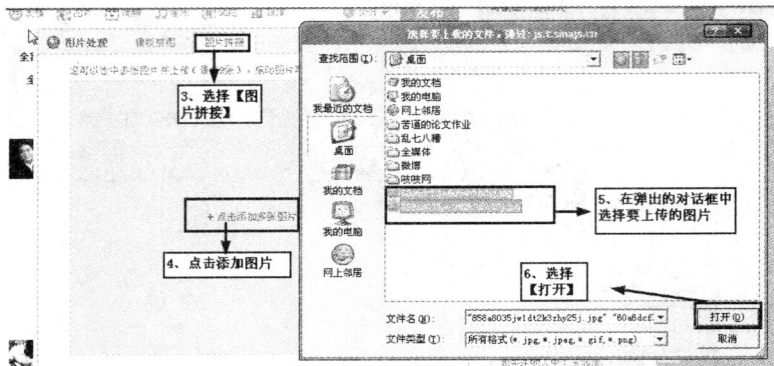

图 11 - 2 - 52

图 11 - 2 - 53

最后,点击"发布",即可完成一条微博的上传。如图 11 - 2 - 54。

② 视频的发布

视频的发布共分为三种,一种是上传本地电脑中的视频;一种是链接视频地址,上传网站中的视频;最后一种是分享正在播出的电视节目。以下就具体进行介绍。

"本地上传"

点击"视频"中的"上传视频",在弹出的新的网页中,选择视频的保存地址,并在电脑中选择要上传的视频(不能大于1G),之后点击"发布"。如图 11 - 2 - 55、图 11 - 2 - 56、图 11 - 2 - 57 和图 11 - 2 - 58。

图 11 - 2 - 54

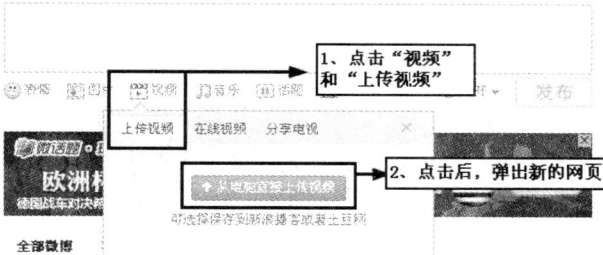

图 11 - 2 - 55

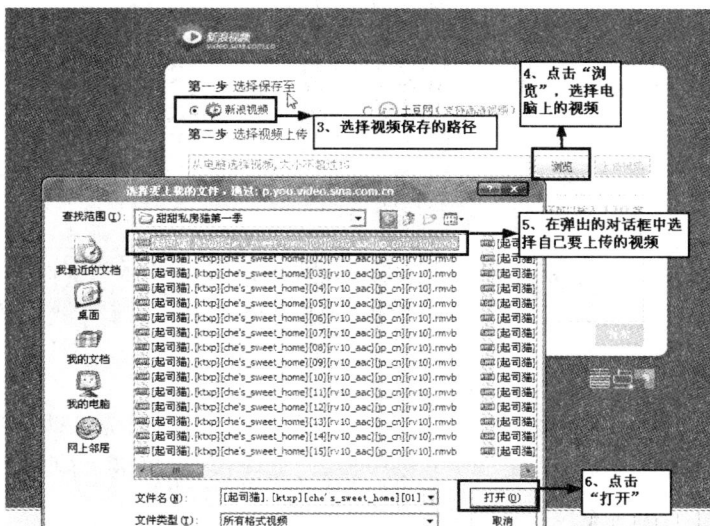

图 11 - 2 - 56

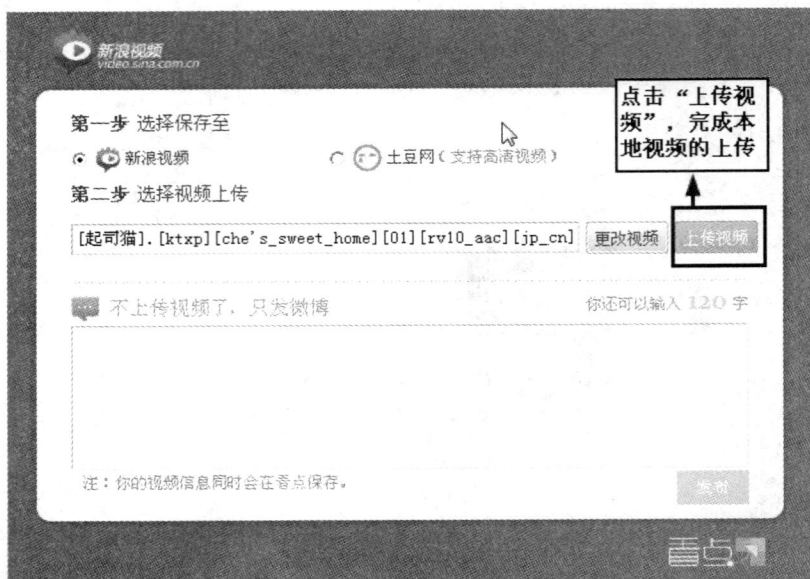

图 11 - 2 - 57

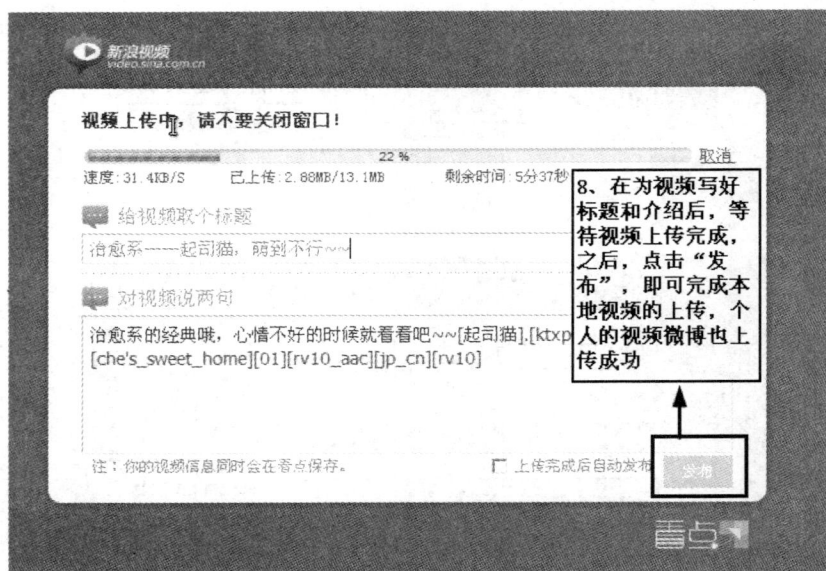

图 11 - 2 - 58

　　点击"发布"后,系统会自动为视频转码,待转码完成后,系统自动通知转码成功,用户可以在"消息"中的"查看通知"一栏中查看。这时,一条视频微博就发布完成了。图 11 - 2 - 59。

　　发布完的视频微博如图 11 - 2 - 60 所示。

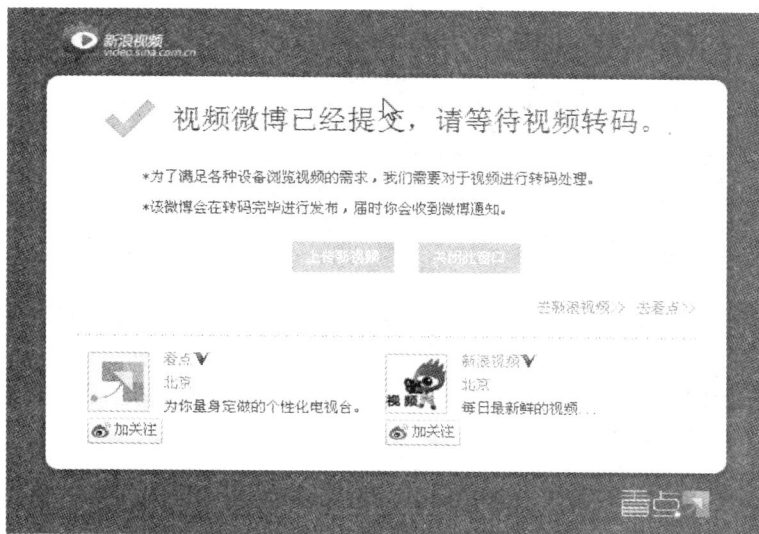

图 11 - 2 - 59

图 11 - 2 - 60

"在线视频上传"

这种视频的发布是直接链接视频的网址,将网站上的视频分享到微博当中来。需要注意的是,视频网址的链接地址必须是以 html 结尾的。一般来说,该地址都在网站视频的分享一栏中的地址里面。点击"转发到"的"更多按钮",会出现该视频的一系列地址,如图 11 - 2 - 61 和 11 - 2 - 62,其中,第一栏"视频地址"是以 html 结尾的,这部分是需要复制的内容。

图 11 - 2 - 61

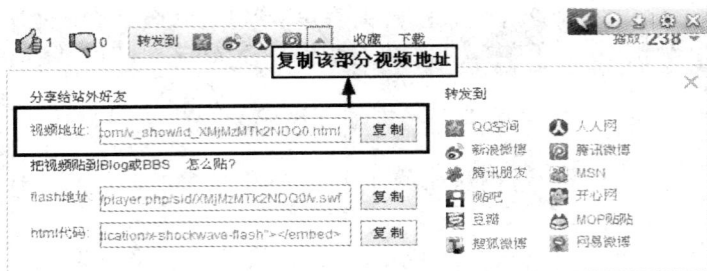

图 11 - 2 - 62

复制完视频地址后,就点击"视频"中的"在线视频",将地址粘贴好,点击"确定"。如图 11 - 2 - 63 和图 11 - 2 - 64。

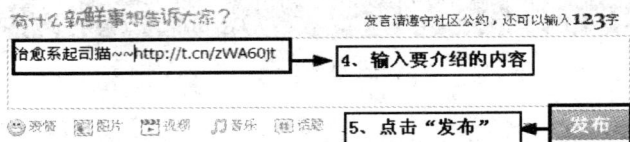

图 11 - 2 - 63

图 11 - 2 - 64

发布完的视频微博如图 11 - 2 - 65 所示。

治愈系起司猫~~http://t.cn/zWA60jt

+加标签

6月22日23:59 来自新浪微博   转发 | 收藏 | 评论

图 11 - 2 - 65

"分享电视"

该功能是新浪新推出的一项视频分享功能,用户可以分享正在直播的电视节目,并发表自己的看法。

点击"视频"中的"分享电视",会弹出各个卫视正在播放的电视节目,从中选择最喜欢的,点击"发看点",这时会弹出一个新的页面。用户可以选择在下面的微话题里面发布自己的意见,或者点击"完整播放",在弹出的新页面中,用户可以看到其他人关于该视频的微博留言,用户也可以自己点击"截个图",在发布微博的同时上传图片。如图 11 - 2 - 66、图 11 - 2 - 67 和图 11 - 2 - 68 所示。

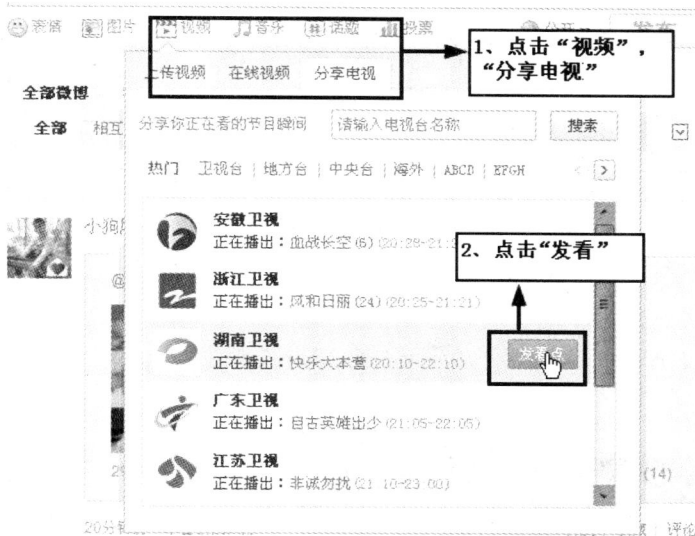

图 11 - 2 - 66

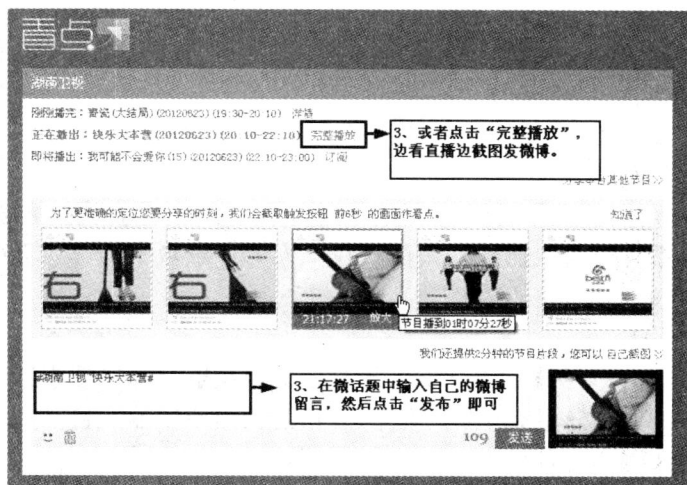

图 11 - 2 - 67

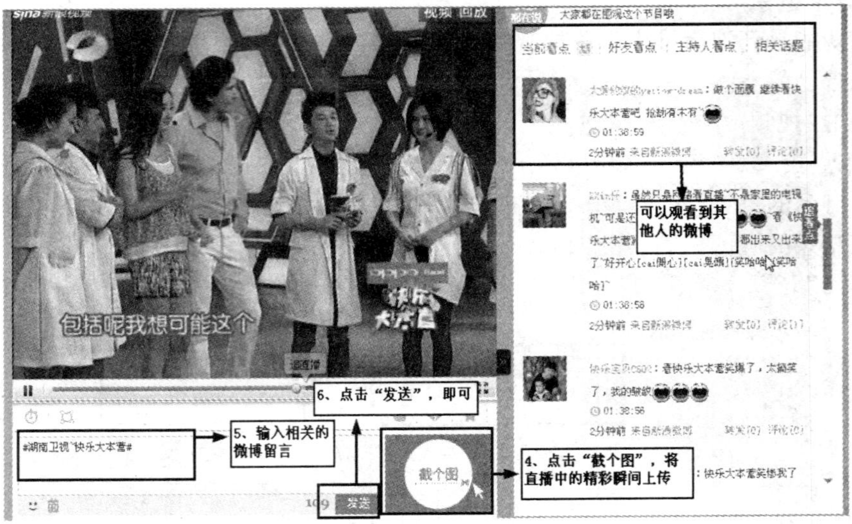

图 11 - 2 - 68

发布后的微博如图 11 - 2 - 69 所示。

图 11 - 2 - 69

③ 音乐的发布

音乐的发布与视频发布类似,大致有三种分类方法,一是在线搜索歌曲,二是输入歌曲链接,三是系统根据之前的个人信息在个人的音乐盒中推荐。下面就一一进行介绍。

"搜索歌曲"

点击"音乐"中的"搜索歌曲",输入想要分享的音乐,点击"搜索",会出现相关音乐的搜索结果,然后选择想要分享的音乐,在信息发布栏中输入自己的文字,点击"发布"即可。如图 11 - 2 - 70 和图 11 - 2 - 71 所示。

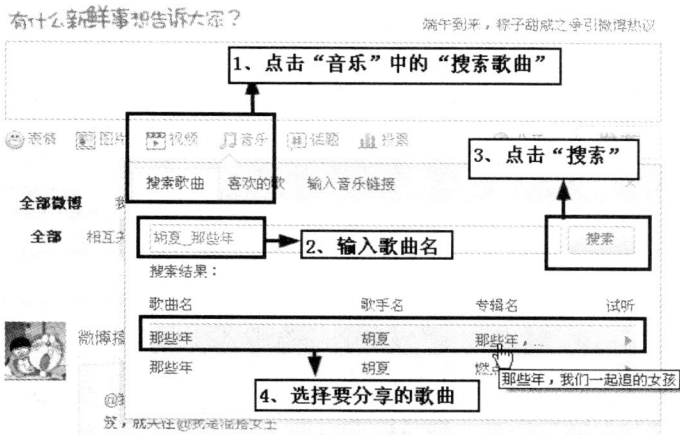

图 11 - 2 - 70

图 11 - 2 - 71

"输入音乐链接"

这部分跟输入视频链接很像。点击"音乐"中的"输入视频链接",输入想分享音乐的地址(后缀必须是 html),然后点击"搜索"和"添加",再输入相关文字,点击"发布"即可。如图 11 - 2 - 72 和图 11 - 2 - 73 所示。

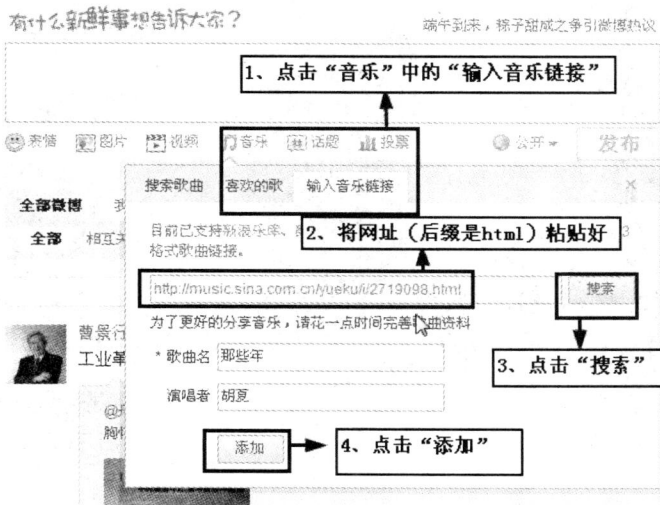

图 11 - 2 - 72

有什么新鲜事想告诉大家？　　　　　发言请遵守社区公约，还可以输入**124**字

胡夏-那些年-http://t.cn/SiTTII

5、在输入完内容后，点击"发布"

😊表情　📷图片　▶视频　🎵音乐　📰话题　📊投票　　　🌐公开▾　　**发布**

图 11 - 2 - 73

"喜欢的歌"

　　这部分是在微博音乐盒中选择，在微博这个平台上，不仅可以发布微博，还可以看视频、听音乐、玩游戏等，微博音乐盒是专门供用户听音乐的地方。用户可以在使用音乐盒听音乐的同时就发布微博，分享该歌曲；或者点击"音乐"中的"喜欢的歌"，进入微博音乐盒，在搜索栏输入想分享的歌曲，然后点击"分享这首歌"，最后在信息发布栏输入自己的评语，点击"分享"即可。如图 11 - 2 - 74、图 11 - 2 - 75 和图 11 - 2 - 76 所示。

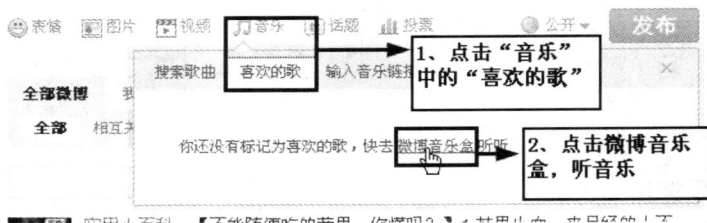

1、点击"音乐"中的"喜欢的歌"

2、点击微博音乐盒，听音乐

图 11 - 2 - 74

5、点击"分享这首歌"

3、点击"搜索"，输入想要分享的歌曲

4、选择该歌曲

图 11 - 2 - 75

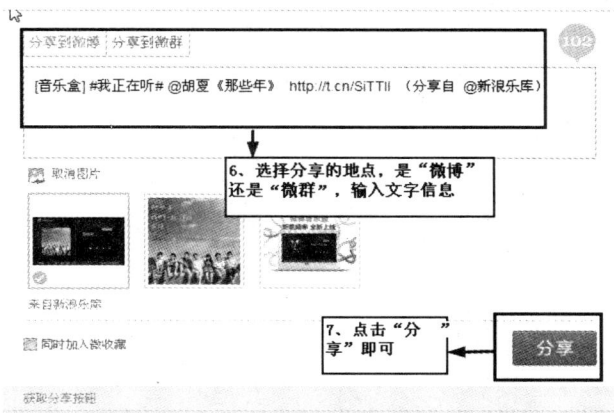

图 11 - 2 - 76

（2）微博内容转发、评论

微博内容转发的界面有很多种，不管是在关注的界面，还是粉丝的界面，还是@信息的界面，只要该微博下面有"转发"一栏，用户就可以转发该微博。具体来讲，我们就以"关注的人所发布的微博区"为例，来介绍微博内容的转发和评论。

"转发"

比如，想要转发《新周刊》的这条微博，就可以先点击"转发"，在弹出的对话框中选择是将该微博转发到"自己的微博"，还是"私信"，或者是"微群"，然后输入转发的评语（当然也可以不评论），在这中间，可以选择将自己的评论转给《新周刊》，这样，在其没有关注自己的情况下，系统也会通知。最后点击"转发"即可。如图 11 - 2 - 77。

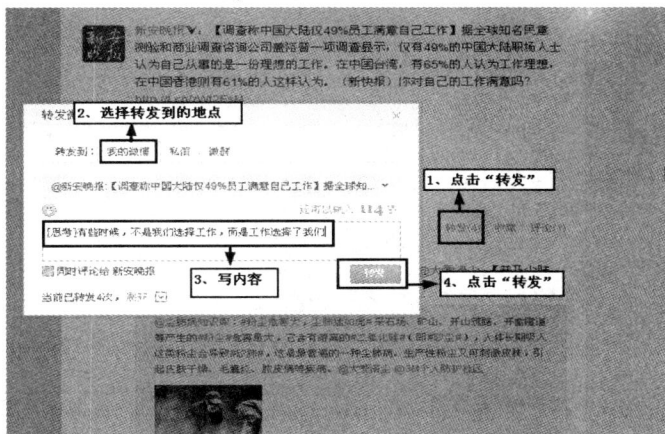

图 11 - 2 - 77

转发结果如图 11 - 2 - 78 所示，当然，用户还可以对多次转发的微博进行再次转发，方法是一样的。

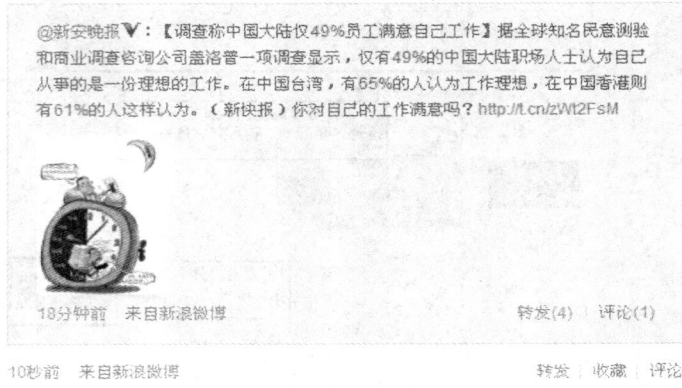

图 11－2－78

需要注意的是，如果选择的转发地点是私信或者微群的话，则需要按照要求选择私信的对象或者微群，然后再按照相同的步骤转发。

"评论"

评论和转发类似，而且经常是相结合的，其实在用户对某一条微博进行评论之后，该微博也就进行了又一次的转发。点击微博下方的"评论"，当然，在已经是经过了多次评论的微博上，可以选择评论原文，或者选择评论已经转发过的微博。

如果是评论原文，点击"评论"之后，页面就会跳到该微博的首页，用户既可以看到其他人的评论，也可以自己进行评论，评论完之后，点击"评论"即可。与此同时，用户可以选择是否将该评论的微博一起转发到自己的微博上去，如果选择是，则该条评论和微博会出现在自己的微博上，如果选择否，则只有原作者能够看见该评论，自己的微博上不会出现。如图 11－2－79 和图 11－2－80。

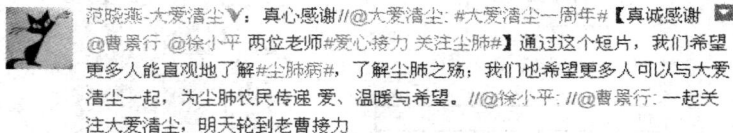

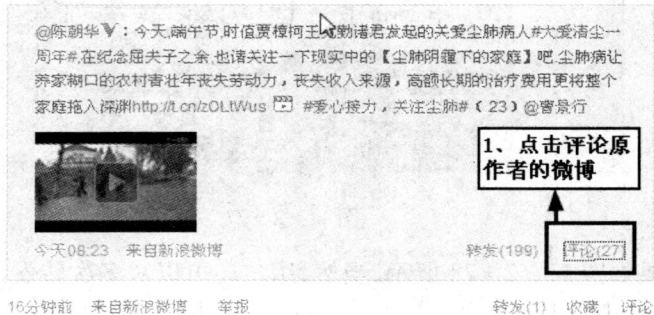

图 11－2－79

今天 08:23 来自新浪微博 | 举报　　　　　　　　　　　　转发(207) | 收藏 | 评论(27)

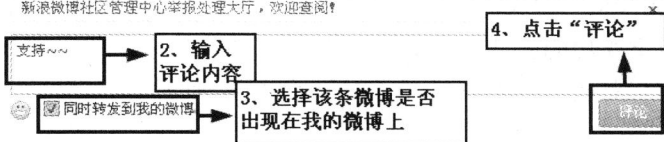

图 11 - 2 - 80

如果是评论已经被转发过的微博,点击"评论"后,会直接出现评论框,输入后,点击"评论"即可。如图 11 - 2 - 81。

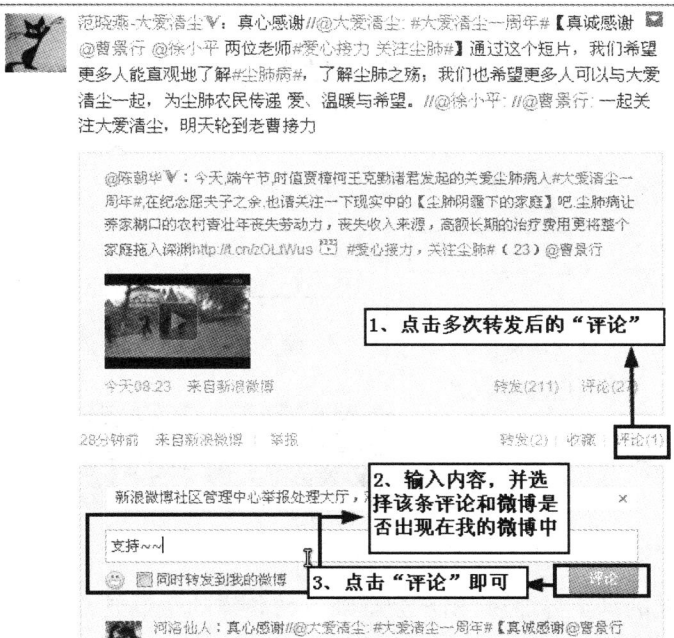

图 11 - 2 - 81

以上就是微博发布的主要内容和步骤,当然,很多时候,这些功能是相互杂糅在一起的,需要微博使用者自己慢慢摸索和尝试。下面再介绍一下微博中比较常见的如何在微话题和微群中发布信息。

4. 微话题的内容发布

在前面微博内容的发布环节中,我们已经介绍了部分微话题的发布流程,不过那只是其中的一部分,作为微博中的一个重要环节,微话题吸引了很多人的参与,究其原因,主要有以下几点:

第一、搜索方便

简单地说,"微话题"就是微博中的"话题",就是微博搜索时的关键字,其书写形式是将关键字放在两个"#"之间,后面再加上你想写的内容。所以,在用户输入相关的关键字后,就可以迅速地找到相关话题,并参与讨论,方便快捷。

第二、扩展人际沟通

微博的一个重要功能就是人际交往的便利性,在进行微话题讨论的过程中,用户可以随时看其他人对此话题的看法,并可以查看该用户的信息,对其进行关注,甚至可以互相成为粉丝。

"查看微话题"

要想进行微话题的发布,首先要知道有哪些微话题,这就需要进行微话题的搜索。新浪微博中的"广场"里面有专门的"微话题"聚集地,用户可以通过浏览,选择自己感兴趣的微话题。如图 11 - 2 - 82。

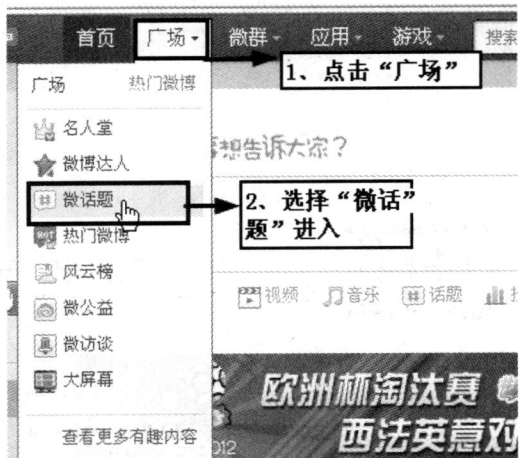

图 11 - 2 - 82

进入微话题的浏览界面后,用户会看到各种各样的微话题,从中选出自己感兴趣的,点击进入。如图 11 - 2 - 83。

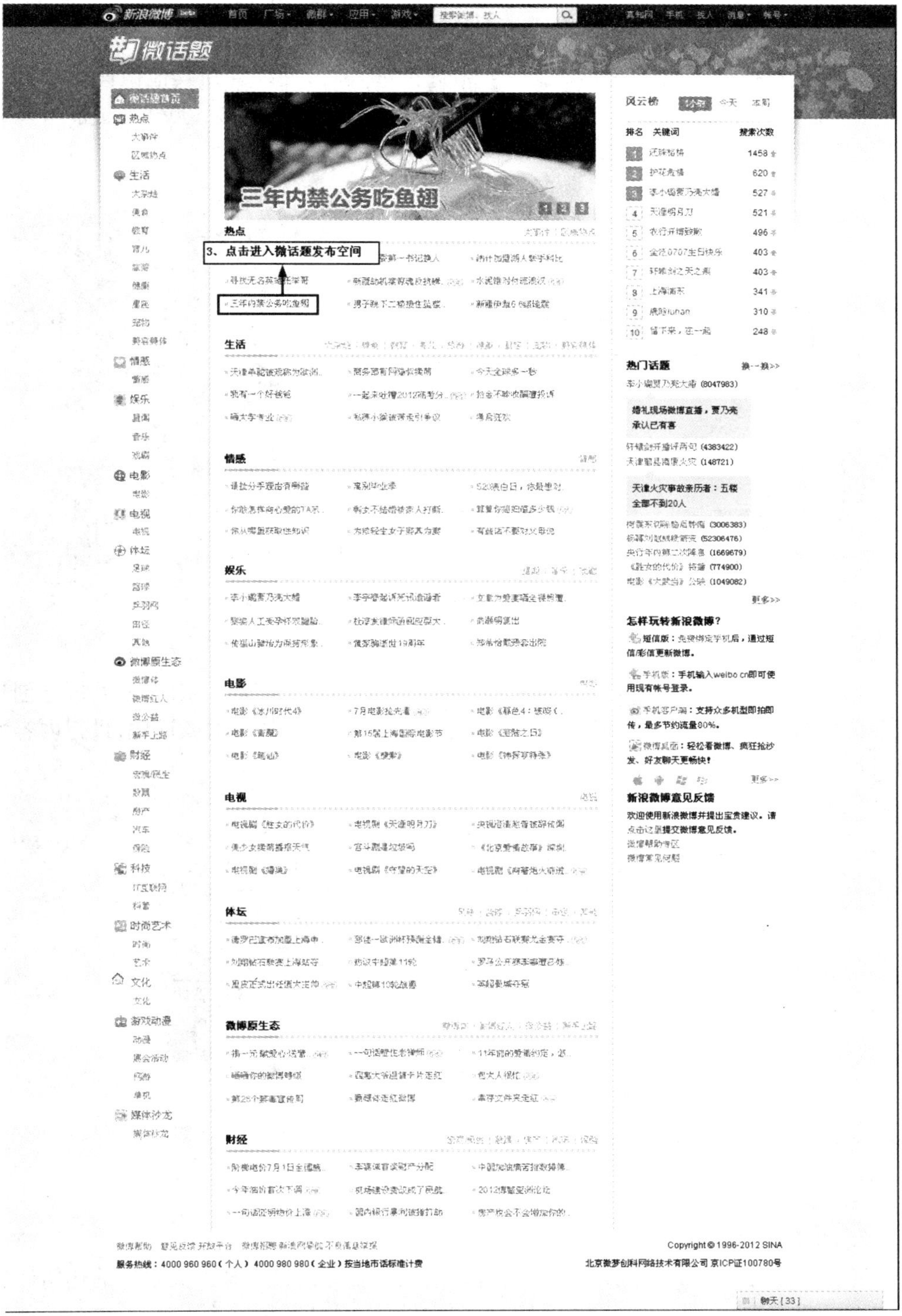
新浪微博
微话题
三年内禁公务吃鱼翅
热点
3、点击进入微话题发布空间
三年内禁公务吃鱼翅
风云榜
热门话题
怎样玩转新浪微博？
新浪微博意见反馈
Copyright © 1996-2012 SINA
服务热线：4000 960 960（个人） 4000 980 980（企业）按当地市话标准计费
北京微梦创科网络技术有限公司 京ICP证100780号

图 11－2－83

"发布微话题"

微话题的发布有多种形式,这里介绍两种最常用的微话题发布方式。

一种是承接上文,在搜索完微话题,并选择进入后,可以看到其他微博用户的留言,然后在微话题关键字(#里面的内容)的后面输入相关的信息,点击"发布",该条"微话题"就发布成功了。如图11－2－84。

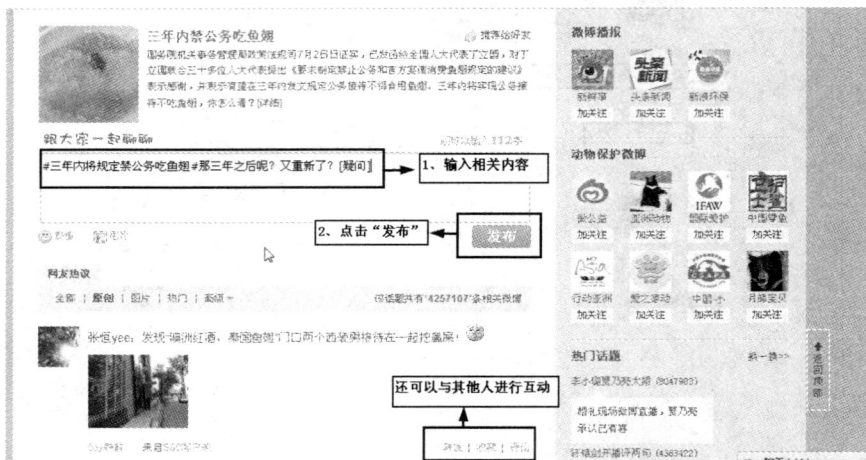

图11－2－84

第二种是在用户微博的首页的信息发布区进行发布,在这里,用户可以自己创建微话题,即在##里面输入微话题关键字,或者输入其他已经知晓的微话题,进行内容发布。如图11－2－85。

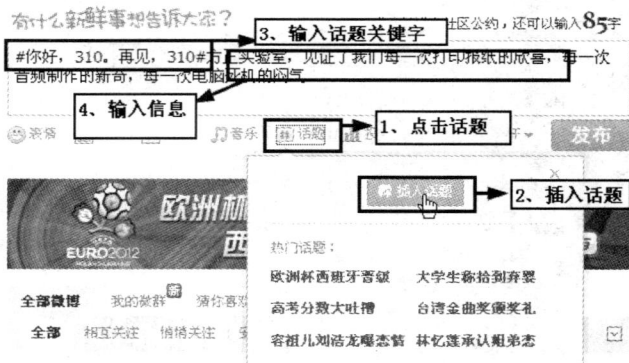

图11－2－85

5. 微群中的内容发布

正如本书之前所介绍的,微群是具有相同兴趣爱好或具有某种关联性的热门话题的集合。大家在这个群里可以发微博、上传文件,还可以发起活动。

微群的发布不同于微话题的发布,想要在微群中进行发布,就必须先要申请加入该微群,在获得群主的同意后,方可加入微群。

"创建微群"

微群的创建十分简单,群主只需满足三个条件即可。一是已上传头像;二是群主自己的粉丝达到 100 人;三是获得"微博控"勋章。满足了这三个条件,就可以创建微群。

具体来说,点击"微群"中的"发现微群",进入微群首页,如图 11 - 2 - 86。然后点击"创建微群",如图 11 - 2 - 87。群主可以根据自己的需要,选择是创立公开群还是私密群,然后按照创建的要求一步步完成就可以了,接下来,就可以邀请朋友加入该群。其实,创建公开群和私密群的步骤是差不多的。这里以创立公开群为例。如图 11 - 2 - 88 和图 11 - 2 - 89。

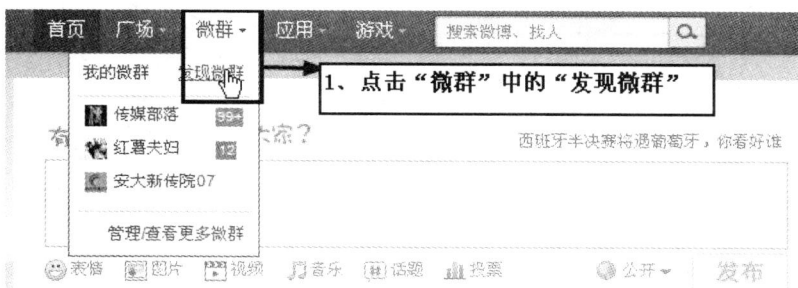

图 11 - 2 - 86

图 11 - 2 - 87

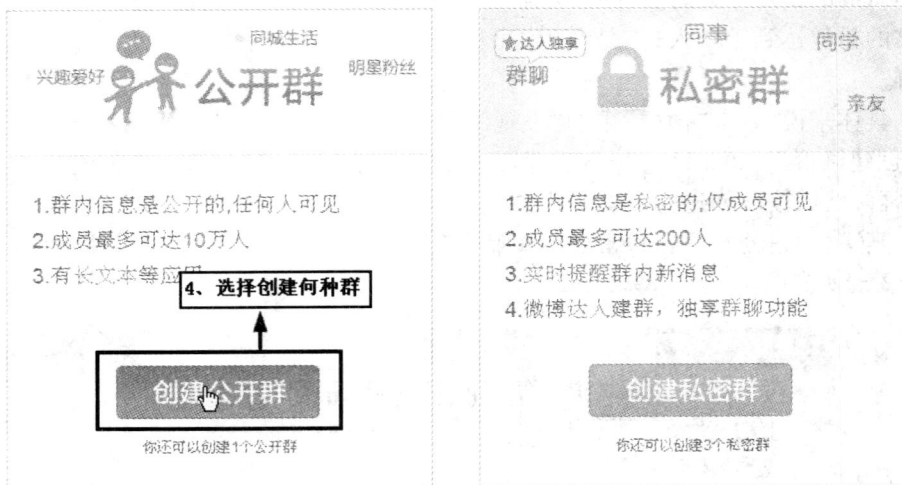

图 11-2-88

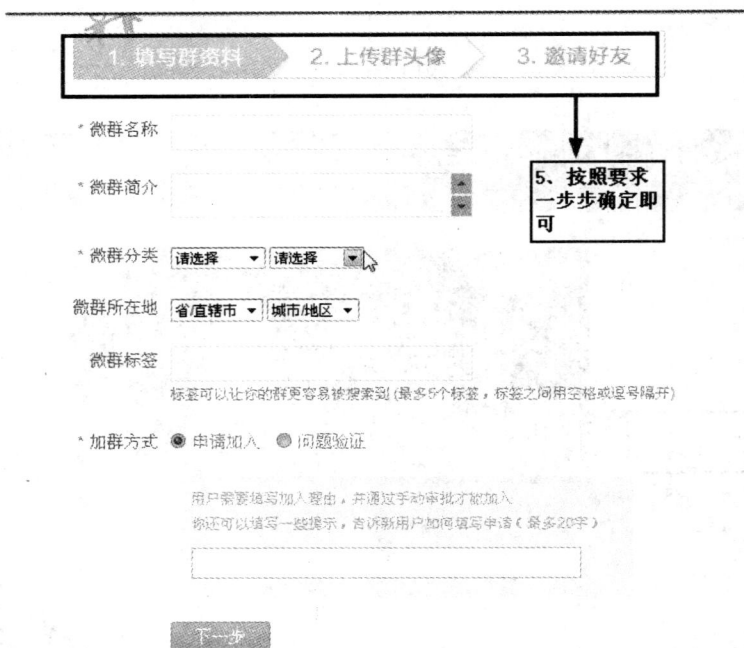

图 11-2-89

"查看微群"

对于一些公开的微群,用户可以在网页上查看到,然后选择加入哪些微群;对于私密群,用户则需要输入该微群的名称,找到后加入。

　　首先,还是选择"微群"中的"发现微群",进入微群首页,在这里,用户可以看到很多公开的微群,选择自己感兴趣的打开,点击"加入该群",待群主确认后,就可以在微群中发布自己的意见了。如图11－2－90、图11－2－91和图11－2－92。

　　如果是私密的群,就在"找微群"的搜索栏中输入该微群的名称,查找,然后再加入等待确认。如图11－2－93。

图 11－2－90

图 11－2－91

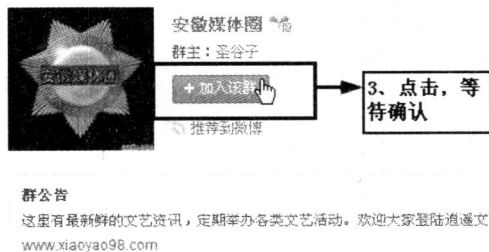

图 11－2－92

图 11 - 2 - 93

"在微群中发布内容"

在进入已经加入的微群后,用户就可以发表自己的微博,微博内容既包括基本的微博发布,还包括长文发布,文件上传以及发起活动。其发布流程大同小异。如图 11 - 2 - 94 和图 11 - 2 - 95 所示。

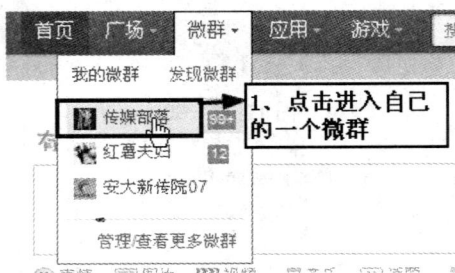

图 11 - 2 - 94

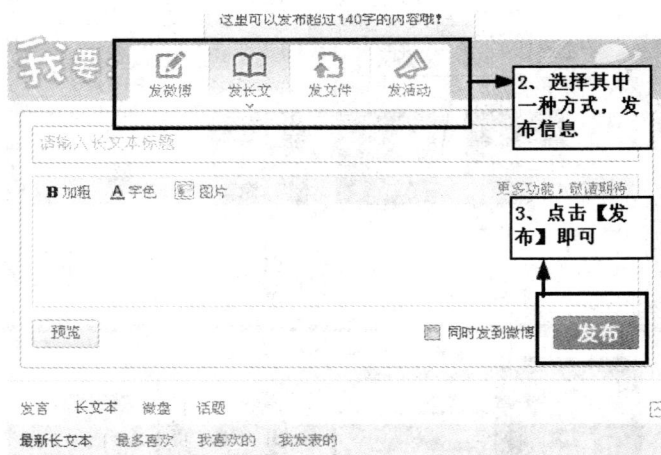

图 11 - 2 - 95

11.2.2　手机客户端的流程操作

手机媒体是以手机为视听终端、手机上网为平台的个性化信息传播载体。它是以分众为传播目标,以定向为传播效果,以互动为传播应用的大众传播媒介。由于手机媒体具有便携性、即时性的优势,集个性化和互动化于一身,所以它被称为继报纸、广播、电视和互联网之后的"第五媒体"。

微博产生之后,各大网络公司纷纷推出了手机客户端,使用户随时随地能够浏览微博、发布微博,同时也推动了整个微博行业的进一步发展。

就一般的手机而言,都可以通过网页浏览的方式进入微博,只要在手机的浏览器中输入 weibo. cn,就可以实现与电脑上同样的内容与服务。

另外,还可以通过开通短信服务的方式来发布微博。如图 11 - 2 - 96 所示。

对于更多的手机用户来讲,往往是下载微博手机客户端,通过客户端来发布微博。

就目前的市场来说,根据手机的程序设置,微博也有不同种类的客户端,大致包括:

iPhone 客户端

这种客户端是基于 iPhone、iPod touch 平台的 iPhone 版手机客户端,它具有阅读、发布、评论、转发、私信、关注等各主要功能,支持本地相机即拍即传和新消息提醒,记录点滴生活,分享精彩瞬间。

iPad 客户端

专为苹果 iPad 用户打造的微博 iPad 客户端,享受 iPad 独有的大屏触控体验,集阅读、发布、评论、转发、私信、关注等主要功能为一体,随时随地同朋友分享身边的新鲜事。

Android 客户端

这种客户端是基于 Android 平台的微博手机客户端,集阅读、发布、评论、转发、私信、关注等主要功能为一体,本地相机即拍即传,随时随地同朋友分享身边的新鲜事。

S60 客户端

这种客户端是基于 Symbian 平台打造的微博手机客户端,集阅读、发布、评论、转发、私信、关注等主要功能为一体,本地相机即拍即传。

KJava 客户端

专为 Java 平台用户打造的微博手机客户端,功能强大。完全支持阅读、发布、评论、转发、私信、关注等等现有全部功能,随时随地发微博,记录生活中的点滴,本地相机即拍即传,记录生活中的瞬间。

黑莓客户端

基于黑莓系统的黑莓版手机客户端,实现了阅读、发布、评论、转发、私信、关注等各主要功能,支持本地相机即拍即传和新消息提醒。

虽然微博有众多的手机客户端,但其功能都大同小异,操作方法也差不多。以下就以 Android 客户端为例,来介绍手机客户端的微博发布。

短/彩信版

绑定手机号，发送短信或彩信，随时随地发微博，还可短信收取最新消息！

只需简单两步，轻松完成手机号的绑定！
成功绑定后，使用短/彩信即可发微博！

绑定手机

1. 输入手机号

输入要绑定的手机号码，点击"绑定手机"按钮。
查看绑定方式》

2. 发送验证码

使用需要绑定的手机号码，将页面提示的验证码，短信发送到指定的运营商号码。

3. 绑定完成

短信发送成功后，10分钟内您将收到绑定成功的确认短信。

注：使用海外手机号码也可绑定

开通短信提醒功能，离线新消息实时收取！
离线新评论、新私信…"特别关注"的Ta发的新微博。短信实时接收！

来自：1069009009
【新浪微博·评论】
小新小浪：看了你的微博才懂，为什么我想每次回家狗狗都会这么兴奋，哈哈！（可直接回复）

开通/设置短信提醒
（本服务免费）

接收短信免费，发送短信仅需支付由运营商收取的标准短信费（一般不包含在您定制的短信包中）
海外用户暂无法支持

1. 第一时间接收关注人最新微博
2. 收到私信 立刻提醒，要事不误
3. 评论 即时短信 通知，实时互动

发送短信/彩信，随时随地发微博！

收件人：1066888866
看，我刚拍的照片！

发送中…

彩信 编辑微博内容

发送至 1066 8888 66

仅需支付由运营商收取的标准彩信费
（一般不包含在您定制的彩信包中）

短信发微博

绑定手机后编辑微博内容，发短信至 1069 009 009

海外用户只需将短信发送至
+86 1352 008 5609

彩信发微博

绑定手机后编辑微博内容，发彩信至 1066 8888 66

海外用户（包括港、澳、台）暂不支持彩信更新微博。

图 11－2－96

点击微博首页的"手机",进入下载页面,点击相关的客户端下载,将其下载到手机中,并安装好。如图11 - 2 - 97和图11 - 2 - 98。

图11 - 2 - 97

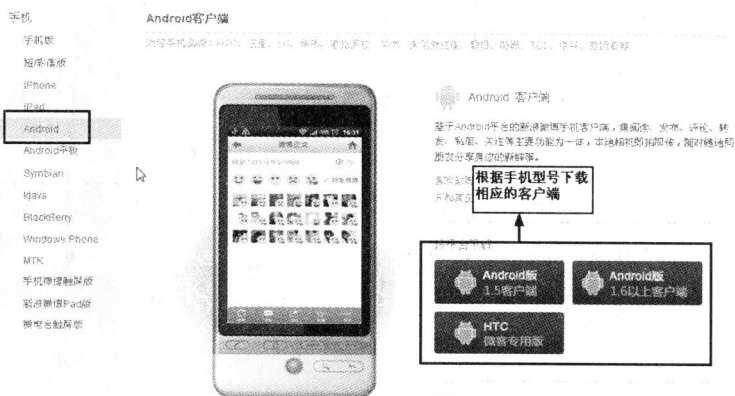

图11 - 2 - 98

将微博客户端安装到手机上后,就可以点击微博的按钮,进入手机微博。如图11 - 2 - 99。

登录后,输入自己的微博名和密码,就进入了自己的手机微博界面。如图11 - 2 - 100。

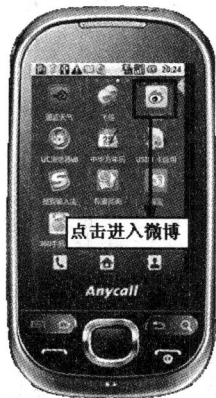

图11 - 2 - 99

图11 - 2 - 100

"刷新微博"

一般在进入手机微博之后,界面是保留在上次刷新微博的位置,用户可以点击上图的刷新按钮,进行微博的更新,第一时间读到博友的状态。

"发布微博"

点击左上方的发布微博按钮,进入发布微博的界面,如图 11 – 2 – 101。

在这个界面中,用户可以发布文字、图片微博,或者是微话题,还可以定位自己所在的位置,比如想要发布一条文字配图片的微博,就可以进行如图 11 – 2 – 102 至 11 – 2 – 106 的操作。

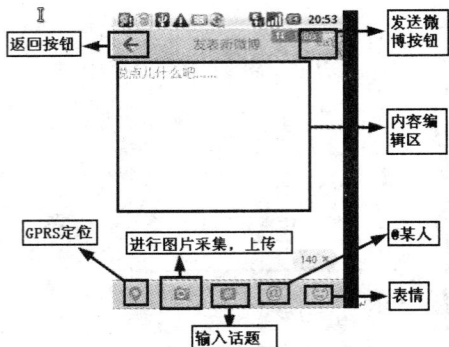

图 11 – 2 – 101

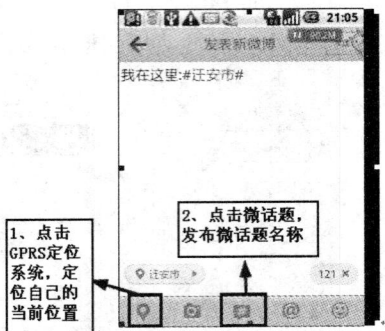

图 11 – 2 – 102

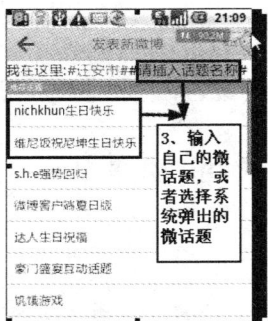

图 11 – 2 – 103

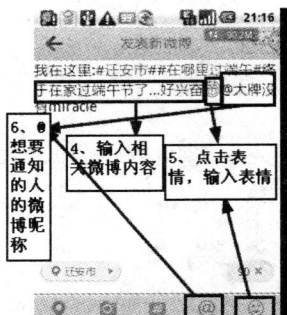

图 11 – 2 – 104

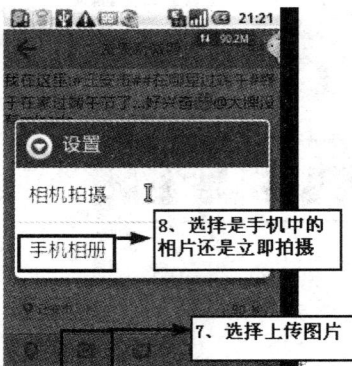

图 11 – 2 – 105

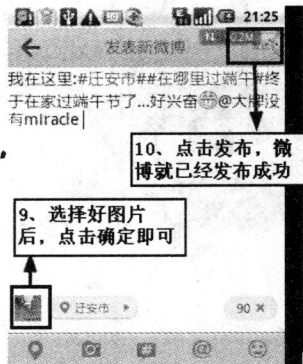

图 11 – 2 – 106

新
系闻数
列传字
教播时
材实代
务

"转发、评论"

手机微博的转发评论和网页的相类似,点击博友发布的微博,进入该微博,然后点击"转发"、"评论"、"收藏"的任意一个选项,按照与网页版微博一样的方式,进行操作。如图 11 - 2 - 107 和图 11 - 2 - 108 所示。

图 11 - 2 - 107

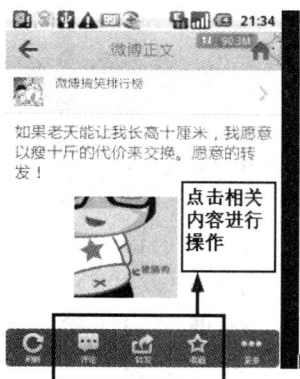

图 11 - 2 - 108

"信息"

这部分包括@ 自己的信息、评论以及私信,点击"信息",进入其界面,然后可以点击该微博,进行评论、转发等操作。如图 11 - 2 - 109 和图 11 - 2 - 110。

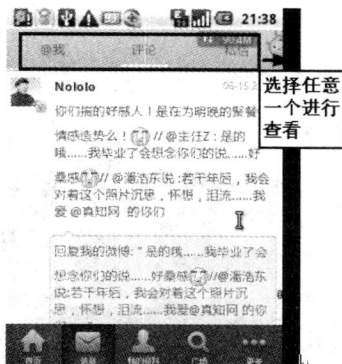

图 11 - 2 - 109

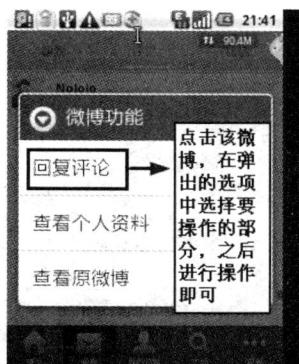

图 11 - 2 - 110

"我的资料"

这一部分,顾名思义,就是本人的相关微博资料,进入后,可以自行查看、修改。如图 11 - 2 - 111。

"广场"

与网页版微博界面中的"广场"一样,在这里,用户可以搜到热门话题、评论等,点击进入进行搜索,然后可以发布相关内容。如图 11 - 2 - 112。

图 11-2-111

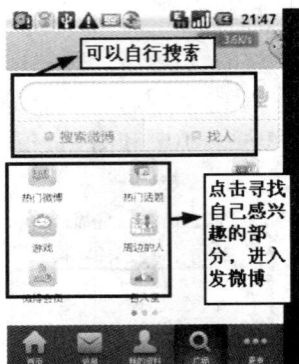

图 11-2-112

11.2.3 微博墙的使用流程操作

近年来,随着微博的快速发展以及网页、手机等客户端的应用范围越来越广,在很多重大的场合,如晚会、展会、婚礼现场等,出现了一种新型的通过微博互动的平台——微博墙。

微博墙又称微博大屏幕,是集合了微话题、微群等的优势,在展会、音乐会、婚礼现场等场所展示特定主题微博的大屏幕,大屏幕上可以同步显示现场参与者发送的短信和网友发送的微博,使场内外观众能够第一时间传递和获取现场信息。此外,微博墙还可以进行现场投票、现场抽奖等活动,方便了场上甚至场外人员之间的沟通。如图11-2-113。

图 11-2-113

具体来讲,微博墙的以下特点使其日渐成为活动的一个不可或缺的部分。

第一,活跃现场气氛,调动场内场外的交流。

在活动现场,用户不仅可以借助手机客户端发微博,还可以通过手机短信的方式将自己的微博呈现在微博墙上;此外,除了现场的观众,场外的用户也可以通过输入关键字的方式"上墙",参与场内话题的讨论。这样,主办方和现场观众以及场外用户同时实现了文字、图片的互动,加强了场内外的交流,调动了现场的气氛。互动过程如图11-2-114。

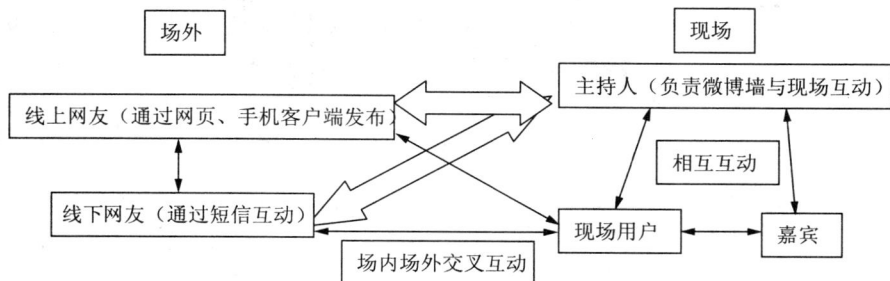

图 11-2-114

第二,扩大主办方影响,推广官方微博。

对于主办方来说,利用微博墙,其可以进行抽奖等产品支持活动,同时也搜集了感兴趣的用户信息,提高了自己的后续人气,实现了个性化的宣传。

而对于官方微博来讲(比如新浪的微博墙),不管是场内观众还是场外的参与者,只有该微博产品的用户,才能发布微博。所以,一次次微博墙的活动,其实也是为官方微博积累人气的活动。

接下来,就从主办方和用户两个角度来介绍微博墙的使用流程。

"主办方"

对于主办方来说,重要的是如何申请和操作微博墙。

进行微博墙操控所需要的物品很简单,两台电脑和 LED 液晶屏或投影幕布。两台电脑一台用于操作现场的投影大屏幕,另一台用于信息的审核,均需联网;LED 液晶屏或投影幕布则可使微博内容能够投射到大屏幕上。

首先,点击"广场"中的"大屏幕",进入申请首页。点击"我要申请"后,就按照相关要求一步步填写微博墙的相关信息,一般来说,申请要提前三天左右,"话题"一栏相当于之前我们介绍的"微话题",用户只有在输入话题后,才能在微博墙中看到自己的微博。

申请完成后,就等待对方的确认,等确认好后,就可以进行相关的操作了。如图11-2-115 和图 11-2-116。

当使用微博墙的权限申请成功后,主办方可以再次点击"广场"中的"大屏幕",然后点击"我的大屏幕",进入微博墙的操作界面。如图 11-2-117。

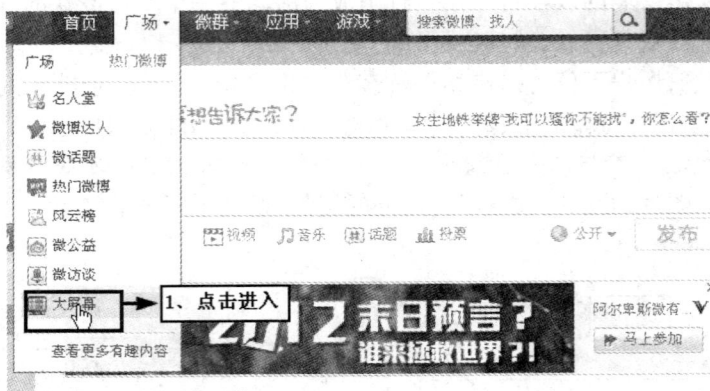

图 11 - 2 - 115

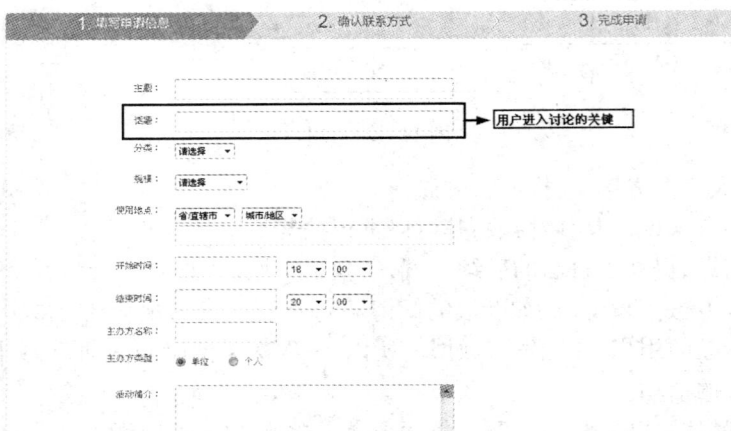

图 11 - 2 - 116

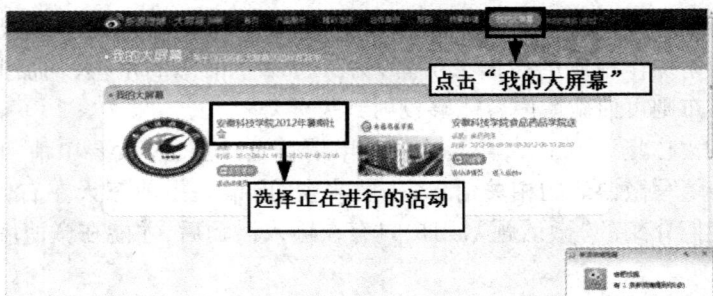

图 11 - 2 - 117

进入微博墙的后台管理界面之后,就可以对微博墙上的相关设置以及用户的微博进行操作。如图 11 - 2 - 118 至图 11 - 2 - 120 所示。

审核界面,如图 11 - 2 - 121 所示。

图 11 - 2 - 118

图 11 - 2 - 119

图 11 - 2 - 120

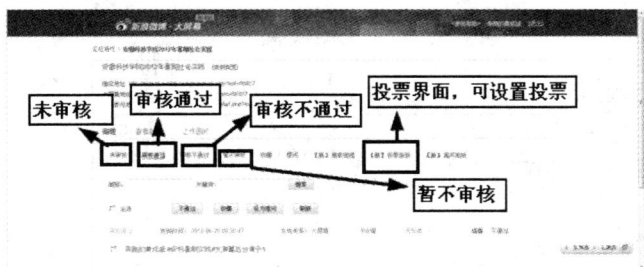

图 11 - 2 - 121

参数配置界面,如图 11 - 2 - 122 所示。

模板(微博墙大屏幕)设置,如图 11 - 2 - 123。

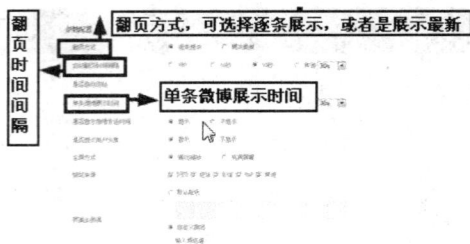

图 11 - 2 - 122

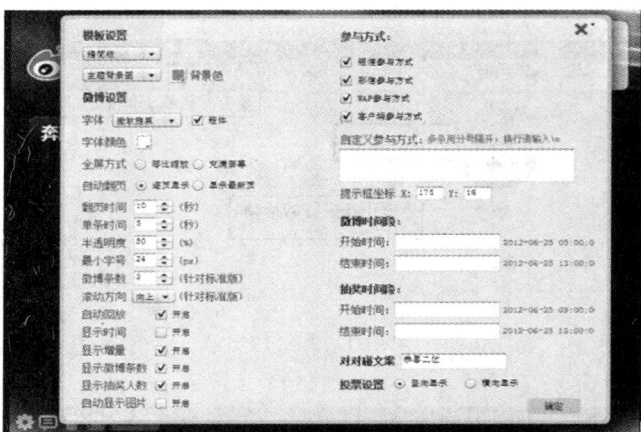

图 11 - 2 - 123

　　除了后台的操作之外,主办方还可以对前台的大屏幕上的微博信息进行操作,比如点击进入某人的微博,使现场观众更清楚地了解微博信息;此外,还可以进行投票、抽奖、显示投票结果等。如图 11 - 2 - 124 的现场抽奖和 11 - 2 - 125 的投票。

图 11 - 2 - 124

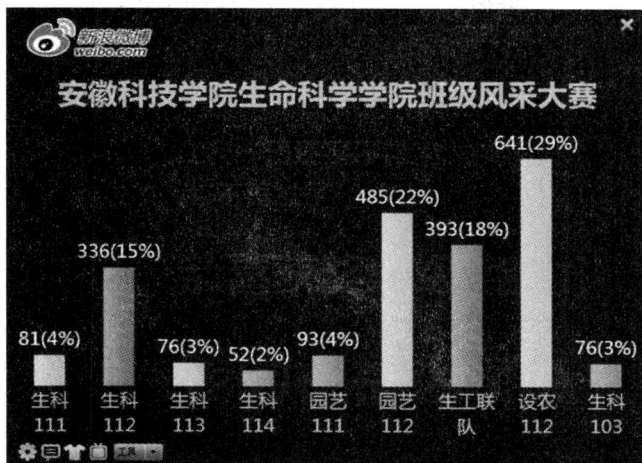

图 11 - 2 - 125

"用户"

用户参与微博墙的互动有多种方式,一种是在微博页面自行搜索,找到自己感兴趣的话题,进入发布,另一种就是已知所举办的活动,然后按照要求进行微博墙的互动。

对于自行搜索来说,用户还是先要点击"广场"中的"大屏幕",进入微博墙首页,在下面的活动专区中找到自己感兴趣的话题,输入自己的微博内容,进行互动。如图 11 - 2 - 126 和图 11 - 2 - 127。

图 11 - 2 - 126

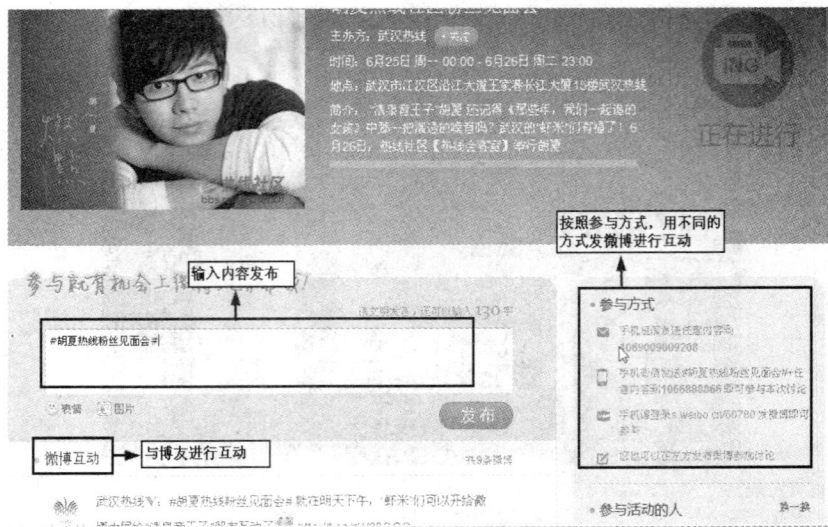

图 11 - 2 - 127

　　对于在现场的观众,或者场外得知该活动和参与方式的用户来说,可以更加深刻地体会到微博墙的互动功能。

　　一般来说,主办方会在大屏幕上显示参与方式和投票方式,包括短信、彩信、手机微博、网页用户等,如图 11 - 2 - 128 和图 11 - 2 - 129。需要注意的一点是,不管何种方式,都不要忘记输入#里面的关键词,只有输入了关键词,用户才能进入微博墙进行互动。

图 11 - 2 - 128

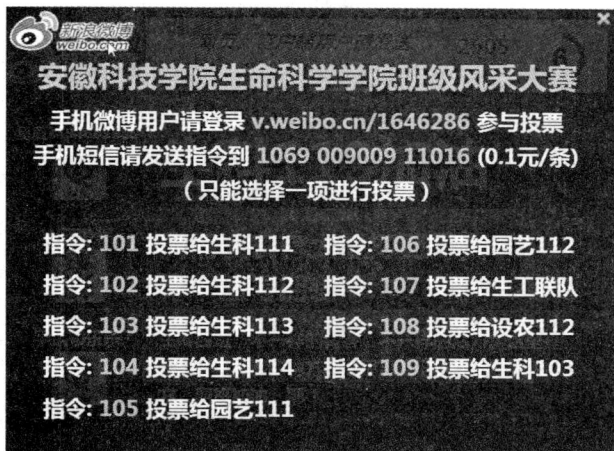

图 11 - 2 - 129

本章小结

本章从微博发布的概述讲起,探讨了微博的发展历程、目前的市场格局以及微博发布的特点,详细介绍了微博的使用、发布内容的流程,包括网页版和客户端两种,目的是让读者对微博的内容发布有一个比较全面细致的了解。

需要注意的是,仅仅掌握这些流程是远远不够的,还需要用户在平时的实践中多多练习,综合运用,这样才能灵活运用微博的各种功能。

【思考与练习】

1. 在我国,微博经历了怎样一个发展历程？现在呈现出怎样一个格局？

2. 微博的发布有哪些特点。

3. 自己注册一个微博账号,对自己的粉丝、关注的人进行操作。

4. 用自己的微博发布含有文字、视频、图片的微博信息,并对他人信息进行转发和评论。

5. 加入微博群,在群中发布微博。

6. 寻找自己感兴趣的微话题,参与其中进行讨论。

7. 在学校的活动现场,参与微博墙的互动。

第12章 手机发布平台

【本章学习目的】 如今手机这个平台已经成为众多媒体的宠儿,作为一个新闻传播专业的学生,了解媒体如何运用手机平台是不可缺少的一课。学完此章内容,对于手机在如今业界的全媒体战略中的作用要有所了解,对于移动采编系统的使用流程要耳熟能详。作为一个普通民众,更要善于利用媒体为我们提供的信息平台。

【本章学习重点】 全媒体战略;移动采编系统;移动阅读器。

【案例】

2012年安徽安庆4.8级地震专题

以下通过新安晚报全媒体记者应用手机发布平台就在最短时间内采写、编辑发布新闻的案例来说明手机发布系统的方便快捷性。

图1 安庆4.8级地震专题

2011年1月19日中午12时07分,安徽省安庆市宜秀区杨桥镇发生4.8级地震。确认地震发生后,新安晚报全媒体记者兵分两路,一路赶往安徽省地震局,另一路直奔地震现场,赶往地震局的记者立刻用iphone手机拍下了地震局的值班信息表,第一时间发到全媒体后台,编辑发布后即上传网络。这条通过新安传媒网第一时间播发地震发生的信息,第一幅震区图片新闻和第一条震区视频新闻是全国最先发布的。

　　而赶到地震现场的记者也用手机拍下了地震现场的第一手照片,并且立刻上传全媒体后台,之后两幅照片为各大媒体争相转载。借助全媒体的播报形式,真正做到了现场播报,分秒时差。如图1为新安传媒网制作的安庆4.8级地震专题,大部分新闻为记者使用手机发布平台从安庆即时传回采编系统,编辑后立刻发布。

　　截至当天晚上10点,新安晚报共采写快讯25条,视频2条,新浪安徽制作的安徽安庆地震专题中95%的内容来自新安传媒网。

　　在以上的案例中我们可以发现手机发布平台在传统媒体中已经开始发挥作用,并逐步受到重视,因此在全媒体时代,了解手机发布的相关知识至关重要。

12.1　手机媒体概述

　　手机信息发布的适用范围越来越广,最早的WAP信息推送,在一些商业活动、行业通知以及政府信息的发布中使用,手机用户都是被动的接受者。当时传媒并没有对手机进行深度的开发,但是手机自身的媒介特性已决定了它离不开传媒的视线。随着3G网络的普及,手机的媒介特性越来越被强化,从跨媒体报道的一员到现在能够独立承担起全媒体信息发布的任务,手机作为一个信息发布平台已经越来越被人们所认可和重视。

　　手机媒体的定义

　　手机媒体的信息发布是多媒体信息发布的一种,随着智能手机在生活中普及度的增高,很多人已经习惯于将手机作为一个小型的接收器和发送器。

　　近年来,手机被业内看成是继报纸、广播、电视和网络之后的一种新媒体,俗称"第五媒体"。手机媒体由于具备多种新技术特性,符合时代发展的需要,在政治、经济、文化、社会生活中的重要性日益凸显,正在开创媒体的一个新时代。随着人们新的媒体使用习惯和消费习惯的形成,手机将有可能成为最有影响力的媒体。"十七大"手机报6期发行1.5亿份,收到8万多条读者的留言回复,是手机媒体影响力的一种最好的证明。

　　虽然发明手机的主要目的是用来进行语音通话,但是如今手机和互联网的结合已经使其成为一个重要的大众传播媒体。人们通过手机不仅可以通话,还可以上网、阅读新闻、收发E-mail、玩游戏、订购商品与服务,等等。手机已不仅仅是现代通信业的代表,它越来越成为通信与计算机融合的产物,而且已经成为网络媒体的延伸与组成要素。可以说,手机已经成为迷你型电脑。

当下手机几乎具备日常生活中电脑所具备的基本职能,手机已经实现了由人际沟通工具向大众传媒的跨越。手机媒体作为网络媒体的延伸,除了具有网络媒体的各种传播优势之外,还具有携带方便的特点,是能随时随地使用的新媒体。手机已经由移动的个人通信终端全面进化为移动的个人多媒体终端。

中国人民大学匡文波教授认为:"手机媒体是借助手机进行信息传播的工具;随着通讯技术(例如3G)、计算机技术的发展与普及,手机就是具有通信功能的迷你型电脑;而且手机媒体是网络媒体的延伸。手机媒体也只能成为海量信息的网络媒体新的组成部分,否则它将面临信息贫乏的难题。"①

在中国互联网络信息中心 2008 年公布的《中国手机媒体研究报告》中对手机媒体的一系列术语都给了一个界定。

手机媒体的定义

手机媒体是指通过手机终端,进行各种媒体内容(文字、音频、视频等形式)的传播。本次报告中主要针对手机报、手机音频广播、手机视频/电影、手机电视和手机小说等几种形式进行分类研究。

手机报的定义

手机报是指基于移动网络传输,并在手机上进行阅读的特殊包装后的报纸,目前的包装形式主要是短信和彩信。

手机音频广播的定义

手机音频广播是指基于移动网络传输,并在手机上进行接听的音频广播内容。

手机视频/电影的定义

手机视频/电影是指基于移动网络传输,并在手机上实现的视频短片或电影影片的下载和观看。

手机电视的定义

手机电视是指基于移动网络进行内容传输,在手机上实时观看电视节目的形式。

手机小说的定义

手机小说是指基于移动网络传输,在手机上下载或在线阅读的文字或图片类小说内容。

手机网民

中国互联网络信息中心(CNNIC)对手机网民的定义为:半年内使用过移动互联网的 6 周岁及以上中国公民。②

2008 年有关手机媒体的统计仅局限于手机报、手机音频广播、手机视频/电影、手机电视、手机小说这 5 项上,而在中国互联网络信息中心(CNNIC)2012 年 1 月公布的《第 29 次中国互联网络发展状况统计报告》③中有关手机网民的网络应用已经涉及手

① 匡文波. 手机媒体概论【M】. 北京:中国人民大学出版社,2006
② 中国互联网络信息中心. 中国手机媒体研究报告【R】. 北京:中国互联网信息中心,2008
③ 中国互联网络信息中心第 29 次中国互联网络发展状况统计报告【R】. 北京:中国互联网信息中心,2012

机即时通信、手机搜索、手机网络新闻、手机网络音乐、手机网络文学、手机社交网站、手机微博、手机网络游戏、手机在线发帖回帖、手机邮件、手机网络视频、手机在线支付、手机网上银行、手机网络购物、手机旅行预订、手机团购这 16 项。

每一次的科学技术飞跃都会带来信息传播形态和方式的变化,传播学者麦克卢汉提出的"技术决定论"所言非虚。技术是手机媒体得以发展的有力佐证,但是当人们不再满足于手机媒体一成不变的呈现形式时,技术制约成了手机媒体发展难以逾越的门槛,3G 技术无疑给手机媒体的发展带来了曙光。2009 年 1 月 7 日,工业和信息化部发放 3 张第三代移动通信 3G 牌照,其中,中国移动获 TD-SCDMA 牌照,中国联通获 WCDMA 牌照,中国电信获 CDMA2000 牌照。根据 Enfo Desk 易观智库数据表明,截至 2012 年 2 月底,中国手机用户数已达 10.07 亿户,而在这其中 3G 用户规模已达 1.4 亿。[①]

由《中国手机媒体研究报告》可知,手机媒体的发布形式多种多样,可以满足不同手机使用者的需求,而手机媒体的魅力在于它高度的便携性、互动性以及带来的增值服务。3G 时代的手机媒体已经成为大众化的媒体,在过去的 20 年中,互联网改变了人们的生活,而在当下以及未来 10 年,手机也会改变人们的生活。随着 3G 技术的广泛应用,手机的通信功能将被渐渐淡化,新闻传播、娱乐游戏、移动虚拟社区、信息服务等附加功能不断增加,手机上网、手机游戏、手机小说、手机报、手机电视、手机音乐等业务越来越受到手机使用者的欢迎。

手机作为"第五媒体"的独特之处在于,其他四大类大众媒体最开始是以新闻、娱乐为主要形式内容出现的,然后才出现广告的应用,"第五媒体"是以短信群发广告的形式最先被人们所熟悉,然后才逐渐显露出新闻媒体的特征。由于手机本身的通信工具特点,使得手机媒体化的应用与众不同,这就使得当前许多传统媒体在与手机媒体在结合过程中出现众多的困惑。这些困惑主要是传统大众媒体的经营理念根深蒂固,人们很自然地用传统媒介思维去套手机媒体的运营,结果并不令人满意,而这也是探索手机媒体运营模式的必经过程。

在本书中,我们着重讨论传统媒体是如何应用手机这个平台来为自身服务的,是如何运用手机来实现自身的新媒体进程的。

12.2　手机发布平台使用

在当下全媒体战略的媒介大背景下,基于智能手机平台的移动采编业务是其中的一个重要环节,而在目前业界的移动采编系统供应商中,北大方正是其中较有影响力的。

与方正电子服务的报业用户一样,方正也正在逐步由单一的技术供应商和开发商

---

①　http://tech.ifeng.com/internet/detail_2012_04/11/13804950_0.shtml

向"跨媒体信息传播领域技术、服务提供商"转型,在2008年推出了"方正畅享全媒体数字出版解决方案",掀起了业界对全媒体概念探讨的热潮。

自2010年开始,北大方正电子开始推广移动采编应用。方正电子为新闻机构提供了一个基于手机,集文字、图片、音频、视频等多媒体新闻稿件的采集、编辑、初加工、传送、查看线索、汇报选题等众多功能于一体的应用系统——全媒体移动采编方案,该方案能够实现手机动态发稿、前方记者与后方编辑部的互动、移动发稿和其他发稿手段的统一管理。到2010年11月,该方案已经在近10家传统报社、广播电台、新闻网站得到应用,中央人民广播电台、新华网、人民网、河北日报等均已采用该方案为全媒体记者提供移动应用体验。

鉴于北大方正电子新媒体系统的广泛应用以及良好的反馈情况,在此节中,笔者将着重介绍北大方正电子推出的这款全媒体移动采编方案中有关手机发布的部分。

"畅享"实现了报纸内容资源的多渠道采集、多媒体编辑、多元化发布,推动了报业核心竞争力的提升。"畅享"帮助媒体行业进行统一的内容资源管理,实现新闻资源的多通道采集和按需共享;为传媒行业提供多媒体内容生产加工的平台,为新媒体业务的开展提供强大的内容支撑,实现内容的一次生产、多元化发布;通过灵活的架构搭建,既能支撑报社现有的业务模式,又能够适应报社未来业务重组的需要。

方正畅享移动采编系统提供了在智能手机上,针对文字、图片、音视频等多媒体稿件和素材采集功能,提升报社对突发事件的快速响应能力、对新闻内容的多媒体播报能力以及远程记者与报社总部的及时互动能力。该系统通过与新闻业务系统(如畅享全媒体新闻采集系统、文韬采编系统、翔宇网站内容管理系统等)的无缝对接,在业务流程设置、数据存储与用户管理上融为一体,延伸了报社移动采访、快速报道的有效渠道。

安徽唯一一家提出的"全媒体发展战略"的媒体——《新安晚报》,目前亦是采用方正电子的畅享移动采编系统作为其实现全媒体发展战略的强劲助力。在此部分中我们选取《新安晚报》旗下的新安传媒网的手机发布平台来做相关的介绍。

12.2.1 新安晚报全媒体战略

《新安晚报》创刊于1993年1月1日,现每天平均64个版以上。《新安晚报》的办报宗旨是"为老百姓办,给老百姓看"。目前,在全省10个城市开设分印点,日发行量70多万份,是安徽省发行量最大、广告收入最多、影响力最广的报纸,是安徽都市报第一品牌。新安传媒网是《新安晚报》旗下的新闻、生活、服务门户网站。网站依托《新安晚报》雄厚的编采力量,传播最新、最快的区域新闻,打造安徽最权威、最具公信力的网络媒体;发挥"报网互动"的强大优势,利用99度社区网上互动平台,为网友提供温暖、周到和贴心的服务;采集民众最关心的生活资讯、商业资讯,使新安传媒网成为安徽人身边的网站。①

---

① http://www.mediaxinan.com/other/about.html

图 12-2-1

随着三网融合时代的到来,3G 通讯技术迅猛发展,新型阅读器日渐普及,实力雄厚的平面媒体布局全媒体战略成为趋势。作为安徽最有影响力、实力最强的平面媒体,《新安晚报》早在 2010 年初就将全媒体建设作为未来发展的重要战略目标,精心谋划,全力推进。经过一段时间的再造和转型,《新安晚报》由单一纸媒,提升为集报纸、网络、音视频、手机报等多种媒体形态于一身的全媒体,在全省媒体中率先跨入全媒体时代。

2010 年 11 月 26 日,创刊 18 年的《新安晚报》完成又一次历史性跨越。130 多名编辑记者全部装备了最先进的 iPhone4 手机,安徽第一支全媒体新闻采编团队由此诞生。这意味着,至此,《新安晚报》新闻将不仅仅是印在报纸上的文字和图片,还有记者通过移动互联网传回的音频、视频等多种形态的资讯。

图 12-2-2

随着记者采编装备的全面升级,《新安晚报》130 多名编辑记者由过去只负责采集文字和图片,转型成为同时负责采集文字、图片、音视频的全媒体记者。记者编辑配备的 iPhone4 手机,具有先进的信息采集、传输、储存功能。记者不仅能够拍照、录像、录音、文本录入,采集多媒体素材聚合成为多媒体稿件,而且能够随时随地通过中国联通高速 3G 网络,实时回传现场最新信息、图片、音视频,真正实现"百名记者现场采集,分秒时差滚动播报"。

在记者队伍全媒体装备升级的同时,《新安晚报》还投入巨资,与北大方正合作打造了当前国内最先进的"全媒体新闻移动采集平台"——方正畅享移动采编系统。该平台可将一线记者现场采集的文字、图片、音视频新闻素材,迅速通过通信网络传输到互联网,再聚集到统一的采编共享平台,报社后方编辑部根据时效和内容,对这些素材进行各式各样的加工利用,有的作为报纸新闻进行深加工,有的立即制作成滚动新闻和视频新闻在网站上即时发布,有的制作成手机报,供移动手机用户和电子阅读器用户通过客户端下载阅读。《新安晚报》新闻由过去的报纸单一发布变成全媒体发布,满足不同读者群和不同层次的新闻需求和消费。

了解《新安晚报》全媒体发展战略相关信息后,详细介绍一下在全媒体新闻采编中发挥重要作用的方正畅享移动采编系统,本节相关案例和截图均来自新安传媒。

12.2.2 方正畅享移动采编系统

方正畅享全媒体新闻采集系统为传媒业提供了全面获取新闻信息、高效采集新闻资源、高品质创造新闻内容的保障,是具有行业通用性、系统完整性、支持业务拓展的标准化采集系统。畅想系统代表了全媒体环境下采编系统的发展方向。PC、移动终端、手机、照相机、摄像机等皆可接入,上传、编辑、分发到不同平台终端。图 12-2-3 为方正畅享全媒体新闻采编系统流程图:

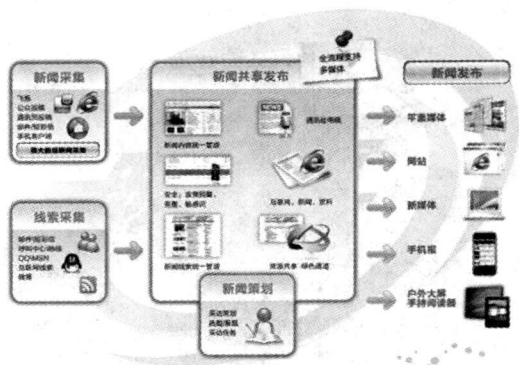

图 12-2-3 方正畅享全媒体新闻采编系统流程图

方正畅享移动采编是畅享全媒体采集系统的重要组成部分,除了在全媒体采集系统中提供数据的采集与信息交互之外,还可为文韬采编系统、翔宇网站内容管理系统提供数据采集,在业务流程设置、数据存储与用户管理上融为一体,延伸了报社移动采访、快速报道的有效渠道。鉴于本节主要介绍畅享移动采编,故有关文韬采编系统和翔宇网站内容管理系统本节不作详细介绍。

畅享移动采编基于智能手机平台提供了图片、文字、音视频等多媒体稿件和素材采集功能,提升报社对突发事件的快速反应能力、对新闻内容的多媒体播报能力以及远程记者与报社总部的及时互动能力。

畅享系统主要架构图如图 12-4-4 所示。

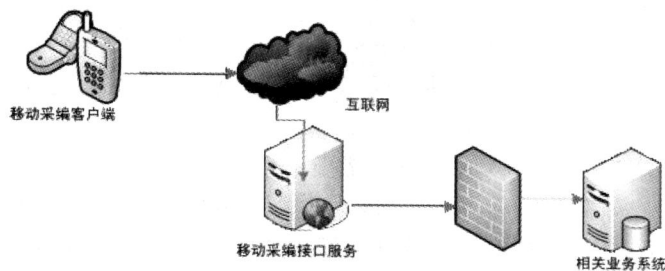

图 12-2-4 畅享系统主要架构图

移动采编客户端程序将相关信息通过通信网络传输到互联网,至移动采集接口服务上,移动采集接口服务负责客户端身份验证与接收数据验证,确认无误后将数据通过接口传递回内网的相关业务系统,并继续各业务系统中对新闻信息的编辑、发布处理。

1. 移动终端支持

表 12-2-1

移动终端平台	支持情况
iPhone OS 3	√
iOS 4	√
Windows Mobile 6	√
ANDROID	√

2. 业务系统支持

表 12-2-2

业务流程	业务系统
全媒体新闻采编流程	畅享 全媒体新闻采集系统
报纸新闻采编流程	文韬 新闻采编管理系统
网站新闻采编流程	翔宇 网站内容管理系统

3. 系统操作流程

（1）系统安装

用户可根据各自手机操作系统，借助手机软件助手下载采编系统，如 iPhone 用户可登陆 App Story（苹果商城）下载；Android 系统用户可借助豌豆荚、91 手机助手等软件；在此处我们简单介绍下 iPhone 用户移动采编系统的下载安装过程。

① 安装 iTunes

iTunes 是一款免费软件，大家只要有需要便可以随时进行下载。最早的 iTunes 被定义为一款数字媒体播放应用程序，是苹果公司于 2001 年发布的。在经过 11 年的漫长发展，苹果公司推出了很多令全球用户深爱的数码产品，而 iTunes 也几乎完全与它们相结合，成为了大多数苹果用户必不可少的辅助软件。

iPhone 手机用户首先登录 www.apple.com.cn，进入苹果商城首页，如图 12 - 2 - 5，点击导航条上的"iTunes"按钮，进入 iTunes 下载页面，如图 12 - 2 - 6，点击下载 iTunes。

486

图 12 - 2 - 5　苹果商城首页

图 12 - 2 - 6　iTunes 下载页面

随后按照提示安装好 iTunes 即可。图 12 - 2 - 7 为 iTunes 软件界面。

图 12 - 2 - 7　iTunes 软件界面

② 申请 Apple ID

打开 iTunes 软件,点击 Store(S) 按钮,单击其中的"创建用户(R)",会看到如图 12 -
2 -8 所示的界面,再根据每一步的指示申请自己的 Apple ID,最终实现邮箱验证完成
安装。有了 Apple ID 后,就可以在 iTunes Store 中下载许多免费和付费的软件。

图 12 - 2 - 8　申请 Apple ID 界面

③ 下载安装移动采编软件

申请好自己的 Apple ID 后,有两种方式可以完成移动采编软件的安装。

一是直接通过 iPhone 手机,进入手机中的 App Store 菜单,在类别子菜单中选择新闻——免费项目排行榜——搜索"移动采编",进行在线下载安装。

另一种是返回 iTunes Store,在搜索栏中输入"移动采编"进行搜索,如图 12 - 2 - 9 所示;

图 12 - 2 - 9　搜索"移动采编"

进入后可得到下一个界面,如图12-2-10,单击其中的"畅享移动采编",即可得到如图12-2-11所示的界面,单击其中的 免费App 按钮,即可免费下载"畅享移动采编"手机程序到电脑中。下载完成后,在 iTunes 软件的"应用程序"中会出现,如图12-2-12。

图 12-2-10

图 12-2-11

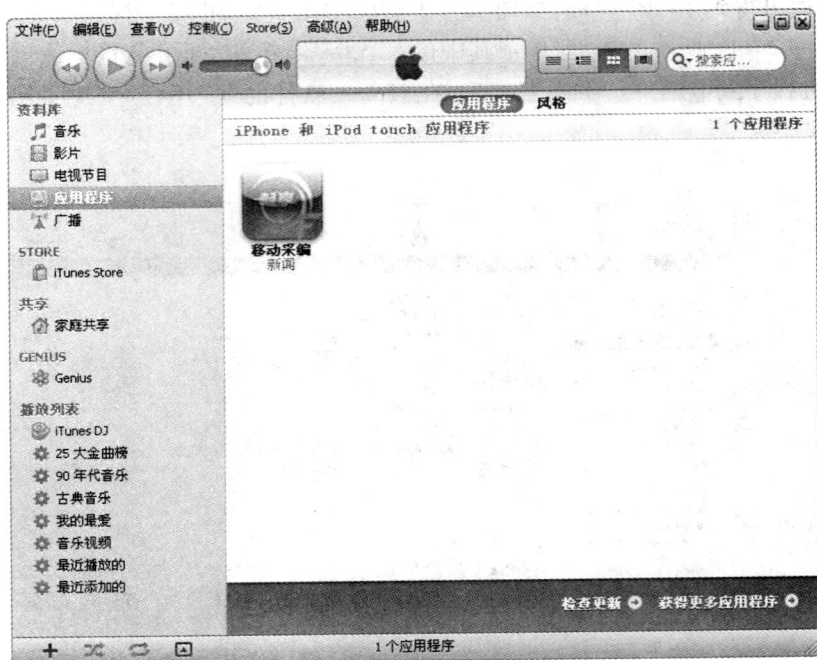

图 12-2-12

　　接下来要同步手机,用数据线连接 iPhone 手机和电脑,在手机设备模式里面选择应用程序,如图 12-2-13,点击右下角的按钮"应用",实现畅享移动采编系统 iPhone应用程式的安装。安装成功后,在你的手机菜单上会出现如图 12-2-14 所示的图标。

图 12-2-13

图 12-2-14　手机菜单页面的畅享移动采编

（2）畅想移动采编系统的应用

打开 iPhone 菜单中的"移动采编"软件，会出现如图 12-2-15 所示的界面，在其中输入用户名和密码，点击"登录"即可进入图 12-2-16 所示界面。

注意：用户名和密码都是由报社统一注册的，一般的个人可以免费安装此款软件，但是没有使用权限。在下文中我们将为大家介绍一款移动阅读器，就算你是个普通民众，只有你发现了好的新闻线索，一样可以上传到报社的采编系统，做一个平民记者。

图 12-2-15

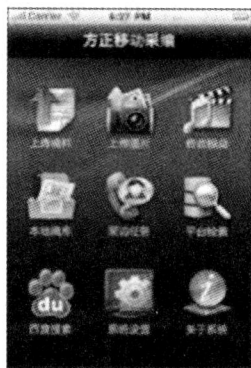

图 12-2-16

① 上传文字、图片、音视频

系统支持文字稿件、图片、音视频三种格式文件的上传,其中音视频文件只支持连接文韬采编 6.0 后以附件形式传递到采编流程。

上传稿件可以打开编辑器直接写稿,如图 12 - 2 - 17 所示,写完单击右上角"完成"即可;图片支持直接拍照和本地图库选择两种模式,上传的图片会自动压缩再发送到编辑平台,见图 12 - 2 - 18;音视频内容必须拍摄后保存在本地才能上传,由于上传速度和时间等原因,目前媒体对于手机视频采写这一块的应用并不频繁。

图 12 - 2 - 17

图 12 - 2 - 18

② 本地稿库

本地稿库用于存储已经编辑好的未上传稿件,如图 12 - 2 - 19,如要继续编辑稿件,只要点击右上角的"编辑"按钮即可,如图 12 - 2 - 20,编辑完成后选择"上传稿件",如图 12 - 2 - 21,即可将所写稿件上传至媒体的编辑系统。在本地稿库中也可以查阅已经上传成功的稿件,还可以在"上传队列"中浏览到正在上传的稿件的情况,浏览其上传的流程记录信息。

③ 采访任务

记者可以通过该模块直接浏览所下达的采访任务详细信息,如图 12 - 2 - 22 和图 12 - 2 - 23 所示。

④ 新闻线索

记者可以通过该模块查阅畅享新闻采集系统中有权限浏览的所有新闻线索信息,还可以对线索进行抢占操作,如图 12 - 2 - 24 和图 12 - 2 - 25 所示。

图 12 - 2 - 19

图 12 - 2 - 20

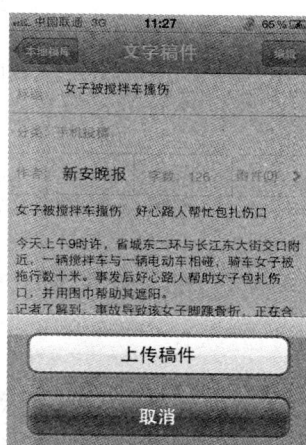

图 12 - 2 - 21

图 12 - 2 - 22

图 12 - 2 - 23

图 12 - 2 - 24

图 12 - 2 - 25

493

⑤ 新闻选题

记者可以通过该模块查阅自己在畅享新闻采集系统中保存的选题信息,可以通过手机直接提交新的选题信息,如图 12-2-26 和 12-2-27 所示。

图 12-2-26

图 12-2-27

⑥ 平台检索

记者可以通过该模块查阅采集系统中有权限浏览的所有稿件信息。如图 12-2-28。

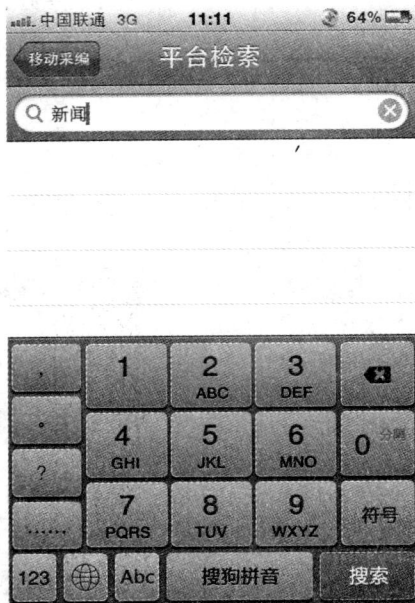

图 12-2-28

新闻数字时代实务

新闻系列教材

⑦ 百度搜索

为了方便记者写稿和查阅采访背景资料,系统内置了百度搜索,可以实现百度关键词检索功能。如图 12 - 2 - 29。

图 12 - 2 - 29

⑧ 系统设置

用于设置移动采编接口服务的公网 IP 地址和系统登录账号信息,在设置中亦可调节所需上传的图片质量和视频清晰度,如图 12 - 2 - 30 和图 12 - 2 - 31 所示。

图 12 - 2 - 30

图 12 - 2 - 31

4. 采集系统选稿

在上面的部分,笔者详细介绍了方正畅享移动采编在手机平台上的安装和操作,接下来,为了让读者全面了解采编系统,我们对于畅享的编辑系统也做个简单的介绍。

编辑在畅享全媒体新闻采集系统中可以直接打开移动采编投稿的主分类,浏览到相关稿件、图片、音视频信息,浏览界面支持列表与图册等方式。如图 12－2－32。

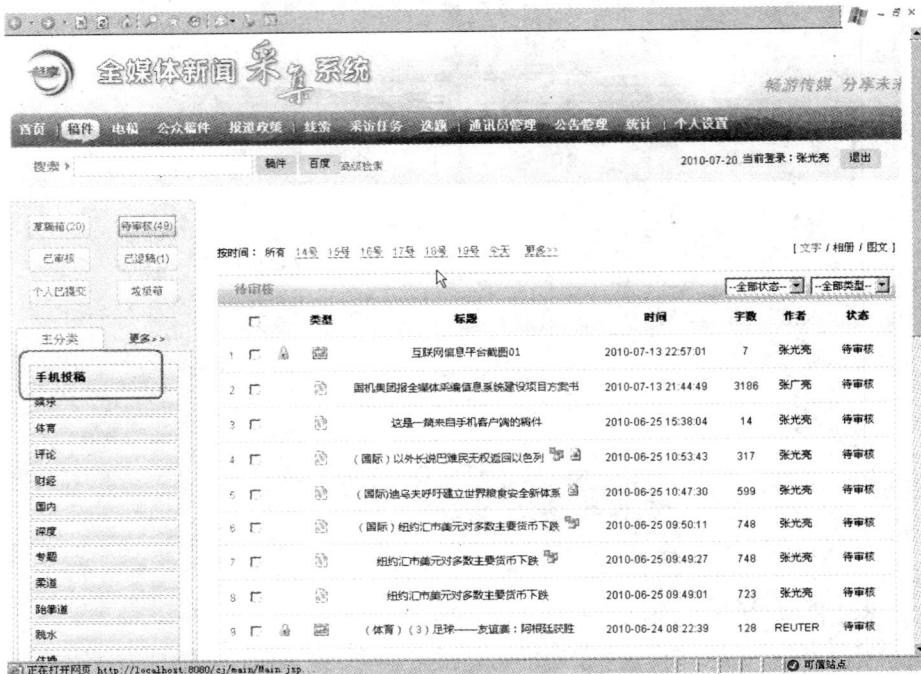

图 12－2－32

编辑选择适合的稿件后,可以点"选用"按钮将其复制到采编预稿库;也可以直接点上栏、签发按钮,将稿件直接签发到版面,进入组版环节;也可以点"网站选用"将其复制到翔宇待编库。

记者的手机中安装了方正的移动采编软件后,通过软件就可以把新闻现场的文字、图像、视频及时发回报社的移动采编后台,至此,记者也从过去的文字、摄影记者向全媒体记者转型。现在,很多记者采访完赶回报社,就会发现发回的"新安即时看"和视频已经出现在了网上。滚动播发的即时快讯,现场采集的鲜活画面,越来越受到大家的关注和喜爱。

以新安传媒网(安徽网)为例,在其上线一周年之际,播发独家采制的即时新闻4000 多条,已经成长为安徽区域名副其实的新闻第一发布平台。在这其中,安徽省大多重要的新闻都是由"新安即时看"最先发布。

以下为"新安即时看"较有代表性的事例:

2010 年 12 月 12 日夜晚 11 时 24 分,"新安即时看"在全国媒体最早向外报道 18

名复旦大学"驴友"深夜迷失黄山的信息，引发全国媒体转载并关注此事。

  2011 年 1 月 19 日中午 12 时 07 分，安庆宜秀区杨桥镇发生 4.8 级地震。"新安即时看"不仅第一时间播发地震的信息，还连线前方记者，一天内滚动播发快讯 25 条，做到了文字、图片、视频均全国首发。

  2011 年 3 月 17 日，市民担心食用盐会受日本核辐射影响，安徽多城市出现"抢盐风波"。当天清晨，"新安即时看"不断对外发布辟谣信息，通过 10 多条快讯解答了公众的疑惑。安徽省盐业部门专门向《新安晚报》社致感谢信。

  2011 年 6 月 24 日，"新安即时看"第一时间对外公布了安徽 2011 年高考分数线。当天，浏览人数达 10 万人，也创下了新安传媒网当日各项数据的纪录。

  下面我们以新安传媒网对于安庆地震的报道为例，来看看新安的全媒体记者们是如何发挥移动采编平台的作用的，图 12 - 2 - 33 为新安传媒网所制作的安庆 4.8 级地震专题。

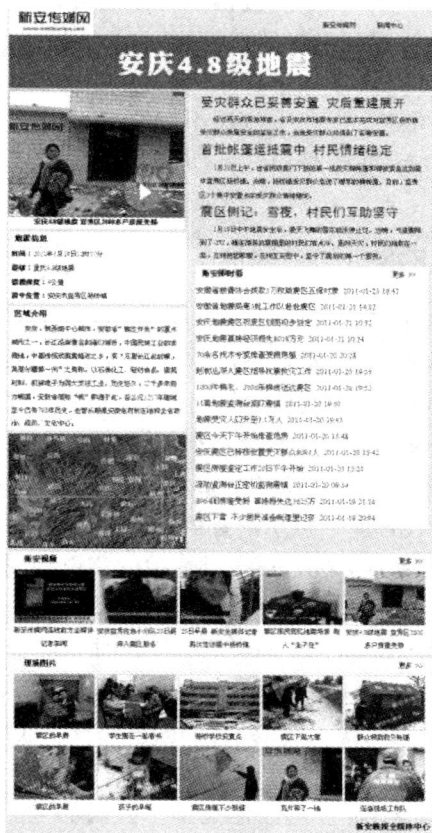

图 12 - 2 - 33

  2011 年 1 月 19 日中午 12 时 07 分，安庆宜秀区杨桥镇发生 4.8 级地震。确认地震发生后，《新安晚报》全媒体记者兵分两路，一路赶往安徽省地震局，另一路直奔地震现场,赶往地震局的记者立刻用 iPhone 手机拍下了地震局的值班信息表,第一时间发到全媒体后台,编辑发布后即可上传网络。这条通过新安传媒网第一时间播发地震发生的信息,第一幅震区图片新闻和第一条震区视频新闻也是他们在全国最先发布的。

而赶到地震现场的记者也用手机拍下了地震现场的第一手照片,并且立刻上传全媒体后台,之后两幅照片为各大媒体争相转载。借助全媒体的播报形式,其真正做到了现场播报,分秒时差。

截至当天晚上 10 点,《新安晚报》共采写快讯 25 条,视频 2 条,新浪安徽制作的安徽安庆地震专题中 95% 的内容来自新安传媒网。[①]

以上这段话是全媒体记者在新安传媒网一周年纪念宣传片中对亲身参与的安庆 4.8 级地震采访的一段描述,从中可以看到手机移动采编系统在这次报道中居功至伟。但是就当下业界整体来看,对于全媒体还只是处于尝试阶段。智能手机的移动采编业务使得新闻的时效性大大增加,但是目前还是主要针对一些突发性事件的采编,媒体记者的日常新闻采写主要还是按照传统的模式,出外采访,再回报社写稿。

快讯一类的报道,手机移动采编可以充分发挥其便捷快速的特点,但是对于长篇的深度报道,仅仅依靠手机这个发布平台还不够。但是根据目前的形式,我们可以推断,手机作为信息发布平台会越来越被媒体所重视,以后的媒体从业人员也必将更加离不开手机。

12.2.3 新安晚报移动阅读器的应用

上文中我们介绍了基于智能手机平台的方正畅享采编系统的使用,这个采编系统主要还是为了方便记者快速采写,在最短的时间内发布新闻信息,提高新闻的时效性而设置的。在 2011 年 12 月份,新安传媒推出"新安移动阅读器",手机用户只要安装了此程序,即可随时随地通过手机了解网站最新资讯。2011 年 12 月份 iPhone 版(苹果版)阅读终端登陆苹果商城,iPad 和 iPhone 用户可登陆苹果商城下载,后 Android 版(安卓版)手机阅读器推出,智能手机用户皆可通过网络免费下载新安移动阅读器。

新安移动阅读器除了能为手机用户提供快捷的资讯外,其还有一个功能可以让每一个人都成为平民记者。接下来笔者就为大家介绍下新安移动阅读器的安装以及使用。鉴于新安移动阅读器有 iPad、iPhone 和安卓三个版本,但是 iPad 和 iPhone 的安装使用方法大同小异,在上文中介绍方正畅享移动采编系统时,我们选取的是 iPhone 平台,在此部分我们将着重介绍《新安晚报》移动阅读器在 Android(安卓)系统上的安装和使用。

1. 新安移动阅读器的安装

安卓系统的软件安装离不开豌豆荚手机精灵、91 手机助手等常用手机软件,因此如果你是安卓系统的用户,那么你的电脑和手机中就至少需要一个此类的手机软件助

新
系 闻 数
列 传 字
教 播 时
材 实 代
务

---

① http://video.mediaxinan.com/boke/2012/0531/1152055.shtml

手。此处以"豌豆荚"为例,来介绍新安移动阅读器的安装。豌豆荚手机精灵是一款基于 Android 系统的手机管理软件,具有备份恢复重要资料、通讯录资料管理、应用程序管理、音乐下载、视频下载与管理等功能。豌豆荚的优点之一是无需注册豌豆荚账号亦可从中免费下载所需要的手机软件。

① 用数据线连接手机和电脑,打开豌豆荚手机精灵后会出现如图 12 - 2 - 34 所示界面。

图 12 - 2 - 34

② 单击左侧的"应用搜索"会出现如图 12 - 2 - 35 所示界面,在搜索栏中输入"新安晚报",点击进行搜索。

图 12 - 2 - 35

③ 搜索完成后进入软件下载界面,点击"安装"后,在豌豆荚界面的左下角会出现下载进度标示,如图 12－2－36,下载完成后标示会自动消失,而此时新安晚报阅读器亦同步在手机中安装成功,手机菜单界面会出现其标示,如图 12－2－37 所示。

图 12－2－36

图 12－2－37

2. 新安移动阅读器的使用

① 点击打开手机中的 [新安晚报] 按钮,会进入图 12-2-38 所示界面。

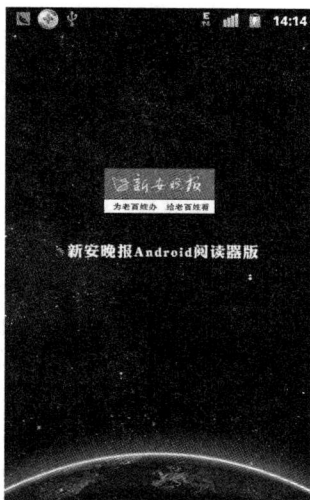

图 12-2-38

② 新安移动阅读器包含新闻、资讯、影像、互动和更多五个板块,只需点击屏幕下方的各图标就能进入相应的导读界面。

新闻、资讯导读界面分别如图 12-2-39,图 12-2-40,随意点击一则标题,即可进入阅读详细报道,如图 12-2-41,此时点击屏幕下方的按钮 [★] 就可以将所阅读的新闻加入"我的收藏",以后可以随时阅读,点击按钮 [↗] 就可以将新闻分享到新浪微博、腾讯微博等平台,点击按钮 [T T] 可以调节所在页面的字体,更加方便阅读。

图 12-2-39　新闻界面

图 12-2-40　资讯界面

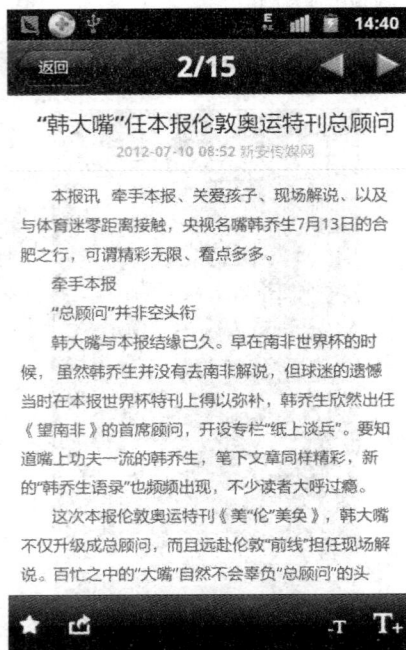

图 12 - 2 - 41

影像界面内分别有"图片"和"视频"两个部分,如图 12 - 2 - 42 和图 12 - 2 - 43 所示,点击进入具体页面亦有保存、分享等功能按钮,在此处就不再多做介绍。

图 12 - 2 - 42　图片界面

图 12 - 2 - 43　视频界面

互动界面是最值得我们关注的部分,在之前我们在介绍方正畅享移动采编系统时提到的可以让读者成为平民记者的就是它了。当你在日常生活中发现了什么不寻常的事,都可以通过这个平台直接跟媒体爆料,如图12-2-44,只要你输入自己的姓名和联系方式,填写爆料内容,文字、图片、视频皆可,再点击"提交",你所爆料的内容就能直接进入报社的采编系统,再由编辑记者对你的爆料内容进行核实和扩充。

更多界面主要是为了方便手机用户查看收藏的报道以及进行方便及时的意见反馈而设立的,如图12-2-45,在此界面,你亦可以更改自己的分享设置。

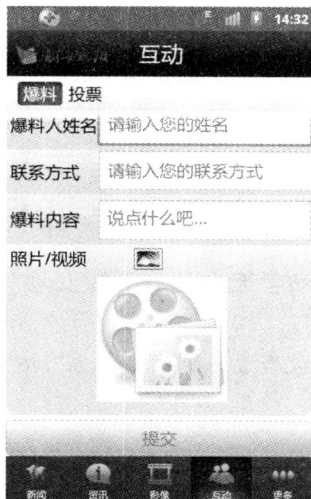

图 12-2-44　互动界面　　　　　　图 12-2-45　更多界面

至此,我们对基于手机发布平台的移动采编系统和应用的介绍告一段落,对于这个目前还没有普及的系统,我们归结它的最大特点就是:

全面:扩大新闻信息来源、丰富新闻信息形式。

快速:第一时间获知消息、第一时间让读者了解最新事态。

随着中国日益融入国际社会,中国媒体正面临着更加严峻的国际化竞争,报业尤其如此。在信息化浪潮下,传统报业依靠单一市场、单一媒体、单一盈利方式、高投入、高消耗、高成本的发展模式所拥有的增长动力正在减退。同时,以互联网、手机媒体等为代表的新媒体随着商业模式和盈利模式的日益清晰和完善,对传统报业读者资源与广告资源的分流作用更加明显。传统报业如何在新形势、新环境中拨云见日,求得发展?

很多具有危机意识和前瞻性的报业伺机而动,开始了积极的探索和尝试。走"全媒体"之路,成为全媒体内容提供商是报业转型的目标。走"全媒体之路"的任务之一是发展新媒体。在这样一个支持报业转型,进行体制创新、模式创新、技术创新的背景下,手机这个新兴的发布平台已经开始得到业界的重视和重用,而手机移动采编作为全媒体新闻采集系统的关键环节之一,让报纸第一时间获得最新最快的消息,使报业在内容同质化日益严重的情况下,占据第一手资料,保持旺盛的生命力,在竞争中立于不败之地。

本章小结

本章着重介绍了基于智能手机平台的移动采编系统以及报社发布的一款移动阅读器的安装及使用方法。在手机功能越来越强大的情况下,运用手机作为最方便最快捷的信息发布终端和信息获取终端已是大势所趋。

【思考与练习】

1. 畅享移动采编系统支持文字稿件、图片、音视频三种格式文件的上传,其中音视频文件需要如何上传至编辑系统?

2. 按照本节内容介绍,安装新安晚报移动阅读器至自己的手机上,从中挑选出三条你最感兴趣的新闻,指出其优缺点。

3. 仔细观察身边的人和事物,找一条你觉得最有新闻价值的线索,运用新安移动阅读器中的"互动"功能,给新安晚报爆个料。

参考文献

［1］匡文波．手机媒体概论【M】．北京:中国人民大学出版社,2006

［2］甘惜分．新闻学大辞典【M】．郑州:河南人民出版社,1993

［3］芮必峰,姜红．新闻报道方式论【M】．安徽:安徽大学出版社,2001

［4］刘行芳．新闻法治与新闻伦理【M】．河南:郑州大学出版社,2007

［5］蓝鸿文,郑保卫．新闻伦理学简明教程【M】．北京:中国人民大学出版社,2001

［6］黄瑚,邹军,徐剑．网络传播法规与道德教程【M】．上海:复旦大学出版社,2006

［7］魏永征．新闻传播法教程【M】．北京:中国人民大学出版社,2002

［8］郭镇之,展江．守望社会【M】．北京:中国广播电视出版社,2006

［9］尹小港,覃明奎．Premiere Pro CS3 影视编辑剪辑技能能进化手册【M】．北京:人民邮电出版社,2008

［10］谭云明．新媒体信息编辑【M】．北京:清华大学出版社,2011

［11］岳山．网络传播实用教程【M】．合肥:合肥工业大学出版社,2010

［12］【英】约翰·弥尔顿著,吴之椿译．论出版自由【M】．北京:商务印书馆,1958

［13］【美】理查德·克雷格著,刘勇主译．网络新闻学:新媒体的报道、写作与编辑【M】．北京:中国时代经济出版社,2010

［14］【美】尼尔·波兹曼著,章艳,吴燕莛译．娱乐至死【M】．广西:广西师范大学出版社,2009

［15］【英】丹尼斯·麦奎尔著．刘燕南,李颖,杨振荣译．受众分析【M】．北京:中国人民大学出版社,2006

［16］【法】加布里埃尔·塔尔德著,特里·N·克拉克编,何道宽译．传播与社会影响【M】．北京:中国人民大学出版社,2005

［17］中国互联网络信息中心．中国手机媒体研究报告【R】．北京:中国互联网信息中心,2008

［18］第 29 次中国互联网络发展状况统计报告【R】．北京:中国互联网信息中心,2012

［19］洪见骁．3G 时代手机报的发展前景【J】．新闻爱好者,2011(12)

［20］尹宇．CMS 在网站设计与管理中的应用研究【J】．科技咨询,2010(11)

［21］王发斌,张凤．基于 CMS 的高校专题网站开发研究及应用【J】．电脑知识与技术,2011(5)

[22] 唐清安,汪顶武,韩平.网站内容管理系统的基本构成【J】.科技博览,2009

[23] 孔佳,李昀.内容管理系统的产生与发展【J】.农业网络信息,2008(3)

[24] 章小兰.浅谈微博的特点和影响【J】.安徽文学,2012(2)

[25] 张玉洪.微博的特点、功能和使用方法呼唤Web2.0时代【J】.中国工人,2012(3)

[26] 刘景东,孙岳.浅议自媒体【J】.中国信息界,2011(3)

[27] 殷俊,孟育耀.微博的传播特性与发展趋势【J】.今传媒,2010(4)

[28] 谢耘耕,徐颖.微博的历史、现状与发展趋势【J】.现代传播,2011(4)

[29] 霍林涛.电子书制作重在简单漂亮【J】.电脑报,2006(1)

[30] 张革新.电子书产业发展中的著作权问题【J】.兰州商学院学报,2012(2)

[31] 高峰.关于电子书的概念及其发展【J】.沧桑,2006(5)

[32] 北京北大方正电子有限公司.方正畅享移动采编解决方案

[33] 北京海纳互联网研究中心.中国微博行业研究报告(2010—2011年)

[34] 安徽手机报

[35] 中青网 www. youth. cn

[36] 凤凰网 www. ifeng. com

[37] 百度百科 www. wapbaike. baidu. com

[38] 中安在线 www. anhuinews. com

[39] 人民网 www. people. com. cn

[40] 新安传媒网 www. mediaxinan. com

[41] 真知网 www. zhenzhi. org

后　记

全媒体时代的来临,促使新闻教学也要跟上业界的发展,作者所在的安徽大学新闻传播实验中心是国家级传媒类实验教学示范中心,一直致力于实验教学的探索。为了探索高校传媒类实验教学的改革和实践,本人把对新媒体环境下全媒体采编的理解和技能要求编辑成书,希望能对实验实践教学有所帮助。

本书的写作,不仅是笔者几年教学经验的总结,也是笔者长期思考、探索的结晶,这也得益于笔者在安徽大学新闻传播学院从事教学工作的经历。这期间,笔者广泛接触和了解全媒体环境下采编的应用,不仅使得笔者自身的能力得到了很大的提高,也为完成此书奠定了坚实的基础;同时结合笔者的教学工作经验,力图以一种更加有效的传授方式让广大读者能够很好地掌握使用全媒体采编的基本技能。

本书的前言由岳山和赵宁撰写,第一章由陈诺,第二章由赵宁,第三章由秦茜,第四章由黄伟,第五章由黄铮、殷帆、胡焱,第六章由陶丹丹,第七章由陈成亮,第八章、第九章、第十二章由郭大燕,第十章、第十一章由张莉钥撰写。吉林工程技术师范学院文化传媒学院杨明老师作为本书的副主编对书的策划和架构及最后的修订做了大量工作。感谢蔡晓小、祖文婷、成方骏宇给予的帮助,感谢殷帆、胡焱、王理、周彤辛勤的校对,正是由于他们的细致工作才使得教材得以在很短的时间内出版。

本书中的动画制作部分由安徽大学艺术学院的陈成亮老师撰写,他将复杂的动漫制作技术讲得通俗易懂,易于入门;安徽广播电视台农村广播的黄铮是安徽省首位中国新闻奖一等奖获奖者,也参与了数字音频部分的写作,将自己的心得体会和他人分享,谢谢他们的支持。

当然,知识的更新与技术进步的速度一日千里,任何著作都不可能达到完善的地步,加上时间仓促,笔者的知识也有限,书中不足之处与错误肯定不少,希望广大的专家学者以及读者批评、指正。

我的每本教材的编写和出版都是在我人生的一个重要时期,感谢我的父母和姐姐、哥哥,感谢女儿给我带来的快乐,感谢两年来帮助和关心我的人,感谢爱我的人。

在本书的写作过程中,得到了合肥工业大学出版社朱移山副社长的大力支持与指导,感谢吕萌教授的支持和指导,感谢刘勇老师的支持和帮助,同时要感谢所有为本书提供参考资料的朋友们。

岳　山

2012 年 6 月 26 日于安徽大学

(邮箱 yueshanxw@163.com)